沈津

自选集

沈津／著

肖鹏／编

深圳出版社

图书在版编目（CIP）数据

沈津自选集 / 沈津著；肖鹏编 . —— 深圳：深圳
出版社，2023.12
ISBN 978-7-5507-2806-6

Ⅰ . ①沈… Ⅱ . ①沈… ②肖… Ⅲ . ①沈津 – 文集
Ⅳ . ① I217.2

中国国家版本馆 CIP 数据核字（2023）第 172253 号

沈津自选集

SHENJIN ZIXUAUJI

出 品 人	聂雄前
出版策划	于志斌
责任编辑	韩海彬
责任技编	郑 欢
责任校对	万妮霞
装帧设计	秦 勇

出版发行　深圳出版社
地　　址　深圳市彩田南路海天综合大厦（518033）
网　　址　www.htph.com.cn
订购电话　0755-83460239（邮购、团购）
排版制作　深圳市无极文化传播有限公司　TEL：19168919568
印　　刷　中华商务联合印刷（广东）有限公司
开　　本　787mm×1092mm　1/16
印　　张　45
字　　数　850千
版　　次　2023年12月第1版
印　　次　2023年12月第1次
定　　价　188.00元

序

　　沈津先生嘱余为其自选集作序，余居黔中僻壤，虽有向学之心，然述作浮浅，更乏名望，非使珠玉增色，徒蔽先生光辉。然转念之，自为学以来，先生文字，举长著短章，余几遍览，虽未得先生学说一二，然于先生极广大而尽精微之旨，体悟不少，似欲有言。更自甲午仲秋花溪河畔聆教以来，蒙先生不弃鲁愚，忝列受业，时时请益，颇得寸进。是故陈以陋辞，辅以俚语，于先生之学行，聊补学界之所鲜发，以裨全面评述先生成就，权为一备。

　　先生师承顾廷龙、潘景郑、瞿凤起三先生，治目录版本之学，于斯道早得盛名。又先后主上海图书馆、香港中文大学图书馆、哈佛燕京图书馆古籍特藏之务，获睹善本佳椠无计，益以扬鞭自奋，为学日趋专门精微，至著《美国哈佛大学哈佛燕京图书馆藏中文善本书志》数百万言，洵为首帜，环顾海内汉学界，流略一道几无出其右者。然先生专攻之优，世有定论，先生博涉之美，抉微者鲜。盖先生"以磊落人书细碎事"，流略造基，于辑佚之学、年谱之学，皆所发覆，更游于辞章书艺，故能博大闳深。

先生儒闲谦和，雅人胜士，论学不以资历作短长，惟以学术断是非，不随俗俯仰，磊磊然古君子之风。初识先生，在甲午仲秋。其时先生讲学黔中，余亦自东北入黔未久，应卢云辉馆长之协调，得面晤先生。溪声泠泠，星疏月明，先生兴致正高，畅谈家世渊源、先辈风流、学界逸闻，月至中天而不倦。先生交游极博，余则多所启问。就余记忆所得，先生于余英时先生甚为高许，有天赋异禀、旷世奇才之评，此未见先生行诸文字，或他日另撰刊见亦未可知。先生居港数年，同饶宗颐先生过从甚密，余曾见先生撰文回忆之，时有博瞻之誉。饶宗颐先生为学界北斗，颇精流略，与先生互为同道，一九七○年著《香港大学冯平山图书馆藏善本书录》，于馆藏孤椠秘本揭橥甚夥，二○○三年香港大学冯平山图书馆增订付梓，颇嘉惠学林。先生不为饶公世名所囿，二○○八年径撰文指误两例，虽属短札，然措辞严正，理据详明，洵为不刊之论。盖先生之立于学林，以风度相高，无文人相轻之陋习，更兼胸中有道义，不随俗低昂，是鲜有真性情之学者。余向以为，真学问常有，而真性情不常有，先生有此真性情，方能有此真学问也。

先生之为学人，以流略之学为世所瞩，汪洋宏肆，然不为域所限，于辑佚之学、年谱之学，尤所致力，创获至巨。先生受乃师起潜先生之点引，着力清儒翁方纲四十余年，为学界研治覃溪难以逾越之高地。尝辑《翁方纲题跋手札集录》百万言，凡零什残篇，短翰长笺，靡不罗备，煌煌大观，然其中苦辛成就，非经历使用者，实难道之。先生另着力年谱之修，著《翁方纲年谱》《顾廷龙年谱》行世。先生曾述年谱之要云：“盖以一人之道德文章、学问事业关系史学甚巨，而其焜耀史册秩然不紊者，则有赖于年谱表而出之。”年谱之作，史料蒐集当为首务，尤近三百年来年谱，更赖笺牍志乘，而多藏之名山，不易获观。民国间，起潜先生“俯而孳孳者垂六年”，修《吴愙斋先生年谱》，“博稽遗闻，咨询故旧，偶见先生片纸只字，弥不备录"，是知年谱之纂，非兀兀穷年，无以成之。先生修谱，承起潜先生之后，既精流略，复处群玉之府，故二谱之撰，不独体例愈加严明，于史料之宏富、辩证之精微，皆能超越侪辈，诚一时翘楚之作。尤以翁谱，爬梳剔抉，重部要帙，为发扬翁氏学行，厥功至伟，诚翁氏异代知音。先生知余治翁方纲书学，尝以翁谱见赠，并嘱余当于翁晚年行迹用功，定有一番评议，可谓谆谆导育，惜余学力不逮，尚未完成此任，颇负所托。自翁谱梓行后一载，先生即修《顾廷龙年谱》，期年而毕，博贯详明，然先生自觉属"急就"之作，近闻增订已达百万余言，付梨可待，晚跋予而望之。

先生之为才人，发乎性情，游以艺文，故能运刃有余。先生工辞章，"三录"而外，尚刊印文集多种，谈版本，叙逸闻，记偶得，怀先辈，简畅平实，不作古奥佶屈。尤以纪传之文，笔不加点，倚马可就，情感充沛，至真至切，读之不觉倦怠。先生早岁成名，不独得上图三先生亲炙，先辈任继愈、冀淑英、昌彼得诸先生亦皆奖掖有加，其点滴交谊亦多为先生一寓于文。是集收先生所怀起潜先生文章四篇，篇数万言，非独有阐扬乃师学行之功，行间字里，如父如子之师生情谊，更令人羡煞！而"三十年来，他对我的谆谆教诲、循循善诱、耳提面命，都是我铭感五内的"，哲人已萎，悲恸何极，读之更觉潸然。先生与赵万里先生仅一面之缘，然形诸文字，私淑之情，亦足感人肺腑。香港林章松先生，庋藏印谱两千余种，媲以公私所藏，不啻众星北拱，长扶紫极之尊，然为人清和萧散，观夫先生走笔，则幽默打趣、轻松活泼，同怀徐森玉、潘景郑先生沉郁浑深之文风相较，别具韵味。余晚先生四十余载，然先生从不以年长自居，亦不好为人师，重身教而少言传，是古君子之风绵延不绝者也。盖先生之真性情，多自先辈学人熏染而来，尤以随侍起潜先生最久，相知最深，故每览诸贤传记，常觉与乃师有相合处。余生既晚，惟好启卷慢读先生文章，励以学问，品以文藻，更借以遥接先辈风流，使不忘书生本色耳。

先生善书，亦知书。其论书主"气"，而以书卷之气为上。先生深明古典书学流变，于刘熙载、马宗霍诸家之论，尤所谙熟，自《美国哈佛大学哈佛燕京图书馆藏中文善本书志》《中国珍稀古籍善本书录》诸志书画之属观之，先生于《大瓢偶笔》《分隶偶存》《未谷题跋》《书画涉笔》诸书，非独考镜版本源流，于学术嬗变亦多所阐教，决然知者所道。先生饱读坟典，于书迹之评，多旁征博引，而终以人品学养二端立论。先生尝言："写字神似，说明临池之勤，然而拘泥于一家，只是一人之面，如能在遍临百家的基础上，求诸发展、创新，而有自己的面目，那才是难得之事。"对亦步亦趋、欲梦见右军脚汗气之书奴，嗤之以鼻。起潜先生精研书艺，芳播四域，先生尝评其书"谨严绵密，古淡闲雅"，继曰："对于顾老来说，他的书法作品，正是他抒情达意、畅怀自娱的过程，也是他修身养性的重要手段。"又评饶宗颐先生书有"金石之气、学者之风"，而揭橥其由："盖先生数十年贯穿六经百史，染翰临池，冥心穷讨书画之趣，自成一格。"皆是慧心良言。所谓"品高，则下笔妍雅，不落尘俗；学富，则胸罗万有，书卷之气自然溢于行间。"先生以此论先辈，余亦以此论先生也。

先生早年入上图，得起潜先生言传身教，浸淫《孟法师碑》《伊阙佛龛碑》《倪宽赞》有年，下笔颇具河南神理。余尝见先生一九六三年抄本《映庵自记年谱》之《先府君行状》，为乃师所命日课之作，全篇小楷为之，不拘成法，点画精绝，书卷之气溢于行间，睹先生此迹，始知天分由人，不可强违。先生善书，鲜有妄作。余忝知书，几不索书。丁酉夏，先生二赴黔讲学，余亦自赣回黔，再次相晤先生于花溪。先生常年往来波士顿与上海，尺素殊远，既无缘随侍左右，惟冒然递上签条，请先生书"渡海山房"四字。先生黔中之行，不意留墨，未曾随身携印，允诺回沪另书寄下。不日，快递自沪来，封有先生圆珠笔手书名讳，意欲留存，与快递员争执而无果，直有片纸鸿宝沦为卑物之叹。待速启视之，先生翰墨赫然在内，款落"祝童先生雅属"，钤"宏烨斋"引首，钤"沈津之印"压尾，纸墨精善，持中秉正，不激不厉，隐隐然魏晋风规。旋即请良工装缮，高悬芸台。每抱膝独坐，炉霭氛氲，玉楮银钩，若与灯月相映，助余清吟之兴不浅。而往来佳士，不屑时下书坛之乡愿孟浪，得睹胜迹，顿还旧观，常流连寒斋而忘返。

先生著述宏富，就余所见，已逾八百万言。出经入史，又不斤斤规模艺文，初出无意，不工而工，反能平添朴拙之趣。嗟夫！学人易得，而才人不易得。先生以学人风貌示人，然世岂知先生亦为才人耶？盖先生致力广大，免于沉耽艺文而已。苏东坡跋黄山谷书云："鲁直以平等观作欹侧字，以真实相出游戏法，以磊落人书细碎事，可谓三反。"以余度之，先生本不屑以诸末技博得声名，然人格诚高，学问诚博，先辈风流沾溉既多，随意制作，皆得自然，备其古雅。是援东坡语以喻先生，或可得其要义。先生此自选之集，多所见刊，播传久远，然以先生之广大，此卅篇岂能囊载耶？夫先生之专攻，或有时而可商；先生之博涉，或此时而应彰。惟愿时时聆教，冀承先生之学说，更扬先生之行教也。

己亥初夏晚学祝童敬序于贵阳渡海山房

目　录

沈津自选集

沈津

自选集

千元百宋随缘了　只作烟云过眼人

——"国宝"徐森玉先生

　　如今，似乎顶着"大师""国宝"冠号的人物，时时有所耳闻，媒体的大肆宣传也推波助澜。细想之下，有些是自封的，有些是"托儿"说的，名不副实者何其多也。

　　2013年5月19日，是徐森玉先生逝世四十二周年纪念日。说起徐森玉先生，很多年轻人不一定知道他是何许人也。徐森老是浙江吴兴人，著名的文物博物馆学家，曾任上海博物馆馆长、上海市文物管理委员会主任委员，业内人士多尊称他为"森老"。如20世纪30年代末40年代初，郑振铎先生就已经这样尊称徐先生。

　　"徐森老是国宝"，这句话可是60年代周恩来总理说的。1964年12月，森老出席第三届全国人大第一次会议，周总理在接见森老时说："森老，您是我们的'国宝'啊！您这样高龄，理应让您休息了，可眼下咱们的年轻人一时还接不上，就请您老再辛苦几年吧。"在国内能当得起"国宝"者又有几人？森老，那是何等的人物，他的经历有许多传奇，又岂是我等后生小辈所能想象的。现今版本目录学这一领域，见过森老的人，尚健在的大约仅沈燮元先生、吴织和我（沈今年89岁，吴83岁，津亦向"古来稀"挺进），在台北的曾和森老共过事或聆听过他教诲的几位老人，也早已驾鹤西去了。

60年代初，他有时会来上海图书馆善本组，找顾师廷龙先生说事。每次来之前，汪庆正（森老的学生，也是秘书，后任上海博物馆副馆长，2005年10月去世）就会打电话来通知，说："森老要到上图，请顾馆长准备。"于是，我马上通知大门口传达室。森老的汽车一到，马上告知我。森老的汽车是一种老式的龟式小车，上海滩很少有的。那个年代，一般领导干部是没有专车的，森老是例外。

上博在河南南路16号，上图在南京西路325号，都在黄浦区，小车一开，十分钟就到。所以，顾师即早早率潘师景郑、瞿师凤起先生、吴织和我步出办公室，在三楼口的电梯旁列成一排恭候。不一会儿，楼下便会传来森老那中气十足的声音。森老胖胖的身躯，挂着拐杖，在我们的办公室不会待很久，一般也就半小时而已，每次讲的是什么内容，都不记得了。

我最后一次见到森老，是1967年在上图举行的一次上海文艺界批判"文艺黑线"的大会上，他是作为批判对象被带来的。还算好，不知是哪位善良的人拖了一把椅子让他坐下，不然的话，老先生虽是挂着拐杖，但站立两三个小时那可是吃不消的。1971年5月19日，森老由于"文革"中遭受迫害而去世，享年89岁。

我以为对徐森老最了解的当推汪庆正先生。大约是2002年，我回沪探亲，陈燮君兄知我到上海，就约我中午在上海博物馆见面。记得那天中午，我11时半到上博，见时间还早，就先去了汪的办公室。和汪先生这十多年中仅见过一次，那是在潘师景郑先生的追悼会上。在互道问候后，我就说，森老的事您最熟，怎么没见您的回忆文章？汪说：很想写，但这些年太忙了。我知道，汪馆长因为业务上的事，再加上出差、应酬，确是没时间。最遗憾的是，过了几年，连他也走了，真是天不怜才。

森老早年考入山西大学堂，学的是化学，曾编译过一本化学方面的书。当时的教师是李提摩太。其时，山西巡抚赵尔巽幕中，有叶景葵、陈理初、陈莱青等，皆与森老熟识。森老毕业后，获钦赐举人，《宣统政纪》有名单。宣统三年（1911），赵尔巽调任东三省总督，叶即推荐森老去东北创办测绘学堂。民国初年，森老在北京被派接任印铸局局长，但前任移交问题颇多，森老慨叹官场之腐败，不久即辞职。森老曾担任北大图书馆馆长，在教育部任职时，又和鲁迅同为佥事，又做过山西省文献委员会顾问、中央博物院理事。1924年11月，他任故宫博物院古物馆馆长，追回了不少清宫文物。在抗日战争中，他参与做了好几件重要的事情。比如金代重要佛典《赵城藏》，因日寇派人千方百计寻觅，情急之中，森老获得消息，找到郑振铎转告中共地下组织，由八路军协助抢运出来。

森老曾任北平图书馆善本部主任，在北平沦陷前夕，即主持将馆藏善本装箱运沪，分存中国科学社的明复图书馆及震旦大学图书馆。后日军进入租界，形势紧张，为求善本安全，森老又四处求人帮忙，分别搬运寄存各私人住宅。若无森老以个人盛名及保护国家文物图书感召，要使这批善本书安然无恙，实非易事。

国之重宝居延汉简，也是凭着森老的胆识，夜闯北大而得以妥存。那是在日军占领北平之后，森老偕沈仲章（北大毕业留校工作）潜往北大，将居延汉简全部取出，乘小汽车直奔天津，然后改换轮船转赴香港。这批汉简到港后，又运往美国，交驻美大使胡适，寄存美国国会图书馆。战后，因种种原因，汉简被运往台湾，现藏台北"中研院"史语所。1939年7月26日，森老自贵州安顺致函叶景葵，告以"七七事变"以来转移古文物之艰辛历程。有云："宝前岁七月，自旧京南下，溯江而上，俶居长沙四越月。得青岛友人电，居延汉简尚陷在北大研究所中。遂遵海潜回北平，设法将简二万余运出，送存香港（现在港影印，年底可竣）。去岁春，为鸠集故宫移出品物入蜀，夏入陕，秋入黔，冬入滇。行车不慎，竟至折股，在昆明医院疗治五越月，始能蹒跚挂杖而行。今岁季春，来黔西安顺读书山小住（洪北江榜书匾额尚存）。苗寨獠川，环拱左右，芦笙铜鼓，渚集听闻。山鸟如啼，野花似血，揽兹风物，频动离索之感矣。宝前在西南各地奔走，均为仅存之文物谋置善地。交通阻滞，盗匪出没无常，将来为罪为功，不能自卜。惟北平图书馆存沪最精之本，卢沟变前，悉数寄归平馆。内阁大库旧藏，明末清初地图，全部陷在南京！此则令人最痛心者也。"（原件，《尺素选存》）

抗战胜利后，森老任行政院接收敌伪文物审查委员会主任委员。据顾师廷龙先生回忆，当年接收陈群藏书是一大事。陈群藏书甚多，除藏南京颐和路泽存书库外，又有部分存于苏州、上海诸妾宅中。上海陈氏妾联名函请森老派员前往接收，藏书后集中于多伦路某号（原亦陈宅）。但苏州藏书却为军统接管，江苏特派员蒋复璁派人到苏州接收，军统人员在门口架机关枪拒之。据说，戴笠拟在上海江湾办一图书馆，因此他控制的敌伪产业处理局接管的图书文物均不愿交出。戴笠坠死后，情况有所改变，军统管理图书文物之人为廖某，此人信佛，森老亦素好佛学及慈善事业，两人相见如故，聚谈甚得。因此苏州陈群藏书始允运沪梵王渡路76号点收，并编造清册。

森老曾鉴定敌伪产业处理局所存书画。该局隶属军统，仗势不给教育部所属机关检视，故由行政院出面成立行政院敌伪产业管理处，以森老为主任。但森老费了九牛二虎之力，看到的文物字画却是赝品充斥，真品字画偶有一二，且均为小名家。因担心社会上会产生疑问，所以开列清单，注明真伪，由保管单位油印若干份，上报行政院和教育部，该单位旋即结束。

不久前出版的《中国甲午以后流入日本之文物目录》（中西书局，2012年），就是森老主编的。抗战胜利后，为索还被日军掠去的大量文物图书，包括香港沦陷后被日军运往日本的中央图书馆藏一批明刻本，教育部委托森老主持目录编纂工作。完成后，有关方面曾据此赴日交美军部，要求索还诸物。遗憾的是，虽经各方努力，仅有亚洲文会图书馆及中央图书馆两批书得以原封领归。

上海博物馆和上海图书馆的建立，都和森老有关。早在1946年5月，森老就被选为合众图书馆董事会董事。1949年5月，又当选为常务董事。1953年6月，"合众"捐献上海市人民政府，董事长张元济委托森老为代表捐献，更名为上海市历史文献图书馆。新中国成立后，森老又负责筹建上博和上图，并提议筹设上海市文物管理委员会。他主持接管了某仓库所存甘肃出土的彩陶，没收了敌伪遗留下来的一批图书，接受了多位收藏家捐献的图书文物，同时也收购了不少流散的图书文物，参加华东文化部抢救"废纸"工作。他为国家征集、鉴定大量文物，对新中国文物事业做出了卓越贡献。郑振铎曾动情地说："森老是一个'全才'，他的一言，便是九鼎，便是最后的决定。应该争取做他的徒弟，多和他接触，多请教他。如果他离开了上海，文管会准定办不成，且一件东西也买不成。华东方面千万要拉住他，不可放松。"（《抢救祖国文献的珍贵记录——郑振铎先生书信集》，学林出版社，1992年）

森老的学问也是众人所推崇的。早在1940年12月19日，郑振铎致张寿镛函即云："昨日下午，曾偕何（炳松）先生访徐森玉先生长谈。……森玉先生为版本专家，有许多事正可乘便请教他，诚幸事也！"（《抢救祖国文献的珍贵记录——郑振铎先生书信集》，173页）而1950年6月11日，郑先生致唐弢函，则云："森老为今之'国宝'，应万分的爱护他。别的老人们徒有虚名耳。他乃是真真实实的一位了不起的鉴别专家，非争取他、爱护他不可。"

嘉业堂主人刘承幹《求恕斋日记》（稿本）中，记载了1941年5月10日晚，刘氏在寓所宴请何炳松、徐森玉、郑振铎、瞿凤起、顾廷龙、张乃熊等人："席间闻森玉、西谛二公所谈所见之书，渊博极矣。见闻多，记忆力强，真可佩也。"香港中文大学教授牟润孙回忆早年在北京买书情形："我常向徐森玉先生请教。森玉先生，版本目录之学冠绝当世，也很乐意指导后学新进，我能略知清代书籍的版本，多数得益于徐先生。"（《海遗杂著·买书漫谈》，香港中文大学出版社，1990年）

森老和文物打交道由来已久，他的老师宝熙（1871—1942）是清朝宗室，光绪十八年（1892）进士，历任内阁学士兼礼部侍郎、总理禁烟事务大臣等职。

做过山西学政、内务府大臣。入民国后，任总统府顾问，后曾任伪满洲国内务处长等职。工书法，能诗，学问很大。据顾师廷龙先生回忆，森老的老师宝熙与端方同住一宅，端方所藏钟鼎彝器、文房四宝、明清字画、书籍碑帖，收藏之丰富，在当时无出其右者。时端方由两江总督革职回京，森老得与宝熙、端方商量探讨，亦得机缘摩挲赏鉴，遂于文物之学突飞猛进。

1915年，森老34岁，风华正茂，以教育部统计科科长兼秘书出掌北京大学图书馆馆长职。其时，他与袁克文时相往来。克文为袁世凯次子，民国四公子之一，其《乙卯日记》中有关于森老购书、赠书的记载十五则。如赠克文者有清余集过录曝书亭校宋本《白石道人诗词》一册、清鲍氏知不足斋抄本《元宾文编》五卷、明安氏桂坡馆仿宋刊《初学记》三十卷、明嘉靖刻本《宗忠简公文集》六卷、明南监本《南宋书》五十九卷、明刊《大明清类天文分野之书》二十四卷、明刊本《贾子新书》及《人物志》、日本旧活字板《五百家注音辨昌黎先生文集》四十卷、清叶廷琯手校影写巾箱本《叶先生诗话》三卷、敦煌石室所出唐人写《四六文》残卷、明刊《楚辞集注》八卷及《后语》六卷、宋绍兴修补本《文选》(残第二十五卷)、唐印《恒河沙泥佛顶经》、大字本《韩非子》二十卷等。

森老自己也有一些藏书，但多已散去。我曾见美国哈佛大学哈佛燕京图书馆藏抄本《甲申日记》，内即有"徐鸿宝藏书之印"。又有《金石集录》一部，也为森老早年手拓。如今的中国国家图书馆还藏有森老手校或收藏的元刻明递修本《晋书》、明万历书林童思泉涵春楼刻本《墨子》、清康熙泽存堂刻本《群经音辨》等。《上海近代藏书纪事诗》于先生有云："百尺珊瑚不染生，太丘道广为流尊。千元百宋随缘了，只作烟云过眼人。"又云："先生读书万卷，气息渊雅，文采斐然，工诗词，擅书法，尤精小楷，曾谓少时学黄自元，以致不能脱馆阁体，其谦逊如此。"

森老之于文物鉴定有较高的水平，那是因为有环境之孕育，有师友之交流，也有本人之努力，这绝不是靠自己夸耀、朋辈吹捧可以达到。1924年，故宫博物院成立，森老参与清点工作，所接触的文物，既广且富。"文革"中，曾有人批判森老不懂鉴别，对文物图书的真假，随意说说。对此，顾师廷龙先生甚为不平，顾先生认为："森老从事文物工作数十年，若虚假蒙人，在短时期内，少数人面前，或能不暴露，岂能在全国范围内，应对专家学者之请教？"

我对森老的过去，也想多了解，可惜的是，所见第一手材料太少。前些年，我写过一篇《郑振铎与文献保存同志会》。那是在抗战期间，郑先生和森老、张元济等人，在重庆国民政府教育部陈立夫、朱家骅等人的支持下，与中央图书馆蒋复璁先生合作，为国家、为民族保存了大量珍本古籍和文献。文章发表后的2000年，我又在台北"国家图书馆"特藏组保存的"文献保存同志会"档案里发现了森老致蒋复璁的信十七通，凡七千余字，内容涉及当年与郑振铎等在沪为中央图书馆购买善本图书及转移善本图书至香港事。

2008年春，我在上海休假，花了一天时间，和顾诵芬院士在先师旧居里整理遗存的杂件，居然发现了章钰、闻宥、王献唐、王大隆等人致老师函札，还有先师的一些随手札记及回忆草稿，都是2003年我编撰《顾廷龙年谱》时所未发现的，其中有一份涉及森老，想来先师生前很想写一篇回忆森老的文字，遗憾的是却没有完成。其中有些内容，或可补苴《徐森玉》专著之遗漏。

我以为，记录人物活动以及哲思底蕴之真切，可谓重要的文化财富。森老一生经历了太多的重要事件，以至传奇无数。他的所见所闻，正是一代文化史之见证。森老对于文献的认知和贡献，应该有专人去研究的，至于一些重要古籍如《萝轩变古笺谱》等，都和他有重要关联。

还是用牟润孙先生《徐森玉先生九十寿序》中的文字来做结尾吧，因为牟先生所说最为真切，最能概括森老的一生成就及品格："轻富贵易，轻没世之名难。山林枯槁寂寞之士，尽亦有置没世之名于不顾者；特其人多孤芳自赏，不与世同休戚，斯孔子有鸟兽不可与同群之叹也。旷观今日士夫，莫不以富贵为趋，以声华相逐；由是以害群毒类，亦悍然安忍为之；世变之酷，殆根于此。顾其中有一人焉，和其光，同其尘，涅而不缁，皓皓乎超富贵声华而上之，勤勤焉，恳恳焉，惟以淑世为心，则吴兴徐先生森玉是矣。先生受业于式枚晦若先生之门，贯通经史，尤工骈俪，学至精博，而谦挹珍秘，不轻示人。润孙可得而言者，约有三焉：先生深于录略之学，论历代典籍传写雕印之源流沿革，如数家珍，造诣所极，冠绝海内。京师、北平、东方、中央、上海各馆之设立，搜集采访，都先生任之，以故华夏藏书于兵火外流之余，犹得保存劫灰于万一。今之司典籍、言版本能略窥门径者，溯其师承，尽皆渊源于先生。即南北诸藏书家商榷质疑者，亦踵相接也。先生未著书言版本，且未手编目录，悉以其所知者启迪后学，助人撰述，此其一也。近人重考古，更好言艺术，殷周铜器、古物字画以及碑版石刻，论之者多矣，而言及鉴别真伪、考订年代，群敛手推先生为祭酒。论者聚讼莫决之事，往往得其一言而解。平生所得，悉奉之于公，痛绝巧取豪夺以自肥之行，一室萧然，无奇书古物之私蓄，如世流名士之所为者，此其二也。法相宗自玄奘窥基而后，中土久绝嗣响。先生中年皈依三宝，精研唯识，建三时学会以居之。公退之暇，茹素研诵，探隐索奥，湛密圆融，韩居士德清，备加推许，以为举世无两。先生则深藏若虚，未见其笔之于书，从不闻其为人说法，此其三也。至于光宣以降，民国而后，政潮起伏关键，文物散佚存废佚闻，先生之所亲历目睹者，润孙尝侍坐左右，获闻其一二，率为未曾传世之秘辛。""其访求文物也，偶有见，则必力图所以保护流传之道，以公诸世。《碛砂藏》之影印，《赵城藏》之发现，世备知之矣。七七变后，居延汉简遗于北平某地，日寇索之急。先生浼沈君仲章设奇计以出之，秘运至香港，辗转移存于美，今始归赵，日人始终不知也。今人多能读居延汉简考释，而孰知其中所历之艰险哉？战时以维运古物，至于覆车折腿，复间关奔走，鸠采志士，搜集书籍于东南，厥功尤伟。"

2013年5月7日初稿

2013年5月9日修改

张元济与《涵芬楼烬余书录》

在中国的书志学、版本学的各种图书中，张元济的《涵芬楼烬余书录》及《宝礼堂宋本书录》是两部非常重要的不可忽视的著作。本文的写作，就《涵芬楼烬余书录》(以下简称《书录》)的来龙去脉做一概述，并以此来纪念张先生诞辰一百五十周年。

涵芬楼藏书之初期

清光绪二十三年（1897），商务印书馆创立于上海，数十年后，它已成为近代中国最为重要并具多方面影响力的出版机构。它对中国近代文化史的贡献是口碑载道，不容置疑的。

张元济，字筱斋，号菊生，浙江海盐人。清末为总理各国衙门章京，创办通艺学堂，参加维新运动。任上海南洋公学译书院院长。1902年入商务印书馆，任商务编译所所长、经理、监理、董事长，主持馆务达五十余年。1949年后，为第一、二届全国人大代表，上海市文史馆馆长。著有《校史随笔》《张元济诗文》《张元济书札》等。

1903年，张先生应邀出任商务编译所所长，次年即筹建编译所图书资料室。张先生《涵芬楼烬余书录》序云："乃于编译所前，宝山路左，置地十余亩，构筑层楼，而东方图书馆以成，聚所常用之书实之馆中，以供众览。区所收宋元明旧刊暨钞校本前人著述未刊之稿为善本，别辟数楹以贮之，颜曰'涵芬楼'。"有记载云：1909年张委托孙毓修为资料室命名，孙原拟名为"涉园"，但张以为不妥，此可见11月15日张先生致孙毓修书，云："奉示敬悉。藏书室别定一名，并备异日印行古书之揭集，用意甚善。惟以公众之物，而参以私家之号，究属不妥，还祈别选一名为宜。"后孙拟名为"涵芬"，这在孙毓修《起居记》（1909年12月29日）中即有"在涵芬楼所得之书为……"的记载，可见那时编译所图书室已用"涵芬楼"之名了。"涵芬"一词，不见前人所用，按涵有包容及沉浸之意，芬有香气及众多意。

自古无聚而不散之物，聚固我幸，散亦理之常。故自来收藏家鲜有百年长守之局，近代如咸丰、同治之时，犹止百数十年，而烟云幻灭。如陆心源（潜园老人）皕宋楼者，正已不少，胡朴安为《测海楼旧本书目》题词有云："图书聚散寻常事，楚得楚亡未足忧。最是伤心惟皕宋，大江混混向东流。"然而尽管如此，张元济却认为斯文未绝，吾道不孤，必且有尽发名山，以光盛世之一日。涵芬楼的早期藏书来源多为会稽徐氏熔经铸史斋、长洲蒋氏秦汉十印斋、太仓顾氏謏闻斋、宗室盛氏意园、丰顺丁氏持静斋、浭阳端方宝华斋、巴陵方功惠碧琳琅馆、南海孔广陶三十三万卷楼、江阴缪氏艺风堂等家。

张先生在中年时，每次去北京，必定捆载各种古籍而归，其中不乏善本。至于贾人持书叩门求售，苟未有者，辄留之。《校史随笔》是张先生的古籍校勘学专著，由傅增湘作序，序云："招延同志，驰书四出，又复舟车远迈，周历江海大都，北上燕京，东抵日本，所至官私库藏，列肆冷摊，靡不恣意览阅。耳闻目见，藉记于册，海内故家，闻风景附，咸出箧藏，祝成盛举。"这就是当年张先生搜集图书的真实写照。"商务"同人曹严冰也有回忆：1918—1936

年间，几乎每天下午五时左右，总有两三个旧书店的外勤人员，带着大包小包的书，在商务发行所二楼美术柜前等候张先生阅看。对一些值得重视的本子，他都仔细翻阅，或带回家去精心查核。

费力多多，必有所获。涵芬楼所搜书籍中颇多重要藏书家的藏本，如宁波范氏天一阁、昆山徐乾学传是楼、常熟毛氏汲古阁、钱氏述古堂、张氏爱日精庐、秀水朱氏曝书亭、歙县鲍氏知不足斋、吴县黄氏士礼居、长洲汪氏艺芸书舍及泰兴延令季氏、乌程蒋氏传书堂等。

1927年3月21日，上海工人第三次武装起义爆发，商务工人纠察队四百余人参加战斗，起义总指挥部先设在"商务"职工医院（疗病房）内。东方图书馆一度被军阀毕庶澄部某排占据，工人纠察队采用围攻和宣传攻势，次日守敌部分潜逃被俘，东方图书馆回到工人纠察队手中，此后成为上海总工会工人纠察队总指挥部。

所谓"秀才遇到兵，有理说不清"。在这样的紧张形势下，张先生非常担忧这些承载中国传统文化的古籍图书的命运，为了保护好这批费尽辛苦而搜集到的先民撰述，他在涵芬楼所藏众多善本中又遴选出五百余种"好书"，五千三百余册，存放于租界的金城银行地下保险库内。张先生序《书录》中又云："北伐军起，讹言日至。东方图书馆距车站才数百武，虑有不测，又简善本之精者，寄存于旧租界金城银行。"是年3月24日，张致傅增湘信中有："此次闸北极危险，幸无恙。所借三种及公司好书租放租界银行地库中。"4月23日，张致傅信又云："涵芬楼善本，多半已移存租界银行公库地库内，检寻甚不易，其存放工厂保险库者尤为混乱，需用影元本《陵川集》恐稍需时日，方能检寄。"

金城银行于1917年成立，历经北洋政府、南京政府及汪伪政权等不同时期，这家起步于天津的私营银行一直坚持"审慎之中力求急进"的经营方针，始终没有发生大的危机。在民国年间，居私营商业银行之首。"金城"之名出自《汉书·蒯通传》："金城汤池，不可攻也。"1924年，"金城"在上海江西路东侧上海公共租界工部局大厦对面兴建大楼，1936年后，此处成为金城银行总行。1956年，这座建筑改为上海市青年宫，后又为江西中路200号招待所，今为交通银行上海分行所在地。

"商务"涵芬楼的被毁

"商务"涵芬楼的被毁，是在1932年1月28日，日本海军陆战队及武装侨民沿北四川路而进，在铁甲车引导下，企图越过北河南路底华界处大门。驻闸北我十九路军将士奋力抵抗。次日清晨，多架日军飞机由黄浦江中航空母舰起飞，向闸北空际盘旋示威。七时许天大明，实施轰炸。十时半，日机接连向宝山路"商务"总馆投弹六枚，全厂皆火，焚余纸灰飞达十数里外。是日下午三时许，全厂尽毁。

2月1日，日本浪人又闯入东方图书馆纵火，"晨八时许，东方图书馆及编译所又复起火。顿时火势燎原，纸灰飞扬，烟火冲天，遥望可见。直至傍晚，此巍峨璀璨之五层大楼方焚毁一空"（《上海商务印书馆被毁记》第16页）。至此，张先生精心收集庋藏的大批珍本古籍与其他中外图书计四十余万册，高栋连云，一夕化为灰烬。时纸片随大火冲天而起，飘满上海天空，有的被东北大风吹向沪西地区，飘落到极司非尔路先生寓所花园。张先生面对满天纸灰，悲愤异常，对夫人叹曰："工厂机器、设备都可重修，唯独我数十年辛勤搜集所得的几十万册书籍，今日毁于敌人炮火，是无从复得，从此在地球上消失了。""这也可算是我的罪过。如果我不将这五十多万册搜购起来集中保存在图书馆中，让它仍散存全国各地，岂不可避免这场浩劫！"（张树年《我与商务印书馆》，载《商务印书馆九十五年》第290页）2月5日，"商务"编译所同人为东方图书馆被日寇炸毁发表宣言，云："夫东方图书馆已有三十五载之历史，其收藏之富，在远东尤为罕见，图书总额在六十万册以上。其中中国书籍，尤为珍秘难得，有中国最古之南北宋版本图书百余种，有木刻之重要著名书本二万余册。所藏中国省府县志，为中国最大之史地书库，至元明清之精刻书本重要者，更难屈指以数；又欧文书籍，历年亦设备甚多，足与著名之马利逊文库相匹敌，此包罗重要文献、珍贵无比之宝藏，今乃无故被毁于日机狂暴轰炸之下。此种人类文化之损失，宁有恢复之可能？"（《张元济年谱长编》下册891页）也是在这一天，张先生在复吴其信的信中述及东方图书馆被毁情况，云：

"事前运出者为数极少，中外图书约得五十万册，其他精校名钞，总有二三万册，全国方志约三千种，其中明志亦在百种以上。一刹那间化为灰烬，绛云之后，可为巨劫。蒙以重聚相勖，非特无此资材，即岁月亦不我与，其何以副我故人之望耶！"（《张元济年谱长编》下册893页）

3月17日，张先生致傅增湘信又云：

"《太平御览》《册府元龟》、黄善夫《史记》底片据报均已事前携出，然弟尚未见。至初印样本则已均化劫灰矣。《衲史》校本多存敝处，幸未失去，惟底版则尽已被焚。此固尚可重照，独蜀本《周书》涵芬楼存有黄、白纸各一部，白纸本仅缺五卷，两种印本精湛，与所谓邋遢本绝不相同，可谓海内孤本，正在照相，故尽被六丁摄去。日后重印此书，正不知如何着手，愿兄有以教之。"

昔人谓奇书秘籍，在处有神物护持。故不幸中之万幸的是存放于金城银行的善本书毫发无损，张先生《书录》序云：金城银行保管库中之书部署甫竟，而倭寇遽至。"一二八闸北之役遂肇兴于此时，大难未临，余何幸乃能为思患之预防，不使此数十年辛勤所积之精华同归于尽，可不谓天之所祐乎！"

4月16日，张先生致刘宝书信云："东方图书馆成立数年，于社会教育不无裨益，今亦尽付劫灰。宋元旧本事前仅携出五千余册，即宋椠元刊两类，已毁去三千余册，恐此后不可复得，最为可惜。"6月22日，张先生复罗家伦信又云："商务被毁，固属可惜，最可痛者为东方图书馆，五十万本之图书及涵芬楼所藏之古本（原存三万五千余册，事前取出寄存银行者仅五千三百余册）。此恐无复兴之望，每一念及，为之心痛。"据当时张元济的记录，涵芬楼善本寄存金城银行库中及临时取出者，凡宋本九十二种，元本百零五种，明本同校本八十一种，抄本百四十七种，稿本十种，总共五千余册。

涵芬楼烬余之书拟编书目

事后，这批烬余典籍于"一二八"后仍暂存金城银行保险库中，张先生痛心涵芬楼数十年煞费苦心的搜藏在一夕之间的覆灭，深感于藏书"虑其聚久必散也"，即有将这些善本书编一烬存书目之念。但是，"编一目录"的念想，很快又被"撰写解题"的计划所代替。因为编一目录所能体现的仅是一书之书名、卷数、作者、版本等，并不能钩稽所遗善本之内涵。因此张先生乃有重写《书录》之计划，即将幸存善本逐书撰写解题，期借此留存各书详目，恐日后如仍遭难，尚可寻其始末。

此说可见1932年3月28日张先生致赵万里信，云："四年之前，曾检取二三千册寄存金城银行库中，其余尽付一炬，言之痛心。现拟编一目录，留待后来纪念。"(《张元济年谱长编》下册891页）次年4月18日张先生复丁英桂信，云："现编《涵芬楼烬余书录》，尚未完毕。""是月，续编《涵芬楼烬余书录》。"(《张元济年谱长编》下册920页）

顾廷龙《涵芬楼烬余书录后序》云："当先生初辟图书馆，以为只便阅览，未足以广流传，遂发愿辑印善本，博访周咨，采摭、版合，成《四部丛刊》《百衲本二十四史》等，皇皇巨编，嘉惠来学。先生尝言：景印之事早十年，诸事未备，不可也；迟廿年，物力维艰，不能也。此何幸于文化销沉之际，得网罗仅存之本为古人续命，而又何不幸于甄择既定之本，尚未版行，乃蠃火横飞，多成灰烬，是真可为长太息者也。馆中藏去，毁者什七八，存者什二三。然犹幸宋、元精椠，名家钞校，大都留遗，先生因编次为《烬余书录》，考订详明，于流略之学多有裨助。所毁善本原有目录，犹可考见，其中稿本抄本，或竟未刊行，或刊传未广，或为祖本，或有名校。如目中所载金亦陶手钞元人诗，为吾家侠君先生选元诗时所据底本，一线之传，实赖于斯，今亦绝迹人间。披览存目，为之慨然。"

现存《书录》之稿本

大凡作者写一篇文章，都要经过起草、修改、定稿这一过程，甚至数易其稿，更何况一部著作的完成，更又倾注了作者多少心血。所以在写作过程中，必定有数种不同程度的修改稿本出现。稿本中有初稿，包括作者的原稿、草稿，此可视为作者亲笔写成的第一次稿子。笔者以为《书录》之写作，应该是在涵芬楼遭毁后不久的1932年4月始，即张先生致赵万里信后，其时张66岁，而完成初稿的时间当在五年后的1937年5月初，张已71岁了。

目前我们所能看到的形成于20世纪30年代的《书录》稿本，藏于上海图书馆，计十册，毛装，纸捻订本。红格十行，为蓝色或黑色复写纸打字所印。也偶尔出现有黑格者，书口下印"涉园张氏钞本"，此应是张先生自己家中所制。封面用牛皮纸旧信封废物利用。内封之书名为顾廷龙所题，篆书，背面"上海商务印书馆藏版"，亦为顾书。第一册书口间有"涵芬楼烬余书录"并页码，审为张元济手书。钤有"上海市历史文献图书馆藏"印。

我以为此《书录》并非张先生的手稿本，即初稿，而是一部修改稿。此稿本作为修改稿的依据，是当年"商务"的办公室秘书用打字机在复写纸上打出来后并由张先生及他人亲笔修改，这也与将原稿交由他人誊清后再由作者等人亲自修改的情况相同。当然，不可否认的是，当年用打字机在复写纸上打出来的蓝印（黑印）本，应该不止一份，但经张先生修改的当为此份。

此稿本第一至二册为经部，第三至四册为史部，第五至六册为子部，第七至十册为集部。封面第一、四至六册为顾廷龙题"涵芬楼烬余书录"，第二至三册为佚名题（毛笔），第七至十册为另一佚名题（钢笔）。又第二至三、七至十册的封面只有张先生书，分别为第二册书"发排。张元济38/11/5。38/11/15"；第三册书"张元济38/11/6。覆校讫38/11/7。发排38/11/15"；第七册书"张元济26/5/12覆校（朱笔）。38/11/11又覆一过。可以发排。38/11/16张元济"；第八册书"张元济26/5/13覆校（朱笔）。38/11/13晚又覆一过。抽去一页，移入史部。可以发排。张元济38/11/18"；第九册书"张元济26/5/13覆阅一过（朱笔）。38/11/12又覆过，抽出三页。可以发排，38/11/18张元济"；第十册书"张元济覆校（朱笔）。可以发排，张元济38/11/18"。

从张先生对稿本的审核复校所写下的时间，我们可以知道最早当在1934年12月8日，那是在宋刊残本《周易要义》上批有"此书亦限于本月十六日出版，请与丁英桂先生接洽。张元济"（这个时间只出现一次，此应指《四部丛刊续编》收入《周易要义》事），其他的时间是在1937年5月12日至13日。也就是说，在30年代，张先生修改完成此稿本的时间，应该是在此时。以后则是在12年之后的1949年11月5日至18日。

初稿完成前，张先生即委托铁琴铜剑楼主人瞿启甲为《书录》撰序，瞿序完成于1937年5月。序云："海盐张菊生先生，手创涵芬楼附设于商务印书馆。……先生精于校雠，不愧家风，……其影印《四部丛刊》《续古逸丛书》《百衲本二十四史》，复宋元旧刊本之本来面目，尽泄天地间之秘藏，其嘉惠士林，有功文化，不在黄、顾之下，岂仅抱残守缺而已哉。壬申春，遭阳九百六之会，万缣灰烬，学者异惜之。昔左江图书厄于绛云一炬，此则更有甚也。幸有六百余种多孤行早见之书，储于金城银行保管库，得免于难，希世之珍尚在人间，亦足以自慰矣。菊生先生睹旧物之仅存，幸斯文之未丧，惊叹之余，亟编《烬余书录》。详记宋讳阙笔以定年代，更考刻工姓名以断地域，付印于世。余遍览前人目录，未有若此之精且确者。"（仲伟行等编《铁琴铜剑楼研究文献集》，144页）

《书录》中张元济等人的批改

稿本中张先生批改的手迹颇多，从字里行间可以窥见他用力颇勤。无论是用几号字体，还是钤印的著录格式，都是细致入微。

如第一册第一种为元刊本《周易郑康成注》不分卷，书眉上批有"书名用三号字，占二行地，四号字""每一种至少占半面，第二种即自后半面之第一行起。如第一种占半面，又零二行，或一行者，第二种即自第二页第一行起"。

宋抚州刊本《周易》十卷，书眉上批有"图章排六号，应否占二行地位，主排工友酌之""图章用五号、新五号、六号，就字之大小配合用之，如五号嫌大，全用六号亦可"。有的印章由于占位多出一行，张批"第三印可用六号字"。

元刊本《书集传》六卷，张批"木记各行文内不用直线"。

在内容上，张先生也有改动。如影宋钞本《春秋繁露》十七卷，书眉上张元济批"原稿有误，经鹤亭为之指正改定，此稿惟末节未用鹤亭之言。张元济"，按鹤亭，为冒广生。冒与张于1898年结识于北京，知交多年，相知有素，时冒氏校订诸子，于《春秋繁露》已考定为从宋本出，今日当推第一本。《春秋繁露》的另一部明刊本，张氏又批注云："要大改。以下抽去一页，随后补发。约留两面地位，可以够用。张元济38/11/14。"

汲古阁刊本《说文解字》十五卷，张批云："提书看过，方能作定。"此乃针对《书录》第一句"吴县雷送重刊顾广圻《说文辨疑叙》"而写。

宋刊元明递修本《宋书》一百卷，有"有嘉靖十年补版""此页何以不排，诧异之至。张元济38/12/13"。

明嘉靖刊本《宋丞相崔清献公全录》十卷，张批有："应移入史部""排在《皇明开国功臣略》后""此移。集部第八册移来，故彼册缺去"。

明嘉靖刊本《水经注》四十卷，又一部明嘉靖重金少、《大典》本。此篇书录，张元济重拟并补充四百字，可见后来之定本。

明刊本《洛阳伽蓝记》五卷，张元济添加："察其版刻，当在明代嘉隆之际，原缺卷二第四、第九、第十八等叶，均钞补，昔毛斧季获见是刻，即已言之，世间藏本，无不皆然，盖残佚久矣。"

金刊本《经史证类大观本草》，张批有"附字，用五号排在旁边"。附字为"附本草衍义"。"应查已（以）前排成各页，以归一律。张元济38/12/12。"

明钞本《鹤山渠阳读书杂钞附经外杂钞》不分卷，张批有："附字。用五号排在旁边，附字或旁或中，应照以前排成者一律。张元济38/12/12。"

明嘉靖钞本《永乐大典》，张批有："卷之一万一千一百二十七至一万一千一百三十四，凡八卷，为上声八贿韵中水字之《水经注》半部，已移入史部，余均不全本，仍列入子部。如下。王雨楼先生。张元济38/11/21。"王雨楼，为商务印书馆排字印刷部门的主管人。

除张先生外，又有佚名者以行书朱笔做批注，如明刊本《沈隐候集》四卷，佚名批"与张薄刊本编次不同，所收文字视张本少十余首，然亦有为张本所无者"。改为"前有万历乙酉云间张之象序，此已佚。沈氏昆季先刻《谢康乐集》，继刻此集。其后新安程荣据是本覆刻，编次悉同，惟析四卷为五卷。闽漳张燮、太仓张薄、滇南阮元声递有刻本，所收文字，略有增益，然亦有诸本所无者"。

又如蒙古刊本《史记》一百三十卷，批有："目录后书名款式应查明。""要排得合式，请工友及校对诸君费些心。""打字人怎么程度低到如此？可叹！"

实际上，20世纪三四十年代"商务"出版的各种线装本字体多是整齐划一，《四部丛刊》《百衲本二十四史》《孤本元明杂剧》等大书时即是如此。别小看《书录》的排印本，从版框、行线到字形的拼接、粗细宽窄，再到刷印墨色的浓淡，这种烦琐细微的工作，有人或以为无足轻重，但张先生却是严肃认真，于此也可见一斑。

《书录》初稿在 1937 年 5 月张先生审阅完成后，一直存放箧中。40 年代初期，被利用过一次，那是因为顾廷龙和潘景郑为编《明代版本图录》，须向各私人收藏家及某些单位商借明代刊本以备摄影，涵芬楼烬余书也在借摄之列。如 1940 年 1 月 4 日，顾廷龙专访张先生，托借烬余书五种。1941 年 10 月 3 日，张先生在《明代版本图录》原稿上改正数条后，并还于顾廷龙。是日，张又有信致顾，云："涵芬楼藏书洪武本却有数种，建文本已不见，想毁去矣。永乐、宣德本亦间有数种可用。《烬余书录》如需阅，候示检呈。"（《张元济年谱长编》下册 1172 页）次日，张先生又致顾廷龙信，除见假《书录》书稿，又云："《涵芬楼烬余书录》稿本十册呈上，乞察阅。馆藏善本寄存金城银行，原在平地室中，近因潮汛高涨，已移楼上。因逼窄，只能将书筐层累，且转折亦无余地，故取书较难。异日借影，如其本适在下层，恐难从速，合先陈明。"顾廷龙认为可借摄之本甚多，并托潘景郑先选一过。（《张元济年谱长编》下册 1172 页）

在顾廷龙 1941 年 10 月 5 日的日记中，记有"阅《涵芬楼烬余书录》"。10 月 6 日，又有"阅《书录》，选出二十种，拟借来摄影"的记载。

《书录》有借鉴《涵芬楼秘笈》的提要之处

《涵芬楼秘笈》是"商务"出版的一部重要丛书。据孙毓修序，知皆为涵芬楼所蓄秘籍世无传本者，"以旧钞旧刻、零星小种、世所绝无者，别为《秘笈》。仿鲍氏《知不足斋丛书》之例，以八册为一集，月有所布，岁有所传，其用心亦勤矣。"此丛书从选书、校印、跋文乃至广告词，皆孙氏所为。以《秘笈》全书 51 种之跋文，孙氏撰有 49 篇，而第四集中的《敬业堂集补遗》、第九集中的《雪庵字要》两种之跋，则出于张元济之手。

孙毓修（1871—1923），江苏无锡人。肄业于南菁书院，1907 年入商务印书馆，追随张元济十余年。曾受命管理涵芬楼藏书，为汉学名儒，淹贯中西。参与辑印《痛史》《涵芬楼秘笈》《四部丛刊》等丛书，后因积劳致疾，去世时年仅五十余岁。撰有《中国雕版源流考》《中国文学史论》《四部丛刊书录》《书目考》等。

《书录》在撰写初期，曾参考了过去"商务"出版的一些图书，这也是很正常的。笔者曾将《涵芬楼秘笈》中孙氏所写提要读过一遍，对照《书录》，略有所同，兹以三例证之如下：

《涵芬楼秘笈》第二集孙毓修跋，作于1917年1月。又见《孙毓修评传》第394页。

右《山樵暇语》十卷，明俞弁撰。见《四库》附存目。《提要》不详始末，故列于明季诸家间。今按弁字子容，又号守约居士，正德嘉靖时人，后序甚明。《四库》据天一阁本著录者，盖失其后序也。书中称吴文定公、王文恪公为乡人，则亦吴人也。卷五"予一日访唐子畏于城西之桃花坞别业"云云，又知其为六如之友。是书杂录古今琐事及词章典故，间加考证，亦有全录旧文者，体例在诗话、小说间。卷十引宋俞文豹《吹剑录》以自况，并效文蔚题诗二绝，可知其宗旨所在矣。然纪载翔实，不如文蔚之议论纰缪。四百年来，传本绝稀。涵芬楼得华亭朱象玄手钞本，有"朱象玄氏""朱文方印""朱氏象玄""太史氏印"白文两方印。象玄快阁藏书久已散为云烟。昔年曾见大德本《汉书》，捵其藏印。此出手钞，弥可珍也。丙辰夏正十二月无锡孙毓修跋。

《涵芬楼烬余书录》（子部第53页，B面）

《山樵暇语》十卷，明钞本，二册，朱文石旧藏

明俞年撰。《四库》入杂家类存目，因未详始末，明人钞本，故列于明季诸家，是为明人钞本。卷末有作者后续，知年字子容，又号守约居士，为正嘉时人。《四库》据天一阁本著录，盖失其后序者也。书中称吴文定、王文恪为

乡人，作者必为吴人。卷五云：予一日访唐子畏于城西之桃花坞别业。是又为六如之友矣。是书杂录古今琐事及词章典故，间加考证，亦有全录旧文者，体例在诗话、小说间，卷十引俞文豹《吹剑录》以自况，并效文蔚题诗三绝，可知其宗旨所在矣。然纪载详实，不如文蔚之议论纰缪。

《涵芬楼秘笈》第二集孙毓修跋，作于1916年1月。又见《孙毓修评传》第393页。

右《蓬窗类记》五类，明黄暐撰。字日昇，号东楼，吴县人。弘治庚戌进士，官至刑部郎中。明刻《烟霞小说》，有《蓬轩吴记·蓬轩别记》一书，歧为二名，又误题杨循吉著。岂以传本出于君谦，致有此误耶？此明初钞帙，尚是足本，分二十八纪，皆不出乡里故实，亦《中吴纪闻》之流亚也。旧藏杨梦羽家，前三卷又经黄荛翁手校，愈足为此书引重，摆印时为分注当句之下，以存其真。钞本显然谬误，黄氏据别本改正者，不复引也。卷一至二，有隆庆间人海虞陶庵子手评，于本书不无渝注之益，因仍存之。乙卯冬月无锡孙毓修小绿天识。

《涵芬楼烬余书录》(子部第84页B面)

《蓬窗类记》五卷明钞本一册杨梦羽、黄荛圃校藏

题"黄暐日昇撰"。按：暐，吴县人。明弘治庚戌进士，官至刑部郎中。《四库》列小说类存目。前国朝典故中，亦有是书，但仅四卷。明刻《烟霞小说》，有《蓬轩吴记》《蓬轩别记》，歧为二名，又误题杨循吉著。此为明人钞帙，尚是足本，分二十八纪，皆不出乡里故实，亦《中吴纪闻》之流亚也。旧藏杨梦羽家，前三卷经黄荛圃手校。

《涵芬楼秘笈》第五集孙毓修跋，作于1918年6月。又见《孙毓修评传》第

403页。

《存复斋文集》十卷附录一卷，元朱德润撰。按泽民九世祖贯，为睢阳五老之一，其后世渡江为吴人。泽民延祐末以赵孟荐，授翰林应奉文字兼国史院编修官，寻授征东行省儒学提举，后移疾归。至正间，起为江浙行中书省照磨官，参军事，官杭、湖二郡，摄守长兴。《四库》谓泽民惟长于书画，乃入其集于《存目》，以是传本甚少。然同时如俞午翁、虞劭庵、黄金华并为作序，一致推重。至德挥毫，柳林献赋，夫岂偶然？此本题"元征东儒学提举睢水朱德润泽民著；曾孙夏重编；赐进士湖广按察使东吴项璁彦辉校正"。惟卷一一见，犹存古意。旧为陆氏乐山书堂写本，有"陆时化印"白文方印、"渭南伯后"朱文方印、"静异堂"朱文方印，并"元本""甲"两小印。读《艺风堂藏书志》，尚有《续集》五卷，惜未能与此一校也。戊午重五无锡孙毓修。

《涵芬楼烬余书录》（集部第90页A面）

《存复斋文集》十卷　附录一卷　影元钞本　二册　陆时化旧藏

卷第一题"元征东儒学提举睢水朱德润泽民著；曾孙夏重编；赐进士湖广按察史东吴项璁彦辉校正"。按泽民九世祖贯，为睢阳五老之一，其后世渡江为吴人。《四库》著录，谓泽民惟长于书画，故入其集于《存目》，以是传本甚少。然同时如俞午翁、虞道园、黄文献辈并为作序，一致推挹，其文实婉雅可颂。是本从元刻出，半叶十二行行二十四字，摹写尤精。

顾廷龙参与《书录》的最后定稿工作

1939年，张先生已是73岁的老人了，他自己说"精力日衰，实有不逮"。1949年，他83岁，精力明显衰惫，又因足有辁瘵之疾，步履不便，再加上叶景葵因心脏病突发去世，颇为悲伤。在这种情况下，"商务"老友及合众图书馆董事李拔可催促张元济，希望将藏于书箧的《书录》交付出版，但年底张先生在宁波同乡会参加商务工会成立大会上发表演讲时，突发脑血栓跌倒，送医院抢救。出版之事终因病中辍。由于顾廷龙对版本目录学的造诣，又曾参阅过《书录》，故李拔可也商请顾廷龙赓续完成此事。张先生《书录》序云："稿成，储之箧中，未敢问世。馆友李拔可敦促再四，前岁始付制版。工仅及半，余以病阻，事遂中辍。拔可复约顾子起潜赓续为之。"

顾廷龙是张先生的晚辈，为现代中国图书馆事业家、古籍版本目录学家，也是书法家。20世纪30年代毕业于上海持志大学，获文学学士学位。再入北平燕京大学研究院国文系，获文学硕士学位。在燕京大学图书馆时，专司采购之职，并任美国哈佛大学哈佛燕京图书馆驻平采访处主任。1939年7月至上海，参与创办私立合众图书馆，任总干事、董事。1949年后，历任上海图书馆筹备委员会委员、上海市历史文献图书馆馆长、上海图书馆馆长，中国图书馆学会第一、二、三届副理事长，华东师范大学及复旦大学兼任教授。

为什么张先生要请顾廷龙帮忙"赓续为之"？那是因为二人之间的"缘"。张先生最早知道顾廷龙这个名字，是从潘博山、潘景郑兄弟处了解到的，后来得到顾著《吴愙斋年谱》《章氏四当斋书目》，表示"尤钦渊雅"。没多久，又读到《燕京大学图书馆报》第130期中的《嘉靖本演繁露跋》，认为顾文"纠讹正谬，攻错攸资，且感且佩！"其时，叶景葵和张先生正筹划在沪办一图书馆，所以他们认为顾在燕京大学图书馆"研究有年，驾轻就熟，无与伦比"。而且张的好友章钰、王同愈对顾的评价也极高，如王同愈对顾的评价是"内外孙辈中，惟足下与翼东最为老人所心折，学业、志趣、品行三者公备，恐千万人中不易一二觏也"。翼东，即顾翼东，无机化学家，中国科学院院士。所以，张对顾的学问、人品是很看重的，把《书录》交付于顾是明智的毅然之举。

1950年1月初，张先生由中美医院转至剑桥医院，住院治疗期间，顾廷龙多次去院探视。据顾的日记：

1月5日，先生及林宰平至医院探视张元济，张已稍愈。

1月7日，先生探视张元济，护士云：张思虑甚多，神经不能休息。

1月18日，仲木来言，父亲于神志清明时，忆及《涵芬楼烬余书录》始即未竣，嘱请先生料理之。津按：仲木即张树年，张元济哲嗣。

1月19日，仲木出《书录》书稿至顾处。

1月21日，张元济嘱树年约顾往见。树年即访顾告知。

1月22日，顾视张元济疾，一晤，即以《书录》事相托，"已印若干，几处需查，均尚省记。询及瞿、王、潘藏书情形，神志甚清，谅可带病延年矣"。

自1月下旬始，至3月，张元济的身体时好时坏，有几次顾去探张，张都"未见"，"视张元济疾，见其神迷不省，可虑也"。直至6月13日，张元济才"招顾廷龙来谈"。6月13日，顾访张，"畅谈"。

据张树年的回忆，顾廷龙"几乎天天下午三四点钟来我家，坐在先父病榻之侧，讨论书稿，他们将书稿重加核对后定稿"（张树年《怀念起潜兄》，载《顾廷龙先生纪念文集》第26页）此外，张树年在另一篇回忆文章中，也说："父亲为这批善本曾编目录初稿，但一直没有付梓，经李拔可先生一再催促并约请顾廷龙（起潜）先生协助。起潜兄几乎每天来我家，在父亲病榻旁研讨如何整理、定稿。"

自1月19日顾廷龙收到张树年送到的《书录》后，次日即开始阅读并校补。之后，时阅时停，直至8月及10月时间较为集中。10月12日这一天，顾除重校《书录》校样外，又访张先生，以《经典释文》提要请正。张并嘱顾要为封面题署，并讨论了"序文如何载笔，须斟酌"。10月16日午后，顾又访张先生，商《书录》中宋元明递修本诸史行款。次日，顾即酌改宋元明递修本诸史行款并重拟《敬轩薛先生集》《庄渠遗书》提要。这一年，顾廷龙除主持合众图书馆的工作外，基本上都在襄助张元济整理《书录》。

对于顾先生的工作，张先生是非常清楚的，所以在审校工作基本结束后，他在《书录》序中写道："起潜精于流略之学，悉心雠对，多所纠正，不数月遂观厥成，兹可感也。"这体现出张先生对顾倚重之深，也是对顾最好的评价。

顾先生在《书录》中的修改，可见宋刊本《资治通鉴纲目》，在陆应扬跋后，顾添加"按应扬，字伯生，青浦人，为县学生，被斥，绝意仕进，顾名籍甚。诗宗大历，好游，著游稿二十三种，又有《樵史》《太平山房诗选》行世"，此在后来的定本上已全部印入。

明覆宋本《新序》十卷，顾有朱笔在顾千里跋"此康熙庚寅义阳何氏"句，批有"阳""当是门字之误。龙"。

《管子》又一部，明成化刊本。此篇书录，为顾修改，原作"明刊本"，顾加"成化"二字，又在"四库"后添加"提要，绩字用熙，号芦泉，江夏人，弘治庚戌进士，官至镇江府知府。《皕宋楼藏书志》有此，称成化刊本"。

明万历刊本《敬轩薛先生文集》二十四卷。此篇原仅有"卷首有弘治己酉张鼎序，书名次行题门人关西张鼎校正编辑，乡后学沁水张铨重校梓"，张元济批"查。看原书序跋，加详"，又有佚名批"此稿不排，另有原稿"。后为顾廷龙所重撰，计三百余字。顾批有："集部第三册（总册第九）第四十九页。换此篇。"

明嘉靖刊本《庄渠遗书》十六卷，张元济批"查。看原书各序，再续定"，又有佚名批"此篇不排，另有原稿"。后为顾廷龙所重撰，计两百余字。

《书录》出版前的校样本

校补《书录》的工作一直延续到1951年，那一年顾廷龙49岁。至元月中旬，《书录》基本上修改完毕，中旬即转入校订《书录》的目录，至2月初始竣。据记载，2月3日，"商务"的工作人员叶安定再和顾商《书录》的具体排印之事。这之后，《书录》就进入了紧锣密鼓的后续阶段。2月20日，顾访张元济，又校

《书录》。4月18日，王雨楼、叶安定与顾再次商印《书录》的出版事。

笔者珍藏的《书录》是正式出版之前的校样本，那是1962年7月，顾先生在上海图书馆长乐路书库（原合众图书馆的所在地，解放后改名为历史文献图书馆，顾先生每个星期日的上午必定到此阅书，或看稿。我也在此和顾先生面对面坐，时时聆听他的教诲）的办公室送给笔者保存的。顾先生当时即告我，此《书录》中有张先生在病床上的校改，也有胡文楷的校笔。

这部校样本共五册：第一册经部，其第一页为元刊本《周易郑康成注》。在右边装订线处，张先生有"以后初校、再校、三校，均应注明。张元济38/11/23"。第二册史部，其宋刊本《资治通鉴考异》又一部上批"依前。见《汉书》排样，书名二行不应加线。元济"。宋刊本《编年通载》上之"光绪五年乙卯冬十月十三日新建勒方锜……集吴氏听枫山馆同观志喜"等七人观款批"此何意，不解"。稿本《吴兔床日记》上对"起二月十六日，终三月十二日"批"不应断句。元济"。此外，还有一些。于此，可证张先生审看此校样本的时间是在1949年11月23日，而在此前不到一个星期，即1949年11月5日至18日先审阅了稿本（打字印本）。

在元刊本《金史》"字体与前书相类"句，顾廷龙批"本书所排'相'字在'木'旁，下脚每个字均有毛病，请注意。"在宋刊本《资治通鉴考异》又一部上批"看经部页卅五，又一部仅占单行，则此又一部亦只要占一行，照普通格式，惟用三号字耳"。在宋刊本《资治通鉴纲目》上批"'亦'字上面往往看不出，是否字有毛病"。"注意：排得不匀，下'钤秦印'排得松，'嘉楫休'排得挤，不好看"。在吴梅村手稿《虞渊沈》上批"十一月廿日晚送到，廿一日下午三时半毕"。

在第一册还有数十处署"何继曾"者的朱笔签名以及蓝色仿宋体名章，朱笔签名下均注明日期，每页上均如此，时间分别为10/17、10/25、10/26、10/28、11/2、11/26、11/29。这一年当为1949年。又何偶有朱笔加注，如在宋抚州刊本《周易》上写有"似应加点，乞指正"，在宋刊本《纂图互注礼记》上写有"是否照下例同改五号字，乞指正"。何当为"商务"排字部门的负责人，著有《排字浅说》。

从这部校样本中，可以看出校改者几乎是每个字都认真过了一下，特别是用词，尤其是涉及政治问题者，如"洪杨之乱"改为"太平军兴"，"咸丰匪乱"更为"咸丰兵乱"。其他包括字句行段，如版本项之改动、字体之型号大小、线条之歪斜、铅字之着墨不匀处、标点、讹字、漏排、倒置等等都有标出，至于鲁鱼亥豕、讹夺之处不可胜计，审校者之认真慎重，足为今日出版社年轻编辑参阅的"范式"。

关于《书录》的出版

1951年4月底，张先生对《书录》的定稿认可后，即于5月初撰有《书录序》。此序写竣，张即致陈叔通信，并附呈《书录序》及顾先生之后记。张云："余乐睹此幸存之书，而又虑其聚久必散也。爰于暇日，各撰解题，成此四卷，总计所存凡宋刊九十三部、元刊八十九部、明刊一百五十六部、钞校本一百九十二部、稿本十七部……丹黄错杂，析疑正谬。前贤手泽，历久如新，是则至可宝贵也。""而善本之存，亦仅此数箧焉。题曰：烬余，所以志痛也。"以上数字总计547部5000余册。涵芬楼原藏善本的统计为3745种35083册，据此则烬余之数尚不足原藏之15%，其余85%有余均不幸在轰炸中灰飞烟灭。

直至5月18日，叶安定送《书录后序》校样给顾先生审阅。顾此日日记载有"即校付印，今日可竣事矣。据言，张元济约二十一日须看样书。自始工至毕工，亦十阅月"，顾先生乃有"如释重负"之感。顾在《书录》的后序中云："此录付印，命为校字，每有商榷，备承诏示，今获告成，不仅烬余之书有一详细之记载，亦且示举世毋忘日寇之暴行，更惕厉后人作勿替之爱护也。"在顾编《涉园序跋集录》后记中，也有一段协助张元济整理《书录》的记述："先生禀赋特厚，神明强固。曩岁承命佐理《涵芬楼烬余书录》时，病偏左未久，偃仰床笫，每忆旧作，辄口授指画，如某篇某句有误，应如何修正；又如某书某刻优劣所在，历历如绘。盖其博闻强识，虽数十年如一日，此岂常人所能企及，谓非耄耋期颐之征而何？"

顾廷龙在《张元济与合众图书馆》一文中对此事有这样的叙述："张先生编著的《涵芬楼烬余书录》，校印时嘱我相助，在此时期先生几日有便条给我，我亦一二日必往一谈。先生病后，记忆力仍很强，某字某句要查，而且要查原书，这种校勘工作，在'合众'做最为适宜。""廷龙辱招编摩，主馆有年，杖履亲承，益我良多。"

《书录》卷末附有《涵芬楼原存善本草目》，均按四部排列，计经部146种、史部483种、子部495种、集部620种，总共1744种。1951年2月3日张先生有送校《涵芬楼善本书目》给顾先生，此即为请顾参考并按部分类排比。张先生序《书录》提及此事："涵芬善本，原有簿录。未毁之前，外人有借出录副者。起潜语余：北京图书馆有传抄本，盍借归并印，以见全豹。余韪其言。移书假得，审系草目，凌躐无序。就余记忆所及，遗漏甚夥。蒋、何二氏之书尤多未列。然所记书名，汰其已见是录者，犹千有七百余种。异日史家纂辑艺文，或可稍资采择。"

张先生所云"蒋、何二氏之书"，是指蒋汝藻密韵楼及何氏悔余斋藏书。张先生购买蒋氏之书是通过叶景葵先生介绍的。乌程蒋氏是藏书世家，1926年1月，因经商失败，将书典押给浙江兴业银行，期限将至而无力赎回，而叶时任兴业银行董事长。蒋氏所藏有宋本563册、元本2097册、明本6753册、抄本3808册，又《永乐大典》10册，价值颇高。当时蒋氏开价20万两银子，后"商务"以16万两购入，从而成为涵芬楼历年来搜集最为珍贵的一批藏书。1925年1月，张先生赴扬州购置何氏悔余斋藏书，约四万册，三万元。盖因何秋辇逝后，其子邕威亦相继下世，其家不能守，尽举所有归于涵芬楼。但这些书尚未整理，即悉数毁于日寇轰炸中。

《书录》的样本一套五册，终于在1951年5月22日装成，扉页上"涵芬楼烬余书录"七字，即为顾先生以篆书为之。《书录》正式由上海商务印书馆出版后，张先生即分送中央人民政府主席毛泽东、政务院总理周恩来、中央人民政府委员陈叔通、上海市长陈毅等领导人。据《张元济年谱长编》，5月26日，张先生致毛泽东信，并附呈《书录》一部。毛泽东收到书后则于7月30日回复，"三次惠书并附大作及书一函，均收到了，谨谢厚意"。6月12日，张先生致陈叔通书，"《书录》已印成，属馆中寄呈一部，不知已递到否？"6月13日，陈毅复张先生书，"惠书及《烬余录》收阅，甚佩长者保存古籍之美意。今者，人民政府明令收集古代文物，设部专司其事。先生之志，继起恢宏，诚可庆也"。10月4日，张先生致周恩来书，"附呈元济所撰《涵芬楼烬余书录》一部，亮登签掌。脱稿有年，近始出版，纰缪甚多，务祈教正"。

《书录》出版后的5月29日，"商务"即赠顾先生《书录》样本四部，并校费旧币150万元。顾即汇40万元至苏州并走访顾颉刚先生，赠送《书录》一部。

《书录》原来的稿本十册，即由顾先生移至合众图书馆收藏。"合众"改为"上海市历史文献图书馆"后，即钤上了"上海市历史文献图书馆藏"的印章，不过，这应该是1954年3月以后的事了。而校样本则由顾先生于1962年7月，赠与笔者保存。

《书录》之余话

涵芬楼烬余之善本，在送往北京图书馆之前，"商务"的胡文楷先生曾将原书从金城银行中调出，并核之于已出版之《书录》，发现当年《书录》在编写时，有些漏去之跋文、印记以及原书卷数在著录时的讹误等，他都一一予以补全。如今，六十余年过去，胡氏增补之本已不见踪迹，然而令人欣喜的是，日本友人高桥智先生处存有一份顾先生据胡氏增补的过录本。

高桥智先生是顾先生在复旦大学做兼职教授时的日籍学生，今为日本庆应义塾大学斯道文库库长。20世纪90年代中，他去北京探望顾先生时，获顾赠"商务"印本《书录》。后高桥智将之发表于日本庆应义塾大学《斯道文库论集》第45辑，文章名为《顾廷龙批注〈涵芬楼烬余书录〉》。内中高桥将顾写有"蒋"字的目录及书录中所漏写部分如题跋、印章乃至手民排错之误字及增补处均有录出。

这部《书录》的"总目"上有顾的亲笔校注，包括凡是认定蒋氏藏书者均写有"蒋"字，并过录胡文楷的校记。顾在"总目"下写有一段识语："涵芬楼烬余书归北京图书馆时，经胡文楷君检理，见跋文印记有脱误随手记之。余请其录存副本，兹复逐录一过，以便省览。当余编校《书录》，以书存银行，未能一一提阅为憾耳。龙记。"在宋刊元明递修本《史记》中，有顾先生的另一段文字，云："日本东方文化学院藏有此本残本，存卷二、卷三、索隐后序，为狩谷望之旧物。见史记研究的资料和论文索引。龙记。一九七三年四月二十四日。"

顾先生另又抄有凡蒋氏旧藏之书名，共八纸，凡140处，为顾先生所书，"蒋"指蒋汝藻、孟苹祖孙三代的密韵楼藏书。蒋汝藻，浙江湖州南浔人，辛亥革命后，任浙江省军政府盐政局长、浙江铁道会社理事。清末民初间，杭州汪鸣銮、贵阳陈田、宁波天一阁所藏善本散出，蒋氏所获甚多，其中有宋本88部、元刊本105部、黄丕烈校抄本44部。纸末顾有题识，云："右目所注'蒋'字，均为得自蒋孟苹所藏，据胡文楷先生所校传录。一九九三年十二月顾廷龙记。"这一年，顾先生90岁。

胡文楷（1901—1988），字世范，江苏昆山人。1924年入商务印书馆，1966年在中华书局上海编辑所退休。胡与顾的关系甚好，最初获识于合众图书馆，当年顾曾邀胡在馆协助编目，胡之《历代妇女著作考》，也曾获顾的帮助。

此虽为胡氏"随手记之"之本，但却让我们了解到许多人所不知的材料。

如明嘉靖刊本《周礼郑氏注》十二卷，此本黄丕烈跋有十四则，但《书录》收了七则，另七则为："十一月十七日，亦取纂图互注本参校一过，未知与钱所校本同否？所校字时有出入。"（卷一后眉）"案此本最佳，钱云尚多误谬，此惑于他本也。"（卷一后眉）"某家得此时，见有校宋本在上，已出重资，故此时购之，必索重直，且经估人之手，宜增至十番也。"（卷一后眉）"此嘉靖本《三礼》中之《周礼》也，昔以青蚨六百余文购一塾师读本，已点污矣，久而失之。兹复置此，污损更甚，卷中红笔是也。荛夫记。"（卷六后）"丁丑孟夏，又用海宁吴查客藏重言重意宋本校《夏官》，下卷损之。"（卷八后）"丙子十月，借钮非石手校顾抱冲藏余仁仲本校。"（卷十二后）"此本卷一末有钱听默跋，云得京本校注《秋官》，又多蜀本校字。余兹校德与董学士宅集古堂本于汲古注疏本上，复以董本参钱所校者，但就钱校处参校董本。经注与此本异同字，不复校上者，以有全校本在毛刻上也。董本有钞补卷，故宋本标曰董本缺卷，标曰钞补云。复翁（卷十二后）。"

如宋景祐刊本配元大德、延祐、元统及明正统本《汉书》一百十八卷，此本有李兆洛、钱天树、无名氏三跋，又程恩泽、顾兰厓、莫友芝观款。但孙云鸿题识及贯唯居士跋却佚去。孙之题识及贯唯居士跋云："道光庚戌九月中澥观于味经书屋，生平所见宋椠书，此为甲观。复生孙云鸿志。（下钤'云'字白文、'鸿'字朱文二方印）右目为荛圃先生手笔，先生好古本书，平日得不完本，必多方补缉，汲汲不暇他作，观此可以想其嗜好之笃矣。今人求田问舍，其勤苦不异于先生，及身殁，则产属他姓，更有何人道及之。此数页虽字迹不工，而芙川尤以其人可重，不忍弃置，列之卷首，后世苟知重是书，此数页亦不湮没，洵非俗士可同语哉！既以见示，属为跋语，漫书页末，时道光丁酉夏四月也。贯唯居士尔旦。（下钤'贯唯'白文古印）"

钞本《国朝名臣事略》十五卷，此本有黄丕烈跋，但另两则黄跋却未被收入。跋为："道光癸未照校元刻本，每半叶十三行，行二十四字。此第十一卷，计脱一百五十七行，以元刻行款核之，为六叶多一行，兹校补手录之。荛夫自二十迄二十四毕工校补（校补十一卷后）。""道光癸未照校元刻，每半叶十三行，行二十四字。此第九卷，计脱廿六行，以元刻行款核之，适脱一叶，兹核补手录之。荛夫。"

吴枚菴校本《吴越备史》四卷，此本原有吴翌凤三跋，但吴翌凤录钱曾跋却被删去。钱跋为："今本《吴越备史》，武肃十九世孙德洪所刊，序称：忠懿事止于戊辰，因命门马荩臣续第六卷为补遗。予暇日以家藏旧本阅之，知其刻之非也。是书为范坰、林禹所撰，称忠懿为今元帅吴越国王，自乾祐戊申至端拱戊子，纪王事终始历然。新刻则于乾德四年后，序次紊乱，脱误宏多，翻以开宝二年后事为补遗。他如王因衣锦城被寇，命同玄先生间丘方远建下元金箓醮于东府龙瑞宫，其夕大雪，惟醮坛上星斗灿然，一黑虎蹲官门外，罢醮而去。罗隐师事方远，执弟子礼甚恭，及迎释迦、建浮图以供之，其制度皆出王之心匠，诸事皆失载，其字句纰缪处又不知几何也。盖德洪当日所见，乃零断残本，实非完书，以王家故事，急付剞劂，未遑细心参考耳。也是翁钱曾遵王。"

如钞本《徂徕文集》二十卷，此本有嘉庆间仲卿氏题，内中有云："既楷书谢山先生跋语于卷端。"但全祖望的跋已被删去。全跋为："徂徕先生，严气正性，允为泰山第一高座，独其析理有未精者。其论学统，则曰不作符命，自投于阁，以美扬雄，而不叹改窜《汉书》之言，以讳其丑，是一怪也。其论治统，则曰五代大坏，瀛王救之，以美冯道，而竟忘其长乐老人之谬，是一怪也。涑水亦不非扬雄，然犹为之周旋，其辞谓其鉴何、鲍之祸，而委蛇为之。即南丰以为合箕子之明夷，虽其言亦失春秋之意，要未若徂徕之武断。夫欲崇节谊，而乃有取于二人者，一言以为不知，其斯之谓欤？谢山全祖望（卷首）"。

除了漏去某些跋文外，还有一些藏本的钤印也未录入，如贵徵钞本《五代会要》三十卷，此本卷末有贵徵跋，并钤有"贵徵仲符"等印二十四方，然《书录》全数不录。又如钞本《绛云楼书目》二卷之"吴翌凤枚庵氏珍藏"等九印，钞本《宝刻丛编》二十卷之"韩履卿藏经籍金石书画之印"等八印，宋刊本《古今合璧事类备要》之"曹淇文汉"等八印，明钞本《剧谈录》二卷之"汪氏启淑"等四印，钞本《宁极斋稿附慎独斋稿》不分卷之"劳权"等五印，元至顺刊本《静修先生文集》二十二卷之"黄印丕烈"等七印，钞本《宋元诗会》一百卷之"法印式善"等五印，不知什么原因，均未收入。

还有一些善本书记录了部分钤印，但也遗漏了其他一些重要印章，如钞本《唐宋诸贤绝妙词选》三卷，仅收"毛晋之印""子晋书印""汪士钟读书"等七印，但却佚去"毛晋私印""汲古阁""汲古主人""汲古得修绠""汪士钟藏"等十二方印记。究其原因，或是当年参与撰写的助理选择性地选了一些，而不及其余。

涵芬楼烬余之最后归宿

涵芬楼烬余之书，所存凡宋刊93部、元刊89部、明刊156部、钞校本192部、稿本17部，总计547部5000余册，其中《永乐大典》就有21册。张先生在1932年3月17日致傅增湘信中认为烬余之书的数量与质量，"窃以为尚在海源阁之上，不审吾兄信以然否？有暇当将书目录出呈览，请法家一评定之"。那么，这么好的珍本在《书录》出版之后，还能让它继续保存在金城银行吗？它的出路又在何处呢？是捐献还是出让？是全部一次解决还是慢慢消化？最后又由谁来保存呢？

实际上，在《书录》出版前，即有有识之士在思考此一问题了。1951年5月6日，张先生有致陈叔通信，告以"商务"常务董事徐善祥提议将涵芬楼所藏21册《永乐大典》捐献国家之事。四天后的11日，陈叔通即有复函，赞同徐的提议，并建议"要须通过董事会"做最后决定。

据"商务"《董事会记录簿》提案云："本公司旧日涵芬楼及东方图书馆藏书名闻世界，自经'一·二八'兵燹以后，烬余之数不逮百一，至为可痛。兹查有《永乐大典》为十四世纪吾国有名之官书，在文化上极有价值，频经劫乱，毁佚殆尽。本公司前经搜得二十一册，幸尚保存，谨按二十一册之中，所录有《湖州亲领各县志乘》，有《冀州疆域沿革》，有《元一统志》，有《周易兑卦诸家解说》，有《孟子诸家注》，有《骨蒸证治》，有《寿亲养老书》。尤以《水经注》前八卷之四册，卷次联贯，最为难得。清代《四库·水经注》即从此出，亦即武英殿聚珍版《水经注》之底本。其后七卷现由北京大学收藏，可以完全配齐。我公司本努力文化之旨，似宜将此珍籍捐献政府典藏，以昭郑重。兹特向贵会建议，敬请公决。如蒙通过，再由公司具呈，献与中央人民政府，恳其收纳。"

6月2日，在"商务"第505次董事会上，通过了张先生等董事署名的善本书保管委员会拟将"商务"所藏《大典》捐献国家的提案。数天后，张先生即起草呈文，并委托袁翰青代递致政务院周恩来总理。此事可见6月12日张致陈叔通书，有云："捐献《永乐大典》已由董事会通过，同人之意，拟具呈文，径呈政务院，并托袁翰青君代递，大约不久即可运出。其呈文系弟起草，当属伊见思先呈台阅。如有不妥，务祈指示。"袁翰青（1905—1994），江苏通州（今南通）人，有机化学家、化学史家和化学教育家。1955年当选为中国科学院院士。1944年加入民主科学座谈会（九三学社前身），为九三学社三、四、六、七届中央委员会常委，是当年与储安平、顾执中等并列的九三著名五大"右派"之一。

周恩来总理在百忙之中，于8月24日复张先生，表示感谢张代表"商务"向国家捐献《大典》之事。10月4日，张先生再致周恩来书，谈及《大典》的捐献问题："商务印书馆旧藏《永乐大典》二十一册，本系国家之典籍，前清不知宝重，散入民间。元济为东方图书馆收存，幸未毁于兵燹，实不敢据为私有。

公议捐献，亦聊尽人民之责，乃蒙赐函齿及，弥深荣感。"为了捐献《大典》，居然要一再写信给总理，这又是怎么一回事呢？

《永乐大典》是在中国明代永乐年间（1403—1424）明成祖朱棣命太子少师姚广孝和翰林学士解缙主持的一部中国古代规模最大的类书。《大典》永乐时的抄本早已不存，现今所存为明嘉靖间抄的副本。600年中，《大典》历经沧桑、兵燹、自然灾害及偷盗，致使《大典》目前所知仅存四百余册。《大典》即使是残缺不全，但仍受到近代藏书家的重视，以有入藏为幸。

这21册《大典》是张先生在1929年之前为涵芬楼收得的，其中有十多册得自蒋氏密韵楼，之所以极为珍贵，不仅是稀少之因，更重要的是因为后来的武英殿聚珍本《水经注》所自出的前半部，即在其中。书上除其他私家藏印外，都钤有"涵芬楼""海盐张元济经收"印。自辛亥革命始，至1949年止，国内藏有《大典》的不多，因此，这在当时是一笔很大的文化财富。即以当时的北平图书馆来说，在1937年日本侵华，局势进一步恶化时，中国方面通过驻美使馆与美方联系，从北平馆存放在上海租界的珍贵图书中选取善本3000种、2万余册，其中《大典》62册，分装102箱，转移到美国华盛顿（今存台北故宫）。这之后，即1937年至1951年，北图又入藏了32册《大典》，所以此时涵芬楼烬余之《大典》21册庋藏北图，无疑是锦上添花、如虎添翼了。

张先生将《大典》捐赠之事，当作嫁女一样的看重，他在捐赠之前又做了一些额外的准备工作。正因为《大典》的珍贵，在流传过程中，都是有函套的，但时间久远，有的布函已经开裂，所以张先生在看到函面卷签底样殊未合式后，决定重做。他在1951年6月6日至10日，连续五天每天皆有信吩咐丁英桂，要求有关人员"查明高宽尺寸实数，用牛皮纸裁一实样见示，并记明英尺尺寸"，"费先生所写一纸'永乐大典'四字，似尚嫌小。卷册八行，似占地过宽，如改四行，则不致有患矣。又下脚余地似属过空，可再伸长一寸，将'永乐大典'四字放大，则下余空纸亦不致太多。此朱笺应衬托白宣纸，四旁各伸出约二分之谱，粘在函面当中，其上端应高边缘约半寸地。是否合式，请公司核定。布套何时可制成？一切手续完毕后，乞将全书送下一阅"。由于别鹤孤鸾，相离在即，张先生又有"此生不能再与此书相见，临别不无余恋也"之感慨。

《中国国家图书馆百年记事》曾记载了1951年7月23日"商务印书馆董事会将所藏21册《永乐大典》捐给中央人民政府"之事，该馆馆藏档案存文化部文物局1951年8月13日通知："商务印书馆将《永乐大典》廿一本捐献国家，即拨交你馆庋藏，特此通知。"除通知外，另有同年8月6日交接清单，因此，转入北图的日期当为8月6日。

《大典》捐赠完成后，其余涵芬楼烬余之五百多部善本，则均由中央文化部收购。1952年12月24日，张先生致郑振铎信云："近日，贵同僚王冶秋君莅沪过访，谈次知涵芬楼烬余各书甚蒙垂注，至深感荷。此等书籍断非私人机构所能永保，同人久有贡诸中央之意，只因有种种关系，未即实行。敝同人史久芸君亦曾传达雅意。前日，本馆经理沈季湘、襄理张雄飞二君往谒王冶秋君，面陈一切，想经转达聪听，兹不赘陈。"

要做成一件事并不容易，张先生说："此等书籍断非私人机构所能永保，同人久有贡诸中央之意，只因有种种关系，未即实行。"很清楚，张先生考虑的是这些"涵芬楼烬余各书"必须交给"中央"，而不是"私人机构"。在当时，也许有人会想，为什么张先生没有将这批烬余之珍本留在上海，甚或捐给与他非常熟悉而且又是董事会董事的合众图书馆呢？而且张曾将数十年来所收集的浙江海盐乡邦文献都捐给了"合众"。

实际上，在40年代末，上海地区的图书馆重要者不多，据1950年上海市文物管理委员会对全市的各类公私图书馆做过的调查，大大小小共有117所。即使是公共馆的上海市立图书馆，成立于1945年10月，藏书仅11万册，规模甚小。而30年代末成立的合众图书馆在解放前的上海滩上都没有正式挂牌，仅仅是一个小小的私立图书馆，至1953年6月，"合众"才被上海市文化局接办，1954年

3月又变身为上海市历史文献图书馆。

早在1912年8月正式开馆的京师图书馆，在1928年7月改名为国立北平图书馆，直至1949年才改为北京图书馆。那时的北图，俨然是以典藏丰富而著称的综合性研究图书馆，已有了国家图书馆的雏形。因此，张先生当年的决策是绝对正确的。

沈季湘经理和张雄飞襄理是专门为涵芬楼烬余之书去京办理此事的，也是代表张先生和"商务"去打前站的。沈季湘，曾任职辞源组，后为经理，又任"商务"驻沪办事处副主任。由于材料不足，我们无法知道沈、张这次在北京与文化部社会文化事业管理局副局长王冶秋见面之详情。

但是没过多久，在次年1月12日，"商务"的史久芸即约戴孝侯同往北海团城，见社会文化事业管理局局长郑振铎、副局长王冶秋，谈涵芬楼烬余善本书由政府价购之事（此事见《史久芸日记》）。史久芸（1897—1961），浙江余姚人，18岁时考入商务印书馆商业补习学校，后长期在馆从事财务和管理工作，先后担任哈尔滨分馆会计主任、"商务"驻京办事处主任、总馆人事股股长。相信这一次的会见，初步达成了价购的数字以及其他之事。

涵芬楼烬余善本藏书移交北京图书馆保管之事是很顺利的，1953年2月9日，由沈季湘、丁英桂、穆华生护送这批藏书乘火车运抵北京。北京图书馆派员至车站迎接，并将全部藏书转至北京图书馆善本部。次日，沈、丁及史久芸往文化部访郑振铎局长及北图善本部主任赵万里等，汇报与北图有关人员点交善本书事。（史久芸日记，见《张元济年谱长编》下册1386页）丁英桂（1901—1986），平湖乍浦镇人，高小毕业后即考入商务印书馆商业补习学校，学成后留馆工作。先后在出版部、图书馆、总务处、业务科任职。东方图书馆被毁后，董事会设立善本书保管委员会，丁为助管员。在他的严密防范保管下，珍贵典籍完整无缺，多年来，他为张元济辑印古籍的助手。解放后，曾主持影印《古本戏曲丛刊》，后任高等教育出版社上海办事处副主任、"商务"驻上海办事处副主任、中华书局上海编辑部影印组组长。穆华生,应为商务印书馆职员。

2月12日的上午,史久芸与沈季湘、丁英桂再去见郑振铎,谈至九时半。直至2月21日晚,郑振铎、王冶秋邀请史久芸、戴孝侯、丁英桂在西四同和居吃晚饭。这之后的4月6日,张先生有致郑振铎信,云:"涵芬楼烬余善本仰荷玉成,俾能得所,衔感无极。比想交割都已竣事矣。"(《张元济年谱长编》下册1389页)至此,涵芬楼烬余善本全部移至北图善本部保管,张元济上年的"商务""同人久有贡诸中央之意"的希望得到了具体落实,他本人晚年最大的夙愿也得以满足。

结语

张先生一生著作等身,其作为版本目录学之大家,功底深邃。他的《书录》不仅揭示了涵芬楼烬余之书的内涵,也为后人撰写善本书志立下了一种模式。"涵芬模式"的格式是先录每书之书名、卷数、版本、册数、旧藏者。次为书序、行款、著者,刻工、讳字及刊书题识及牌记,至于与他本之异同、版本之特点、流传之罕见等也皆在文字中显现。次录各家(学者、藏书家及时人之跋文、题识)。最后录之以藏家之印记。使人读之大有裨益,直感其书体例之善,考订之精,条理清楚,一目了然。

顾先生所编《涉园序跋集录》是张先生著作中的一种,顾的后记里说道:张先生耆年硕德,经济文章,并为世重,先生"专精毕力于丹黄楮墨间,积累蕴蓄,倾吐心得于题跋文辞中,往往发前人所未发。方诸前贤如义门、抱经、荛圃、千里无以过之。抑且访书南北,留珍海外,过眼琳琅,会神应手,允宜征引众说,拾遗补缺,洞中要窍,此更前贤所未逮"。当非过誉之词。

《书录》中尤其是叙述版本之异同及特点,往往发前人所未发,如无高深之学养,以及对版本目录之深知者,决难写出如此高质量之专著。民国间一些重要收藏家兼学者，如叶德辉之《郎园读书志》、傅增湘之《藏园群书题记》等，虽各有特色，但皆没有张先生之《书录》那样系统及规则。

无独有偶，1937年至1939年，张先生为潘明训宝礼堂所藏宋本、元本专门撰写了《宝礼堂宋本书录》，9月此书出版。所收潘氏藏宋本99种（经部19种、史部23种、子部21种、集部36种），附元本6种。此《书录》之每篇书录也有一定模式，即每书著录书名、作者、版本、册数，即叙其缘由，再录各家题跋，次版式、刻工姓名、讳字、藏印等。其避宋讳缺笔者，乃在考订年代。又录刻工姓名，则为判断刊刻地域。藏印当可溯其藏书流传之有绪。此与《书录》之撰写，有异曲同工、殊途同归之妙。

如今，《书录》稿本及校样本、过录本仍保藏良好，津抚其书，思昔今，叹张、顾、孙、胡诸先生墓有宿草，不胜人逝物在之感。然展卷摩挲，细读张先生等人之批注，但见眉端行间，朱墨纷披，丹黄并见，又如与前辈大师相对，聆听教诲，他们的风范与神采，又令人有弥深敬仰之忱。至于张先生之书法老到，顾先生之朱书细字，极其精致，在不胜浩叹之下，岂不又给《书录》增重。

涵芬楼，作为一家出版机构的藏书楼，在战争年代、风雨飘摇之际，数十年来为国家、为民族保存了如此之多的先民所遗存的珍贵典籍，是真正的不易。解放之后，涵芬楼烬余之书走入了北京图书馆，进入了历史，作为国家的财产而永久保存。张先生的愿望也终于得以实现。

2017年12月2日深夜于美国波士顿之慕维居

学术事功俱隆　文章道德并富

——回忆先师顾廷龙先生

顾老走了，永远地走了。这是所有认识他和了解他的人十分遗憾的。顾老是1998年8月22日晚上九时六分病逝于北京人民医院的。24日晨九时（美国东部时间为23日晚九时），上海图书馆办公室即时将这个消息用电话通知了我，次日我即向哈佛燕京图书馆馆长请假，并向旅行社订购飞往北京的机票，赶在追悼仪式的前一天下午抵达北京。在顾老悼念仪式上，顾老身上覆盖着鲜红的中国共产党党旗，慈祥地躺在鲜花、松柏丛中。悼念的人很多，有四百人左右。人们鱼贯而入，三个一排地依次向顾老鞠躬告别。当我在向顾老三鞠躬，并将红色康乃馨置放在顾老遗体上时，那三十年的师生情，早已化作泪雨，夺眶而出了。我抽泣着，语不成声地告诉顾老："我来了，我来看您最后一面，送您最后一程。"难过的我在和顾老的哲嗣诵芬先生握手表示慰问时，竟说不出一句话来。

在北京八宝山追悼顾师的会场外，中华书局的张世林先生命我写一篇回忆、纪念顾老的文字。他说这篇文章非我莫属。我想，这大概是因为1997年4

月初，他和张力伟先生去拜见顾老时，顾老告诉他们，他带过两个学生，其中一个是我的原因吧。古人云：生我者父母，知我者鲍叔。今之鲍叔，顾师也。一个人在他的成长过程中，有过不同的老师，从孩童时代到少年时代；从幼儿园、小学、初中、高中到大学的求学阶段，十多年的时光，也会有数十位老师。然而，在问学、治学的道路上，最不可忘怀的可能仅有那么一两位而已。这样的导师或许会影响学生的一生，而作为学生，也会把导师的一言一行看在眼里，记在心里，当作自己的楷模，去实践、再实践。顾廷龙先生是我的导师，是我追随杖履三十年的导师。

顾老，名廷龙，字起潜，号匋誃，别署隶古定居主人、小晚成堂主人，笔名路康。1904年生于苏州的一个书香门第。1931年，毕业于上海持志大学，获文学学士学位，同年考取燕京大学研究生院专研古文字学。1932年任燕京大学图书馆中文采访部主任。1939年，应张元济等先生之召，至沪筹建私立合众图书馆，为总干事。1956年任上海历史文献图书馆馆长。1962年任上海图书馆馆长。1985年任上海图书馆名誉馆长。顾先生也是文化部国家文物鉴定委员会委员，国务院古籍整理出版规划小组顾问，中国图书馆学会第一、二、三届副理事长，复旦大学、华东师范大学兼职教授，中国书法家协会名誉理事。

一

顾老在20世纪60年代初亲自带的学生仅有我和吴织二人。80年代后期至90年代初，他在晚年还为复旦大学、华东师范大学带过几位研究生。我追随顾老，是在1960年冬。那时，上海有关文化部门考虑到在戏剧口、美术口、图博口等方面有一些学有专长的艺术家、专家、学者，他们的年龄逐年增长，应该在他们身体条件许可的情况下，将他们的一技之长传下来，使之后继有人，不致断档。我和吴织就是在这样的背景下，由组织决定调至顾老身边工作，从他为师，学习古籍版本、碑帖、尺牍的鉴定、整理，并且研究目录版本之学。

1962年11月，上海市人民政府任命顾老为上海图书馆馆长。但是，顾老除了在馆长室参加会议外，每天都坐在善本组办公，公文往来有时是秘书送来，或由我送去。那时善本组办公室里还有潘景郑先生（著砚楼主人）、瞿凤起先生（铁琴铜剑楼后人），而潘和瞿两人也都是国内重要的目录版本学家。顾老是相信实践出真知的。所以，他对我的教导也都是从实践入手，就是让我在工作中去增长知识、提高才干、扩大视野。从1961年到"文化大革命"前，除了管理善本书库、接待读者阅览之外，在很长的一段时间里，几乎是每天，顾老都会让我去大书库、旧平装书库、普通线装书库查书。他往往就某一本书、某一个人、某一件事做一个提示，然后告诉我应该去查什么工具书、参考书。对于这种实质性的训练，当时我并没有什么大的感觉，只是想快些查到，查不到的再去问顾老，还有什么线索可以去查。当然，他还会做新的提示。日复一日，年复一年，在日积月累中，我不知不觉地对许多工具书、参考书都能应用自如了。

目录版本之学，是一门实在的学问，来不得半点虚假，这一点并非空谈者所能得知。若没有大量的实践，就是把善本书放在面前，也会无法鉴定。我清楚地记得，顾老第一次教我辨认版本的事，他拿了一部活字本和一部木刻本给我，让我看两部书有什么不同。在这之前，我曾读过刘国钧的《中国书史简编》，对活字本有点理论上的知识，但从未结合到实际上去运用。我在比对后向顾老说了。他说，很好。接下来他就把两书之特征及要注意的地方、鉴定的方法详细地告诉了我。顾老80年代后期不止一次地对我说过："有些人不懂鉴定版本，是因为没有实践，或是没有书可以比对，但是这种人可以请教专家，他们可以进步。麻烦的是不懂装懂，又不查书，又不比较，这种人是有眼无珠。"

在各种版本的鉴定中，最难的是抄本、校本、稿本。这对于旧书店、古籍书店收购处的工作人员来说是最棘手的，他们自己都认为稍一疏忽，就会看错，或会将名家批校看成后人过录，或对后人作伪而未能识破，从他们的角度去看，是会造成经济上的损失。而对于一些收藏古籍的公共图书馆、大专院校图书馆或其他图书馆来说，如果著录错误或不准确，那就会误导读者，使读者或研究者迷惑。顾老对鉴定这类版本有他的独到之处，他是书法家，对于文人如何起笔、落笔了如指掌。有时，他在看清代学者的书札时，会把我叫到旁边，指给我看，这一笔有破绽，那一笔不好，这一顿笔、那一点，某人决不会写出这种字，这不是某人所写，而是后人摹仿的。他告诉我："一般来说，藏书家或学者在书上写有题识跋语，都是事先想好的，或有草稿，然后一气呵成，笔墨自然，而且连贯。如果是作伪，那作伪者的心态就是要尽量摹仿逼真，就似临帖一般，没有韵味，也就没有气，所以写出来的字必定有破绽。"

正因为如此，他要求我一定要写字，要念古文。那时，我每天都会在工作时间里写字一小时，写在用毛边纸订成的大本子上，每星期送给他看一次。古代的书法家很多，但他希望我能临写唐代书家褚遂良的碑和帖，他说褚字不错，褚初学欧阳询，继学虞世南，后取法二王，融会汉隶，自成一格。他还拿了几本商务印书馆印的《四部丛刊》给我看，说你看这些题写的书名都是褚体，精妙俊逸、绰约风姿，有自家面目。所以我最初临的就是《孟法师碑》《伊阙佛龛碑》《雁塔圣教序》以及《倪宽赞》。有时，顾老会站在我旁边，看我临写。兴趣来时，他也会坐下来，临一行两行给我看，那时就可看他如何运笔了。他讲临字不要太像，但要神似，掌握规律。后来工作太忙，写字就由白天改成晚上了。

1961年冬，顾老每逢星期日上午必定到上海图书馆长乐路书库（原历史文献图书馆所在地）半天，在那儿翻翻书、查点资料。总之他对那个地方有着深厚的感情，毕竟他在那个地方住了十多年，他在那儿付出过许多辛劳和汗水，那儿的许多图书都经过他的手，有不少线装书还留有他所写的书签。在征得他的同意后，我也在休息日去半天。我一直认为我较其他人幸运，因为那一天，我们可以面对面地坐着，我可以静心听顾老讲各种事情。顾老最喜欢说的就是他当年和章钰、王同愈、叶景葵、张元济等人相往来的事。他对这些前辈都是非常尊重的，老先生们熟于前朝旧闻、乡邦掌故，于金石书画、版本目录皆有造诣，故顾老时时登堂展谒，获聆绪论，相与赏鉴，相契极深。顾老也对我讲过"合众"的历史，讲抗战时他主持馆务之艰辛，讲解放前夕国民党军队进驻骚扰、地方上的流氓痞子敲诈勒索事给我听。他也讲过如何在废纸中抢救文献的事。

在顾老身边久了，你会发现他爱书，爱图书馆，爱他所从事的事业。"文革"中有人曾批判他说的"片纸只字皆史料"的观点。实际上，在顾老的眼里，只要是书，只要有一点价值，他都不会轻易处理。他曾说过："古代文献，为研究历史、保护文物者所重视，即片纸只字，亦均珍同球璧。"他曾对我说："有些书对你来讲，很陌生，因为你不研究，但不研究不等于没用，要研究的人就会去找这种书。所以对图书馆来说，它的藏书是要给人用的，光收藏，不利用，那是封建时代藏书楼的做法，今天的上海图书馆一定要改变过去的做法。"他还就上图中文采编部采购新书的事对我说，采购是一门学问，不是什么人都能做的，这要凭经验，要了解读者的需要，不是光看新书简报就行，要走出去，跑得勤才行。图书馆里什么书都应该有，小菜场里青菜、萝卜，各人喜欢。他对上图的老采购孙耀昌的工作是满意的，而孙过去在苏州、上海的旧书店待过，熟悉图书。60年代初的上海古籍书店货源充足，门市上也会偶尔收进一些罕见的珍本，包括名家抄本、名人稿本等。而上海图书馆采购古籍的经费还可应付。在这种情况下，上图善本组可以不断地补充馆藏。每逢潘景郑、瞿凤起先生去古籍书店选书时，顾老都要我和他们一起去，他对我说："你选书没有经验，但不必怕选错，不要有负担，只要你觉得这部书可能没有，那你就挑出来，让书店的工作人员送来，你再查有还是没有。书在手上，几个来回，你就会了解什么书该买，什么书不该买。"只要有机会，顾老总是为我和吴织创造条件。

他请潘、瞿两先生去上海海关、上海古籍书店、上海朵云轩鉴定出口的图书、碑帖时，也把我们两人带上参与工作，去逐步熟悉业务。

顾老对于抄、校、稿本的兴趣最大，他喜欢看，喜欢研究。他对各家之笔迹，眼明心细，不爽毫厘，他往往能从一本原题"佚名"著的稿本中找出线索，进而查出作者，这些都是真本事。记得70年代初，在馆藏中发现一部破烂不堪的稿本，书名题作《声韵考》，作者不知名谁。经顾老考证，发现这是清代学者戴震所著，且为李文藻墨版底本。他还鉴定出书中有段玉裁手书及孔广森笺注。他曾针对有些人不重视小稿本（指不太有名的学者的稿本）而对我说："不要看不起小稿本，有些小稿本倒还真有些资料价值呢。"

70年代后期至80年代初，我有幸随侍顾老出外看书，他每一次出去，身边都带一本《增定四库简明目录标注》，上面有顾老的细字批注。他说一般的善本书查查《标注》就可以了，出外带这本可以暂时应付。他随身又总是有一个小本子，遇到什么新发现随手就记下。如1978年在天一阁，他对清初毛氏汲古阁影宋抄本《集韵》特别有兴趣，最后他将段玉裁、阮元的题跋全抄下来了。这也为他1983年时写作"影宋抄本《集韵》跋"提供了重要参考。为了使我有独立工作的能力，他总是要我先看，提出初步意见。记得有一次我们在杭州，余姚县文化馆的同志得悉后，即送来一本明人卷子请求顾老鉴定。按老规矩，我细细看后，说有点问题，可能靠不住。他看后说，不真。然后告诉我，纸确是染色，钤印打得不是地方，更重要的是书法中有破绽，他一一指给我看。还有一次，我们在四川眉山县"三苏文物保管所"参观，"三苏祠堂"里陈列了一些"三苏"的版本，其中有宋刻本、元刻本。他要我看一看有什么著录不对的地方。他说这也是一种机会，在外面看是锻炼你的直觉，和在馆里看感觉上是不一样的。

顾老60年代因忙于行政工作，又有不少社会活动，所以写的学术性文章不多。我曾为他抄写过几篇文章，如《杜臆》前言、《顾嗣立与〈元诗选〉》等，那时没有复印机，我就用复写纸写成四份。顾老每修改一次，我都要再抄一遍，他每篇文章大多要修改三四次。他说："写文章是发表个人看法，是给人看的，送出去发表前还有机会修改，现在多一个人看看有好处，从不同的角度去看，总之尽量避免错误。"从这完全可以看出老先生的谨慎。确实，他做任何一件事都是认真的，从不马虎。他曾对我说过："做任何事都要认真，不可轻浮，尤其是做'学问'，'学问'二字，一是学，二是问。学是自己要刻苦，问就是要不耻下问，你不懂的事就要去请教别人，我、潘景郑、瞿凤起，你随时随地都可以问。"

顾老是一位学者，没有架子，平易近人，在他身边工作，不光是学习业务，还可以学到其他许多知识。他有时将批改公文交我送办公室秘书誊正发出，我就会看原拟的公文是如何起草的，顾老是怎样修改的，为什么这样改。顾老曾对我说："写字除了给自己看，有的还要给别人看，字要写得清楚，人家才看得懂，所以做任何事都要想到别人。"对于公文的修改，他举过一个例子给我听。他说的是太平天国战争期间，清军的一位将领老是打败仗，后来上司在上报时写道，此将"屡战屡败"，到了幕僚手上，被改成"屡败屡战"。如果按照原先所写，那将领必遭革职查办，甚或斩首，而一经改过，性质就变了，变成虽败犹英勇骁战。因此，他说："措辞很讲究，既要不费笔墨，又要说明问题，所以写好公文也是一门学问，你也要慢慢学。"

他曾对我说，凡是重要的工具书、参考书要自己买，就像身上穿的衬衣衬裤一样。图书馆的书虽可以借，但不能在上面写上自己的看法。顾老赠我的书中有一些是业务用书，如《明代版本图录》《涵芬楼烬余书录》《四库全书总目提要》《晚明史籍考》《劳氏碎金》等。其中的《涵芬楼烬余书录》有张元济先生和顾老、胡文楷先生的手校，这是刊印前的校样，后为顾老重新装订者。书中张校为墨笔，顾、胡校为朱笔，也有墨笔，从中可以看出三老校得非常仔细，甚至有个别不整齐，略现歪斜的字，他们都一一指出，更不必说其他文字错误了。我曾就校样事请问过顾老，他说："做事情要认真，不可轻浮。老辈们做事，一板一眼，从不马虎。"他还回忆当年受张元济先生之命，佐理校印《涵芬楼烬余书录》之事，那时张先生卧病在床，如若顾老去时，张则口授指画，如某篇某句有误，应如何修正；或谈版本中某书某刻优劣之所在。盖顾老追随前辈，辄诣请益，获知良多。

我深深感受到顾老对我的栽培，他对我的成长用心也是良苦的。60年代初，有一个时期，我晚上猛看中国现代长篇小说，什么《红日》《青春之歌》《林海雪原》等，一本接一本。顾老直截了当地对我说："看一本长篇小说，要花不少时间，还不如等这些小说拍成电影后，你看电影，只要一个半小时就行了，小说中的内容都浓缩到电影里去了，你的时间就可以省下来了。"自那以后，我就不再看小说了，再好的小说我也敬而远之了。那时，中国乒乓球水平在世界上处于领先地位，国内打球的人愈来愈多，我也是爱好者之一。当时，我在业余时间参加一个区乒乓球队，晚上多有训练、比赛，人也很累。顾老知道后，语重心长地对我说："你的球打得再好，也只能打到上海市队，但那是强手如林，打进去好不容易。我认为你打球适可而止，中午休息时玩玩，你应该把打球的时间用来学业务，这一行人才太少，你应努力才是。"顾老说这些话，真是有点恨铁不成钢，他希望我能快快成长起来，他要想方设法对我引而教之。

30年代初，顾老在北平燕京大学求学，住在他的族侄顾颉刚先生家。顾家挂有一块方匾，上书"晚成堂"。据颉刚先生说，堂号"晚成"，有两个意思。其一是学问总难以一时做出轻易的结论，要到晚年才可有一些确实的贡献，也就是说欲速而不达。顾老在颉刚先生家，在那儿读书、做学问，受颉刚先生的影响是很深的。他的《吴愙斋先生年谱叙》就是在顾家写成的，末后署有"作于小晚成堂"。顾老很欣赏"晚成"，他对我的愚钝，认为是孺子可教，他也要我努力工作，增长才干，希望我"大器晚成"。70年代末，我曾想做两件事，即编写《明清室名别号索引》及《明人文集篇目索引》，而且我已上马，积累了不少材料。有一天我将此事告诉顾老，谁知顾老一听，马上就说："你不要去做这两件事，你的精力一定要放在编纂上海图书馆的善本书目卡片上，你的责任很大，这些事已经够重的了。你一定不要锋芒毕露，眼光要放远一些。你要大器晚成。"他又说："这两部书虽然有用，但是应该别人去编，你不应去做，对于你，太浪费时间的事不要做。这个话，我也只能对你说，对别人我不可以说。"我当然明白顾老这番话的意思，实际上，顾老的话是出自他的内心，说明他对我的爱护。顾老的话对我有如醍醐灌顶，这次谈话后不久，我就将所收集的室名别号全数赠于正在编《明清室名别号索引》的朋友了，而抄就的明人文集篇目部分卡片也送入了废品回收站。

我和顾老相处三十年，深深感到他为人高尚。他没有架子，平易近人。《孔子家语》有云："大德必得其寿。"对于顾老来说，他的长寿和他的大德有关。在他的身边久了，就会感受他颐养情性、仁爱宽厚、明智通达、对人宽容、与人为善、助人为乐的一面。他1994年为吴织写的楷书"知足常乐、自得其乐、助人为乐、为善最乐"就是他的最好写照。他摒弃私欲、淡泊名利、宁静致远，凡事从不斤斤计较，不去攀比，从不参与不必要的纷争。这些品德说起来容易，做起来却很难，尤其是在今天。80年代初，就有不少人写信或找上门来，希望能为顾老写些介绍的文字，但顾老都婉言谢绝了。他最简单、谦虚的一句话就是："一个读书人，有什么可以写的?"一直到1986年，吴织才获准为他写了一篇《书海五十年——记顾廷龙馆长》。顾老做好事是不愿声张的，好像是在1964年，江西革命老区一个小学的几位少先队员给他写信，希望顾老能赠送一些儿童读物给学校，他们盼望读书。顾老把信交给我，让我去书店选一些图书。后来我去上海旧书店替他买了数百本连环画和儿童读物寄出了。顾老还叫我不要到外面去传。记得刚粉碎"四人帮"不久，北京《文物》发表了一篇某教授关于《京本小说辨疑》的文章，认定学者缪荃孙有伪造之罪，并列举所谓证据。我在当时就用新发现的明刻本孤本小说《出像批评海陵佚史》以及未曾引用的资料撰文指出所谓《辨疑》的证据不足，论证有误。文章写成初稿后，我拿给顾老看。他看后说，不要急于发表，先放他一马吧。

顾老对我除了在工作上的指导外，还指导我收集资料做清代乾嘉学者翁方纲的研究。他说："古籍版本的鉴定说到底，虽然只是技术性的工作，但是却包含了很多文史方面的知识，你不仅要多看、多查、多请教别人，在打下扎实的基础后，你还必须学会如何做学问。"他还建议我不妨从研究一位清代著名学者做起，他给我出了个题目，即从各种书、碑帖（拓本、影印本、石印本）、字画中辑出《翁方纲题跋》，最后运用所获得的资料编成《翁方纲年谱》。他说："翁方纲这个人活了八十五岁，寿很高，在乾隆、嘉庆间他所经眼的金石、碑版，数量最多，有不少还有他的题跋。而且他的朋友、学生多，其中不乏官场人物，也有诗人、画家、收藏家。他又是诗人，留下的诗作多达数千首，同时他又是著名书法家，清代所云四大书家翁（方纲）、刘（墉）、梁（同书）、王（文治），第一个就是他。你若好好对这个人加以研究，那不仅仅限于了解各种金石碑版、字画书籍的鉴定、流传，而且对于他周边的人物、当时的时代背景、政治、经济以及文人学者之间的关系，就都可以弄清了。这对你的帮助会很大的。"就是从那时起，我开始在顾老的指导下做起了翁方纲题跋的辑佚工作。经过二十多年的努力，我从上海图书馆、北京图书馆、南京图书馆等许多地方居然辑出了翁跋一千三百余篇、翁方纲致友朋手札数百通，有不少都是从难得一见的翁氏手稿本、宋代拓本、旧拓本中录出。1985年底，我带着《翁方纲题跋》（一百万字）和编就的《翁方纲年谱》（三十万字）摘本到他家里去，我说："顾老呀，您1961年时给我出的题目，我现在完成了，现在向您交卷。"顾老笑了，笑得很开心。他略为翻了一下，就说："功夫不负有心人。为翁方纲写年谱是值得的。"后来，他为这两本书题了书签，并在1986年底的上海市古籍整理出版规划小组第二次全体会议的发言中，专门提到了整理、出版翁方纲手稿的事。

1975年夏，我在一包明刻残页中偶然发现《京本忠义传》残页，仅存第十卷第十七页的下半页、第三十六页的下半页，并各残存前半页的后三行。我因其字体、纸张俱似明嘉靖物，故特翻检各家书目并孙楷第先生《中国通俗小说书目》，但均未著录。次日，我即持残页请顾老、潘景郑先生审定，他们都认为此虽为残页，但不可小看，或许是《水浒》的一种早期刻本。后来顾老和我合作写了一篇《关于新发现的〈京本忠义传〉残叶》的文章，从残页的字体、纸张、卷回、标题、图案、正文，来考证它应更接近于《水浒》的原貌。之后，顾老即建议将这两张残页用上等毛边纸影印，并配以前言，装订成册，除大部分保存外，也有一些赠送给来上图参观访问的海外图书馆界的同行。继《水浒》残页后，我又在另一明周显宗刻本《陶渊明集》的衬纸上发现了《三国演义》的残页，为卷八第十五回"太史慈酣斗小霸王，孙伯符大战严白虎"的上半部分，是过去研究《三国演义》者所从不知晓者。我根据残存衬纸的字体、纸张、文字等进行鉴定，认为此种刻本应在明嘉靖之前，或在明成化、弘治间。那时，顾老在北京探亲，我就将衬纸的复印件和我的看法写信告诉他，并请顾老过目，也就近请北京图书馆冀叔英、丁瑜先生鉴定，听听他们的意见。1989年8月，顾老给我的复信说："《三国志》残叶印本，我给冀大姐看，她说早于万历，丁公看万历，我是望高看的，同意冀老的意见。您的细心发现，很高兴。这不仅发现残叶的本身，而可使全组（指古籍组）同志有所感受，比讲堂上讲多少时为有效。"

我在主持上海图书馆特藏部（古籍组、文献组、徐家汇藏书楼）工作时，顾老对我说："你的责任就是要管好上海图书馆的这二百万册藏书，这些都是前人留下的珍贵遗产，不要有任何差错。"80年代后期，耳闻北京有的图书馆实行读者看善本书要收费的事，还认为这也是适应"改革开放"的一种措施，我把此事告诉顾老。他听了，连连摇头，嗤之以鼻。他要求我，在上海图书馆，读者看善本书、普通古籍以及所有的文献资料，包括1949年以前的所有报纸期刊都不能收费。他说："图书馆的书是给人看的，不是商店卖商品。当年，张元济、叶景葵等人办'合众'时，就是想办法保存图书文献，让读者来看书查资料、做学问。"

二

顾老是著名的书法家，我觉得他的书法功底是借助于字外的学问和修养，他既钻研书法技术、文字结构、书体源流，也借鉴于历代名迹，熔铸古今，并推陈出新而形成自己的风格。1963年，他作为中国第一批书法家访日代表团的成员首次访问日本，代表团的团长是陶白（时任江苏省委宣传部长），另两位团员为著名书画家潘天寿、王个簃。1979年，他又作为上海书法家代表团成员访日，为中日之间的书法交流起到了积极作用。他的小本子里有不少用小篆抄录的唐诗等句子。他是很谨慎的，每一字每一笔都不能错。第二次去日本时，他还将容庚先生编的《金文编》带在身边，以便备查。他擅长多种书体，尤精金文大篆，取法吴大澂一路，以宛畅颖奇、韵味隽永、质朴古雅见长。他童年时，得吴大澂书《篆文论语》《篆文孝经》，即喜而摹之。早年在苏州，即受到父亲顾元昌（竹庵）先生和王同愈（栩缘）先生的影响，每天都要临摹碑版数十张，十几岁时已能执笔为人写对联了。竹庵先生要求他写字做到平整有力而不要趋于媚美，并教导他每一个字都要"笔笔平凡笔笔神，寻常要在寻常出"。后又从其伯舅王董戎先生习古文字之学，由秦篆而进窥古籀。顾老年轻时常去表兄吴湖帆先生家里。吴是著名收藏家、书画家，是吴大澂的嗣孙。吴早年的篆字笔力刚健，他写字时，顾老经常在旁观其用笔。顾老告诉我说，他受吴的影响很大。顾老中年曾致力于苏东坡体，明解缙曾评苏轼书云："东坡丰腴悦泽，绵里藏针。"所以他的楷书又得力于苏字不少。记得有一次我在翻看《西楼帖》，顾师看到后说，这部套帖他早年临过。在北平求学时，即从胡朴安、闻宥、刘三等人学习古文字与书法。1932年，他考取北平燕京大学研究生，专研古文字学。在1935年5月出版的《燕京大学研究院毕业生名录（1922—1934）》中就印有顾老隶属于"国文部"，论文题目是《说文废字废义考》。

"文革"前，顾老为书法展览会或应好友之请，在图书馆里写字，从不用墨汁，都是我用墨磨就的。"文革"后，他发觉"一得阁"的墨汁很好用，而且拓裱也不会化开，所以后来他写字就一直用墨汁了。1977年以后，顾老每到一处，都有人慕名来求书，而顾老多有求必应。1979年，顾老偕我去四川成都参加中国古籍善本书目主任委员扩大会议，其间顾老和我去四川大学看望徐中舒教授。当时林小安先生正从徐老习古文字学，知道我们在蓉城后，他就联合徐老的研究生在一家颇雅致的饭馆请我们吃晚饭。席间我说起前两天，有四川省政协委员杨先生来求顾老墨宝，送来不少纸，不光自己求，还附带为另外几位官员求顾老的书法，推也推不掉，而且顾老此行不准备写字，所以笔和图章都未带。谁知，林小安说，这不难，同席的陈复澄是篆刻家，他可以马上刻就。果然，第二天一清早，陈先生就把刻有顾老名字和字号的印送来了。印篆得不错，刻得也好，顾老很是满意。当天下午，我就铺纸做好准备工作，顾老也就挥毫立就了。

许多人都喜爱顾老的书法。1987年10月，顾老和我去深圳参加中国图书馆学会第三届理事会，会议结束后，我们即去广州。广东省中山图书馆馆长佟德山先生找到我，说无论如何也要请求顾老赐予墨宝，我代顾老答应了。谁知过了一天，佟馆长竟又拿来一长串的名单，我一数有十余人之多，包括中山馆其他负责人，办公室秘书、司机都有。我一看，只好说再商量商量吧。当我告诉顾老此事后，他笑一笑，说到上海再说吧。我陪顾老去过四川成都三次，每次去，他都要应人所请写字。1978年11月，他为四川省文学艺术联合会写了一幅叶剑英元帅的词，用大篆，极有气派，记得最后一句好像是"九天月揽，五洋鳖捉"。他还去过都江堰，那里的有关部门也请顾老写字，而且都是大字榜书，如"宝瓶口"等，有好几幅。这些作品都是在上海图书馆古籍组内的大桌子上完成的。在创作时，我和几位同事站立前后左右，看他挥毫，只见他执着大笔，凝气运腕，一笔一画，真有力透纸背之功。完成的几幅作品，张张精彩。老实说，每次看顾老挥毫，你都会觉得是一种不可多得的享受。

"文化大革命"结束后，从1978年起至1998年上半年止，在中国出版界所出版发行的图书中，题署书名最多的应该是启功先生和顾老了。我没有做过精确的统计，但可以说，从30年代初至1998年止，顾老题过的书名在三百种以上。不少作者都以自己的著作有顾老的题签为荣，他们千方百计找关系、托人请顾老题署。我自己的著作已出版和未出版的也都是请顾老题的。就是有些出版社的编辑，也都喜欢顾老的题署。早在70年代初期，上海的有关人员曾根据毛泽东的指示，点校、注释和印制历史古籍、古典辞赋诗词的"大字本"，这些大字本是给毛泽东及中央领导人阅读的。有关人员如王守稼、刘修明等人就请顾老为这些大字本的注释稿题写书名。那时，顾老每题一签总是写几张，然后交给我，让我选一张，我选中的就在左下角用铅笔画一个小圈，再还给他。有时，顾老不来馆，就嘱别人或司机将题签送来交我。他曾教我如何选、如何看。有时都不满意，他就用剪裁的方法进行拼凑，拼成一张最好的送出去。一直到1990年5月离沪为止，顾老所题署的签条，大部分都是我先睹为快。

饶宗颐先生是当代著名的古文字学家、书画家，他也是香港中文大学讲座教授，他的学问和造诣都是世人公认的。1991年初夏，我拟回上海探亲，行前打了个电话给饶先生，说是过两天我即返上海，不知有什么事需我做的吗？开始，他没说什么事，后来他突然说：你能否请求顾老为我写一幅字？我说：这不难，要写什么内容呢？饶先生说，他是广东潮州人，家族的祠堂现在开放供各方游客参观，他早年读书的地方也在其中。他说能否请顾老写"选堂旧读书处"这几个字，做成匾可以悬挂。饶先生还说，现在能为他题字的只有两位：一位是李一氓先生，可惜去世了；另一位就是顾老。后来我飞到上海的当天晚上，就去拜见顾老。我把饶先生的请求说了，顾老一口答应，并在我离沪之前交给了我。而饶先生在得到顾老的法书后也非常高兴。

由于顾老书法上的成就，不仅在国外赢得了赞誉（著名的美国普林斯顿大学葛思德东方图书馆的馆额即是他在访问期间写的），而且在国内有许多书法爱好者也都希望得到他的墨宝。除了一些博物馆、纪念馆、某些省的文物保护单位来函索题外，顾老经常收到求书者的信件。我在他身边工作，很了解书法爱好者的求助是给了顾老很大的激励，但是他的时间、工作、身体都不允许他能一一遂愿。他有许多想做的事，但常常感到没有时间了。1987年10月，我在美国做图书馆学研究结束返国后，不止一次地劝说他，有些字可以不写，什么人都写，这太浪费精力了，我甚至还想在他寓所门前贴上谢绝写字的告示。但顾老都没有答应，他说，有些人喜欢我的字，我不能拒绝他们。顾老的书法作品是从不卖钱的，这和如今商品社会中不少所谓书法家稍一动笔就要拿钱截然不同。许多人都认为，我在他身边学习、工作了那么久，手头一定有不少顾老的书法，实则不然。1997年12月，上海图书馆的同事推出了顾老的书法展览会，这之前，有关同事就打长途电话到美国，要征求我收藏的顾老书法。实际上，很多人都不相信，我仅收藏有四张。其中两张是60年代全国、上海开书法展览会时顾老写的，他选了一张送出，另一张说是要扔掉，我赶快收起来了。第三张是70年代初期，他写的草书，是送给我和内子的。最后一张是我离沪去香港定居之前，我请顾老赐以墨宝留作纪念的。

清人刘熙载尝言："书者，如也；如其学，如其才，如其志，总之曰如其人而已。"人品高，道德修养的境界高，书法的品位也就高。实际上，书法是道德文章的载体，也是反映写者的思想、抒发人生抱负的对象物，他们的德行连同他们的书艺、书法成就都对象化地到了他们的作品之中。对于顾老来说，他的书法作品，正是他抒情达意、畅怀自娱的过程，也是他修身养性的重要手段。他用书法的形式表达出了他的品性、意识、情感、毅力，他也把自己的品行修养、学识水平融于其中，才使得人如其书，而达到人与书法俱真、俱美、俱善的阶段。这也是唐柳公权说的"心正则笔正"、明项穆说的"人正则书正",因为这些都是在揭示书法作品中蕴含的作者的气质、禀赋、个性、才情、学识和品德。

三

顾老是中国图书馆事业的前辈,德高望重,一生辛勤从事图书馆事业。他是怎样和图书馆结下不解之缘的呢?顾老在《纪念袁同礼先生百龄冥诞》一文中曾说:"1929年北平图书馆新馆落成,其址与北海相邻,美轮美奂,藏书丰富,编目和管理等均采用新法,与世界先进国家相应接,为我国第一所新型的图书馆。经过两年筹备,文津街新馆于1931年9月开幕,举办展览会。时余负笈燕京,前往参观,洋洋大观,美不胜收,对余此后终身务于图书馆事业,从事目录版本之学,有深刻的影响。"

1939年5月,叶景葵、张元济、陈陶遗、陈叔通、李拔可诸先生有感于抗日战争期间,倭寇肆虐,江浙文物纷纷流散,摧毁之烈,空前未有,文化遗产之沦胥,蠹然心伤。有鉴于此,他们遂有在沪创办私立合众图书馆之意,并招顾老自北平赴沪主持馆务。馆名"合众",盖寓众擎易举之意。在那个年代的上海,较重要的专业图书馆已有科学技术的明复图书馆、近代史的鸿英图书馆,叶、张、顾则创办了以古籍为主的历史文献图书馆。此三馆均为研究性质的图书馆,便利专业读者,培养专业管理人员,编印专题书目。也是在那个年代的上海,除了郑振铎、张元济、张寿镛、何炳松、张凤举组织的"文献保存同志会",在陈立夫、朱家骅的支持下,由蒋复璁居中联络,为国立中央图书馆购得大量旧家藏书外,再一个就是"合众"了。合众馆从那时起,也担负了为国家、为民族保存文化遗产的重任,他们想方设法,征访江浙私家藏书,谋所以保存之策,不遗余力地保存了许多有价值的重要文献。(1949年后的上海历史文献图书馆就是在合众图书馆的基础上发展起来的，后又复统一于上海图书馆。）顾老曾告诉袁同礼先生："合众"创办的目的，就是"搜集各时代、各地方的文献材料，供研究中国及东方历史者的参考。在收购上所拟标准是工具书、丛书、地方志、地方总集、批校本、稿本等。以私人力量办一专门性图书馆，前所未有"。顾老早年在"合众"的工作，做得非常之好，所以叶景葵先生有《集杜句赠顾起潜》，句云："复见秀骨清，我生托子以为命；由来意气合，汝更少年能缀文。"由此可见一斑。

60年代初，顾老即感到在上海图书馆要做的事太多了，他首先想做的就是做好基础工作。其中善本组补充馆藏、编纂善本书目、整理尺牍方面的工作都是他主持进行的。我记得1964年时，在北京中国书店有一批家谱、鱼鳞册，数量极多，北京的许多单位都看不上眼，因此滞留库房，资金不能运转。差不多同时，在上海古籍书店、安徽屯溪古籍书店也都有大批鱼鳞册待售。上图得知信息后，迟迟不能做出决定，经请示顾老，顾老马上拍板，在他的过问下，这批图书迅速转入上图收藏。察其地区范围，多系安徽黟县、绩溪、歙县、祁门、休宁、宁国，江西庐陵、婺源等地，江苏江阴，浙江遂安、上虞、会稽等县。时代则从明万历至民国初年，如《万历九年丈量鱼鳞清册》四十余册，均为填写本，按千字文排列。此外如顺治、康熙间的也很多。又比如说家谱，它的重要性不必赘述。我们不妨用数字来看一下上图所藏家谱的增长，1952年至1958年，上图家谱为五百余部、三千余册；1959年至1964年，从安徽屯溪等地专门采购了五千七百余种、二万五千七百余册（不包括1955年在上海造纸厂抢救文献时获得的家谱，共八千零十一种、五万九千册）。可惜的是，1964年"四清"，不能大买家谱了，顾老也为此事承担了责任。顾老从事图书馆古籍采购近五十年，深受顾颉刚先生的《购求中国图书计划书》的影响。这份《计划书》含义甚深，计划周密，所拟采购十六大类的范围详述无遗，故无论在合众图书馆，还是历史文献图书馆、上海图书馆，顾老都以此作为收购指南。1981年初，北京书目文献出版社的《文献》杂志来约顾老写稿，顾老认为顾颉刚先生对图书馆事业的贡献主要表现就是在《购求中国图书计划书》上，因为任何一位在图书馆从事采购者读了，都可一扩视野，而不为传统所蒙蔽。所以他就将这份《计划书》推荐给《文献》发表，并写了一篇文章缅述顾颉刚先生对图书馆事业的贡献。

国内的一些大型的、重要的省市公共图书馆的"家底"是很难搞得清的。1990年4月，我随顾老去南京图书馆在龙蟠里的书库参观，但见未整理之旧书甚多。所以，顾老感叹地对我说："没有一个大馆的家底是清的。""要清，只有一个办法，那就是编成书本目录。"在"合众"时期，顾老和潘景郑先生就编就了十数种各家捐赠图书目录。历史文献图书馆等四馆和上海图书馆合并以后，藏书大增，在各种准备工作就绪后，《上海图书馆古籍善本书目》的编纂工作也就开始了。这项工作始于1961年，至1965年编竣，当时为复写纸所写，计八册。顾老是主编，潘景郑、瞿凤起两先生是做具体的校卡工作的，而我和吴织则是他们的助手。当时馆藏善本书约为一万四千部、十五万册。顾老给我们的工作就是据卡片提书、还书。顾师要求我们："凡是潘、瞿两位和我校改过的每一部书，每一项的著录，包括书名、卷数、作者、版本、稽核项、附注项，为什么要做这样改动，你们都应细细地看，并且要做核对，如果有什么疑问，就要马上提出来。"他要我们注意各种版本的字体、纸张、钤印以及许多著名藏书家、学者的字体，并且希望我们在抄本、稿本的区别、鉴定上多下一些功夫。我还记得那时我为了解清代重要藏书家黄丕烈的字体，曾把馆藏所有的黄跋、黄校调出来对比，而顾老则从书法的角度为我诠释黄字的特点。就这样，我们几乎将全部馆藏经眼一过。我曾在拙著《书城挹翠录》的序中写道："这种实践是在大学图书馆学系的讲堂和书本上学不到的。至今我十分怀念那段时光，既钦佩顾老和潘、瞿二先生的道德文章，又感激他们毫无保留地谆谆以教、提携后进的可贵精神。"这实在是我的心里话。

上图的明、清名人尺牍简帖收藏约十一万通（件），在全国来说，没有哪一个图书馆、博物馆能和它匹敌，诸如《王阳明先生尺牍》《颜氏家藏尺牍》《八大山人手札》等，应有尽有。但是，数量虽大，检索则不易，费时费劲自然不必去说，即便知其一也难知其二、其三。于是顾老就找人设计著录尺牍简帖的卡片，并设法请人将尺牍简帖的下款（寄信人）全部做成卡片，每札一张，列出在何种书札之内，并用四角号码排列。这样做，不仅可以将家底摸清，而且可以对寄信人，包括明、清、民国时期的各种人物的书札一索即得。如明文徵明、祝允明，清曾国藩、左宗棠，民国孙中山、黄兴等人，都可立时查得在何种尺牍、手札中。像这样的检索方法，在国内领先其他收藏单位。很多研究近代史的专家、学者，都很重视《汪康年师友手札》的出版，由于汪康年长期经理报务，中经甲午战争、戊戌变法、义和团运动以至辛亥革命，当时各派重要人物和他书札频繁，声息相通，《手札》保存了大量的原始资料，对研究中国近代政治史、文化史、经济史都有重要参考价值。在美国哈佛的近代史专家孔祥吉教授就这样对我说过此书的重要，因为孔教授是研究清末维新变法的。他从中辑得不少重要材料。实际上，早在50年代，顾老就考虑到这部六十巨册、七百余人、三千余通的《手札》的价值和有些学者利用这部书札的困难，因为《手札》中多为行书，间有草书，有些字不易辨认，如若抄写者以己意改之，则全失真意，必致误己误人。他一直在寻找机会找人全部抄出来，以便将来排印出版，供研究者所利用。顾老终于找到了早年曾在商务印书馆任文书工作的高乐赓先生，此外还有项平甫先生。这两位先生早年都喜爱书法，受过书法的训练，他们的抄写工作做得非常出色，终于全部抄竣。这件事，如果没有当年顾老的策划，也就没有后来上海图书馆古籍组同人的标点以及上海古籍出版社的标点本。而且这部《手札》后面所附的许多人物小传都是早年汪诒年以及"合众"时期的顾老就自己所知并请多人就记忆所及补出，供读者参考的。顾老对于名人书札，确是有一种偏爱的心情，我们不必去说60年代初期他主持的上海图书馆藏"明清名家学者书简展览"的事，而只要看他晚年为《近代名人手札真迹——盛宣怀珍藏书牍初编》(香港中文大学收藏)以及为上海博物馆编的《宋人佚简》写的序就可窥见顾老的心态了。他在前书之序中说："名人书牍，笺纸精良，书法洒脱，文字隽永，如能择尤影印，熔书文纸于一炉，不其美哉！集腋之愿，固余多年向往而未得者也。"

顾老在图书馆辛勤工作了六十年，主持编纂了不少重要图书，诸如30年代的《章氏四当斋藏书目》、40年代初的《明代版本图录》(和潘景郑先生合编)、50年代的《中国丛书综录》、80年代的《中国古籍善本书目》、90年代的《续修四库全书》(未完)。这些重要图书都凝聚了顾老的心血。他曾经不止一次地和我谈起他1938年在燕京大学图书馆时编《章氏四当斋藏书目》的事，他特别得意的是，他仅用四个月就编出来了。他要我好好看一下这部书目，并把看后的意见告诉他。我虽是顾老的学生，但我不必去吹捧顾老。因为说实话，如果我们今天站在图书馆及读者的立场上分开去看，这几十年来出版的不管是公家或是私人的藏书目录，都没有任何一部超出它著录的详细程度。在那个年代，要编出一部具有特色的书目是不容易的，顾老是在总结了前人编纂书本目录的经验后，从有利于图书馆及读者的两种角度去编的，因此顾老认为书本目录除了索引外，一定要详细，读者检阅才不会困难，而且可以获得许多信息。所以《章氏四当斋藏书目》的编制突破了历来传统的著录，顾老除了每书的书名、卷数、作者、版本、稽核项外，又别其部居，录出每部书的题识、印章，甚至其中校证之本，"有假自友人者，复于各书题识之后加以按语，纪其姓氏爵里行谊之概略，匪特见当日析疑之助，兼可为后来文献之征"。又"凡章氏移录前贤题记不经见者亦录附之，以资稽考。凡书中题语有涉及章氏之友朋，就闻见所及者酌注履贯，以详渊源，借见当年盍簪之盛"。这部书目，收书三千三百六十八部，分为三卷，费时四月，书成五册，可以设想，如果没有广博的知识、扎实的专业基础，那是无论如何都编不出来的。叶景葵先生在1938

年9月28日致顾老信中有云："接到四当斋书目一部，体例极善，足以表章式老伺学之里面，吾兄可谓能不负所托矣。"吴织曾经在《书海五十年》这篇写顾老的文章中说道，也正是这本《章氏四当斋藏书目》，成了日后叶景葵、张元济先生等人创办合众图书馆前，邀请顾老来沪主持工作的"牵线者"。

数百年来，有经济力量的文人学者有感于图书之难得，多有辑佚丛书之功。因此，丛书之辑印，起到了化身千百、流通古籍、便于学者利用的作用。合众图书馆创办于"搜残编于乱后、系遗献于垂亡"的年代，顾老考虑到以传布先哲精神于万一，在力所能及的情况下，秉承前人之志，有编辑《合众图书馆丛书》之举。《合众图书馆丛书》共分两集：第一集共十四种，第二集为一种。以一所私人创立的图书馆编辑出版丛书，在当时是不容易的事。第一集从1941年至1945年间，由私人募捐出资而陆续付诸石印。

60年代初，顾老曾告诉我，当年印这些书很难，因为国民党政权不稳，币值不保，筹钱不易，所以拖得很久。在第二集《炳烛斋杂著》的跋中，他写道："时方多难，筹款未集而罢，忽忽四年矣。""国难未已，物价动荡，瞬息万变。"这些书除了第一种《恬养斋文抄》为陈陶遗先生题署外，其余十三种都是顾老所题。为了节省开支，顾老亲自动手，抄成了《东吴小稿》及《论语孔注证伪》（卷下）。顾老在《丛书》"缘起"中说："本馆丛书之辑，志在使先贤未刊之稿，或刊而难得之作，广其流传，顾非一馆之藏之力所克胜任。缘商同志，谋集腋成裘之举。所选著述，以捐资者之意趣为指归，各彰所好，各阐所宗。学海无涯，造诣不一，要其专治所学，发抒心得，必有足贡献于后来者，勿偏持门户，勿执一绳百，采撷英华，视读者之去取何如耳。际此世变抢攘之日，物力凋剐，旷古未有。丛书之印，先后六年，成书十有四种，编次不免芜杂；工事每况愈下，因陋就简，咎何敢辞，勉强为之，犹贤乎已。因便流通，汇编成集，述其缘起如此。"

顾老对于善本的理念是当代图书馆专业人员不仅要保管好先人们流传至今

的珍贵文化遗产，更重要的是在于利用。他曾说："窃谓今日管理善本，重在重印，使其化身千百，代代相传，不致湮没。"在上海图书馆时，为使孤本不孤，他又提出影印（石印）馆藏善本的计划，在馆内有关部门的配合下，影印了如《唐鉴》《梁溪先生文集》《词人纳兰容若手简》《三峡通志》《太康物产表》《分门琐碎录·农艺卷》《稼圃辑》《浦泖农咨》《台湾府志》等。70年代后期，又影印了《永乐大典》（"郎"字韵）、《农桑辑要》等。又交上海古籍出版社、上海书店影印了不少重要善本。顾老在《宋人佚简》序中呼吁："希望出版界对现在古籍，择其稀见者为续命之谋，终使孤本不孤，秘本不秘，有利于学术研究，岂不善哉！"这些都体现了顾老为读者服务、为学术界提供资料的一贯思想。顾老也曾主持撰写《上海图书馆古籍善本书提要》，当时第一步想把馆藏最重要的一级藏品先撰成提要，参与撰写的有顾老、潘景郑先生、瞿凤起先生、沈文倬先生等。可惜只写了数十篇，用上图印的小稿纸，如今也不知存否了。顾老早年写过数十篇题跋识语，所撰跋语，言之有物，精义蕴蓄，裨益后学甚多。

《中国丛书综录》是一部大型的参考工具书，集全国四十一所图书馆所藏丛书两千七百九十七种，收有各种学术著作三万八千八百九十一种。为了便于读者查找，它的编纂从丛书书名、子目书名、著者姓名三个方面去查寻。这部书的出版在国内外影响都很大，"文革"结束后到80年代中，我在接待许多到上海图书馆参观访问的海外东亚图书馆同行时，他们都会提到这部重要工具书，称之为"功德无量""嘉惠学林"。这部书仅题"上海图书馆编"，而实际上负主编责任的是顾老。在《综录》出版之前，顾老一直对于日本东方文化学院京都研究所编印的《汉籍目录》耿耿于怀，他不止一次地对我说过，日本人也太狂妄了，嘲笑我们没有能力编这种大型的工具书。陶湘的涉园所藏为日人所攫取，其中丛书一千余种，然而日人却在《汉籍目录》的跋中说："世之读支那书者，皆将赖其利焉……凡宋元而还，逮乎近代，效左禹锡、陶南村之为而不在我库者盖鲜，则凡公私之库藏支那丛书而苦于检阅者，亦可赖此目而求也。"实际上，编这本《综录》是萦绕在顾师脑海中许久的一件大事。然而，顾老就凭日本人这种狂言，他也要为中国人争这口气，为民族为文化去争得荣誉。所以50年代中，他率人先将"合众"时期所收集的丛书，编制了列有子目的卡片草目，并入上海图书馆后又增加许多，又说服谢国桢先生放弃以个人力量编纂丛书目录的设想，最后联合北京图书馆等单位提供的馆藏，仅用了一年零三个月的时间编成此书。这是中国历史上收书最多的古籍目录。它不仅在数量上远远超出日人，而且在质量上、检索方法上都领先于日人。

做学问的人莫不把重要工具书、参考书看作开启治学门径的钥匙，而图书馆的责任之一就是要利用馆藏的文献、资料来编纂各种目录、索引或其他工具书来为学术界、为读者服务。上海图书馆几十年来在这方面确实做了不少工作，其中《中国近代期刊篇目汇录》，就是自1959年起，组织馆内二十余位工作人员，还有十多所中学百多位学生在万象森罗、不可悉数的旧期刊中核查原刊，反复配套，将杂志中每篇文章，甚至"补白"逐篇登记，把刊名、创刊、停刊时间、刊期、卷次、出版年月、作者、译者全部反映，历时七年，一式三份，写出卡片一百数十万张。那时顾老每星期都会抽半天前去徐家汇藏书楼了解进度、解决疑难、指导工作。1965年出版了《汇录》第一集（1857—1899）。第二集（1900—1911）及第三集（1912—1918）陆续付排，并打出校样。而1919—1949年5月以前的篇目全部抄齐卡片，只待整理编辑，但因"文化大革命"开始，工作停顿，而将卡片分装三十八个大木箱保存，以俟运动结束后重新启动。谁知道，"文革"中工、军宣队竟以徐家汇藏书楼"房屋拥挤"为名，把视为"四旧"的三十八箱期刊卡片作为废纸处理，以六分钱一斤的售价整车运出，卖给了废品回收站，进而并入造纸厂化浆，最终造成了不可挽回的损失。当时他被靠边审查，没有发言权，而且事前也毫无所知，这件事使顾老痛心不已。他没有想到，有些人竟然无视文化的需要，竟把许多工作人员克服了众多困难、费去不知多少汗水心血而成的重要资料作践。他一念及此事，就会发闷气，一句话也不说了。我知道他对此事是很痛心、很难过的。因为后来他就此事写过一篇文章，文内就有"每念及此，不禁老泪纵横，情不能已"。真可想见他的心情。他对我说过："做图书馆的人，心中要有读者，要为他们服务，不为读者服务那还要图书馆干什么。"他还说："不能为读者提供方便，这是最难受的事。"

"文化大革命"初期，顾老受到不应有的对待，他被靠边审查。1967年，有一天，我接到上海古籍书店韩振刚先生的电话，说是他们店里最近收到一部明刻本的书，想送来上图请帮助鉴定。记得那天是下午三时左右，地点是在上图西大楼底层俱乐部乒乓球桌旁，我请顾老、潘景郑、瞿凤起三先生都到场鉴定。上海古籍书店的韩振刚和高震川两位先生送来了一包书，打开一看，有的书已成饼状，粘在一起，有的还可以翻阅。这即是后来定名为《明成化说唱词话丛刊》的《新编全相说唱足本花关索出身传》等十六种（附《白兔记》传奇一种）。韩说了他们得书的经过，并说由于书是从棺材中取出，所以希望能将书用紫外线加以照射，以求"消毒"。我都帮忙办了。顾老他们看后，都表示这批书很难得，过去从没有见过。顾老并要我到大书库借一部郑振铎的《中国俗文学史》来，要我翻一翻郑著中有没有写这个时期这种图书出版的事。我翻阅后即告诉顾师，郑氏没有见到这类的书。顾老在韩、高两人走后，把我拉到一边，告诉我，这些书很重要，是研究中国俗文学史、戏曲史和版画史的重要见证。他要我打一个电话给上海市文物管理委员会杨嘉祐先生（杨当时在"老上海组"），把这件事告诉他，因为这是"地下发掘物"，根据有关法令，"凡是地下发掘物，一律归公家收藏"。所以第二天上午，杨嘉祐先生就持有关文物法令前去上海古籍书店依法收回此书，改由上海博物馆收藏。（这件事，我在《论新发现的孤本小说〈出像批评海陵佚史〉及其他》中有所述及。）当然，这部书经过学者的研究，可以肯定是我国现存诗赞系说唱文学的最早刻本，它的发现有助于弄清中国文学史上"词话"的真貌；而成化刻本的《白兔记》不仅是我国现存最早的"传奇"刻本，更是研究南戏和早期传奇的重要见证；而书籍中的版画，也是国内现存最早的戏曲小说插图之一。这件事，我是经手人，所以清楚。可以说，如果没有顾老的建议，那这部重要图书会得到什么样的结局，谁也不知道。

1970年初，顾老以"接受再教育"的名义，被派往上海市文物图书清理小组参加抄家图书整理的工作。在清理小组时，几乎每天都有单位将被抄家者收藏的图书送来，他又和书打上了交道，人虽然累些，但心情似乎宽松了许多。凭着他数十年的实践经验，他发现了不少熟识或知名者的手迹，包括抄本、稿本和信札，如刘半农、姚石子的日记；老舍的手稿，鲁迅的手札，张元济批注本《郘亭知见传本书目》等。这些原本（件）上并没有署名，幸好顾老识得他们的字，于是就将之妥善保存，不然的话，碰到"不识货"的人那还不知如何"收拾"呢。最可惜的是他在乱字纸堆中发现半卷唐人写经，急忙再细找另半卷，却怎么都找不到。后来问起别人，才得知那半卷因被人认为是残卷，没有什么用而扔了。顾老听后愕然不已。1972年，上图成立古籍组，顾老又被调回来了，他和我说起此事，总觉得怅怅的。

四

中国古籍浩如烟海，流传至今的善本古籍是其中尤为珍贵的部分，也是我国古代文化遗产中的重要宝藏。自古以来，公私编纂的古籍目录难以数计，但却没有一部集中反映全国古籍善本总貌的目录。1975年10月，病重中的周恩来总理指示："要尽快地把全国善本书总目录编出来。""四人帮"被粉碎后，这项工作提到了议事日程。1976年底，北京的有关部门指定顾老专程去京听取指示。他在听完传达返沪后，非常兴奋，深深感到这是总结中华民族珍贵文化遗产的大事，这样的大型目录，是过去的藏书家、学者想也不敢想的事情。《书目》虽是简目，但可按图索骥，为学术研究求书之导引，为目录版本学的研究，为整理古籍提供大量线索。为此，他表示，古人云，跬步不休，跛鳖千里，累块不止，丘山丛成。七十三岁的他不顾年高体弱，以极大的热情，不辞辛劳，信心百倍地投入了工作。

他深知古籍整理和版本鉴定专业人才匮乏的事实。"文革"前，他为了解决人才短缺、青黄不接的问题，曾呼吁要尽快培养古籍鉴定、古籍修复等人才。"文革"中，古籍、历史文献都被视作"四旧"，他连提建议的权利都没有。所以，有了编辑《中国古籍善本书目》的机遇，他要用他的所长去培养古籍版本鉴定专业的接班人。1977年夏，他应四川省图书馆之邀，风尘仆仆地携我一起赶到四川省乐山市，为蜀馆举办的"西南、西北八省古籍训练班"授课。参加训练班的约八十人，其中大部分是来自四川、云南、贵州等省的图书馆、博物馆、文管所的工作人员。顾老是用苏州国语讲课，我在旁则助顾老在黑板上写字。有些课是我替代顾老讲授，顾老则坐在旁边为我助阵。课后和晚上，都会有一些"同学"来我们住地商讨问题。我们在乐山待了十天，饭后暇时，我们便会在大佛寺旁散步。顾老的心情非常之好，有一次，他对我说："这几个省来的人以后回去，不光是要在实践中运用学到的知识，而且他们今后还会注意如何保管，如果每个图书馆都有懂得古籍重要性的人，那也算是后继有人了。"

从1978年3月在南京召开第一次全国古籍善本书总目编辑工作会议上，顾老被任命为《中国古籍善本书目》编辑委员会副主任委员、兼任主编始，至1995年3月在北京举行的"《中国古籍善本书目》庆功表彰会"止，顾老参与了整个编纂工作的初编、汇编、审校、定稿的全过程。为了编好这本大型目录，他提供了许多有益的经验和建议。为了使目录的质量有所保证，他曾将上海图书馆的善本书卡片逐张审阅，发现问题，即行改正。他还执笔写成了上海地区在普查、编目古籍善本书卡片的一些体会，打印出来供其他省份的同行们参考。1978年11月初，在四川成都召开"总目"（当时称"总目"）编辑委员会扩大会议前，顾老考虑到对初次参加善本编目工作的人，在版本著录方面最好能提供实例，参证对比，有所借鉴，以应急需，就提议从上海图书馆馆藏中选出一些宋、元、明、清刻本和抄、校、稿本，编成《善本书影》，并略具简说，让大家参考。事后我们选出三十种，简说是潘景郑先生和我撰写的，并全部由顾老改定。任光亮先生负责和上海古籍书店联系，并承他们大力支持，影印本《善本书影》从编辑到出版，仅用了一个星期。我记得书刚印出，我们就迫不及待地装箱，随后带往成都，提供给来开会的代表了。

1980年5月，顾老因《中国古籍善本书目》的汇编工作，自沪赴京，住在虎坊桥香厂路的国务院信访招待所内，和各地图书馆的专家及工作人员齐聚一堂，我和上海图书馆的任光亮先生则追随顾老左右，朝夕相亲，沃闻绪论。他在北京和大家一样，认真工作了八个月。说实话，除了居住在北京的同人外，其余各地来的三十三位专家和人员都克服了地区、生活、家庭、个人的不少困难。对于顾老来说，虽然他很乐观，他说自己是一个人，走到哪儿都行。实际上，他即使有困难也很少向人提起，因为他不想多麻烦别人，给别人增加负担。比如说，顾老是典型的苏州、上海人，一日三餐吃的食物也多为南方口味，而在北京，早晨的薄粥、馒头，和上海的早餐习惯不太一样。星期天只供应两餐，久居上海的南方人也只能设法适应。有时，顾老就会约我和任光亮先生去虎坊桥的"砂锅居"打牙祭。又如招待所的厕所是"蹲坑"，去厕大解，这对一个平常人来说是小事一件，但对于高龄老人来说则有些麻烦，他的脚力不济，不能蹲时间太久，这一点我很了解。我曾和顾老在峨眉山下夜宿，那里的条件较差，夜晚如厕必用手电筒照明，所以我陪顾老去时，才知道老年人的不便之处。在香厂路初期，他还希望能在"坑"旁加扶手，以便撑持。后来，负责后勤的同志得知才设法为顾老换到另一幢楼，靠近有抽水马桶的厕所旁。记得1981年初，香厂路的汇编工作告一段落，各地的同志都准备返回所在地，毕竟在京八个月了，大家都有"归心似箭"的感觉，这时顾老对我说："我要最后一个离开香厂路，大家走了我才走。"当我将顾老的话转达给潘天祯先生（副主编）时，他很感动，他说应该顾老先走。我说："别争了，你们走了，顾老才放心，我们也才走得掉。"我可以说，在他身边工作那么久，顾老对人、对工作、对事业，从来都是质朴无华，以情相归，从未盛气凌人、顾盼自雄，他也从来没有利用自己的名誉地位搞什么特殊化，或去谋取自己的私利。

顾老晚年做了不少事，其中最重要的就是完成并出版了清初著名学者顾祖禹的《读史方舆纪要》，以及与顾颉刚先生合辑的《尚书文字合编》。《尚书》为中国最早的古史文献，儒家列为经典之一，对古代政治、文化产生过极其深远的影响，是研究中国历史必不可少的重要典籍。但这部书在流传过程中产生数种不同字体，从而成为一部文字最有争议的经籍。顾老早年曾对《尚书》文字做过研究，他曾自署"隶古定居主人"。"隶古定"之"隶"，为正书，以其由隶书演变而来。用通俗一点的话来说，"隶古定"就是用正书按科斗古文笔画写定的本子。《尚书文字合编》是汇集历代不同字体《尚书》本子为一编，旨在正本清源，通过探索其文字变迁之踪迹，以开拓研究之新途径。1931年，顾颉刚先生在北平燕京大学历史系教授尚书学，他为了解决《尚书》的文字问题，提出从研究历代传本的字体入手，并计划把各种字体的本子集刻成一编，看它因文字变迁而沿误的文句有多少。为此，他和顾老于30年代着手编纂《尚书文字合编》，将搜集到的历代本子摹写刻版，后因抗战爆发未能出书。1980年12月25日，顾颉刚先生病逝，顾老在参加颉刚先生的追悼会回来后对我说："等回上海后，要找时间、找人重新整理编纂《尚书文字合编》，再不做，怕没时间了。"这时顾老已经感到继续此书的编纂是迫于眉睫的了。实际上，早在60年代初70年代末，顾老两次要我在原历史文献图书馆馆址（上图长乐路书库）寻找30年代摹写刊成的《合编》的板片，但都因杂物堆放、探觅困难而未能找到。1982年6月，上海市委宣传部干部来上海图书馆看望顾老，并征求意见。顾老即以此事提出，后承允准配备助手。年底，即有孙启治先生调入上图协助编辑工作。孙来后，顾老对我说："现在有专人做了。火车只要开，终归要到站的。"1991年，我在香港中文大学工作，当年9月底，顾老给我的信中涉及《尚书》的事："贵馆有无英法所藏敦煌经卷的胶卷？上海图书馆有一份，是从北图拷贝的，是负片，复印出来很不清楚，不知贵馆有正片否？我想贵馆必有之，选堂先生深研敦煌之学者，必知之。我要关于《尚书》部分。如果尊处有正片，我将把英法两国所藏有关《尚书》的号码开呈，拟恳复印一份。"后来我在中大图书馆找到一些台湾影印的英法所藏敦煌经卷中的《尚书》，复印后给他寄去了。顾老给我的信中说："颉刚先生的《尚书文字合编》，'古籍'允出，在进行中，我有生之年，或可一见。"1994年2月的信上说："我手中尚有《尚书文字合编》一书，今年可以完成。要求上帝保佑维持我一年，可向颉刚先生报命了。此事中断了六十年，多幸党和政府之关心，配备助手得以有成。现在正在写序文，比写'读史方舆纪要序'从容些。""今年二三月，我要回上海一行，希望能把《尚书文字合编》发稿，此属国家古籍规划小组重点项目。"1995年4月的信云："我去年一年，忙于《尚书文字合编》工作。写前言，请人提意见，一再修改，今始定稿，其迟钝可笑！今年可出版。"1996年2月的信云："去年一年中，上半年忙于《尚书文字合编》的前言。此书只不过提供资料，而不是研究成果。发动到成书跨度为六十四年。总算完成了，可以告慰颉刚先生于九泉。"

《读史方舆纪要》是清初顾祖禹费时二十年而撰成的一部历史地理学的重要文献，叙述各省、府、州、县建置沿革、疆域变迁，侧重于山川险易、攻守异势，对旧舆地书名实错误，据正史多有订正。为了将这部重要稿本影印出来，顾老费了不少精力。我在香港时，他还曾在给我的信中要求我查找台湾出版的《张其昀全集》，看张氏有无撰写有关顾祖禹的文字。1991年9月的信云："台湾张其昀先生有全集出版，本数很多，大陆（上海恐无，听说价很贵）不知何处有（陈叔谅先生有一部，不全，陈先生不久前又作古）？贵馆如有，请您查一查，张集中有无关于顾祖禹的任何撰述。抗战前，张先生亲到无锡、常熟访问顾祖禹的遗事。在常熟顾曾居住过地方，获得有一笺，末署'禹'字，认为顾的遗墨。张当时即以照片寄赠钱穆，钱穆即拍一照片寄我，我恐久而褪色，即托友人用珂罗版印了数纸，一直夹在稿本的第一函，今已失去，不胜遗憾！钱穆、张其昀两先生均已下世，惟我知之，而我的一份也没有保持，怅怅！顾祖禹《读史方舆纪要》稿本已影印竣事，明年可出版。亟待将'禹'字一笺印入以为插图。我想只有您能助我一臂了。"1993年12月的信上说："可喜者，顾祖禹《读史方舆纪要》稿本，业由上海古籍出版社影印问世了，我算解除了一件心事。"1996年2月的信又说："前年把顾祖禹的《读史方舆纪要》稿本影印出版。揆初先生主张先印后校，钱穆先生主张先校后印，意见皆好，但屡更变故，亦蹉跎了六十年，终与读者见面。"

五

对于晚年的顾老来说，最遗憾的就是《吴愙斋先生年谱》的修订工作只进行了一半，而来不及完成了。《吴愙斋先生年谱》是顾老1935年出版的一部重要著作。早在他童年时即知吴大澂名，后读吴著《说文古籀补》《古玉图考》《权衡度量实验考》，遂研求吴之学术，并在吴湖帆先生处得知所藏吴大澂未刊之稿。又从其外叔祖王同愈先生处得悉吴氏行谊，于吴氏为人及政绩、慈善、学术多所钦佩。1929年冬，顾老自槎溪返苏州，得到王同愈、王董成两先生之支持，于是开始了《吴愙斋先生年谱》的编纂工作。这本书写了六年，潘景郑先生的序云：顾老"笃志好古，研治文字声音训诂之学，恒服膺吴先生之说，以为精诣独深。尝有志搜罗先生行事，辑为年谱。于是博稽遗闻，咨询故旧，偶见先生片纸只字，靡不备录。曩岁游故都，复由清军机处档案中录存先生奏疏若干通，以资采择。又以先生著述浩繁，未尽刊布，复搜辑见闻，得已刊未刊者若干种，录其要领，别为著述目，附年谱之后。由是而先生之经济学问，睹此一编，了如指掌矣"。《年谱》出版后，他又找到不少资料。"文化大革命"结束后，顾老很想把《吴愙斋先生年谱》加以修订，而且东北某地有人给顾老来信说，《年谱》中所引用的资料和文献在当年边界划分时，起到了十分有利的作用。70年代后期至80年代中，顾师先后从北京大学图书馆、上海博物馆获得不少吴大澂的信，我也为他收集了一些。1981年我在上海旧书店期刊门市部里购得《吴愙斋先生年谱》后即告知顾老，他要我赶快打电话给书店负责人，说《吴愙斋先生年谱》有几本要几本，可惜后来只找到一本。1991年6月，他在给我的信中说："昨由馆中转到大函及愙斋手札影印本，昔未见过，无任珍感！《愙斋年谱》有教育出版社许为出版，但龙无暇修订，新材料已积不少，只待编次。"1992年8月的信上又说："我现在身体尚好，打算修订吴氏年谱，新材料收得不少。"1993年8月的信上又说："我现在还是整理《尚书文字合编》，交稿以后，将《吴愙斋先生年谱》补充，材料已有不少。以前所见材料，今已无从踪迹。新的材料，则皆昔日所未见者。最可惜者，我离京前为燕京购得的《铭安日记》，竟不可踪迹，其中叙及与愙斋往还甚多。当年如有复印技术就好了。卢沟桥事变后蓝晒亦已停止了。怅怅。"顾老也曾专门来信要我查找《铭安日记》，但都没有查到。我真是希望顾老的其他学生能继续顾老的此一未竟之业，顾老地下有灵，当也含笑九泉了。

1981年春，顾老七十八岁了，身体仍非常健康，不少人都说，顾老看上去年龄不满七十。但是，考虑到他过去写的论文和文章散在各种杂志、报纸中，他自己也没有好好收集，于是我对顾师说，您早年写的专著都是成本的，容易保存，我很想把您的这些东西收集起来，包括序跋，按类编成一本书，也是对自己的一个小结。他也说，有些文章发表后他剪了下来，当时放得好好的，但时间一久，就不知放在何处了，找也不容易。顾老家中的书桌是放在卧房内的，书桌两旁堆满了书、信件、材料，比较杂乱。有时我和内子晚上去看他，内子就帮他略加清理。顾老同意了我的看法，并把从家中找到的一些发表在《燕京学报》上的文章油印本都交给了我。星期天，我则根据顾老提供的线索去徐家汇藏书楼查阅旧报刊中顾师的文章，如《禹贡》《民间》《燕京大学图书馆馆报》等，又从一些书中辑出他早年写的题跋，大约有二十万字左右。1986年2月，我作为访问学者去美国做图书馆学的研究。临走前，我去向顾老辞行，将我所收得的顾老所写文章、题跋、行状等全数交还，并说，等我回来后再继续这项工作。两年后，我返回国门，但工作更忙，担子更重，我和顾老都无暇再补缺遗了。但是，顾老在完成《尚书文字合编》的前言、后记以及印出《读史方舆纪要》后，他想清理自己历年来写作的文字了。1996年3月，顾老给我的信中说："现在清理拙稿，居然有上海书店、安徽教育出版社、中华书局表示愿为刊印。您是最早为我搜集之一，吴大姐（吴织）为我整理了几年。今后将致力于自行校阅。"1997年12月，我才从上海图书馆陈先行君的信中得知顾老的文集已由上图的一些同事在继续补充，信中说："我们想在顾老九十五岁生日前将他的文集编印出来，这事您以前做过。顾老想请王煦华与您写序……王煦华、朱一冰已抄顾老文稿约二十万字，我们又补充了十多万字，而吴织以前曾誊抄过顾老的日记，这样就可能有七十万字以上，较为可观。"1998年4月我在上海，看了陈先行君处顾老文集的稿子，基本编就。可惜的是，晚了，顾老走得太快了，他来不及看到他为人们所留下的文字的结集出版了。

顾老是一位大学者，但他有时也是很幽默的，突然会就一事冒出一句话，令你捧腹。1978年春，我随侍他乘船去宁波天一阁看书，归途则坐火车去杭州。我们两人对面而坐，他的旁边坐的是一位乡村干部模样的人，从口袋中取出一张小纸，拿笔写了一句话递给了我。我一看，写的是"你闻到咸鱼味了吗？"我开始不知所云，就摇摇头。他就用眼色示意我。原来那位"干部"将脚放在椅上用手在搓脚丫，而"解放鞋"内的气味也就飘出来了。他和我只能相视一笑。到了杭州，我们住在靠近西湖、孤山旁的省委招待所，住房、环境都很好。在房间内，顾老对我说，你要不要去借个梯子？我问，干什么？他指了一下挂在墙上的镜子。我一看，笑了起来，原来镜子挂在半墙上，一般人就是踮起脚尖也只能照到上半个头。我们两个百思不得其解，不知为什么镜子要挂得这么高。

当顾老听说美国有一个图书馆欲请我去编纂善本书目时，他力劝我勿去，他在信中说："龙所有一知半解，全在燕京八年所积，回沪后，日在事务堆中生活。现在吾弟尚有余力为我搜集资料，若去美工作，则必比较忙杂，工作紧张，于健康有影响，此皆我体会之言。"然而，在得知美国哈佛燕京图书馆要请我去撰写该馆的善本书志时，顾老却大力支持、赞成。顾老1991年9月给我的信上说："您有赴哈佛之意，我很赞成，他们条件好，编书志，于您很适宜，待遇亦较优。我与哈佛燕京还有点感情，我助裘开明先生编卡片，校书本目录，您必知之。我上次赴美，未能前往，实一憾事。……以后有机会，可图一游。"1992年4月底，我从香港飞往美国，做哈佛大学燕京学社的访问学者。抵美仅一个星期，居然收到了顾老自上海寄来的法书一幅，上书"莺迁"两字，是写在红色洒金纸上，小篆线条匀称，精细划一，婉通圆转。这是顾老为祝贺我移居美国而写的。1996年2月，顾老来信说："我有一事奉托，您便中留心搜集一点裘开明先生的遗事，他来燕京，讨论分类，皆尚相契，颇欲写一点纪念文字。如果年隔已久，找不到了，亦就算了。裘之后任是否即吴文津继任？吴延请您去哈佛，编纂书志，他有见地，亦能识人，为事业着想，忠于事业之人，最可钦仰。"裘开明先生是哈佛燕京图书馆的第一任长官，30年代和顾老相熟。70年代中，有一天晚上顾老在他西康路的寓所里，从靠墙的书架末格取出裘开明编的分类法一大本给我，要我看。他说，在那个时候，这本分类法是编得不错的一本。后来，裘开明先生来上海图书馆参观访问，适巧顾老在沈阳探亲，不及赶回，他就嘱我好好接待。

从1960年至1990年，三十年中，杖履亲承，顾老对我的教诲，是我一辈子也忘不了的。我的每一点进步，每一点成绩都是和他的口传心授分不开的，这里面不知凝结了顾老多少心血。正是由于他的指导，我从一个未谙图书馆业务的学生，逐步成长为当时（1988）中国图书馆学界最年轻的研究馆员，那一年我四十六岁。我的第一本书《书城抱翠录》的扉页上印着"谨以此献给我的导师顾廷龙先生暨吴文津先生"。正是因为顾师的诱掖、引导，我进入了目录学、版本学这个领域，而吴文津先生则把我导入了"哈佛燕京"这座欧美地区最重要的殿堂。1992年5月至1994年4月，我在写作《美国哈佛大学哈佛燕京图书馆中文善本书志》时，才充分体会到如果没有当年顾老对我的严格训练，没有那时打下的基础，我是很难在两年之中写完这部百万字之书的。我实在是感受到了什么叫"受益无穷"。

顾老在北京住院治疗期间，医生多次发出病危通知，这些我在和上海图书馆的多次通话时均有知悉，因此可以说，对他的过世我是有思想准备的。但是我又从一位上图前去照看顾老的同事口中得悉，顾老当时病情有所稳定，医生说或许可以有半年的生命延续。我听后大感欣慰。1998年8月20日，我在看完《美国哈佛大学哈佛燕京图书馆中文善本书志》的校样后，在写给责任编辑的信中还说："我希望年底能见书，其中一个重要原因就是让顾老看一眼。"校样和信是用特快专递的方式寄走的。可是三天后却传来了顾老去世的噩耗，我难过，我悲伤，我不知该怎么形容我当时的心情。那天晚上，我失眠了。

为了上海图书馆新馆庆典，1996年11月下旬，我即飞抵上海，两天后即去北京探望顾老。到北京的当天上午，我在中华书局打了个电话给顾老，告诉他我下午会去看他。他非常高兴，要我早点去。我说，您先睡个午觉，醒了我也就到了。是"中华"的副总经理沈锡麟兄陪我一起去探望顾老的。顾老没有什么太大的变化，精神很好，只是瘦了些，耳朵有点背，有时需要助听器。我告诉顾老："我们师生之间确实是有缘分的。六十年前，您在北平燕京大学，曾作为美国哈佛大学燕京图书馆驻平采访处主任，为哈佛燕京馆的藏书建设打下了基础；六十年后，我却在哈佛燕京馆司理古籍善本之职，这绝对不是巧合，难道这不是缘吗？"他笑了。他说了一些和哈佛燕京第一任馆长裘开明先生以及洪业（煨莲）先生交往的事，他还表示了1989年他去美国参加"全美中文善本书联合目录国际顾问会议"时没有设法去哈佛燕京馆参观访问的遗憾。那一天我离开前，为他拍了几张照片，也录了一段影带以留作纪念。

上海图书馆新馆庆典的前一天，顾老在顾诵芬先生的陪同下也来到了上海。当天下午三时我去招待所看他，只见他放弃午休，伏案用毛笔书写《顾廷龙书法选集》送有关领导"教正"之类的识语，一共写了十多本。官场盛行此风，对于九三高龄、刚下火车不久，并未得到好好休息的老人来说，也是无可奈何的事。我侍立在旁，心中有说不出的难过。他在写字的时候，我为他拍了一张照片，这也是我为他拍的最后一张照片。当天晚上，上海图书馆为欢迎海内外来宾而举行酒会。因顾诵芬临时有约，不能出席，诵芬就把我拉到顾老身旁的位子上，让我照顾顾老。我清楚地知道，今后像这样师生共在一桌吃饭的机会太少了。我还是像过去随侍他去各地开会、讲课、访问期间对方招待的饭局一样，为他夹菜盛汤，只是这次我不敢为他夹太多的菜。

我和顾老的最后一次见面是在上海，那是1996年12月23日，是冬至。那一天晚上，是方行先生在华东医院附近的一个并不起眼的佛寺内请吃素斋。据说此家素食是上海地区最好的，并不对外营业，只是招待重要来宾，从方丈室墙上贴的照片可以看出确是如此。顾老和顾诵芬以及北京、南京、甘肃等图书馆的负责人都到了，我也叨陪末座。可惜，我和顾老并没有讲太多的话，但是，谁又能够知道那竟是我们师生两人从此天人永隔的诀别呢？1998年2月，我写信给顾老，告诉他我4月间要回上海探亲，不知那时他是在北京还是在上海，如在京，那我会飞到北京探望他。但是我没有得到回音。4月，我抵沪后，即蒙上海图书馆办公室告知，顾老已有传话，"与其沈津来京，不如我回上海和他见面"。不数日，又有消息说，顾诵芬先生现在东北某地出席会议，待他回京后寻机陪顾老来沪。我在沪的时间不多，又因我犹豫不决，而失去了飞往北京的时间，失去了最后一次和他老人家见面的机会，我怅怅然只得离沪飞港了。

顾老撒手人寰、御鹤西归了，青山虽在，哲人其萎。顾老将自己的一生都贡献给了中国的图书馆事业，他真正做到了"鞠躬尽瘁，死而后已"。对我来说，我失去了一位最好的良师，最尊重的一位长者，三十年来，他对我的谆谆教诲、循循善诱、耳提面命，都是我铭感五内的。对中国的图书馆事业来说，则失去了一位图书馆的事业家、一位近代以来重要的目录学家和版本学家。但是，顾老办好图书馆的理念、服务于读者的精神却万古长存；他的不慕荣华、不钻营取巧的风骨，他的诲人不倦、克尽厥职、功成不居、坦荡旷达的君子学风，连同他的音容笑貌也将永存于人们的记忆之中。

我知道，这篇小文不足以表扬顾老之学行于万一，然而，我仅以我一个学生崇仰导师的心情去缅怀先师的一些往事，希望能对后来之人有所启迪。

1998年9月病后初稿

10月改于哈佛燕京

顾廷龙与合众图书馆

顾廷龙先生是中国图书馆事业家，也是一位版本目录学家、文献学家。他从1934年7月起进入北平燕京大学图书馆工作，五年后，又于1939年7月应叶景葵先生之招，抵沪创办合众图书馆，直至捐献国家，改名为上海市历史文献图书馆，1958年再并入上海图书馆，几十年来，他一直在图书馆工作。然而最令顾先生耿耿于怀的是某些学者对合众图书馆的评价了。

那是缘于《中国大百科全书·图书馆学卷》出版后，内里的"上海合众图书馆"条目下注云"见上海图书馆"六字。先生见后，大不满意。他曾对来访的时在苏州大学任教的潘树广先生说："（这）不免太简单了。合众十五年经历，最为艰难之日，开办时在空无一物、空无一人的情况下进行，到捐献市人民政府时聚书三十万册，捐献后改名历史文献图书馆。我们编印了一册《中国现代革命史料目录初稿》，解放初中宣部同志说，你们有远见。此原公立图书馆不能做的事，十四年的时间不短，而且经历了困难时期。'见上海图书馆'一语，太简单了，太轻松了。"先生希望潘先生暇时写一篇对"合众"评价公正的文章。可惜的是，潘先生也于2003年去世了。

当然，不仅仅是《中国大百科全书·图书馆学卷》，即使是《中国图书馆事业史》(刘少泉著)、《中国图书馆史》(李朝先、段克强编著)、《中国图书馆发展史》(王西梅著)也都没有"合众"的一席之地,至于《20世纪以来中国的图书馆事业》(张树华、张久珍编著),仅有私立东方图书馆、私立上海鸿英图书馆、私立松坡图书馆、南开大学木斋图书馆、私立北京木斋图书馆、申报流通图书馆、中国科学社明复图书馆、中央地质调查所图书馆之介绍,而无一字涉及"合众"。

"合众"实际上是中国近代以来私立图书馆的典范。是自20世纪30年代在日寇侵华、上海沦为"孤岛"后,叶景葵、张元济、顾廷龙等先生高扬"众擎易举"的大旗,为国家、为民族保存了大量文献,做了力所能及的工作,起到了私人收藏家、公家图书馆不能起到的作用,它的存在及发展应该得到正确的评价。

本文的写作,基于当年编著《顾廷龙年谱》时收集的以及近年中新发现的材料,来叙述顾廷龙先生是如何进入图书馆领域并因何回到上海参与创办"合众";"合众"在"空无一人,空无一物"的情况下,其创业之艰难及图书之来源;"合众"的成长、成果与归宿。

顾廷龙和图书馆之缘

顾先生是如何和图书馆发生关系的呢? 1918年夏,顾先生闻江苏省立第二图书馆在沧浪亭创办,以存古学堂藏书,移转入馆,似增收新书。"我曾一游其地,入门买票,似为铜元两枚。看书多少不计,索阅一书,久闻其名,尚不能读懂,即以还管理而归。"这是顾先生初进图书馆之门。后入草桥中学,"草桥"的正式校名为江苏省立第二中学校,校内有图书馆。又王废基辟公园,中建图书馆,为吴县县立图书馆,先生亦时往翻阅。这是先生对图书馆产生好感的开始。

1927年岁末，先生被外叔祖王同愈邀至南翔为家庭教师，"夜则听外叔祖讲故事，有时观其写字作画。一日，余欲学画，外叔祖为作树石，命临摹数日。余见桌上有《简明目录标注》，好之，即携至卧室，与莫氏所印略一校对，并非同本，遂向外叔祖请教。公曰：'曩任职翰林院，与叶鞠裳先生同寓，因向其借录一通。'公曰：'此本叶氏传自朱氏结一庐，主人名学勤，字修伯，仁和人，咸丰三年进士，官至大理寺卿。当年三家定期，各出所得，交流一次，互相补充。(朱氏修伯)莫氏、邵氏批注本，均已一再刊印，独朱氏未有传播。'"（见顾廷龙存笔记本）

1931年6月，顾廷龙在上海持志大学国文系毕业，7月即考入北平燕京大学研究院国文系，并申请到美国哈佛燕京学社的奖学金。

对顾先生终身服务于图书馆事业，从事目录版本之学有深刻影响的还在于1931年9月的一次不经意的碰撞。其时，北平图书馆文津街新馆落成开幕，并举办展览会，先生前往参观后，即有"洋洋大观，美不胜收"之感。新馆其址与北海为邻，藏书丰富，美轮美奂，这之后，先生时往阅览图书，先后得识王庸、胡鸣盛、向达、赵万里、谢国桢、刘节、贺昌群、王重民、孙楷第诸先生。这些学者学识渊博，于目录版本、金石文字、舆图水利等各有专长，先生时与请益切磋，获益良多。

顾先生正式进入图书馆工作，是在1932年6月后。那时，先生在燕京大学研究院修业期满，被授予文学硕士学位。暑假期间，一日，顾颉刚归，告先生，燕京大学图书馆中文采访部的房兆楹、杜联喆夫妇去美国，所以馆长洪业邀请他担任燕大馆采购古书的工作。先生非常高兴，因为他"可以多看书了"。1933年7月，先生被任命为中文采访主任，并兼任美国哈佛大学哈佛燕京图书馆驻北平采访处主任，前后做了六年的图书采购工作。

在燕大馆期间，顾先生的工作就是采购古书，并特别看重抄校稿本。采访部原有规定，在北平的琉璃厂各书店每周一、三、五送样书三次，馆里一、二月开采购委员会一次。但先生去后，不限书店，也不限送书日期，可以多见难得之本。此外，顾先生在馆期间，完成了《古匋文香录》《章氏四当斋藏书目》，并为禹贡学会发起辑印《边疆丛书》数种。尤其是《章氏四当斋藏书目》，采取前人藏书志编例，凡章氏题跋、友人识语及章氏移录前人题记不经见者全部备录，以资读者参考。此外，凡校证之本有章氏假自前人者，还在各题识之后加以按语，就见闻所及，记其姓氏、爵里、行谊之概略，以详渊源。这在当时可做析疑之助，在后来可充文献之征。顾先生如此之作，乃认为编制各类书目之前提，为强调实用与著录的严谨，而编制书目又应因书制宜，能充分反映出藏书家的收藏意图、特点及其读书治学的倾向。顾先生此目特别引起了在上海的叶景葵先生的注意，叶在收到书目后，即有致先生信，云："体例极善，是以表章式老劬学之里面，吾兄可谓能不负所托矣。"

离开燕大去上海筹办"合众"

顾先生离开燕大而去上海，其中最大的原因是当时的时代背景所致。

在抗日战争中，国家损失之大不可估量，而文化事业也多遭日寇破坏，对于图书馆来说，损失尤大。据1939年国民政府教育部《教育年鉴》的统计，截至1938年12月，大学及本科以上学校，全国共118所。十八个月来，十四校受极大之破坏，十八校无法续办。……在各大学之损失，当以图书馆为最甚。以国立学校言，图书则损失1191447册；省立学校，104950册；私立学校，1533989册。总计达2830386册之多……全部损失至少当在1000万册以上。这实在是一场浩劫。

据战时全民通讯社调查，卢沟桥事变后，公共图书为日寇掠运者，北平约20万册，上海约40万册，天津、济南、杭州等处约10万册。南京市立图书馆则与夫子庙同毁于火。"八一三"沪战发生，上海市中心区图书馆又毁于日寇炸弹之下，南市文庙市立图书馆、鸿英图书馆等图书馆，亦散佚甚多。国府文官处、教育部、内政部、外交部及其他机关学校图书馆被敌寇掠走不下60万册。

1943年前，美籍人士实地考察，估计中国损失书籍在1500万册以上（韩启桐《中国对日战事损失之估计（1937—1943）》，中华书局1949年版）。而国民政府教育部1938年底的统计，中国抗战以来图书馆损失在1000万册以上。又据1939年度的统计，沦陷区专科以上院校运出图书1190748册；而留置沦陷区者为数1923380册。

侵华日军在南京不但掠夺国家图书馆藏书，而且搜掠私家藏书多达88万册。在上海淞江，姚石子收藏中国典籍甚富，沦陷后，被敌全部运去。那时江浙藏家如上元宗氏咫园、虞山丁氏淑照堂、吴兴刘氏嘉业堂、平湖葛氏传朴堂、扬州王氏信芳阁、杭州王氏九峰旧庐，先后遭乱，损失重大。北方如天津郭氏汲涆楼等，亦廉价求售。一般图书，论斤出卖，用作包裹食物。较好的书，也充塞坊肆。民间百姓初经战事，心绪不定，经济尚多困难，所以很少有人问津。

面对日寇的侵略，在中华传统文化沦丧之际，上海的一些文化志士，也在硝烟弥漫的正面战场之外，稍稍地进行着另一场保护图书文献的大业。郑振铎、徐森玉、张寿镛等人组织的"文献保存同志会"也在差不多的时间里，利用"庚款"的基金，在上海为在重庆的中央图书馆抢购了大量善本。而叶景葵等先生却在策划着全新的名山宏业。

叶景葵，浙江杭州人，生于清同治十三年（1874），卒于1949年4月，年76。光绪二十年中乡试第二名举人，时年20岁，二十九年应会试中第七名进士，时29岁。为奉天总督赵尔巽所赏识，随官于山西、湖南、盛京、湖北等地，辛亥二月调部署造币厂监督，实授大清银行正监督。以"维持币制，活动金融"改革体制，制定银行管理规章制度。后任浙江兴业银行上海总行董事长、中兴煤矿公司董事长等。盛年抱负经世之志，尤醉心新学，受实业救国之影响甚深。年逾五十，始致力于珍本之搜集，每得异本，必手为整比，详加考定，或记所闻，或述往事，或作评骘，或抒心得，而以鉴别各家之笔迹，眼明心细，不爽毫黍。所撰跋语，精义蕴蓄，有如津逮宝筏，裨益后学者甚巨。

那么顾先生又是怎么和叶景葵认识的呢？于此，又涉及居住在北平的吴中名宿、长于金石目录及乙部掌故之学的长者章钰。1931年秋，顾始识章钰。章为清光绪二十九年进士，于顾先生甚为垂爱，每次见面，"或示以孤拓珍本、名书法绘，相与赏鉴；或备述乡邦掌故、前朝旧闻，昭示愚昧"。顾曾云："辛未季秋，龙来燕京大学肄业，时先生亦方自津逮就养旧都，始克以年家后进，登堂展谒，获聆绪论。"章氏也云："年家子顾子起潜，修业燕京大学，时过余织女桥僦舍，讨论金石文字及乡邦掌故，至相得也。"（《顾廷龙年谱》第23页）

早在1935年6月30日，先生首次和叶先生通信，云："每从式之先生处备闻风谊，深为仰慕。比见景印《谐声谱》全稿，发潜阐幽，令人钦敬。是书为研究古声韵学必读之籍，自来学人咸苦学海堂所刻之不足，今乃以全璧行世，嘉惠士林，岂浅鲜哉！龙欲得已久，遍访市肆，无一代售，用敢冒昧仰恳慨赐一部，倘蒙俯允，感激无既。附上《吴愙斋先生年谱》一册，冀为引玉之资，敬请教正。"这之后，叶先生有致先生札多通，内容涉及《读史方舆纪要》诸事。

10月中旬，叶先生到北京，这是他和顾的第一次见面，地点在章钰先生家里，两人讨论版本目录之学，很投契。叶先生返沪后，即于10月25日致顾信，有"到京邂逅，渥承宠台，纵论古今，益我神智，并荷道观燕校各部，作竟日之欢，感篆曷极"之语。

然而，自日寇侵华卢沟桥事变发生，叶先生又因夫人病故，心绪恶劣，陡患失眠，乃至莫干山静养。因战事不能下山，又因去汉皋料理银行事务，一住三月，共计八月之久。所以叶顾之间的音信隔绝了半年。叶先生由汉江辗转归上海，重念故人，作书相询，从此书札往来互述经过及兵燹后的南北藏家流散情形。

叶先生有办私立图书馆之想法，可见1937年11月5日他致张元济信，为张元济去其寓所整理藏书称谢，并透露欲将个人收藏创办私人图书馆之意愿，云："以近来物力之艰，得此已觉匪易，今岁室人物故，私计不再购书，并拟将难得之本，一为整比，捐入可以共信之图书馆。"(《张元济友朋书札》，第260页)但当时所想仅为"物力之艰"。

抗战进行到第三年，也即1939年3月中旬，沪郊全部沦陷，在日寇侵略势炽之时，叶先生深怕奴化教育的长期侵蚀，又目睹江南藏书纷纷流散，文化遗产之沦胥，爽焉心伤，其深忧图籍的散亡，遂有"发起私家图书馆之宏愿，誓当为死友保存之"的念想。这也是他想尽私人力量，捐书捐资，毅然有创办私立图书馆之志。

叶先生办图书馆的宏愿，还可见他1939年7月撰《抱朴子跋》，云："壬申至今不到七周，而宗氏之书尽散。沈校鲁藩本《抱朴子》已入余书库。自战事以后，公私书藏，流转散佚，惨不忍言。余于是有发起私家图书馆之宏愿，誓当为死友保存之。己卯夏日，揆初题。"(《卷盦书跋》，第84页)叶先生也深知做任何事业，最重要的是得人，办图书馆，首先是人员的选定。1939年1月30日，叶先生致顾信即有探询之意，云："燕京图书馆经费尚充足否？吾兄在校是否兼教员，每年收入若何？有契约否？暇乞见示。"

2月8日，先生复信叶先生，云："龙佣书燕馆，专任采访，因校例所限，不能兼任教课，既无聘书，亦无合同。月薪百廿五元，循资而上，暑后学校无恙，当可增加十五元，所幸此间生活程度较低（以房租而论，不过上海十之一耳），勉能维持。"(《顾廷龙文集》，第747页)2月13日，叶又有信致先生，云："弟所得之书，将来必为谋永久保存之法，或可以对故友于地下也。"(《叶景葵致顾廷龙论书尺牍》)

叶先生正式向顾先生发出至沪办图书馆的邀请，是3月15日的信，云："上海方面如有图书馆组织（私人事业，性质在公益方面），需要编纂校勘人才，吾兄愿意图南否？每月须有若干金方可敷用？移家需费用若干？幸斟酌示我。"

（《尺牍》）3月27日，先生复叶信，云："承询一节，编纂校勘之事乃龙凤好，此间所为虽近乎此，但杂务丛沓，不能专注，不能从容，故龙既服务图书馆而又司采访之职，人金以为可多读书，岂知不然。一书把手，序跋尚不及全阅，走马看花，虽多奚益，欲求横通而不能，终成吴谚'挨米囤饿煞'之诮。倘有稍可安心校读之机会，求之不得；且自亲朋星散，感切尊鲈，言旋海上，既可时聆教益，而与至亲亦可相会矣。至月用一层，现在此间可廿余元，出入差抵。然日来物价腾贵，终虑不敷，暑后即增，恐仍拮据。南北日用，想必相仿，惟房租一项，高下甚大，若租四五间，恐即须五六十元（至少有四间，须得一间以安砚席，而残书亦有寄焉）。他若小孩学费，似亦较昂，兹就目下所用，益以房租估价，即须有二百余元方可敷用，非敢有过分之望，移家须费约四百余元（四人川资及行李书籍运费）。素蒙关垂，倾其腑肺，尚祈相机图之，无任感祷。"（《顾廷龙文集》，第752页）

叶先生礼聘招贤，急于事功，在3月15日之后，又连发二信敦请，3月30日之信云："以前尚有一函询兄，如沪上有类似燕大图书馆机会，兄能否屈就，所需报酬如何，希即示复。此为绝对有望之公共事业，与弟有深切之关系。故弟负有养贤之责任也。"（《尺牍》）4月1日，又详告顾创设合众图书馆之计划。云："奉廿八日所发复示，欣悉一切。弟因鉴于古籍沦亡，国内公立图书馆基本薄弱，政潮暗淡，将来必致有图书而无馆，私人更无论矣。是以发愿建一合众图书馆，弟自捐财产十万（已足），加募十万（已足）。（此二十万为常年费，动息不动本。）又得租界中心地二亩，惟尚无建筑基金，拟先租屋一所，作筹备处。弟之书籍即捐入馆中。蒋抑卮君书籍亦捐入之。发起人现只张菊生与弟二人，所以不多招徕，因恐名声太大，求事者纷纷，无以应之也。惟弟与菊生均垂暮之年，欲得一青年而有志节，对于此事有兴趣者，任以永久之责。故弟属意于兄，菊生亦极赞许。今得来示，有意南还，可谓天假之缘。所示待遇一节，克己之至，必可在此范围内定一标准。弟意尊眷现在南来，虽出五六十元亦无屋可住，弟所拟租之屋，可以作馆员寄宿及住眷之用。在新馆未成以前有屋可住，则除去租费，酌定月薪若干（大约为一百五六十元）；新馆成则须自租屋住，届时再酌量加薪较为两便。至迁移费则可照尊示另送。现在所拟租之屋尚有纠葛，不能定准何日可以起租，一有起租把握，即行飞布，特以密闻，乞先秘之。"（《尺牍》）

顾先生得信后，非常兴奋，在经过慎重思考后，决定南下，4月10日致叶先生信中，告知南下大致日期。云："叠奉三谕，拜悉种切。玄黄易位，典籍沦胥，有识之士，孰不慨叹，一旦承平，文献何征，及今罗搜于劫后，方得保存于将来。长者深谋远虑，创建伟业，风雨鸡鸣，钦佩奚似！龙自毕业之后，自顾空疎，力持孟子之戒，不为人好为之患，遂托迹佣书，浏览适性，劳形终日，浮沉六年。茫茫前程，生也有涯，心有所怀，无以自试。尝一助舍侄经营《禹贡》，方具规模，遭变而辍，殊深惋惜。窃谓人不能自有所表现，或能助成人之盛举，亦可不负其平生。兹蒙青垂，折简相招，穷寂之中得一知己，感何可言。菊老素所仰慕，曩在外叔祖王胜老斋次曾瞻丰采，忽忽已十年矣，倘得托庇骈幪，时承两公之诲，幸何如之。柴愚之质，一无所长，惟以勤慎忠实，严自惕厉，生计可维。身心有寄，他日以馆为家，有所归宿矣。不识筹备已能就绪否？规模当由小入大，发起人外别有主任者否？他日趋前亦有名义否？甚念。龙在此间经手之事，须六月底可结束。儿辈读书亦其时期终，故南渡至早须七月中。尊处定夺后，拟早向馆中告辞，俾可聘人。虽学校视职员不重，而馆中主者与龙尚厚，不愿其骤不得替也。"（《顾廷龙文集》，第754页）

4月18日，叶先生又有致顾先生信，进一步谈及图书馆发起人、总编纂及租屋事，云："奉示知于鄙人所拟图书馆事极荷嘉许，且许他山之助，感如挟纩矣。鄙意组织愈简愈好，大约即以弟与菊老及陈陶遗（彼在江苏，声望极隆）三人为发起人，即为委员，委员中或推菊老为主任。其下设总编纂一人，请吾兄作任之，不再设其他名义。总编纂下须用助手（总编纂或称总务），招学生为之。会计收支之类，委托敝行信托部为之，扫除一切向来习气，使基础得以巩固，则可久而可大。大略如此，以后或有更改，亦不致过于歧异也。至何时可以设筹备处，则全视所欲租之屋何时可以起租（有无其他变局，尚不可知，因上海租屋，难于尘天）。屋能租定，则可以电请吾兄南来，否则来无住处，亦无办事之处，徒唤奈何！故现在请兄秘密，候租屋有成议，当即电闻，彼时再与校中说明，至何时可离校，则全视兄之便利而定。"（《尺牍》）

5月4日，叶先生正式租定上海辣斐德路（今复兴中路）614号房屋为合众图书馆筹备处。即日并致顾先生电报，告以"屋已租定"。（《合众图书馆小史》，1939年5月5日致顾廷龙函）此外，叶先生又于5月23日，致顾信，告以合众租屋情形。云："奉函敬悉，此间筹备处已租定辣斐德路六百十四号……惟一切事宜全仗执事到后布置，尚望迅速料理，务于暑假开始即行南下。盼切盼切。立盼立复。"（《尺牍》）

5月25日，张元济亦有致先生信，云："敝友叶君揆初，雅嗜藏书，堪称美富，以沪上迭遭兵燹，图书馆被毁者多，思补其乏，愿出所藏，供众观览。以弟略知一二，招令襄助，事正权舆，亟须得人而理。阁下在燕京研究有年，驾轻就熟，无与伦比。揆兄驰书奉约，亟盼惠临。闻燕馆挽留甚切，桑下三宿，阁下自难恝焉舍去。惟燕馆为已成之局，规随不难，此间开创伊始，倘乏导师，便难措手。务望婉商当局，速谋替人。一俟交代停妥，即请移驾南来，俾弟等得早聆教益。异日馆舍宏开，恣众浏览，受惠者正不知凡几也。"（《张元济书札》，第167页）

6月10日，先生妇弟潘景郑亦有信致先生，云："昨揆丈邀谈，欣悉吾兄有南归之讯，阔别经年，聚首在迩，得馨积愫，何幸如之。揆丈旷怀迈古，其嘉惠后学之志，成兹宏业，为不可及。而吾兄能综理规画其事，他日首届沪上，可预卜也。何日启程，拟搭何轮，务恳先行示及，当到埠恭迎也。至莅沪后，可暂下榻敝寓，俾可从容料理后再行商迁耳，万勿客气也。"（潘景郑原信）

顾先生在燕京大学从读书到服务图书馆，整整八年。我以为当时顾先生在抗战初期的心态是：北平沦陷后，敌伪气焰嚣张，所有具爱国心的中国人都怒形于色，义愤填膺，先生在那样的环境下也同样如此，此其一。其二是时值美国哈佛大学哈佛燕京图书馆通过燕京大学图书馆大力收书，先生眼看古籍外流，内心有所不甘，有脱身之念。其三是如若换至上海，上海作为孤岛，托庇租界，还可以吸呼自由空气。后来，顾先生也感受到仰外人之鼻息，也是不好受的。

所以，顾先生为了保存我国固有文化，愿意贡献自己的一切力量，既有新办图书馆见邀，又因叶先生素所知己，办事必多便利，易收成效，所以欣然应命，向"燕大馆"坚决辞职，欣然回沪，以助叶先生之事业，尤其这是一件并不为大家注意的工作。顾先生于7月13日离开北平，至塘沽登"盛京号"前去上海，而于7月17日抵达上海太古码头。从此，"合众"在中国图书馆事业史上开辟了私立图书馆的新篇章，在图书馆史上也掀开了新的一页。

关于"合众"

"合众"是在1939年7月，随着顾先生辞去北平燕京大学图书馆的工作，举家南下，抵达上海后才开始筹备成立并运作的。它的创办人除叶先生外，还有张元济（商务印书馆董事长，解放后任华东行政委员会委员、全国政协委员、上海文史馆馆长），以及陈陶遗（同盟会会员，北洋时代江苏省省长、成通公司经理）亦为发起人，他们都是身受民族压迫，并激发了爱护祖国文化的热情，而走到了一起。在初期的筹备阶段，都是三人在见面时商量并决定事情。

"合众"的发起人会，是1941年8月1日成立的，随即又于8月6日成立了董事会。根据当时国民政府所设私立图书馆规程，推选了陈叔通（商务印书馆董事，解放后任全国政协副主席、全国人大常委会副委员长）、李宣龚（清末举人，商务印书馆经理、华丰搪瓷公司董事）两先生为董事，组织了董事会。选举陈陶遗为董事长，叶景葵为常务董事。并公推陈叔通先生起草订立组织大纲，经过修正，在向上海市政府立案时，又曾被指令修改了一次。

1946年，陈陶遗去世，选举张元济为董事长，补选徐森玉（曾任中央博物院理事、故宫博物院古物馆馆长，解放后任上海博物馆馆长、上海市文物保管委员会主任委员）为董事。1946年3月，在市教育局促迫之下，进行了立案，并于"私立"上，冠"上海市"三字。为专门问题咨询起见，聘请顾问三人，为顾颉刚（曾任国民参政员，历史学家、民俗学家，古史辨学派创始人）、钱锺书（曾为暨南大学、复旦大学教授，中国社会科学院文学研究所研究员）、潘景郑（藏书家，版本目录学家）为顾问，以便业务上的咨询。1949年，叶景葵去世，补选陈朵如（浙江实业银行经理，解放后任公私合营银行副主任）为董事，选举徐森玉为常务董事。同年，扩充董事名额，增选谢仁冰（商务印书馆经理，解放后任华东行政委员会委员）、裴延九（中兴煤矿董事）、胡惠春（中南银行经理，解放后任上海市文物保管委员会委员）、顾廷龙为董事。1952年，谢仁冰、李宣龚去世，补选陈次青（留学英国，学炼钢。解放后任矿冶局局长）、唐弢（作家，上海市文化局副局长，中国作家协会上海分会书记处书记）为董事。

叶景葵等人创办"合众"，自知非一人之力所能举办，特邀张元济、陈陶遗共同发起。关于"合众图书馆"之名，"合众"者，乃取"众擎易举"之义。盖出于明张岱《募修岳鄂王祠墓疏》，云："盖众擎易举，独力难支。"因而定名为"私立合众图书馆"。

顾先生早在1939年5月即写有《创办合众图书馆缘起》一文，这是为张元济、叶景葵、陈陶遗代笔的文献。文曰："中国文化之渊邃，传数千年而探索无究，东西学者近亦竞相研究求刌，吾国人益当奋起继承先民所遗之宏业。惟图录典籍，实文化之源，兵燹已还，公私藏家摧毁甚剧，后之学者取资暴难，心窃忧之。爰邀同志，各出私人之藏，聚沙集腋，荟萃一所，命名曰合众图书馆，取众擎易举之意焉。同人平素所嗜皆为旧学，故以国故为范围，俾志一而心专，庶免汗漫无归之苦，乃得分工合作之效，精抄名校，旧椠新刊，与夫金文石墨，皆在搜罗。而古今名贤之原稿，尤所注重，专供研究高深国学者参考，并拟仿晁陈书志、欧赵集录，撰列解题，以便寻览。风雨如晦，鸡鸣不已。不求近效，暗然日章。世有同情，惠而好我，斯厚幸已。张元济、叶景葵、陈陶遗同启。民国二八年五月日。"

1939年7月18日，顾先生抵沪的第二天，也顾不上舟车劳顿，即草拟了《创办合众图书馆意见书》，请叶、张两先生审阅。

意见书大略如下："抗战以来，全国图书馆能照常进行者，仅燕京大学图书馆一处，其他或呈停顿，或已分散，或罹劫灰，私家藏书亦多流亡。而日、美等国乘其时会，力事搜罗，致数千年固有之文化，坐视其流散，岂不大可惜哉！本馆创办于此时，即应负起保存固有文化之责任。为保存固有文化而办之图书馆，当以专门为范围，集中力量，成效易著。且叶揆初先生首捐之书及蒋抑卮先生拟捐之书，多属于人文科学，故可即从此基础，而建设一专门国粹之图书馆，凡新出羽翼国粹之图书附属之。至近代科学书籍以及西文书籍，则均别存，以清眉目。否则各种书籍兼收并蓄，成普通图书馆，率至汗漫无归。观于目前国内情形，此种图书馆虽甚需要，但在上海区域之中，普通者有东方图书馆，专于近代史料者有鸿英图书馆，专于自然科学者有明复图书馆，专于经济问题者有海关图书馆，至于中学程度所需要参考者有市立图书馆。他地亦各有普通图书馆在焉，本馆自当别树一帜。"同时，另就图书采购、分类编目、读者对象、编印稿本等事宜也表达了意见。

意见书经叶、张提出看法，并有粘签贴于眉端，张元济并有批示，意见书大旨照先生所拟办理。8月1日，张元济有复顾先生函，送还《合众意见书》。云："前日奉手示，并顾君《意见书》均谨悉。《意见书》展诵数过，已就管见所及签出粘呈，敬祈核定。顾君曾晤数面，持论名通，为馆得人，前途可贺。"

（《张元济全集》，第1卷，第312页）

同日，叶景葵持张元济批注赴"合众筹备处"，与顾先生商定，《意见书》大致按顾所拟办法。

"合众"的建馆之事，一直是叶先生操心之大事。顾先生到沪之日，也即日本侵略军进入租界、币制贬值、物价开始高涨之时。叶先生曾对顾说："现在物价飞涨，我们的图书馆，只好徐图发展，先是因陋就简地筹备起来吧。"顾先生后来也回忆说："先是租的房子，后来房东赶搬场了，他们委托了律师，一次一次地来催逼，我们考虑到为长久计，还是勉力自建馆舍，那时已经物价一日数涨，只能先造一半，将来再造一半，可以连接。房子造好，加以每年的支出，我们的基金已去了一半，于是人员不能增加，日常开支尽可能节省。"

1938年8月"合众"开始筹备，并租屋在复兴中路（辣斐德路）614号。1941年1月开始，自建馆屋，馆屋之基地是由叶先生购置的，又由陈莱青等人热心捐助，并委托华盖建筑事务所设计，设计师为陈植，投标招工承保，由久大营造厂承造，建筑为钢筋水泥。委请浙江兴业银行信托部监工。1941年2月3日正式动工，9月1日新馆竣工，地址在蒲石路（今长乐路）、富民路口。计三层十八间，书库七间，普通阅览室、阅报室、参考室、办公室各一间，储藏室两间，厨房一间，宿舍四间。建好后5日，即开始迁移。搬运图书是一件繁重的工作，幸得商务印书馆的友爱协助，借以汽车，既便捷又安全。迁入新屋之后，书籍上架费时甚多，内部整理编目，崇尚实事求是，不稍铺张。当时，馆屋虽属租界，但也在日寇控制之下。日人于我国文化遗产，向极注意，叶先生、顾先生恐为所忌，因此门上不挂牌子，使它跟一般住宅无二。为了不受敌伪的干扰，"合众"没有开过正门，来客都是从富民路上的后门进去的。

1941年9月26日，叶先生正式入住馆屋旁边之新屋。先生等贺之。叶氏记云："新居在蒲石路七百五十二号。余捐入合众图书馆十五万元，以其半为馆置地二亩。今年建新馆已告成，余租得馆地九分，营一新宅，订期二十五年，期满以后送馆。余与馆为比邻，可以朝夕往来，为计良得。昔日我为主，而书为客，今书为馆所有，地亦馆所有，我租馆地，而阅馆书，书为主，而我为客，无异寄生于书，故以后别号书寄生。"（《札记》，《叶景葵杂著》，第221页）

"合众"的搜罗范围及收书情况

其馆宗旨以搜集历史文献图书为主，所以凡各时代、各地方以及与历史有关的各科学类，都在搜罗之列，包括图书、期刊、报纸、书画、书札、拓片、古器、服物、照片、照相底片及书版、纸型等，务使与考史有关之物，不致遭无人问津而毁弃。建馆之初，既得各家之捐赠，然各家多为有专门之藏，所以顾先生确是从两个方面来补充：一方面在原有各专门基础上补充，另一方面把各家所缺乏而必须参考的图书尽力采购。故在1939年至1940年收书方针是：凡属工具书类型的，如索引、辞典之类，便于参考的极力购置。其次各种总集，尤其是地方一姓的，可资地志、传记考订的，均大力收购。那时暨南大学大收总集，"合众"则改收清人文集、诗集。同时也收过一阵丛书，搜罗的目的，盖因"合众"以日本东方文化学院东方文化研究所所收丛书为目标，力谋多多采购，总想胜过它。

考古工艺方面的书籍，为研究古史最重要的学科参考，出版物的价格最昂贵，印品又最少，买得迟一些，可能就要向隅。水利、盐务、地质以及近代史料，多是经常注意零星收集的。包括搜集到的万余册乡会试朱卷，是传记中很重要的资料。进步书籍及革命文献，也在搜集范围，"合众"所藏相当不易而得以保存。金石拓片，于考史关系最大，"合众"自定分类法，完成编目共计一万五千余种。

由于研究历史，需要不同形式的资料参考，"合众"也注意收集保存，如书画，侧重于图咏。此外如书札，是反映当时生活实况的。再如清末巨宦的服饰，也可考据一种制度的变迁。还有一部分零星古物，是用于标本的，以备阅读考古者的参考。往时的各种照片，可资纪念。至于日本人所著关于各地社会调查报告以及有关少数民族资料，也都在搜集之范围。

顾先生在"合众"不多久，时北平图书馆馆长袁同礼来访，顾先生告以"合众"创办之目的，是在搜集各时代、各地方的文献材料，供研究中国及东方历史者之参考。在收购上所拟标准是工具书、丛书、地方志、地方总集、稿本、批校本等。以私人力量办一专门性图书馆，前所未有。袁先生大为赞赏。

顾先生曾做了一次统计，从1940年7月至1941年6月，"合众"一年中抄书竟有170余万字，完成草片4442张，书志703篇约52万字，撰跋20余篇。一个馆仅有三几个人，但工作量之大，实为现今之图书馆专业人员所汗颜。

据1944年3月31日顾先生写有"合众"职员工人及其他使用人名单，包括每人之职别、姓名、年龄、籍贯、住址、出身、月收及生活程度、备注等。其中：干事潘景郑，41岁，私塾，曾任太炎文学院图书馆职员，工资四百元。干事朱子毅，37岁，浙江人，东吴大学法科毕业，曾任宁绍公司职员，又为叶先生司银钱多年，工资一百六十元。书记黄筠（女），18岁，江苏川沙人，曾在中华铁工厂任职，工资四十元。勤务陆财生，36岁，浙江人，私塾，工资三十元。

顾先生在翻阅《大公图书馆目录》后，颇有感慨，他在1940年元月2日的日记里写下了一段话，云："吾国私人设立图书馆（学校附属者）在外甚属寥寥，大公实为最先，次则木斋，他无所闻。而两馆皆阑珊无所进展，吾馆崛起此时，任重道远，当弘毅行事，大公之目，他山之石也。"

《创办合众图书馆缘起》是顾先生于1941年5月14日起草的，文辞并不长，先生云："惟余不欲为大文章，不发宏论，力求平庸，庶免招忌，一意以暗然日章为吾鹄的。"一个月后，《缘起》脱稿，同时完成的还有《合众图书馆章程》。这两篇文稿当时送呈叶先生审阅，叶先生仅易数字。然而，为了慎重起见，顾先生又于5月21日，用语体文重撰《缘起》，完成后再送叶先生，并转请张元济着人译成法文，付上海印务局排版。

在社会上，"合众"被第一次公开报道，是在北平的《燕京学报》第26期，标题为《上海合众图书馆筹备近况》，云："江南藏书，古今称富。历兹浩劫，摧毁殆尽。沪滨一隅，仅获保其万一，可胜痛惜。张菊生（元济）、陈陶遗、叶揆初（景葵）三先生，有感于是，乃即在沪有图书馆之组织。搜孑遗于乱离，征文献于来日，冀集众力，以成斯业，因命名曰'合众图书馆'，亦众擎易举之意也……现已设立筹备处，以利进行。拟一面编纂目录，分卡片、书本两种，以资在馆内外检阅之便。一面校印前贤未刊之稿，嘉惠后学，以广其传。所谓风雨如晦，鸡鸣不已也。"

图书馆之经费来源，永远是图书馆发展的生命线，对于"合众"来说，大宗者如叶先生捐款法币15万元，指为永久基金。陈莱青法币5万元，一半作新馆之建筑费，一半作永久基金。蒋抑卮捐出明庶农业公司股票5万元，指定作购书基金。而叶先生另又募集法币45万元，又法发英金善后公债票面英金6700镑，成本作法币10万元。"合众"当年虽曾筹集了一些资金，原来核定用息不用本，但后来物价上涨，币制贬值，只得用"本"了。那是因为抗战时，法币变中储券，抗战胜利后，中储券变法币，又变关金券、金圆券，两作一、两百作一，还夹着军票、美钞、大头、小头，换来换去，处于空前绝后的经济混乱之局。"合众"这样的小单位，如何经得起如此的大风大浪？所以所筹基金用光，反靠临时的捐募，但是叶先生、顾先生等人坚决不接受敌伪以及国民政府当局的任何津贴，因此经济一直在拮据之中。

据顾先生后来的回忆，经费之窘，捉襟见肘，更反映在买书上。当时"合众"买书，一方面补充必备的普通书，点名捉将地访求；另一方面各家随时流散出来的好书争取选购。每月虽有一定的购书经费，但高价的书，有时一部也不够买的。遇到好书，买不起时，有的借抄一部，有的校勘一遍，有的由叶先生买了送来，有时由几个熟人合买了捐赠，新出版的书就找人去索取，总之为了求书，各种方法已经到了淋漓尽致的地步。顾先生记得要买一部必备的宋朝大类书《册府元龟》，此书收录历代人物事迹甚详，一千卷，二百册，先则上海没有书，留心了一两年，有了一部，而书品不好，但是没有第二部，定价很高，不买恐错过机会不易碰到，要买又没有这笔钱。后来叶先生的亲友知道了，就由好几人合买了送给"合众"。"合众"在无钱时，连买普通书也困难，甚至把自行车和寄书的木板箱都卖掉来补充图书，所以像宋元善本之属，根本无法问津。

"合众"藏书的来源，在于叶先生的倡议，旨在保存国粹，联合气谊相投之友，各出所藏，以期集腋。叶先生不仅自己身体力行，而且动员他的友朋及社会各界将藏书捐出。1939年7月23日叶先生即将自藏精本第一批先行送来，计书架28只、图书84箱。叶氏当时所藏有2800余部，30000余册，有唐写本2种，宋元本9种，稿本、抄本、校本600余种，明刻善本400余种。其中最为重要者为清惠栋手稿本《周易本义辨证》、清钱大昕手稿本《演易》、清张惠言父子手稿《谐声谱》、清钱仪吉稿本《南朝会要》，尤以清顾祖禹稿本《读史方舆纪要》百十余册、清彭兆荪辑《全上古三代秦汉三国六朝文》底本为最珍贵。

张元济于1941年春，以历年收藏的嘉兴一府前哲遗著476部1822册，赠与"合众"，并以海盐先哲遗著355部1115册，又张氏先世著述及刊印评校之书104部856册及石墨图卷各一，事先做寄存，冀日后宗祠书楼恢复或海盐有地方图书馆之设，领回移贮。后经抗日战争，鉴于祠屋半毁，修复无力，本地之图书馆之建设更属无望，遂改为永远捐助。

蒋抑卮为浙江兴业银行董事，1941年赠书32800余册，连旧有之书60000余册，合当可得十万之数。顾先生当时曾云："全国图书馆满十万册者有几哉！"

后来叶恭绰捐赠山水、书院、庙宇等志书一批。李宣龚、陈叔通诸先生均将大批藏书送来。日本投降后，顾颉刚、潘景郑两先生藏书也陆续送来，数量也不少。1947年至1949年中，吴兴章氏任缺斋、泾县胡氏朴学斋也大批地送来。鄞县张氏、无锡裘氏、慈溪马氏均以先人校读之本相送，其他各家捐赠书日多。当时大批图书涌到，顾先生等人只求来的书赶快上架，做出草片，书到就能查取。又因为书库小，既不能各家完全各自为库，也不及照分类排列，也不能按书到先后排列，只能做到可以拿得到书。

各家捐书给"合众"，有几层意思：1. 他们的书很普通，送公家图书馆不被重视，或因重复而搁置。送私立图书馆，既可增加它的力量，又使读者多一检阅的机会。2. 有人说"合众"对于图书真正爱护，所以愿意送给它，既可保管得更好，又可让它把零星的集成系统的供人参考。3. 有的人愿意把稿本送来，认为可以永久地保存。在当时物价时有波动，经费亦感困难，因此"合众"重点在整理，而搜集为次要。

编目工作也是图书馆的基础工作之一。顾先生在创办合众图书馆之初，就把编制馆藏文献目录作为图书馆业务工作的重点来抓。1946年10月，他与潘景郑合编的《海盐张氏涉园藏书目录》完成，成为"合众"第一种馆藏文献的专题目录。之后，又先后完成了《番禺叶氏遐庵藏书目录》《杭州蒋氏凡将草堂藏书目录》《杭州叶氏盦藏书目录》《李氏硕果亭书目》《胡氏朴学斋书目》《顾颉刚先生书目》《潘氏宝山楼书目》，以及《馆藏书目》《馆藏书目二编》《馆藏书目三编》《馆藏期刊目录初编》《合众图书馆藏书目录汇编》等十多种馆藏专题目录。这些目录均反映了各家捐赠图书文献的专藏，分类编目颇具特色，至今仍有其参考价值，同时也是了解"合众"当年馆藏及其文献发展的重要文献资料。

在采访编目的同时，"合众"的读者服务工作也同时逐步展开。读者工作主要分为两个方面：一是读者阅览，二是读者咨询，其中又以读者咨询为主。"合众"以收集国学文献为主，以专供研究高深国学者之参考，因此，在读者阅览中，其服务对象多为各大学及各界之专家、教授及研究文史学者，且多是持图书馆董事的介绍信来阅览图书的，如顾颉刚、郭绍虞、李平心、钱锺书、周谷城、钱南扬、蔡尚思、郑振铎、冯其庸、周予同、黄永年等。每天到馆的读者人数在二至四人，有时仅一两人。与此同时，"合众"更多的是为上海及全国各地的学者提供参考咨询，如协助其检索材料，有许多协助检索的参考文献是从该馆以外的各处代为寻检的。一些著名学者如陈垣、陈寅恪、王重民、陈钟凡、向达、聂崇岐等都曾与"合众"信函咨询。

"合众"当年制订章则，并确定该馆目的在于：1.征集私家藏书，共同保存，以资发扬中国之文化。2.搜罗中国国学图书，及有关系之外国文字图书。3.专供研究高深中国国学者之参考。4.刊布孤笈秘笈。而且"合众"从事专门事业之理想，书籍专收旧本，专为整理，不为新作，专为前贤行役，不为个人张本，秘笈力谋流布，汇而刊之。一经印行，公之全球，功实同也。

数百年来，有经济力量的文人学者有感于图书之难得，多有辑佚丛书之功。因此，丛书之辑印，起到了化身千百、流通古籍、便于学者利用之作用。"合众"创办于"搜残编于乱后、系遗献于垂亡"的年代，所以顾先生考虑到以传布先哲精神于万一，在力所能及的情况下，秉承前人之志，有编辑《合众图书馆丛书》之举。此《丛书》共分二集，第一集共十四种，第二集为一种。以一所私人创立的图书馆编辑出版丛书，在当时是不容易的事。第一集从1941年至1945年间，由私人募捐出资而陆续付诸石印印行。

60年代初，顾先生曾告诉我，当年印这些书实属不易，因为国民党政权不稳，币值不保，筹钱不易，所以拖得很久。在第二集《炳烛斋杂著》的跋中，他写道："时方多难，筹款未集而罢，忽忽四年矣。""国难未已，物价动荡，瞬息万变。"这些书除了第一种《恬养斋文钞》为陈陶遗先生题署外，其余十三种都是顾先生所题，为了节省开支，他亲自动手，抄成了《东吴小稿》及《论语孔注证伪》(卷下)。他在《丛书》"缘起"中说："本馆丛书之辑，志在使先贤未刊之稿，或刊而难得之作，广其流传，顾非一馆之藏之力所克胜任。缘商同志，谋集腋成裘之举。所选著述，以捐资者之意趣为指归，各彰所好，各阐所宗，学海无涯，造诣不一，要其专治所学，发抒心得，必有足贡献于后来者，勿偏持门户，勿执一绳百，采撷英华，视读者之去取何如耳。际此世变抢攘之日，物力凋剖，旷古未有。丛书之印，先后六年，成书十有四种，编次不免芜杂；工事每况愈下，因陋就简，咎何敢辞，勉强为之，犹贤乎已。因便流通，汇编成集，述其缘起如此。"

"合众"的藏书特色

在1946年的《呈为设立私立合众图书馆申请立案事》的公文中，陈陶遗等较为具体地论述了合众图书馆馆藏文献的特色："先后承蒋抑卮、叶恭绰、闽侯李氏、长乐高氏、杭州陈氏等加以赞助，捐书甚夥。……赖有清高积学若秉志、章鸿钊、马叙伦、郑振铎、陈聘丞、徐调孚、王庸、钱锺书等数十人以及社会潜修之士同情匡助，现在积存藏书约十四万册……采四部分类法，以史部、集部为多。先儒手稿本、名家抄校本、宋元旧刻本、明清精刊本皆有所藏。其中嘉兴、海盐两邑著述及全国山水寺庙书院志录网罗甚广，皆成专门；他如清季维新之书，时人诗文之集，著名者都备；至近年学术机关所出者亦颇采购，尤注意于工具参考之作，用便考据。此外有清代乡会试朱卷三千余本，陈蓝洲、汪穰卿两先生之师友手札约六百余家，皆为难得之品，金石拓片搜集约八千余种，汉唐碑拓一部分，尚系马氏存古阁旧物，其他以造像为大宗。又河朔石刻为顾氏鼎梅访拓白藏之本，较为完备。"

实际上，经过数年的努力，合众图书馆至1946年时，其馆藏已达14万册，而至1953年，已拥有了30万册古籍善本及线装书的收藏，金石拓片15000种。通过历年社会各界的捐赠与采访，合众图书馆的文献收藏形成了以下五方面的特色与专藏：旧嘉兴府属先贤著述，山水寺院等专志，经学、小学书籍，名人抄本校本及稿本。

即以叶恭绰所赠之地理类书籍为例，其名山、胜迹、寺观、书院、乡镇之志，蔚成大观，此外有清人词集类，为从事《清词钞》之选辑，备一代风俗之史，若别集、总集通行者咸列插架，并有罕见秘籍为海内所无。又有美术考古类，为经眼文物之考证。若国内外所著有关我国文物之图谱、照片，广事搜罗，几无不备。

然而，也正是这么一个在一般人看来并不起眼的小图书馆，还有各种稀见的文献资料，它搜集收藏了丛书1800余种，地方志2000余种，诗文别集4000余种。上海地区地方文献较为丰富，其他各方面的图书也相当充实，研究古代史和中世纪史的资料基本上可以够用。而尤注意于包括共产党早期文献，革命文献的访求，如马列主义经典著作，解放前中国译本有八十余种，毛泽东单行著作如《论持久战》《论联合政府》《新民主主义论》等，有解放前各地区历年出版的100余种。第一次国内革命战争时期，1924年工人之路社编的《十月革命七周纪念》，沿海省省职工苏维埃排印；刘少奇1926年的《工会基本组织及工会经济问题》，湖北全省总工会宣传部排印。第二次国内革命战争时期，1934年上海中国书店印的《第二次全苏大会文献》，1931年以《指南针》伪装的《国际七月决议及最近来信》。抗日战争时期，1943至1945年苏中三分区江潮报社编的《江潮报》等等。1954年10月，中共中央宣传部专门从"合众"调取革命文献及现代史料75种，都是他处不经见之重要史料、珍贵文献。

与稿本同样重要的原始材料还有前人信札原件，如《冬暄草堂所藏师友手札》及《汪穰卿先生师友手札》等，后者中所涉及的戊戌维新诸子，大都参与有关兴办报刊、文教、工厂等的讨论以及论及国内外时事的情报。又《洪钧出使俄德奥时致李鸿章手札》，报告关于邦交及购买军火等事。又《李鸿章致友朋手札》，讨论镇压捻军、太平军的计划等，都是研究近代史的重要资料。研究近代史的另一种重要资料是清末期刊，反映维新运动和旧民主主义革命的史料，搜集到100余种，如《强学报》《湘报》。同盟会在日本编的以省份为名的月刊，如《洞庭波》《河南》等等。又有附《汉声》的《湖北学生界》全份，都很难得。此外戏曲文献比较丰富，如杂剧、传奇、昆戈、散曲、乱弹、梨园掌故、图谱、影戏词、地方戏等，基本上各艺完备。其中抄本旧刻甚多，还有出升平署抄写的，均不易得。特别是1907至1947年京津各班的戏单，有三千九百余张，尤为可贵。金石拓片为研究各时代历史的第一手材料，也是中国书法艺术观摩的范本，金文有《攈古录》的底本，石刻有宋拓《嘉祐石经》，以及碑记、墓表、造像等四万余张，可称大观。

叶先生的离去

对于"合众"来说，叶景葵是创办人，是灵魂人物，没有叶就没有"合众"。但是，谁也没有想到叶先生会那么早离去。叶先生是因感冒而引起肺部、腰子发炎感染，乃至不治，于1949年4月27日去世。5月6日，顾先生有致叶恭绰信，述及叶先生去世之详情，云："叶揆初丈不幸因心脏扩大不治，遽于四月廿七日作古，殊觉悲悼。先是陈伏庐先生于三月十六日去世，颇形伤感，十八日大殓，由揆丈题主，天阴有风，因之感冒，略有热度，迫诊治后，始知肺部、腰子均有发炎，而心脏扩大，针疗后似颇有效，不意廿七日上午十时二十五分，竟以大便虚脱。龙相依十年，不啻家人父子，尤为伤感。"

刊登《叶宅报丧》的启事，刊发于4月29日《申报》，文云："叶揆初老先生痛于四月廿八日上午寿终沪寓正寝。兹择于廿九日下午四时在康定路（即康脑脱路）世界殡仪馆大殓。谨此报闻。叶敦怡堂谨启。"同日，浙江兴业银行总行隆重设置灵堂，吊唁叶先生不幸逝世。此后至叶先生大殓，亲友等陆续送到祭文、挽联、挽诗无数。

4月28日，张元济撰五律《挽叶揆初》。诗云："小别才三日，徘徊病榻前。方欣占勿药（昨日以电话询君病，君弟答以更见轻减），胡遽及重泉？落落谁知我，梦梦欲问天。痛君行自念，多难更何言。"（《兴业邮乘》，复第54号）5月7日，张元济又有续五律三首《挽叶揆初》。诗注云："闻赴后即作成一首，成殓之日送悬灵前，意有未尽，今又续成三首，亦聊掬哀情于万一耳。"诗云："京洛论交始，今逾五十春。维新百日尽，通艺几人存（光绪丙申年，余与夏地山、陈简始诸君在京师设通艺学堂，延师教英文、算术，君来共学）？变易沧田异，过从沪渎频（鼎革后君与余同居沪上，往还较密）。新亭曾洒泪，情谊倍相亲。""故乡如此好，只手任撑扶。入市兴洪业（浙江兴业银行为君所创），趋朝索众圃（沪杭铁路政府收为国有，发给公债，后忽停止。君入都交涉，复允清偿，此案始结）。山头劳覆篑，江上快驱车（钱塘桥工政府亦以无资中辍。君从旁赞助，为集巨款，始得观成）。恭敬维桑梓，高风世或无。""万卷输将尽，豪情亦罕闻。君能城众志，天未丧斯文（君尽输所藏图籍，在上海创设私家图书馆，颜曰'合众'。募集巨资，买地建筑，落成有年矣。约余同为发起人，甚愧未能有所襄助也）。差比曹仓富，还防秦火焚。敢忘后死责，努力共艰辛。"（《张元济诗稿》）

叶先生去世，合众图书馆同人也有挽辞，为："藏室书仓遗规期勿失，泰山梁木后学更何承"。而顾先生的挽辞云："晚岁创书藏，经之营之，嘉惠士林功不朽；平生感知己，奖我掖我，缅怀风谊报无从。"（《兴业邮乘》，复第54号）

叶先生御鹤西游后，顾先生的压力很大，在5月6日，顾先生致叶恭绰信云："六日晨甫上一缄，告揆丈之耗，旋奉手书，即以此相询。龙自揆丈故后，心绪恶劣，加以杂务（军队相屋，派夫服役，友朋捐书）冗沓，以致迟迟，歉甚歉甚。揆丈之逝，出于突变，并无遗言。有嗣子二人，长维、寓平，前在东北大学执教，为胞弟叔衡先生长子，去年成婚。次绚，圣约翰毕业，习银行，现在美深造，为从弟幼达先生次子。现在家中惟如夫人及弟妇仲裕夫人，堂侄纯，浩吾先生孙，服务浙江兴业银行。诸子现由幼达先生为之主持，揆丈六十五以后即将所办之事陆续了理，自谓办理移交，创设图书馆亦此意焉。馆中经费虽甚困难，因开支尚省，勉可维持，俟大局安定，再筹长策。顷又奉大函，知六日一缄，尚未递达，盖平信稽延甚久也。挽联已写送叶宅，于揆丈生平均能表出。龙颜欲以揆丈行谊编一详细之记录，苦无材料，当年为述甚多，惜未笔录，长者与揆丈交久，如有所忆，乞随时写示。"是日，顾先生再致叶恭绰信，言及叶先生之后"合众"的近况，云："先生远居香港，不获时就请益，尤为怅惘，兹由菊生、拔可、森玉诸先生负责维持现状，俟局势略定，再筹长策。风云变幻莫测，草草布闻，便中仍希时赐教言为幸。"

"合众"在之后的日子里，先后收到了一些款项以渡难关。5月19日，浙江兴业银行致送金圆券5亿元与"合众"，作为叶景葵先生纪念金。

10月18日，钱永铭、周作民有信致张元济等人，捐款六千元，以资"合众"。云："菊生、鸿宝、叔通、拔可、朵如先生钧鉴：奉别经时，正殷怀想，顷奉函教，敬沈兴居，同深忏慰。承示揆初手创之合众图书馆，年来因币制迭更，屡濒危境，诸公受故人之托，发恢宏续绝之愿，古道热肠，曷胜感佩，不独琳琅秘笈，赖以保存，而嘉惠中外学术，其功更大焉。弟等与揆老本属至交，又承诸公之嘱，敬各捐港币叁千元，共陆千元，除就近交与浙江兴业银行代收外，特此布复。"

顾先生晚年曾回忆叶景葵逝世后的一些情况，云："合众图书馆的创始人是叶先生，他可说是主要人物了。他与张菊老，若论亲戚关系，张要比叶长一辈，而且张菊老又有丰富的经验，所以叶先生请张菊老来做图书馆的董事。""不久，叶先生因病遽然去世，张菊老与李拔可先生两人来到图书馆，说：'起潜，你放心，有我们在，图书馆不会有问题。'我听了十分感动。当时叶先生刚刚去世，丧事还未办完。叶先生逝世之后，图书馆经费拮据，情况窘迫，其实这一情况，在抗战胜利不久即已出现。当时叶先生也打算向朋友募捐，但胜利后，政府发行建设公债，而叶先生认识的那些朋友，都是建设公债的主要认购者，在这种情况下，叶先生当然不好意思再向朋友开口。也有些人，你向他募捐，过不多久，他也会弄个名目来要你募捐。因此，这种人也不是很可信赖的。所以，抗战胜利后，合众图书馆的经费一直由叶先生自己设法，没有向社会上要过什么钱，虽然馆中费用支绌，总算还能勉强维持。但叶先生的突然去世，却是对图书馆的一个不小的打击。为了维持馆务，张菊老与陈叔通先生出面，给叶先生的一些老朋友写信，请他们帮助。结果，有人捐了一些，尽管不多，还算能应付，就这样一直捱到解放。"

"合众"在解放前的困境

"合众"在艰难的岁月中挣扎。当年赁屋在法租界，初误信托庇外国人可以相安，其实不然。每月收房捐的人，看"合众"不像住家，几度询问，只能告知是一个私立图书馆，尚在筹备。于是有人说：既非住家，要缴营业捐。于是顾先生又托人与法公董局中说明，"合众"馆不是营业的机关，而是一个文化机关。后来营业捐算是不要了。可是法巡捕房政事处认为，在这时候居然办起图书馆来，非和国民党必和共产党有关，否则谁愿办这只有支出而无收入的事业。同时因前市中心的上海市立图书馆的书不见了，又因"合众"馆名"合众"有一"众"字，遂以为与在邑庙的群众图书馆有关了。

1941年1月17日，法巡捕房派督察朱良弼来做详细的调查。那时"合众"藏的全是线装书，没有一本当时的新书，后来他们也探明我们的发起人的身份，才算无事。日本人对"合众"很注意，曾派人到法公董局教育处声言，要合众图书馆的书。该处只说"合众"是几个私人办的小图书馆，书尚不多，也没有好书，才打发走了。但有些身份不明的人也来调查，因此，顾先生想到"合众"这个名称，很容易跟邑庙及市中心的图书馆搭在一起，恐多麻烦，曾一度想换名称，或改为"国粹"，最后叶先生决定不愿更动。这之后的8月6日，法巡捕房政治部派冷峰，11月4日又有法公董局教育处主任高博爱均来调查。1942年

3月18日，日人山本鹤模自称法租界日本人会第五分会代表，要用"合众"作办公处。6月21日，保甲办事处派人来说，要用"合众"做办公处。1943年11月2日，伪第八区教育处来调查。11月22日，伪上海市第一警察局特警处特高科文化股派刘淇沛来调查。12月21日，常熟路分局特高科派候云根来调查。1944年3月15日，常熟路分局特高科又派禹忠宪来调查。两年在法国人统治下，四年在敌伪统治下，"合众"实在恐慌中度日，心神很不安宁。

日本投降之讯刚传，国民党的军统、中统就到处活动，一时盛传将搜查敌伪刊物，藏者以汉奸论处。顾先生又着急了，因为"合众"史料的保存，都是煞费苦心的搜集，于是伪府刊物，又成问题，商之国民政府教育部来接管文教事业的人员，据云只有装箱保存。1945年12月5日，教育局派人来调查，并嘱应办立案，遂于1946年1月24日申请立案。2月23日，教育局派人来视察。5月23日，又来调查。1948年1月14日，教育局派人来视察。在复员四年中，经济更窘，为了反动派的倒行逆施，社会经济的混乱，币制贬值，物价腾贵，"合众"不敢随意捐款，免人觊觎，勉图维持，不愿开展，所以直到解放，大门不开，并不公开阅览。

据顾廷龙先生回忆：1949年上海的情形已非常混乱，1月24日，有人自称防痨协会欲来借屋，顾先生以自己不够用的理由拒之。5月2日，国民党军队派人来看房子，要占用"合众"。那时"合众"工作人员不多，管理困难，一恐革命书籍发现了，立起大祸；二恐善本书刊撕毁了，损失不赀。所幸董事长张菊生先生、常务董事徐森玉先生均来坐镇，还有爱护我馆的同人，络绎来慰问，24日下午1时，警察局派人陪了一个军人来看房子，坚要征用书库全部，蛮不讲理。25日晨起，知沪西都已解放，"合众"馆才算保全。

解放初期的"合众"

1949年5月25日，上海解放，"合众"也获得了新生。没有多久，有关部门也接管了"合众"。当时的接管细节今已无法得知，但我们仍可以从顾先生存留的书信原稿中窥其大略。

11月1日，先生代陈叔通致信有关方面负责人陈虞荪，谈合众图书馆事。"叔通北京归来，人事栗六，致尚未趋候为歉。前以敝馆地价税，烦为申请豁免，已蒙核准，费神至感。惟房捐问题，夏季者，曾向财政局申请，尚未批复。此次秋季房捐，业已按照《解放日报》消息，迳向主管机关教育局申请，曾承派员来馆调查，亦尚未有批示，深恐教育局于敝馆情况，容未明了，谨为先生言之，祈代达于戴局长、舒副局长之前焉。窃敝馆于一九三九年春，由叶揆初景葵、陈陶遗、张菊生元济三君发起，约李君拔可宣龚及叔通共同创办，组成董事会主持之，迨叶、陈二君作古后，补选徐森玉鸿宝、陈朵如选珍二君为董事。当时感于日寇侵法，沪郊沦陷，图籍散亡，亟欲以私人之力，尽其保存之心，取'众擎易举'之义，命名'合众'，各出所藏，萃于一楼，以叶君揆初书为最多，次则亡友蒋君抑卮者，而叔通等亦皆有之。十年来，亲友响应，捐赠日多，所藏近二十万册，随时整理编目，每成一种，即公开一部，以便众览。捐来之书，多属旧学，故以国学为范围，志在保存文献，并供专门之研究。亦有外埠学者通讯委查资料者，与普通图书馆性质略有不同，且私人财力有限，经费原甚艰窘，自始至今，一切简约，人少事繁，努力服务，区区成就，已感不易。当开办之初，虽筹有相当的款，自建筑馆舍后，即形拮据，加以金融动荡，旷古未有，十年之中，迭更币制，折蚀殆尽，以致捉襟见肘，开展无从。惟叔通等自当设法筹措，竭力维持，假以岁月，希为沪滨增一有力量之文化建设。所望主管机关了解鄙况，量予照顾，俾得实事求是，埋头苦干，早观厥成，敬将艰难孕育之情，略陈清听。诸惟亮察，倘荷时锡教言，以匡不逮，曷胜欣幸。再私立社教机关登记手续如何，已否开办，并乞探示为祷。"

在中国图书馆事业史中，解放初期的各种图书馆现实情况甚少报道，而1951年1月5日，顾先生又为"合众"办普通阅览室事致信陈叔通，其中也谈到了"合众"的人事、经费等现状："最近教育局让教处群众文化科（此科即主营沪市图书博物馆者），有同志来谈，渠称本馆之设备，推为私立图书馆中最好，即'鸿英'亦不如，其他图书馆均甚简陋。又于本馆所作保存史料工作，认为亦相当重要，但今市立之图书馆仅两处，希望本馆开展业务，兼办普通阅览，俾多吸收读者，局方当公私兼顾，予以协助。龙告以开办普通阅览，亦曾考意及之，只以人力财力有限，房屋逼仄，有实际困难存在，尚未能推进，以后当朝此方向进行，待房间设法调度，整理工作略事结束，再研究开展办法。彼云：主管上亦并非就要望其实现。"

"窃本馆开办之初，曾经商酌，是否须办普通阅览，经张、叶两公郑重考虑，以为普通阅览所需人力财力房屋众多，非私人之力所胜，故决定不办。而办此专门国学图书馆，乃于拮据之中，勉度十一年，积书至廿余万册，故本馆目前主要业务实在存书之整理编目，以便参考，同时为研究者服务，倘能专心致之，收效较宏。如今本馆办理普通阅览，设备亦多不适（厕所就困难），况沪市文化水平较高，普通阅览并不甚少，如各学校工厂工会机关团体均各有其图书馆，而文化遗产之搜集，可以供应参考者，实尚缺乏。沙彦楷先生尝称，本馆为上海旧文化中心，盖亦有便于众也。事必专一而后可精。现于出版事业，已经分科，最为有见。仁老曾谓，本馆倘能由提高意义之主管机关主管之，较可相得，但无从觅此途径耳。本馆为实事求是，不图形式主义，能否改名为合众文物研究资料馆，或历史图书馆（即如市立博物馆，解放后，教局以其收藏偏于古物，即正名为历史博物馆），以示与负有一定的宣传教育之县市省立图书馆有别，学校可以有专科，何以图书馆不可有专门，即苏联莫斯科有历史图书馆、工艺图书馆、外国文图书馆，亦各有专门。龙总望本馆能维持其专门性质。"

"万一非办普通阅览不可，则因陋就简，聊应门市，拟分两部分，楼上旧书为研究部，楼下新书为普通部（楼下只可腾出会客室，但亦不易），另添报纸杂志，至新书一年来已添购有七百余本（教局同志亦言不少），不敷时，再向市立图书馆告借复本陈列。选购新书，均以社会科学为范围，不能兼及自然科学矣，普通阅览，自由取阅，相当时期后，再办出借。研究部则恢复介绍，一则便于管理，一则文化遗产，为配合抗美援朝，亦须将书籍审查，有无违碍，尺度能宽能紧，一时不易竣事，只好酌量公开，亦实际困难也。"

"关于人事，原为六人，朱子毅（总务兼任）、杜干卿（盖印、理报、照料阅览室）、王煦华（编目）三君。裱工一人、工友一人，及龙。现在裱工已停（汪穰卿藏札装毕已由森老介至文管会工作），改请朱女士专编新书目录，由王君辅导之。如普通阅览室开放，即由朱女士管理之。旧书整理方面，拟请潘景郑兄返馆从事。如此，实际仅加一人，诸事或可应付矣。"

"关于经费方面，原拟每月开支三百万元，预计前年所捐港币可度一九五一年上半年（均已划沪）。但本馆薪给素小，同人不能久安，即以龙言，去年幸得'商务'校字之酬，始偿所逋，拔老、森老屡主酌加；爰拟自本年一月起经常费加为四百万元，则大约可支至四月。如办普通阅览，房捐每季七十三万元，当可请求全免。经常费不致再加，至开办时，须有临时费（如阅览桌椅等等添置），或可向教局申请一次津贴补助之。"

"关于捐款，前承示及裴君筹得港币万元，徐鹿君先生为森老言，亦如此。龙曾访裴君，拟以馆务等报告并请教，适均相左。昨由森老往访，意请裴君将捐款早日划沪，一则备五月后之支用，二则虑港币续跌，或竟阻梗，接济恐断，闻裴君即日北上，晤面时，希与妥商为幸。一九五一年一月五日。"

"合众"普通阅览室是在5月10日开放的，其时中央人民政府文物局局长郑振铎适来沪，给予该馆许多指示和鼓励。同时，商务印书馆、开明书店、三联书店、连联书店都向"合众"赠送了不少书籍。

1952年5月，"合众"就开始酝酿向上海市人民政府有关部门的捐献事宜，这在陈叔通与顾先生的通信中可以得到印证。

7月20日，陈叔通有信致先生，云："至于捐献，亦又有条件，第一不分散，可以他处并入我处，不可以我处并入他处。第二，须为创办人留纪念。第三，仍由公主持到底。未知菊老以为何如？并商之诸董事，可先期提到，由森老代表提出，届时再以书面声明。陈叔通。一九五二，七，二十"。

12月14日，"合众"召开董事会第十四次临时会议，会议通过决议：将"合众"捐献上海市人民政府文化局，俾成一专门性之大规模图书馆。次日，合众图书馆董事长张元济上函文化局。函云："亡友叶景葵与元济等以私人力量创办合众图书馆，搜集历史参考之图书约二十四万册、金石拓片万余种，自置基地并建馆舍，冀成一专门性之图书馆。艰辛经营十有四载，规模粗具。若欲扩而充之，以配合国家大规模建设，则非同人棉薄所及。兹经我会第十四次临时会议决议呈献贵局，俾得大事发展。特推董事徐森玉、顾廷龙为代表，协商移交手续。即希查照赐复为荷。"

1953年2月，顾先生拟有《上海市私立合众图书馆捐献愿书》，计4纸9条，署名为董事长张元济，这份捐献愿书实为极为难得的图书馆重要文献。全文如下：

一、我馆创设虽已有十余年的历史，也得若干藏书家的热心捐助，但在反动政府时期处处碰到阻碍，以致不易发展。解放后，我政府在英明的毛主席领导之下，逐步走上文化建设的途径，对于民族文化遗产，搜罗不遗余力。我馆欣逢盛世，思贡献出一分力量，故由董事会议决，捐献上海市人民政府，俾可作有计划的发展。

二、我馆创办的目的，是在搜集各时代、各地方的文献材料，供研究中国及东方历史者的参考。因为历史的范围大，和它发生关系的学科很多，所以形式不限于图书，凡期刊、报纸、书画、尺牍、拓片、古器、服物、照明、照相底片及书版、纸型等类亦均收存，务使到馆研究者可以触类旁通，左右逢源。希望现在捐献之后，由贤明的市人民政府督导之下，得在原有基础上，踏实脚步，逐渐发展，使得确成为一个有计划的搜集历史文献的专门图书馆，凡住在上海的或到上海来的世界历史学者都能得到满意的收获。

三、我馆十四年来，因经费竭蹶，人员不多，以致编目工作尚未完成。现在根据不完全的统计，约有图书廿五万册，金石拓片一万五千种，其他尚未约计，希望政府派员会同检点，编造清册，一式两份，可能时再行编印正式目录。

四、各藏家捐赠我馆的图书文物，或为其个人历年所积聚，或为其先世累叶所留遗，均赖其苦心荟萃，蔚为大观。故虽零简断缣，亦为其精神所注，随处见出他的胸中成竹。此若干小系统，我馆得之可以组织成大系统，实为我馆的特色。更加补充，自可神采焕发，显出它的伟大功用。因此我馆渴望政府，尽量保存此优良传统，不予分散，庶乎各藏家数十百年所缵缵保持的永远完整。

五、我馆对于赠书各家借阅其自己捐赠的图书时，向来给以一切方便，使他们晓然于我们立馆的本意，凡捐于我馆的比较藏于私家更易于取览，而保管的妥当则远过之，如此，可使藏家益兴起其乐捐之心。这一个办法希望政府继续维持。

六、我馆自有基地一亩九分六厘三毫，除一部分自用外，尚有九分五厘租给创办人叶景葵建屋，订有租地合同，定为二十五年，应至一九六六年期满，届时所有在租赁地上叶氏自建之房屋概归我馆所有。如期满前租赁关系已存续达十五年以上，馆中必要时可以收回，但须予以贴费。这份合同附在财度文件中。

七、我馆在基地上建有钢骨水泥三层馆屋壹所，现在图书已塞屋充栋，不易再受赠书，阅览室亦日益缩小，更形拥挤。好在旁有余地，捐献之后，政府尚可考虑基本建设，有计划、有步骤地加以扩充，使它发挥更大的作用。房屋登记后取得收据一纸，尚未发给所有权证。

八、我馆工作人员过去经常只有三四人，解放后，业务日繁，逐渐增加至九人，人数不多，而各人对于工作已相当熟练，并都很积极。希望政府继续任用，俾驾轻就熟，更能好好地为人民服务。

九、兹为捐献政府编有下列各项目录名册，祈予点收。

捐献人：上海市私立合众图书馆

董事长：张元济　常务董事：徐森玉

津按：这份顾先生所拟草稿的后面，另有顾先生按语，云："文化局接管后，人员未动，一九五三年更名上海市历史文献图书馆，一九五七年扩建书库，增加人员公开阅览。编印目录卡片，编辑《明末史料丛书》若干种，由古典文学出版社出版。开始编辑《中国丛书综录》。原'合众'董事当时所期望者，在科学技术图书馆、报刊图书馆、历史文献图书馆、上海图书馆四馆机构统一前实现。廷龙附志。"

在捐献"合众"时，顾先生另撰有《合众图书馆小史》（参见《顾廷龙全集·文集》）

4月15日，上海市文化局接管"合众"，批文为市府（53）沪府秘二字第1192号。批文中有"同意所请，准予接受合众图书馆。除组织小组另行商谈接办事宜外，特此函复，请予查照。"

陈叔通知道"合众"要捐献之事，非常关心顾先生的住居处境，5月10日，陈叔通有信致先生，云："'合众'接收后，已移眷至何处？租屋不易，至以为念，倘仍照原薪，则租屋费即不能包括在内，以前薪少有屋住，亦为附带条件，此层不能由菊老、森老面陈否。"

5月27日，刘放园又致顾先生信，云："叔通先生屡晤，日前在万松书屋午餐，徐森老亦在座，谈知图书馆已经接收，惟仪式尚未举行，大约须森老回申方有人代表呈献耳。接收后，情形如何，极以为念，倘能于公暇以大略见告，不胜企盼之至。"

合众图书馆捐献市文化局事之仪式，定于6月19日，这前一天，张元济很动感情地致顾先生信，云："今为'合众'结束之期，若干年来，弟尤得读书之乐，吾兄十余载之辛勤不敢忘也，苦心孤诣，支持至今，揆翁有知，亦当铭感。"

据顾先生致陈叔通信，可知捐献事之情形，云："文化局接受我馆捐献仪式，已于十八晚七时在锦江十四楼一号举行，到金仲华副市长、刘思慕、陈虞荪两副局长、沈之瑜处长、张白山科长，我馆森老、朵老、延兄、唐兄及龙。刘局长、金市长先后讲话，均对我馆已有成绩颇多奖饰，并称我馆文史专门图书馆之方针已经确定，基础很好，即从此基础发展，人民政府力量较大，必能办得更好。馆方由森老讲话。仪式后盛宴，皆公与菊丈德望所致也。我馆私立时代，善始善终，十分喜幸。今后如何进行，局中尚无指示（截止现在为止）。"

没多久，顾先生又致陈叔通信，谈"合众"捐献后事。"献馆举行仪式后，前日始有人事、财务、总务、图书各部门来接管，龙将董事会应移交之房地所有权状、股票、英金、善后公债、家具册、书画文物尺牍等清册、图书已编成之目录，及水电等保证金收据一并交出，但检阅一过，仍留交我，谓需要再来提取。龙继续维持，将来究竟如何，未有所闻。龙无办行政之才，新旧社会作事悬殊，终有陨越之虞。关于龙之住宿，决须迁移，惟尚未有人接替，不便骤然觅屋。前日局中来员，龙已申明，俟保卫制度确定后，我即搬出，彼等无一语。龙之所以决须搬者，为公私之分，同时各馆亦无此例，不应再住。"

1954年1月15日，先生致刘放园信，关于合众图书馆捐献后之事。"我馆目前一切如常，清点工作，已竟十九。我受之诸老，呈之政府，可释重负……龙十四年来致力于斯，虽来馆作研究参考者亦无不称善，然无如公与菊老、叔老、厚老诸位相知之深，一言嘉许，实我知己，窃喜所耗心力，可谓不虚。将来新局如何，我固不知，惟有服从领导，尽心力而已……龙无行政之才，盐车十驾，事倍功半，于公于私，实非两利，奈何奈何！蒲柳之姿，年逾五十，精力就衰，旧稿垂成，迄难毕功，殊深忧皇耳。"

1954年3月12日，合众图书馆正式改名为上海市历史文献图书馆，从而完成了它十四年的历史使命。

结语

在旧中国，王绶珊等人均有志创办图书馆，然非但无成，所藏之书为日寇毁的毁，子孙卖的卖，非自己及早举办就无望的了。子孙不肖，则身后亦一卖了之，安能保存？子孙虽贤，不习这门学科的，就一无用处，徒然做蠹鱼的食粮，也不能保存。如果成立了图书馆，书籍既可保存，又可资学习，所以办图书馆是一件不重名利之社会事业。旧中国的图书馆寥寥无几，即使有几所，多是点缀门面而已，就是国立图书馆，也不过200万册左右。

在20世纪30年代的后期，上海地区已有不少图书馆，普通者如东方图书馆。1914年，黄炎培等设甲子社扩充而成鸿英图书馆。专于近代史料者有鸿英图书馆，专于自然科学者有明复图书馆，专于经济问题者有海关图书馆，至于中学程度所需要参考者有市立图书馆。南京国学图书馆在抗战中损失很大，收拾残余，到1942年统计，实存18万册。当抗战紧急之时，国学图书馆馆长柳诒徵先生叠次向教育厅请示如何妥筹安置，而教育厅一直置之不理，柳先生没有办法，只好自行妥筹处理之策。他于1937年8月呈教育厅文说："自平津肇衅，迄淞沪交锋，诒徵无日不在忧皇悚惧之中，迭经赴省请示，亦未能遵定迁移之法。延至本月十四日，诒徵知祸在眉睫，势难再缓，不得已走商故宫博物院南京分院马院长，请其顾念同舟，稍分隙地，保藏珍本。"最后又说："尚有十数万册，自维棉力，如蚊负山，仰屋兴嗟，束手无策。"旧中国政府办图书馆，原为点缀门面而已，苏州的一所图书馆也是省立的，以学古堂、存古学堂的藏书为基础，积累了三四十年，但到1935年，仅存十万五千余册。旧图书馆的一般情况是，经费仅能维持行政开支，至采购费为数极为微细，至一般省立图书馆，大多数是无声无息的。

私立图书馆，与团体私立又有不同，最早的当推宣统间武进盛宣怀所设的愚斋图书馆，虽则他曾经请过奖，收书相当富，印过目录，地址在成都路静安寺路口，但始终没有公开，后来就散掉了。一部分书捐入南洋公学，一部分捐入圣约翰大学图书馆，一部分是零星卖掉，还有剩余的存在祠堂里，被上海市文物管理委员会没收了。1913年，无锡纱厂巨子荣德生的大公图书馆，印有目录，没有开门，到抗战中停顿了。虽荣氏收书到死，一直收书不停，可是没有正式公开成立。其他像刘氏嘉业堂、王氏九峰旧庐，都想成立图书馆的，不满十年，东分西散也都完了。

当年上海滩上的私立图书馆由私家藏书楼而进入私立图书馆，还不很久。民国初年的国学保存会藏书楼，盛极一时，不到几年就完了。与"合众"同时所筹备的几个私立图书馆，亦可谓极一时之盛。如灵素图书馆，亦名医学图书馆，张叔平创办。松禅图书馆，陈葆初创办。子民图书馆，蔡元培门生故吏办。亚子图书馆，柳亚子自办。楚伧图书馆，叶楚伧一故吏办。而"合众"之董事，皆财力微薄，均以德望号召获助。然灵素图书馆，不到两年，就尽入书商之手。

私立图书馆之组织，原有司马迁所说的"藏之名山，传之其人"的意思。实际是反对反动统治阶级的一种行动，注意在反动统治阶级不注意之处，尽力收藏反动统治阶级所要禁毁的图书。除了一批假借图书馆名义，用来掩护或投机的不算外。"合众"的成长，也是在三种不同形式的旧社会（法租界、敌伪、国民政府），以及旷古未有的币制动荡之中（法币、军票、中储券、金元券）走过来的。

一个成立于20世纪30年代末，主要活动在40年代的"合众"，在数本所谓的中国图书馆事业史上，都没有一席之地，这也并不奇怪，因为在当年灯红酒绿的上海滩，蒲石路（今长乐路、富民路口的转角）746号上的"合众"，确实从来就没有悬挂出自己的图书馆招牌，因为它不想张扬，不管是上海沦为孤岛后，抑或抗战胜利后，除了像郑振铎、钱锺书、马叙伦、胡适、徐森玉、顾颉刚、王重民等重要学者时有光临外，一般人是不知道"合众"的底细的，因为这是一个带有研究性质的图书馆，而不是公共图书馆。

明末清初的一位思想家，有"中国思想启蒙之父"的黄宗羲（梨洲）有言：藏书难，藏久尤难。藏书能历数百年兵戈水火之劫运而不遭磨灭者亦是万幸。故聚书之苦辛，庋藏之慎谨，其实有难以言之者也。可见私人藏书难，而办图书馆更属不易。早在1940年1月4日，张元济告顾先生："凡百事业，不能不求扩充，扩充则须人多，人多则意见分歧，分歧则无可约束，终归失败。盈虚剥复之理欤？吾与本馆之希望平隐，即是发展，不求躁进，不贪暇逸，不须人多，不事宣传，非如是，不足以持久也。"这是张先生办"商务"数十年来之经验，对顾先生来说不啻是至理箴句，金玉良言。

无独有偶的是，1941年8月23日晚，顾先生去叶景葵处求教。叶说了一段话，也是经验老到的肺腑知心之语，他说："图书馆前途之兴替，其枢纽在董事之得人及合作与否，故选举最为注重。现在五人，学问未必皆深，亦未必人人皆知图书馆之办法，但皆饱经忧患，有相当之修养，且皆无所为而为之。五人间相互有甚深之情感与直谅，故能知无不言，决无问题，但皆六七十之高年，可以同时老病，故对于递嬗之法，宜十分注意也。"语见叶景葵《卷盦札记》。

在日伪和国民党反动派统治下，"合众"勉强维持到解放，差不多是奄奄一息。但顾先生在老辈们的支持下，奋力支持十四年，幸际盛世，归之人民，完成历史任务，实是不易。应该说顾先生的办馆思想直接来源于图书馆的实践，津以为在四十年代后期他有致王南屏信，体现了他对办馆的见解以及困难之处言之历历，一览无遗，言词率直，坦诚相见，此札当可视为"合众"在四十年代煞费苦心保存传统文化之一斑。

信曰：

南屏先生左右：奉示祗悉。关于敝馆规定星期例假停止阅览一点，对公务人员似有不便，执事曾摅高论布诸《大公报》（"鸿英"曩以星期休息，今亦反为星期日矣，可恨！），大文尚未读过，但于"公务员不便""鸿英之可恨"两语，征见台端读破万卷书，尚未验之于行事，若令乾嘉老辈获接先生，必延入钟山、紫阳之斋，不致发不便之叹。先生不知办事难，办文化事业尤难，在非常时期为难之又难。私人办文化事业出于愿心，其愿心不必便于一二人，欲便于多数人；不必便于今世，欲以便于后世。故创办之时，即以不求闻达，暗然日章为旨。譬如粥厂，饥民嗷嗷，总须俟其煮熟，若急不及待，蜂涌于旁，视粥未必能入口，而锅有倾覆之虞，两无裨益。

办图书馆，较其他文化事业更难，即以聘请馆员而论，有学问者皆去当教授，无学问者不胜其任，稍知门径者可以当之。惟其有志上进、手不释卷，在他处固可取之才，在图书馆则否。事务将待，何人以理之耶？譬如庖工，日烹美味，不容大嚼，如庖工先自饕餮，则宾主何以成宴？来馆阅书之人，人数若多，每人半日之中，更换五六次，须若干人可以应付。请兄瞑目一思之，即可有一概念。聘一馆员，薪水若干，不及公务员，几人之数，又将若干。

要之图书馆，有支出而无收入，收入持之捐款，现在经济情形之下，何处募捐？不比建庙造桥，出钱自身可以纳福，捐款图书馆者，本人不易享受。利人不利己之事，莫过于图书馆。捐款之难，难如登天。不以政府收税，一纸命令，通行全国。物价飞腾，开支日涨，收入无增，除紧缩尚有他策乎？紧缩自然人少，尚敷轮流值日之分配乎？为职员者，终日碌碌，愿吾兄抽暇往"鸿英"等处默察，其忙闲如何？敝处规模未具，不足为凭。

图书馆职员，亦寻常之人，不能并假日而剥夺之。要有某君来商，因日间无暇，拟请每晚特许阅览。试问图书馆岂能适应每一人之愿望，不便于公务员者，又岂图书馆一业哉？银行、百货公司与公务员时间无冲突耶？足下何不并摭宏论以纠之邪?

总之,图书馆管理与阅者实处敌对地位,非身历其境者不知。仆为学生时,对于借书不能任性所欲为可恨,一日欲检《耆献类徵》,照借书章程,每次两函,一再更调,余烦而馆员不烦,烦者躁急耳,不烦者秩序井然也。洎为图书馆员,遂深佩规定皆有意义。若欲满足阅览之心,则人人入库,自由取阅,几日之后,不知成何境地?从前北大、清华、燕京,均曾开放过,行不能通,一再改订管理规则,出馆有加以检查者,是皆中外服务者从经验中得来。此种条文之组成,不亚于《日知录》之各条考据也。

本馆书不能外借,亦从"鸿英""明复"等阅历而来,即余自身所受者可以奉告,余因馆书之不借友好,有情不可却者,遂以自藏借之。当时言论相从,以为即还,未记名氏,久而自欲取阅,遍检不得,亦无后索,还将静待见掷矣。自藏失之,尚可自恕,馆书失之,将如之何?龙遇借书者多矣,无不约二三日,结果二三十日,必待再催而后还。人之精力有限,无谓之消耗,实有不愿。况来此看书均属诸亲好友,或借或不借,徒然得罪,一律不借,亦仅衔恨,终成怨府耳。图书馆职员,实同大菜间之西崽,为人服劳役,伺候不慎,即遭物议。所望阅览诸公,设身处地,推己及人。

年来办图书馆之声甚盛,如子民图书馆(及门纪念)、松禅图书馆(陈某)、常州图书馆(江上达等拟办)、吴江图书馆(柳亚子)、梁燕孙图书馆(凤冈及门纪念)、灵素图书馆(张叔平),此外尚有,不能尽数,今雏形何在耶?开图书馆不比开跳舞场,舞场只要钱多人多,指日可成。图书馆钱多,办事固易,而有许普通书并不能立即可得。吾日前为馆配张文虎《史记札记》,各肆皆无,此一例也。若有一人来馆,欲阅此书,吾尚未备,必笑谓人曰:普通亦未全。若所欲阅之书均有,谁知搜罗之苦?馆员多,固办事速,然非忠实内行,必致大乱。积重难反,无形之损失更大。故美国国会图书馆书目之至今不能出,即因编目人时易其手,既不一律,并有错误,不能得一总纂以阅定。老实说,今日欲求一如纪文达之人，安可得哉！图书馆须侯其逐年生长，不能求其立成。在百业不在常轨之中，予以曲亮，书不尽言，复颂着安。"

南屏者，徐益藩也。徐益藩，字南屏，又字一帆。

办图书馆，功在当代，却利达后世，我以为顾先生和合众图书馆本身就是两部大书。顾先生的历史，实际上就是一部合众图书馆的历史，这是非常值得研究的题目。顾先生把图书馆当作一个事业，认为必须由小而大，倘一举宏伟，常易汗漫无归，结果一事无成。如今，"合众"把事业做得有声有色，成就巨大。而存于世的历次的合众图书馆董事会的会议记录、董事会组织大纲、办事规程以及1946年1月24日陈陶遗等给当时的上海市教育局《呈为设立私立合众图书馆申请立案事》《创办合众图书馆意见书》《合众图书馆缘起》《合众图书馆捐献书》等，都是研究近代以来中国图书馆事业史中私立图书馆的重要文献。"合众"的归宿，也是中国近代以来私立图书馆的典范。

这篇小文从立意到初稿完成，花了一个多月的时间，工作的繁劳，使写作只能断断续续地进行。现在初稿将就，而我又无暇再细读一遍，修订之事只得待之他日了。

2014年10月14日深夜于广州中山大学

附：上海市私立合众图书馆史料一则

呈为设立私立合众图书馆申请立案事

（私立合众图书馆董事陈陶遗等呈上海市教育局）

呈为设立私立合众图书馆申请立案事，窃（陶遗、景葵、元济）等当昔国军西移以后，每痛倭寇侵略之深，辄念典籍为文化所系，东南实荟萃之区，因谋国故之保存，用维民族之精神，爰于中华民国二十八年五月发起筹设合众图书馆于上海，拾遗补阙，为后来之征。

命名合众者，取"众擎易举"之义，各出所藏为创。初设筹备处，赁屋辣斐德路六百十四号，从事布置，先后承蒋抑卮、叶恭绰、闽侯李氏、长乐高氏、杭州陈氏等加以赞助，捐书甚夥。至三十年春，筹款自建馆舍于长乐路七百四十六号，即于同年八月一日成立发起人会。

遵照教育部图书馆规程第十一条规定，决议聘请（宣龚、叔通）为董事，同年八月六日成立董事会。曾未几时，太平洋战事爆发，环境日恶，经费日绌，而敌伪注意亦慕严，勉力维持，军事外接，始终未与敌伪合作。

赖有清高积学若秉志、章鸿钊、马叙伦、郑振铎、陈聘丞、王庸、钱锺书等数十人以及社会潜修之士同情匡助，现在积存藏书约十四万册，正事陆续整理，准备供众阅览。采四部分类法，以史部、集部为多。先儒手稿本、名家抄校本、宋元旧刻本、明清精刊本皆有所藏。其中嘉兴、海盐两邑著述及全国山水寺庙书院志录网罗甚广，皆成专门；他如清季维新之书、时人诗文之集，著名者都备；至近年学术机关所出者亦颇采购，尤注意于工具参考之作，用便考据。此外有清代乡会试朱卷三千余本，陈蓝洲、汪穰卿两先生之师友手札约六百余家，皆为难得之品。金石拓片搜集约八千余种，汉唐碑拓一部分尚系马氏存古阁旧物，其他以造像为大宗。又河朔石刻为顾氏鼎梅访拓自藏之本，较为完备。间尝校印未刊之稿十又六种，以资流通。六年来经过大概如此。前以交通阻梗不克呈请立案，兹值抗战胜利，日月重光，应将董事会之成立及图书馆筹设一并呈请核明立案，相应检同附件开列应具各款，俯乞钧局鉴核准予立案，批示祗遵，实为德便，谨呈上海市教育局。

计开

董事会应具各款

一、名称　私立合众图书馆董事会。

二、目的　详于附呈第一文件。

三、事务所之地址　上海长乐路七百四十六号。

四、关于董事会之组织及职权之规定　详于附呈第一文件。

五、关于资产或资金或其他收入之规定　现有资产基地壹亩玖分贰厘肆毫，上建三层钢骨水泥馆屋壹所。法发善后英金公债票面陆千柒百镑。

六、董事姓名籍贯职业及住址　详于附呈第一文件。

图书馆应具各款

一、名称　私立合众图书馆。

二、地址　上海长乐路七百四十六号。

三、经费　甲经常费本年法币六十万元。

　　　　　乙临时费本年法币十万元。

　　　　　以上两项来源因基金公债尚未付息由董事筹募。

四、现有书籍册数　约计十四万册。

五、建筑图式及其说明　详于附呈第二文件。

六、章程及规则　详于附呈第一文件。

七、开馆日期　在筹备中。

八、馆长及馆员学历经历职务薪给等　详于附呈第一文件。

具呈人　私立合众图书馆董事

陈陶遗　叶景葵　张元济　李宣龚　陈叔通

中华民国三十五年一月二十四日

顾廷龙先生在"文革"中保护文物图书二三事

　　顾廷龙先生是1998年8月22日晚上9时6分病逝于北京人民医院的。记得在北京八宝山追悼顾师的会场外，中华书局的张世林先生命我写一篇回忆、纪念顾老的文字。他说这篇文章非你莫属。我想，这大概是1997年4月初，他和张力伟先生去拜见顾老时，顾老告诉他们，他带过两个学生，其中一个是我的原因吧。古人云：生我者父母，知我者鲍叔。今之鲍叔，顾师也。我自北京飞回波士顿后，即写了一篇《学术事功俱隆　文章道德并富——回忆先师顾廷龙先生》以纪念先师。如今十六年过去，世林先生再命我写纪念顾师之文，于是我再从记忆中写些顾师之片段。

　　1970年秋天，顾老以"接受再教育"的名义，由上海图书馆派至上海市文物图书清理小组（下面简称"文清小组"），参加"文革"中抄家图书整理的工作。顾老的工作，至1972年10月结束，回到上海图书馆后，在古籍组工作，任顾问。

　　上海市在"文革"中被抄家的户数约有十五万户之多，占全市总户数的6.5%，抄家所得包括文物、图书、字画、瓷器、邮票等，最先集中在各个被抄者单位。1967年1月，在市革会政宣组下专门设立了"文清小组"，负责接收、整理各种抄家来的文物字画图书。"文清小组"内设图书组，其工作人员多来自上海图书馆、上海外文书店、古籍书店及上海书店。成立后，几乎每天都有数个单位将被抄家者藏的图书送来。当年筹备"文清小组"的有三人，为上海文汇报理论部主任杨天南、上海博物馆革委会委员陈永祺及笔者。

顾老在"文革"初期，被视为封建主义、资本主义、修正主义的代表人物，文艺黑线的执行者、反动学术权威，因而在上海图书馆里首先受到冲击，不久，即被停止工作，靠边审查，边学习边劳动。那时，顾先生曾叹曰："老妻卧病，忧皇而殁，余则被幽服劳，身丁变故，万念俱灰。"从过去每天和书打交道，而变得基本和书隔离，三年多的时间，他产生了"黄昏思想"。有一天，他找到我，拉我到一边，和我谈他近期的想法，认为他已六十六岁，不中用了，有日落西山的感觉。当时，我也只能建议先生不要悲观，要相信组织，要相信政策，要保重身体。

顾老六十七岁时，他的境遇有了好转，在"文清小组"，他又和书打上了交道，人虽然累些，但心情似乎宽松了许多。凭着他数十年在图书馆的实践经验，曾经沧海，慧眼独具，发现了不少熟识或知名学者的手迹，包括抄本、稿本和信札。1997年12月24日，先生曾有致徐小蛮信，内有"吾在文物图书清理小组一段时间，保存了不少好东西"。（见《顾廷龙年谱》，800页）

就以鲁迅先生的手札来说吧，那就是很普通的一张纸，鲁迅的毛笔字多是细笔小字，行书略带点草，末尾署名仅一"迅"字，一般人如不太识得那行草字，那就根本就不知道是谁写的。四十年代时的上海合众图书馆，其馆宗旨以搜集历史文献图书为主，所以凡各时代、各地方以及与历史有关的各科学类，都在搜罗之列，包括图书、期刊、报纸、书画、书札、拓片、古器、服物、照片、照相底片，及书版、纸型等，务使与考史有关之物，不致遭无人问津而毁弃。所以顾老非常重视收集名人原件手札，他认为这是与稿本同样重要的原始材料，"合众"当年所藏的《冬暄草堂所藏师友手札》《汪穰卿先生师友手札》以及《洪钧出使俄德奥时致李鸿章手札》，又《李鸿章致友朋手札》，都是研究中国近代史的重要资料。

据1978年7月5日，顾老致方行信，谈的就是新发现的鲁迅佚文及《西谛题跋》注释事。其中涉及鲁迅佚文云："前谈为快，承示鲁迅佚文，我想起七二年在'文清'乱纸中亦捡得鲁迅手札一张，原件已由鲁迅纪念馆入藏。其文甚有风趣，抄奉一览，我尚没有给人看过，问询的甚多。"鲁迅原文是："亢德先生：顷蒙惠函，谨悉种种，前函亦早收到，甚感！作家之名颇美，昔不自量，曾以为不妨滥竽其列，近来稍稍醒悟，已羞言之。况脑里并无思想，寓中亦无书斋，夫人及公子更与文坛无涉，雅命三种，皆不敢承。倘先生他日另作'伪作家小传'时，当罗列图书，摆起架子，扫地欢迎矣。为此布复，即请著安。迅上。五月廿五日。徐讦先生均此不另。"

鲁迅的信是写给陶亢德的，陶是民国间著名出版人，先后任《生活》周刊编辑、《论语》杂志主编、《人世间》编辑，又与林语堂创办《宇宙风》。在上海创立人间书屋。国内的如鲁迅、周作人、老舍、郁达夫、丰子恺、朱自清、郭沫若等一大批成名作家，都与陶氏有过密切接触。

原件上仅一"迅"字并无全名，幸好顾老识得鲁迅的字，于是就将之妥善保存，不然的话，碰到"一不识货"的人那还不知如何"收拾"呢。顾老曾经告诉过我，最可惜的是他在乱字纸堆中发现半卷唐人写经，急忙再细找另半卷，却怎么都找不到了。后来问起别的同事，才得知那半卷因被人认为是残卷，没什么用而扔到垃圾箱了。顾老听后愕然不已，但他也不敢多说什么。他和我说起此事，总觉得怅怅的。

我在编著《顾廷龙年谱》前，曾大肆收集先生的有关材料，其中在先生的笔记本上我发现有一段记载，云："'文革'后期，派予往上海市文物图书清理小组工作，每日接收来许多图书资料，有几人检阅后决定去留，但弃多留少。余去之后，所留较多。有一次，余出片刻，归来则所留图书资料一无所有。只听一工宣队员低头，边检查东西，边说'这种东西都要留，要多少房子！'余猜想为此人所弃去矣！余只能默无一言。越数日，军宣队绳树珊来，进门即问：老顾，有什么好东西？我将所检留的东西，向他逐一介绍，他很有兴趣地听。以后，每来每问，而工宣队退出了。于是这个部门，由周贤基负责整理外文，我则整理中文图书，负责人为邱绶成。好东西很多，我见到的即保存，后来无人干扰了。"

绳树珊是当年的上海市革委会政宣组组长，邱绶成是上海中国画院的画家，周贤基是上海市外文书店收购处的工作人员。在顾老去工作之前，由于决定去留的是几位并不懂图书文献的外行，更令人难以置信的居然是由没有什么文化程度的工人在把关，所以不少有价值的图书文献都经他们之手而湮灭不存了，顾老"所留图书资料"应该都是他认为有价值者，可惜的是却毁于另一场人为的灾难，而变成了还魂纸。顾老的记载中还有一段回忆，"我记得保存的珍贵图书不少，如陈元龙小本日记，有与康熙帝对话后的记录，记得有一条，康熙帝说：何焯口气像我了，叫他回去。后来，何焯就回苏州了"。"陈元龙小本日记"即后来定名为《陈元龙手稿》一卷，这已著录于《中国古籍善本书目》集部清别集类中，此手稿本我曾在二十多年前经眼，史料价值确实很高。

还有一段记载很值得说的，"某家送来一包破书，问要不要？不要，就带回去。工宣队的某师傅转来问我要不要。我没有细看，但看到有几位乾嘉学者亲笔批校，我即连声说要要"。原书虽被留下，但那已是呈霉烂的饼状，书页都揭不开，当然谁是作者都看不出。这样一块硬邦邦似大饼的书，在一般人眼中，是必遭废弃的烂书。后来这本已破烂不堪的本子，由顾老请上图古书修补组的潘美娣修补完整，展卷览观，心目开朗。

修复后的书经顾老仔细审阅后，认为此是戴震《声韵考》的稿本。当他考定时，我就坐在他办公桌的对面，所以我清楚它的全过程。戴震即戴东原，安徽休宁人，清代著名语言文字学家、哲学家、思想家。梁启超称之为"前清学者第一人"，曾被召为《四库全书》纂修官。因学术成就显著，特命参加殿试，赐同进士出身。戴震治学广博，音韵、文字、历算、地理无不精通，又进而阐明义理，对晚清以来的学术思潮产生了深远影响，是胡适眼中的中国近代科学界的先驱者。

《声韵考》是缮正后又经戴氏考定者，有段玉裁、孔广森等的批校，卷首有山东著名学者李文藻的藏书印，末有青州东郭李氏藏书两图记。卷三古音，增补"接古音之说近日始明"一段皆亲笔，惜仅存一页。书面题"爱日楼声韵考"，审为乾嘉大学者段玉裁手书。副页有亲笔识语二则，一云："此稿本虽著圈点句读，刻时俱不用。"二云："戊子年拟用小板付梓，后因论古韵未详备，遂止。其古韵一条，壬辰年始改定。"按段玉裁撰《戴氏年谱》，乾隆三十一年有云："是年先生所著《声韵考》四卷已成，同志传写，凡韵书之源流得失、古音之由渐明备，皆集括于此。玉裁刻诸蜀中。癸巳以后，先生又以玉裁《音均表》之说，支、佳一部，脂、齐、皆、灰一部，之、咍一部，汉人犹未尝通用，划然为三，补入《论古音》卷内。"又云："李大令文藻刻诸广东。"据此是系壬辰、癸巳间所改定，为李文藻刻墨板之底本。

"文清"小组接收的图书特多，有价值的文献也不计其数。顾老离开"文清"后，上图又派了某君去替换，谁知某君却是一位长年坐办公室处理公文不懂图书文物的人。有一天，顾老有事又前往"文清"，见某君将康有为在南洋的摄影（旁有康氏亲笔题字），弃置废纸堆里。顾老大惊，即呼某君来观，并告之曰：此系珍贵之品，应好好保存。此外顾老还见有清末重臣李鸿章及他的儿子李经方等在国外的大照片多帧也被弃置废篓。这还是顾老偶然撞见而保存下来的，不为顾老所见而丢抛损毁之重要图书文物资料又不知凡几了。

1998年初春，老舍夫人胡絜青派女儿至顾诵芬院士在北京北苑的家，北苑也是顾老安度晚年的地方。胡絜青是著名的中国工笔画家，她委派女儿送上她亲笔绘画一幅，乃为感谢顾老在"文清"工作期间，发现老舍《骆驼祥子》的手稿，并设法保存了下来，以后又通过上图将复印件转交给了老舍夫人。

众所周知，《骆驼祥子》是老舍的代表作之一，它以现实主义的笔法与悲天悯人的情怀，塑造了祥子、虎妞等一批令人难忘的艺术形象，在中国现代文学史上拥有重要地位。而老舍《骆驼祥子》的手稿本，可见作者呕心沥血的文字，更可见作者自己称为"笔尖上能滴出血与泪"原稿的历尽沧桑。那是因为1936年9月16日，《骆驼祥子》开始在上海陶亢德主编的《宇宙风》半月刊第25期上连载，直至第48期才刊完，直至1939年3月，陶亢德主持的上海人间书屋才出版了《骆驼祥子》初版本。而老舍的手稿就一直保存在陶亢德手中，三十年后"文革"爆发，陶被抄家，所有图书文稿都集中到"文清"，而最后因为顾老慧眼识珍，老舍手稿才得以重见天日。

顾先生在《张元济访书手记辑录小引》中有一段话讲到当年在"文清"小组的事，有云："'文革'中，余以'接受再教育'之名义，派往上海市文物图书清理小组参加抄家图书整理之役，获见熟识或知名者之手迹不少，如刘半农、姚石子诸君之日记，鲁迅之手札（今藏鲁迅纪念馆），老舍之手稿等，皆无署名。因余熟识其笔迹，遂知为某人之物。先生批注之《郘亭知见传本书目》亦然。余既睹先生手迹即为提出别存，意欲使其不致与普通书混杂一处，免遭遗失。再三考虑，即夹小条标明某人手笔，俾此后一再转手迁移，或可不致遗弃。三中全会后落实政策，抄家图书乃得陆续归还原主。张先生批本亦得由哲嗣树年君领回，树年即以见示，余所夹小条尚在，并经后人加批云：'此条可能是顾廷龙亲笔。'余欲使后人重捡得此，知所珍护。时越多年，人手数更，留一小条，确能令人注意及之，喜慰莫名。"

黄裳是位收藏家，也写了大量有关书的散文，其中有几篇都写到他在"文革"期间，被他所在单位抄家，其所藏线装书等被捆载而去之事，文章中又多次提及顾老，其中的一篇《"秘书"五种》云："1973年春，一次彻底的抄家，全部藏书，捆载俱去，除了没有字迹的素纸，片甲无存。先是陈列于单位一间长条统间内，呼'版本专家'顾廷龙来鉴定分类，由几位并非版本家编成草目一厚册，漏略实多。由顾君签收后扫数运往上海图书馆，后又由顾君手写二类书目一册。"《〈前尘梦影新录〉前记》提到了"参加编目的大约有五六个人，其中竟有过去认识的顾廷龙先生，连顾先生也请了来……顾先生是负责鉴定的，他大概先已粗粗地看过一遍，把较好的版本放在一边，由另一位登记"。还有其他的几篇用的过火文字我也就不引用了。

黄裳在"文革"中被错误地抄家，受到迫害，心情当然不好，因此他在写作中使用一些尖酸刻薄的语言也不奇怪，他对顾老参与整理他的旧籍多有讥讽不屑之语。使我印象特别深的是，我曾将黄书中的一些描述向顾老汇报，顾老当时手中夹着香烟（他平时很少吸烟的），听了后一声不响，我知道黄书对于顾老来说，那是太熟悉了，所以他心中在想什么，我是明白的。黄裳被抄的二类书，共有822种，对于黄的藏书，我也并不陌生，包括五十年代至"文革"前他卖给上海文管会、上海古籍书店的书以及抄家的书，我都经眼一过，写在书上的跋文也都读过一遍，所以我也很清楚。

然而黄裳并不知道的是，他辛苦所得的线装古籍，也即被抄的二类书，如果没有顾老的照看，早就散了。因为"文清"小组里是不可能也没有专门的房间存贮黄裳的藏书，于是有人就提出要将黄书打散，但顾老从长期从事图书馆事业的经验出发，他说：黄书不要打散，一散就完了，当年"合众"各家捐书不易，包括像叶氏卷盦、张氏涉园、叶恭绰、李拔可等，每家我们都编有专目。在顾老的坚持下，黄书先堆在屋之一角，没有去做整理，他同时也怕夜长梦多，真的散去他就无力了。所以，他打了电话给我，说明情况，由于上海图书馆的保管条件比较好，他希望将黄的二类书及其他整理好的较好的线装古籍先送上图保存。没过几天，这些二类书运往上图，我还组织同事将之全部放在古籍组办公室里。黄裳藏书是潘景郑先生和我整理编目入库的，直到后来落实政策全部发还（除春宫画及淫秽书外）。如若没有顾老的坚持，或顾老不在"文清"，那么黄书的下场就会很惨，即使是退还，也是旷日持久，不可能那么顺利。

当然，顾老在"文清"的作为，黄裳是不知道的。然而在黄裳的另一本《书之去归来》中的《祭书》，却一改过去的语气，有云："到了机关的一间大房间里，发现我所藏的白纸黑字的东西都堆在那里了。更出乎意料的是，发现了已经坐在那里的顾起潜先生。他是研究版本的老专家，是清代苏州著名藏书家顾氏秀野草堂的后裔。二十多年前就刊印了《明代版本图录》的，我过去在图书馆里也曾看见过他。我想，在当时，他应该是一名不折不扣的'反动学术权威'，可是竟被弄来参加审订编目的工作了。""一直到一九七八年的年末，我才又去拜访了顾起潜先生。从他那里得到的消息是令人鼓舞的。他告诉我，我的藏书中间的线装书部分，都很好地保存在图书馆里，没有什么散失。同时因得到他的照顾，有些残破的书册，还修补装订过，只要等政策确定、发布，立即就可以发还。"原来，顾老告诉黄裳的信息，是"令人鼓舞的"。

　　实际上，"文革"初期，在1967年夏天，顾先生被靠边审查期间，就已经触及到有关珍贵古籍了。那是有一天，我接到上海古籍书店韩振刚的电话，说是他们店里最近收到一部明刻本的书，想送来上图请帮助鉴定。记得那天是下午三时左右，地点是在上图西大楼底层俱乐部乒乓球桌旁，我请顾老、潘景郑、瞿凤起三先生都到场鉴定。韩振刚和高震川骑着自行车送来了一包书，打开一看，有的书已成饼状，粘在一起，有的还可以翻阅。这即是后来定名为《明成化说唱词话丛刊》的《新编全相说唱足本花关索出身传》等十六种(附《白兔记》传奇一种)。韩说了他们得书的经过，并说由于书是从棺材中取出，所以希望能将书用紫外线加以照射，以求"消毒"。我都帮忙办了。

　　顾老他们看后，都表示这批书很难得，过去从没有见过。顾老并要我到大书库借一部郑振铎的《中国俗文学史》来，要我翻一翻郑著中有没有写这个时期这种图书出版的事。我翻阅后即告诉顾师，郑氏没有见到这类的书。顾老在韩、高两人走后，把我拉到一边，告诉我，这些书很重要，是研究中国俗文学史、戏曲史和版画史的重要见证。他要我打一个电话给上海市文物管理委员会杨嘉祐先生（杨当时在"老上海组"），把这件事告诉他，因为这是"地下发掘物"，根据有关法令，"凡是地下发掘物，一律归公家收藏"。顾老那时已靠边审查，但他仍然以大局为重，凡是有价值的文献，都要设法保存，即使他不能亲自为之，他也要告诉我怎么做。

所以第二天上午，杨嘉祐先生就持上海市文管会的介绍信按有关文物法令前去上海古籍书店依法收回此书，改由上海博物馆收藏。这件事，我在《论新发现的孤本小说〈出像批评海陵佚史〉及其它》（台湾《书目季刊》1995年第二十九卷一期）上述及。当然，这部书经过学者的研究，可以肯定这是我国现存诗赞系说唱文学的最早刻本，它的发现有助于弄清中国文学史上"词话"的真貌；而成化刻本的《白兔记》不仅是我国现存最早的"传奇"刻本，更是研究南戏和早期传奇的重要见证，而书籍中的版画，也是国内现存最早的戏曲小说插图之一。这件事，我是经手人，所以清楚。可以说，如果没有顾老的建议，那这部重要图书会发生什么样的结局，谁也不知道。

大凡研究中国藏书史者，或当今的版本目录学家，无人不知朱氏结一庐藏书及陈清华（澄中）藏书，两家都是中国近代以来重要的藏书家。这两家藏书在"文革"中都曾被抄，并为上海图书馆接收。其中朱氏结一庐藏书的主要继承人张子美先生被他单位——上海市黄浦区新昌路房管所先行"代管"。所幸房管所的领导还懂一点政策，只知道这些旧书都是封建主义的东西，并不是"变天"的罪证，没多久，他们和上海图书馆联系，希望将张氏藏书全部移交。1967年的某日，我得到通知，和上图叶福庆、韩永续两位同事（韩已去世）去新昌路房管所，将这批线装书（两个特大的樟木箱）用"老虎榻车"运回上海图书馆，直接送至特藏书库保存。

而陈清华在上海的藏书则是由其婿刘洁敖代管，1966年夏天的某晚，湖南路街道居民委员会致电上图，告知他们已得到消息，上海财经学院某红卫兵组织近日要抄刘的家，可能为书而去，希望上图能出面先行一步。因此，上图即组织人员，多为年轻的同志（1966年春，上海越剧院学馆解散，28名女学员全部转至上海图书馆），也都臂戴"红卫兵"袖章，于当晚十时到刘家，我也去了。书很多，由于我还懂些书，领导安排我做接收清单，我花了整整一个通宵才完成。第二天清晨，才将陈书全部带回上海图书馆。

但是陈、朱两家藏书的整理，却是在1968年初。起因是上海市文清组的主要负责人杨天南来找我，希望上图将"文革"以来所得到的善本图书中一二类藏品做一份清单，以便汇总后报上海市革命委员会。当时上海各单位抄家来的图书大约有500万册，什么线装书、平装书、珍本、普通本、中文、外文、邮票、画片、照片等等五花八门，应有尽有。但这些书中以上图"接收"的陈、朱两家藏善本书为最好，将一二类藏品做出清单，是极易之事，更为重要的是可借此机会将陈、朱所藏之书全部编目。在征得当时造反派组织某负责人的同意后，我就从"牛棚"中将仍在审查中的顾廷龙、潘景郑、瞿凤起三先生"请"出，请他们就陈、朱藏书进行编目并制作清单。

顾、潘、瞿三先生工作的地点在上图的东大楼307室（我当年在上图住宿舍306室），陈、朱藏书全部从特藏书库移至307室，所有的工具书和参考书也是我从普通书库调来，我几乎每天都会和顾先生等看书讨论听讲。虽然这项工作只做了两个多月就结束了，但我又能和顾老等人聚在一起，又能看到这许多难得一见的善本书。当然，对顾老他们来说，也是"文革"以来最为舒心的日子，他们看得非常仔细，也会时时交换意见。最后，顾、潘、瞿亲笔所写陈、朱重要藏品的简述为一式三份，其第二份呈报"文清组"，第三份馆方存档，而第一份则为津所珍藏，这是值得纪念的。

陈清华藏书善本共计676部5901册，包括敦煌唐人写经1种、宋刻本15种、元刻本11种、赵城金藏13卷、明刻本165种、明铜活字本4种、抄校稿本130种、清刻本若干部。其中可定为一级藏品者59种、二级藏品者60种。朱氏结一庐藏书总共450部3272册（一作3475册），其中宋刻本25部、元刻本40部、明刻本195部、精抄批校本190部。这两批藏书是上海地区乃至全国，自1960年至2000年这四十年来最重要的、绝对难得的收藏。在这项编目工作中，顾老等人起到了重要的作用，他们所写的重要藏品简述，字体端正，每种书的特点都清楚予以表达。"文革"后，上图的专门负责抄家图书处理的人员和陈、朱的后人多有联络接触，最后达成了协议，将书全部捐献给国家，现珍藏于上海图书馆。

顾老曾在晚年多次回忆"文革"中的情况，他曾写道："我因曾致力搜集家谱、鱼鳞册，被视作为地主阶级树碑立传、收藏'变天账'，从而被打入'牛棚'，精神与肉体备受折磨。伴随几十年的老妻经受不住这种打击，含恨离世。但我'人还在，心不死'，眼睛直盯着那一大批所谓'封资修货色'的抄家图书，寻找机会再为保护文献尽点力。这个机会终于等到，1968年，在'接受再教育'的名义下，我被派往当时上海文物清理部门工作。在那里一蹲三年，尽我所能，不使有价值的文献流散。某些稿本，如陈邦彦、屠寄、姚石子、刘半农等人的日记，硬是凭眼光才发现的，稍一疏忽，就会失之交臂。我曾发现两本曾国藩的奏稿，有曾氏亲笔修改，不料'造反派'说这是'曾剃头'的反动东西，随手便扔进了乱纸丛中，以后再也没有找到。每忆于此，不免扼腕三叹。"

我在顾老身边整整三十年，我感觉到他爱书、爱图书馆、爱他所从事的事业。"文革"中有人批判他的"片纸只字皆史料"的观点。实际上，在顾老的眼里，只要是书，只要有一点价值，他都不会轻易处理。他曾说过："古代文献，为研究历史、保护文物者所重视，即片纸只字，亦均珍同球璧。"他曾对我说："有些书对你来讲，很陌生，因为你不研究，不研究但不等于没用，要研究的人就会去找这种书。所以对图书馆来说，它的藏书是要给人用的，光收藏，不利用，那是封建时代藏书楼的做法，今天的上海图书馆一定要改变过去的做法。"

顾老无论在大馆馆长任上，甚或是在"牛棚"，即使人陷劣境、心情不舒畅的情况下，他都是以书为重，念念在兹。解放以后，1955年秋某日晚上11时许，当时在文化局工作的徐钊致电于顾老，告知上海造纸工业原料联购处从浙江遂安县收购了一批约二百担的废纸送造纸厂做纸浆，其中可能有线装书。顾老遂连夜奔赴现场察看，发现确实有有用资料，翌日即组织人力前往翻捡。顾老和他的同事在垃圾堆中连续工作了十一天，使一大批历史文献被抢救而出。从内容上说，有史书、家谱、方志、小说、笔记、医书、民用便览、阴阳筮、账簿契券、告示等。就版本而言，有传世孤本明万历十九年刻《三峡通志》，流传稀少的明本《国史纪闻》《城守验方》，明末版画上品《山水争奇》，以及不少旧钞与稿本。至于上图编纂的《清代朱卷集成》，其中不少资料就是那次抢救所得。

在顾老的笔记本里曾忆及解放初期抢救废纸的情况，他写道：此事由华东文化部与上海文物管理委员会合作抢救各地土改后运来上海送造纸厂作纸浆之废纸。抢救废纸工作是各书店的伙友都参加。凡家谱皆保留，太平天国易知单、田契等皆在抢救之列。大批抢救下来的家谱等原储康定路仓库，很宽敞，此属华东文化部管理。后来华东局撤销，仓库也自然撤销，管库的人员找到顾老，来商大批家谱如何处理。顾老认为大宗家谱不易得，散了就不易再找，他就建议移至法宝馆庋藏，后来这批家谱被上图接收保管了。

至于家谱，顾老并非情有独钟，而是他认为这里面有着很多文献资料可以钩稽，所以别人不重视，他却独排众议主张要收。我记得1964年时，在北京中国书店有一批家谱、鱼鳞册，数量极多，北京的许多单位都看不上眼，因此滞留库房，资金不能运转。差不多同时，在上海古籍书店、安徽屯溪古籍书店也都有大批鱼鳞册待售。上图得知信息后，迟迟不能做出决定，经请示顾老，顾老马上拍板，在他的过问下，这批图书迅速转入上图收藏。我们不妨用数字来看一下上图所藏家谱的增长，1952至1958年，上图家谱为五百余部，三千余册；1959至1964年，从安徽屯溪等地专门采购了五千七百余种，二万五千七百余册（不包括1955年在上海造纸厂抢救文献时获得的家谱，共八千零十一种，五万九千册）。可惜的是，1964年"反右倾"，不能大买家谱了，顾老也为此事承担了责任。

顾老在"文清"的两年多时间里，为国家保存了许多珍贵图书及重要文献，他的贡献却很少有人谈及，但我以为，顾老的学问赅博，超尘拔俗，在当年恶劣的环境下，虽有不少奋力保护图书者，但却没有人能出顾老其右，也不能与其伦比，他对于旧书文献的整理是游刃有余、驾轻就熟，于版本鉴定又似老吏断狱、运斤成风。这样一位把自己的一切全部都献给了他所热爱的图书馆事业，他的劳不矜功、豁达大度永远是我们后辈学习的榜样。

2014年10月30日

顾廷龙与中国书法家代表团第一次访日

　　光阴荏苒，白驹过隙。五十一年前的1963年，中国书法家代表团第一次组团出访日本，那时，中日两国并未正式建交。而中国书法家协会则成立于1981年5月，距今又过去了三十三年。

　　中国书法家代表团第一次访日之事，在过去的几十年里，中国书法学界似乎很少有人提及，除顾廷龙先生之外，当事的其他人即使有所回忆，也仅三言两语，不成专文。然而令人欣慰的是，近月来，《东方早报·艺术评论》连刊郭同庆的《翰墨因缘古天涯交谊深》(2015/5/6)、虞云国的《顾廷龙笔下的中国书法家首访东瀛》(2015/6/3)两文，前者据《日中文化交流》1964年6月号，后者所据为顾廷龙先生《访日游记》。笔者1960年始追随顾先生习流略之学，三十年中，对顾先生的工作、学习、生活等多有所知，顾先生御鹤西归后，笔者又收集大量有关材料，编成《顾廷龙年谱》(上海古籍出版社，2003年)，近日尚有增订，又得25万字，其中就有访日的记载。此文为两年前写作计划之一，今略加修改，或可补前郭、虞大文之万一。

　　顾廷龙先生(1904—1998)，字起潜，号匋诹，江苏苏州人。他不仅是图书馆学家、版本目录学家、文献学家，而且也是书法家。他治学严谨，著述精博，书法造诣也深，童年时，得吴大澂书《篆文论语》《篆文孝经》，即喜而摹之。早年在苏州，受父亲顾元昌和舅父王同愈的影响，每天临摹碑版数十张，十几岁时已能执笔为人写对联了。他父亲希望他写字要做到平整有力，而不要趋于媚美，要求他"笔笔平凡笔笔神，寻常要在寻常出"。年轻时，又从其伯舅王董成习古文字，由秦篆而进窥古籀。又常去表兄吴湖帆家，吴早年的篆字笔力刚健，写字时，顾经常在旁观其用笔。

顾先生曾告诉我，他的篆书受吴大澂的影响很大。中年时又曾致力于苏轼体，明解缙曾评轼书云："东坡丰腴悦泽，绵里藏针。"所以他的楷书又得力于苏字不少。在北平求学时，即从胡朴安、闻宥、刘三等人学习古文字与书法。1932年，他考取北平燕京大学研究生，专研古文字学。所以，顾先生的书法是有渊源的。四十年代初，他在上海参与筹办合众图书馆，其时求书者日众，以至于叶恭绰先生曾出面亲为顾先生订定"润例"。"润例"中有云："起潜先生，仍世青箱，精研朴学，于书法尤探讨有得。近以著述尚有余暇，劝其出供众赏。爰代订润例如下……"中国的书法，随汉字传入日本，已有一千多年的历史，对日本书法产生过深远影响。我曾见日本藤原皇后（700—760）书《文殊师利问菩提经》真迹，知皇后重视汉学，酷爱中国书法，她所临摹的书法，也是当时从中国带去的唐代或唐以前的书法真迹或摹本，因此功力深厚，不似一般女书家软媚娇丽、容止羞涩的姿态。然而历史上联结中日书法纽带的，在日本平安时期有空海大师，在镰仓、室町时期有荣西和西行，到了江户时期，又产生了独立、隐元等大家。但清末，杨守敬作为外交人员赴日，出于金石学家的爱好，他带去了数以千计的碑帖原拓、汉印及古币等，在滞日的四年中，也引发了日本书学的一场革命，它不是简单的书风嬗变，而是书法性质的转变。同时他的《学书迩言》，对日本书学界也影响颇大。

上个世纪的50年代，日本成立日本文化交流协会，会长即为前首相片山哲，协会提出要通过书法，和中华人民共和国进行交流。这之后，日本书道联盟和中国人民对外文化交流协会分别举办过数次"中国书法展览""日本书法展览"，并在一些大城市巡展。虽然有这些屈指可数的活动，但在60年代初，中国书法界对于日本的书法现状以及艺术的发展，所知还是甚少，国内一些文化团体的有限访日，毕竟是隔行，所以鲜有直接交流之机会。因此，中国书法家第一次组团出访就有着较为重要的意义，它不仅推动了两国书艺的交流，也成为民间文化互动往来的见证。

1963年11月下旬，中国书法家代表团第一次访日代表团访问日本，代表团成员六人，团长陶白、副团长潘天寿，团员王个簃、顾廷龙、郭劳为、崔太山。陶白时任中国人民保卫世界和平委员会江苏分会副主席、江苏省委宣传部副部长。潘天寿、王个簃为著名画家，顾先生除了任职上海图书馆馆长外，也是1961年4月成立的上海市中国书法篆刻研究会的六位理事之一。郭劳为、崔太山则是中国人民对外文化联络委员会的干部、翻译。

顾先生要去日本参观访问之事，是在他刚过完花甲生日之后的第三天下午四时，他接到上海市文化局副局长方行的电话后才知道的。而五时，他即去华东医院检查身体，当晚开始整理行李。

在60年代初期，知识分子出国访问是少有的事，是一般人想也不敢想的大事。给顾先生做准备的时间只有一天，时间紧迫，所以次日上午，他先去上海博物馆向徐森玉馆长、沈之瑜副馆长辞行，沈之瑜因去过日本，又将他的经验及注意事项向顾先生作了介绍。这一天，顾先生两次回上海图书馆处理经手诸事，并陪同夫人去医生处诊视，又购物、整理行装。这些事情对一般人来说并不是什么难题，但对当时一位六十岁的学者来说，则是勉为其难之事。

1963年11月15日晨，顾先生由沪乘机飞北京报到。这之后的五天，都是和代表团的成员一起听取外交部亚非司林林司长介绍日本近况，及对外文委周而复秘书长关于方针政策的指示，了解北京市中小学学生习字情况。11月21日，代表团离京飞往广州，23日到香港，至27日下午5时飞往日本，抵达东京的时间为日本时间9时。12月24日回国，在日本的时间为28天。

这次访日，是由日本中日文化交流协会、日本书道联盟和日本书道文化联合会三个单位联合邀请的。60年代初，日本书法家来中国访问过三次，访问者都是日本书道联盟、日本书道文化联合会以及其他书法团体的领导人物，也是当年在日本较有声望的书法家。他们访华时也盛情邀请中国书法家组团前往日本参观访问，所以一经实现，他们感到非常高兴，故招待极为隆重热情。为了欢迎中国书法家代表团，他们以日中文化交流协会等三团体为核心，成立了欢迎委员会，推书道文化联合会香川峰云为总负责人，出入相偕，始终陪同。各地区招待访日团的主要人士有关东的西川宁、手岛右卿，关西的村上三岛、梅舒适、松井如流，中区为大池晴岚。在这样的推动下，关东、关西的书法家募捐了四百万日元的接待费用。

有一位参与接待的成员说，我们在一个月之前就已经在做筹备接待的工作了。大池晴岚为了在名古屋家中接待代表团，在自家门前铺修马路、粉刷房屋。安排了最名贵的日本料理，并亲自写出菜谱，厨师都穿着古典礼服配菜烹调，并动员了附近的农民演出节日的狮子舞，乡邻们都围聚院内，呈现出欢度佳节的场面。代表团离开时，大池表示："我的全家是以最愉快的心情接待远方的贵客，为你们准备的日本菜，连我也是第一次吃到的，我们全家以最大的心意款待你们，表示对你们的亲善友好，我将不忘记你们到舍下做客的情景，名古屋书法界将不遗余力地为恢复中日邦交尽最大的努力，请你们把我的心意转告给中国的朋友们。"又如东京女书法家不辞道远，在晚上到羽田机场欢迎献花。令代表团十分感动的是，日本妇女平时不轻易参加公共集会，但这次绝大部分女书法家不仅参加了欢迎委员会的队伍，而且在大阪有五十多位女书法家专为代表团举行了一次招待会，这样的公宴是从未有过的事。据日本朋友介绍，日本女书法家虽然不少，但大都是有钱人家的夫人和小姐，这次多系自愿参加，是很难得的。正如陪同代表团的日本书道联盟理事香川峰云说："在日本书法界，像欢迎中国书法家代表团这样热烈的情况，真是首创之举。"

代表团在日期间，访问了东京、大阪、奈良、京都、名古屋、箱根、镰仓等著名城市，其中参加有关书法问题座谈会四次，观摩了一年一度的日本美术展览会（简称"日展"），观看了重要博物馆、美术馆所藏中国文物书画碑帖，也参观了几所小学、初高中和私塾的书法教学。同时参加了欢迎酒会八次，家庭宴会十六次，接触书法家、篆刻家、收藏家、书法评论家和中日友协人士一千五百余人。

此次访日，代表团的成员接触到了不少日本朋友，隆重招待，态度殷勤，友好之情，颇见真挚。其最大特点是：哄哄闹闹的场面少，登门拜客、家宴欢聚，促膝谈心的多。在关东、关西地区，代表团成员先后拜访了16位书法界的首要人物，每到一处都是全家老小张罗客人的来临，热情洋溢周到，宾主轻松而亲切的交谈，使相互间的感情亦交织融洽，至于谈艺论学，由于彼此同行，容易谈得来。语言不通，就用笔写来辅助，能说汉语，更交谈自如，非常亲切。顾先生认为："近三十年来，我对日本人有三次不同看法。在1918至七七事变之前，感觉他们来华不怀好意，总是搞阴谋的，不愿和他们相见。抗战后，在沦陷期间，认为日本人是侵略者，有深刻的仇恨，拒不相见。这次访日，初以为除部分日人已与我们有往来的较为友好外，其他日人未必尽然。但到日本后，到处受到欢迎，人数之众，出乎意料。有一次欢迎宴会，参加者很踊跃，主其事者亦说出乎意料。有些地方不是书道界的人，颇有以一接中国贵宾为荣之慨。"

顾先生认为，访问期间，日本人民和代表团成员展现的友好比较真诚，特别是书法同道，尤为亲切。这次访问所接触的人士以书法家为主（包括日本假名书法家），其次为美术家、篆刻家、古物收藏家，这些人士对中国历史文化都有一定了解，对中国文化有亲切感。他说："在东京大学和京都大学人文科学研究所，有我卅年前相识之人，因其不是书道中人，而他们的单位又受美帝的补助，我本来不打算去找他们。后来，我们一到京都，就有人来说，某某两人都要来会面。后来，参观他们单位，赠送书刊，热诚招待，也出乎我原来所想。又在所见的人中间，斥责军国主义的罪行，不赞成现在政府甘受美帝控制。我才认识到日本人民和过去侵华的日本帝国主义分子是有区别的。"

日本书道界书法家可分三派：一汉字派，二假名派，三墨象派。其时以汉字派、假名派为主，墨象系西洋影响，亦称抽象派，人数不多。又有六十余个书法团体，出版刊物二百余种。日本书法家都拥有自己的门第，广收学生，多者上千名，少者数百名，包括学校教职员、公司经理、工人、商人、学生、家庭妇女等。他们大都集中在以东京为中心的关东和以大阪为中心的关西地区。

在日本，书道界爱好者有一百万人，其中也有不少习日本假名书法者。日本的假名书法很有特色，写来十分疏朗，布局亦有分寸，非常优美。既似汉文草书，又不全同，颇有新颖之感。所以当顾先生等人参观"日展"书道部分时，就感觉到展品中有名家及新书家的作品。有汉字，有假名，多大幅大字，亦多行草，而篆隶正楷则较少见。据日本书家青山杉雨说，因日本人写惯假名，所以写草书较多。他们都有相当功力，然新书家不如老名家。新书家都属老名家的门第。如若在"日展"中入选，本人光荣，老师亦骄傲。顾先生曾肯定他们书法都有一定的功力，各有传统的风格，他特别提到的是日本书道联盟副会长丰道庆中的书法，认为丰道下笔笔力雄健，颇有二王遗意。

所以，中国书法家第一次访日代表团在日本的访问，是以专业交流为主，强调中日两国的文化友好关系，以书艺会友，广交朋友，达到推广友谊的目的。所以在整个访问活动中，客随主便，尽量适应他们的社会条件，在接触中不亢不卑，诚挚相待，到处写字作画，扩大影响，并强调互相学习，巩固和发展中日两国人民之间的友好联系。当然，在代表团二十多天的访问活动中，日方自始至终，都充满着热情和诚挚的友好气氛。这是因为从1958年以来，中国对外文协对日本书法家所做的大量工作，已经产生了积极的影响的结果。

对于书法家来说，有一分学问，便有一分雅气，一支笔落在纸上，便优劣自见。且一字有一字之形，点画虽相类，结构却迥异，而字体结构造型丰富多样，可使形式美寓变化于整齐和对称。顾先生的字没有金石气，更没有剑拔弩张之感，他的字是属于温润静穆、平和自然、婉丽清逸一类，可以给人一种玩味无穷、流连忘返、细嚼不尽的意味。顾先生在代表团中是以书法家的面目出现的，所以在成员中的专业分工是"书法与碑帖"。他写字极为谨慎，在日本随身带的小本子里有不少用小篆抄录的唐诗等句，那是他平时所积累，每一字每一笔都不能错。

顾先生在东京的第一次写字，是11月28日晚，在日本书法家丰道春海的寓所里，那是在晚宴后，丰道出笔墨嘱先生题字，顾先生即书"促膝谈心"四字。丰道从1924年起即从事日本书法界的集体活动，四十年来，他指导了日本书法展览会和书法杂志等，为扩大日本民间对书法的兴趣，起到了重要作用。他曾于1958年率领第一次日本书法家代表团访华，回日本后，领导了日本三次互换书法展览会的工作。

代表团在日期间，到处写字作画，广结墨缘。顾先生也能抓住机会，阐述自己对书法的见解。如日本书法多作行草，写正楷者很少。有人说，中国以正书入手，日本则非，这是一点不同。顾先生认为："在各处见到所立刻石，多作正书，写得很好。可能日本过去也从正书入手。"又有人说：日本称书道，中国称书法，亦有所不同。顾先生则认为："法是法术，道也是法术，只是用字有异，各从习惯，实则相同。"又有人问中国现在对明清人书法是否重视，顾答："我们不仅对明清人书法重视，对宋元人书法也很重视的，最近就精印了很多墨迹。"

在一次参观日本美术展览会后的座谈会中，有人说：日本重视写汉字，所以这次"日展"中且多写汉诗。他们曾以我国推广简体字后是否会影响书法艺术相问。顾先生则表示："中国文字自殷商甲骨文字以来，由繁入简，不断演变。现在的简体字亦多历来通行的。简体主要为便利实用，书法艺术不会受影响。以我来说，平时起稿写信就喜写简体，取其方便，而写屏联扇册则多写篆书。"

在访问中，代表团也参观奈良的制笔厂，并了解了日本书法界使用笔墨纸砚的情况。据《参加中国书法家代表团访日报告》，顾先生写道："他们书家所用大都是由中国去的。笔是李福寿、徐葆三为多。墨是清朝同光时间的。纸用宣纸，是近年新产品。砚是中国旧砚。日本近来对制笔、制墨、制纸都在研究改进。因为听说中国制纸原料用竹，他们也就采用竹，但以纤维不同，没有做好。墨有手工制，也有机器制。机制的有锭、有汁、有膏。制墨机很简单，一架两面，一面上下两排，一排油灯约四十盏，火头大小以及加油快慢，都有开关控制。这样逐步改进，可能达到手工制的细腻程度。他们的笔善于做硬毛的，但我所用到的都嫌修工不够细。有几位书法家说希望我们的纸多出口些，质量再提高些，价格大上几倍都有人要的。对我们新笔的意见说，发现中间断毛太多。我想可能碰到这位笔工的粗枝大叶，没有符合规格。这说明了他们在这方面是在想办法，并和书道家有密切联系的。在奈良参观的笔厂，仅看了加工部分（笔管刻字及打包外寄），一家手工制墨厂，一家机器制墨厂，这家机器制墨厂也有手工制部分，据反映书家还是喜欢用手工墨。我们在日本写字都用墨膏，非常方便，但不知裱褙有无问题。"

值得一提的是，日本书法家崇拜的中国重要书法名家，主要有明末的张瑞图、王铎、傅山、黄道周，清代的则有邓石如、吴让之、赵之谦等。吴昌硕是近代书画大家，作品重整体、尚气势，有金石气，于外间声誉最大的为其画，功力最为深厚的则为书法，而治印亦有成就，其艺术风尚在日本及国内均有很大影响。1963年为吴昌硕逝世37周年，日本风俗逢七要做纪念，所以在日本特意举行了一次纪念会，陈列吴氏作品数十件。在纪念会上，王个簃作为吴的弟子，在会上发言，介绍了吴氏艺术成就及国内艺术界对他的纪念情况。

参观日藏中国文物，是代表团的重要安排之一。代表团在日方的安排下，去国立东京博物馆参观了两次，第一次是看他们日常展览的中国墓志、碑志陈列品，如《李超墓志》《高湛墓志》《张猛龙碑》《嵩高灵庙碑》《马鸣寺碑》等。又看了《唐日僧台州行牒》一卷、宋颜辉《寒山拾得和尚像》摹本、宋梁楷《李白像》、五代石恪《二祖调心图》、宋李龙眠《潇湘卧游图》、南宋李迪《花卉》扇面等。

第二次专看为代表团准备的日本书道国宝"三绝"和"三迹"。

在国立京都博物馆见陈列的唐代日本高僧空海《灌顶记》墨迹，宋朱熹《论语集注》墨迹，宋拓（原题唐摹）《十七帖》，宋拓《千字文》，宋张即之《金刚经》，明丰坊《谦斋记》。又罗振玉旧藏《智永千字文》。

设立在东京都的书道博物馆，是日本著名书画家、收藏家中村不折于1936年创立，其收藏历代书法文物，是研究日本、中国书法史料的重要场所。在书道博物馆见到了《颜鲁公告身真迹》《蔡襄谢赐御书诗表真迹》、宋拓《华山庙碑》（长垣本）、宋拓《石鼓》（中权本）、宋拓《秦泰山刻石》、宋拓《淳化阁帖》（存第七、八卷）。

大仓集古馆是大仓财团的创建者大仓善八郎设立的，其所收藏的宋本《徐公文集》《大唐三藏取经诗话》《韩集举正》，均属日本重要文化财产。顾先生等人在馆内见到了《魏元飏墓志》原石，此石在地震中震碎，已经修复。又秦代漆器夹纻大件，面积大如八仙桌，最为稀见。陈列图书中有元明刊本，系董康旧藏（报载大仓集古馆藏中国古籍已于去年十二月全部售于北京大学图书馆）。

此外，在文华美术馆参观了陈列的瓷器，其中唐三彩极精。又在国立奈良博物馆见到了中国唐代神龟四年（521）铜钟，以及大阪博物馆藏的明万历三十一年（1603）正月廿一日敕封丰臣秀吉为日本国王的诰命一轴。在五岛美术馆陈列了元代日本僧游历中国将归，中国文人如冯子振等所书临别赠诗，保存了国内已罕有的元代人墨迹。此外在泉屋博古馆皆住友氏收藏的中国青铜器，著名之《楚公钟》二件、《龢钟》十二件的铭文，是早年顾先生经常临摹的，今多见到了原器，其他造型稀见花纹精致的商周器也不少。

在高岛菊次郎家见到宋高宗墨敕四道、宋张栻墨迹、宋朱熹手札三通、元鲜于枢手札、赵松雪十三跋残卷（每残页有翁方纲楷书注语）、宋拓《千字文》、宋拓《定武兰亭》等。还看了不少字画，有王烟客、王石谷长卷，廉州、渔山轴，青藤书画三件、《石涛诗书册》一件；蔡襄《谢御赐书名表》一卷，有米芾跋及赵烈文、罗振玉跋。觊禹之鼎绘《□□雅集图》（有王士祯等八人，后有翁方纲长题）、董其昌撰《项子京墓志铭》原本等。

在细川护立家，见到金村出土银器、金银错狩猎纹镜、战国剑、赵松雪书《汲黯传》、陈白沙行书卷、《司马温公告身》、黄山谷书《经伏波神祠诗》、敦煌写本《文选》。鸡血、昌化石十余方。日本所藏中国文物极为丰富，这次所见，仅为极少一部分。细川在出示藏品时说："某物是古董商要带到巴黎去，我出重价收购的，某物将至美国，深恐东方从此失传，我急购留的。"

和日本书法家的交流，不仅增强了友谊，而且也了解到日本所藏中国文物字画的情况。如松丸先生藏有吴昌硕书画八十余件，西川宁先生藏赵之谦书画甚多。又水田庆泉藏陈洪绶《米颠拜石图》、王思任、陈继儒书法、李方膺册页等。

顾先生的一生，都是从事图书馆事业，因此参观日本的图书馆，了解日本所藏中国古代典籍，也是他此行的目标之一。日方非常尊重这位德高望重而且也是第一位访日的中国大型图书馆馆长，所以积极予以配合，专门为顾先生安排了一些日本的重要图书馆，但以时间关系，出示的东西不多，顾先生也不能仔细看。下面几个图书馆都见于顾老的《访日游记》。

内阁文库在皇城内，门禁甚严，藏书中汉籍有13万册，多为明版方志、医书、诗文集、戏曲小说等，部分图书来自昌平坂学问所及红叶山文库。其中红叶山文库于江户幕府时建立。库为三层，二层为日本古书，三层为中国古书。陈列了宋元本数种，全相平话五种，赵清常校本一种，又看了旧抄本《明实录》。

天理图书馆是天理大学附属图书馆，历史较长，是日本国内有数的大图书馆之一。所收我国古书甚多，助其搜集者为弘文庄的汉学家反町茂雄，藏书中有不少精品乃至极品，其中汉籍被日本列为"国宝级"的六种，"重要文化财"者十七种。顾先生看了陈列的十几种，有元刻《三分事略》、《永乐大典》（景印本之外的）数册，明世德堂刻本《西游记》、明刻本《平妖传》，还有明代著名思想家王阳明与学生周道通问答录墨迹，王阳明手札数通。

大东急纪念文库收藏日本古版较多。陈列了博多版《左传》，唐抄《玉篇·心部》，宋本《史记》等。博多是日本地方，元明之间，福建刻工俞良甫等渡海到日，先到博多，传授刻工技术，因以为名，于中日文化交流很有意义。

东洋文库是日本最大的亚洲研究图书馆，所藏中国珍籍有方志和丛书约4000部，明代传记、家谱、清版满蒙文书籍、各种版本的大藏经和其他西藏文献3100件等。特藏中有五种汉籍被列为"日本国宝"，如《春秋经传集解》《史记》（夏本纪、秦本纪）和《文选集注》等。中国书占两层，期刊与图书并列。顾先生即在架上看看，亦有难得之书。如冯梦龙的《听雨轩日记》、《明口宗实录》的原本、《石仓诗选》等。

静嘉堂文库，即是在清末收购我国浙江湖州陆心源皕宋楼藏书的基础上建立起来的。文库内设一案，陈列宋元刊本及毛氏汲古阁抄本约十种，皆陆心源书。书库共三层，用长玻璃橱，可放书十二列。工作人员仅五人，读者很少，每日也不过五人。地方甚僻静，往来不便，实为藏书楼。

京都大学人文科学研究所，藏书很丰富，而皆切于实用。丛书是他们的特色，新编了藏书目录。又期刊篇目索引还在继续编刊。此外还编有资料索引卡，并做了些专题资料索引，对研究工作者使用颇为方便。

长泽规矩也，这是一位日本重要的版本目录学家，他对中国的古籍以及文献学、版本学都有较深的造诣，他的《长泽规矩也全集》是日本研究这个领域的必读书。在六十年代，他和几个年轻的图书馆员和书店职员为探讨版本目录之学专门组织了书志学研究会，定期进行座谈。据12月20日顾先生的记载，他在那天晚上也应邀参加了在东京大安书店的座谈。出席者有长泽规矩也并学生七人，皆大安店员或大学图书馆馆员，长泽说了从毛利文库未编书中得新发现的明万历本《金瓶梅词话》及元刻本《笺启》的经过，并组织了一个古籍刊印会，影印出版珍稀古籍，并愿意将《词话》影印本赠与顾先生。又谈日本博多版事，长泽又嘱学生取书影并述博多版历史。长泽希望和上海图书馆建立交换关系。顾先生也介绍了上图的藏书源流、特点，以及书刊利用和读者的情况（注：顾先生返国后不久，即收到了日本寄来的影印本《金瓶梅词话》，并即交我妥放，后来又转交编目部登录编目入藏了）。

访日期间，日程的安排非常紧张，即以12月23日最后一天行程来看，顾先生上午即由东京大安书店的大山茂陪同，参观了静嘉堂文库。路上要走一个半小时，十时辞出。下午写字。五时半参加告别酒会。由于顾先生与日本书道联盟理事香川峰云先生朝夕相处，故在酒会临别时，有篆书七言绝句一首赠与香川。次日上午，顾先生在去机场前即用篆书写竣，诗云："同好同庚有几人，无言相对自相亲。东方书艺传千载，放眼前程万家新。中国书法家代表团来日访问，得与峰云先生朝夕相亲者一月，临别依依，偶成绝句为赠，即乞方家两正。一九六三年十二月二十四日顾延龙。"

12月23日的"下午写字"，是由于日方有关人员对于中国书法家第一次访日，付出了极大辛劳，为了感谢日方，代表团提出要为日本友人每人画一张画或写一张字，请日方列一名单。日方于此建议非常高兴，竟开出了六十余人的名单。于是，顾先生与王个簃、潘天寿三人分工，每人或书法或绘画，各自完成了二十多件作品。

顾先生擅长多种书体，尤精金文大篆，取法吴大澂一路，以宛畅颖奇、韵味隽永、质朴古雅见长。从《访日游记》的记载看，顾先生第一次访日时所留下的墨迹较多。在大阪市，他参观了南住吉小学的学生写字课，在校长室休息时，应邀题字。这天下午，他又写册页约20张。12月7日在参观了天理大学图书馆后晚上又"写字"。12月9日，又在清水寺作篆。12月10日下午"写字"。12月14日，在名古屋渡玉毛织株式会社题字，是日下午归寓又作字三帧。17日，写"名区揽胜逢良友"。18日上午写字。19日，下午出席挥毫会，他又作一幅。20日，在青山杉雨家午餐，主人家有小窑，出各种陶坯请王、潘作书画其上，又嘱先生书写数只，又即送窑中烧之。

此外，我仅知有篆书五言绝句一幅赠西川宁，诗云："二虎传嘉话，西川一脉连。相逢饶雅意，珍重菊花天。"又为日中文化交流协会理事长佐藤纯子篆书"刚毅"两大字。又有"玄老知音"四大字赠东鱼先生。这在日本1963年11月出版的《书品》杂志及2013年的《日本拍卖图录》上可以见到。

至于1979年，顾先生又作为上海市书法家代表团成员访日，那又是另外一回事了。这篇文章主要依据顾先生《访日游记》及《参加中国书法家代表团访日报告》。《游记》曾被收入《顾廷龙文集》(上海科学技术文献出版社，2002年。后与《情况报告》，一并收入沈津编《顾廷龙全集·文集卷》，上海辞书出版社，2015年5月)。

顾先生的《访日游记》，是采用日记的形式。日记，不外乎"排日纂事"和"随手札记"两种，顾先生的《游记》是前者。十多年前，我在编著《顾廷龙年谱》时，就将《游记》全部载入，我所见到的是原件，是写在小笔记本上的。顾师一生写作日记不多，较有连贯性的是四十年代初期，后来时记时停。五六十年代，如有他认为较为重要之事，也会记在小笔记本上，应该说，专就某次访问而作如此详细记录的，则推此《访日游记》。

改革开放以来，中日两国民间之来往，不胜枚举。而五十多年前的中国书法家第一次访日，在当时并无详细消息报道，除顾师的《访日游记》外，我曾核查有关陶白、王个簃、潘天寿的资料，得知当时在日访问期间，陶、王、潘三位并无任何文字记录，返国后也无专门的回忆文字发表面世。因此，顾先生的翔实记录，可以详细揭示访日二十余日及其前后之细节，这对于我们了解上个世纪60年代中日书法交流史，重温中日两国民间文化之来往提供确切之佐证，也可了解顾先生在中日之间的书法交流起到的积极作用。

2015年6月8日

一片冰心在玉壶

——怀念潘景郑先生

　　2007年是著名古籍版本目录学家潘景郑先生诞辰一百周年。回想30年来从学潘先生的往事，历历在目。2003年11月，我自美返沪探亲，在飞机上即在想，找个时间去探望胡道静先生和潘景郑先生。因为前一年的差不多时间，我也是在一个下午的雨天，先看胡先生，再去看潘先生的。他们两位都住在虹桥，所以顺道。可是，那次我到沪的次日清晨，在和上图旧日同事通话中，却意外地获悉胡先生已在一个多星期前仙逝，而潘先生也在两天前御鹤西归。这对我来说，实在是意想不到的事。对于潘先生，我自1990年离沪去港赴美后，每年返沪，都会去拜见他，有时还会打个越洋电话去问候致意。每次见到先生，大多是卧床，由于家都夫妇的精心照料，所以先生的饮食睡眠都算正常，毕竟是90多岁的老人了，以静养为上。然而先生在9月15日却因一场感冒而入医院治疗，两个月后，又因肺部感染而衍发重症，医治无效，于11月15日溘然长逝，终年97岁。

　　潘先生追悼会前的一天，我约严佐之教授见面，在饭桌上，我们都对潘先生的去世表示惋惜。我说，潘先生这一走，就意味着30年代成名的中国版本目录学家凋零殆尽。因为在此之前，70年代有王重民、王大隆先生，80年代有赵万里、周叔弢、瞿凤起先生，90年代又有顾师廷龙先生，就连50年代成名的冀淑英先生也在潘先生之前走了。

光绪三十三年（1907）八月十日，潘先生生于苏州的一个书香门第中。潘家，其先祖于清初迁至苏州，乾隆时，始以科第贵显。高祖潘世恩，由翰林院修撰，官至太傅、武英殿大学士，赐谥文恭。曾祖潘曾玮，官兵刑两部郎中。祖父潘祖同，为钦赐进士、翰林院庶吉士、封光禄大夫、户部侍郎加三级。父亲潘亨谷，为光禄寺署正、附贡生。然而先生家世虽属簪缨，且一族中有35人金榜题名，既有一甲一名之状元公，也有一甲三名之探花郎，但潘先生的一生却形同寒素，早已忘其为仕宦之裔了。

潘景郑先生，原名承弼，字良甫，号景郑，又号盍广，别署寄沤。幼承庭训，颖悟夙成，雅嗜图书，博通经史。谙音律，精词曲，长于鉴别、训诂、考证之学。他的学问除了自己的努力勤奋外，亦有所师承。老师就是国学大师章太炎和词坛宗师吴梅。潘先生尝说："弱冠以还，略识为学之径途，余杭章师，诏示经史之绪；霜厓吴师，导游词曲之门。"

什么事情都得讲缘分，潘先生能成为章门弟子中的佼佼者也是有缘分的。1931年春，二十五六岁的潘先生为研究《说文解字》而校理沈涛之《说文古本考》，被同盟会的前辈李根源先生看见，极为赞赏，以为年轻学子能有如此业绩实属难得，即向太炎先生推荐。章回信说："潘景郑年在弱冠，文章业已老成，来趣吾门，何幸有是！"从此，潘先生由太炎先生亲自"诏示经史之绪"，又悉心精研，尽得其奥秘，学业大进。津曾读潘先生1931年的日记，内里详载拜太炎为师之经过及叩问学问之道等事。1934年，章氏在苏州创办章氏国学讲习会，潘先生被聘为讲师。讲习会的刊物《制言》，章虽挂名主编，但具体做事负责的则是潘先生、朱季海等人。章氏去世后，章夫人汤国梨女士即率诸门生在上海办太炎文学院，潘先生则仍任教其中，直至文学院被汪伪政府强行停办。先生曾与人合编有《章太炎先生著述目录》及《后编》。

太炎先生门下弟子众多，听其课者即在500人以上，但章却非常看重潘先生。1933年11月，章太炎致潘札有云："东原以提倡绝业自任，门下若膺、怀祖、巽轩，可谓智过其师。仆岂敢妄希惠、戴，然所望于足下辈者，必不后于若膺等三子也。""明年定当徙宅吴中，与诸子日相磨礲丹，若天假吾年，见弟辈大成而死，庶几于心无歉，于前修无负矣。"戴震门下弟子段玉裁（若膺）、王念孙（怀祖）、孔广森（巽轩）都是乾嘉重要学者。章氏此札可以窥见其寄希望于潘先生将来在学术领域有所成就，并对于文献学、文字校勘学等方面有较大的贡献。

苏州，山温水软，绿畴绣野，灵秀所萃，人文蔚兴，自古即得天时地理之利，故人聪物华，士民俊秀，且历代都为文人墨客荟萃之地、士宦退隐之乡，所遗撰著之多，雄冠东南。私家收藏图书，蔚然成一时风气，其中又有著名学者专家，所藏之书多与其读书治学密切结合，故学术著作于研究贡献甚大。潘先生是藏书家，也是当代中国具有精深造诣的版本目录学家之一，他和其兄潘承厚继承了祖业，也得到祖上竹山堂藏书，并在此基础上发扬光大。

先生于版本鉴定独具只眼，功力绝非一般。先生尝自云："余生薄祜，十二丧父，上袭先祖余荫，有书四万卷。稍知人事，颇喜涉猎，自经史子集以逮百家杂说，辄复流览，贪多务得，每为塾师所非斥，而余怡然自乐，未尝以他嗜少分其好。弱冠以还，节衣缩食，穷搜坟典，于时求备而已。秘册精椠，不暇计及。先兄泥古善鉴，与有同嗜，力所未及，辄为援手，积累二十年，藏箧卅万卷，列架插签，虽不敢自比于通都豪富之藏，然以之考览优游，无阅肆借瓻之苦。"（《陟冈楼丛刊》序）又云："学艺而外，耽嗜图书金石。才十五六龄时，便节衣缩食，有志穷搜遐方绝域，尽天下古文奇字之志。自壬戌（1922）迄丙子（1936），十五年中积书三十万卷，石墨二万通，簿录甲乙，丹黄纷披，甘老是乡矣。"

先生弱冠起即购书，随着时间的推移，经眼之书也渐多，赏鉴能力也随之增强。20年代后期，先生即与苏州藏书家邓邦述、徐乃昌、宗舜年、丁初园等人结识，晨夕过从，获闻绪论，纵论今古，乐谈版刻，赏析奇书。甚至与老辈藏书家角逐于书林，偶见一奇帙，辄相争取，而书贾从中居奇，互相射覆。那时先生年方弱冠，而诸老皆皤然耆彦，引为忘年之交。也正是通过和多位老丈的沟通交流，先生获得了书本上所没有的知识和经验。先生曾告诉我说：和老辈们在一起，听到的都是闻所未闻的事。他还说，那时买版本书也有鉴定错误，没有看准的，那就会请老辈们看，想怎么会上当的，然后总结教训，以求少犯错、不犯错。先生的版本鉴定学问全凭水滴石穿之苦功，非长年累月之积淀，绝达不到此一境界。如此说，是因为此门学问无捷径可走，全凭所练就的一双火眼金睛。

1937年，日寇侵华，苏州文物备极蹂躏，狼藉篋衍。藏书家老成凋谢后，遗笈飘零，流散市廛者不知凡几。丁初园、孙毓修小绿天、莫氏铜井文房、曹元忠笺经室、顾公鲁、徐氏积学斋、许氏怀辛斋藏书相继流散殆尽。沦陷区之不少文献故家，又以生活日渐艰困，所藏珍本古籍，无力世守，也纷纷流入市肆。在抗战正酣的那个年代，以个人的力量去大规模抢救古籍善本，保存传统文化是不可能的，先生尽管衣食困迫，无复购书余力，但仍以抢救传统文化为己任，访旧搜遗，择尤选萃，尽可能地去保存一些乡邦文献、故家遗物及明末史料。先生认为中华典籍文化乃前贤精力所萃，即使一般学人稿本也应保存。如诸仁勖《后汉书诸侯王世系考》一书，此稿经乱，由嶓城流徙沪肆，鲜有过问及之者，先生独惜其文字之湮灭无传而留之。

有些稿本流入市肆，估人莫审其撰者，一时无人问津，但先生识得手笔，急欲为故人存留纪念，如吴大澂《吴愙斋先生手校说文》、宗子岱《尔雅注》残稿等。先生还曾在市肆乱书堆中，发现劳权手抄《云山日记》，粘贴在兔园册子上，先生知道是焚燎之余，购下后觅工重装。又如像陈鳣手校本《五代史补》及《五代史阙文》，既无陈氏印记，又无署款，贾人不识，先生亟收诸箧笥。有的书流入印匠之手，破碎几罹覆瓿之厄，如《姚秋农说文摘录》稿本。先生尝叹云："锋镝余生，情怀抑郁，重以衣食困顿之际，癖嗜未解，嗟嗟吾生，徒自苦耳。"那个时期，先生在苏州还协助郑振铎搜集明清总集及清人诗文集，曾代为购得罕见本多种。先生在保存古籍方面，功不可泯。

王佩诤《续藏书纪事诗》中有一首是咏潘先生的，诗云："滂喜斋溯收藏富，金薤琳琅旧雅园。渊博当今刘子政，玄著超超七略存。"先生费尽辛苦，多方搜集，累藏珍本数万册，均藏于著砚楼中。"著砚"者，以藏宋代王著之砚也。先生很多藏书，都有函套，红红绿绿的颜色，我曾问过先生，为什么要用这种颜色。先生笑着说：那都是用被面做的，红白喜事时，亲朋好友们送的，太多了，又没有什么用处，所以就用来糊在马粪纸上做成书函套，这叫废物利用。先生藏书虽说未丰，但孤本秘籍往往而在，是犹千孤之白，所重者以精不以多。

书籍藏弆，鲜有百年长守之局，自古皆然。先生是过来人，兴废变迁看得实在太多。抗战胜利后，先生遄返检书，30万卷所存已十不一二。1950年，先生在沪，又悉故乡所存之书为其侄论斤斥卖以尽。固知聚散飘忽，但及身而见，仍怆然之至。"第念三十年来，箧衍所存，一毁于兵火，再罹于肤箧，其仅存者比悉论斤于犹子之手，历劫荡然，固不免恋恋怅怅。"（《著砚楼书跋自序》）1956年在上海时，尚有宋元明刻本、抄校稿本千余种，但10余年中，生活困难，不能敷给，往往出以易米，其时，亦去十之四五。

先生深感守书不易，恐旦夕间往往所聚者容或失之，乃将所贮悉数捐赠图书馆保存。前几年我在写《顾廷龙年谱》时，就发现潘先生在40年代赠给"合众"不少书，也包括元刻本。先生跋《大阜潘氏支谱》云："比岁旅食沪上，不暇顾及故居，家中长物悉被论斤称担，荡然无存。此书之成，与余齐年，环顾沧桑，冉冉将老，缅怀终岁饥驱，焉能长护斯籍耶？残岁检笈得之，亟捐藏合众图书馆，俾异日犹可踪迹焉。"

先生捐出的书很多，有些比较重要，如1947年将叶昌炽手稿本《缘督庐日记》捐给苏州图书馆。1949年末，将清人传记资料以及其他书籍300余种捐献合众图书馆，并编成《吴县潘氏宝山楼书目》。1950年，又将不少宋元刻本捐献北京图书馆。由于先生对保护传统文化有功，且捐献了不少稀有罕见的古籍善本给国家，故1951年6月7日，文化部副部长郑振铎在上海设宴，宴请捐献文物图书给国家的人士，包括潘世兹、丁惠康、潘景郑、瞿凤起等人。

先生收藏中最可观的是金石拓本。弱冠时，先生思辑《苏州金石志》，搜拓石墨，即一县所得，已千余种。并曾鸠工编拓虎丘刻石，纤细靡遗。先生所辑《虎丘题名全拓》，较之《虎阜石刻仅存录》《虎丘金石经眼录》又增益十数种，并装成大册捐赠"合众"。先生后来又从孙伯渊处购得刘氏聚学轩所藏7000种金石拓片，内含叶昌炽五百经幢馆拓本、拓片计3681种。叶藏以题名造像为多，分地凡80余处。先生经20年之殚心搜罗，所聚逾17000种，也悉数化私为公，捐与"合众"，而今珍藏于上海图书馆。

潘先生是从事图书馆工作的资深专家，早在1940年4月，合众图书馆总干事顾师廷龙先生即深盼潘先生能来相助。这也是叶景葵先生之意。据顾先生是年4月21日日记，"揆丈意，将来须主金石一部，则景郑尤为相宜，实为图书馆中难得之真才，与龙意见融洽，合力为之，必能薄具成绩，非为私也"，"但独木不能建大厦，然得人之难若登天"。潘先生自己也说，抗战时，叶景葵创办合众图书馆于沪上，"招余从事编校之役，先后逾十年，因得尽窥枕秘，纂录藏书提要十余册，并与校勘藏目之役"。由于潘的加盟，顾师如虎添翼，潘先生也是如鱼得水。从1940年8月1日在合众图书馆上班始，直至1988年从上海图书馆光荣退休止，共计48年之久。

原"合众"的藏书基础，首先是几位发起人捐献的家藏，他们将数十年甚至毕生搜集的珍藏无条件献出，并各具特色。如张元济将数十年收藏的善本及旧嘉兴府著述、海盐先哲著作，李宣龚将近时人的诗文别集和师友手札、叶恭绰将收集的山水寺庙专志及亲朋手札悉数捐出。而潘先生捐赠的是清人传记、大宗金石拓片、清代科举考试朱卷约10000份，数量可观。"合众"的藏书目录大部分是由潘先生独立编竣，如1946年10月编的《海盐张氏涉园藏书目录》，1948年8月编的《番禺叶氏遐庵藏书目录》，1951年5月编的《胡朴安藏书目录》，1951年9月编的《李宣龚藏书目录》《周氏几礼居藏戏曲文献录存》，等等。

1958年10月，上海市历史文献图书馆并入上海图书馆，自此先生就一直在上图善本组工作，直到退休。他的工作主要就是为善本书编目、编辑《上海图书馆古籍善本书目》。上图那14000种善本书，包括宋元佳椠、明清善本、抄校稿本等等，就是在1961年至1965年时，由先生和瞿凤起先生编完的。

"文化大革命"期间，潘先生不可避免地受到冲击，没有逃过此劫。1966年夏，他即作为"封建地主阶级的孝子贤孙"受到批判，处境日艰，压力日甚。不久，上海图书馆又抄了先生的家，将部分图书捆载而去，余下者全部封存在柜。先生1975年3月跋《敝帚存痕》云："七八年来，囊箧屡空，笔墨顿废，虽未皈心空门，视世间文字都如嚼蜡矣。"

之后，先生每日都在"牛棚"集中学习，并参加一些适当劳动，先生在这种困难处境下，从无怨言，乐天知命，忘怀得失。那种随遇而安，豁达从容、悠然自得的态势，使我感触到常人难以达到的境界。1967年夏，上海市文物图书清理小组要求上海图书馆上报在"文革"初期所接收的重要文物图书清单，那时上图有两批极为重要的图书，多宋元明刻本以及名家批校本。一即1966年夏，自刘洁敖教授家抄得其岳丈陈清华先生所藏善本；一即1967年春夏间，自张子美先生所在单位中所得清末朱氏结一庐藏书。为将这两批善本书编目整理，并遴选出一、二类藏品，我和当时馆内某负责人商量后，请顾师、潘先生和瞿凤起先生在上图东大楼307室整理，这项工作大约两个月后才结束。三位老先生各自就所编目的一、二类藏品，亲笔用复写纸一式三份写了简单介绍，一份由我保存至今。先生1971年还参与清查盛宣怀档案中的钓鱼岛材料。

《中国古籍善本书目》是一部全面反映国内各图书馆、博物馆、文化馆所藏中文古籍善本的专目，它的编辑意义无需我再赘述。潘先生古稀之龄，毅然参与这项伟大而艰巨的工程。我还是挑几件重要的事来叙述吧。

1978年11月上旬，上海图书馆古籍组为配合《中国古籍善本书目》的准备工作，在顾师廷龙先生的提议、指导下，编辑了《善本书影》。从上图善本藏书中选出宋元明清刻本和抄校稿本共30种，略具简说，汇编书影，以应急需。挑选和简说主要是潘先生所为，我追随先生之后，获益亦多。这本书影从酝酿到见到样本只用了一个星期。

1979年，潘先生被中国古籍善本书目编辑委员会聘为顾问，当时被聘者还有赵万里先生，次年5月，周叔弢先生也受邀聘为顾问。这三位先生都是中国最重要的版本目录学家，对于古籍善本的搜集、鉴定、整理、出版都有卓越的贡献，他们应聘为顾问，实至名归。可是，没过多久，赵、周两先生先后辞世，这对编委会和版本目录学界是重大的损失。只有潘先生是长寿者，他在1978至1980年间，即开始参与校核上海图书馆藏善本卡片，回答编委会对一些善本书中的著录疑问的咨询。1981年4月，他又以75岁之高龄，与主编顾师廷龙先生前去南京，参加《中国古籍善本书目》主编工作会议，就如何复审、定稿而提出了不少好的建议。1983年8月，《中国古籍善本书目》的定稿工作在上海图书馆进行，先是经部，继而是史部卡片的复审工作，参与工作的有编委会主编顾师廷龙先生、副主编冀淑英先生、潘天祯先生，潘先生，还有沈燮元、任光亮和我（当中短期参与者有丁瑜、陈杏珍先生）。此项工作持续了好几年，而潘先生每天都到办公室审阅卡片。

《中国古籍善本书目》经部终于在1986年10月由上海古籍出版社出版，潘先生拿到样书后非常兴奋，按捺不住喜悦之情，专门写了一首《赞成功》，词云："百年大计，簿录新容，搜罗珍秘一编中。克成遗愿，群策群从，妙哉四库。

遮莫喻隆，今日高会，看奏奇功。俊贤毕集兴怀浓，快披鸿裓，万紫千红。低首折服，寰宇皆同。一九八六年十月二十三日，潘景郑为中国古籍善本书目经部发行作。"从72岁到83岁，潘先生为这一国家重要的大型书目矻矻终日，克尽厥职，不辞劳瘁，奋力工作。而这一工程竣工出版后，他又功成不居，劳不矜功，这与当今学术界中某些好大喜功、沽名钓誉之人和事完全相反。

先生的书法在学界有一定影响，但他从来不以"书法家"自居，他自己就说过：我不是书法家。但先生却是1961年4月成立的"上海中国书法篆刻研究会"首批87位会员中的一位，当年的成员有沈尹默、沙彦楷、潘伯鹰、朱东润、王个簃、顾廷龙等。潘先生书法笔取中锋，含蓄温润，清雅绝伦，自成一家，深得学者之喜爱。先生尤善行书，流畅圆润，秀逸平淡，从容而追求洒脱。学者书法能臻入此境者，实不多见，这完全是先生学识修养，通过笔毫而流于纸上，故内涵蕴厚，绝无矜持造作之态。明项穆《书法雅言》云："资分高下，学别浅深。资学兼具，神融笔畅，苟非交善，讵得从心？"所以"资贵聪颖，学尚浩渊"。也就是说学术成就高，人的境界也就高，笔下自有常人难及之韵律，地位及成就往往在职业书法家之上。先生不轻易为人作书，然人得其尺牍、诗文，即使是片纸只字，皆视如珙璧，珍若鸿宝，什袭而藏。广东重要收藏家王贵忱先生即将先生手札汇为一编，影印传世。

先生弱冠即亲文字之业，偶有采获，多寄情于笔墨之间，不光是写跋作词。据我所知，早在30年代，先生仅29岁，著名的江南词人谢玉岑即慕先生名，并函索先生填词书扇，以订缟纻之约。1983年2月15日，顾师为《中国古籍善本书目》工作汇报事致笔者函，云："专家无回音的，拟去函催询。你便中拟一稿，要情意迫切，措词宛转。不知你以为何如？这种文笔，潘老优为之，你可一学。"顾师的文章，写就后多请潘先生润饰，如《跋徐光启墨迹刻石》《章太炎篆书墨迹序》等，就有信嘱我送呈潘先生推敲教正。而我在70年代末和80年代所写的文章几乎全部都呈请潘先生修正，我尚珍藏的还有潘先生、顾师修改的《进瓜记》《关于四库全书总目提要稿本的新发现》等文稿。

《明代版本图录初编》，是先生与顾师廷龙先生在上海成为"孤岛"后联袂编著的研究明代版本之必读物。自清末杨守敬编《留真谱》，至民国间公私藏家编撰的图录十余种，然多宋元书影，明代版刻一直处于空白。顾、潘二师以为"惟朱明承先启后，继往昭来，传递之迹，有所踪寻，而其精粗高下，尤足以觇文献之盛衰。"有鉴于此，顾师"实综大纲，发凡起例"，潘先生"摄影撰说，历时两年"，克服了搜辑不易，瓶借维艰等困难后，终于克成。以往各种图录之编纂，虽多出专家学者之手，但并无特色。《初编》类别十二，影逾葅叶，不仅存一代雕椠之程式，且每种皆有略说，以藉明原委，每类前之文字概括简明，图文相辅，纲举目张。张元济先生在审阅《明代版本图录》原稿后，即有信致顾师，云："大著《明代版本图录》捧读一过，琳琅溢目，信为必传，自惭谫陋，不能赞一辞。"而徐森玉先生则告蒋复璁先生，顾、潘所编之"《明代版本图录》乃为研究所得，非一般收藏家之书影"。此实为有真知灼见之语。编图录易，撰解说难，如若没有坚实的版本学根底，断难肩荷这样的工作。近几十年来国内所编各种善本图录，唯此书及《中国版刻图录》最具学术价值，其他图录虽然在印制装帧上华丽非凡，但在学术上却没有一本能望此二种之项背。

潘先生是一位极重感情的人，对于章太炎、吴梅先生的遗著，他在书肆是有见必收。如太炎先生稿本《广论语骈枝》一卷，1938年经乱散在吴市，因斥重值购置。在百物腾贵的年月里，又节衣缩食出资印了章氏的好几本集子。1940年，为吴梅刻印《霜厓词录》时，因北平文楷斋所刻工劣，未遑传布。先生又于1943年6月，重写一本授诸墨版，以告慰其师在天之灵。1985年，潘先生将珍藏的太炎先生手写底本《訄书》，交上海古籍出版社出版。并在跋文后附词《凄凉犯》，云："师门暗忆人天远，星霜卌载递隔。迷离旧梦，乡魂久绕，寸怀翅翼。江干旅食，风雨流光暗掷。早琳琅，成散席，片羽作珍泽。追念名山业，尪迫留痕，立言盈策，景星阅世。渺初槃，莫寻鸿迹。蒲柳惊心，待长护，淹迟旦夕。乞垂芬，化影千编慰臆。"

1988年初，我非常想做的几件事中有一件是想为顾师廷龙先生、潘师景郑先生做录音，那是1986年我在美国哥伦比亚大学访问时，了解到唐德刚教授曾为李宗仁先生、胡适先生完成口述历史工作，对我有很多启示。我也想记录顾、潘二师过去的工作，如潘先生如何追随章太炎、吴梅学习文字学、词曲的过程，20至40年代与耆宿遗老交往之逸事，其时沪苏两地书肆情况等等。遗憾的是，当我提出此项计划后，领导却以没有经费购置录音设备及人力支持而否决。

潘先生是我在上海图书馆杖随30年的老师之一，我永远也不会忘记他对我业务上的指导和提携。40多年前，我在辑录清代乾嘉学者翁方纲的资料，准备编写《翁方纲年谱》。那时的我，只是一个初涉版本目录领域的年轻人，什么都不懂，但这项工作，时时得到潘先生的帮助，潘先生将他在40年代抄录的不见于《复初斋文集》及《集外文》的题跋等，大约有数十篇，都交给我，让我补入。他还将年轻时买到的抄本《覃溪碎墨》（未见著录，有容庚、潘先生跋）送给我。1988年，我见到了台北文海出版社出版的《清代稿本百种汇刊》，里面收有翁方纲的《复初斋文稿》20卷、《诗稿》67卷、《笔记稿》15卷、《札记稿》不分卷，总共138册（缩印为28册），是"中央图书馆"的珍藏之一。然而这部价值极高的手稿本，却因书中之字大都是行草书，台北学者无法阅读。我虽熟悉翁氏书法，经眼也多，但还是有不少字辨认困难。我将晚上识不了的字用小纸条夹着，次日上班前请教潘先生。而潘先生就从字里行间辨识，对照语句，最终也就冰解雾释了。后来，《翁方纲题跋手札集录》的稿子全部请先生通读一过。不然的话，这本书是难以面世的。

尺牍中的字，有不少是行草书写，那是书写者率性所为，收信人如相熟，大致知道所言之事，那就不难理解。反之，则要花功夫，视文意猜测。潘先生的认字功夫十分了得，如没有深厚的学术底蕴，以及早年在书法上的临池所得，那就根本无法释读。1961年，上图请来早年任职商务印书馆的文书高乐赓、项平甫先生抄写《汪康年师友手札》，《手札》60巨册，700余人，3000余通，对研究中国近代政治史、文化史、经济史都有重要参考价值。这批手札多为行书，间有草书，有些字不易辨认，高、项二人都临帖数十年，基础虽好，但有些字也无法识得，必须请益潘先生方得冰释。

我的著作中最早出版的是《书城抱翠录》，潘先生专门作了一首词以代序。后来所辑录的《翁方纲题跋手札集录》，则是潘先生作的序。如今我珍藏先生的手书，除翰札外，尚有先生赠我的三首词，第一首是77岁时所作的《赞成功》，词云："盛年奋志，点检琳琅。书城长护作梯航。廿龄精业，明眼丹黄。几多锦字，纷留篇章。徙倚图府，晨夕相商，多君才智证高翔。苏斋碎墨，收拾珍囊，摩挲老眼，欣看腾芳。"那是先生为鼓励我完成《翁方纲年谱》及《翁方纲题跋手札集录》而写的。

第二首是79岁时所作的《西地锦》，词云："廿载同舟图府，更几多风雨。琳琅点检，丹黄共理，勤奋堪数。壮志鹏程，高步万里登云路。期君放眼归来，日展经纶芳杜。"那是1986年初，我将赴美任访问学者，离沪前先生书此以志别。

第三首是84岁时所作的《减字木兰花》，词云："清才高艺，壮志凌云称拔萃。流略精治，海外名扬树一帜。同舟卅载，图府论文深契在。振翅重飞，离别情怀盼后期。""沈津大兄远志港行，骊车在迩，赋以赠别。"那是1990年4月，我要移居香港时所写。

如今展对先生手书，摩挲遗泽，能无山阳邻笛之感？能无山颓之痛！先生所写题跋有千篇之多，六七十年来，所至官私库藏，列肆冷摊，靡不恣意览阅，耳目闻见，籍记于册。50年代出版的《著砚楼书跋》，仅收先生所写跋文403篇，那是据30年藏见所记，掇拾丛残，十存二三。而前几年出版的《著砚楼读书记》，在《书跋》的基础上略加补充，虽可以视为潘先生的历年所写文章之总集，但这只是先生著作的一部分，还有不少文章都没有被收入，如《章门问业记略》等。津在先生去世后之次年，曾应潘家都之约去了虹桥潘寓，细细看了存放先生文翰的六七个大纸箱，并将先生历年的日记、题跋、诗词，以及小笔记本、杂件等作了区分，我曾将十多本先生手书题跋和《读书记》稍作比对，发现不载之跋甚多，或俟之将来，再加订补。

先生人格的纯洁几乎是有口皆碑的。这位恂恂儒雅、敦厚和蔼的长者学问深厚，但不张扬，他从来没有恃才傲物，顾盼自雄之态。他的床头上挂着一幅金山高吹万（燮）先生写的"无事此静坐，有福方读书"对联，这是他最喜欢的联句，淡泊而有味，令人遐思无穷。是啊，如今淡泊名利，视富贵若浮云的名士又有几多呢？我的记忆中，先生似乎从来就没有胖过，也从没有穿过什么新衣服，他是那么的朴实无华，那么的平凡，没有人推崇他的所作所为，但他的学谊行谊，皆可窥见学术精微，实足为后世所楷则。我时时想起先生那精神矍铄、面容清癯的形象，他手夹着最廉价的工字牌雪茄，那一口轻侬细软的吴语似乎还在向我诉说着什么。有时还会浮现出60年代初，先生教授我和吴织及两位修补组的青年同事古文吟唱唐诗的情景。想得多了，真觉先生须眉罄欬，——如在目前。

回忆当日追随顾师廷龙、潘师景郑、瞿师凤起三公杖履，获承教益，赏析之乐，恍在昨日。

潘先生退休后没二年即卧病在床，此后就再也没有起来。每年我返沪探亲，必定要去探望先生，问候饮食起居，拍几张照片。潘先生走了，听潘家都说，老人走的时候很安然，没有什么痛苦。潘先生长眠了，他去了一个很远很远的地方。对于这样一位温润敦厚、知识渊博、学贯九流才艺的老人，现代最先进的医疗条件也无法留住他。先生是当代重要图书馆文献学家、目录版本学大家中最长寿者，王重民、王大隆、赵万里、瞿凤起、周叔弢、顾廷龙、冀淑英诸先生都走在潘先生之前。而今，像潘先生这样广纳百川、触类旁通，既渊博而又精深的版本目录学家恐怕最近这数十年之间不一定再会出现。

潘先生枕耽典籍，和书相伴一生，他走完了极其平凡又极其有意义的一生。他无愧于自己，无愧于他所热爱的事业，也无愧于这个社会。

2007年9月28日初稿，10月2日定稿

记铁琴铜剑楼后人瞿凤起先生

1987年3月1日早晨，7时30分，衰病困顿的瞿凤起先生御鹤西去，享年八十岁。上海图书馆和常熟有关单位以及他的亲戚族人为他办理了后事，并在他的家乡常熟举行了追悼会。如今，时间过去了二十七年，大地沧桑，物换星移，又有几人还会记得这位曾对保存中国传统文化出力甚多、于书爱之若命、毕生精力尽瘁于斯的老人呢？

幼承家学，后生可畏

瞿凤起先生，原名熙邦，字凤起，号千里，以字行，江苏常熟人。早年就学于上海南洋高级商业学校、上海中央大学商学院，曾任常熟县修志委员会委员、常熟市工商联合会筹备委员会秘书等职。解放后，进入上海图书馆，为善本组的研究员，也是中国清代四大藏书家（瞿氏铁琴铜剑楼、杨氏海源阁、陆氏皕宋楼、丁氏八千卷楼）后人中唯一的一位精通古籍的版本目录学家。

瞿氏铁琴铜剑楼第四代楼主瞿启甲（字良士，1873—1940）一门三子，长子瞿济苍（1900—1972），原名炽邦；次子旭初（1905—1980），原名耀邦，又名旭斋；三子即为瞿凤起。三人之中，以瞿凤起最是知书好书，乃为三子之白眉。他幼承家学，好古不倦，受清代著名校勘学家劳权、劳格兄弟之影响，潜心抄校古籍，每遇罕见之本，即为精抄移录，故亲友中尝有以瞿氏铁琴铜剑楼家藏图书与明末常熟毛氏汲古阁相比美，更以瞿凤起与毛晋子晋（斧季）互颉颃。当然，年轻时的瞿先生闻之极为汗颜，以为"乌足以相当"。

实际上，早在其龆龀时，即侍父亲瞿良士会见宾客，时时获闻诸长者藏书绪论掌故等，弱冠后，更得其父信任，多以招待友朋见命。瞿凤起少年时即为前辈看好，藏书家兼学者宗舜年曾有题瞿氏《海虞瞿氏虹月归来图》云："丁巳首夏，舜年偕费韦斋、丁初我访良士道长兄于古里。登其堂，花竹窈然，子弟肃然，臧获粥粥然。请观所藏，则抱书而入者，即其垂髫之子。其于甲乙之部居，宋元抄校之流别，执簿呼名，应声而赴，乃知瑶环瑜珥皆寝馈于奂黉之间，如雅琴弄具之不可须臾离也，瞿氏之流泽长矣。"丁巳，为1917年，时瞿凤起年仅十岁。

在藏书家、嘉业堂主人刘承幹的眼中，瞿凤起是属于"后生可畏"的明白人。我曾读刘氏稿本《求恕斋日记》，于1941年5月10日的记载中，那天晚上，刘氏在寓所宴客，在座者有何炳松、徐森玉、郑振铎、顾廷龙、张乃熊（伯芹）、瞿凤起等。"席间闻森玉、西谛二公所谈所见之书，渊博极矣。见闻多，记忆力强，真可佩也。芹伯对于佛经亦颇研究，专重法相宗，谓此乃玄奘法师之遗法，学佛者必须由此入手方为正宗。今之和尚全然不知，可见学佛之难。凤起年只三十四岁，对于版本目录之学，亦颇明白。真是后生可畏。"

1950年年初，瞿氏三兄弟将铁琴铜剑楼所藏善本72种2243册捐献北京图书馆，这对成立不久的中华人民共和国来说，在社会上尤其是文化界产生了一定影响，他带动了平津地区的藏书家向北图赠书。为此，1951年3月10日，文化部副部长郑振铎亲笔函致上海市陈毅市长，其函云："兹有恳者，友人瞿济苍、凤起二先生，为铁琴铜剑楼后人，家学渊源，邃于版本目录之学。瞿氏藏书，时逾百载，历经变乱，均能典守不失。中央人民政府成立后，二君极诚拥护人民政权，热爱政府，曾二次将前代藏书，捐献中央，我们都很钦佩他们的开明与热情。际此图书馆将次建立之时，需才自必孔殷，敬代为介绍，盼能加以延揽，对于图书馆事业的推进，当可有很大的帮助也。"同日，郑振铎又有致李亚农、徐森玉函，极力推荐瞿氏兄弟参加社会工作。

一个月后，瞿凤起被安排至上海市文物管理委员会整理善本古籍，并与徐森玉、柳诒徵、尹石公、汪东、杨天骥、沈尹默、沈迈士、顾颉刚等相过从，尤其是与徐柳二公，每见必畅谈版本，孰优孰劣，历历如数家珍。新中国成立初期，有关文化部门以抢救文物图书为紧急任务，上海地区由华东文化部领导，组织队伍，集中旧书店工作人员数十人，至董家渡造纸厂，将所谓报废书刊逐一进行检查。时在1951年6月，适逢盛暑，在铅皮顶大仓库中工作，挥汗如雨，相当艰困。瞿凤起代表文管会图书整理处参与斯役，检得旧刊本古籍甚多，其中以方志及家谱最多。珍贵者如宋刊本《蟠室老人集》，此书未见藏家著录，原本杂附于《葛氏家谱》中，当日亦与家谱重印，未曾毕功，尚留有重印残卷，后由部调拨南京图书馆入藏。另有太平天国文献多种，亦由部调拨有关单位入藏。

是年8月，瞿凤起又参与上海图书馆的筹备工作，从此他在上图工作了三十六年，一直到退休。

一生都和古籍打交道

瞿凤起的一生都是和书打交道，并以古籍版本为业，青年时代即知悉并看重古籍目录的作用，大收各种公私书目，他的愿望是：倘能天假之年，必将收至千种，遂以"千目"名其斋。他有一篇《千目斋记》，大谈书目之学，有云"私计虽粗知流略之学，惟应对是惧，因思力求深造，日与簿录为友，如饥渴之，忽思食饮，不可一日须臾离"。"及壮，厕身社会，公退之余，书林之所访求，友朋之所投赠，不足，复假诸公私库藏，或录其副，或校其异，初刻复刻，兼收并蓄，求其异同，不厌其重。"他认为目录之学，为治古籍版刻之纲，所以广求诸家目录，并以"千目"颜其斋。

他的工作实践同样也都和目录有关。我以为，瞿凤起对上海图书馆最大的贡献，就在于1957年时他编辑了《上海图书馆善本书目》，这是上图自1952年建馆以来唯一的一本。今天看来虽然并不起眼，但它却反映了1957年以前上图善本的情况。次年历史文献图书馆、报刊图书馆、科技图书馆并入上海图书馆后，善本图书成倍递增，于是他又和潘景郑先生于1961年重编《上海图书馆古籍善本书目》，每天瞿交我一叠排好的卡片，由我去善本书库按卡提书，他和潘先生以书校片。按顾师廷龙先生的指示，他们二位校完的书，我和吴织重看一遍，重点即在改动处，有时我还会问潘、瞿先生，为什么版本项要这么改。这样的版本实践使我进步很快。

此外，瞿凤起还参与了编辑《上海图书馆地方志目录》，前二年，曾见西泠拍卖公司寄给我的拍卖图录，里面有《上海图书馆医书目录》一薄册，我一看，那是瞿先生的手笔，上面还夹有上图原办公室工作的徐薇珠的夹签。

上海古典文学出版社于1958年曾出版瞿凤起编的《虞山钱遵王藏书目录汇编》(清钱曾著)。钱曾，为钱谦益曾孙，曾与吴伟业、顾湄、金俊明、曹溶、毛扆等结交。所谓"汇编"者，盖将钱曾《述古堂书目》及《也是园书目》《读书敏求记》合并，三者不尽相同，因为之合一，便参阅也。瞿《序》云："忆曩时侍先父校勘，遇遵王藏本，钩稽诸目，辄感不便，先父勖以重编，使便翻阅。荏苒卅年，因循未果，乃者于工余之暇，从事排比。其体例详凡例中，不重赘言。此编之成，虽不敢云众本可废，对治目录学者或有小补，堪以一得之愚，且效宋人献曝。"

晚年的他终于完成了《千顷堂书目》的校注本(和潘景郑先生合作)，《书目》是研究《明史》和古籍版本的重要工具书，以明代著作为主，旁及宋、辽、金、元，每一条目后，附有作者爵位、字号、科第等，不少内容为《明史》及其他传记所不载。《千顷堂书目》是在瞿先生走后出版的，他也不及见，走得太快了。瞿凤起还对《铁琴铜剑楼书目》二十四卷做了补注，该书有常熟市志办公室署名的跋，云："因雕版印刷之目录印数不多，至今存世稀少。上海古籍出版社早在八十年代中期就有意将目录标点重印。请启甲后人、中国古籍版本目录学家、常熟市志顾问瞿凤起担此重任。凤起以年老力衰、缠绵咳喘，转请其宗亲瞿果行协助标点，然后亲自覆校、增补。""一九八六年夏开始，凤起将全部精力投入书目的校补工作，边喘边咳，边用颤抖的双手剪着小纸条，写上注文，逐条贴在书名下端加注。至一九八七年春节后，全部完成校勘、增补及文字纠正工作。同年二月二十三日，托同里友人将书稿送交出版社。不料二日后凤起即卧床不起，于三月一日与世长辞，距书稿送出不及十天。"

瞿凤起喜欢抄书、校书，尤喜影抄，傅增湘就曾得到他的帮助，傅跋抄本《续考古编》云："今春薄游南中，过海虞瞿氏书斋，得见旧钞全帙，为何义门藏书，惊为创获。爰浼凤起世兄代觅写官，为补录前五卷。钞录既竟，凤起并合全书手勘一通，订正文字讹夺不赀。"在《北京图书馆善本书目》里，著录瞿凤起校跋的书竟有十八种之多。他去世后，他的侄子增样，代表瞿氏再将家藏图书悉数捐赠常熟市图书馆，共计230种597册，其中多为瞿凤起收集的各种公私藏书目录，最值得注意的是里面有不少瞿凤起手抄本，如《南海潘氏善本藏书题跋集录》一卷、《万宜楼善本书目》一卷、《万卷堂书目》不分卷等。又有《弓斋日记》不分卷、《虞山人文丛钞》一卷、《芙蓉庄红豆录》一卷、《毛子晋年谱稿》不分卷等十余种。由于瞿凤起所抄多为常熟地方文献，其中一些流传稀少者也得以保存。我曾见他影描《西厢记》中的"莺莺像"，大有形象生动、豁然如真之感。

向北图赠书始末

关于瞿氏向北京图书馆捐赠图书之事，可见仲伟行等编著的《铁琴铜剑楼研究文献》、曹培根著《瞿氏铁琴铜剑楼研究》，但均未提到瞿氏向北图售书之事。而揭示瞿氏捐赠并售书之事，或仅见于冀淑英《冀淑英古籍善本十五讲》，其第九讲即为《铁琴铜剑楼藏书的收购入藏》。

瞿氏藏书中之大部分善本书今藏北京中国国家图书馆（前为北京图书馆）。上世纪50年代初，瞿家将藏书分三批售与北图，卖一批捐赠一批，其缘由是瞿家为常熟乡间地主，而地主的经济来源是以收租为主，所以在土地改革时，乡政府让瞿家退租，但瞿家拿不出钱，只好将存于上海的藏书从中选取部分善本半卖半送。三批书共500多种，另外捐了246种。这近700多部书中有不少是难得一见的孤帙，如宋乾道六年（1170）姑孰郡斋刻本《洪氏集验方》，宋淳熙十一年（1184）南康郡斋刻本《卫生家宝产科备要》，宋万卷堂刻本《新编近时十便良方》，宋临安府陈宅书籍铺刻本《李丞相诗集》《朱庆余诗集》，宋淳熙九年（1182）江西漕台刻本《吕氏家塾读诗记》，宋刻本《图画见闻志》，宋刻本《酒经》等。

北图所得瞿氏书，皆为北图善本部主任赵万里（斐云）与瞿凤起洽谈，时间应为1951年12月间，正是常熟地区土地改革之时。据《顾廷龙年谱》1951年12月9日，顾的日记中曾载："赵万里、瞿凤起来，长谈。"虽不知"长谈"的内容，但应与捐献及售书有关。是月21日顾日记又载：瞿凤起女来，"述赵万里昨夜议书价不谐，竟拍案咆哮"。赵万里于版本目录之学，既博且精，对北图的贡献极大。看来，赵先生为了得到铁琴铜剑楼藏书的迫切心情可以理解，但却不惜对一个藏书世家如此凌迫，实在是令人难以想象。这也难怪瞿凤起认为赵做得太过分，不肯屈从于赵了。

沈津自选集

为此次售书的佐证又可见《顾颉刚书话》，中有："此次革命，社会彻底改变，凡藏书家皆为地主，夏征秋征，其额孔巨，不得不散。前年赵裴云君自北京来，买瞿氏铁琴铜剑楼书，初时还价，每册仅二三千元耳，后以振铎之调停，每册售六千元，遂大量取去。按：抗战前宋版书，每页八元，迨来币值跌落，六千元盖不及从前一元，而得一册，可谓奇廉。"（《顾颉刚书话》第90页）那时使用的是旧币，二三千元即为人民币二三角，经郑振铎出面调价，书价提高了一倍。于是，赵先生从瞿氏家中所购宋版书，竟然是每册六角钱，这或许是明、清、民国、现代乃至将来，最为便宜的白菜价宋版书了。

瞿氏藏书剩余者，后来都存放在北京西路瞿的住房二楼楼梯旁三个特大木箱内，"文革"中查抄后，又全部退还，瞿先生则毫无保留地悉数捐献给常熟市图书馆了。这其中明代稀见本也有一些，不过，我最看重的是一部明毛晋的稿本《汲古阁诗稿》，毛晋为明末重要藏书家、出版家，一生校雠，刊布遗书，厥功甚伟。晋诗向不为人所知晓，此稿本全书行式井然，字体工整秀丽，缮写精良，凡遇讹字皆用白粉涂去重写。道光间，瞿氏先祖为了不使毛晋自著湮没无闻，故延请乡贤王振声为之勘校，并于咸丰十年（1860）据毛氏稿本刻板印行，板成，即刷印数部样本，然不慎于火，板片全毁。

不仅仅是善本书，瞿凤起在上世纪80年代初，又以个人名义捐给上海市文物管理委员会一批铜镜，共四十二件，时代跨越汉、晋、六朝、唐、宋、金、明，其中最好、最难得的一件为"六朝花发春冬夏四兽镜"，此外如"汉十二辰镜""汉八乳镜""唐绝照四兽大镜""唐鸟兽花枝镜""錾银八卦镜"都是稀见之珍品。在当年，这批文物即被估价二百八十万元人民币，如今则是天价了。以瞿的名义捐赠给常熟市图书馆的书籍，共计721种2083册。其中较重要者如《六艺论》一卷（清臧庸抄本）、《使规》一卷（明成化十年刻本）、《恬裕斋藏书目录》二十四卷（稿本）、《红豆村庄杂录》不分卷（清抄本）等。也正是瞿凤起的无私捐赠，从而使常熟市图书馆有若雪中送炭，贫儿暴富；而常熟市博物馆则似锦上添花，如鱼得水。

抗日战争时期，瞿先生不避敌伪耳目，积极协助上海沦陷区"文献保存同志会"在沪购藏文献的行动。笔者曾在台北"国家图书馆"调取1939至1941年时的中央图书馆档案，当年在上海的郑振铎、徐森玉、张寿镛、何炳松等组织"文献保存同志会"，配合重庆方面代表蒋复璁，利用"庚款"基金在日伪的眼皮底下，为国家蒐集古籍善本。而瞿凤起知道有某藏书家打算售书的，就推荐给郑振铎等，避免了古籍流落海外。档案中有"同志会"报告书九份，其第一号报告书云："三月底，购进上元宗氏（礼白）金石书二百二十余种……系铁琴铜剑楼瞿凤起君介绍。"又第三号报告书云："又由瞿凤起君介绍，得元刊本《纂图互注南华经》、明蓝格抄本《寓简》、明抄本《天文书》等。"

在那个时代，瞿氏因迫于生计，不得不出售部分藏书以应付，1940年3月至次年2月，瞿氏三兄弟曾四次售善本书近80种于"同志会"，计有宋刻本《毛诗注疏》《宋书》《营造法式》《春秋括例》等。那段时间里，瞿氏还转让给北平图书馆明刻方志七种、抄本方志九种。

"文革"劫难难逃

我的三位导师中，顾廷龙师尝以书法著称于世，潘景郑师则是1961年上海中国书法篆刻研究会的首批会员，而瞿凤起似乎从来未用过钢笔，他的书法都是小楷，从来不草，无论是卡片还是文稿，且永远写不大。他自认"书法至劣，小字实藏拙之意，对视力减退者增加负担，深感不安"。上海古籍出版社张明华曾为《千顷堂书目》的责任编辑，于此书工作许为认真，其曾向瞿索书小楷条幅，瞿说"余不善书，所以作小字者，抱藏拙计耳"。后以箧中有先人传录汲古阁所藏明抄本，聊资留念。他自退休后，从来没有向上图提过什么特殊要求，最多就是要求去探望他的同事，再来时带上狼毫小楷笔三五支而已。

"文革"期间，瞿凤起也未能躲过劫难。1966年夏天，他被非法抄家，记得那天晚上，我也被党支部安排去了顾先生、潘先生家，然而那只是象征性的抄家，因为没有拿什么物件回馆，而是把书柜等贴上了封条。我后来又去了瞿家，瞿家离顾、潘家仅咫尺之遥，那时已有好几位同事在场，但瞿见到我后，悄悄地把我拉到一边，指着地上的一幅画轴，轻轻地对我说："这是王翚（石谷）的画，要留意。"在当时的条件下，我没有办法，也不可能打开，即使到后来，我也没有看过。最近，我在翻看有关瞿的有关材料时，才知道这是王翚的绢本青绿山水《芳洲图》，是画家七十六岁时的巨幅佳作。瞿曾回忆家族对此画珍爱备至，平时从不轻易示人，如遇家族喜庆之时，或是新年佳日，才取出在大厅上悬挂数日。此王翚绘画之精品，后来落实政策，由上海图书馆退还给瞿，瞿于1982年又化私为公捐赠给常熟市文管会了。

　　1968年初，瞿先生及顾廷龙、潘景郑先生等在上海图书馆的"牛棚"里度过了学习、批判、劳动的二年。凑巧的是，上海图书馆接到有关部门的指示，要求配合上海市文物图书清理小组，上报"文革"初期接收的单位抄家所得重要古籍版本的图书清单。为此，我和馆里某负责人商量后，请顾、潘、瞿在上图东大楼307室（原善本第二库）整理朱氏结一庐及陈清华藏书。这二批书是当时上海地区乃至全国范围内所发现的最重要图书，内多宋、元、明刻本及名家批校本，前者为某房管所移交上图的，后者是上图在1966年夏天，由湖南路街道委员会通知去刘洁敖（陈的女婿）家取得的，清单是我花了一个通宵做成的。这项工作他们三人用了二个多月的时间方才达成，除一份详目外，还有三人手书复写的一、二级藏品内容介绍，当时一式三份，其第一份今在我处。

　　瞿凤起生前留影不多，存留下的就更少了，我手头上居然没有一张和他的合影，甚或他的照片。在《铁琴铜剑楼研究文献集》中的"瞿凤起"照片，应是摄于他晚年，背景是在他居住的小亭子间，他睡觉的小床就在后面，家居条件恶劣。瞿的房子特别小，是一楼至二楼旁的亭子间，面积似乎不足八个平方米，方向朝北，夏热冬冷。但这就是他的卧室兼客厅，唯一的一张小桌既用来写作又充作饭桌，还可堆书并放些小物件。因为地方太过窄小，那张小床并未靠墙，靠那面墙堆放着用牛皮纸扎得很整齐的一捆捆、一包包的物件，瞿先生说那是他收集的各种资料以及一小部分书。二楼虽有厕所，但他却因腿部行动不便，改用放在床边的马桶，马桶的后面又是扎好的书和资料，实在是蜗居。前来探视瞿先生的访客，在针锥之地也只有一把椅子的立足之处。

老先生原来的居所并非这样的，他住在上海北京西路1290号二楼，一大一小两间房。我每年春节年初一上午都先去西康路北京东路口的顾师、潘师家拜年（顾在二楼、潘住三楼），然后再转至瞿家。竟有那么巧的事，偌大的上海滩，他们三人竟然住在走路不到两分钟的距离，转个弯，就到了。1981年2月11日瞿先生致孙楷第函有云："承询敝居，仍住旧处，原租居一大一小两间共三人，闺女患心脏病，运动伊始，受惊先我而行，现与贱内被迫退居残破之双亭子间之外间，迟迟尚未落实。地处北向，夏暖室温高达四十度以上，冬凉低至零度以下，不能生火，难作羲皇上人。又患腰脊骨肥大生刺，影响骨神经，举步艰困，少行动，血脉欠流通，足又患冻疮，五年未赴图书馆工作。"

晚年鳏居孤寂

瞿先生的晚年，可以说是有些"惨"，在身体上，体弱多病，腰脊生刺，大便不畅。每戒独步，不能访医，怒焉忧之。1983年2月10日他致古里编史修志人员吴雍安函云："由于体力日衰，腰脊增生，医药无效，行动不便，一切收效甚微。近数月来，贱内患肺病，亦难以相依为命，近勉得一保姆，来数小时帮忙，暂度难关，总觉得心绪不宁，所处北窗斗室，夏热冬冷，体衰者尤感困难。高唱苦经，要非得已，千万见谅。"同年6月28日，又有致吴雍安信云："近一两日来，气候不正常，内人终日呻吟床褥，我本人于六月十日亦发烧四十度以上，经打针后，热度虽退，但四肢无力，胃纳大减，睡眠困难，尚未复原。"

而家庭的变故，使他受到的打击更大。1966年11月6日，先生的独生女儿佩珍，因"文革"初期，目睹骚乱，又受抄家惊吓，病情愈发恶化，终于先行离去，终年三十有九。他曾在一篇《己未除夜有感》云："子未期而疡，女亦不中寿而殁，无后为大，后顾茫茫，每生身后萧条之痛！闻邻室之合欢，三代同堂，儿孙绕膝，开怀畅饮，欢乐之声，连连达耳，几家欢乐几家愁，不啻天上人间。老伴相对无语，有言不言，免彼此心痛，其无声之诗，无弦之琴乎！"

瞿师母李蕙华是1983年11月16日离世的，年七十有五。师母二十岁时嫁入瞿家，自此之后，鹣鲽情深，相偎相依，瞿先生的饮食起居，俱为师母悉心照料，以致体力日衰，终致不起，忧惶而殁。老太走了，先生没能去送，因为他走路迈不开腿，那个时候又没有轮椅，他哭了，大哭一场，哭得很伤心，几十年中都未曾有过。

在生活上，鳏居孤寂的他，曾经告诉过我的同事，说他平常是"吃百家饭、百家菜"。那是因为家人都走了，他不方便上下楼，也不能去小菜场，即使有食材他也不会做，舌尖上的事都靠亲友们、邻居们在帮助他，有一位阿姨临时照顾他的起居。居房的政策迟迟不能落实，夏天40℃的高温，没有电风扇，汗珠似黄豆似的滴下，有如挥汗成雨；冬天窗户上的冰花，刺骨的寒风从缝隙中侵入，使他穿再多再厚的棉衣也无奈其冷，真是砭人肌骨。斗室里一盏支光并不高的电灯，更显得有一种莫名的低调惨状。

瞿先生知道自己来日无多，本想留有遗嘱，但他去世后，在他的枕边发现的一块纸片，上面仅有两行小字，为："瞿凤起遗嘱：姓名、别号、出生地……"没有人知道他想继续写些什么，他或许认为他要办的事都已办妥，也不想去写他最后想说的话了。

回顾过去杖履瞿先生的二十多个春秋，他的音容笑貌有时会在我的脑海里浮现。他是一位极为平凡的人，"文革"前的上海图书馆善本组，仅有顾廷龙、潘景郑、瞿先生、吴织和我，每天虽是早上八时上班，但潘、瞿二位却七时多一点即到馆了。我的印象里，他个子不高，曾生过肺病，右腿有残疾，是一位手无缚鸡之力，从不与人发生纷争，身体虚弱的学者。他似乎从来没有穿过什么新衣服，永远是冬天一领蓝色旧丝袄，夏天一袭白色旧汗衫，尤其是炎暑，一把蒲扇不离手，一块毛巾挂颈项，那是他时时要用来擦汗的。他唯一的嗜好是抽香烟，但又非常节俭，平时抽的是"勇士"牌，最便宜的那种，每包七分钱，而且每次只抽半支，另半支掐熄后放在烟盒里留下，下次继续接上新的。而"飞马"牌0.28元一包，"大前门"0.31元一包，能抽上这两种牌子对老先生来说，真是"奢侈"之事了，而又遑论"牡丹""红双喜"？

对藏书，一生没有遗憾

1975年，上海图书馆为培养古籍版本目录专业的人员，办了一届训练班，学制一年，瞿先生也参与授课，教材共十七讲，潘景郑先生讲了六课，我讲了五课，瞿讲的是方志以及金石。退休后，他也没有闲着，顾廷龙师为《中国古籍善本书目》工作汇报事，于1983年2月22日有致笔者信，云："上次给刘季老及图书馆局的汇报信，第二页末一行'至今迄未提出意见'云云，我读了再三，深感内疚。我们自己看了没有？我希望你们几位无论如何挤出时间补补课。你们研究一下，如何安排力量，我想瞿老在家，送一份去请他看看，能看出多少是多少。其他见缝插针了，你以为何如？"刘季老，即刘季平，时任北京图书馆馆长、《中国古籍善本书目》编委会主任委员。那时瞿先生退休在家，我见信后，即将已完成的《书目》的油印本，送了一套给瞿审阅了。

铁琴铜剑楼是中国著名私家藏书楼，瞿氏家族历来以耕读传家，淡泊功名，几代楼主以藏书为乐，前赴后继，不遗余力地收集图书，而又藏而不秘，对有求者提供阅览，并刻印流布，化身千百，他们为中华民族的文化传承做出了特殊的贡献。

清黄宗羲在《天一阁藏书记》中云："尝叹读书难，藏书更难，藏书久而不散，则难之难矣。"历来藏书家皆眷眷于其子孙，所以收藏印中常有"子子孙孙永宝之"之语，但尽管如此，鲜有传及三代的，以再传而散为多，及身而散者亦不乏其例，故藏书家鲜有百年长守之局。当年的四大藏书家，丁氏兄弟经商失败，八千卷楼的藏书全部转让江南图书馆；陆氏皕宋楼楼主陆心源殁后，藏书为其子树藩于1907年售与日本岩崎氏静嘉堂文库；而杨氏海源阁则迭遭寇乱，藏书损毁很大，加上后裔凋零，所藏星散后，多归于北京图书馆。而只有瞿氏书藏五代，即使太平天国、抗日战争，也费尽心机保护。

五十四年前，我追随上海图书馆馆长顾廷龙先生习版本目录之学，潘先生和瞿先生亦在旁协助指导，他们三人是中国当代最重要的版本目录学家、文献学家，当时顾师57岁、潘师53岁、瞿师52岁，这也是他们处在版本目录实践中的顶峰时期。然而，三人中最先去世的却是瞿，那时我远在大洋彼岸的美国作图书馆学研究，直到我的同事来信我才得知。顾师仙逝是在1998年，我即请假专程飞北京在八宝山参加追悼会，见顾师最后一面。而潘师则是2003年我飞沪休假，即在旧日同事的电话中得知先生刚走两天，所以我赶上了去"龙华"送潘师最后一程。如今，在中国图书馆学界中，再也没有出现如上海图书馆那样的人品高尚、业务顶尖的"三驾马车"了。

瞿凤起的一生没有辉煌，也没有遗憾，他这几十年中见证了太多的藏书故实，我相信他的信念和目标，就是要保护先人的藏书，他也清楚地知道，先人收集之难，子孙谨守不易，以他三兄弟之力，是无法继续延长藏书楼的命运，他曾云："铁琴铜剑楼藏书，肇始于高祖荫棠先生，及余五世，已越一百五六十年，私家收藏，经历之长，仅次于四明范氏天一阁，并得有妥善归宿，可告无罪于先德矣。"（《铁琴铜剑楼藏书题跋集录》）

"文革"时，瞿氏家族包括其祖、父、母、伯父、伯母坟茔俱被毁。瞿先生的晚年又是如此之不幸，甚至可以说是悲惨。不过我想，他遵其先世之遗训，完成了一项伟大的工程，祖上留下的藏书基业终于在他的手里得到了全部的释放，得到了最好的归宿。他将藏书化私为公，是他家族的骄傲，是对先人最大的告慰，他可以放心地走了。如今分藏各处的瞿氏藏书安然无恙，有关部门当前又有新的古籍保护计划在实施。所以，为国家、为民族保存了那么多善本书的瞿凤起先生，当可含笑九泉。

2013年10月6日

一掬笑容何处寻　千秋矩矱仰前型

——怀念昌彼得先生

十月末，我对要随同去台北的两位同事说：我们到台北后，一定要抽暇去探望昌彼得先生，他是我尊崇敬佩的台湾地区最重要的版本目录学家。然而没几天，艾思仁（J.S.Edgren）兄自美国飞广州，饭局前，他突然告诉我，听说昌彼得先生去世了。这让我吓了一大跳。忙问：你怎么知道的？听谁说的？艾兄只是说：听说的。当天晚上我上网查核，却没有任何报道，我真不希望这是事实。

11月3日下午，我从广州直飞台北，早已在桃园机场等候接机的是台北"国家图书馆"特藏组的黄文德先生，寒暄之后，我直截了当地就问起昌先生的事。黄先生告诉我：昌先生的追思会，在上个星期就开过了。次日，我在台北大学举办的第二届汉文献国际学术研讨会上，又见到了陈仕华兄，他在昌先生御鹤西归时协助家属操办后事，又是《昌彼得先生传略》的撰稿人。仕华兄说，昌先生走后，他就想尽快通知我，但一时联络不上。

昌先生是湖北孝感人，1921年生，本名瑞卿，因幼时受洗，教名彼得。号蟫庵，晚年又号宗陶老人，盖仰慕元儒陶宗仪也。1945年夏，自国立中央大学历史学系毕业后，即由系主任张致远教授介绍至国立中央图书馆特藏组服务。1949年"中央图书馆"之善本文物运送台湾，昌先生为押运人员之一。他自1954年起任央馆特藏组主任，1970年转任台北故宫博物院图书文献处处长，1984年升任台北故宫博物院副院长。他在央馆特藏组前后25年，在台北故宫博物院也有30年之久。

昌先生号蟫庵，那是有来历的。蟫者，本义为生活在衣箱、书箱深处的虫，别名蠹虫，俗名蠹鱼。这是因为昌先生与古籍善本长期为伍，又读南宋名相李刚"平生长作蠹书蟫，老去犹资慰我心"句，故以"蟫庵"名。说起"蟫"（蠹鱼）字，津与昌先生却是有些缘分，昌先生的集子即名《增订蟫庵群书题识》及《蟫庵论著全集》。无独有偶的是，津亦常以"老蠹鱼"自称，我的著作中《老蠹鱼读书随笔》及《书丛老蠹鱼》二本即是。盖因清徐畹芝有"浮生愿向书丛老，不惜将身化蠹鱼"，张元济有"我是书丛老蠹鱼，骆驼田畔自欿歟"句。无论是"蟫"、还是"蠹"，那都是津追随前辈菊老、昌公之后，在书丛残编中寻觅乐趣，做一点力所能及的事而已。

在中国现代图书馆学界里的版本目录学家中，值得我倾慕服膺的大家不多，除了顾廷龙、潘景郑、赵万里、冀淑英之外，昌先生也是我心仪的人杰大匠。我以为是版本目录学的实践造就了昌先生，他是台湾地区经眼善本图书最多的学者，无人能望其项背。昌先生在特藏组专司善本的编目工作，央馆所藏善本计一万二千部，从1946年5月到1948年12月，两年多里，他编了2000—3000种明代善本书。后来，昌先生说："每天上班开箱吹晾图书，就此机会，将当年未经我手考编的书，全部阅览一过。原来不敢接触的佛教典籍，因编印书目的需要，也细心地看过，去了解它的分类指向。""过去我不敢接触的宋金元版，此时因奉命编《宋版图录》《金元版图录》而予以全部检阅……一直到五十四年全部善本移运台北的十一年多时间，是我一生的黄金时代，在版本目录学方面的知识与经验充实了许多。"

我手上有两套《蟫庵论著全集》，上下两厚册，其中一套是台北故宫博物院冯明院长所赠。我曾读过其中的一些篇章，我以为如果没有大量的实践，是很难写出如《中国旧籍编目谈》《古书作伪举例及如何鉴别》《鉴别版本的办法》《我国版本学上的几个有待研究的课题》等一系列的专文和论文。

由于两岸一度隔绝，昌先生对于中国传统文化的贡献，以及他在文献学、目录学、版本学上的造诣，很少为大陆学者所知悉，他的著作及编著的工具书、参考书也不为国内研究者所了解。昌先生著有《中国目录学讲义》《图书版本学要略》《版本目录学论丛》《增订蟫庵群书题识》《蟫庵论著全集》。在"中央图书馆"期间，他主编了《"国立中央图书馆"善本书目》《台湾地区善本线装书联合目录》《台湾公藏宋元本联合书目》《宋本图录》《金元本图录》《明人版画初辑》《台湾族谱解题》等；编辑《宋人传记资料索引》《明人传记资料索引》，又参与编纂《四库全书索引》四种。在台北故宫博物院期间，又主编了《故宫善本旧籍总目》，主持影印《历代画家诗文集》《元人珍本文集汇刊》《明代艺术家集汇刊》(又《汇刊续集》)《故宫丛书》《明代版刻丛刊》《文渊阁四库全书》《宛委别藏》；推动出版了《宫中档奏折》《起居注册》等。特别要提出的是，1969年，台北"中央图书馆"与汉华文化事业公司合作，影印《善本丛书》十一种，由时任特藏组主任的昌先生编选，元代至正元年(1341)资福寺朱墨套印本《金刚般若波罗蜜经》即为其一，此本比欧洲第一部带色印刷的德国《梅因兹圣经诗篇》早了116年，而此影印本，仿其原式，力求逼真(按：我曾多次调阅原本及影印本鉴赏，此经去年又由台北"国家图书馆"再次影印，为巾箱小本，可爱至极，我珍藏的一本为"国图"馆长曾淑贤博士所赠)。

这真是一份亮丽的成绩单。昌先生的这些书大部分我都用过，他50、60年代写的善本书志，我在1986年在美国做访问学者时就已拜读，后来在"哈佛燕京"时又全部复印存档。我深感昌先生的博学，也为他积极推介珍本秘籍、影印稀罕孤帙而起敬称羡。先师顾廷龙先生在1996年2月致我的信中，谈到哈佛燕京图书馆的馆长吴文津先生，有云："为事业着想，忠于事业之人，最可钦仰。"

这句话，亦适用于昌先生。

我第一次见到昌先生，是在1999年4月，那是我第一次去台北，是"中央研究院"文哲所邀请的，在台十八天，除了一次演讲外，都是自由活动。我到台北后，即由潘美月教授向昌先生报告。昌先生立即决定要请我吃饭，那天在台北的福华饭店就座的还有潘教授夫妇、荷兰莱顿大学汉学图书馆的吴荣子馆长。我印象中昌先生身着蓝色唐装，但席间谈的什么内容却一点儿也记不起来了。使我最为感动的是，在饭局结束后，昌先生提出要他的司机送我回"中研院"学者交流中心，那是我住的招待所。我说：这怎么行，那是您的专车，我可以打个车回去的。昌先生说：你是我的客人，理应要送你，况且你是第一次来台北，我自己会要出租车的，你不要管。面对这样质朴的前辈，我只能从命。第二天，我上午即去故宫，专程致谢。在昌先生的办公室里，他将他的《增订蟫庵群书题识》送给了我，中午又在故宫餐厅招待了我。

有道是：受福无疆锡纯嘏，杖朝有典祝遐龄。由于昌先生在台北地区的德高望重及他对学术界的贡献，2004年，他的学生们为贺其八五之诞，发起编了一本《昌彼得教授八秩晋五寿庆论文集》，次年由台北学生书局出版。津不揣其陋，也写就小文《说"本衙藏板"》一篇，以恭贺先生寿诞。

我不知道昌先生在大陆还有没有亲戚，但我知道他有一位好友——潘天祯。潘天祯先生是南京图书馆前副馆长，也是《中国古籍善本书目》编委会的副主编，我们在一起工作了八年。早在1981年初，《书目》的覆审工作在上海进行，当时还有主编顾廷龙先生、副主编冀淑英先生、顾问潘景郑先生，以及沈燮元、任光亮和我，我们同在一间大办公室工作。潘天祯先生曾告诉我，他和昌先生是南京中央大学同学，相处非常融洽，两个人的酒量旗鼓相当。2002年11月，我到南京，专程去探望了潘先生。我告诉潘先生："我曾在台北见到昌先生，也说了您参与编辑《中国古籍善本书目》的事。昌听了很高兴，他说：

可惜我们不能再聚在一起喝酒了。"当时我还对潘说：这种人为的原因，使得海峡两岸的同学友朋不能握手而把盏尽欢，太遗憾了（2004年1月，潘先生因胃癌，也驾鹤西去）。

1989年2月末，昌先生出席了在美国研究图书馆组织《全美中文善本书联合目录》国际顾问会议。会议是在华盛顿国会图书馆召开的，顾师廷龙先生也参加了。事后，顾师告诉我，他见到了昌先生。而当年的4月，昌先生有信致顾先生，将顾先生所需之台北央馆所藏清职思堂抄本《读史方舆纪要》参考之页复印，并托友人带沪转呈。那时顾师在做顾祖禹《纪要》的稿本研究，想影印出版稿本《纪要》，所以他需要台北央馆藏本来作比对，而昌先生助了这一臂之力。90年代中，两岸的文化交流，进行得仍然十分缓慢，但昌先生还是抓住了一次机会，去北京参观访问。他告诉我，由于他的身份是台北故宫博物院的副院长，是特任官，所以非常低调，没有几天就返回台湾了。我知道，那是1996年8月，昌先生还抽暇参加了在北京饭店颐园召开的《四库存目丛书子部》出版的庆祝会。这些事，在《病榻忆往》里都没有提到。

近百年来，中国图书馆学界里，出了不少知名的学者、专家、教授，如缪荃孙、柳诒徵、沈祖荣、袁同礼、蒋复璁、皮高品、李小缘、汪长炳、姚名达、裘开明、王献唐、王重民、赵万里、屈万里、王大隆、顾廷龙，等等，他们在分类法、目录学、版本学以及图书馆的管理上都做出了非凡的贡献，可是，在这些高才伟器去世后，后人虽会记得他们，但是几十年来为这些先达树碑立传，或有关研究他们的专著却少有出版，而写出年谱者，仅有程焕文兄的《裘开明年谱》及我的《顾廷龙年谱》而已。我注意到的是，即使是这些人物生前自撰的回忆录也不多，我看过钱存训先生送给我的回忆录《留美杂忆——六十年来美国生活的回顾》，我也读过昌先生的《病榻忆往——宗陶老人自述》（一至五）。

在昌先生的所有文章中，文字写得最活泼、最真实的就是他的回忆录《病榻忆往》，也是我最喜欢读的。回忆录最初发表在陈仕华兄主编的《书目季刊》

上，但仅发了两期就停止了，后来交由《"国家图书馆"馆讯》分五次刊登，其中前两篇系转载原《书目季刊》所刊。那是在他大病初愈后的2004年开始撰写，直至2007年10月完成前二篇，他说得好："小人物的传记，本来令人乏味，但我一人经历北伐、抗战、内战，来到台湾已近一甲子，目击台湾由贫穷进入小康，再由小康而富庶，又逐渐停滞而衰退，……记录下来，或许能供修史者的一条线索，倘若我的学生想替我写传记，有若干他们不知道的逸闻趣事，可供参考。我若以说故事的方式来表出，也可供茶余酒后聊天的资料。"回忆录分22个章节，总共4万字。对其身世、童年、高中、大学有详细的回顾，之后进入"中央图书馆"在特藏组的工作、押运善本去台、"央图"在台北复馆、蒋复璁调长故宫、兼任故宫、故宫专任、筹办杂志等亦多有叙述。我隐隐感到叙述似乎有意犹未尽之感，大约是昌先生的身体条件，只能是在淡水小筑里静思疗养，而不允许他超负荷地工作之故。

记得2004年初我应台湾大学的邀请，前去一星期，除去演讲，又看了不少台大图书馆所藏善本。陈仕华兄还开车带我去昌府探望先生，那次我带去的礼物是刚出版不久的《顾廷龙年谱》，算是"秀才人情纸一张"。昌先生坐在轮椅上，由他的长公子推出来和我见面。他的精神很好，他告诉我，"国立历史博物馆"曾派了一位女生对他进行采访，想做口述历史的整理，并且还录了音。但昌先生的一口湖北孝感话，以及版本目录学方面的造诣，却让在台湾土生土长的女生无可适从，又由于口述历史的计划未获"文建会"的资助而告中辍，所以女生去了四次就停止了。我当时还想，如果我有时间，在台多待三个星期，那一定可以整理出若干万字的文稿来。

我也想做前辈的口述历史，那是1986年4月至1987年9月，我在美国纽约州立大学石溪分校作访问学者，其间我去了七八个东亚图书馆，大看中国古籍善本，尤其是在哥伦比亚大学东亚馆，我还了解到有关口述历史的情况，特别是唐德刚先生为胡适、李宗仁先生做的口述历史整理工作。1987年10月，我返沪后不久，很想做的一件事就是想为顾师廷龙先生、潘师景郑先生录音，我希望将他们的早年，以及和古书打交道时的所见所闻，一生中所做的重大事情做详细的回忆录。但是，那时的"气候"不对，我向当时主事的副馆长申请购买录音器材时，他以"根本就没有钱"回绝了我。

有一件事，是我始终也没有弄明白的，那就是：1990年4月，我离沪定居香港，两年后的4月末，我又去了美国，在哈佛大学哈佛燕京学社任访问学者。没多久，在哈佛燕京图书馆，台湾大学潘美月教授告诉我：你到香港后不久，昌先生就知道了，他很想请你去台北工作。我不知道在当时的那种情况下，我从未和昌先生有过通信，而我又是一个无名小辈，我居港的消息竟然会为昌先生所知悉。后来乔衍琯先生于1994年给我的一封信中有"前年秋路过香港，承昌彼得先生之命，电询中文大学，而文旆已去美国，致未能识荆"之语。"前年"，也即1992年。

昌先生在台湾，于中华传统文化贡献良多，且桃李满园。津去台北数次，每次皆蒙召见，最后一次探视先生，只觉得先生仅有重听及腿脚之不便，余皆好也。我没有想到的是，虽然台北有良好的奉养环境和优良的医疗照护，但都没能挽留住昌先生，他走得太匆遽了。青山虽在，哲人其殒。昌先生将他的一生都贡献给了台湾"国家图书馆"和"故宫博物院"了，他的《蟫庵论著全集》和其他著述，正是他留给后人的学术思想及遗产。撰联高手张佛千先生曾赠昌先生联云："举杯必干，和牌必大；读书务博，考订务精"。这确实勾勒出了昌先生闲暇时豪放不羁、潇洒跌宕以及做学问之博闻强识、一丝不苟的作风。

昌先生生于1921年，卒于2011年，享年九十一岁。大约每个人骑鲸西去前，都会带有一点留恋和遗憾，他们会给后人留有夙愿，昌先生也不例外。他的遗愿是质朴无华的：两岸和平永续，国泰民安，中华文化弘扬世界。诸君好友一同，身体健康，心想善成，平安幸福。

2011年12月3日

天夺老成　风凄雨泣

——悼念田涛先生

真希望这个传言不是真的，而是以讹传讹，就像20世纪40年代时，郑振铎先生在上海突然失踪，惹得朋友们担心不已，就像胡道静先生的"死讯"使柳亚子先生为之作悼文一样。我不想听到这样的传言，但它却是真的。田涛真的走了，这对我来说，真不敢相信。

4月20日，深圳，中午在朋友的一个饭局上，"尚书吧"的主持人陈兄在手机上获得讯息，他告诉我说：田涛走了。我一时竟没有听懂，愣住了，就问：什么意思？陈兄说：我当您已知道了呢，田涛已于前日在成都机场去世。说话间，他又取出手机，寻找更多更新的资讯。田涛去世的消息，在座闻者莫不深痛。——我失去了一位良师益友，一位好兄弟。

当晚回到广州，我一直寝食不安，脑海里尽是田涛及与他有关的事。田涛是中国政法大学教授，一位坦率磊落的学者，是不设城府、堂堂正正的君子。我记得和田涛的第一次见面，是1995年，他来哈佛大学哈佛燕京图书馆参观访问。大约是都对古籍善本有着莫名的感情，所以共同的话题很多，我们就藏书、编制善本书目、善本书志以及版本鉴定交换了意见，谈得很开心。有意思的是，那天中午，我们去哈佛广场的"燕京"餐馆午餐，还未出馆门，他拍了一下我的肩膀，叫我一声："老弟。"我一听，就笑着问他："田先生，您真比我大？"因为北方人个头大，有时看上去会与实际年龄差一截，反之我是南方人，体态偏弱，所以我断定田涛年龄不一定比我大，结果他报出的年龄比我小两岁。他笑着说："哎哟，那我应该尊称您为老兄了。"这以后，他都称我为"沈兄"，而我则直呼他名。

田涛对我的帮助很多，举一小例证之。我在十年前，曾做过一个题目，是写明代的书价，因为书是传播文化的重要工具，书价高低，影响文化传播之广度。明代书价情况，后人鲜有专题研究，张秀民《中国印刷史》亦仅录有三例，均为第二手资料，能见到原钤在明代版本上的书价木记者极为难得。五十余年来，我仅在海外及台港等图书馆看到十余部，国内几乎未见，所以我想写一小文，对其时商品经济作些探索。我之前曾为在明代刻本上钤有书价木记事，请教过潘景郑先生、冀淑英先生和沈燮元先生，知道上海、北京、南京三个图书馆都未入藏这种钤有书价木记的明刻本。后来，我打了个电话给田涛，询问他有无见过此种木记。他告诉我，他藏有一部印谱，上面有书价。他的回答令我很激动，因为我一直认为国内此种木记太稀见了。三个星期后，我盼来了田涛兄寄来的复印件，果不其然，这正是我所需要的。

他寄我的复印件是《考古正文印薮》五卷，明张学礼等辑，明万历十七年（1589）刻钤印本。这部书很难得，我曾见香港中文大学图书馆有一部，但没有扉页。田涛所藏有扉页，刻"墨刷朱砂印，上白供单纸，宋笺壳衣，勘绫套，每部价银壹两贰钱"。又刻有："历观先代诸家印谱，及我皇明诸世家所藏古印，惟武陵顾氏为犹富。隆庆辛未间，作谱廿册传之。原印仅千余方，名曰《集古印谱》，亦一时奇观也。旋即增为七千有奇，未加校择，翻为木刻，更名《印薮》，海内始有鱼目混珠之叹矣。今予兹选，皆目及秦汉真文合于六义者，勒之铜石，印于越楮，与好古者共之。万历己丑春仲中和道人识。"田涛兄的善本藏书有数百部之多，其中不乏难得之本，而此《考古正文印薮》，正是奇特之稀见本，即此一帙，已如景星庆云矣。

徽州文书是田涛收藏的特色，《田藏契约文书粹编》则是"田涛藏契"系列的一种，2001年由中华书局出版，这是从田涛收藏的大约五千余件契约文书中挑选出来的。田涛收集契约文书，始于上个世纪的70年代末，那时的他已结束了近十年的"上山下乡"生活，一面在大学读书，一面在某家建筑公司做预算工作。那时，他结交了一些来自河北、山西等地的民工，这些民工朋友知道田涛喜好藏书，就从他们家乡寻觅"文革"劫余残存的古籍，但所获甚少，于是搜集了一些买卖田亩房产的契约送给他，这就是田涛收集契约文书的开始。此后，田涛又亲自去大江南北、黄河两岸搜集，并多有发现。他先后十余次从安徽的歙县、屯溪、休宁、黟县、祁门、绩溪，乃至后来划归江西的婺源收购，收藏的数量不断递增，竟有千余件之多，颇似贫儿渐富。这些文书始自明代天顺，迄至清代宣统，前后四百余年，其中甘塘洪氏编年契约最为珍贵，它集中了明代万历、天启、崇祯、弘光、隆武，至清康熙、雍正、乾隆共二百多年间八九代人的全部田宅文契，按年代抄录汇集，是研究者了解洪氏家族经济、社会关系的绝好见证。田涛是懂行的人，他不仅先他人涉足此领域，而且在众多收藏中披沙拣金，得宝连连，若以残破之皮相取，则失之交臂矣。

《粹编》计三大册，精装，其中收录最早的契约是明代永乐年间的两件，其第一、二册为土地田宅买卖契约，共586件，第三册收有拈阄分配的"阄书""分书"，以及民间的"遗嘱""典当""合伙""婚书""庚帖""礼单""摇会""合股""租赁""赠与""借据""行票"等，这些文书小到私人印章、指纹、花押、印花，大到中央部院、省、县、村、保甲各级钤印，都完整地保留，显示了文本的原貌。可以想象，要从所藏五千余件文书中去筛选、分类、整理，其工作量之大、之不易，更不要说由于这些契约保存的情况较差，出版时的大量修复工作等事了。这是一个工程，所以田涛和他的几位同人五易寒暑才将编辑工作基本告竣。

我以为将个人珍藏的文献不仅去作研究，而且编辑出版、化身千百，这并非仅是"学术乃天下之公器"意识，这实在是一种精神。有道是：典籍流通，千古盛业，信今传后，夫岂易言！田涛并不是一位伟大的人物，他只是一位凡人，一位学者，一位教授，但他有思想，他想到的是物尽其用。一般来说，藏书家但知秘惜为藏，不知传布亦为藏。后来，田涛告诉我，《粹编》出版后，里面所收的文书全数捐给了清华大学图书馆，这又一次的"化私为公"，实在是对田涛高尚品格的最佳诠释。

我留在美国家中的一本《法兰西学院研究所藏汉籍善本书目提要》，为田涛所赠，这是田涛做的一件功德无量的事。法兰西学院是法国最高学术机构，而隶属于这个学院的汉学研究所则是法国研究中国传统文化的中心。研究所收藏的中国典籍较多，在欧洲颇有声誉，但对于国内研究者来说，却难知其详，更是不得其门而入。1997至2000年间，田涛三次赴法，为该所收藏的善本撰写提要。《提要》是2002年中华书局出版的，计收140余部善本古籍，细读之下，不禁要为田涛击掌，因为《提要》中有些是国内未藏的罕见之本，如(嘉靖)《南丰浚仪赵氏族谱》不分卷，明嘉靖二十六年（1547）刻本，《中国古籍善本书目》未著录，此书不仅有史料价值，而且在卷末刻有刻印工匠姓名和"光板人""装订人"姓名，这是研究中国印刷史的重要材料。又如《诸神谱》，收录了明清两代北京地区民间祭祀各种神仙图谱127幅。他还揭示了清初抄本《续金瓶梅》所用衬纸，是清康熙间纂修的《江宁府志》。

后来田涛告诉我，他去法国写这本书志，什么工具书都没带，就带了我的《美国哈佛大学哈佛燕京图书馆中文善本书志》(上海辞书出版社)，他在《提要》前言中说："一九九五年我曾访问过美国哈佛大学，遇到在哈佛燕京图书馆工作的古籍专家沈津先生，当时见他案头积稿盈尺，知其是为编纂哈佛燕京图书馆的善本提要。越四年，则收到沈津先生寄来的《哈佛大学哈佛燕京图书馆中文善本书志》，这部历时八年的精心之作，成为中外古籍研究的圭臬之一，也是我们此次编纂善本书目提要的主要参考工具书，尤其是对于明代版刻的一些考订，得益于此部著作甚多。"

田涛有一本小书，叫《田说古籍》，薄薄的，才八万字，即使是卧游，花个把小时也能读完。我读《田说古籍》是当小说去看的，看他的收书经历，听他讲自己的故事，内容鲜活，生动而不做作，不像有的讲古籍版本的书，因为太多的人云亦云，十人一面，真知不多，"文抄公"似的抄来抄去，读者看得不舒服。记得有一天晚上，北京书目文献出版社的朋友请吃饭，在座的还有一位编辑，听说我饭后要去田涛家，而田涛又在饭店门口等我，就问我可不可以一起去。我当时很希望这位编辑能在《田说古籍》的基础上继续采访，加多内容，出一增订本。但此事不知何故没有进行下去。

田涛的著作还有《第二法门》《被冷落的真实》《我说我想我自由》及《接触与碰撞》等，还印过清高凤翰的《砚史美释》，并主编《中国珍稀法律典籍续编》十卷本、《黄岩调查报告》、《徽州调查报告》等。

我去过田涛家几次，有一次，他献宝似的指着排列整齐的书柜，那里面都是清代各朝的《则例》，还有不少线装古籍。我以为，私家收藏《则例》如此有系统且数量如此之多，当无人望其项背。他问我想看点什么，说着就取出了一部明内府刻本，书名我不记得了，但印象很深的是那部书纸墨妍丽，新若未触手，所以我就说，一部司礼监本流出数百年，而护持慎密如此，不仅足佩，亦大所不易矣。田涛也有同感。我最想看的就是田涛藏的那些奇奇怪怪的东西，或是别人不曾注意的。于是他又拿了一本明末刻本的小类书给我看，那是他刚请修书师傅修好的书，书倒是冷名头，我说好，这部书难得。他说，查过一些善本书目，都没有著录。

还有一次，在他家里看明代的讼状，真正的法律文献，极为难得，这也使我眼界大开。因为我的印象中民间老百姓手举讼纸告状，是得自电影、电视剧里的情景，小民呼天抢地地喊一声"青天大老爷"，于是一纸诉状呈上。但我从未见过这种已经拓裱了一层的大张长方形的原件，格式是印好的蓝字，黑字是填上去的。原来田涛所藏得自浙江兰溪市，因为台风，使乡下祠堂损毁，由此发现祠堂内墙的夹层，而数十张明代讼状亦破土而出，重见天日。田涛在浙江有不少眼线，卧底四方，供给他有价值的旧书文献"情报"。田涛告诉我，他在得知"情报"后直接赶去兰溪，验过原件后立马买下带回北京。

我记得，第一次去北京看他，他请我吃的是饺子，他专门开车去一个很大的饺子馆，几十种不同的饺子任选，原来那是享有盛名的"老边饺子"。我当时还想，这样规模的饺子馆，不仅美国没有，在上海我也没有见过。那次他还叫上了宋平生来作陪。有意思的是，他陪我逛琉璃厂，我们似乎是先去了马未都的店里坐了会儿，去其他店铺时，竟有很多店主和他打招呼，十分热情。我说你人缘真好，他答说，前一阵子，他时常在电视台做节目，收视率不低，看的人多。我开玩笑说：你怎么变成明星了？他说，电视台一时找不到人，拿他来充数了。

我和田涛最后一次见面，是在去年的一月，我从上海飞去北京，他接到我的电话就问"你在哪里？"我说我在北京，他说太好了，我现在天津办事，今晚就赶回来。第二天上午九时，我如约赶至他家。他说十分钟前就到楼下等着了。这就是田涛的待友之道。那天是2012年1月10号，同去的还有广西师范大学出版社何林夏董事长、文献分社雷回兴社长和社科分社汤文辉社长。那天，田涛将他收集的徽州文书拿出来，请大家鉴赏。只见他从客厅后的一间屋子里搬来一只皮箱，后来又从另一角落里"踢"出一只皮箱，里面是放得满满的未裱的文书。后来汤社长对我说，田老师家藏品琳琅满目，令人目不暇接。汤社长日记（前几天汤发给我的邮件）载："田老师表示，我们既然是沈老师的朋友，可以常来。我亦提到将同梁治平、王人博等做一套法学方面的书。得田老师赠送书一本,《接触与碰撞——西方人眼中的中国法律》。何社长及回兴亦得赠书。沈先生与田先生互相签赠图书。沈先生突然找不到老花眼镜,后来田先生发现在他的上衣口袋里,我惊奇道:原来两位老师的眼镜是可以互换的啊?何社长答道:老花镜就可以。其后签字时,田先生又从桌上拿起沈先生的眼镜,用完折叠好就往衬衣口袋一放,沈先生连忙提醒:'那是我的!'大家一时大笑。""我用 iPad 拍摄的照片若干,我们几个人,都在其中了。中有一幅沈先生与田先生互相签名赠书的照片,弥足珍贵。田先生已经驾鹤西去,这些影像文字,就是留给我们的念想了。"

云天远隔,万水千山。我在今年春节前还打过一个越洋电话给他,问候他并提前拜个年,他只说最近很忙,有很多事要做。没有想到的是,这竟然是我和他之间的最后一次通话。在我印象中,和大洋彼岸的田涛并没有见过几次面,甚至没有拍过什么合影,但似乎已是很熟的朋友了,我们之间没有客套,谈话也是直截了当地进入主题。他偶尔有信给我,而我也只是打电话问候或请教他什么问题而已。

真的是盛会不常,知音难得,追念前游,宛如梦境。田涛走得太快了,他还有许多事情要做,还有许多话要对朋友说,就像他撰写的《最后的书香门第》还未竣稿一般。我希望"田涛"这个名字,不要轻易被人们忘却,因为正是他在法学上的实践与贡献,以及他的收藏,才成就了他曾经的辉煌,也留给后人有用的"遗产"。可惜的是,他没有能继续他的事业,续写新的篇章,这是他所有的朋友最为遗憾的。

田涛走好。

2013 年 4 月 30 日

方寸之间天地宽

——记印谱收藏家林章松先生

沈 津 董天舒

一

上世纪60年代初，香港某所中学的国文课上，有一个对艺术方面很感兴趣又勤奋刻苦的学生，深得他的国文老师喜爱。由于这位学生在书法、绘画、篆刻以及篆刻收藏方面都有些涉猎，所以老师告诉他，爱好广泛固然好，可是广博便不能专精，希望他能够在这些爱好里找到自己最为热爱的一项仔细钻研。这位学生经过认真思考以后，决定要专攻篆刻。这一学，就是五十余年。

1978年的某天，香港某渔业老板觉得给他做商标设计的年轻人是个可塑之才，便跟他打赌：三个月的期限，年轻人给老板推销海产。若年轻人入了此行，他就给老板打工；反之，老板付给年轻人一年的薪水。年轻人对这个赌约信心十足，他太清楚自己对渔业的一无所知；老板则对年轻人的做事能力慧眼识珠，知道这个年轻人前途无量。三个月过去，年轻人竟然如老板所料，生意做成了一单又一单，就连他自己也感到惊诧，原来自己竟有这方面的天赋。于是，年轻人跟着老板做起了海产生意。这一卖，又是四十余年。

　　这个习篆的学生，如今收集的印谱之多、之稀有，远远超过国内的省、市一级的公共图书馆，在国内的印谱收藏界首屈一指；这个卖鱼的青年后来创设了自己的渔业公司，规模庞大。其实，卖鱼的青年和习篆的学生是同一个人，他就是林章松先生。教他国文的老师就是对林先生产生了深远影响的曾荣光先生。林先生将海产和收藏印谱这两件事结合在了一起，以海产供养收藏，以生计满足爱好。每逢国内各种重要的古籍拍卖会，林先生总是要花大把的时间查核拍卖图录中的印谱，特别看重的是自己所未藏的印谱或别人不入眼的残谱、剪贴谱。林先生能集印谱收藏之大成，一是独到的眼光，二是对印谱的执念，三是雄厚的财力做支撑，当然也少不了平日里的节衣缩食，宽打窄用。然而追根究底，成就林先生今日收藏印谱之规模的，是他兀兀穷年，矻矻终日的勤谨和笃学。也许，从商人的角度看，他是在经商之暇收集印谱，但从收藏的角度来说，他的重心却在于研究印谱，从商倒成了他搜集印谱的途径，而非目的。

　　二

　　中国人对印谱的研究，大约是从宋代宣和年间开始的。印谱不仅有着悠久的历史，而且有着极强的艺术性和收藏鉴赏的价值。今人研究印谱，大可于方寸之中，领略篆文的字体以及印文的排列疏密、参差、错综的美感；也可驰目于毫厘之外，去感受古人的思虑通审，以及各种流派的不同篆刻风范。从明清到当代，有人嗜好收集，有人喜欢临摹古代印章，有人讲究考证学术，目的不同，出发点也就不尽相同。篆刻家和收藏家将留存下来的印章荟萃成谱，而流传至今，除了继承艺术传统之外，还有一个重要作用就在于可供考证印人的流派。

　　印谱的版本复杂，如西泠八家的印谱就有很多版本，需仔细判断、区别。

如汪启淑辑的《飞鸿堂印谱》，内分不同年份的钤印，或有汪启淑像及释文，或无汪启淑像及释文；有的卷数一样，但所收印却多寡不同。而无释文的要早于有释文的。再如《求是斋印稿》四卷、四册，乃道光时黄鹓篆刻并辑，有的本子题"古闽黄鹓朗村氏篆"，蓝框，有手绘黄鹓像，原钤本有印释文。但在差不多的时间里，又有雕板印为绿框者，黄像也改为雕板，释文亦为摹刻，所以印谱也有版本之别。

中学毕业后，林先生常到曾荣光老师府上学习篆刻书法，最初，他每周按时到老师家听篆刻理论课，或者观察老师如何操刀。老师为他布置作业，下节课即修改点评。林先生的篆刻初学黄士陵，体会其中的气韵和美感，后又临摹赵之谦、吴让之等人，从上世纪六十年代到如今，林先生所刻的印章居然达千余方之多。

曾先生带他走访了不少香港地区有名的收藏家，以此开阔眼界，打破停滞不前的关口。在此期间，发生了一件令人不愉快的事：老师带他到某位收藏家中看一部很著名的印谱，但去了三次，都无功而返，因为那位收藏家对他们只说印谱找不到了，而林先生却无意间瞥见那部印谱就在桌下。

经过这件事情，曾先生悟出了一个道理，即印谱不宜私藏，应为大众所用。曾先生也因此将毕生所集藏印谱全部转赠于他，希望他日后继续收集流落坊间的印谱，成立一间印谱资料室，让所有的篆刻爱好者都能共享资源，也给相关的研究人员和学者一处治学之地，免得他们为找资料而四处碰壁，这是曾先生对他的期望。林先生后来所做的种种亦是恩师之嘱，就连他所写文章的署名也作"天舒"，那是他将老师的笔名"楚天舒"去掉前面一个"楚"字。当然，林先生一脉相承的除老师的笔名外，还有老师的勤奋与风骨。

随着林先生的收藏数量递增，种类也越来越丰富，这使他对印谱的版本有了新的认识。一些重要的印谱，在流传过程中会形成不同的版本，每种版本所收印章又有数量上的不同。序和跋中的文字，对于印人的研究具有重要的作用。至于艺术篆刻的技巧，提笔奏刀，可反映出印人不同的精神面貌，诸如：苍劲雄放，自成家数者；遒丽流畅，疏逸自然者；挺健平正，不假修饰者；敦厚圆秀，英健正雅者多有呈现。历来印人之原印，人们所见甚少，或无可得见，但印谱中多为原印钤拓，后人可以参考对比，也可仿刻学习。

　　林先生所藏的印谱除了老师的赠与，新增添的部分得自国内，据他估计，存世的印谱有6000种左右，分散在世界各地，林先生收藏的就有2000余种。至于日本、韩国，也藏有将近2000部之多的印谱。当年香港的集古斋、中华书局，有了新的印谱就会通知他去买，此外，包括上海、天津、广州的古籍书店都和林先生保持着密切联系。

　　善于思考，是智者的特质之一。林先生前几年就开始思考如何将这些印谱有效地为研究者所利用，那就是建成一个数据资料库。他开始将印谱中的信息一字不漏地敲进电脑里，有些信息可以在原书中找到，但大部分的数据是要经过查证和考据的，需要花费一天、数天，甚至要等一段时间，才能获得确切的信息。林先生设有自己的博客，博客名为"天舒的博客"。博客中每一小段文字，可能是他在堆积如山的资料中翻了很久，或在网上百般寻觅，然后结合材料写出来的。林先生对印谱的查证特别仔细，为的是避免因误判而引后人入歧途。尤其是对于一些使用同一斋名的作者，做这类的查证更是谨慎。查明资料以后，要把整本印谱一张张地扫描，而后录入谱名、卷数、篆刻者、页数、序、跋，再加上篆刻者的小传。这是一个烦琐且工作量很大的工程，耗时、耗力，所以林先生每天睡眠仅四五个小时，平时只有在身体极度不舒服的情况下才会休息一会。这项工作，林先生日复一日，居然做了二十年。

　　印谱真正见于公家藏书目录著录的很少，讲印谱的著作则更少。前人对古铜印章并不重视，认为仅是雕虫小技，故藏书家亦不重视。甚至《四库全书》存目中收录印谱也甚少，仅存明代杭州人来行学刊刻的《宣和集古印史》八卷、明代吴县人徐官撰《古今印史》一卷、明代上海人顾从德撰《印薮》六卷、明代松江人何通撰《印史》五卷、清代胡正言撰《印存初集》二卷、《印存玄览》二卷。私家书目中涉及印谱的著录则更是十不一二。叶铭《金石书目》末附传世印谱，虽然有150多种，然而多半是后人的钤印本，与古铜印谱并列，而且仅著书目，撰写得很简略。

对于林先生来说，最为敏感的或许就是印谱了。他费尽辛苦完成了《松荫轩藏印谱目录》，其中的罕见印谱，他是明察冰鉴、了然于心。家藏的700余种罕见印谱，深印于脑海。他除记谱名外，又对这700种印谱进行校对，曾在一年时间里校对了230多种印谱，写成37万字。四年前，国内某图书馆委托林先生将该馆所藏印谱目录加以校对，因此他将以前所写的《松荫轩藏印谱目录》初稿核对改动，这一工程比重新写还巨大，涉及事项更多也更为广泛，在改动中更发现了以前记录及印人题跋的失误之处。

林先生收藏印谱不是为了保值，而是为了探讨印学发展史，并补充以往研究者的缺漏之处。印谱中的序跋如与某些历史资料进行校对，会发现有些历史记载值得商榷。其次，还可以补充和考证许多名人的表字、别号、生卒年、籍贯、交友、书斋号，等等。当然，这些都要细读印谱才能知悉。

传世印谱有数千种，然而林先生却重人之所轻，轻人之所重。当收藏界对不可多得的名谱趋之若鹜，而对小谱、残谱、伪印之谱不甚重视时，他却有自己的见解。比如在拍卖场合拍得一册表面上看还算完整的印谱，然而收到之后才发现没有任何序跋及边款记载，这样的情况于林先生而言亦是多见，他就像一位经验老到的刑侦专家一样，去找寻蛛丝马迹，翻阅有关资料，幸运的话，几天便能查证出答案。当然，他有时费数月之劳，仍是徒劳无功。几十年来，林先生已经配齐了十几部残谱，其中有一部印谱仅存上半部，而下半部，他从广东、上海分了三次才陆续凑齐，使之延津剑合，破镜重圆。

再如林先生收藏的小谱《三近草堂印草》，单看此谱名，鲜有人知，或对这部印谱不屑一顾，但若提起主人名号，便众所周知了。"三近草堂"主人原来是李上达（1885—1949），辽宁人，长居北京，字达之，号五湖，室名为三近草堂。他是金城最得意的弟子之一，同门中翘楚，也是湖社、中国画学研究会、中国书画研究会成员。据说在收藏界中，要看李上达的画轻而易举，但要看李上达的印却很难，知道李上达有印谱存世的，更是凤毛麟角，这是林先生眼光独到之处。

除了残谱、小谱，林先生对伪印也有关注。有人问林先生是否参与某次拍卖，林先生说：此套印谱其实都是伪印为主，但要作为资料保存，就算是伪印，亦希望能保存全套，以便后来学者能看到全貌。林先生虽然也追求完美，却不苛求，残谱也好，伪印也罢，只要是对他人考察取证有用处，他都不遗余力地躬身为之。若收藏印谱只为了保值，大可不必计较这些，但若为了保存先辈遗留下来的文化遗产、查证史实，这却是一件极其有意义的事情。

金石藉人而传，人亦藉金石以名。篆刻始于祖龙，有印即有印人，所以印人自古有之，不过古时印人由于地位低微，被时人称为工匠，因而没留名史册，殊为可惜。为印人事迹作小传者，乃为传古人于不朽之善举，最早为清周亮工之《印人传》三卷，收58人，附见5人。清乾隆间，汪启淑有《续印人传》八卷之作，收罗128人，较周多至一倍有奇。后又有叶铭辑《广印人传》十六卷，收1551人，上自元明，下迄同光，搜辑史传，旁参志乘，以及私家记述，600年来，专门名家，不问存殁，悉著于录。如今，坊间所见当代辑录印人传之书也有所见，所载印人较之前人所载更为丰富，但存世印人之多，不胜枚举。除了开宗立派的名家以及有代表性的篆刻家外，一般名气稍弱的印人多被人们所遗忘，如：尹祚鼐（及郎）、李相定（寇如）、李德（吉人）、孙赟（汉南）、倪品之（品芝）等等，很少有人还记得他们的生平。

林先生致力于为清代印人编写小传。若没有林先生的记载，可能许多优秀篆刻家，他们的姓名就将会永远归隐于古籍之中无人问津，稀有印谱所呈现出的众多不同侧面也将杳无可寻。而且林先生不去记载大家熟知的人物，他为之立传的都是鲜为人知以及被人遗忘的人物。那一方方朱红色的印痕，透过色彩古朴的朱泥、质地轻盈的纸张，向林先生传递着各自的命运，而制造它们的印人也因为林先生的著录而名垂青史。

林先生在寻找印人资料的过程中，总是要翻阅多省地方志、《艺文志》《印人传》《人物志》以及各类人物资料书，他意识到在浩如烟海的资料里寻找一位名不见经传的印人是一件非常困难的事情。比如江苏一带印人的小传，可以有《江苏印人传》参考，但对友人所托查寻的某吴中印人，即便是殚精竭虑，也无从查证。且不说明清、民国时期的印人资料难以寻觅，就连有些近现代的印人资料也无从下手。所以林先生决心将自己所掌握的所有印人资料都予以公开，免得前人资料湮灭，后人要研究时没根可寻，没源可考。

在多种印人小传中，林先生以两个专题来进行研究：一是"莫愁前路无知己"系列，二是"谁人曾予评说"系列。这两个系列是有缘由的，前者源自高适《别董大》，其一为"千里黄云白日曛，北风吹雁雪纷纷。莫愁前路无知己，天下谁人不识君。"这是写给"高才脱略名与利"的琴师董大，诗中饱含着高适对这样一位身怀绝技却无人赏识的友人惺惺相惜之意。林先生引用此句写名不见经传的印人，与这些不曾谋面的印人进行着精神上的往来，个中深情尽在这详尽扎实的小传里了。而"谁人曾与评说"的上半句是"千秋功罪"，林先生说，他不评说千秋功罪，只是客观评说印谱的成书年份、作者、内容、品相，适当加入一些自己的观点。如今，"莫愁前路无知己"系列已经写竣，共有200篇，印人200位，序跋不计算在内，这200位印人中，部分是有典籍记载、大家较为熟识的，而大部分印人却失载于各种工具书、参考书，难以找寻其生平资料。所以，能写成生平小传，一是靠谱中的印作，二是靠谱中的序跋，将这些零碎点滴资料，汇录辑成。

对民国篆刻家林洵的查证，就是他编写印人小传的一个典型范例。林先生在广州购得《林洵印稿》四册，当时他并不知林洵其人，只觉得印刻得不错，后来翻查了很多书籍，都查不到林的资料，偶然读到一本小册子，才知道他是一位有才华的青年篆刻家，存世的印不多，印谱亦只有林先生收藏而已。这部《林洵印稿》，林先生记录了印稿名称、册数、尺寸、版式、印的数量、内容、序跋有无、成书年份、印人资料，并将其图片发在博客上。

再如对《萧儒怀印集》的著录，除了对印谱的基本介绍外，对印人小传部分记载得格外详细。因为萧先生生活在渔梁，他只属于地方性的名家，不为大多数人所知，殁后，其生平事迹就被历史慢慢冲刷掉，若不是林先生有集藏之好，世人根本就不会知晓历史上曾有此人存在。

林先生每天整理印谱并将查获的信息详细记录在自己的博客上，供有兴趣的人参考查阅，这其中也有趣闻。林先生在广州集雅斋购买了一册印谱，谱名为《止园印存》，印谱第一页就是一方白文印"鼎奎私印"，林先生将其拿回比对，确定此人为赵鼎奎，并将其记录在博客上。赵的后人看到林先生的博文激动地在下面留言说，七十年代由于各种原因，曾祖父将所刻印章全部赠予嘉定文物部门，家里一方未留，希望与之联系。林先生在印谱间行针走线，不觉中竟接续了某个印人家族断线的一段佳话。

三

助人为乐、乐善好施是中国人崇尚的美德。林先生帮助他人从不计回报，对他人所求则倾囊相助，这类的事例举不胜举。比如遇到友人所求没有旁证的印谱，林先生会抽丝剥茧地解读其所载印拓，凭借蛛丝马迹去考察取证。不少圈内人每到香港必定要拜访林先生，他是有求必应。也有人在先生博客中留言说明所求的印谱，林先生不问来路，尽力相助。这其中，也有林先生曾经帮助过的朋友，事成后反咬一口，林先生却不以为意。他从别人的快乐中感受到欣喜，并不求别人日后的记挂。精明的人笑他傻，也许习惯计较得失的人看到老实敦厚的人总有那么一点恨铁不成钢的意思，其实林先生哪是真"愚"，只是大智若愚，不同于精明人的斤斤计较。林先生踏实做事，清白做人，免除了那些无谓的精明和算计，反而常生自在和欢喜。也有希望资助林先生的外国友人，林先生则当即谢绝，他不希望日后因为资金问题，欠下人情债，也为避免自己辛苦收藏的印谱最后沦落他乡。林先生善于筹谋远虑，即便自己节衣缩食，也不向外人伸手，由此阻断了不必要的纷争。

林先生是大爱之人，某次拍卖会中出现了一些林先生所未藏的稀见印谱，他很想得到，但时值印尼海啸和汶川地震，林先生权衡之下，毅然将购买印谱的大笔款项全都捐了。我所知道林先生想的是，这些印谱能得一安身之所，亦是印坛之幸。他收集印谱的目的不在于能否于他所能集藏，而是要唤起大家关注印谱这小众之物，不要因为此物的"小众"，而让先贤留下之文化遗产湮灭在我们这一代。

收藏印谱的圈子非常小，但人们关心的不仅是林先生收藏的印谱，更关心他的身体状况，常为他的健康祈祷。一到雨天，气压走低，林先生的身体则异常敏感，血管痉挛、胸闷乏困。但比起身体的病痛，更沉重的是精神上的打击，前几年，琴瑟鹣鲽、结缡数十载的爱人离去，让林先生难于释怀。宋代诗人蒋捷曾做过一首《虞美人·听雨》，有云："而今听雨僧庐下，鬓已星星也。悲欢离合总无情，一任阶前，点滴到天明。"然而林先生坚强地挺过来了。很多时候，林先生是在与自己的身体做斗争，且这场拼搏旷日持久。只要身体稍有好转，他便要开始工作，也顾不上双手肿胀、奇痛莫名。为了不让亲人和朋友挂念，他还忍着痛苦照常握筷吃饭，装成若无其事的样子。有一天，濡湿的天气，再加上工作的劳累，他在取车时竟然在停车场晕了过去，幸亏抢救及时，才未导致意外的发生。体力的透支、状况的不断反而让林先生更加刻苦，他要在思路还清晰的时间里，将所见印谱整理成一个完整的系统。而这项工作是他心头上的结，这颗结标志着他作为有志于篆刻艺术者和印谱藏家的责任感、使命感以及对曾先生嘱托的回应。

印谱是林先生的毕生收藏至爱，除此之外，他还收集了不少古钱币、字画、佛像、砚台以及古铜印。佛像雕塑不仅各个体态不同、神情各异，且不同的材料包括金银铜铁木石等，以及制造工艺水平之高，都深深吸引了他。林先生收集佛像的原因有四：一是其高堂生前信佛；二是看到老师收藏的精品佛像而喜爱；三是因为对佛教知识的了解而产生浓厚兴趣；四是对佛像造型之美有好感。佛像的造型，美在其静谧、庄严、慈悲、安然，林先生对佛像的情感，并没有朝圣者对佛祖的祈求之心，虽少了几分仰视，但却衬托出纯粹的爱慕与敬畏。林先生喜爱的是佛像所传达出的古人的厚重历史与多元风貌，是佛像所折射出来的前人的精神世界，是佛像所映照出的众生心相。

有意思的是，林先生集藏的第一尊佛像是在上世纪七十年代末期，花了几个月的薪酬才得以拥有的。平时，他也有将佛像送给友人，唯独此尊佛像坚决不送，这并不在于价格的高低，而是一种情结所在。他所藏佛像，最早的为魏晋时期的作品，是从香港摩罗街的一位朋友手上用其他藏品换来的。收藏最丰富时，佛像竟有3400尊之多，大小、高低不等，放在橱里，像博物馆里的陈列物。后来一位朋友要筹办博物馆，请林先生支持。林先生二话不说，居然送出了一多半，条件是博物馆必须作展览用——供观众参观、鉴赏。林先生送出去的，不光是佛像，还有古钱币。美国某大学艺术史某教授曾到港向林先生讨教钱币学之事，走时，林先生让他从存放古币的袋子里抓一把，抓得的钱币就算纪念品了。客人访后告辞，主人居然以"钱"相奉，以作"盘缠"，这也是第一回听到的钱别趣事。

旧时文人对于文房四宝常有偏爱，而砚尤为历代藏家之好尚。林先生收藏的砚台也有不少。他首次接触砚台是在曾荣光先生家中，后来曾先生归道山后，除汉砖砚送予师弟外，其余的，师母都送予他收藏。第二次接触砚，是"砚巢"王石舟先生在香港大会堂所举办的藏砚展，那时他在曾先生的带领下去参观，这也是他所见到名砚最多的一次。而真正将林先生引入砚石这个领域的，是80年代初期香港的一场展销会，他一次性买下数十方砚石。后来举办展销会的公司又请书店代卖，老板任林先生挑选。林先生在货仓中挑选了整整三天，挑出了3000余方砚石收藏。

"人无癖不可与交，以其无深情也。"对于癖好，有的人用来消遣、解闷，于是缓缓做下来，可以得见那种精微的风雅。而林先生穷尽所能一心致力于印谱集藏，其中的苦乐远非常人能想象，深情在这里不再是对美好物件的爱慕，而是再苦再累也甘愿的缕缕情愫、涓滴意念、一腔热血。印象里，林先生颇像一位下盲棋的世外高人，即便闭起眼睛，心中也自有丘壑。屋子里一盒盒各种材质的精致小印、一尊尊传神逼肖的佛像、一沓沓整齐有秩的印谱，上面插着索书签，井然有序。哪种印谱在这个房间所藏何处、有多少种版本、各种版本的先后顺序、版本间有怎样的区别、其优劣和特别之处，林先生都熟谙通解，了然于心。

对于普通藏家而言，收藏印谱也许更为注重的是各家流派、印文布局，而对于该印谱的版本便不会有过深的考究，因为常人很难再有林先生这么大的心力整合如此多的资料。林先生对印谱的感情不是据为己有，而是将其编目、著录、整理、归纳，最后为人所用。满室的印谱，经过林先生的精心编排为人瞩目和珍视，也是人与物的缘分，印谱或许可以随时光常存，而人则世世代代，来来去去，于是，欣于所遇，暂得于己。过手时珍重恭敬，解读一方石印上深浅纹路里蕴藏的故事，继而将这物件一脉相承，便是林先生的简单愿景了。

林先生对印谱的珍重不同于一些藏书楼、图书馆，很多收藏机构对于稀有资源的保护重心是隔绝外界的打扰。比如过去天一阁藏书，并不是谁都能进楼翻看的，那个为求读书而嫁给范家的姑娘，在第二天登楼时，看到了"女不上楼，书不出阁，外姓人不准上楼看书"的禁令，此后日日绣芸草为念，因芸草是给书籍除虫的植物，名为钱绣芸。古人将书与世隔绝，也许隔绝了一点日常的磨损，却辜负了那个守望天一阁一生的女性，也少不了遭遇像薛继渭等大盗窃贼的窥视。至于如今的公家图书馆，读者阅览都有一套规矩，除证件之外，有的馆规定每次看书还要收阅书费，扫描、拍照是要钱去打点的。林先生则不同，他的收藏重心在于把印谱的价值发挥到最大，每本印谱不仅自己考察得博贯会通，透彻明了，还乐意别人从中受益。博客上有陌生人求某套印谱资料，留下邮箱后，先生看了，亲自扫描发送给对方，也是常有的事。他不会将收集的印谱视若无睹，束之高阁，如有朋友慕名而来，他都会将各种珍贵印谱从书橱里取出来，一一摆在客人面前，没一点架子。林先生笑着说："书要亲近人，有人气，虫子也不生。"

愚公曾说："汝心之固，固不可彻，曾不若孀妻弱子。虽我之死，有子存焉；子又生孙，孙又生子；子又有子，子又有孙；子子孙孙无穷匮也，而山不加增，何苦而不平？"有人问林先生，整理这些不经见之印人资料为何？他回答说，为了让他人参考用。又问，看者几人？他答：今天一人，明天可能会更多，存点资料予后人所用，何乐而不为。愚公的山不加增，林先生的收藏与录入却是越积越多，任务越来越繁重，先生的执着也超过了愚公。

林先生之伟大，也在于他的平凡。林先生的书斋名为"松荫轩"，因为先生和太太的名字中都有一个"松"字。"荫"，当指树荫。《荀子·劝学》有"树成荫，而众鸟息焉"句，引申为遮蔽。林先生的用意是能为这批鲜兹暇日、含辛茹苦而搜集来的印谱寻一保护之场所。在香港这座繁华又高速运转的城市里，还有林先生这样一位隐于浮世的大德之人，在日复一日地为千百年前那些不知名的印人著书立传、为印谱收藏添砖加瓦，但行所爱，不求他知；但行耕耘，不求闻达，心中藏着造福于后人的愿望，忍着病痛，在这条少有人走的路上蹒跚前行。

郑振铎和"文献保存同志会"

    抗日战争中，上海的爱国志士为国家抢救大批古籍善本以及重要文献的史实，五十余年来，在上海的当事人中仅有郑振铎在1945年抗战胜利后，在上海《大公报》副刊上发表连载《求书日录》二十篇，以序和日记的形式写出了自1940年至1941年的两年间，在敌寇的魔掌下，为政府搜求、保管、托运古籍善本的艰辛。此外郑振铎又于1946年6月17日，出席上海文化服务社召开的"战时战后文艺检讨座谈会"，发言提及抗战前期在上海用中英庚款为国家搜购抢救图书诸事。如今，当年在上海参与抢救行动的张寿镛、何炳松、张元济、郑振铎、张凤举、徐森玉等诸位先生，早已先后凋零。居中负责联络这次行动并作指导的蒋复璁先生虽然从50年代以来，在各种文章、报告、演讲中也提及这次抢救行动，但极简略。后来又有苏精先生撰《抗战时秘密搜购沦陷区古籍始末》(载《传记文学》第三十五卷第五期)、《藏书家的郑振铎》二文 (载《传记文学》第四十卷第五期)，第一次正式提到郑振铎参与抢救行动，并在后文以"文献的卫士"为标题专门叙述了郑振铎参与这次行动的简况。由于苏精先生没有见到《求书日录》等文，故认为"上海的文献保存同志会，后来因为张菊老并未参与实际工作，而由暨南大学的文学院长郑振铎 (西谛) 加入"。

近年来，有关郑振铎的书信及日记陆续公开，使得研究者可以从这些第一手的材料中看到过去所不知道的史实，也可以进一步了解到当年郑振铎等人是如何冒着危险，组织"文献保存同志会"为国家抢救珍贵古籍文献的。当时，郑振铎为采购善本之事，"时时刻刻要和咏霓、菊生、柏丞诸先生相商，往来信札叠起来总有一尺以上高。这些信札，我在'一·二八'以后全部毁去，大是可惜，惟我给咏霓先生的信札，他却为我保存起来"（《求书日录》）。郑致张寿镛的信，总共有269通，时间为1940年1月10日始，至1941年12月5日止。这些信札均由张氏全数妥藏，有的并未"付丙"。在郑振铎生前，张氏后人就把这批信札归还给郑振铎。1958年，郑振铎乘坐的飞机不幸失事后，他的夫人高君箴即将郑的藏书以及有关书信全部捐赠给北京图书馆。1988年，上海古籍出版社出版了由刘哲民先生编的《郑振铎先生书信集》，郑致张寿镛的信全数收入。本文即以郑振铎的书信及日记为基础，来探索当年这段默默无闻而又轰轰烈烈的抢救过程，这对我们了解"文献保存同志会"所收善本文献和中央图书馆的密切关系有很大帮助。

一

上海，是我国的历史文化名城。明清时代，就成为"江海之通津，东南之都会"。这个"辐辏之地，四达之乡"，北临长江口，南濒杭州湾，西与江苏省的苏州地区接壤，西南和浙江省的嘉兴辖境毗邻，水陆交通非常方便，占地利之先。近代以来，上海已逐渐发展成一个重要城市。1937年8月13日，日本侵略军进攻上海，炮轰闸北一带，袭击虹桥机场。中国守军奋起还击，发动了闻名中外的"八一三"淞沪抗战。这年11月，日军在金山卫大举登陆，随后占领上海，租界成为孤岛。1941年12月8日，日军袭击珍珠港，发动了太平洋战争。就在这一天，日本驻上海的军队向公共租界武装进攻，接管了公共租界工部局的行政权，结束了英、法等国共同统治上海的局面，上海成为日本帝国主义独占殖民统治城市的一部分。

上海成为孤岛后，不少地方故家旧族收藏的古籍图书以及文献等，多遭敌骑洗掠，很难保其所有。如常熟瞿氏铁琴铜剑楼被焚，其中普通线装书荡然一空，珍贵善本尚存上海；苏州潘氏滂喜斋的部分藏书常被劫盗，曹氏笺经室所庋典籍文物散失殆尽；南浔刘氏嘉业堂、张氏适园所藏，也岌岌可危。不少藏家的旧藏，在旧书摊上时有发现。大江南北文物，多沦煨烬，诸多宋元旧椠、珍本名抄，陆续散佚流出，且大多聚于沪上。上海的古书市场较之战前更为活跃，北方书贾纷纷南下收购，而转运北方牟利。美国的一些大学图书馆驻上海的办事人员以及敌伪的"华北交通公司"、北方汉奸梁鸿志、南方汉奸陈群等都在选购需要的图书。1939年3月8日，上海各报刊载有哈瓦斯社和路透社的电讯，美国国会图书馆东方部负责人赫墨尔称："极可珍贵之中国古书，从战火中保全者，现纷纷运入美国。中国藏书家将其世藏珍本，以贱价售之，半为避免被日人掠去，半为维持其难民生活……预料将来研究中国史学的哲学者，将不往北平而至华盛顿，以求深造"。

在沦陷区的恶劣形势下，不少原留居在上海的学者、教授等文化人都先后离沪而去了香港、重庆、桂林等地，留在上海的张元济、张寿镛、何炳松、郑振铎、张凤举诸位先生，看到众多的古书为敌伪所掠夺或大量出口离境，异常愤慨，目睹这一危机，莫不忧心忡忡，心如火燎。郑振铎目击心伤，曾慨叹这样下去："平沪诸贾，搜括江南诸藏家殆尽，足迹复遍及晋鲁诸地。凡有所得，大抵以辇之美日为主。百川东流而莫之障。""余以一人之力欲挽狂澜，诚哉其为愚公移山之业也！杞人忧天，精卫填海，中夜彷徨，每不知涕之何从！"（吴岩《觉园》，载《散文》1980年第三期）"兵燹之余的古籍，如果全部落入美国人和日本人手里去，将来总有一天，研究中国古文学的人，也要到外国去留学！"他们经常聚在一起商讨挽救之策，最后决定必须立即行动起来，为国家抢救应该保存的古籍善本。于是，这几位具有民族自尊心且爱好图书收藏的"志士"一起担负起了为国家、为民族抢救、保存重要图书文献的责任。

他们联名于1940年1月5日分别发出"歌电"给在重庆的国民政府教育部部长陈立夫先生和中英庚款董事会董事长朱家骅先生，报告了当时流散在上海的善本古籍及文献状况，希望由政府来帮助做此抢救工作。据陈福康《郑振铎论》（1991年，商务印书馆）说，恳切陈词的电报是由郑振铎起草的。

联名致电政府署名的除张元济外，还有：张寿镛（1876—1945），字伯颂，一字咏霓，号约园，浙江鄞县人，明末抗清就义的民族英雄张煌言（苍永）的后裔。清光绪二十九年（1903）举人，任江苏淞沪捐厘总局提调，1910年任江苏度支公所科长，后任宁波政法学堂监督。不久，即调任杭州关监督。1912年9月以后，先后任浙江省财政司长、浙江省财政厅长、湖北省财政厅长、江苏省财政厅长、山东省财政厅长。1924年后，先后任江苏沪海道尹、江苏省政务委员会委员兼财政厅长，并代国民政府财政部次长兼中央银行副行长、财政部次长等职。1925年与王丰镐等人创办光华大学，被推为校长。又被任为军政部陆海空军抚恤委员会委员、行政院淞沪战区善后筹备委员会委员等。尝搜辑古籍，编刻有《四明丛书》，终年69岁。

何炳松（1890—1946），字伯臣，又字柏丞，浙江金华人。幼年入私塾，15岁中秀才，翌年开始接受新式教育。1912年毕业于浙江高等学堂，同年留学美国，入威斯康星大学，获学士学位。1915年转入普林斯顿大学研究所，习史学。次年，获硕士学位后回国。在美期间，曾被推为留美中国学生会副会长，并担任留美学生《季报》编辑。回国后，任浙江省政府秘书兼省视学。1917年任北京大学文预科讲师，后任历史学教授并任北京高等师范学校英语科教授及史地系主任。1925年秋，兼任上海私立光华、大夏、国民等大学教授。1929年并任商务印书馆所属东方图书馆总编辑兼副馆长。1934年任商务印书馆副经理、编译所副所长及《教育杂志》主编。1936年6月任暨南大学校长。1946年6月调任国立英士大学校长，同年7月25日病逝于上海，时年56岁。

张凤举（1895—？），字定璜，江西南昌人。日本东京帝国大学文学士，历任国立北京女子师范大学及中法大学国文教授，为中法大学附设孔德学校常务校董。

郑振铎（1898—1958），学者、教授、编辑、诗人、作家、藏书家，笔名西谛。福建长乐人。曾为上海商务印书馆编辑，主编《小说月报》。1927年，出游欧洲英、法等国。1931年起，任燕京大学、北京大学教授，1935年应何炳松之邀，任上海暨南大学文学院院长兼图书馆馆长。1949年后，为文化部文物局局长、中国科学院考古研究所所长、文化部副部长。他聚书廿余载，所得近万种，而戏曲、小说、宝卷、弹词以及版画的收藏尤富。抗战爆发，他个人在上海东区的藏书全部化为灰烬。他曾说："烬余焦纸，遍天空飞舞若墨蝶。数十百片随风坠庭前，拾之，犹微湿，隐隐有字迹。此皆先民之文献也。"出于对中华民族传统文化的强烈使命感，"然私念大劫之后，文献凌替，我辈不留意访求，必将有越俎代谋者。史在他邦，文归海外，奇耻大辱，百世莫涤"。

张寿镛、郑振铎等人的建议很快就得到了陈立夫、朱家骅先生的同意和赞赏。不久，朱家骅、陈立夫即有复电至沪。朱家骅先生的复电为："何、张、夏、郑先生钧鉴：歌电敬悉。关心文献，无任钦佩。现在遵嘱筹商进行。谨此奉复。弟朱家骅叩。"陈立夫的复电为："张、何、夏、郑六先生大鉴：歌电奉悉。诸先生关心文献，创议在沪组织购书委员会，从事搜访遗佚，保存文献，以免落入敌手，流出海外。语重心长，钦佩无既。值此抗战时期，筹集巨款，深感不易，而汇款至沪，尤属困难。如由沪上热心文化有力之士，共同发起一会，筹募款项，先行搜访，以协助政府。目前力所不及，将来当由中央偿还本利，收归国有，未识尊见以为如何？谨此奉复，伫候明教。弟朱家骅、陈立夫同叩。"

在陈立夫的回忆录《成败之鉴》中，有一节专述"抢购沦陷区善本图书"，其中有："其时沦陷区藏书家以生活艰困，所珍藏之善本图书，多不能保存，纷纷流入市肆。沪上文教界函电教育部及管理中英庚款董事会，请迅予采购，以免流入域外。中英庚款董事会董事长朱家骅先生主张以庚款会补助中央图书馆未用之建筑余款，作采购沦陷区善本图书之用，征得我之同意，共同办理。"朱家骅先生还特为在沪抢救古籍善本书之事，约见当时中央图书馆筹备处主任蒋复璁先生。朱对蒋说："中英庚款董事会存有中央图书馆建筑费一百数十万元，现在战时无法建筑，币制贬值，将来不值几钱，不如用来购书。国家胜利，将来建筑是不成问题的。"（蒋复璁《我在抗战期间的工作》，《珍帚斋文集》，台湾商务印书馆，1985年）并命蒋即时赴沪办理此事，当时教育部次长顾毓琇先生也表赞成。经决定后，蒋复璁即时飞往香港，再转往上海协商。

1940年1月9日上午，郑振铎赴暨南大学办公，收到了何炳松转致的朱家骅、陈立夫的复电后，即致函张元济、张寿镛，并抄示朱、陈电文。在郑振铎致张寿镛的信中，有"前有二电来，敬抄奉，阅后付丙可也"。

蒋复璁自重庆抵沪后，即先拜访张元济。据郑振铎1940年1月13日的日记，郑收到何炳松信，得知蒋已到上海"有事亟待面洽"。由于当天郑生病发烧至39℃，无法见面。次日，何炳松告知郑振铎，蒋复璁说教育部已有决心在沪抢救善本文献。并拟推张元济先生主其事，但张以病力辞不就，已转推张寿镛先生。1月16日郑去暨南大学，何炳松谈及购书事，并决定由张元济、张寿镛、何炳松、郑振铎、张凤举五人负责。傍晚，郑振铎至蒋复璁所住法租界万宜坊居所晤面，两人第一次见面，但"畅所欲言，有如老友"。蒋复璁"说起这次战事中中央图书馆的损失，说起内地购书的困难，说起将来恢复的计划，说起内地诸人要他来此一行的原因，然后谈到我们的去电事。予则谈起江南各藏书家损失的情形，谈起平贾们南来抢购图书的情形，谈起玉海堂刘氏、积学斋徐氏藏书散失的经过，然后说到我们发电的原因和我们的购书计划。最后，说到我个人在劫中所得的东西，说到某某书，某某书失去了的可惜。我们谈到九时许，竟忘记了吃饭"（据郑振铎日记）。

二

"文献保存同志会"的名称，目前已不能得知为何人所提出。据郑振铎1940年2月4日致张寿镛札中提到张元济对于"办事规则已读过，甚周密。命名只对内不对外，自无可无不可也"。此"命名"应指"文献保存同志会"。

为了使抢救善本文献的工作顺利进行，而不为敌伪侦知，张寿镛先生提出了两点意见：1.对外宜慎密，以暨南大学、光华大学及涵芬楼的名义采购图书。2.款宜存中央银行。1940年1月19日，在张元济先生的家中，除张寿镛身体不适没有到会外，蒋复璁、郑振铎等人对抢救工作达成了进一步的共识。原则上，以收购藏书家散出之书为主。未出者，拟劝其不售出。不能不售出者，则拟收购之，决不听任其分散零售或流落国外。玉海堂、群碧楼两家，当先行收下。郑极力主张，在阴历年内必须有一笔款汇到，否则，刘、邓两家书将不能得到。郑又主张，购书决不能拘于一格，决不能仅以罗致大藏书家之所藏为限。以市上零星所见之书，也尽有孤本、善本、非保存不可者在。不能顾此失彼。必须仿黄丕烈诸藏书家的办法，多端收书。但其他人的意见，总以注意大批的收藏为主。最后，一致同意，自今以后，江南文献，决不听任其流落他去。有好书，有值得保存之书，大家必为国家保存之。且认为此愿蓄之已久，今日乃得实现，故都欣慰之至。会上决定：张元济负责鉴定宋、元善本；张寿镛、何炳松负责保管经费；郑振铎、张凤举负责采访。蒋复璁在上海住了九天，在完成联络的任务后，即返回重庆。

"文献保存同志会"的办事细则，是郑振铎于1940年2月3日所拟，计有十条，并送张元济、张寿镛等人阅定，后于3月13日刻写，并以红色油墨刷印备案。办事细则今仅存七条：

1. 本会设办事处一所，以干事一人、书记一人至二人组织之，办理图书点查、登记、编目及装藏事宜。

2. 凡购买图书，每部价格在五十元以上者，须委员全体签字通过。

3. 各委员购买图书，无论价格多少，均须先行开单知照办事处查核登记，以避重复。再由办事处以书面通知各委员征求同意。

4. 办事处应每二星期将所购各项图书，开列清单及价格，送交各委员存查。

5. 重要之宋元版及抄校本图书，在决定购买之前，应分别延请或送请各委员鉴定。

6. 各委员需要抽查或检阅某项图书时，办事处应于详细登簿后送去，收回时并应即行销号。

7. 购得之重要图书，于登记、点查、编目后，即应由委员一人或二人，负责督同办事处人员装箱封存，寄藏于慎密保管库房中，每箱均应详列图书清单一纸。

这次收购古书的行动，是民国以来最大的一次购藏文献行动。所用的购书经费主要为"中英庚子赔款基金"。"庚款"，为"庚子赔款"之简称。清光绪二十六年（庚子，1900），八国联军攻占北京，第二年辛丑，清廷与俄、德、法、英、日、美、意、比、奥、荷、西等十一国签订《辛丑条约》，认赔各国兵费总共四亿五千万两，分三十九年偿清，年息四厘，本息总共九亿八千二百二十三万八千一百五十两。1907年12月3日，美国总统罗斯福在国会上正式宣布："我宜实力援助中国厉行教育，使彼繁众之国能渐次融洽于近代文化。援助之法，宜将庚子赔款退款赠一部，俾中国政府得遣学生来美留学。"次年5月25日，美国国会正式通过了退还美国应得赔款之余额给中国的议案。1925年5月，中美双方董事会召开第一次年会，决定定名为"中华教育文化基金董事会"。其后，英、法等国亦仿效美国，将庚款余额退还中国。1930年，英国与国民政府外交部部长王正廷签订换文，允将此款投资兴办我国铁路及其他生产事业，并设立管理庚款基金董事会，负责处理监督此款之用途。从1931年董事会成立，到1938年底，收到的庚款共计七百三十六万九千多英镑，约占退还金额的三分之二不到。在国民政府1931年4月13日公布的《管理中英庚款董事会章程》中，明确指出中英庚款息金之用途原则为："以用于有永久纪念性之教育文化之建设，及有关全国之重要文化事业为原则；应兼顾中央及全国各文化中心为适当之支配。务使事业集中，效果普及，以补充国内教育文化之缺点。"

在采购图书的问题上，郑振铎凭着自己多年的经验，有自己特定的看法。1. 他认为铅印本不能再印，及今不收，后来搜集更难。2. 太平天国后之学者著述，有关近代史料，且其板经此劫后，存者极少。3. 每书必择初印本，则失去者必多。4. 诗集似可不必大量收藏，然不著名者之诗，每每有用，好在价目不大，不妨广收。（1940年2月4日，致张寿镛札）对此意见，蒋复璁也有信致郑振铎，"亦主多购清人及近代史料"。（1940年2月16日）对于有丰富史料价值的书，郑振铎认为如实在罕见与无刻本者，即价昂，亦不能不收下也。此类书关系"文献"最巨，似万不宜放手。（1940年4月29日）

郑振铎在采购图书经费的使用上，也有着一套较周全的方法。如在重庆方面后续的款项尚未到位时，他认为，应该集中力量购买：1.《四库》未收及存目之书；2. 丛书；3. 清儒稿本及著作；4. 宋、元、明版之较廉者；5. 史料书。同时也考虑到如蒋复璁筹集之款续来之款在五十万以上，则可设法购买嘉业堂、适园所藏，并可多购地方志。郑认为，可以用万元购丛书、两万元购史料、三万至四万元购清儒著作（当时此类书价甚昂）。关于丛书部分，郑意拟先将近五十年以来所刊行者全部购齐，如《嘉业堂丛书》《适园丛书》《徐氏书》《玉海堂丛书》《涉园丛书》《安徽丛书》《四明丛书》以及缪荃孙所刊，均先收集；次则再收清代乾隆、嘉庆及明代的丛书。同时他还提出《道藏》及正续《大藏经》亦必须先收。至于史料书，先收集张尧伦的太平天国及鸦片战争之专藏，共一百五十余种，是张氏十年收集之成果。总之，"文献保存同志会"收书，不重外表，不重古董，亦不在饰架壮观，唯以实用及保存文化为主。

1940年7月后，郑振铎又拟有《今后购书之目标》及《今后经费分配计划》。《目标》共六条，为：

1.《四库》著录各书之乾隆以前刊本、抄校本，及乾嘉以来与《四库》本不同之抄校本；

2.《四库》存目各书；

3.《四库》未收书（甲、乾隆以前著述，乙、乾隆以后著述）；

4. 禁书目录所著录各书；

5. 前代及近代丛书；

6. 清末以来之报章杂志。

已购各书，尽快编分类书目备查；未备各书，开单（分缓急2项）采购；尽快在一年以内，设法多购1至4类各书；在半年以内，设法全购5类各书，多购6类各书。

分配计划为：

1. 刘晦之藏宋本九种，约五万五千元；

2. 刘晦之藏其他重要宋、元本及抄校本，约五万元；

3. 嘉业堂善本书一部分，约二十万元；

4. 张芹伯藏宋、元本及明刊善本、抄校本，约三十万元；

5. 张葱玉藏宋、元本及明刊本、抄校本，约四万元；

6. 徐积余藏抄校本，约三万元；

7. 平、沪各肆善本，约五万元；

8. 零购，每月约五千至一万元，一年共约十万元；

9. 新书，约二万元；

10. 临时费、办公费约一万元（现存约四万元，续到八十万，相差一万左右，有伸缩余地。包括薪金、木箱、纸张及其他购置零用，以每月八九百元计，一年共一万元）。

共八十五万元左右。

为了寻觅藏书地点和可靠的工作人员，郑振铎等人在书信中讨论了好几次。兹录郑振铎致张寿镛札可见一斑。"办事处颇急于成立，不知法租界有房子可找否？乞便中介绍一二处单幢房及公寓一二同者均可。"（1940年2月13日）"何先生主张为办事慎妥起见，似必须有一大间办事处与一二办事人员也。关于人员方面，原拟借用商务中人，惟商务方面不赞成。不知先生有可靠之人员可调用否？"（1940年2月16日）"郭先生（即郭晴湖）事，想可决定，已与何先生谈及，亦甚赞同。觉园三楼借用事，慰堂已由（有）复电来，云：'已即转电香港叶先生转借矣。'"（1940年2月26日）"法宝处房间最好能商借二间，一作临时书库，一作办公室，似比较可以谨慎些。"（1940年3月6日）"现最急者为办事处，以许多书须送去堆藏或装箱也。不知法宝馆方面已接洽定局否？至念，至念！"（1940年3月13日）"书太多，与僧人杂居，似不便。不知彼等何时迁出？俟迁出后再将办事处移入，如何？"法宝馆的房屋后来没过多久即解决并搬入。

觉园为南兄弟烟草公司老板简玉阶、简照南于1920年所造的私人花园，原在上海市北京西路，近静安寺。1931年，简氏将部分园址出售，叶恭绰先生在得到后于1937年2月在觉园内捐资建成法宝馆。馆宇结构为洋房式，内分两幢三层楼房。馆内二楼至三楼，分设法物部、图书馆，收藏古代法器、法物及宋元名书、佛像、各种版本的大藏经。在办事处工作运作不久，又发生了法宝馆住持范成法师拟设孤儿院，要收回办事处借用的房屋之事。为此，郑振铎又乘张元济赴香港和王云五商谈商务印书馆工作之际，托张在港与叶恭绰转商，请叶出面与范成法师交涉。两个星期后，张元济返沪，带来了叶恭绰致法宝馆董事会的信。从此孤儿院之事就再也没有被提起了。

1940年2月至6月，郑振铎先后请到郭晴湖、施韵秋二先生，他们曾将所得善本图书编成"善本"目。其中的施韵秋，名维藩，字天游，韵秋为其号，江苏海门人，本崇明旧家。早年任小学教师十年，后在南浔中学任教。学问淹博，性好佛学，曾在刘氏嘉业堂藏书楼工作，和周子美先生（后为上海华东师范大学教授）二人编有嘉业堂藏书目录，为藏书楼主任。沦陷后，施避居上海，协助郑振铎编目。1948年，因患肺病去世。

由于书越来越多，郑振铎又将所购善本皆分甲、乙、丙三类。甲类为宋元刊本，明刊之善本及抄校善本；乙类为万历以后明刊本及康熙、乾隆间之善本书（包括普通之抄校本、殿版初印本、内聚珍丛书、汲古阁所刊书及罕见初印之清人集等）；丙类为普通书。同时，又从法宝馆借得下层一大间，用来储藏书箱。除法宝馆外，尚有部分存于郑振铎家及南京路，总共三处。在当时的情况下，该会所购善本图书甚多，一边请人编目，一边装箱待运，每箱皆以"千字文"编号，每天可装两箱左右。据1940年9月的统计，善本约有一千四五百种，如加上刘氏嘉业堂及张芹伯二家藏书，则可至五千种以上。

三

上海是个商业特别繁盛的城市，对于书籍来说，和其他商品一样，书价之昂低，是随着物价升降而变动的。民国初年，除宋元版本外，所谓善本书者，每册一二元而已。民国十年，潘明训以重价购宋刻世彩堂本《柳文》，震动一时，其价为四千五百元。后傅增湘在北京以万元购《周易》，金谓空前高价。"九一八"事变初起，由于社会人心皆不安定，旧书业亦一度沉寂，无人过问。1939年后，南方旧书贩运北移者，不可胜计。旧书业由消沉而活跃，并臻极盛。而美日等国以及各公私机构争相搜购，书价激增。在这种情况下，郑振铎等人对所收得的善本书"翻检所得，已甚可观。不仅可对得住良心，且在实际上，亦可对付任何人也。以不到二十万元之款，而所收者有如此之质与量（板本书不少，善本目可有二册以上），诚可谓为'煞费苦心'者矣！"他们费尽周折，讨价还价，运用技巧，以有限的经费，购得"上乘"的善本，这不能不说"劳苦功高"。

当时，最使"文献保存同志会"头痛的是来自北方的"平贾"。当时北方的书店，多派干员或远赴苏、杭、沪、锡，或近走齐、鲁、豫、晋，远采近取，博收穷访，每寄货回，均获厚利。郑振铎1940年2月23日致张寿镛信有："我辈访购，必须先有见到新出书籍之机会，然后才可选择其精者。现已逐渐可使江南一带所出古书，必须先经我辈阅过，然后再售。然做到此地步，所费时力，已是不少矣。一二月后，必可办到全部好书不至漏失，且使平贾问津无从也。而所需款实亦不多。"1940年3月1日致张寿镛信又说："平贾辈又将南下一批。书价日贵，而我们购书者，往往出价不及彼辈，好书仍将不免漏去，不胜焦急之至！"郑振铎还曾说："今日购书，必须眼快手快，盖竞争者殊多也。"如购邓氏群碧楼的藏书，书贾孙伯渊与平贾合购，价约四万五千至五万元，但贾人得手，即会以十万元的价格售出。如清陈鳣（仲鱼）批《郡斋读书志》一书，"为平贾所夺，殊不快"。而万历刊本《兴化府志》，"我辈一放手，立为平贾夺去，前车之鉴，不能不慎重办理。"再如明弘光刊本《雪窦寺志》以及《寓山志》二种，"立即购之归，恐稍一踌躇，便将为平贾所夺也。"

徐乃昌（积余）藏书有批校本书数十箱，郑振铎等人正在设法商购，故"此事甚秘，恐为平贾所知"。袁思亮"卧雪庐"藏书，郑振铎认为"这批书大可注意，决不让平贾得之。嘉业堂书甚可危。乞便中进行。至瞿氏书，则平贾想望甚殷"（1940年4月2日）。次日，郑又去信，重申"袁氏书事，务恳勿与任何人谈起，盖以平贾在此者甚众，恐其闻风而起，价必大昂也"。但袁氏所藏，上海中国书站一时无法进行，郑振铎即托人设法，"否则，恐亦将为平贾所得也"。当郑振铎获知刘晦之所藏有出让的想法时，即表示"平贾王晋卿在此，必有所图，殊为焦急"（1940年4月20日）。而当知悉张芹伯藏善本要出售时，郑即有"恐平贾有攘夺意"，而要抽出时间"不能不与之细谈"。

邓邦述群碧楼藏书，为孙伯渊所得，然平贾王晋卿（文禄堂主人），出价五万五千元转买。孙贾告诉郑振铎说，如郑也可以此数成交的话，那他极愿售郑，而不售于平贾。如不能出到此价，只好售于平贾，盖因平贾每日均至孙贾处数次，催办此事。后来郑振铎等人经过商议，终于从孙贾手上买下。"闻平贾辈近数日皆群趋至苏州，盖以苏州许博明及吴瞿庵二家留苏之书均将出售也。嘉业堂及张芹伯二处，必须尽快设法。此数日中诚江南文化之生死存亡关头也。张芹伯好书最多，……平贾辈对此批书最为注意。"

由于郑振铎等人和上海各旧书店如来青阁、中国书站、树仁书店、传薪书站、文汇书局等的关系，基本上做到了江南一带所出之古书，必须先经郑振铎等人阅过，然后再售于他人。这样，可以做到"好书"不至漏失，也使得平贾无从问津了。

然而，在购书过程中，郑振铎等人也会碰到不顺利的时候，如徐乃昌藏安徽方志一批约百余种，索值万金，其中难得之本不少。其时，市贾对于方志中的罕见本，每种开价七八百元至千元。经多次协商还价，至九千元以上，然上海不少商人游资过剩，颇有竞购古书之势。在这种经济实力不是极为充分的情况下，这批善本方志终未购买成功。为此，郑振铎从心底产生一种灰心之感，他在致张寿镛札云："近日连遭失败，心中至为愤懑！徐积余氏之方志恐已失去（至今无消息）刘晦之之宋本亦已彼夺；前日所谈之宋余仲仁本《礼记》（余本极佳而少见，仅芹伯处有左传，然残阙甚多，十不存三）。来青阁亦已变卦，不欲以一万二千元出售（本来已说妥书价），盖王贾又以一万六千元欲购之也。奈何？！奈何？！终夜彷徨，深觉未能尽责，对不住国家！思之，殊觉难堪！殊觉灰心！"（1941年8月29日）

对此，郑振铎总结了经验教训："反省：我辈失败之原因，一在对市价估计太低，每以为此种价钱，无人肯出，而不知近来市面上之书价，实在飞涨得极多极快，囤货者之流，一万二万付出，直不算一回事。而我辈则每每坚持低价，不易成交，反为囤货者造成绝好之还价机会。诚堪痛心！二在我辈购书，每不能当机立断，不能眼明手快。每每迟疑不决，而不知每在此千钧一发之际，便为贾人辈所夺矣！亦缘我辈不敢过于负责之故。往者已矣，不必再谈矣！谈之，徒惹伤心！将来，当有以自警、自励矣！"

他们的工作也得到不少爱国志士的帮助，如苏州藏书家潘承厚（博山）先生。不少有关藏家图书散出的信息，以及居中和南北书贾讨价还价等，都是潘承厚先生默默而做的。此外，北平图书馆的赵万里（斐云）先生也协助"文献保存同志会"在北平买了少量的珍本，如俞大猷校辑之《续武经总要》等，邮寄至沪。据1940年5月15日郑振铎致张寿镛信，有："赵万里先生昨来一函，可见其为我们得书之苦辛。"6月3日信又有："俞氏书之获得，或即征'倭'得胜之先声也！"。

"中英庚款"最初拨出经费四十万元，三分之二用于上海，三分之一用于香港。上海方面最先购到的，是刘世珩玉海堂藏的一批善本书。刘世珩字聚卿，号葱石，安徽贵池人，为清末遗老。曾从事财政、金融实业。寄寓南京多年，与缪荃孙等交游，能诗，藏书亦富，亦喜刻书。曾得安徽桐城藏书家肖穆遗藏。又得叶昌炽所藏全部碑拓三千余件。同志会以一万七千元所得的第一批书中，便有一部宋刊本《魏书》和一部元刊本《玉海》，都是玉海堂的镇库之宝。

在"文献保存同志会"的工作中，郑振铎等人花费精力和时间最多的是在刘氏嘉业堂藏书上。浙江南浔刘承幹嘉业堂，这个经过两代人的努力而形成的藏书楼，是二三十年代上海地区藏书家中最重要的收藏。由于刘承幹宅心仁厚，凡书贾携书往者，不愿令其失望，凡己所未备之书，不论新旧皆购之，几有海涵万家之势。其时风气，明、清两代诗文集几乎无人问津，苟有得者，悉趋于刘氏，积之久，遂蔚为大观，非他藏书家所可及。刘承幹搜集典籍历时长达20余年，耗费30多万元，所藏古书达570000余卷，约180000册之巨。其中宋元刻本号称150余部，明刻本2000多种，清刻本超过5000种，此外稿本抄本2000多种。收集的地方志有1192种，4000余部，其中仅浙江、江苏两省的就有294种。把嘉业堂誉为"东南璆琳"，是至为恰当的。

在抗战中，刘氏嘉业堂的书很难保其所有。当刘氏传出藏书有出售之意后，北平、上海两地的书贾都将眼睛盯得很紧。北平文禄堂、修文堂、来薰阁、邃雅斋等书店派专人在沪，故郑振铎"恐平贾辈有异图，盖彼等不独神通广大，抑且资力雄厚也。如上海藏家之'书'，我们失收，实在对不住国家也，国家也正多方设法，阻其进行"（1940年4月2日致张信）。"深盼有一结果，平贾辈对此批书最为注意"（1940年4月29日致张信）。在收购嘉业堂善本书前，郑振铎先将嘉业堂的预售目录进行了"三番四次之细查，凡复本皆已除去，所费工夫实在不少"（1940年9月5日致张信）。对于嘉业堂的宋元刻本收藏，郑振铎在亲眼见到后，打破了他原来的美好幻想。郑振铎第一次去刘宅观宋元刻本，是1940年12月下旬的一天，共三小时之久，得出的结论是："大失所望！鱼龙混杂，佳品至少，直似披沙拣金，真金极不多见。此批宋元本，盖不过一二万元之价值，万无出价十万元之理。观其书目，非不唐唐皇皇，按其实际，则断烂伪冒，触目皆是。所谓真宋本，比较可以入目者不过三五部，元本比较佳者亦不过五六部耳。"（1940年12月27日致张信）"嘉业事，连夜踌躇，不能决定。据其宋元本情形观之，大可弃之不顾，惟其明刻本过于重要，故仍极恋恋难舍"，其明刻本"'佳本'缤纷，如在山阴道上，应接不暇，大可取也"。（1941年2月27日致张信）。后来，徐森玉到沪，和郑振铎二人耗费了好几天的时间从刘氏嘉业堂藏的约1800部明刻本中拣选了1200余部，以及其他有价值的36种抄校稿本。这批书最后成交的时间是在1941年4月中旬，总共为25万元。

嘉业堂藏书的重要性，对郑振铎来说，是彻底地为中央图书馆作长久的考量，这一点我们可以从他在1940年8月至9月致张寿镛的信中获知。"敝意为中央图书馆购书，应务其远者，大者，不能以小规模之普通图书馆为满足。对于中文部分，至少须有五六百万册，始可应有尽有，细大不捐。（若伦敦博物院之例）且不仅求备，亦应求精。盖国家图书馆原有保存国宝之义务与责任也。我辈工作，方在创始。将来续款到齐时，不妨放大眼光，多购奇书、罕见书。我辈与敌争文化遗物之目的，原亦在此。"（1940年8月8日）"如能以我辈现有之财力，为国家建立一比较完备之图书馆，则于后来之学者至为有利，其功能与劳绩似有过于自行著书立说也。"（1940年8月12日）"嘉业之书，论版本或不如瞿、杨二家及适园之精，论有用与罕见，则似较此数家为尤足重视。若在此时而欲逐渐搜罗类此之一'文库'，所耗金钱固为不资，且实亦非十廿载之时间所能求得之者；其中有二三百种，（特别在稿本部分）则悬价以求，恐亦万不能得到，彼所藏者总数凡一万二千余种，十六万余册，此番所取者，不过六分之一。所余清代刊本十余万册，宋至明刻本一二万册，均为'有用之才'；估值亦当在三十万以上。将来战事平定后，书价恐将更昂，且为中央图书馆计，此类基础书，实是必需者。故我辈似不妨与刘氏商一总数。……盖时局定后，重建图书馆，必有无书之苦，此批书正得其有。"（1940年9月1日）

1940年12月中旬，教育部委派故宫博物院古物馆馆长徐鸿宝（字森玉）先生间道来沪。徐为浙江吴兴（今湖州）人，1881年生，清举人，毕业于山西大学堂，历任奉天将军署文案、奉天测图局局长、高等工业学校监督。又任北京大学图书馆馆长、京师图书馆采访部主任、国立北平图书馆采访部主任、东北文化事业委员会图书部主任。1949年后，又任上海市文物保管委员会主任、上海博物馆馆长、北京中央文史馆副馆长等职，为国内外著名的文物、版本鉴定专家。"文化大革命"中，他备受迫害，1971年，在上海含冤去世，时年九十岁。

徐森玉原本即和郑振铎为"熟友"，他抵达上海的使命是留沪协助鉴定收购善本以及点收善本的工作。徐氏于1940年12月17日由渝到沪，到上海后，即至郑宅接洽。次日，郑致张信有："他们再三的托他来此一行，有许多话要谈。"1940年12月19日郑致张札又云:"森玉先生为版本专家,有许多事正可乘便请教他,诚幸事也!……森玉先生品格极高,且为此事而来,似无事不可对他谈也。"之后的几天,张、何、徐、郑四人都为购书事做进一步的研讨。徐又与何炳松作过长谈。徐森玉在沪期间,除了和郑振铎去中国书店等书肆,以及刘承幹宅、金颂清宅选书外,还对已装箱的书进行点收,与郑振铎两人"共同签字,贴封为凭"。

在完成了在上海的任务后,徐森玉于1941年7月24日前往香港,同时带去善本图书中的"精品"两大箱。郑振铎在送行时,"殊依依不舍"。在《求书日录》中有这么一段话:"国际形势,一天天的紧张起来。上海的局面更一天天的变坏下去。我们实在不敢担保我们所收得的图书能够安全的庋藏。不能不作迁地为良之计。首先把可列入'国宝'之林的最珍贵古书八十多种,托徐森玉先生带到香港,再由香港用飞机运载到重庆去。……国立中央图书馆接到这批书之后,曾开了一次展览会,听说颇为耸动一时。其余的明刊本、抄校本等,凡三千二百余部,为我们二年来心力所瘁者,也都已陆续的从邮局寄到香港大学,由亡友许地山先生负责收下,再行装箱设法运到美国,暂行庋藏。这个打包邮寄的工作,整整地费了我们近两个月的时间。叶玉虎先生在香港方面也尽了很大的力量。他在港、粤所收得的书也加入了其中。"徐森玉对运送图书去香港转赴内地是多有劳绩的。

"文献保存同志会"在上海收购的珍本图书,根据重庆方面的指示,分数批寄往香港,由专人接收保管。至1941年6月19日,总共寄出四批。为善本图书运港事,朱家骅、蒋复璁均有多次电报和信函催运。"蒋、朱处曾来三电及一函。……蒋、朱所急者,为运货一举,实则我辈已办得颇有条理矣。再过半月,善目中物,必可全部运毕,殊可慰也!"(见1941年7月25日郑致张札)

运抵香港的善本书,大部分存放在冯平山图书馆,约两万三千余册,加上叶恭绰先生在香港主持收购的善本书达三万余册。由于数量甚多,无法空运重庆，乃设法请当时驻美大使胡适联系运至美国，在美国国会图书馆存放。但是，太平洋战争爆发，计划告吹。以后，这批图书被日本人竹藤峰治强行从冯平山图书馆运走，分别存放在日本东京上野公园帝国图书馆及伊势原乡下。据《叶遐庵先生年谱》载，叶恭绰先生六十岁时，居住香港，全力为中央图书馆搜购海内藏书善本，先生与张元济、张寿镛先生总司审订工作。在港购求李文田（芍农）、徐绍棨（信符）及黄氏、马氏等人藏书，并主持将在沪所得典籍及新疆木简一并运美暂存。嗣因事阻滞，木简已运出，而书籍一百一十箱竟为日军所掠，先生痛惜不止。1946年2月，这批藏书始为国民政府派驻日本调查中国在日本侵华战争中受到严重损失的官员查获，一年后，终于全部归还南京中央图书馆。

四

"文献保存同志会"的工作，从一开始即得到国民政府教育部和中英庚款董事会以及中央图书馆的指导、关心和支持。当郑振铎等人的"歌电"发往重庆后之第四日，重庆方面便有复电，而再过三日，蒋复璁即已秘密抵沪。由此可见，陈立夫、朱家骅等人对在上海地区秘密采购、抢救民族文献的重视，也可见在当时的形势下，他们处理此事之果断、快速。在郑振铎致张寿镛札中多次提及"朱（朱家骅先生）来电""得朱君先后二电""慰堂（蒋复璁）先生有信来""中英庚会又来一电"。郑1940年2月16日致张寿镛札云："慰堂先生有信来，亦主多购清人集及近代史料。"1941年5月22日"顷得慰堂先生来函二件"。

同时，郑振铎他们也时时将在上海收购善本图书的情况向重庆方面报告。1941年1月4日，郑致张札有"年假中在写总报告，并仔细统计宋元及明刻本、抄稿本种数、册数，尚未完全写毕。兹先草就第六号报告，附上，请削正"。1941年4月29日，郑致张札云："兹奉上致慰报告第八号，乞详加指正后，再行誊清发出。"而6月2日，郑又拟定"致慰报告第九号"。郑振铎和朱家骅、蒋复璁来往之函件，均设有文件档，每次收到朱、蒋之电文或函件，郑必送呈张寿镛及何炳松先生阅，他们阅后再归档保存。蒋复璁的信中，有时对于涉及的人物均用化名，如"颍川"指陈立夫，"紫阳"指朱家骅，"立兄"为杭立武。据郑致张札，郑振铎曾有一包蒋复璁致郑之函件，在1940年10月间，郑氏曾为安全起见，特为拣出，送张寿镛处之保险箱中保存，"因此项函件似较账目尤有关系，故先行清理出来"（1940年10月24日）。

所有购书经费，都是由蒋复璁自重庆寄到，使购书的秘密行动得到了进一步的保证。如郑致张札云："今晨蒋蔚（慰）兄已汇来七数，芹事不成问题矣！可喜也！"（1941年10月28日）此外，有的信中提到的"续股"，即隐指重庆拨款。据陈立夫《成败之鉴》，当年中英庚款董事会约付一百二十余万元，教育部拨给专款二百数十万元，均径汇沦陷区支用。

郑振铎在"文献保存同志会"中是年龄最小者，当年仅43岁，人在中年，精力充沛。他除了在暨南大学授课外，所有的业余时间，都投入抢救工作中去了。在刚成立"文献保存同志会"之时，他就说："有好书，有值得保存之书，我们必为国家保留之。此愿蓄之已久，今日乃得实现，殊慰！凤举与予负责采访，菊生负责鉴定宋元善本，柏丞、咏霓则负责保管经费。予生性好事，恐怕事实上非多负些责不可。"（《求书日录》）所以，郑振铎每天都会和书店的老板、伙计打交道，不仅是鉴定、论价、协商，而且各种烦琐的点查、登记、编目、装箱、运送等他都付出了精力。当时除了不少地方上小藏书家的书散落在上海，一些重要藏书家的所藏多是整批出售，为了不致为他人所掠，郑振铎等人费了不少精力和口舌，竭力为国家选购善本，保存国粹。郑致张札慰云："我辈本为保存文献起见，再辛苦一番，似亦应尽之责。如能将芹伯、程氏、潘氏、杨氏诸家一网收之，诚古今未有之盛业也，固不尽收拾残余于一时已！"（1941年5月22日）

1940年3月20日，他致张寿镛先生信云："我辈对于国家及民族文化均负重责。只要鞠躬尽瘁，忠贞坚苦到底，自不至有人疵议。盖我辈所购者，决不至浪费公款一丝一毫，书之好坏价之高低，知者自必甚明了也。一方面固以节俭为主，同时亦应以得书为目的，盖原来目的，固在保存文献也。浪费、乱买，当然对不住国家，如孤本及有关文化之图书，果经眼失收，或一时漏失，为敌所得，则尤失我辈之初衷，且亦大对不住国家也。故我不惜时力，为此事奔走，其中艰苦，诚是冷暖自知，虽为时不久，而麻烦也极多，想先生必有同感也。然实甘之如饴，盖此本为我辈应尽之责也。"

3月27日，致张寿镛信又云："为公家购书，确较私人为不易。我为自己购书，如为我所喜者，每不吝重值；但为公家购书，则反议价至酷。我辈爱护民族文献，视同性命，千辛万苦，自所不辞。近虽忙迫，然亦甘之如饴。""我辈之工作，完全为国家、民族之文化着想，无私嗜，无偏心，故可得好书不少，且眼光较为远大，亦不局促于一门一部，故所得能兼广大与精微，但望此宏愿能实现也（观蒋函，似必可实现）。此愿如能在炮火中实现，则保存民族文化之功力，较黎洲、子晋、遵王、荛圃更大矣！近半年来所做者，不过预备工夫而已。大抵平、沪一带各重要货色，皆可网罗一空。（以北平而言，几家大肆，若修绠、修文、文禄、邃雅、来薰等皆已尽其所有，开列书目寄来）将来所应注意者，彼辈新收之书耳。大抵经我辈如此一收罗，重要之书，流落国外者，可减至最低度，甚至可以做到，非经我辈鉴定认为不收，可任其出国外，余皆可设法截留，盖贾人重利，以此法禁其外流，较之禁令似尤为有实效也。然此半年来心力已交瘁，所费时间尤多。"（1940年6月29日）"我辈自信眼光尚为远大，责任心亦甚强，该做之事决不推辞。任劳任怨，均所甘心。为国家保存文化，如在战场上作战，只有向前，决无逃避。且究竟较驰骋战场上之健儿们为安适。每一念及前方战士们之出生入死，便觉勇气百倍，万苦不辞。较之战士们，我辈之微劳复何足论乎！"（1940年9月1日）对于郑振铎的工作，徐森玉在致蒋复璁的信中指出：郑振铎"网罗遗佚，心志专一，手足胼胝，日无暇晷，确为人所不能。且操守坚正，一丝不苟，凡车船及联络等费，从未动用公款一钱"（1941年1月20日致蒋复璁函，原件藏中央图书馆），道出了为国家、为民族、为传统文化任劳任怨的郑振铎的一个侧面。

郑振铎等人冒着生命危险，为国家、为中央图书馆在劫火中全力抢救古籍文献而做出的贡献，在蒋复璁后来所有涉及在上海行动的公开文章、报告中多不提及，甚至不提郑振铎的名字，如《涉险陷区访书记》（载《中央月刊》1970年第2卷）等，这是因为1948年郑振铎去了香港，再转往他处，1949年后，又担任了中华人民共和国文化部门的领导工作，基于政治原因而不便提到。在当年两岸情势对抗和紧张的状况下，是可以理解的。

蒋复璁和郑振铎是关系很密切的朋友。当年蒋复璁自重庆抵沪时，郑振铎曾找出《太平山水图画》两份送给蒋。后又在来青阁书店购得《四库全书总目标注》一部，价三十元，即请人送到蒋复璁处。蒋复璁离开上海返回重庆后，郑振铎和他都有书信往来。如郑致蒋函，有时托何炳松以妥慎方法寄去，而蒋致郑札，也由何氏转交。中央图书馆渝地所需图书，蒋函有时附有目录请郑代为购配。他们之间的关系我们还可以从郑振铎在1945年、1947年、1948年所写的日记中窥见一斑。以1947年1至4月为例：1月5日，"慰堂来谈"；1月16日，"慰堂来谈"；1月18日，"慰堂来，偕慰、森（即徐森玉）同到大来午餐，又皆至古拔路（按：此指合众图书馆）见敦煌卷子四十卷"；1月19日，"至古拔路，晤森、慰"。1月21日，蒋复璁不慎跌伤，住中美医院治疗，郑振铎"即至中美探望，正在接骨，心神凛凛"。在蒋复璁住院期间（日记至4月20日止），郑振铎三个月内共去探视了十三次。据日记，有3月16日"谈甚畅"的一次，自四时许，"谈至六时许归"。每次蒋复璁自南京来沪，必至郑振铎住处见面。1947年11月12日，"慰堂偕其女同来，谈甚久"。12月22日，"慰堂来"，"留慰堂在此午餐"。1948年，从1月至4月，他们之间来往了二十四次。如1月16

日，"慰堂自南京来，即在此午餐""谈颇畅""八时许，慰堂去"。3月4日，"中午，偕慰堂至朱骝先（家骅）宅午餐"。4月10日，"慰堂来，送来台湾草帽一顶；屈万里来，送来台湾拖鞋等，均应用之物也"。1948年2月1日，由于《正言报》《益世报》误传报道郑振铎失踪的消息，"文学家郑振铎，于昨日突然失踪，迄今尚未归家，其家庭已报警局，请求查访其下落"。这消息惹得徐森玉、蒋复璁等友人"急得要死""慰堂就要偕同陈雪屏来营救，闻之不安之至"。任何人只要读到郑振铎那个时期所存的日记，不难发现郑振铎接触最多的就是徐森玉，而蒋复璁的名字则是出现在日记中频率最高的数人之一。郑、蒋二人是极好的朋友，这是无可置疑的。但是在大陆出版的《郑振铎年谱》1947年、1948年的记载中，编著者或许也是出于政治上的原因，有意识地避提蒋复璁的名字。这实在是不利于史实的探讨。

五

中华民族的历史长河绵延了多代，屡经战乱，数度兴衰，历尽沧桑。书籍存亡，同于云烟聚散。千百年来，兵燹、水火之灾，无代无之，而历代的好古之士出于"俾国史不至无征，弘文籍以不朽"，于古书刊布不绝，为延一线之脉，作续命之汤。郑振铎等人在上海为中央图书馆收集的善本图书，曾辑成《玄览堂丛书》初集、续集、三集。初集计三十一种，一百二十册，于1940年在上海精华印刷公司（商务印书馆在沪印刷厂之化名）影印。续集二十一种，一百二十册，于1947年由国立中央图书馆影印。三集十二种，三十册，于1948年由国立中央图书馆影印。此外郑振铎又辑了《明季史料丛书》二十种，十册，于1944年由圣泽园影印。

郑振铎化名"玄览居士"序《玄览堂丛书》云："……今世变方亟，三灾为烈，古书之散轶沦亡者多矣，及今不为传布，而尚以秘惜为藏，诚罪人也，夫唐宋秘本刊布已多，经史古著传本不鲜，尚非急务。独元明以来之著述，经清室禁焚删夷，什不存一，芟艾之余，罕秘独多，所谓一时怒而百世与之立言，每孤本单传，若明若昧，一旦沦失，便归澌灭。予究心明史，每愤文献不足征，有志搜访遗佚，历数十年而未已，求之冷肆，假之故家，所得珍秘不下三百余种，乃不得亟求其化身千百，以期长守，力有未足，先以什之一刊布于世。""呜呼！杞忧正殷，成书快睹，幽光发于乙部，寿世脱于三灾，秦火未尽，鲁壁犹存，先哲之灵，实呵护之。"

郑振铎最初在拟定《玄览堂丛书》第一集目录时，曾拟书名为"晚明史料丛书"。1940年9月26日，郑振铎致张寿镛信有"《晚明史料丛书》第一集目录已拟就，兹附上，请指正。……先生指正后，当即函蔚（慰）堂一商，便可交商务设法印出矣"。1940年10月15日郑致张函又说，何炳松则对此目录"以为过于凄楚，无兴国气象，拟多选有兴国气象之书加入"。《玄览堂丛书》初集的印样出来后，郑振铎即委托挚友唐设先生因在邮局工作的便利，将印样分散扎包，躲过敌伪的检查而寄到重庆中央图书馆。

《玄览堂丛书》之取"玄览"者，盖"玄览"，远见，深察也。《老子》："涤除玄览，能无疵乎？"河上公注："心居玄冥之处，览知万物，故谓之玄览。"按，蒋复璁因中央图书馆与正中书局合作重印《玄览堂丛书》，于1985年元月，撰《重印玄览堂丛书初集后序》，所云此书之编辑影印。"由徐森玉先生主持"，"玄览居士序一篇，即系徐森玉先生主笔"，乃误。又按，郑振铎有时写给友人的信末，会署名"玄览"，如致徐森玉之子伯郊先生。即是如此，当时所购得的不少书中，都钤有"中枢玄览"印，"中枢"者，朝内，中央政府。晋陆机《文赋》云："伫中区以玄览，颐情志于典坟。"唐刘禹锡《和令狐相公初归京国赋诗言怀》云："凌云羽翮掞天才，扬历中枢与外台。""中枢玄览"隐寓中央政府印布之意。此印是徐森玉托沪上金石名家王褆为之奏刀。王褆（1878—1960），初名寿棋，字维季，号福庵，杭州人，工书，精刻印，得浙派神髓，是杭州西冷印社创始人之一。

根据《玄览堂丛书》子目所列书名来看，大抵关于边疆史地、内政、外交、典章制度者居多。从版本来看，多明刻本、明抄本。初集除第一种《纪古滇说原集》一卷为元张道宗撰，第二十三种《皇明帝后纪略》一卷附《藩封》一卷为清郑汝璧撰，第三十一种《瓵闯小史》六卷为清葫芦道人撰以外，其余二十八种，都是明人的作品。

《玄览堂丛书》第三集的编辑出版事宜，顾师廷龙（号起潜）先生也参与其中。1949年2月26日，郑振铎致顾廷龙信，有"临行匆匆，未及造府告别，歉甚，歉甚！……玄览堂三集事，盼兄鼎力主持，如不能续印下去，则仅此四十册亦可成书，乞商之慰堂兄为荷"（见陈福康编著《郑振铎年谱》，北京书目文献出版社，1988年，429页）。第三集由于财务上的问题，一拖再拖，而正式出书已在1955年7月了。顾师廷龙曾于1949年作《玄览堂丛书提要》一册，有跋语云："当倭寇时，东南沦陷，旧家图书散亡无所。国立中央图书馆遂请郑振铎先生在沪搜采之，并选元明以来著述传本罕见者，辑为《玄览堂丛书》，以广流传。初集为民国二十九年影印，一百二十册。既风行于海内外，胜利后，遂为续集，时卅六年，亦百二十册。去年又印三集，成三之一，财绌，尚未装治成册。兹撰提要一卷，以便览观。卅八年六月，顾廷龙记。"

"文献保存同志会"的几位主要人员中，张元济先生由于年事已高，后来对于此事曾有"声明不与于办事之例，故未能遵命署名于上"（见1940年2月4日郑致张信）。但是，在"同志会"的具体工作中，张元济是出了不少力的。如张元济曾先后两次在郑振铎的陪同下，去古董商孙伯渊处看玉海堂藏书，去苏州看邓氏群碧楼藏书，后与郑商定拟选购100余种。张又多次致函郑振铎谈收书事。郑振铎在影印《玄览堂丛书》前，也曾征求过张的意见。"同志会"中最先去世的是张寿镛先生。他于1945年7月16日病故，不及看到抗战结束的曙光，不及享受胜利的欢欣。张寿镛去世后仅二日，即举行大殓，郑振铎得知消息后，"心里很难过"（日记），但终"因为环境关系，竟不能抚棺一恸！抱憾终生！"（1946年7月25日）。不久何炳松先生也因病辞世，郑振铎在《文汇报·史地》上发表《悼何柏丞先生》，记述了自己与何的友谊。

郑振铎致张寿镛的269封信，后被张装订成五大本，封面题有"木音"两字。按"木音"者，八音（金、石、丝、竹、匏、土、革、木）之一。郑玄注："金，钟镈也；石，磬也；土，埙也；革，鼓鼗也；丝，琴瑟也；木，柷敔也；匏，笙也；竹，管箫也。"再按，柷敔，为乐器名。奏乐开始时击柷，终止时敲敔。一说二者同用以和乐，不分终始。张寿镛以"木音"题写郑札合订本之上，其意当为张、郑诸人为国家抢救民族文献而密切配合。郑的《求书日录》是"奉献给咏霓先生，以为永念"的。《求书日录》中说："咏霓先生的好事和好书之心也不下于我。我们往往是高高兴兴地披阅着奇书异本，不时的一同拍案惊喜起来！在整整两年的合作里，我们水乳交融，从来没有一句违言，甚至没有一点不同的意见。"

上海《大公报》1945年11月1日复刊后，即开始连载郑振铎写的《求书日录》，记述他在抗战期间为北平图书馆购置明脉望馆抄校本《古今杂剧》事，以及为中央图书馆秘密收购善本的史实。该报"文献"版从11月1日起，至12月24日止，共刊发了20篇。可惜的是，由于《大公报·文献》版面过小，又常脱期，因而中止刊出，仅整理发表了原稿的二十四分之一（原拟发表至1941年"一二·八"战争止）。该报1945年12月30日"文献"版编者在"启事上刊发了郑振铎1945年12月26日致编辑的信，云：《求书日录》，篇幅甚多，恐非数月所能刊毕，而《文献》须数日始得一见，刊载此类长文，似不甚相宜。请于即日起，停止刊出。将来当移登他报或篇幅较多之月刊上"。后来，郑振铎仅在《上海文化》第五期（1946年6月1日）上登表了1940年2月5日的一则日记。郑振铎的现存日记和文稿，均珍藏在北京图书馆善本特藏部，但是，与此主题密切相关的1940—1941年的日记却已不存，人们无法再进一步了解当时的细节了。不过，我们通过《求书日录》的字里行间，还是可以清晰地看出郑振铎等人处处洋溢着极其崇高的爱国激情。

"一二·八"以后，"文献保存同志会"的工作不得不停止下来，这是因为经济的来源已告断绝，敌伪的力量已经无孔不入，很难允许像这样一个组织有存在的可能。而且为了安全起见，郑振铎不得不离开了家，东躲西避，蛰居在友人们的家里，庆吊不问，与人世几乎不相往来，因此，工作也就随之停顿了。

从1940年1月10日始，至太平洋战争爆发止，"文献保存同志会"为国家、为民族，抢救古籍善本整整两年，购求文献总计3800余种，其中宋、元版本300余种。在战争中，江南不少藏书家，如常熟瞿氏铁琴铜剑楼、赵氏旧山楼、南浔张氏韫辉斋、刘氏嘉业堂、张氏适园、苏州潘氏滂喜斋等家的图书，凡有散出者，大都归为国有，成绩极为可观。郑振铎在《大学》月刊八卷第3—4期合刊上撰《保存古物刍议》中说："凡在民国二十九年至三十年间，即古书散出最多的两年间，所有重要的古书差不多已都为我们所得到（我们这几个人在上海有一个委员会，为中英庚款会负责购书）。""综计在这两年里，南北各地藏书家们散出的书籍，或整批收购，或择要选取，几乎没有什么漏失掉的重要文献。在所购到的善本书中，经部图书最少，子部图书颇为可观，而史部及集部图书则是精华所聚。"故郑致张札有云："蔚（蒋复璁）及诸股东见到史目（指史部目录）时，当必感高兴也。"（1941年6月28日）

早年的中央图书馆于1933年4月21日筹备，1940年7月奉令结束筹备事宜，8月1日正式成立。自筹备处成立后，各方均有匡助。截至1936年，央馆中文藏书为69864册，金石拓片2901张（幅）。到1937年抗战爆发，所藏的中西文书籍及期刊共为18万册。最初的藏书基础，为教育部拨存的中文书4万册，大都是清代以及民国刊印本，其中可称为珍本的只有一部明初内府刻本《仁孝皇后劝善书》。此外，1940年，教育部从吴兴许博明家购得善本书70余种交中央图书馆收藏，而当时北平图书馆收藏的善本书有3900种。据查，当时中央图书馆筹备处在京的经费，仅每月四千元，抗战之初，曾减为一千元，在陈立夫先生任教育部长后，逐渐恢复原数。1940年中央图书馆正式成立后，始定为每月一万元，然仅供办公之用，实无余款采购善本图书，而西南亦并无著称之藏书家可以采购。中央图书馆曾在四川宜宾购到中文普通书一批，约万余册，仅可供日常之用。

由于张元济、张寿镛、何炳松、郑振铎、张凤举等人舍身忘我地在敌人的魔影下坚持工作，所购善本书差不多相当于北平图书馆数十年的积累，使得中央图书馆有如贫儿暴富，令人刮目相看。郑振铎致张寿镛信（1940年6月29日）云："如有百万之谱，则所收书，则可较北平图书馆为更可观。盖北平图书馆宋、元版本书过于残零，而以后所收书亦嫌过于无计划，太觉零碎也。（观其善本目便知之）"9月21日信又云，所购古书"不仅足傲视近来一切藏书家，且亦足以匹敌北平图书馆矣！……在此时局，能为国建设一如此弘伟之图书馆，其工作之艰巨与重要，实远在黄梨洲、叶石君等人以私人之力，收拾残余者之十百倍也"。1941年3月13日郑致张札又有："一年以来，瘁心力于此事，他事几皆不加闻问。殆亦可告无罪矣。……则总计：约得善本三千八百种左右，可抵得过北平图书馆四册《善本目》之三千九百种矣！以百数以内之款，值此书价奇昂之日，尚能得此数量，诚堪自慰慰人也！……何况尚有清代善本及普通本无数乎？"潘师景郑（承弼）先生有云："抗战时，余避难来沪，先生亦蹈隐沪上，相顾益密。于时烽火频警，故家图书散入市肆甚多。先生为公家搜罗无遗，如邓氏群碧楼、刘氏玉海堂藏书，悉经设法为祖国保存文化遗产，千艰万辛，为人所不敢为，其毅力宏愿有不可及者。"（《郑振铎先生遗札跋》，载《社会科学战线》1984年第一期）在郑振铎诸人努力搜购的基础上，中央图书馆又经数十年之多方采集，目前善本藏书已逾一万四千种，其卷帙之缥缃琳琅，各代版刻之美善，佳椠珍籍之繁富，都为海内外学者所称羡。1986年，"中央图书馆"特藏组编辑的《"中央图书馆"特藏选录》，是该馆善本精品之一部，只要翻开印刷精美的《选录》，即能见到不少精品是当年上海文人志士们辛苦搜购所得。

郑振铎曾经说过："假如有人问我，你这许多年躲避在上海究竟做了些什么事？我可以不含糊地回答他说，为了抢救并保存若干民族的文献。""我心里也想走，而想走不止一次，然而我不能走。我不能逃避我的责任。"(《求书日录》)在全面抗战开始的头两年，郑振铎主要是以个人的力量来罗致一些宝贵的历史文献。"前四年，我耗心于罗致、访求文献，后四年——'一二·八'以后，我尽力于保全、整理那些已经得到的文献。我不能把这事告诉别人。""在这悠久的四个年头里，我也曾陆续整理了不少的古书，写了好些跋尾。我并没有十分浪费这四年的蛰居的时间。"(《求书日录》)上海全部沦陷后，郑振铎在暨南大学上完"最后的一课"后，即化名"陈思训"，伪装成文具店职员，开始了长达四年的"蛰居"生活。

郑振铎等人为国家保存了那么丰富的珍贵历史文献，昭然在人耳目，功不可泯，而千秋令誉，又何俟于楮墨之传！他们的业绩，是后人永不能忘怀的。

1996年7月初稿，10月改定于波士顿之慕维居

校理《四库全书总目提要》残稿的一点新发现

一

由清永瑢、纪昀主编的《四库全书总目提要》是一部评介中国历代大量古籍的重要图书。在开始编纂《四库全书》时，乾隆即下令对采入四库的每一部图书"系以提要，辑成总目"（见《办理四库全书档案》，乾隆三十八年五月初一日上谕），这就是以后完成的《四库全书总目提要》(下面简称《提要》)。《提要》的内容，除了论述"各书大旨及著作源流"外，还"列作者之爵里""考本书之得失"以及辨订"文字增删、篇帙分合"，因此《提要》对于学者们利用和研究古籍起了很大作用。

在完成《提要》的过程中，《提要》文字多次修改，同时由于人事的更换变动，图书的反复去取，以致《提要》的原稿有所散失。近年来，在上海图书馆发现了部分《提要》的原稿残本，这是一件非常值得高兴的事。它对于我们今天研究《四库全书》和《提要》，进一步揭露清乾隆帝利用编纂《四库全书》迫害人民，禁锢民族爱国思想，摧残我国古代文化，实行文化专制主义的罪行，提供了极有价值的材料。

残稿《提要》仅存二十四册，计经部四册，史部四册，子部十册，集部六册。书名卷端及书口题"钦定四库全书总目"。纸用统一格纸，每半页九行，每行二十字不等。稿本均用工楷誊写，字体不一，当为数人所抄。书背上方书有"经部×""史部×"以示册数，且每册都有重新装订的痕迹，卷首皆钤有"贞寿堂邵氏所藏"朱文长方印记。

残稿的许多篇提要都有四库纂修官改动的字样，在有的提要上大书"删""去""毁""烧毁""此条删"等字样。这些改动的字，或用黑笔，或用朱笔，从字体来看，也不属于一二人的手笔。有的页上书眉原已批注的字句也经撕毁灭迹。

一书之成，必有稿本。而稿本又有初稿、修订稿、定稿之分。编纂偌大一部《提要》，出于众人之手，分门别类地将各书提要逐一撰稿，已非易事，随后又经过多次的审阅、综合、笔削，可以想象《提要》的稿本必定是多次誊清，数易其稿。

这个残稿有以下几个值得注意的地方：

一、在残稿中不仅某些提要的排列次序和通行本（一九三三年商务印书馆排印本或一九六五年中华书局影印本）不同，甚至有些书在稿本中已被选取入目，但在通行本中却被改入存目。如明钱一本撰《黾记》四卷，稿本排在子部儒家类三，通行本改作存目二；明董说撰《天官翼》□卷，稿本在子部天文算法类，通行本改在存目；明姜垛撰《敬亭集》□卷，稿本在集部别集类二十五，通行本改在存目七。

二、分类上有所改动。如明杨慎撰《奇字韵》五卷，稿本分在经部小学类三，而通行本却为小学类二。（此书提要也经改动）这说明了在经部中一些书已被抽掉，《奇字韵》也就被移到了前面。

三、所用采进本及藏本有所改换。如明范理撰《读史备忘》八卷，残稿为"编修励守谦家藏本"，通行本则改为"浙江范懋柱家天一阁藏本"；明邵宝撰

《慧山记》三卷，稿本为"两淮马裕家藏本"，通行本则为"浙江范懋柱家天一阁藏本"。(此二书提要均有改动)

四、残稿提要上并无"毁""删""去"等字样，但通行本中却不可得见。如题唐张果撰《通元五星论》、清黄中坚撰《蓄斋初集》十六卷及《二集》十卷、清瞿源洙撰《笠洲文集》十卷等。

五、残稿提要中批有"删"的字样，但仍见诸通行本。如清毛奇龄撰《太极图说遗议》一卷、清萧企昭撰《性理谱》五卷、清秦云爽撰《紫阳大旨》八卷的提要上都有"删"字，原皆列入子部儒家类四，现改列入通行本的存目三中。

六、残稿中有的提要虽经改动，但通行本仍据原撰提要。如明张孚敬撰《奏对稿》十二卷、清黄宗羲撰《孟子师说》二卷、宋蔡模撰《孟子集疏》十四卷等。上述三书原经纂修官用黑笔、朱笔圈改甚多，但后来定本仍据原撰提要。

七、残稿中某些提要的次序有所更动。如清毛奇龄撰《竟山乐录》四卷，上有"此移皇言篇之后"；在《皇言定声录》八卷上批有"此移竟山篇前"；在《群经音辨》七卷上批有"此篇移十五页《匡谬正俗》之后，《埤雅》之前"；有的还在小条上批上"《孝经纲目》移入子部儒家"等字样。

八、残稿提要由于改动颇大，有的提要不得不重新换写，因此在字里行间加以紧缩，如《孝经正误一卷附录一卷》上有"此篇换写，每行挤入二字，匀作七行"；在《骀诗案》一卷上有"此处三行作二十字写""此篇将末行'本书欵'三字挤在上数行以内"。

从以上几种情况来看，可以肯定，此残稿非最初的稿本，也非后来之定稿，而是不断修改中的一部分稿本。

《提要》稿本由于纂修官们凭臆修改，删削甚多，致使书中页数脱落颠倒，形成不少缺页。其中史部残缺最甚，许多类目都已不可得见，如正史类、编年类、纪事本末类、别史类、传记类（仅存部分存目）、职官类、政书类、目录类、史评类等。又子部的法家类、农家类、医家类、艺术类、谱录类、杂家类等也均残缺。在仅存的二十四册中只有子部的小说家二是全的，页数相连，稿本类目之卷数和现在的通行本完全相同，并无二致。

从页数的颠倒、脱漏等来判断，好像这个残稿在当时由全本而被拆散，又由人加以整理重新装订成册的，这可以从书脑中原先已有的穿线洞眼可证。如果是原先成册的，人为地抽去数页，那并不影响一册书的厚薄，现在的每册厚薄相当，然而内里页数却已是七零八落，且有许多地方的文字已被截去一段，前文不对后句的现象随处可见。如卷九十九的子部兵家类，仅存第二十二页，却被置放在卷一百兵家类存目的第十三、十四页之中。

二

1927年春天，王重民先生在故宫博物院图书馆里发现了被全毁的图书九种（清李清《南北史合注》一百九十一卷、《南唐书合订》二十五卷、《历代不知姓名录》十卷，清周亮工《读画录》四卷、《书影》十卷、《闽小纪》四卷、《印人传》三卷，清吴其贞《书画记》四卷，清潘柽章《国史考异》六卷）的提要，辑录并编成了《四库抽毁书提要稿》，作为无锡丁氏书目丛刊之一，于1931年由上海医学书局出版。1965年北京中华书局出版的《四库全书总目》也把上述九种提要补录在后面，题为"四库撤毁书提要"，供研究者参考利用。

自乾隆四十七年（1782）《提要》刊刻后，一百多年来，清王朝从来没有把被禁毁的提要公开过，这是因为这些"违碍"的图书及其提要都为清室所讳忌。早在乾隆三十九年（1774）八月的上谕中，就曾讲到"明季末造，野史甚多，其间毁誉任意，传闻异辞，必有诋触本朝之语，正当及此一番查办，尽行销毁，杜遏邪言，以正人心而厚风俗，断不宜置之不办"。意图甚为明确。因此，所有的提要都是围绕着乾隆的意旨撰写的。也正是由于这种"寓禁于征"的政策，被禁毁的图书板片不计其数，这是中国古代文化的一次浩劫，许多有一定学术价值和革命思想的著作就此湮没无闻不见传世，甚至连所毁图书的提要也不能流传下来。因此这部残稿《提要》的发现就为清王朝摧毁文化提供了有力见证。

残稿《提要》中凡不见通行本以及辽海书社排印的《文溯阁四库全书提要》的有六十六种，计经部三种、史部十七种、子部一种、集部四十五种。这些过去未被发现的包括已被禁毁的提要详目如下：

（此行换写）　孝经本旨一卷　宋黄幹撰

孝经外传二十二卷　元江直方撰

（此行换写）　孝经纲目十四卷　国朝李长桂撰

云间志略□卷　明何三畏撰

开国臣传十三卷　明朱国祯撰

逊国臣传五卷　明朱国祯撰

（毁）　五朝三楚文献录十六卷　国朝高世泰撰

（毁）　松陵文献十五卷　国朝潘柽章撰

（毁）　三续表忠记八卷　国朝赵吉士撰

北学编四卷　国朝魏一鳌撰　尹会一续修

（毁）　靖海编八卷　明钱人楷编

春秋贯玉四卷　明颜鲸撰

左传经世十卷　国朝魏禧撰

闽小纪二卷　国朝周亮工撰

（此条应删）　柳边纪略五卷　国朝杨宾撰

（烧毁）　四镇三关志□□卷　明刘效祖撰

（烧毁）　海防纂要十三卷　明王在晋撰

（不写）　吕语集粹四卷　国朝尹会一编

（毁）　　　　　　　　　国朝尹会一编

（此条删去）古今兵鉴三十五卷　明郑璧撰

　　　　　　　通元五星论□□卷　旧本题唐张果撰

（删）　　琼琯集十二卷　宋葛长庚撰

　　　　　蓄斋初集十六卷二集十卷　国朝黄中坚撰

　　　　　笠洲文集十卷　国朝瞿源洙撰

（毁）　　春煦轩集十二卷　明王好问撰

（毁）　　玉介园存稿十八卷附录四卷　明王叔杲撰

（毁）　　长水文钞□□卷　明沈懋孝撰

（销毁）　马文庄集选十五卷　明马自强撰

（毁）　　许文穆公集二十卷　明许国撰

（毁）　　文穆集六卷　明许国撰

（毁）　　万一楼集五十五卷续集六卷外集十卷　明骆问礼撰

（毁）　　说剑斋别梓□卷　明何良臣撰

（毁）　　王校书全集四十二卷　明王稚登撰

（毁）　　石谿诗稿六卷　明严怡撰

（毁）　　甲秀园集四十七卷　明费元禄撰

　　　　　读书堂稿十二卷　明叶灿撰

（去）　　建霞楼诗集二十一卷　明李孙宸撰

　　　　　平山堂诗集三卷　明刘应宾撰

（去）　　兰雪堂集八卷　明王心一撰

（去）　　月湖草六卷　明周应宾撰

（去）　　简斋集十五卷　明刘荣嗣撰

（删）　　春浮园文集二卷、诗集一卷、附春浮园偶录二卷、南归日录一
　　　　　卷、汴游录一卷、日涉录一卷、萧斋日记一卷　明萧士玮撰

（删）　　　青来阁合集二十卷　明方应祥撰

（去）　　　剑津集八卷（附冶园暇笔一卷）　明邵捷春撰

　　　　　　陈靖质集六卷　明陈山毓撰

（去）　　　汲古堂集二十六卷　明何白撰

（删）　　　静啸斋存草十二卷　明董斯张撰

（去）　　　素翰堂文集八卷　明徐来复撰

（去）　　　中弇山人稿五卷　明王士骐撰

（去）　　　炳烛斋集□□卷　明顾大韶撰

　　　　　　孙孝子文集二十卷　明孙堪撰

（去）　　　圣雨斋集十三卷　明周拱辰撰

（去）　　　宗伯文集十六卷　明曹勋撰

（去删）　　纹山集十六卷　明罗明祖撰

（去）　　　小寒山诗文合集二十九卷　明陈函辉撰

（去）　　　梧叟集十三卷　明叶应震撰

（去）　　　悬榻编六卷　明徐芳撰

（毁）　　　魏伯子文集十卷　国朝魏祥撰

（毁）　　　魏季子文集十六卷　国朝魏礼撰

（删）　　　赐余堂集十卷　明钱士升撰

（毁）　　　魏兴士文集六卷　国朝魏世杰撰

（毁）　　　耕庑文稿十卷　国朝魏世俲撰

（毁）　　　为谷文稿八卷　国朝魏世俨撰

（不写）　　健余诗草三卷　国朝尹会一撰

（毁）　　　荻翁集六卷　国朝邹枚撰

　　　　　　四六类编十六卷　明李日华编

（注：括号中"删""毁""去"等字样均为纂修官所批）

以上批"毁""烧毁""销毁"字的有二十四次，批"去""删""不写"的有二十五种，"此行换写"的有两种，不标上述字样而通行本不录者有十五种。近人孙殿起辑有《清代禁毁书目·清代禁书知见录》，可以说是一部集禁书之大成的工具书。在残稿的提要中，见于孙氏辑录书目的共有三十七种，不见者有二十种之多。这二十种提要中极少数是属于内容一般、无甚大参考价值者，如元江直方《孝经外传》二十二卷，清李长桂《孝经纲目》十四卷等皆是。《四库全书总目·凡例》云："释道外教，词曲末技"，"九流方技往往伪妄荒唐，不可究诘；抑或卑琐微末，不足编摩"。然而大多数书并不是出于以上这种情况。如清魏禧《左传经世》十卷，实是涉及宁都三魏，而和其兄魏祥《魏伯子文集》十卷、其弟魏礼《魏季子文集》十六卷一样的际遇。又如史料价值颇高的明朱国祯《开国臣传》十三卷、清周亮工《闽小纪》等都是在钦定的幌子下，或不被入目，或惨遭禁毁。

据此，残稿不仅向我们展示了仅存的部分全毁提要，而且还可补孙氏辑录书目之所缺。同时我们还可以进一步认为，这些不见于各种禁毁书目著录的图书只不过是大量已被禁毁了的图书的一小小部分，还有许多我们不知名目的图书早已成了还魂纸了。

除了上述过去未被发现的由于"违碍"已被禁毁，以及内容一般而被删去的提要外，我们还发现某些书虽未遭到禁毁，但四库馆臣们所拟的提要内容已多被删改，文字上相距颇大。有的提要内容虽经批改，但和通行本相较，也有不同之处。如明刘节撰《梅国集》、清陈维崧撰《陈检讨集四六》等。这为我们进一步了解删改提要的内容，研究目录学、版本学等增添了不少新的材料。

下面以清杜知耕撰《几何论约》、明冯孜撰《古今将略》为例，以见一斑。

《几何论约》七卷　内府藏本

国朝杜知耕撰。知耕，字端甫，号伯瞿，柘城人。明万历中西洋人利玛窦与徐光启共译《几何原本》六卷，知耕取其书，复加删削，末附十题，分为七卷，名以《几何论约》。按欧逻巴《几何原本》一书，最为精密，其发明三角方圆比例之理，至明至尽。利玛窦兼通中西之文，徐光启工于著述，其于是书，尤精心致思，期于至当。故光启于卷首为杂议数条，内云："此书有四不必，不必疑，不必揣，不必试，不必改。有四不可得：欲脱之不可得，欲驳之不可得，欲减之不可得，欲前后更置之不可得。"又云："文句则逐日推敲再四，显明极矣，知耕若以其言为过当，则宜直指其非，苟无可指而改之减之，不几为其所不必者，与其所不可得者，而以显明为芜冗乎，然其所存者皆原文，尚足以发明本题之义。梅文鼎著《几何摘要》称是书足以相证，殆犹有所取焉。"

注：此为稿本中原拟之提要。

《几何论约》七卷　内府藏本

国朝杜知耕撰。知耕，字端甫，号伯瞿，柘城人。是书取利玛窦与徐光启所译《几何原本》六卷，复加删削，故名曰《论约》。光启于《几何原本》之首冠数条，有云："此书有四不必：不必疑，不必揣，不必试，不必改。有四不可得：欲脱之不可得，欲驳之不可得，欲减之不可得，欲前后更置之不可得。"知耕乃刊削其文，似乎蹈光启之所戒，然读古人书，往往各有所会心，当其独契，不必喻诸人人，并不必印诸著书之人。《几何原本》十五卷，光启取其六卷，萨几里得以绝世之艺，传其国递接之秘法，其果有九卷之冗赘，待光启去取乎？各取其所欲取而已。知耕之取所欲取，不足异也。梅文鼎算数造微，而所著《几何摘要》，亦有所去取于其间，且称知耕是书，足以相证，则是书之删繁举要，必非漫然矣。　□

注：此为修改后之提要。□中的字在残稿中已被挖去。

《古今将略》四卷　浙江巡抚采进本

冯孜撰。孜，字原泉，桐乡人，隆庆戊辰进士，官至湖广布政使。此刊本则题冯时宁以一甫撰。《嘉兴府志》载孜所撰著，亦无此书名。前有李维桢序，称年侄冯以一。维桢亦登隆庆戊辰进士，为孜同年，则时宁为孜之子，疑时宁实为此书，黄虞稷误以为孜，而史志又沿虞稷之文也。书分元亨利贞四集，采自黄帝迄明代以战功显者，录其事迹，而以孙吴诸书所载兵法证之。体例略与宋张预《百将传》相近，特随事节录，不立全传为异耳。

注：此为稿本中原拟之提要。

《古今将略》四卷　浙江巡抚采进本

冯孜撰。孜，字原泉，桐乡人，隆庆戊辰进士，官至湖广布政使。此刊本则题冯时宁以一甫撰。前有李维桢序，亦称时宁所作。维桢登隆庆戊辰进士，与孜同年，似不应有误。然孜六世孙浩有此书跋，称孜生三子，次曰时宁，孜殁时仅六岁，及年渐长，忽有志习武，乃妄窃父书，凿改己名，且求父之同年李维桢为序，维桢诡随徇物，竟不为之是正云云，其语出冯氏子孙，当必有据，然则此书实孜所撰，刊本及序皆作伪，不足信也。书分元亨利贞四集，采自黄帝迄明代以战功显者，录其事迹，而以孙吴诸书所载兵法证之。体例略与宋张预《百将传》相近，特随事节录，不立全传为异耳。

注：此为修改后之提要。通行本前多出"案《明史·艺文志》，黄虞稷《千顷堂书目》载此书，皆作冯孜撰"二十余字。

有的提要又由于牵涉"违碍"的人物而被删去，如清汤斌撰《洛学编》，稿本原附有续编一卷，为尹会一撰。提要中有"会一，字元孚，博野人，雍正癸卯进士，官至副都御史"，"会一所续则益以本朝孙奇逢以下七人，斌亦预焉"。由于尹会一及其子嘉铨的著作都被禁毁，因此在提要中，这些涉及尹氏的语句连同续编全数删去，由此可见删改之一斑。

乾隆四十七年（1782），内廷四阁（文渊、文源、文津、文溯）之书虽然全部抄写完毕，《提要》也已刻成，但乾隆帝仍屡行抽查。乾隆五十二年（1787），发现李清《诸史同异录》"妄诞不经，阅之殊堪骇异"，于是乃有重加校勘《四库全书》之举。据《办理四库全书档案》："现在覆勘文渊等阁所藏《四库全书》，据详校官祝堃签出周亮工《读画录》、吴其贞《书画记》，内有违碍猥亵之处，已照签撤改矣。……"四库馆臣中重检时出力最甚者，莫若纪昀，其所奏《四库全书》应行撤毁及语意可疑之书，纯为迎合乾隆旨意，不惜百计搜疵索瘢，并经军机大臣逐部详细阅看，分为应行撤毁、删削及毋庸议等项，经覆奏而得保存者，仅有数家之书。

残稿中《十六家词》三十九卷，就是其中的一种。通行本仅存十五家三十七卷，中缺龚鼎孳《香严词》二卷。据《办理四库全书档案》："《十六家词》内，纪昀所指邹祗谟《满江红》词一首，辞意愤激，然并无谤讪之意，似可毋庸抽毁，惟书中有龚鼎孳所著词一种。查龚鼎孳所著全集，业经销毁，不应复存此词，应一律抽毁，改为《十五家词》。"即可知《香严词》抽去的原因。

以上说明这个残稿不仅保存了今所不见的部分书之提要，而且对于《四库全书》及《提要》在完成后又迭经磨勘、删改提供了新的线索，同时也说明残稿虽然经过总纂官、协勘官等人的不断增删，但是在后来的誊清稿本上又进一步加以审阅，且有所改动。这也是说明此本不是定稿的一证。

三

据统计，自四库开馆至第一部《四库全书》成，历任馆职者共有三百六十人之多，诸如戴震、邵晋涵、翁方纲、姚鼐、周永年等人，都是具有专长的海内绩学之士。各书的提要多由他们拟稿，现在流传下来的邵晋涵《四库全书提要分纂稿》、姚鼐《惜抱轩书录》、翁方纲所撰提要手稿等都是可以证明的。其中翁方纲拟稿多至一千余种，大半为金石者。这些分纂稿都曾经总纂官纪昀、陆锡熊等人过目，并加以综合、笔削和补充。因此，纪、陆两人是在编制总目过程中出力最多的官员。

谛视稿本中删改添补之朱笔、墨笔，当出数人的手笔，其中有的书法秀丽、行书流畅；有的笔画瘦挺，潦草不规；有的端楷，一笔不苟。凡此种种，不一而足。凡在稿本中修改较多的当为秀丽流畅与潦草不规两种。后一种字体潦草不规，并经与北京图书馆、湖北省图书馆、福建省图书馆藏纪昀所批善本以及上海图书馆藏《三松堂鱼素检存》所收纪昀书札相比对，证明当为纪昀手笔。

纪昀，字晓岚，号春帆，直隶献县（今河北）人。朱珪为纪昀所撰墓志铭云："公馆书局，笔削考核，一手删定为全书总目，裒然巨观。"（朱珪《知足斋文集》卷五，第26页）又阮元序《纪氏文集》也云："高宗纯皇帝命辑《四库全书》，公总其成，凡六经传注之得失，诸史记载之异同，子集之支分派别，罔不抉奥提纲，溯源彻尾，所撰定《总目提要》，多至万余种。"纪昀虽然学问渊博，然其书法不工，这是众所周知的。《啸亭杂录》卷十云："近时纪晓岚尚书、袁简斋太史，皆以不善书著名。"在纪昀的《阅微草堂笔记》中也有数处对自己的书法不工和请人代笔的记载。有一则曾云："余稍能诗而不能书，从兄坦居能书而不能诗。"（《阅微草堂笔记》卷四）由于纪昀不是书法名家，又不喜替人写字，因此他的书札墨迹传世也不多见，且间有代笔和赝作。

在残稿中，经纪氏改动的提要达数十篇之多，如《说文解字篆韵谱》《六书故》《定保录》《奏对稿》《洛学编》《申鉴》《潞水客谈》《历体略》《天步真原》《张邱建算经》《夏侯阳算经》《弧矢算术》《几何原本》《书史会要》《懒真子》《意林》《小字录》《道山清话》《山房随笔》《遂昌杂录》《寒山子诗集》《山谷内外集》《双溪集》《南湖集》等。

然而经纪昀改正之稿也并不等于定稿，后来又经人修改方才定稿，下以宋陈思撰《小字录》为例：

《小字录》一卷《补录》六卷　两淮盐政采进本

宋陈思撰。思有《宝刻丛编》，已著录。案思本理宗时临安书贾，而此书卷首题其官为成忠郎、辑熙殿国史实录院秘书者搜访，不知何以授此职，亦不知其真与伪也。是书乃仿陆龟蒙《侍儿小名录》之例，稍加推广，集史传所载小字以为一编。明万历间，松江沈宏正公路又以思原本未备，续事增辑，为《小字录补》六卷合刊行之。思以龟蒙之书丛杂无法，故矫其失。先列帝王，而自汉以后诸臣则按代分系其下。然如北周晋公护之小字萨保见于本传，而此顾遗之，则亦不免于漏略。至宏正所编，虽校详悉，而征引又失之太繁，中间如辽、金、元诸臣所载小字皆不知音译，往往附合割裂，尤多舛误。特以原本相传既久，采缀颇勤，以备检寻，尚足供獭祭之用，故考古者亦不得而遽废焉。

　　注：此为稿本中原拟之提要。

《小字录》一卷《补录》六卷　两淮盐政采进本

《小字录》，宋陈思撰。《补录》明沈宏正撰。思有《宝刻丛编》，已著录。宏正字公路，松江人。思书因陆龟蒙《侍儿小名录》稍加推广，集史传所载小字以为一编。宏正又以思原本未备，续为增辑，与思书合刊行之。思病龟蒙之书丛杂无绪，故条分缕析，先列历代帝王，而自汉以后诸臣则按代胪载，较龟蒙书为有条理。然如北周晋公宇文护，小字萨保，见于本传，而此顾遗之，则亦不免于漏略。至宏正所编，虽校详悉，而征引又失之太繁，中间如辽、金、元诸臣所载小字，皆不知音译，踵谬沿讹，亦多不足依据，特以二人相续搜罗，旧籍所陈，十得七八，亦足以备检寻。故并录存之，为识小之一助焉。

　　注：此为纪昀修改后之提要。

《小字录》一卷　两淮盐政采进本

宋陈思撰。思有《宝刻丛编》，已著录。是书因陆龟蒙《侍儿小名录》稍加推广，集史传所载小字，以为一编。明沈宏正为刊行之。思病龟蒙之书丛杂无绪，故条分缕析，先列历代帝王，而自汉以后诸臣，则案代胪载，较龟蒙书为有条理。然如北周晋公宇文护，小字萨保，见于本传，而此顾遗之。则亦不免于漏略。特以其搜罗旧籍，十得七八，亦足以备检寻。故录存之，为识小之一助焉。

注：此为通行本之提要。

同时某些类目后的按语（如孝经类）和类目前的小序（如法家类）纪昀也有修改。此外书眉上的批注，包括对于誊写的行格字数等注意事项，也时常可以得见。李宗昉《闻妙香室文》卷十四云：纪昀对总目提要"依经史子集部分类聚，考异同，辨真伪，撮著作之大凡，审传本之得失，挈其纲领，别成总目，撰为提要二百卷"。纪氏将其精力浸润提要，于此可见一斑。

细检残稿，中夹有数纸，为重写的提要，纸乃毛泰纸，如《辩言》《东南纪闻》《金管集》等皆是。这些提要中，《辩言》左下角签有"熊"字，《东南纪闻》《金管集》左下角签有"张"字，并注明字数。看来这应是重新撰稿者所拟的提要和签署。

查四库全书馆馆臣中"熊"姓者仅翰林院收掌官熊志契一人，非拟稿之人。"熊"当为陆锡熊。锡熊，字健男，号耳山，江苏上海县人，乾隆进士。陆氏对各省所进图书，皆"考字画之讹误，卷帙之脱落，与他本之互异，篇第之倒置，蕲其是否不谬于圣人。又博综前代著录诸家议论之不同，以折衷于一是，总撰人之生平，撮全书之大概，凡十年书成，论者谓陆君之功最多"（王昶《春融堂集》卷五十五，10页）。陆字较为工整，类馆阁体，经取陆氏其他书札相对，确为陆锡熊无疑。在此篇提要旁另有朱笔批语："依此本改。"此四字审为纪昀手笔。

《辩言》一卷　永乐大典本

宋员兴宗撰。兴宗，《宋史》无传，其名仅见于《姓氏急就篇》，所著有《九华先生集》，世亦不传，惟《永乐大典》间为采入，并录集末所载当时祭文六首。以诸文参考其出处，兴宗盖蜀人，字曰显道，始应召官太学再迁至著作郎，乾道中，以有所论劾，奉伺而去，终于润州，而赵汝愚所为文，至以欧阳永叔、苏明允为比，倾倒甚至，盖亦独立自好之士也。此书加载《永乐大典》中，然不题《九华集》字，疑其于集外别行。书中历摭经传子史，下及宋代诸儒之说，凡于理未安者，各为之辩，中间惟论《公羊传》纪季入齐一条，称纪以千乘畏人为非，乃因绍兴时事而发，未为切当。若其辩《尚书》六宗旧解之误，《礼记》文王九龄之诞，以及讥刘氏《汉书刊误》为不知史家行文之法，皆具有特识。其他亦多中理要。至以《诗》不待《序》而明，而断《序》之作为非古，则沿郑樵之新说，各存一解可矣。

　　注：此为稿本中原拟之提要。

《辩言》一卷　永乐大典本

宋员兴宗撰。兴宗有《采石战胜录》，已著录。兴宗著作载于《永乐大典》者，皆冠以《九华集》字，惟《采石战胜录》及此书不以"九华亭"字为冠，疑二书于集外别行也。其书历摭经传子史，下及宋代诸儒之说，凡于理未安者，皆系举而系以辩，故曰《辩言》。中间惟论《公羊传》纪季入齐一条，称纪以千乘畏人为非，乃因绍兴时事而发，未为切当。若其辩《尚书》六宗传解之误，《礼记》文王九龄之诞，以及讥刘氏《汉书刊误》为不知史家行文之法，皆具有特识。其他亦多中理要。至以《诗》不待《序》而明，而断《序》之作为非古，则沿郑樵之新说，各存一解可矣。

　　注：此为稿本中陆锡熊重拟之提要。

除陆锡熊外，"张"疑即总目协勘官张羲年。在四库全书馆馆臣中张姓者共有十六人之多，除张羲年外，十四人为缮书处分校官，一人为翰林院收掌官。羲年，字淳初，号潜亭，余姚人，以拔贡任教谕，后在四库馆任总目协勘官，以修书之劳绩赐进士。总目协勘官乃总纂官之助手，对于各书提要的修订或重拟都是分内之事。张氏所拟《金管集》的提要上，也有纪昀"补春及堂集之前"的批注。

以上纪昀等人的增改字体外，其余的字体因无确证，无法判断为何人所增删，当为其他总目协勘官之笔。

四

乾隆四十七年（1782），《提要》《四库全书简明目录》二书先后刊成，私家的传抄，各地的翻刻，致使《提要》流传日多。

那么《提要》的稿本是怎么散在民间的呢？这至今仍是一个谜。当时参与四库全书馆编纂工作的，在总裁之下，分别任有总纂官、总校官、总阅官、总目协勘官、翰林院提调官等，这些官员之下又有许多专职人员办理各种事宜。笔者曾揣测，由于这个稿本不是最后的定稿，很可能是某一参与编纂《提要》而又负有一定责任者在审阅稿本后，由于改动甚大，重由馆中誊录清缮后送审，而将此部稿本留下。年月既久，稿本屡有散失，在这种情况下，乃由后人掇拾整理，重新装订成册。

清末民初上海扫叶山房出版的《文艺杂志》上，有汪穰卿（康年）笔记多则。其中有一则是关于《提要》稿本的，今录于下：

> 纪文达公奉敕撰《四库全书提要》，为公一生精力所萃，虽间有过偏处，然非于各种学问贯通博者，必不能成是伟著，闻稿本尚存河间张氏，惜不全耳。

这里提到的也是残稿本，民国时尚存，但为河间张氏所藏，那很可能是另一部稿本了。关于这个问题，尚待进一步研究。

有关《四库全书》的各种稿本，除了《提要》外，诸如《简明目录》以及当时用作底本而大加删改的本子，流传至今已不可多见。笔者孤陋寡闻，见识不广，特将近年中所见到的两种有关本子做一提示。

1. 重庆市图书馆所藏《四库全书简明目录》底稿本。二册，残存卷十五，为集部楚辞类及别集类的部分。书口上题"钦定四库全书简明目录"，每间隔一页皆钤有"翰林院印"满汉文大方印的骑缝章，书中眉批两处和夹签皆纪昀手笔。

2. 河南省图书馆藏有两种《四库全书》中之零种底稿本。一种是清顾炎武的《日知录》，一种是《明文海》。这两部书在四库馆时，都经过馆臣们的删削涂乙，文字和现在的本子出入甚多。在《日知录》中，许多情况都和《提要》残本极为相似。书口上有"钦定四库全书"六字，书口中题"日知录"。书前、书尾都有被撕去数页的痕迹。全书仅存二册，卷数不连，残缺过半，有几卷仅存一页。书中间有"抽""删""换""移前八行""以下照写""涂墨仍写""此页换写""以下涂处全删"等字样。书眉上所批之字和残稿本《提要》中所批的流畅遒美的行书完全出自一人手笔。

由于《提要》广泛地和系统地按照封建统治阶级的观点和要求评介了中国的大量古籍，对于我们今天了解18世纪以前的图书具有很大的参考价值。今天，我们向史学界的研究者们披露这些过去不被人们知晓的提要，就是为了揭示《提要》的较为原始的真貌，提供乾隆禁毁图书、禁锢人民思想的新的历史见证。

翁方纲与《四库全书总目提要》

清乾隆三十八年（1773），卷帙浩繁的《四库全书》开始编纂。清乾隆四十六年（1781），《四库全书总目提要》完成。

如今人们提起《总目提要》，必然会想起它的主要编纂者纪昀（晓岚）。纪昀作为著名学者，还主持编纂了《清通典》《会典》《八旗通志》等，他在史学界的历史地位是不容否认的。

纪昀在四库全书馆凡十有三年，然"笔削考核"各类图书之提要，势必在参与其事的许多纂修官所拟提要上进行。今天所能看到的邵晋涵《四库全书提要分纂稿》、姚鼐《惜抱轩书录》等，都是他们在四库馆工作时的部分劳动，也是心血的结晶。应该说，在实际工作中，"考异同，辨真伪，撮著作之大凡、审传本之得失，挈其纲领"的应该是这些纂修官。

翁方纲，四库馆五十位纂修官中的一员，似乎仅是"承修金石、篆隶、音韵之类"，并不起眼，然而笔者在收集、整理、研究翁氏有关材料的过程中，更认为翁氏在《总目提要》的编纂中承担了大量的工作，他的贡献应予重新评价。

一

翁方纲，字正三，号覃溪，晚号苏斋，直隶大兴人，生于雍正十一年（1733），卒于嘉庆二十三年（1818），年八十六。乾隆十七年（1752）进士，官至内阁学士，曾任广东、江西、山东学政，精心汲古，闳览多闻，于金石、谱录、书画、词章之学，皆能摘抉精审。

清乾隆三十六年（1771），方纲督广东学政凡三任，前后八年。是年秋天，其在省主持乡试，十月即"以失察生员年貌册，因礼部奏应乡试诸生，广东省有冒开年七十以上，希冀邀恩者人数不少，奉旨降三级调用"（英和《翁氏家事略记》）。次年正月二十九日，方纲返回北京，这一年他闲居无事。

清乾隆三十八年（1773），四库全书馆成立。军机大臣刘统勋为了罗致各方人才编纂《四库全书》，于三月十一日向朝廷奏明："查现在纂修翰林纪昀、提调司员陆锡熊堪膺总办之任，此外并查有郎中姚鼐，主事程晋芳、任大椿，学政汪如藻，原任学士降调候补之翁方纲，亦皆留心典籍，见闻颇广，应请添派为纂修官，令其在馆一同校阅，悉心考核，方足敷用。"（《办理四库全书档案》，乾隆三十八年）三月十八日，方纲正式入馆修书，从此，他与《四库全书》及《总目提要》结下了不解之缘。

当时的四库馆，极一时名流俊彦，除了刘统勋、于敏中总其事，纪昀、陆锡熊、孙士毅为总纂官，陆费墀为总校官外，修书纂校官则有戴震、邵晋涵、周永年、王念孙、程晋芳、任大椿、俞大猷、朱筠、王太岳、姚鼐、金榜、吴锡麒、卢文弨、丁杰诸人，这些海内积学之士，都各有专长。其时方纲年四十有一，正是壮年之时，参与其中，每日切磋学问，可谓是贤俊蔚兴，人文郁茂，鸿才硕学。这些学者的集中，同时也推动了清代乾嘉间的学术研究风气。

南京图书馆藏《苏斋纂校四库全书事略》，二册，计五十页，是研究方纲参与早期四库馆工作的一部重要史料。书前有翁氏致程晋芳手札一通，录如下：

与程吏部。所以必五人集于一几办之者，盖此事需公研讨，又须各种书目，应取备检阅之件，粗以供攘摭，而后此目可就。然即以吾辈五人者所蓄前史诸志并前贤读书诸记，未必能一家兼有之，假如兄处有可查之书十许种，而次日集弟斋，弟所蓄只一二种，则兄必将所省之十许种者皆携来乎，抑系由不知彼三君之所携，不有复乎？且焉知有五人者，此时所蓄之件，合之即皆足乎？假若明日到馆商之为一百又过，则万一后日集兄处，而人皆恃兄处之各种皆全，竟不携来，未可知也。携而复又未可知也。复而仍不足，又未可知也。细绌此事，如庀室材，竹头木屑，皆须预计，莫若于明日即写一知单，列五人者之名，而各疏所必携之书目等，毋使复出，其有不足而实想不出者，则亦已矣。其不足而五人稍能忆及者，即乘明日午后于厂肆索之。即如兄处之《蓉竹堂书目》现在弟处，一友写之，弟即已遣人追来也。如必需某人集其跋，或向其友借之，亦即于某人名下写出，则头绪不紊，事易集。四月九日。

按此札的时间，当是方纲入馆之初。程吏部，即程晋芳，字鱼门，一字蕺园，江都人，乾隆进士。究心训诂，丹黄皆遍，授吏部员外郎、文渊阁校理，充四库全书纂修官、武英殿分校官。晋芳卒后，方纲撰有"皇清诰授奉政大夫翰林院编修加四级蕺园程先生墓志铭"。

札中所谓五人者，除方纲、晋芳外，又有姚鼐、任大椿，另一人或为陆锡熊。《翁氏家事略记》云："自癸巳春入院修书，……每日清晨入院，……午后归寓，以是日所校阅某书应考某处，在宝善亭与同修程鱼门、姚姬传、任幼植诸人对案详举所知，各开应考证之书目，是午携至琉璃厂书肆访查之。……每日检有应用者，辄载满车以归。家中请陆镇堂司其事，凡有足资考订者，价不甚昂即买留之，力不能留者，或急写其需查数条，或暂借留数日，或又雇人抄写，以是日有所得校勘之。"

琉璃厂是清代北京图书、字画、瓷器等文物的聚散之地，当时江浙书贾将本地所购到的善本或有资料价值的图书都运至北京，相聚于陶氏五柳居、文粹堂等坊肆。近人夏桐孙《观所尚斋文存补遗》"拟补清史文苑翁方纲传"中有"时江浙书贾麋集京师，每日退直，遍阅琉璃厂书肆，择其有关考订者，载书而归，力能得者购之，否则摘抄之，所收金石拓本亦日增富。同好者日相过从，互为质订，博洽为一时之最"。《复初斋诗集》注中也云："乾隆癸巳开四库馆，即于翰林院藏书之所分三处：凡内府秘书发出到院为一处；院中旧藏《永乐大典》，内有摘抄成卷、汇编成部者为一处；各省采进民间藏书为一处。每日清晨，诸臣入院，设大厨，供茶饭。午后归寓，各以所校阅某书应考某典，详列书目，至琉璃厂书肆访之。是时浙江书贾，奔辚辇下，书坊以五柳居、文粹堂为最。"（孙殿起：《琉璃厂小志》，29页）

编纂《四库全书》的早期历史文献，今天已经很少流传于世了，原始记录则更难得见。诗注中所云从"内府秘书发出到院"，也即从大内提取多种图书，供纂修官们使用。目前珍藏在北京图书馆的翁氏手稿《覃溪杂稿》，则从一个侧面可以窥见方纲为撰写提要、校书而做的各种准备。此书中关于四库之事，一为访书拟目，卷端原题"拟四库全书草目"，目录为别人所拟，方纲改成"访书拟目"，录中朱笔、黑笔删改、补充甚多。其中史部分两部分：一为金石类、目录类、谱系类、传记类、律令类，计二十九页；一为传记类、史评类、谱系类、金石类，计二十二页。此第二部分皆方纲手拟，包括书名、卷数，部分写有作者。另为方纲所拟从御书房、南书房、懋勤殿、养心殿、天禄琳琅以及古董房、瀛台、画舫斋、圆明园、景阳宫、五所前库、摛藻堂等处提书之目录。

按内廷之书皆为乾隆居住游憩之地所藏，以供皇帝随时阅览者，如方纲拟自御书房取书之单计二十九页，书口题另单一、另单二、另单三……经史子集各类皆有。又如南书房、懋勤殿另单皆注有"或请或寻"之字。据此，可证当时工作量之庞大，调用书籍之多。

《永乐大典》作为大型类书，辑有经史子集百家之书，并以《洪武正韵》为纲，每字之下，详列各书，或以一字一句分韵；或析取一篇，以篇名分韵；

或全录一书，以书名分韵，元代以前的佚文秘籍赖此收入颇多。明亡时，南京原本与北京皇史宬副本并毁，而乾隆时贮翰林院敬一亭者，即明文渊阁正本，其时仅阙残二千四百二十二卷。当时四库馆纂修官辑录《永乐大典》之标准：一是足资启牖后学，广益多闻，而实在流传已少者；二是虽属古书，而词意无关典要者不辑。

方纲《复初斋诗集》卷十六有《永乐大典余纸歌并序》，云："乾隆癸巳春，诏开四库全书馆，命翰林诸臣取院中所贮嘉靖重录《永乐大典》分种编辑，每卷尾有余纸以赐诸臣，臣谨装册赋诗纪焉：澄心堂纸欧阳诗，此纸年数倍过之。况闻郁冈比韵海，不徒博物赐陕厘。中天帝文四库启，秘馆特遣儒臣披。尾曰侍郎臣拱上，院体细楷沙画锥。幅余茧素灿如雪，诏给臣等供其私。归来作笺效减样，试墨但愧无好词。院斋去春宿旬月，篇目二万重寻思。借编崇文秘书录，因想解缙刘季篪。历城周髯要我咏，六十卷第钞已疲。莫生界画索小字，灯前絮语又及期。笑人装潢熟纸匠，万番堆案徒手胝。勿言文董但一艺，膺语想像无由追。"

翁氏在四库馆非校勘《永乐大典》纂修兼分校官，然从以上诗中可以反映出方纲也参与了《永乐大典》的校勘工作。在《四库全书事略》中翁氏所写的另一段话也可证实："五月二日，取原心亭纪、励诸公校《永乐大典》册子三本，即于宝善亭校讫，交鱼门手。又取原心亭京中各家所进遗书册二本，于初三日亦交馆。此函本□送还，其诸公所校《永乐大典》之册子尚有几本，应取对。"按所云纪、励诸公，当指纪昀、励守谦诸人，励为校勘《永乐大典》纂修兼分校官。

二

目前珍藏在澳门何东图书馆的翁方纲《四库全书总目提要稿》稿本

一百五十册，是现今存世的方纲参与编纂《四库全书》以及撰写《总目提要》的最大宗重要文献。

《四库全书总目提要稿》，未经折装。承澳门何东图书馆邓爱贞女士的帮助，我得到了稿本的数张复印件，并且得知，该提要稿是1950年时得之于一位葡萄牙人 Sr. José W. Aaria Braga。从复印件看，此是翁方纲手稿无疑。民国年间，为近代著名藏书家南浔刘承幹嘉业堂所收藏。

据潘际安《翁方纲〈四库提要稿〉述略》介绍，此书原稿为刘承幹收藏后，即命其图书管理员施维藩（韵秋）传录副本一部，由原稿的一百二十五册，缩为十二册。副本为复旦大学教授王大隆所得，今藏复旦大学图书馆。经潘氏统计，此书稿共收经部提要稿一百八十篇、史部提要稿二百二十一篇、子部提要稿一百七十七篇、集部提要稿四百一十八篇，合共九百九十六篇。"这些提要稿原则上是每一种撰写一篇，然亦偶有因各省所进之本原系二种合刊（或合抄），因而遂二种合写一篇的，因此，这九百九十六篇提要稿所騽栝的书，不止九百九十六种，而实有一千零一种。此外尚有未撰提要稿而仅略记数语之书多种。"

笔者曾在复旦大学图书馆见到该刘氏嘉业堂传抄本，共计十二册，蓝格，卷端题"四库全书提要稿"，次行署"校办各省送到遗书纂修官翁方纲纂"，格纸栏外印有"吴兴刘氏嘉业堂抄本"，无序跋。每册皆钤有"刘承幹字贞一号翰怡""吴兴刘氏嘉业堂藏书"印，又有近人王大隆"欣夫"印。全书二十五卷，共八百一十八页，以每页五百字计之，当在四十万字左右。

关于此稿本，刘承幹有二段话值得注意。一是刘序《复初斋文集》（嘉业堂刻本）云："余赏爱其墨宝，悬值以购，尝于张菊生侍郎坐得见手写《四库全书提要》若干帙，则其纂修时所属草也。旧为粤雅堂物，不禁奇赏，侍郎遂以归之。"二是刘于重印《苏斋丛书》序又云："乾隆四十一年，学士奉命充文渊阁校理官，是时方开四库之馆，广献书之路，四方遗书毕集秘府，提要一书多出其手，全稿都一千余种，每条皆区分篇目，撮录要旨，赅洽殆驾刘略班志而上，此又在自著丛书之外，世所不易得见之者，余于癸丑夏竟购得之。"

按刘氏所云"旧为粤雅堂物"，当是旧藏南海伍崇曜粤雅堂。伍崇曜，字紫垣，尝刻有《粤雅堂丛书》《岭南丛书》《广东十三家集》等书。

查刘承幹未刻稿本《求恕斋日记》，在癸丑年八月十二日有"是日张菊生来函，前以翁覃溪学士手纂《四库全书提要》稿本见示，劝余购买，今已将四千元为余购取矣。计二十四箱，每箱六册，其书即以今日送来云"。八月十八日又记有"至长吉里张菊生处，伊前日送来翁覃溪学士手纂《四库全书提要》墨迹，共计二十四箱，每箱六册，兹已购取，计洋四千元，亦于是日打票，亲自交之，谈良久乃出"。癸丑为1913年，此稿乃张元济先生之介绍，方由刘氏购得。

关于《提要稿》的册数，刘氏购进时为二十四箱，每箱六册，当为一百四十四册。然刘氏《嘉业堂抄校本目录》却著录为"稿本，一百五十册"，而澳门何东图书馆1958年之登录簿上也清楚地记载为一百五十册。此二处所记册数与当时所购尚多六册，想为重新装订之故。至于潘际安所云"一百二十五册"，疑非全稿。

在澳门何东图书馆所藏《提要稿》上，除了翁方纲钤有"文渊阁校理"印外，又有"曾经贵池南山村刘氏聚学轩所藏""贵池刘子""世珩审定""刘葱石藏"，以及"朱嘉宾""张叔平"等印，然无刘氏嘉业堂的印记。据有关文字和藏印可以知道《提要稿》的流传大致上是翁方纲—南海伍崇曜粤雅堂—贵池刘世珩聚学轩—南浔刘承幹嘉业堂—朱嘉宾—张叔平—葡萄牙人—何东图书馆。

刘承幹得此《提要稿》后，曾请人审阅。缪荃孙《艺风堂文漫存》卷四《跋翁覃溪分撰提要稿本》云："大兴翁覃溪阁学，于四十四年入馆为纂修，阅时久远，几及十载，所撰草稿流传粤东，今归刘君翰怡，共计簿目都一千余种，每条皆有提要，于一书之中复罗列卷数及卷中子目，与夫何时刻本、收藏印记、前人题跋并甄录无遗。阁学墨迹世所珍重，今翰怡获此巨编，其宝爱为何如？"又胡思敬《退庐文集》卷六亦云："苏斋此稿多至一千余种，博于南江数倍，然大半言金石者居多。金石为苏斋专家，稿中所著录虽不尽为文达所取，必无门户党争之见。"

缪、胡皆与刘氏友善，然胡云"大半言金石者居多"，则不甚妥。按金石类，史部也，《提要稿》史部计二百二十一篇，而集部数量最大，较史部多出一百九十七篇。方纲于金石确为所长，这或许也为胡氏未及对《提要稿》全面察看而想当然写下的。

笔者于十余年前曾见有翁氏《提要》的手稿十余纸，均已装裱成册页。为了弄清《提要》手稿与通行本《总目提要》的关系，笔者尝以稿中《恒岳志》等篇先后与刘氏嘉业堂抄本以及通行本《提要》核对，验证的结果是一致的，也即《提要稿》确为翁氏所拟。这里再附笔写一点，笔者曾阅台湾"中央图书馆"藏翁方纲手稿本《复初斋文稿》(影印本)，第三十二册中有方纲所拟《四库提要》多种，如《广韵》《孟子音义》《六书统》《复古编》等，笔者取之与通行本《提要》相核，亦皆一致。

三

在近人所有研究《四库》的专著中，对于总纂官之一的纪昀都有着许多赞颂之词，而其中又多引用当时学者的评价，如朱珪、江藩、阮元等。这些赞词过分夸大了个人因素，有的甚至达到了神化的程度。

朱珪为纪昀所作的墓志铭云："公馆书局，笔削考核，一手删定为全书总目，袤然巨观，置之七阁，真本朝大手笔也。"其祭纪昀文也云："生入玉关，总持四库，万卷提纲，一手编注。"(《知足斋文集》卷五、卷六) 江藩《国朝汉学师承记》云："《四库全书提要》《简明目录》皆出公手，大而经史子集，以及医卜词曲之类，其评论抉奥阐幽，词理明正，识力在王仲宝、阮孝绪之上，可谓通儒矣。"

阮元序《纪氏文集》云："高宗纯皇帝命辑《四库全书》，公总其成，凡六经传注之得失，诸史记载之异同，子集之支分派别，罔不抉奥提纲，溯源彻尾，所撰定《总目提要》，多至万余种。"

郭伯恭先生《四库全书纂修考》，全书十六万言，于访求编纂之始末、储藏存佚之实况，阐述详赡，是《四库全书》研究中写得最好的一本专著。由于当时无法见到翁氏参与编纂《四库》的有关材料，所以郭著在个别地方也不免失之偏颇。如在论及编纂《四库全书》出力最多的官员时写道："总裁仅总揽馆事，而实际任编纂之事者，则为总纂、纂修、总校、分校诸官。其间机轴，全出诸纪昀、陆锡熊二人之手；戴震、邵晋涵、周永年三人，亦出力为较多。"并分而述之。而于方纲则言"直隶大兴翁方纲之擅长经学、金石学"，仅以一言略及之。

至于李慈铭《越缦堂日记》云"《四库总目》虽纪文达、陆耳山总其成，然经部属之戴东原、史部属之邵南江、子部属之周书昌，皆各集所长"，更是无稽之谈，纯属虚构。李氏之说也曾为部分研究《四库》者所乐道。

以戴震来说，戴氏于乾隆三十八年（1773）五十一岁时入四库全书馆，三十九年（1774）校《水经注》，后校《九章算术》等；四十年（1775）又校《海岛算经》《仪礼识误》；四十二年（1777）再校《周髀算经》《孙子算经》《张丘建算经》《夏侯阳算经》等。其所撰提要计《仪礼集释》《五曹算经》《仪礼释宫》等七种。1777年戴氏即卒，看来戴氏在馆似以校书为主。

又如邵晋涵，现今《南江文钞》中所收提要三十七篇，阮元序《南江邵氏遗书》云："先生所职为史部，凡史部诸书，多由先生订其略，其提要亦多出先生之手。"然考邵氏所撰提要，与《总目提要》所载，字句颇多异同，若《史记》《后汉书》《新唐书》提要，则面目全非，而《五代史记》提要，亦小同而大异。

此或为邵氏所拟多议论语，而彼则多辨证语之故。按邵氏于乾隆三十九年授翰林院编修，仍纂校《四库全书》，兼辑《续三通》。四十年编校《旧五代史》成，当年则南归，离开了四库全书馆。

如此看来，《提要》并非纪昀一家之言，也非纪昀一己之意志，而是翁方纲和其他四库纂修官们的集体创作。当然，纂修官们在馆时间的多寡，也决定了他们各人工作能力的发挥。无论如何，从现有的实际材料可以证明，翁方纲作为在四库馆工作的一员，他所起的具体作用是不容忽视的。

上海图书馆收藏的《钦定四库全书总目提要》稿本（关于此提要稿本的介绍，详见拙文《校理〈四库全书总目提要〉残稿的新发现》，载《中华文史论丛》1982年第一辑）中有纂修官数人之删改添补的笔迹。有的书法秀丽，行书流畅；有的笔画瘦挺，潦草不规；有的端楷，一笔不苟。而修改较多的为流畅的行书和潦草不规的两种。笔者曾以所能见到的翁方纲手札、题跋、文稿核对，书法秀丽的行书确为翁氏亲笔无疑。而翁氏所删改后的《提要》与通行本《提要》相核，几乎完全一致，其间并未再经纪昀做重要修改。兹举二例证之。

《陈检讨四六》二十卷　内府藏本

国朝陈维崧撰。维崧有《两晋南北史集珍》，已著录。国朝以四六名者，初有维崧及吴绮，次则章藻功《思绮堂集》，亦颇见称于世。然绮才地稍弱于维崧，藻功欲以新巧胜二家，又遁为别调。平心而论，要当以维崧为冠，徒以传诵者太广，摹拟者太众，论者遂以肤廓为疑。如明代之诟北地，实则才力富健，风骨浑成，独不失六朝四杰之旧格，要不能以捃扯玉溪，归咎于三十六体也。其注为程师恭所作，成于康熙癸酉。……（此为《总目提要》稿本原拟之提要）

《陈检讨四六》二十卷　内府藏本

　　国朝陈维崧撰，程师恭注。国朝以四六名者，初有维崧及吴绮，次则章藻功《思绮堂集》，亦颇见称于世。然绮才地稍弱于维崧，藻功欲以新巧胜二家，又遁为别调。譬诸明代之诗，维崧导源于庾信，气脉雄厚，如李梦阳之学杜；绮追步于李商隐，风格雅秀，如何景明之近中唐；藻功刻意雕镂，纯为宋格，则三袁、钟、谭之流亚。平心而论，要当以维崧为冠，徒以传诵者太广，摹拟者太众，论者遂以肤廓为疑。如明代之诟北地，实则才力富健，风骨浑成，在诸家之中，独不失六朝四杰之旧格，要不能以扪扯玉溪，归咎于三十六体也。师恭此注，成于康熙癸酉。……（此为翁氏修改后之提要。通行本上仅易"内府藏本"为"庶吉士祝堃家藏本"，又添"维崧有《两晋南北史集珍》，已著录"数字。）

《古今将略》四卷　浙江巡抚采进本

　　冯孜撰。孜，字原泉，桐乡人，隆庆戊辰进士，官至湖广布政使。此刊本则题冯时宁以一甫撰。《嘉兴府志》载孜所撰者，亦无此书名。前有李维桢序，称年侄冯以一。维桢亦登隆庆戊辰进士，为孜同年，则时宁为孜之子，疑时宁实为此书。黄虞稷误以为孜，而史志又沿虞稷之文也。书分元亨利贞四集，采自黄帝迄明代以战功显者，录其事迹，而以孙吴诸书所载兵法证之。体例略与宋张预《百将传》相近，特随事节录，不立全传为异耳。（此为《总目提要》稿本原拟之提要）

《古今将略》四卷　浙江巡抚采进本

　　冯孜撰。孜，字原泉，桐乡人，隆庆戊辰进士，官至湖广布政使。此刊本则题冯时宁以一甫撰。前有李维桢序，亦称时宁所作。维桢登隆庆戊辰进士，与孜同年，似不应有误，然孜六世孙浩有此书跋，称孜生三子，次曰时宁。孜殁时仅六岁，及年渐长，忽有志习武，乃妄窃父书，凿改己名，且求父之同年李维桢为序。维桢诡随徇物，竟不为之是正云云，其语出冯氏子孙，当必有据。然则此书实孜所撰，刊本及序皆作伪，不足信也。书分元亨利贞四集，采自黄帝迄明代以战功显者，录其事迹，而以孙吴诸书所载兵法证之。体例略与宋张预《百将传》相近，特随事节录，不立全传为异耳。（此为翁氏修改后之提要。通行本前多出"案《明史·艺文志》、黄虞稷《千顷堂书目》载此书，皆作冯孜撰"数字。）

以上二例可以看出提要并非都为纪氏所撰，而方纲所改提要并无再经纪昀的修改。今天我们所能见到的《四库全书》原本提要（影印本）之后，仅署总纂官纪昀、陆锡熊、孙士毅及总校官陆费墀四人，而不及具体纂修官之名，这是不公平的。

翁氏修改的《古今将略》提要，为子部兵家类，《陈检讨集》为集部别集类，这从侧面反映出四库馆分写提要的纂修官内部分工并非那么细致。这一点我们还可以从翁氏《四库提要稿》中获得更多的材料。《提要稿》中有"纂修翁第一次分书二十四种"及"纂修翁第二次分书三十四种"的记录。

这五十八种书中，计经部十种、史部二十种、子部二种、集部二十六种。其中拟先进呈者一种，为《大金集礼》。备刻五种：宋赵明诚《金石录》、宋张敦颐《六朝事迹编类》、宋周密《武林旧事》、明张萱《汇雅》、明朱谋㙔《骈雅》。拟抄者三十一种：宋罗璧《识遗》、宋吴自牧《梦粱录》、宋林表民《赤城集》、宋无名氏《宋文选》、宋无名氏《昭忠录》、宋无名氏《绍兴十八年登科录》、宋吕午《谏草》、宋俞松《兰事续考》、宋杨杰《无为集》、宋汪萃《方壶存稿》、宋林景熙《白石樵唱》、宋黄庚《月屋漫稿》、宋薛师石《瓜庐诗》、宋乐雷发《雪矶丛稿》、宋戴昺《东野诗》、宋赵汝鐩《野谷诗稿》、宋释辨才《参寥集》、元龙仁夫《周易集传》、元陈应润《周易爻变易蕴》、明张敔《雅乐发微》、明朱睦㮮《授经图》、明夏良胜《中庸衍义》、明徐朝文《琬琰录》、明吴山《治河通考》、明朱国盛《南河志》、明张国维《吴中水利全书》、明魏校《庄渠遗书》、明海瑞《备忘录》、明杨慎《升庵集》、明李梦阳《空同集》、明何景明《大复集》。备抄者八种：明周汝登《圣学宗传》、明魏显国《历代守令传》、明邓钟《筹海重编》、明程敏政《篁墩文集》、明王俣《文肃集》、明章懋《枫山集》、明康海《对山集》、明王樵《方麓集》。

此外又有仅存名目者十三种：宋《名臣献寿集》、明黄广《礼乐合编》、明马从聘《四礼辑宣》、明刘濂《乐经元义》、明陈建《学蔀通辨》、明张居正《帝鉴图说》、明于慎行《读史漫录》、明陈继儒《逸民史》、明潘埙《淮郡文献志》、明何孟春《文简集》、明马自强《文庄集》、明顾鼎臣《文康集》、明瞿景淳《文懿集》。

在《提要稿》中，我们也可发现其中部分图书并未收入通行本《提要》，有一些且是禁毁图书。今天我们可以从孙殿起辑《清代禁书知见录》、清姚觐元编《清代禁毁书目》中了解乾隆年间所禁图书的大概，然而所禁书的内容则知之甚少。这一点，《提要稿》不仅可以补充其不足，同时还可发见一些当时撰写提要的所谓原始材料。

如《黄氏书弈》十二卷："明崇祯己巳孟夏上浣龙门旧史三山湖上黄秉石复子撰叙，其序比观书于角弈，贤于无所用心，故名。"（书名上原写"酌"字）"卷端夹有片纸，细乌丝二行，朱笔字云：'书房旧有之《书弈》，朕偶耳一览，见经世之数未知准否？无暇细看，你们察察是非回奏。'此一纸已敬谨夹于书内。""谨按：《黄氏书弈》十二卷，明三山黄秉石著录。石字复子，万历中官严州府同知，书成于崇祯之初，盖杂著说部之类，自天象地舆以达经史诂训，各立篇名，以冠前前，又为标评数字于上方，后附《杂纂》一卷，即其所作杂文也。应存其目。""再恭查此书第一本内夹有片纸，上有朱笔三十三字，今仍在旧夹处，不敢擅动，请各位总裁大人裁酌。方纲谨识。"（津按：此书通行本未收。)

如《宝日堂初集》三十二卷，"卷二诸疏内有不可存之语（眉注：其第十五卷内《少傅长垣李公碑》，李殁于万历三年辛亥，故不加签。)……《宝日堂初集》三十二卷，明华亭张鼐著。《明史·艺文志》载其《宝日堂集》六卷，此集以今馆臣恭办全书之体论之，是不应存目，虽《明史·艺文志》内已载其集，然但曰六卷，则或非此本，亦未可知，而此集则不应存也。酌办。未可轻看，似应另商。"

又如《镜山庵集》："谨按：《镜山庵集》二十五卷，明高出著。出字孩之，莱阳人，万历戊戌进士，知曲周、高阳、卢氏三县，升南京户部主事，历官河南按察使。朱彝尊《明诗综》载其有《庐隐》《郎潜》二集，而此乃其全集，盖统编又在后耳。彝尊称其为诗不袭历下，然其中拟古乐府之类，亦全袭面目，陈陈相因而已。此种集以今馆臣等恭办全书之体，似不应存目。然明人万历间以后之集恐不止此，应否商定画一，且不应校办。以上只就集论集，若办其书，则方纲另有粘签，请总裁酌定，并请定一画一之例，以馆中之书恐不止此一种也。《镜山庵集》二十五卷，明高出著，其集之是非勿论已，即似今馆臣恭办《全书》之体，此等集不但不应存目，而且不应校办。不但不应校办，而且应发还原进之人。从前于明末茅元仪所著书卷前亦已粘签，候总裁大人酌定。明人万历以后之书恐不止此，应如何商定画一，请酌定，俾各纂修一体照办。方纲谨识。"

在方纲的《提要稿》中，据统计有八十余种见于禁毁书目，同时又有数种则为禁毁书目所失收，如清尹会一撰《尹母年请》、宋洪皓《金国文具录》等。

据《翁氏家事略记》，乾隆四十二年（1777），御试开列试差诸臣，是年不发出等第名次，京察一等加一级。时方纲承修《四库全书》，又承修《明纪纲目》《音韵述微》及《续通志》，又兼武英殿结写处覆校。是年冬，辞去武英殿分校、覆校事，仍在四库全书馆专办金石篆隶音韵诸书。次年，《四库全书》五年期满，分等议叙，鉴于方纲之业绩，朝廷将他列为上等，并奉旨加一级。五月，充殿试弥封官。

方纲承修《音韵述微》的时间，应在乾隆四十一年。是年五月二十九日，方纲有致某中堂札。札云："晚生翁方纲敬请中堂大人钧安。晚等所有修改《音韵述微》之第二稿，除八庚一部先已送呈外，今将续加修改之九青、十蒸二部恭呈钧海，外孔、李二君所纂稿本一同呈阅。兹于六月初旬，晚等三人即已分办上声起矣，容俟办完一韵，即替稿呈阅。"（台湾"中央图书馆"藏翁氏手稿本《复初斋文稿》）方纲擅经学，尤精小学，此札也可窥见其修书之大概。

翁氏当年在四库馆承办的各种图书，笔者所见仅两种。一为浙江图书馆藏清黄叔琳撰《砚北易抄》，为《四库全书》底本，十册。此书原为翰林院编修励守谦进呈本，封面上有"乾隆三十八年六月翰林院编修励守谦交出《砚北易抄》壹部计书拾册"。翁氏曾就此书进行校正签注，书中小签下均钤有"复初斋"小印，据小签可知俟临抄写时更正。方纲所书小签多为书中某处有误，或应整齐划一等内容，如："此书所采古说凡八十余家，诸如名称颇不画一，盖摘录时不过随便记之，而成书时则宜归于画一也。某氏在上则举其名，某氏在下列举其号。""凡引用诸说，写正本时宜取原书查对。""御笔应缺笔，此在写正本时逐一留心。"

又一种为《春秋别典》十五卷，《四库全书》底本，上海图书馆藏，四册。前有"翰林院印"满汉文大方印，书中有"翁方纲"楷字小木章，添改之字，皆翁氏所为，原粘有方纲书小签甚多，但已佚落部分。

一部《四库》，著录之书凡三千四百七十部，七万九千一十八卷，存目计六千八百一十九部，九万四千零三十四卷。查四库自开馆至第一部书成，历任馆职者计三百六十人，方纲在馆为校办各省送到遗书纂修官，他以一人之力，所撰提要并笔记竟达千种以上，这是其他纂修官皆不能望其项背的。

多年来，笔者一直从事有关翁方纲资料的收集，以作撰写年谱之用，所得翁氏撰写各种图书、金石题跋之数，达一千三百五十余篇，几近七十万字。翁氏一生勤奋，酷嗜金石碑版，博证详稽，确然有据。其数十年来孜孜不倦于此。一时好古之士，奉手承教，仅以《总目提要稿》和题跋而计，即达百万字以上。方纲又有《复初斋诗集》七十卷、《文集》三十五卷，后又有《集外文》四卷、《集外诗》二十四卷，如加上其专著、笔记，数量更是庞大。明清以来，产生了众多的学者，代有能人，但是他们的著作文稿存留至今，包括已刻未刻，或仅其半，或十不存一，或荡然无存。然而翁氏所遗下之文字，较之其他学者来说，却是一直处于领先地位，没有人能与翁氏相抗衡。说翁氏著作等身，那是一点也不过分的。

应该说，翁方纲的提要手稿和他所承修的《四库全书》底本，历经沧桑，保存到今天都已成为重要的历史文献。这些文献不但是我们今天研究《四库全书》和《提要》的一个重要历史见证，同时也可以使人们认识到这也是乾嘉学者对于目录学的贡献。

1989年7月18日于上海

杭州雷峰塔及《一切如来心秘密全身舍利宝箧印陀罗尼经》

2001年3月12日，杭州雷峰塔地宫发掘面世的龙纹佛像、铁函、钱币、铜镜、舍利函等已有学者做了研究。然而，1924年9月25日雷峰塔倒坍后所面世的《一切如来心秘密全身舍利宝箧印陀罗尼经》，或者可从另一角度再做一番探讨。

一

雷峰塔为钱俶所建。钱俶（929—988），本名弘俶，以犯宋太祖之父赵弘殷讳改单名俶，字文德，浙江杭州人，为吴越国君钱镠之孙、文穆王钱元瓘第九子、倧弟。

钱俶造塔记文，叙述造塔事甚详，文云："吴越王钱俶记。敬天修德，人所当行之。矧俶忝嗣丕图，承平兹久，虽未致全盛，可不上体祖宗、师仰瞿昙氏慈忍力所沾溉耶？凡于万机之暇，口不辍诵释氏之书，手不停披释氏之典者，盖有深旨焉。诸宫监尊礼佛螺髻发，仿佛生存，不敢私秘宫禁中，恭率宝贝创窣堵波于西湖之浒，以奉安之。规抚宏丽，极所未见，极所未闻。宫监弘愿之始，以千尺十三层为率。爰以事力未充，姑从七级，梯昊初志未满为歉。计砖灰土木油钱瓦石与夫工艺像设金碧之严，通绾钱六百万。……塔成之日，又镌《华严》诸经，围绕八面，真成不思议劫数大精进幢。于是合十指爪以赞叹之。"①

收藏在上海博物馆的南宋画家李嵩的《西湖图》，是描绘杭州西湖美景的名作，画中的雷峰塔繁华艳丽，这或许是现存最早的形象。明嘉靖间，倭寇入侵杭州城，并纵火焚烧雷峰塔。清陆次云云："雷峰塔乃五代时所建，塔下旧有雷峰寺，废久矣。嘉靖时，东倭入寇，疑塔中有妖，纵火焚烧。故其檐级皆去，赤立童然，反成异致②。"

在灾难下仍然屹立的雷峰塔，全然演变成了另一个模样。据万历年间周龙所绘的《西湖全景图》(图今藏浙江省图书馆)，画中的雷峰塔和火焚前的形貌，判然两塔。由于其檐级既毁，人遂不能登临，又因塔砖外面全烧成红色，自成特色之景。清李卫《西湖志》中有这样的记述："孤塔岿然独存，砖皆赤色，藤萝牵引、苍翠可爱。"③每当夕照，塔与山光倒映，而成为西湖重要景观。

除了绘画中的雷峰塔形象，雷峰塔图在古籍善本中也可觅见。明杨尔曾撰《海内奇观》(明万历三十一年刻本)有"雷峰夕照"图。清代刻本中最早的或推清康熙五十七年(1718)《钱塘县志》中的"雷峰夕照"图、清康熙刻本《南巡盛典》卷一百二名胜中的"雷峰塔图"、清康熙刻本《吴越游览图咏》中的"雷峰东望"图，以及清乾隆套印本《西湖佳景图》中的"雷峰夕照"图④。至于民国初年的一些照片和图片则较多，而外部塔身最为清楚，最能反映塔圮前真实写照的是日本人关野贞拍摄的照片，且最早出现在日本出版的《支那佛教史

---

① 《咸淳临安志》卷八十二。

② 《湖壖杂记》"雷峰塔"条。

③ 《西湖志》卷三《名胜》。

④ 这几种刻本均藏于美国哈佛大学哈佛燕京图书馆。

迹》①上，雷峰塔呈现出的苍老的外形，近塔顶及塔身四周的草本植物，仿佛向世人诉说它的千年历史。塔圮前的态势很难让人们想象它旧日的飞檐画桷，金碧庄严，它的辉煌已成为凄凉的陈迹。

据古建筑学家陈从周先生说，雷峰塔是一座砖身木檐的楼阁式塔，也是江南宋塔的习见形式，其与附近的六和塔，本来形式一样，后来外檐损坏，清代的和尚在外加了一个木衣，遂成今状。雷峰塔在我国名塔中也独具异趣，为八方形，每方皆为十八步。元明间塔基下陷，仅余五层，共有八门。塔基以红石砌成，上为红砖黄瓦，中柱为菱形，孤标独立。傅熹年先生的《古建腾辉——傅熹年建筑画选》②中有一幅据历史照片所绘的"杭州雷峰塔近景"，这是我们今天所能见到的最清楚的原型复制品。

二

1924年9月25日（农历八月二十七日）下午，千年之雷峰塔突然倾圮。倾圮的具体时间有两说。一说雷峰塔倒坍于下午2时。当年某小报刊有署名"渡云"写的《雷峰塔内的心经》一文，有云："维时笔者方执教杭垣肃仪巷，午饭后，只闻轰然一声，似地雷炸裂，顷之传言雷峰塔圮矣。"③另一说为下午1时40分左右。④那天下午，塔圮时，俞平伯先生在湖楼寓所，"我们从湖楼遥望，惟见黄埃直上，曾不片时而塔已颓然。因适逆风，故音响不甚大"。俞随即舣舟前往，并在那一年的12月4日作了一篇《记西湖雷峰塔发现的塔砖与藏经》⑤。

---

① 又见日本《中国文化史迹》第4册，《雷峰遗珍》，第16页。
② 中国建筑工业出版社，1998年。
③ 笔者所见到的剪报，夹在上海图书馆藏雷峰塔经卷末。
④ 陈从周：《杭州雷峰塔》，载《梓室余墨》卷一，香港商务印书馆，1997年；又见《谈西湖雷峰塔的重建》，载陈从周《天趣美文》，广东人民出版社，1999年。
⑤ 此文发表于1925年1月的《小说月报》第十六卷一号上，又见孙玉蓉编纂《俞平伯年谱》，天津人民出版社，2001年。

又据俞平伯夫人许宝驯回忆，当年她还年少，寓西湖孤山俞楼，凭栏远眺，亲见塔圮。她还说，雷峰塔倒坍前数天，塔上宿鸟惊飞。这说明自然界中的生物如鸟虫之类的感应先知。当时，轰然一声，塔圮后即有黑烟升起。

事后在检讨雷峰塔倒坍的原因时，民间普遍认为是：塔身除曾毁于火，且年久失修外，还因为附近乡民迷信，有携塔砖可以镇妖避邪，甚至有取砖有利于养育丝蚕使其可以旺盛之说，故竞相挖取，日久基损，终于导致全毁。

在中国古代，就有将文物图书或文献资料存储于佛教基地，或石窟，或古塔，或菩萨塑像，或庙宇，甚或地下之史实。众所周知的著名的敦煌莫高窟藏经洞，所出经卷文书总数约为五万卷。1960年，浙江丽水县城西碧湖镇宋代砖塔损毁，也有宋刻佛经被发现；1962年，山西曲沃县广福院正殿的一座高两丈多的佛像腹内，发现一批佛经，计十三卷；1968年，山东省莘县宋塔内发现北宋写本《陀罗尼经》一部及北宋刻本《妙法莲花经》五部。也是在"文革"中，山西应县佛宫寺木塔内的菩萨像身内有辽代三十件写经和六十一件雕版印刷品，更是印证了辽代刻书之史实。然而在砖孔中藏经，在国内却是自吴越国王钱俶始。

雷峰塔圮后，人们发现建塔之砖中有部分为空心之砖，我们把它称作藏经砖。藏经砖是特制的，砖颇厚，长一尺一寸，宽五寸二分，厚一寸八分，经洞开在长方砖的一个短边侧面中间，洞口圆，比经卷稍大，其底比经卷之长稍深，经洞圆径八分，洞深二寸五分。部分砖孔内塞有《陀罗尼经》一卷，经卷用黄绢包裹，再用锦带束之，砖之小孔外用泥土封口[①]。此举似源于天竺，查《玄奘西域记》有云："印度之俗，香抹为埴，作小窣堵波，高五六寸，书写经文，以置其中，谓之法舍利。数渐盈积，建大窣堵波，总聚于内，常修供养。"

藏经之全名为《一切如来心秘密全身舍利宝箧印陀罗尼经》，或称"宝箧

---

① 姜丹书:《雷峰塔始末及倒出的文物琐记》,载《姜丹书艺术教育杂著》,浙江教育出版社,1991年。

印经"，通称"雷峰塔藏经"。周心慧《中国古版画》中所收，题名《黄妃拜佛图》，云"其引首图绘吴越王妃黄氏拜佛情形"[①]，大误。盖钱俶并无黄姓妃子，即便吴越国三代五王，凡见于史传的所有夫人皆未有黄姓者。《咸淳临安志》在著录钱俶造塔记文时，将"皇妃"误作"黄妃"，此误讹沿袭甚久。近人陈乃乾有《黄妃辨》一文[②]，俞平伯亦称："黄妃之称殆不足据，予见同陈君。"[③]为何钱俶别的经不刻，而专刻《一切如来心秘密全身舍利宝箧印陀罗尼经》放置塔内呢？盖此经即积聚一切如来全身舍利功德之陀罗尼，凡四十句。据记载，此经之功用，在于凡书写、诵读此陀罗尼，或纳入塔中礼拜之，能免除一切灾难，寿命长远，得无量功德，以"离异请多烦恼，灭除障染，获五神通"。又因《宝箧印陀罗尼经》所说，一切如来全身舍利积聚之七宝塔中（七宝者为塔之上下阶级、露盘、伞盖、铃铎、轮樘），藏有宝箧印陀罗尼密印，具大神验威德。故若有人造像立塔，供奉宝箧印陀罗尼，即成七宝所成之塔，亦即奉藏三世如来之全身舍利。钱俶曾以铜造立八万四千座宝箧印塔。

钱俶刻雷峰塔藏经，卷端题记都说八万四千卷。故有人认为当时钱俶刻藏经八万四千卷，全数置于砖孔内，由此而推论"当时一版能印八万四千部，印数之多，说明雕刻技术和印刷技术已具有很高水平"。也有人将此经及显德本、乾德本藏经（见后文）所印齐论："可以认为是每次各刊印八万四千卷，一经累积刊印二十余万卷，肯定是史无前例的盛举了。"[④]"所谓八万四千卷，乃是由若干套刻板分别印刷出来的。"[⑤]此二说皆有不妥之处。

按"八万四千"，本为佛教表示事物众多的数字，后用以形容数量极多，

---

① 周心慧、马文大、蔡文平编著:《中国古版画》，华宝斋书社有限公司（香港），1996年。

② 《小说月报》第十六卷一号。

③ 俞平伯:《雷峰塔考略》，见《俞平伯散文杂论编》，上海古籍出版社，1990年。

④ 周心慧主编:《新编中国版画史图录》第一册，学苑出版社，2000年。

⑤ 严佐之:《古籍版本学概论》第27页，华东师范大学出版社，1989年。

又作八万。佛教中有谓众生烦恼种类极多，喻称八万四千烦恼，或称八万四千尘劳。佛所说之教法及其意义至为繁复，故亦有八万四千法门（八万法门）、八万四千法藏（八万法藏）等说。如"八万四千法藏"，据《萨婆多毗尼毗婆沙》卷一云，指佛所说之全部教法，又作八万四千度门、八万四千法聚、八万四千法蕴。举其大数，则称八万法藏、八万藏。藏者，包藏之义，就能诠之教谓法藏，就所诠之义谓法门，故又称为八万四千法门、八万法门。《法华经·宝塔品》："若持八万四千法藏，十二部经，为人演说。"又据《观无量寿经》载，无量寿佛有八万四千相，一一相各有八万四千随形好。按劣应身（即化身佛）有三十二相八十种好，而胜应身有八万四千之相与好。此外又如佛教有"八万四千塔"之说，即谓多数之寺塔。《善见律毗婆沙》卷一谓佛灭后，阿育王作八万四千宝塔，安奉佛舍利。

在文学作品中也有使用"八万四千"一词的，如宋陆游《剑南诗稿》卷二十五中的《醉歌》云："八万四千颠倒想，与君同付醉眠中。"元武汉臣《玉壶春》第二折："做子弟的，须要九流三教皆通，八万四千傍门尽晓。"清魏源《天台石梁雨后观瀑歌》："惟有天台之瀑，不奇在瀑奇石梁，如人侧卧一肱张。力能撑开八万四千丈，放出青霄九道银河霜。"后周显德二年（955），钱俶以慕阿育王造塔事，铸八万四千小宝塔，中纳宝箧印心咒，广行颁施，世称钱弘俶塔。他所铸铜质与铁质金涂塔，塔内塔底题刊也云八万四千。公元前3世纪印度阿育王曾建立八万四千塔，钱俶或用阿育王故事，实际上未必确有八万四千之数。

实际上，根据浙江省考古研究所专业人员的研究，并从雷峰塔废墟现场倒塌迹象分析，雷峰塔倾圮是"垂直倒塌的，这正与当年雷峰塔坍塌时目击者的描述'惟见黄埃直上'吻合。在雷峰塔废墟的中心部位，较好地保存了当年从塔顶层坍塌下来的巨大块体，内部砌进许多纵端开设小圆孔的藏经砖，而藏经砖绝不见于塔基及塔身较低的层位。据此推测，藏经砖只用于塔身的最高层，即第五层"。^① 这段叙述至少说明了这样一个情形，即修建整座雷峰塔的用砖，并非都是特殊制作的藏经砖。此外又有辅证一例，即当年塔圮后，亲至现场的人认为：全塔之中，只有近顶的几层有藏经砖，并非每层都有。此塔非直坍，乃是向东南方斜倒的。^② 如果考古研究所的专业人员及目击者的推断成立的话，那钱俶所刻雷峰塔藏经虽非八万四千卷，但数量也应较其他印刷品为多。

当时现世者还有塔图。图后刊有"香刹弟子王承益造此宝塔，奉愿闻者灭罪，见者成佛，亲近者出离生死。□□□植含生，明德□本。时丙子□，弟子王承益纪。"^③ 丙子即乙亥之次年，为北宋开宝九年（976）。此塔图极罕见，曾见上海图书馆有藏，略有残缺。又浙江省文物保管委员会所藏，据称也为残张。另有一张珂罗版影印的完整本，为长条式，上下划分四层，每层画一座印度式的塔，塔的形制与钱俶所铸金涂塔略同。四个塔正中所绘人物故事各不相同，雕绘比较工细，不如经卷扉页礼塔图粗简。最下层之底部题字即同上。

此外又有一种造像砖，砖长35厘米、宽18厘米、厚6厘米。砖面用泥条堆塑佛像一尊，盘膝入静，神态肃穆。其上又有泥条粘题记云："天下兵马大元帅吴越国王钱俶造此像拾八尊，舍入西关砖塔充供养"五行。造像砖当时应有十八件，然今存者仅一件，藏浙江省衢州市文物保管委员会。建塔时日，钱俶刻有《华严经》，附刻自撰文记，塔未毁之前亦不能确定年月，今塔崩经见，则可知建塔之时间。

其他则是为数众多的普通塔砖，俞平伯先生曾化名屈斋，作了一首《西关砖塔塔砖歌》，后被收入《我们的六月》内。其歌有云："峨峨高塔倚翠屏，玉梯七级相钩连。弹指间幻七宝坊，多宝如来使之然？输钱六百万余缗，油灰土木瓦石砖。庋经之品法蕴数，通计盖逾亿万焉。或贯环孔入砖腹，或题名姓范

① 浙江省考古研究所编：《言峰遗珍》第14页，文物出版社，2002年。

② 姜丹书：《雷峰塔始末及倒出的文物琐记》，载《姜丹书艺术教育杂著》，浙江教育出版社，1991年。

③ 张秀民：《中国印刷史》第46页所引此段文字，略有残缺，上海人民出版社，1989年。

砖沿。所见一字迄四字，余饶怪诡不得装。我藏一品'王官'镌，迹参分隶铸泥埏。更有残者一孔贯，截为砚型贮墨圆。畴昔万砖争入辇，今朝尺甓重人间。"

三

根据现存文献中关于印刷的记载，以及现存实物的印证，中国唐代后期的印刷，比起前朝已有相当的发展。就印本可考者，有历书、《唐韵》《玉篇》、字书、小学，佛教的《金刚经》《陀罗尼经》、化募雕刻律疏等，以及与道教有关系的《刘弘传》及阴阳杂说、占梦相宅九宫五纬之流，范围甚广。而五代时期，中国的印刷已很兴盛，现今所知的即有五代监本《九经三传》《五经文字》《九经字样》《经典释文》及《道德经》《和凝集》等，前蜀的《道德经广圣义》《禅月集》《斩蛇剑赋》、历书等，后蜀的《九经》《初学集》《文选》《白氏六帖》等，吴越的《陀罗尼经》与佛像等，南唐的《刘氏史通》《玉台新咏》等书。但是，五代所刻的印刷品存世者，仅存有吴越的《陀罗尼经》两种及一些佛像。

钱俶刻《一切如来心秘密全身舍利宝箧印陀罗尼经》，实际上是现存五代刻本的代表性印刷品。是经高一寸二分，板心高六分，长六尺三寸五分，凡二百六十八行，并前后题记六行，共二百七十四行，行十字，间亦有十一字者。前题署后有扉图（即礼塔图），绘佛三尊，中有一女膜拜，稍左两人对立，其一顶有佛光，一为女子合十南无。再左则殿宇，上有璎珞，中悬宝灯，天华四散，下有山河大地。扉画略呈简朴，线条也不算流畅。图前题记三行，云："天下兵马大元帅吴越国王钱俶造此经八万四千卷，舍入西关砖塔，永充供养。乙亥八月日纪。"乙亥为宋太祖赵匡胤开宝八年（975），故此经版刻应为宋开宝八年吴越国王钱俶刻本。是年南唐亡国。

从整卷的文字雕工来看，应是属于刀法成熟、风格精致的一种。对于雕版来说，当是字愈小愈难镌，相反的，字越大越易着刀。字如此之小，而又如此清楚，且笔画繁多也不觉模糊，那又何等不易！有人以为此经字体类欧阳率更，那只是牵强附会。因为经中字体力求工整，对于佛家经典来说，来不得半点草率。从唐代至元朝，其间所出版的印刷品、各地区不同的刻本，也不知其数，但我们以现有的实物来作验证，即可发现：一、像如此之小的印刷品或刻本，或于此雷峰塔藏经而仅见；二、从印刷数量以及传世的数量来看，没有比此藏经更多的了。

为了刊刻雷峰塔藏经，也为着一定的数量，必定雕刻有数块乃至更多不同的版块。藏经的字数并不多，但印的数量多。一般来说，木版印书，由于墨汁的渗透关系，致使木版涨缩，到了后来，字迹会变得模糊不清。所以要印数量庞大的专书，那必定是镌刻有较多的木版版块才是。法国学者伯希和"以为雷峰塔的陀罗尼经既印了八万四千份之多，则当时所雕之板一定不止一次，因为一次所雕之板，应不能抵抗排印经卷份数处如彼之多"。① 事实上也确实如此。

二十多年前，笔者曾以上海图书馆所藏数本做过验证，确有不同之版，但并没留下记录。现在在一时没有实物比较的情况下，我们可将浙江博物馆及台北"中央图书馆"藏品的影印件做对比，前者可见《雷峰遗珍》，后者则见台湾《"中央图书馆"特藏选录》。虽然两卷皆是影印，但都极清楚，看上去都有旧气，古朴且完整。卷前《题记》之第二行"造此经八万四千卷舍入西关"句，浙博本此行字体颇直，但台北本"此经"两字明显右偏。又扉画中桌边膜拜一女所跪之蒲团，浙博本为长方形，而台北本为圆形。又正文第一行"一切如来心秘密全身舍利宝"之"宝"字，浙博本较为清晰，但台北本看上去却类"实"字。举此三例，足证藏经确有不同之版。雷峰塔藏经散出之日，有人也曾汇集多卷比较异同，也认为"断为不止一副版子印成，但字体、经文、行数、长短、阔狭、纸张、装潢等完全一样"。②

除雷峰塔藏经外，还有二刻。一为后周显德三年（956）所刻，这是1917年

_____

① 李书华：《五代时期的印刷》，载《中国图书版本学论文选辑》，台北学海出版社，1981年。

② 姜丹书：《雷峰塔始末及倒出的文物琐记》，载《姜丹书艺术教育杂著》，浙江教育出版社，1991年。

湖州天宁寺改建省立第三中学校舍时，在石刻佛顶尊胜陀罗尼经幢幢顶象鼻中发现的，据说有二三卷。其大小尺寸，与雷峰塔藏经相仿佛。是知钱氏所造或不止此，惜史未详书之。显德本藏经较雷峰塔藏经早二十一年，距今已一千余年。次为《礼塔图》，再经文，经题为"一切如来心秘密全身舍利宝箧印陀罗尼经"，经文共338行。又1971年，安徽无为县中学在宋代舍利塔下砖墓小木棺也有同样一卷面世[①]。另一为乾德三年（965）所刻，于1971年在浙江绍兴城关镇物资公司工地出土的金漆塔内发现。此刻的题记也刊有"八万四千卷"的字样。[②]

王国维有跋《显德刻本宝箧印陀罗尼经》云："刻本《一切如来心秘密全身舍利宝箧印陀罗尼经》一卷，高工部营造尺二寸五分，板心高一寸九分半，每行八字或九字。经文共三百三十八行，后空一行，题'宝箧印陀罗尼经'，并前后题三百四十二行。经前有画，作人礼塔状，广二寸有奇。画前有题记四行，曰：'天下都元帅吴越国王钱弘俶印宝箧印经八万四千部，在宝塔内供养。显德三年丙辰岁记。'近出湖州天宁寺塔中，今归乌程张氏。""或云，此卷本置于天宁寺石幢下象鼻中，鼻有石楔，近石楔落，乃得此卷，未知信否？姑记之，以广异闻。"[③]此显德三年本，国内的研究者多不知其后来之所在，如毛春翔云："此卷比雷峰塔经卷早二十年，此经卷今不知所在。"[④]（按，此卷今藏瑞典斯德哥尔摩博物馆。）据富禄特（1. Carsington Goodrich）教授于1960年10月致李书华先生的信中说，彼于1957年在瑞典王宫中见到西元956年刊印之天宁寺《宝箧印陀罗尼经》一卷，系瑞典王恰于数月前得到的。富氏又说，是年（1960）彼闻知瑞典王计划将此《陀罗尼经》连同其他搜集品捐赠于瑞典斯德哥尔摩博物馆。[⑤]

---

① 毛春翔：《古书版本常谈》，上海人民出版社，1977年。

② 李书华：《中国印刷术起源》第153页，香港新亚研究所，1962年。

③ 王国维：《观堂集林》卷二十一，又《观堂别集》卷三所记，与此略同。

④ 此卷疑藏安徽省博物馆。

⑤ 李书华：《五代时期的印刷》，载《中国图书版本学论文选辑》，台北学海出版社，1981年。

四

　　雷峰塔藏经为现存最早的五代刻本，由于藏经在塔砖内年久，再加上自然条件的不断变化，风雨侵袭，火炙、受潮、霉变，因此当时出土时部分经卷多有风化散去，首尾完具的非常稀少。俞平伯有云："此经名为八万四千卷，现就杭州约略观测，出土的殆不过千卷，且包含近整的残品在内，真所谓存什一于千百矣。"俞氏还认为藏经须"三德俱备"者，方可称得上为"无上上品"。其"三德"，即为表皮颜色不可不黑，不可有蛀孔，两端卷得不可一松一紧。如以俞氏的标准，"以我所见闻，杭地只数卷耳，而尚不免有焚琴煮鹤者，可叹之至！"①。

　　据《中国古籍善本书目》的著录，国内所藏仅三十卷左右，为国家图书馆、上海图书馆、浙江图书馆、湖南省图书馆、北京大学图书馆、吉林大学图书馆、西北大学图书馆、上海博物馆、浙江博物馆、浙江温州博物馆、陕西省博物馆、甘肃武威博物馆、山东省博物馆等所有。这其中，上图计有四卷，国图及上博各三卷，浙图二卷，几近国内所藏之一半。

　　国家图书馆所藏，其中的一卷，已为《中国版刻图录》(增订本)②收录，此卷虽首尾俱全，但内中略有缺损。后来所出版的郑振铎编著的《中国古代木刻画选集》③及周心意等辑的《中国古版画》所收此雷峰塔藏经，均以此图加以收录，唯周辑本该图模糊不清，拙劣之极，扉画及题记几不能辨，大有惨不忍睹之感。

　　《中国古籍善本书目》中所著录者，我们仅经眼了上海图书馆、上海博物馆所藏七卷而已，兹就其中重要者分述如下：

---

① 俞平伯：《记西湖雷峰塔发见的塔砖与藏经》，见《俞平伯散文杂论编》。

② 北京国家图书馆编，文物出版社，1961 年。

③ 郑振铎编著，人民美术出版社，1985 年。

上海图书馆藏四卷中,以民国龚心钊跋本为最佳。卷之题签为"西湖南屏晚钟",内有何星叔绘《雷峰塔图》。此卷附有塔图,略残。此卷之珍贵,还在于以小木棍(非小竹签)为轴心,将经卷卷起。我们经眼之雷峰塔藏经中存有小木棍者仅此一卷。

龚心钊跋凡数则,云:"此塔图与《陀罗尼经》出西关砖塔之砖穴中,图不多见。""丁亥三十六年,杜月笙等倡议重建。""卷首雷峰塔图乃何子贞之曾孙星叔所绘,何以书画世其家者也。丙戌再记。猿叟。"末跋为:"杭人洪承德,笃于佛理,以古器为业,余素识之。雷峰塔之圮日,洪方去杭,收得《陀罗尼经卷》良夥,然皆有腐蚀处。洪乃以多卷互相补缀,得以卒读。原印数万卷,当时不只一板,然字迹率相近也。经卷发现后,坊间遂有翻刻数种,其楮墨迥然不同。余因尽索洪君所蓄者,择其尤精数卷易得而宝之。此真宋以前之刊本也。经卷每一卷皆置塔砖之穴中,余并洪君所赠之塔砖完美者并装一匣中。乙酉上元日,龚心钊记,是年七十六岁。"钤有龚氏四印,为"龚""曾宴琼林三度星槎重游芹泮""乙未翰林""瞻麓斋藏"。龚心钊,号怀希,安徽合肥人。光绪廿一年(1895)进士,著名收藏鉴赏家。

又一卷,题首有吴昌硕题"夕照余晖"。又吴昌硕题诗云:"一千年圮雷峰塔,天理循瑈佛相孤。残阙一经犹挂眼,可怜夕照堕西湖。乙丑冬杪,少卿老兄属题,吴昌硕时年八十二。"此卷前图及首之文字残去甚多,又吴诗不见《缶庐集》。

又一卷,此卷前有图《雷峰夕照》,为楼村画,有"辛壶"朱文小印。题首书"雷峰塔砖藏经。雷峰塔为吴越王钱镠妃黄氏所建,砖各藏经一卷,甲子塔圮经出,宝丞得此,可宝也"。楼村(1880—1950),原名卓立,字肖嵩,号新吾,亦号辛壶,又号玄根,浙江缙云人,侨居上海。善画山水、花卉,书学颜、柳,篆刻则力摹秦汉,深得古媚之致。曾任上海美专、中国艺专教授。

又一卷,此卷前无引首,卷外题签"西湖雷峰塔藏经"。

上海博物馆所藏雷峰塔经卷计三卷，均有陈曾寿绘图并题词。兹介绍其二。

第一卷，有陈曾寿于1924年9月作《补经图》两幅。第一幅图上有陈氏词，云："蒙茸尖合带寒鸦，万点残照终古梦。想庄严，愁独客，欲礼空，王无主，珠网全，飘金轮。半揭不碍疏钟度，江山如此，孤标何苦，支柱惟见，七级檐颓，一铃舌在。报人间风雨，欲写荒凉题败壁，只称寒山诗句香火缘，空苔蓁磴滑飞锡。应难住，修罗零，劫诸天花散何处？湘月苍虬居士。""六时钟鼓近南屏，惆怅灵光付杳冥。寥廓心魂无着处，寒缸相对补残经。钱王以《陀罗尼经》八万四千卷舍入塔中，圮后，人争剔取，多成灰末，完者至不易得。余收得残本数卷，取他卷零星残字补之，亦无聊消遣法也。贻先四弟得一卷，只缺数十字，板本墨色出一切之上，以遗余。秋宵多暇，因作《补经图》装于经卷前。甲子九月二十日灯下，苍虬居士记。""剔残砖秋雨通苔斑，寒灰发经香。启素缣密裹，零僧剩佛，一字琳琅。试与辛勤补缀，化蝶半飞飏。百衲家风旧，功抵娲皇。堪叹天人漏果，竟酬忠恩宴，轻送名王。有冬青遗恨，一例感兴亡。问世尊，真如解脱。甚当年悲泪海潮凉。空输与，麻沙书客，持伴灯窗。《八声甘州》。九月二十一日夜书。""哀哉千古人，欣戚逐成毁。我塔本无缝，弹指庄严起。叹世岁忽周，城郭秋筃里。纷纷貉子过，孁此湖山美。陈迹冷一邱，四海增多垒。依样年复年，懒复问山鬼。雷峰塔圮，忽经岁矣，感赋一首。乙丑八月二十七日，苍虬记。"

第二卷，卷之图残去部分，又文字首尾略残，陈曾寿朱笔补字。末有"甲子冬十月初八日，陈曾寿补"。又有释真放、姚华、张祖廉、冯煦、冒广生、程颂万、溥儒、胡嗣瑗赋诗并词，黄孝纾跋。陈曾寿绘幅图，并有词云："雷峰夕照。甲子秋九月陈曾寿。《八声甘州》。甲子八月二十七日，雷峰塔圮，自钱氏造塔至今，九百五十余年矣。千载神归，一条练去。末劫魔深，莫护金刚之杵。暂时眼对，如游乾口之城。半湖秋水，空遗既之，龙身无际，斜阳杳残痕于鸦影。爰成此阕，聊写悲凉。""镇残山风雨耐千年，何心倦津梁。早霸图衰歇，龙沉凤杳，如此钱塘。一尔大千震动，弹指失金装。何限恒沙数，难抵悲凉。慰我湖居望眼，尽朝朝暮暮，咫尺神光。忍残年心事，寂寞礼空天。漫等闲，擎天梦了。任长空雅阵占茫茫。从今后，凭谁管领，万古斜阳。苍虬居士。""修到南屏数晚钟，目成朝暮一雷峰。缬黄深浅画难工。千古苍凉天水碧，一生缱绻夕阳红。为谁粉碎到虚空。《浣溪沙》。宣统甲子冬十月。苍虬居士。"

此卷卷末题有"于一毫端现宝王刹，向针锋里转大法轮"。"雷峰塔圮，而苍山图出，是塔虽圮，与未圮无异。真放前此固未尝见塔，后此亦不复见塔，然今见此图，焉见塔无异。且塔一耳，而图则可千可百，是又一塔去，而千百之塔尚存也。苍公之功德，诚不可思议哉！诚不可思议哉！阅图既竟，忽作此种种想，书以识之。至其画之神、书之神、词之妙，无一非宋人三昧，在在处处宜有神物护持。米老谓纸千年而魂去，是苍公一弹指，顷又为塔延若许之寿。夫岂止区区九百五十余年，如苍公所计者哉？'神三昧'下脱'此卷流传于世'六字。甲子仲冬既望，沙弥真放敬题于莲幢精舍。右题雷峰塔图。""一塔所藏经，八万四千卷。此塔设长存，一卷何由见。无字处虽多，都有真经现。笑杀老苍虬，多事来增缮。右题苍虬大师补经图。天逼残衲合十又题。"真放，号莲幢、井上外史，又号天逼残衲。

其黄孝纾跋云："雷峰塔，五代吴越王钱俶所建，为诸宫监奉礼佛髻之所。《十国春秋》谓：本名皇妃塔。盖后世传伪久矣。梯昊七级，规月八窗，努势拔地，下俯鸥巢，倒影入江，瘦于马棰。金碧五色，与岚翠为合离；精蓝四围，倚空苍为表望。蚬壁飘钵曩之花，鸽王识金相之表。花开陌上，士女爱来，铃语霜中，天琴欲落。固武林之胜迹也。余梦寐瑰奇，载披图籍，窃谓王以斟雉之光裔，奠常羊之幅员。绿螾符瑞，不坠先芬；银鹿佳儿，能完遗绪。膺九八年之景运，奠此生民；挈十三州之版图，归之真帝。两浙饮其德水，千年仰其雄风。斯塔之存，岂无籍而然耶？屋乌之爱，呵护及于鬼神；杜鹃之灵，瞻拜殷于父老。是知南屏乐游之地，必非储胥；东洛表忠之碑，同其位置。况夫礼空正之螺髻，则玉娆亦具心香；付回氏以龙宾，则金经亲存手墨。考影事于棠阴，纪梦尘于桑下。以视舍身同泰，无补危亡；布施定光，徒征祆梦。拓跋魏之欺诳，大启阎浮；杨阿㜷之童昏，亦铭舍利。智愚不同，荣辱斯异。然而恒河阅世，多兴废之思；陵谷千年，无不迁之运。瓦官寺废，空吊南朝，帝子神游，倘来北渚。青鸾大去，白马不归。今兹秋日，忽焉就圮。相轮大转，俄成龙汉之灰；贝叶飞空，并散鸯渠之帙。兔葵燕麦，何限伤心；鸽粪龙檀，已为陈迹。矧复泉飞步广，光验童谣，堆转风陵，竟符谶语。九霄辽鹤，欲述故国河山；万劫沙虫，即是当年乐土。吊古悲来，抚今感集。略存故迹，用述斯篇。庶几英灵不沫，鉴陆机邺水之文；兴废可征，备杨衒伽蓝之记。右吊雷峰塔，文稿成于甲子秋日，苍虬世丈属移写卷末，即乞察正。己巳重九后二日，黄孝纾。"按，黄孝纾，福建闽县（今闽县）人，寄居上海，工画。

如今所存之雷峰塔经卷，据我们所知，有陈曾寿绘图并题词者就有七卷之多。曾寿，字仁先，号苍虬，湖北薪水人。沆曾孙。光绪廿九年（1903）进士，官御史。工画松，兼山水，诗传家学。有《苍虬阁集》。

五

除上述之《中国古籍善本书目》著录外，还有一些经眼者也并录如下：

1. 山西五台山文物陈列管理所藏有一卷。此卷残存六十七行，为王禔（福厂）旧藏，有邵章跋，云："按乙亥为宋开宝八年，迨民国甲子圮塔为九百五十年，经名'一切如来心秘密全身舍利宝箧印陀罗尼'，专言佛在摩伽晈国无垢园礼朽塔事，末有陀罗尼经，幅修宋三司布帛尺七尺七寸，藏于塔砖小孔，以缣囊贮之，岁久霉敝，十居其八，完整者尤罕观，余得其一。适乡人持残卷邮赠，辄析六十余行，诒我福兄。时乙丑正月消寒第六集，伯褧章志于京师之万松兰亭斋。"邵章，字伯炯，又字伯绚，一作伯褧，号倬盦，浙江杭州人。光绪进士，历任翰林院编修，官至奉天提学使。1951年被聘为"中央文史研究馆"馆员。

2. 台湾"中央图书馆"藏一卷，经卷前有楼村手绘《雷峰塔图》，并林朗庵题记。此卷首尾也完整无缺，经庋藏于小木盒中，盒面上书"雷峰塔藏经真本。宝宋室"。盒面内又书："雷峰塔崩圮于民国十四年秋，时余适客申江，以江浙战事起，未能往吊为憾。塔砖内有藏经者，千万中未能得一，虽有经而霉烂不能展舒者又属百中之九十九。故当时罗致已难。余出重值共得三卷，均颇完整。一归中村不折翁，一归藤井有邻，尽此自留玩者也。后所见多翻刻，明眼人自能辨也。朗庵记。"楼村题记云："从此晚钟声不碍，栖鸦无复弄斜阳。南湖一抹烟光紫，犹认依稀在渺茫。乙丑仲夏，为雷峰塔写照。楼村辛壶。"乙丑，为1925年。

3. 美国国会图书馆藏本，仅存上截，约二百五十断行，文字缺佚甚多。有谈国桓跋，云："此《一切如来心秘密全身舍利宝箧印陀罗尼经》也，宋时天下兵马大元帅吴越国王钱俶造此经八万四千卷，舍入西关砖塔永久供养，即雷峰塔所藏者是也。塔倾经现，敬阅一过，福缘不浅。佛历二千九百五十二年岁次乙丑十二月十五日，谈国桓为兰尔先生题。"

4. 美国哈佛大学福格美术博物馆，有陈曾寿绘图并题词，时在1925年春正月，题"南屏梦痕"。

5. 西北大学图书馆藏本，有吴湖帆、叶恭绰跋。我们曾得该馆叶恭绰跋的复印件，知原卷乃为潘厚（博山）旧藏，卷末页跋云："吾国雕板始于佛教典籍，故研究板本应注重悉昙文字乃不刊之义也。此经刻手精整，言宋版者当以为先河，距开宝七年蜀刻大藏仅迟二载，乃人多忽视，惜孟蜀石经不全，不然当可比美。丙子元夜，于博山先生斋头见此，偶书所见。遐庵叶恭绰。"吴湖帆跋云："甲子九月，武林雷峰塔崩，土人于瓦砾中搜得《宝箧印经》若干卷，于是传世。按刻经乙亥，即宋太祖开宝八年也。北宋椠本名贵何如，而此卷首尾完整，尤为难得，今归博山兄秘籍。"潘、吴、叶皆为现代著名收藏家。丙子，为1936年。

根据我们了解的情况，国内民间机构及私人所藏尚有，但绝不会多。如常熟市博物馆所藏一卷，有孙祖同、俞鸿筹跋，为铁琴铜剑楼后人瞿凤起先生所捐献。[①] 而在海外，据说各国博物馆、图书馆中也有入藏，如大英博物馆，小瞿理士（1ioue1 Gi1es）曾于1925年为文叙述。[②]

雷峰塔一经倒塌，致使塔身内所藏各种文物面世，于是闻声赶到的四方市民有万人空巷之观，争相抢掠，任意杂沓，破坏至多，实令人叹惜。当时有渡云者，所写《雷峰塔内的心经》一文，较为详细地记载了他当时目睹的情况，有云：塔圮后，"即偕同事往观，去校凡十数里，至则惟见人山人海，均在挖取《心经》。《心经》印纸上，裱以黄绫，幅长尺许，阔二寸，卷之中指大小，塔砖两端中有隙，砖与砖相接而中塞《心经》一卷，有如合缝之榫。考筑塔时藏经凡八万四千卷，塔圮而经亦出世，拾而舒之，或迎风成灰，或仅余残篇，其整幅完好者甚少。当有收古玩者出资收购，时值三五元，后涨至数十百元。内容为《心经》一篇，篇首绘有佛像，未注年月，为吾国最初发明时之印刷。盖吾国印刷品自五代冯道刻《五经》始，盖相去不远也。塔砖堆积如山，后由保管者围以竹篱，以免散失，今如重建，旧砖仍可充用，且旧砖堆中，或尚遗有《心经》也"。

而胡适1959年8月在致李书华的信中，也谈到了雷峰塔藏经事，信云："关于中国佛教塔藏的陀罗尼经卷印本，最易得者为杭州雷峰塔的钱俶刻的宝箧印陀罗尼八万四千卷。我曾为《纽约时报》（New York Times）的印刷史博物馆购得一份，我又赠送下华府友人 Dr. Stan1ey K. Hornbeck 一份。当一九二四年雷

---

① 吴慧虞、曾康：《五代刻本〈宝箧印陀罗尼经〉卷》，载《文物天地》1995年第4期。上海《新民晚报》2001年11月9日报道两户人家为争《雷峰塔藏经》对簿公堂之事。

② "Chinese Printing Inthe Tenth Century"，Joural of the Royal Asiatic Society of Great Britain and Ireland，London，1957，P.513。

峰塔全塌下时，这种卷子出现了无数，一元钱可买几十卷，后来就贵到百元一卷了。"①

由于有些人认为此经能免除一切灾难，寿命长通，得无量功德，故善男信女需求者甚众。见有利可图，为了满足没有得到此经的需求者，杭州的刻字印刷铺及书贾便照原刻本翻刻，售于各路来杭之信佛者或爱好藏书者。据当时人之回忆，经卷散出后，完整者极少。当时杭州商会会长王芗泉得一完整者，大井巷懿文斋裱画店主人许某，从王氏处借来，加以仿刻。由于刻工甚精，虽有少数误字，但大体上也可乱真，且连裱价在内，每卷仅售一块银元，故价廉物美，销售颇广。这类的翻刻本和有意作伪、牟取暴利者不同。又如杭州著名书贾朱遂翔的抱经堂，曾经编印翻刻了25种古籍，其中就有《雷峰塔藏经》。而上海书贾罗振常，在他编印的《蟫隐庐书目》（1927年8月）中，也有"雷峰塔藏陀罗尼经一卷，摹刻本，宣纸印，一册四角"的记载。

如今，即使这类杭城翻刻的卷子也不多见，偶有一卷，便有人当作真本而奇货可居，视若珍秘，甚或转手进入拍卖之列。对于这种翻刻本，如有不精于版本鉴定者或看走眼者，也会当原刻购入。尝见浙江图书馆编《浙江图书馆馆藏珍品图录》②，印刷精美，惜其"椠版聚珍"开首第一种即为此《一切如来心秘密全身舍利宝箧印陀罗尼经》之赝品，而第二页为此经之细部，左下为一木盒，内装五小盒此经，唯不知另四卷是否原本，抑或全为翻刻本。又见《中国木器文玩古善本拍卖图鉴》③所收，为1994年拍卖，题"雷峰塔藏吴越钱镠造。水墨印纸本。手卷。975年印"，这是一卷典型的翻刻本，竟被当作真本拍卖，而拍价竟为人民币一万二千元至一万五千元。

---

① 李书华：《五代时期的印刷》，载《中国图书版本学论文选辑》，台北学海出版社，1981年。

② 西泠印社，2000年。

③ 《中国木器文玩古善本拍卖图鉴》上卷，辽宁画报出版社，1996年。

笔者又曾见《中国古代图书事业史》①之图版内也有此经，乃为民国间最通行的翻刻本，字体为地道的仿宋体，已了无当年镌刻之原意。

又《文物天地》所载《雷峰塔藏经》一文中（附有图片）所介绍的浙江义乌市博物馆所珍藏者，当也为民国间翻刻本。②

至于美国芝加哥大学远东图书馆藏一卷、哈佛大学哈佛燕京图书馆所藏二卷，皆非原刻，也为民国间书贾重刻。二十余年前，作者曾在上海所见"文化大革命"中抄家所集中的雷峰塔藏经一百余卷，细审之下，原刻仅二卷而已，其余皆为翻本，且多染色充旧，亦可见当年坊贾欺瞒藏家之技。雷峰塔藏经的鉴别，用俞平伯先生的话来说，即是"辨别之道，惟在看得多，自然到眼分明了"。③

（本文原载《文献》2004年第二期，98–116页）

---

① 来新夏等著，上海人民出版社，1990年。

② 傅健：《雷峰塔藏经》，《文物天地》1997年第4期。

③ 俞平伯：《记西湖雷峰塔发见的塔砖与藏经》，见《俞平伯散文杂论编》。

珍稀之品

——北宋写金粟山大藏经

1978年10月，我受《中国古籍善本书目》编委会的委托，带队前往云南、贵州、四川三省图书馆（含大学馆）、博物馆，检查善本书编目的情况，在某省某馆，除了看善本书外，还看了几个经卷，多署唐人写经，其中一个我看年份较晚，不类唐人所书，脱口就说此非唐人所为。次日下午，某省文化厅派人来召开座谈会，听取我们此行的看法。我向领导汇报完，领导也说了感谢的套话后，就询问我否定那卷唐人写经的根据。真是言者无心，听者有意。我没想到领导是如此的事必躬亲。无可奈何之下，只好直言禀报。我说这卷署唐人写经的卷子实是宋人所书，不仅书风不似唐人笔法，且用纸也是宋纸。我的根据是经卷背后有朱色小印"金粟山藏经纸"六字，我说：凡是有此小印，即是宋代藏经纸，所以宋人写经，用的是当时的宋纸。这样的写经我见过，上海图书馆有收藏。如果是唐代人书写的话，那就是前代人用后代人造的纸来写经，这是不可能的事。于是，领导哑然。

上海图书馆收藏的几卷《北宋写金粟山大藏经》残卷，是我在20世纪60年代初经眼的，当年，潘师景郑先生告诉我，凡经卷中有"金粟山藏经纸"朱色小印的就是《金粟山大藏经》，这种卷子极难得。那时的我是个小青年，有点记性，也愿意学，脑子也就记住了。显然，如果将《北宋写金粟山大藏经》看成唐人写经，那就会变成明人撰写《红楼梦》、元代刻本《洪武正韵》之类的笑柄。

我国宋元两代寺庙名刹万千，藏经卷帙汗牛充栋，即以明代海盐县为例，寺庙祠院庵即达139所。但以一处寺院命名的藏经纸，历史上似仅有金粟寺一处。宋代一些寺庙刻印藏经，印藏经的纸有些就是寺内自己请工匠所造，如海盐《法喜寺藏经》，流传绝少，唯曾有背纸几番，为清张燕昌所藏，光洁如玉，与金粟纸无异。今存北宋熙宁十年（1077）写海盐县法喜寺转轮大藏本《大般若波罗蜜多经》六百卷（存卷八十九），藏中国国家图书馆。也有并无自己的品牌纸来写大藏的，如江苏句容县《崇明寺大藏》中《说一切有部品类足论》（残存卷十一），今存上海图书馆。

金粟山在浙江省海盐县西南三十六里处，位于澉浦西北茶院村，有金粟寺，北宋大中祥符（1008—1016）初元始改为广惠禅院。寺中有金粟山藏经纸，此纸大约造于北宋皇祐三年（1051）。以前，台北故宫博物院藏《妙法莲花经》七卷七册，为宋皇祐三年（1051）刻本，乃用桑皮、楮皮加工而成，专供寺院写经之用。纸上有朱色小印"金粟山藏经纸"，其内外涂以白蜡并研光，又以药水濡染使之发黄，纸厚重，纹理粗，精细莹滑，久存不朽，书写效果绝佳。虽经千年沧桑，纸面墨色如初。

金粟寺之大藏，即用自制藏经纸书写，故称之为《北宋写金粟山大藏经》，又称《海盐金粟山广惠禅院大藏》，经为卷轴装，计六百函，万余卷，每纸三十行，行十七字，朱丝栏，以千字文编号。每幅纸心皆钤有朱色"金粟山藏经纸"小长方印。卷端下小字题写"海盐金粟山广惠禅院大藏"。卷轴装中经重新改为经折装者也有，但甚少，如《大般若波罗蜜多经》（存卷十三）、《阿毗达磨识身足论》（存卷八十七）。

李际宁《佛经版本》于《金粟山大藏经》一节说："一般认为，自北宋初年刊雕《开宝藏》以来，佛教大藏经完成了从写本时代向刻本时代的转变。而《金粟山大藏经》抄写于北宋中期，说明此时在民间保留了一个写本与刊本并行的时期，为我们提供了刊本时代有关写本藏经重要的实物标本。根据文献零星记载，仅在浙中海盐一带，除金粟寺有写藏外，其余如法喜寺、精严寺、隆平寺、崇明寺、普照寺、兴国寺等俱有写藏，其中法喜寺藏经，又称《法喜寺转轮大藏》，抄写风格与金粟山极相近，北京图书馆亦有收藏。"

如今，《金粟山大藏》残存不多，仅二十余卷而已，国内主要收藏在中国国家图书馆和上海图书馆。国家图书馆藏七卷，为《大般若波罗蜜多经》六百卷（存卷五百五，巨字号，十六纸，钤有"秘殿珠林"、"秘殿新编"、"珠林重定"、"乾清宫鉴藏宝"、"乾隆御览之宝"方印、"乾隆御览之宝"椭圆印、"太上皇帝之宝"等藏印）、《菩萨璎珞经》十三卷（存一卷）、《放光摩诃般若波罗蜜经》二十卷（存卷八，菜字号，十五纸）、《添品妙法莲华经》七卷（存卷七，白字号，十九纸）、《中阿含经》六十卷（存卷二，凤字号，十七纸）、《阿毗达磨识身足论》十六卷（存一卷，十五纸，清梁国治、刘墉、彭元瑞等跋）、《持世经》四卷（存卷一，盖字号，十纸，北宋熙宁元年吴拱写）。

上海图书馆藏六卷，为《解脱道论》六卷（存卷一，背字号，十四纸，叶恭绰捐赠）、《二经同卷》二卷（习字号，《转法轮经论优波提舍》一卷、《无量寿经论》一卷，十六纸）、《二经同卷》二卷（敢字号，《佛说弥勒下生成佛经》一卷、《弥勒来时经》一卷，七纸，叶恭绰捐赠）、《经律异相》五十卷（傍字号，存卷二十七，十三纸）。

此外，南京图书馆有《温室洗浴众僧经》一卷；天津图书馆有《佛说宝智经》一卷；故宫博物院有《大毗婆沙论》一卷、《阿含经》（存卷五百五十）；贵州省博物馆有《大般若波罗蜜多经》（存卷十三，地字号，十七纸，有清赵之谦、叶德辉跋）、《阿毗达磨识身足论》（存卷八十七）；安徽省博物馆有《阿毗达磨法蕴足论》(存卷一,同字号,十五纸);吉林省博物馆有《大般若波罗蜜多经》(存卷三百八十);辽宁省博物馆有《佛说无极宝三昧经》一卷;天津艺术博物馆有《放光摩诃般若波罗蜜经》(存卷三十四)。

《金粟山大藏经》的零本,中国台北、香港各图书馆、博物馆乃至日本、韩国俱无收藏。美国伯克利加州大学东亚图书馆有《大般若波罗蜜多经》(存卷二百五十四,余字号,卷末题"同校勘僧德栖、勾当写造大藏报愿僧惠明、都劝缘住持传法沙门知礼并校勘")。2009年11月,北京德宝国际拍卖有限公司的拍品中,有一卷《大藏》的零本,乃苏州顾氏过云楼旧藏,为《内典随函音疏》(存卷二百六十四)。

无论是敦煌文献,还是宋代各藏之刻本或写本,署有书者及年月者为数不多。同样,《金粟山大藏经》存世者,以有年款者为最罕。中国国家图书馆藏《持世经》,有"宋熙宁元年吴拱写"字样。上海图书馆藏《解脱道论》卷一,后有题记四行:"维皇宋熙宁元年龙集戊申二月甲辰朔二十六日己巳起首写造。僧道隆书,校勘僧守仙,勾当写大藏经僧惠明,都劝缘住持传法沙门知礼。"熙宁元年为公元1068年,距今已900多年。据《金粟笺说》,有三例:一为清姚际恒《好古堂书画记》载有《阿毗达磨法蕴足论》残卷,后署熙宁元年,吴鼎书。二为《大般若波罗蜜多经》残卷,有皇宋熙宁元年云云,嘉禾蒋铸书。三为藏经一卷,末署"圣宋治平元年岁次甲辰四月十五日起首。四明冯预敬写,当寺沙门唯宥校证,住持募缘写造大藏赐紫沙门守英藏;檀越渤海吴延亮、延宥,耆宿讲经沙门昭益,法属沙门守荣、守宁"。

上述书者为释道隆、吴拱、吴鼎、蒋铸及冯预。前四人或为写经生。六百函、万余卷的大藏,绝不可能由几位写经生全力写竣,必须延请多方名士或写经生共同完成。

从另一个角度看,一部大藏,并非年内可以写竣,如果以治平元年(1064)为始,那至熙宁元年(1068),已有四年,如再延至有元丰年号(1078—1085)

者，则有十几二十年之久。因此，《金粟山大藏经》自始至终，写竣的时间应该在二十年以上。这一点，在时间上也并不算太长，因为从历史上看，《开宝藏》自开宝四年（971）至太宗太平兴国八年（983），用了十二年；《崇宁万寿大藏》始元丰三年（1080），至政和二年（1112），费三十二年之功；《毗卢大藏》始政和二年（1112），至乾道八年（1172），整一个甲子；《赵城金藏》，始金皇统八年（1148），至大定十三年（1173），用了二十五年；《碛砂藏》，始宋绍定四年（1231），至元至治二年（1322），花了九十一年。

较全面记载《金粟山大藏经》的是《海盐县图经》（明天启刻本），其卷三云："寺有藏经千轴，用硬黄茧纸，内外皆蜡磨光莹，以红丝阑界之，书法端楷而肥，卷卷如出一手，墨尤黝泽，如髹漆可鉴。纸背每幅有小红印，曰：金粟山藏经纸。后好事者剥取为装潢之用，称为宋笺，遍行宇内，所存无几。有言此纸当是唐藏，盖以其制测之。然据董毂以为纸上间有元丰年号，则其为宋藏无疑矣。"明董毂《续澉水志》又云："大悲阁内贮大藏经两函，万余卷也。其字卷卷相同，殆类一手所书，其纸幅幅有小红印曰'金粟山藏经纸'。间有元丰年号，五百年前物也。"

《金粟山大藏经》中的写经体，也为前人所欣赏，赞之曰"颗颗明珠，行行朗玉，具多宝之庄严，发灵飞之冥幻"。然所谓"书法端楷而肥，卷卷如出一手""其字卷卷相同，殆类一手所书"者，非是。细谛现存藏经，字体有多种。书法端楷而肥者多，用笔凝重，而骨力骞腾，灵快之气，自然贯注，墨采晶晶，溢出画外，一循唐经生遗矱。其余字体有类楷书者，字形偏长，当非熟写经体者所写。甚至如一卷之内有二人所书，其字体绝不相同，如《经律异相》。写经体不易学，津早年曾有临习，用笔不易掌握。昔上海博物馆承名世先生擅此体，如今的书法爱好者临池此体的已是非常稀见了。

《金粟山大藏经》之残卷，散落书肆或藏家，也有被误为唐人写经者，除去本文开头的一段外，沈曾植《海日楼札丛》中之《唐人写经跋》，有云："金粟山藏经纸，阮文达言元人多有用之者，意其由来已古，然亦不能定为何代制品。此唐人写经，即用金粟山纸，则先唐制品无疑，当时所谓硬黄者也。"又上海图书馆藏《二经同卷》二卷（《佛说弥勒下生成佛经》一卷、《弥勒来时经》一卷），也是一例。卷后北平李恩庆跋云："是经作伪者托为唐人所写，后一纸妄列眉山苏氏两公二跋，词鄙劣，书劣，因重装，亟从空饰。前一纸妄加唐宋鉴印，不复可去矣。"中国国家图书馆藏《放光摩诃般若波罗蜜经》(存卷八)的书签上就书有"唐人书金粟山大藏放光摩诃般若波罗蜜经"字样。又清曾恒德《滋惠堂法帖》，有《大般若波罗蜜多经》卷十三，亦散自《金粟山大藏经》者，却被误认为唐人写经，并以为字体可与唐颜真卿、钟绍京相伯仲。

前人记载金粟山藏经纸者有多则，《金粟笺说》引潘泽民《金粟寺记》云："寺先有宋藏数千轴，皆硬黄复茧，后人剥取为装潢用，零落不存，世所传金粟山藏经纸是也。或云唐藏矣。"潢者，卷首贴绫的地方，古时装裱卷轴，引首后以绫贴之曰潢。周嘉胄《装潢志》又云："余装卷以金粟笺、白芨糊，折边永不脱，极雅致。"《清仪阁杂咏》有"金粟笺"，云："万杵千碰蜡硬黄，人间玉版出空王。名家翠墨签头重，小印红泥纸背香。曾先御书藏宝阁（大中祥符初元改金粟为广惠禅院，绍兴廿五年七月降下御书法帖一千轴于本院），剩听战鼓打空桑（寺中法鼓独桑刳成，传是孙吴时战鼓）。元丰年号难经见，争怪纷纷说李唐。"

由于金粟山藏经纸黄艳坚韧，虽经千百年沧桑，犹不变色，故用途亦广，文人名士多喜用之书画装潢。张燕昌尝云其童时见古书面，多以金粟笺为之，间有作书画标签者，而吴上装潢家大半以伪者代之。台北故宫博物院藏《妙法莲花经》七卷七册，为北宋皇祐三年（1051）刻本，全经无一补版，所用纸即系金粟山藏经纸。宋元人喜爱藏经纸，故截取之用作书皮。中国国家图书馆藏南宋淳祐元年（1241）汤汉自刻本《陶靖节诗集》，其书皮就采用藏经纸，纸上有"金粟山藏经纸"朱色小印。津又曾见某书载《资治通鉴纲目》宋刻本，此书纸背有钤朱印"金粟山藏经笺"。浙江省博物馆藏《敦煌莫高窟藏佛说佛名经卷》前引首纸，长九十四点五厘米，高二十三厘米，为仿金粟笺制成。汪琬的《尧峰文抄》中有诗云："樗蒲锦背元人画，金粟笺装宋版书。"又张燕昌《鸳鸯湖棹歌》有："卷轴缥缃皆锦绣，题签金粟藏经笺。"皆为补证。

金粟山藏经纸，当年也有不少为民间善男信女出资捐造者。清蒋超伯《南漘楛语》卷一云："金粟笺有最长印至五十八字者，其印称'许咸熙妻陈五娘等舍藏经纸七千幅'云云。是物近日已不可得，况澄心堂所制纸乎？""七千幅"者，当为七千也，数量也可谓多。金粟山藏经纸数量既大，必为所在地多家作坊所制，而非一坊所能包办，且纸之所制也有数种，但皆钤有"金粟山藏经纸"朱色小方印。据上海图书馆所藏六卷，就有潢竹写经纸、潢细麻纸、潢双层写经纸三种。据说藏经纸有白色者，但津未之见。

清沈宗骞《芥舟学画编》卷四有《笔墨缣素琐论》，说到作者对纸的心得，云："纸之流传者，愈古则愈佳。唐以上不可知矣，就金粟藏经纸一种而论，越今已几千载，不过其色稍改，而完好紧韧，几不可碎。以此作画，虽传之数千年，无难也。今则盈尺数金，安得供我挥洒？下而宋元诸笺，虽不如藏经，犹堪经久，亦何可多得？"

明代重要书画家在创作时也喜用藏经笺全幅。张燕昌云："至国初，则查二瞻辈以零星条子装册，供善书者挥写。可知纸在彼时已不易得，宜今之绝迹于市肆，而仿造者且不佳也。"吴湖帆藏有明沈石田作《西山纪游图》长卷，以金粟笺画（见《顾廷龙年谱》1941年6月5日）。吴氏还藏有明王谷祥作《玉兰图》轴，图中钤小印为"金粟山藏经纸"。海盐县博物馆藏明文徵明画在金粟笺上的《枯木幽兰图》、苏州市博物馆藏文徵明书《和石田先生落花诗》，也是二例。上海博物馆藏明祝允明书宋苏轼前后《赤壁赋》，为明代中期狂草书法的经典之作，其纸即金粟山藏经纸。又北京故宫博物院藏明董其昌行书《宋之问诗》，纸上也有"金粟山藏经纸"小印。现代画家如张大千也用金粟笺绘画。

金粟山藏经纸既然如此名贵，且至清代初年已不多见，张燕昌曾于春秋佳日，扁舟访赤乌遗迹，探金粟寺藏经阁，其时金粟山藏经纸片纸无存。乾隆帝也喜用金粟山藏经纸书写，并用之于内府珍藏古书画装潢引首及册页题字，故其时有旨仿金粟山藏经纸制作，初以麻料制成，质地较厚，无纹理，内外皆蜡，有米黄色、白色、虎皮花纹等，合格之仿制品由监制者在纸心上钤"乾隆年仿金粟山藏经纸"小朱印。

据《清代内府刻书档案》记载，乾隆四十六年（1781）十月十四日记事录有"奉旨将藏经纸五百张，仿明仁殿纸二十五张，用高丽纸抄做。藏经纸十张，交懋勤殿。其余藏经纸十张，仿明仁殿纸二十五张，筒子侧理纸五张，俱交烟波致爽大柜内收贮"。这些有斑点的藏经纸都是杭州方面送到的。乾隆四十七年（1782）四月初三日活计档有"奉旨：将藏经纸交懋勤殿写经用。再传与杭州织造将有斑点藏经纸再抄做一万张，其颜色少为黄浅些，得时陆续呈进。钦此"。乾隆四十九年（1784）十月初四日活计档有，从五十一年正月二十九日至五十六年四月二十八日，计有九次，杭州方面送到有斑点藏经纸，每次均五百张，并交懋勤殿收讫。又乾隆五十四年（1789），福建巡抚徐嗣曾一次进贡仿金粟山藏经纸五百张。《清稗类钞》鉴赏类"张芑堂藏金粟笺"云："乾隆中叶，海宇晏安，高宗留意文翰，凡以佳纸进呈者，皆蒙睿藻嘉赏，由是金粟笺之名以著，词馆且尝以为试题。"

乾隆年仿金粟山藏经纸如今虽有流传，但亦不易得。此可见一些拍卖公司的图录。2004年7月2日上海东方拍卖公司推出乾隆仿金粟山藏经纸两张，价为六千零五十元；2006年中国嘉德拍卖公司的春拍上，有清乾隆仿金粟山藏经纸二十张一帙，估价人民币十万到十五万元。由此可知，天水长物，非一般人所能得见，即乾隆年仿金粟山藏经纸，亦非一般人所能得。

金粟寺是东南第一古刹，乃三国孙吴僧人康僧会始建。康僧会为我国佛教史上最负盛名的神僧之一，好学博览，通晓天文、谶纬之学，尤娴经律。吴天纪四年（280）秋，圆寂于天禧寺。孙吴赤乌（238—251）中，康僧会至吴国首都建业，翻译佛经，并为吴大帝孙权祈获释迦文佛真身舍利，孙权为之设塔并建三寺。三寺者，一为南京保宁寺，一为安徽当涂太平万寿寺，再为海盐金粟寺。金粟寺的建造，开创了东南沿海建寺之纪元，距今已近1800年历史，故历史悠久，较之公元326年杭州西湖最初出现的寺庙近100多年，而且也早于四大佛教圣地之普陀山普陀寺。全盛时寺院前后七进，依次为山门、天王殿、古山门、大雄宝殿、法堂、藏经阁、方丈，而左右各种附着建筑足有数百幢，排列有序，僧侣上千人，其规模之大，甚为壮观。

可惜的是，明万历中寺即久圮，后来被毁，虽屡建屡毁，屡毁屡建，但至清咸丰年间的太平天国战争中，寺中大部分建筑被毁。抗日战争时期，又遭日寇严重破坏，所存房屋无几，仅明正统十四年（1449）胡濙（礼部尚书）撰写的《重建金粟广慧禅寺记》石碑，仍立于金粟亭中。

近十多年来，金粟寺的重建受到中国佛教协会和浙江省有关方面的关注和支持。据报道，2008年11月4日，社会各界人士、各方高僧云集海盐金粟寺旧址，参加金粟建寺一千七百六十一周年、赐名"广慧禅寺"一千周年暨修复奠基祈福的法会，不知其数的善男信女纷至沓来，场面热烈壮观。相信不久以后，雄伟的殿堂定当成为这悠久的佛教圣地的景点。而乾隆年仿金粟山藏经纸，则不知国内有无制纸专家据乾隆年仿品再为复制，而成今之名纸品耶？

写金粟寺的专书，以张燕昌《金粟笺说》一卷为最。2008年上海古籍出版社推出《金粟寺史料》一套五种，内有《金粟山大藏经及藏经纸》一册，有兴趣者当可参阅也。

2009年10月11日

论新发现的孤本小说《出像批评海陵佚史》及其他

　　明清小说的研究者对于金海陵王荒淫的故事，过去是从三个方面得知的，一即从明冯梦龙编《醒世恒言》中有《金海陵纵欲亡身》一篇；二是从缪荃孙辑印的《京本通俗小说》中知道有"《金主亮荒淫》两卷，过于秽亵，未敢传摹"；三是叶德辉重刻《京本通俗小说》第二十一卷，易名为"金虏海陵王荒淫"。金海陵王荒淫的故事内容，大致上可见《金史》卷六十三《海陵诸嬖传》，近人谭正璧编《三言两拍资料》(上海古籍出版社版) 也有收入，此处不再赘述。

　　从许多学者撰写的明清小说论文中，直接论证"金海陵荒淫"小说的几乎没有，这或许是因为它的内容并没有多大的研究价值。但就是这篇小说，却为研究《京本通俗小说》的学者时常提及。20世纪30年代以来，李家瑞、郑振铎诸前辈及日本的长泽规矩也等就《三言》中所收的《西山一窟鬼》《错斩崔宁》《菩萨蛮》《志诚张主管》《拗相公》《冯玉梅团圆》，以及未收的《定山三怪》《金主亮荒淫》等九篇话本进行论证。20世纪70年代中，在美国及我国台湾，更有马幼垣、泰来昆仲、那宗训、胡万川诸先生进一步就《京本通俗小说》考证，得出不少新的研究成果，其中也对《金主亮荒淫》提出了新的看法。而在大陆，也有学者如苏兴先生，则直接指出《京本通俗小说》乃是出于缪荃孙本人拙劣的伪造（《〈京本通俗小说〉辨疑》，载《文物》1978年第3期）。江苏古籍出版社《中国话本大系》中的《京本通俗小说》前言中，甚至还认为苏兴"独立提出自己的看法，直率地判断这部书出于缪荃孙的作伪，还是表现了在科学探讨上的勇气和创见"。笔者不同意苏兴指斥缪荃孙伪造的说法，因为苏文不仅证据不足，而且论证有误，尤其是苏文写作是处于"文革"刚结束时，所用语言多受当时"革命大批判"影响，采用"一棍子打死"的方法，这不利于学术讨论。

本文的写作，拟就笔者在20世纪70年代中期所发现的明刻孤本小说《出像批评海陵佚史》，于此书的作者、版本以及其他方面做些考证，并以此就正于方家学者。

一

《出像批评海陵佚史》，二卷，题"无遮道人编次，醉憨居士批评"，明天启刻本。二册。每半页九行二十字，四周单边，白口，无鱼尾。书口上方题"海陵佚史"，字体作楷书。前有醉憨居士序，序之首页及图佚去。

海陵者，金代海陵王也。"佚"者，淫荡也，《汉书·刑法志》有"男女淫佚之语"。故此书乃为揭露金海陵王淫荡的一部小说。

"无遮道人""醉憨居士"，这两个别号，在各种室名别号索引中均不见列入。然从字面上看，"无遮"者，即为不需遮盖掩饰之意；而"憨"者，傻意，娇痴也。醉憨者，当为醉酒后之傻、娇痴之意。可见使用这两个别号的人，在当时的政治条件下，不愿别人知道他们的真实名姓而采用了一种隐喻的手法。

醉憨居士序云：

（前缺）赤族之诛夷，亦知夷虏之凶残狼戾，无君臣父子、夫妇兄弟之伦者乎？曷不观金之废帝完颜亮，夫亮非直抵江南，思立马吴山第一峰者耶？《金史》载其强狠狡猾，淫荡无度，当时毋论臣民妇女受其淫虐，即五服至亲，亦皆率意蒸嬲，莫知忌讳。而诸妇女中，虽蒲速碗正色力拒，亦必遭其毒手。惟乌林答氏缢死道中，幸免其辱，其余俱靦颜就淫，恬不羞耻。信哉，瞅如龟、恋如狗、聚如麀、贪如鸨，沐猴冠冕、牛马襟裾也。其诸妇女之夫，非遣之上京，即置之死地，徒有侧目，孰敢怨言？直至侵宋北归，其臣耶律元宜等弑之江上，箭入腹中，手足俱断，差足偿其暴恶。吁！晚矣，夷虏之行若此，彼愚夫者，或未知耶？抑知之而谓其妻女未尝丑夷之味，特邀其来以畅若妻女之欲耶？道人不胜其忿也，是作《海陵佚史》。佚者，淫也。淫何可训，而道人乃辑之为书，且绘之为图，毋亦明彰夷虏淫毒之惨，以为通奴者警耳。则是史也，实与李氏《贻臭录》同不朽矣。岂宣淫者侉哉？愚奴者醒也，当弗作佚史观。醉憨居士题。

郑振铎先生论及《金主亮荒淫》的作者时说过："话本的作者，为了行文的方便，故将弥勒及察八二人事略略的提前。《金主亮荒淫》的作者是谁，惜不可知。惟非如叶氏说之为宋人，则为明显的事实。其中多有骂'挞子'语，想也不会是元人之作。《京本通俗小说》的时代，我曾将它放在明隆庆、万历间，则此话本的作者至迟当为隆、万间的人物。其笔力的横恣泼辣，描写两性生活的无忌惮，都有和《金瓶梅》相合拍之处，也许竟是因时代的作品，或竟是同出于一个作家的笔下吧。"郑振铎先生是一位对中国文学研究有着深厚造诣的学者，他对《金主亮荒淫》作者时代的推测，用今天的眼光来看，是有着重要指导作用的。

无遮道人、醉憨居士，究竟是谁呢？笔者以为道人、居士者，或为明末大文豪冯梦龙。

众所周知，冯梦龙的别号，见于著录及学者考证的，有"绿天馆主人""茂苑野史""可一居士""吴门龙子犹""江南詹詹外史""墨憨斋主人""墨憨斋""墨憨主人""墨憨子""顾曲散人""香月居主人""问奴"等。这些别号，并非见于冯梦龙的经史著作，而多署于他所编订的各种戏曲、小说和时尚小曲等，这在当时都是一些所谓"不登大雅"的著述。然而陆树仑《冯梦龙研究》等论文与专著都没有提出"无遮道人"及"醉憨居士"是冯梦龙的别号，如何证明笔者的猜想呢？笔者认为，冯梦龙的大部分别号都是后人从行文的语气、时代背景等进行考证而得出的结论，这一点可以参阅陆树仑等人的著述。而这部《出像批评海陵佚史》乃为传世孤本，过去又从未见于各种著录，包括各种善本书目以及孙楷第先生的《中国通俗小说书目》，所以说，这部小说或为冯梦龙所写不是没有可能的。

二

那么，冯梦龙是否有可能撰写这部《出像批评海陵佚史》呢？笔者以为这是有可能的。

作为明末通俗文学家、戏曲家的冯梦龙，少年时即有才情，博学多识，为人旷达，治学不拘一格，行动也不受名教束缚。他的一生，跨越明廷多灾多难的最后70年，也是汉民族在元代以后再遭外族统治的屈辱时期。生当这个时代，他所面临的是重重的挫折和各方面的不如意。明代万历年间，社会矛盾空前激化，土地兼并日益剧烈，以皇帝、贵族、外戚、权臣为代表的大小集团，更加疯狂地掠夺土地。明神宗的皇庄就占地210万亩，至于缙绅豪富，占田少者数百亩，多者数千亩，乃至万亩。同时，万历后期政治腐败，皇帝昏庸无能，朝臣结党营私，宦官当国，党争日烈。在冯梦龙的作品中，最著名也最脍炙人口的当推《三言》，即《喻世明言》《警世通言》《醒世恒言》，这《三言》分别以喻世、警世、醒世而名其书，是有其现实意义的。

前面醉憨居士的序，道出了作者写作的目的，即请读者不要将此书当作一般男女淫佚之书来看，而是要使"通奴者警""愚奴者醒"，希望读者透过此书，对金统治者的丑恶行径有充分的认识，面对他们不抱任何幻想。在《出像批评海陵佚史》中，夹杂着大量的性欲描写。这些赤裸裸的叙述，不亚于《金瓶梅》，应该视为色情，但是，将该书放在当时的政治环境下去考量，应该是有积极作用的。

《醒世恒言》衍庆堂刻本的扉页识语云："兹三刻为醒世恒言，种种典实，事事奇观，总取木铎醒世之意，并前刻共成完璧云。"其叙略又云："此醒世恒言四十种，所以继明言、通言而刻也。明者，取其可以导愚也；通者，取其可以适俗也：恒则习之而不厌，传之而可久。三刻殊名，其义一耳。"又可一居士序云："又推之，忠孝为醒，而悖逆为醉；节检为醒，而淫荡为醉；耳和目章、口顺心贞为醒，而即聋从昧、与顽用嚚为醉。人之恒心，亦可思已。从恒者吉，背恒者凶。心恒心，言恒言，行恒行，入夫妇而不惊，质天地而无怍。下之巫医可作，而上之善人君子圣人亦可见，恒之时义大矣哉！自昔浊乱之世，谓之天醉。天不自醉人醉之，则天不自醒人醒之，以醒天之权与人，而以醒人之权与言。"可一居士即冯梦龙。

现藏江西省婺源县文化馆的冯梦龙题赠浙江余杭令程汝继《题后醒子诗》有云：

> 大道无分别，俗情自升坠。冥冥若循环，悠悠孰趋避。譬之饮酒者，醉醒代为治。当吾恶醉时，应受醒者恚。及吾既醒后，醒者还复醉。众迷行如驰，怅求靡所忌。一旦执先鞭，千秋夸得意。五染墨子啼，九曲王阳畏。丈夫无奇穷，松柏标晓翠。不与朝争华，不与文同瘁。众醉固足悲，独醒亦无愧。以醒醒彼昏，是乃后也志。后学冯梦龙敬题。（见《冯梦龙全集》第四十三册，上海古籍出版社，1993年）

上面所引之序、诗，都是围绕"醒""醉""恒"字在作文章，都深刻地反映了作者的创作意图，冯梦龙的目的就是唤醒人们要"醒"、要"恒"，莫"醉"，这和《出像批评海陵佚史》序中所说的"警""醒"实在是一致的。

笔者认为，每一部小说的创作，都有它的时代背景，《出像批评海陵佚史》

也不例外。由于此书是写金海陵王的荒淫，那它的背景就必然和当时后金入侵明朝有关。明神宗政治上的腐败，导致经济上的失控、边备的废弛，又给觊觎中原的女真族创造了机会。自从万历十一年（1583）努尔哈赤以十三副绵甲起兵，到万历四十四年（1616），这33年中，他不仅统一了女真族各部，创立八旗制度，更自称为汗，建元天命，正式建立了后金政权，国号"大金"。

万历四十四年（1616），明廷任命兵部侍郎兼佥都御史杨镐经略辽东，但萨尔浒一战，明廷精锐部队损失大部，文武将吏死者三百余人，军士死者四万五千八百余，"（覆）军杀将，千古无此败衄"（王在晋《三朝辽事实录》卷一），而努尔哈赤则乘胜挥师，蹂躏辽东。辽东明军"一闻警报，无不心惊胆丧"（熊廷弼《熊襄愍公文集》卷一）。在这种情况下，明廷任命熊廷弼代替杨镐为辽东经略，赴辽东督师。

熊廷弼（1569—1625），字飞百，湖北武昌人，万历二十六年（1598）进士，万历四十七年（1619）任辽东经略。他召集流亡，整肃军令，训练部队，加强防务。在职年余，后金军队不敢进攻。但次年九月，即为朝廷罢去。辽阳失守后，即天启元年（1621）三月，廷弼又被重新起用，为兵部右侍郎。六月，又以兵部尚书兼右副都御史经略辽东，驻守山海关。但是，熊的许多有效建议，朝廷多不采纳。同时，实权落入广宁巡抚王化贞之手。化贞大言轻敌，不受调度，天启二年（1622）正月，大败溃退，阉党得势，廷弼竟被斩首弃市。

熊廷弼与冯梦龙有着师生关系，当梦龙处在危难之时，廷弼曾予以救援。据清钮琇《觚剩续编》卷二《人觚》云，熊廷弼督学江南时，试卷皆亲自批阅，凡有隽才宿学，甄拔无遗。冯梦龙即其门下士。"梦龙文多游戏，《挂枝儿》小曲与《叶子新斗谱》，皆其所撰。浮薄子弟，靡然倾动，至有覆家破产者。其父兄群起讦之，事不可解。适熊公在告，梦龙泛舟西江，求解于熊，……抵家后，熊飞书当路，而被讦之事已释。盖熊公固心爱犹龙子。惜其露才炫名，故示菲薄。而行李之穷，则假途以厚济之；怨谤之集，则移书以潜消之。英豪举动，其不令人易测如此。"由此可见，冯有才，熊爱才，他们之间的师生关系非同一般。

冯梦龙是一位慷慨之士，努尔哈赤率兵犯京，恩师熊廷弼冤死，不能不激起他对金的仇恨，也必然会激起他用笔来参加战斗。所以，在当时民族危机的严重关头，冯梦龙不可能袖手旁观、麻木不仁。在他72岁时，撰有《中兴伟略》一卷，其小引曰："我太祖高皇帝，逐胡清华，三百年来，文治日久，武备废弛，官军眼眼相觑，贪生怕死，是以致虏寇而犯神京，震惊皇陵，莫大之惨，莫大之冤，恨不咀其肉，而灰其魄矣。"郑振铎先生曾说过："梦龙当清兵入关时，他曾刊印几种小册子，散布各处，传达抗战的消息，以期引起民众的敌忾心（这些小册子，今所见者有两种，日本有翻刻本。原注）。"（语见陆树仑《冯梦龙研究》）可惜的是，郑振铎先生没有写出这两种小册子的书名。但是，撰写《出像批评海陵佚史》的作者则是有的放矢，以揭露金海陵王的荒淫无耻，来号召人们认清后金侵略者的本质，并与之做坚决斗争。

中国古典小说中的性欲描写，盛行于明代中晚期，这是无可置疑的。除了《金瓶梅》《绣谷春容》等夹杂着大量的性描写外，流传至今而极为罕见的春图，也基本上是那个时期的产物。明代的后期，上自皇帝，下至市侩，多是纵奢荒淫，而社会上的新兴富豪之家，更是承风导流，夜以继日地沉沦在妓女、优伶、赌博、酗酒之中。又由于当时儒、佛、道三教并存的局面，不少人迷信释道，为着长生不老，盼望一夜成富。在这样的社会大背景下，文学作品暴露乡绅土豪生活腐化、道德堕落，并给予了尖锐的讽刺。这种古典现实主义的小说，最重要的当然首推《金瓶梅》，其次则数《三言》和《二拍》。

冯梦龙是一位文坛上的怪杰，科举上失意的他，通脱狂放、旷达不羁，征逐秦楼楚馆，与歌伎结成知交，《挂枝儿》中即有他少时狎游生活之迹。王挺在《挽冯梦龙》诗中云："逍遥艳冶场，游戏烟花里。本以娱老年，岂为有生累。"又如他所编辑的《山歌》，用顾颉刚先生的话来讲，几乎全部是私情歌，其中

的三分之一还是直接、间接或隐或显地涉及性交的，若是认为猥亵，那猥亵到极点了。(顾颉刚《山歌》序)

至于第一部长篇世情小说《金瓶梅》的出现，其中夹杂了那么多淫秽描写来揭露当时社会的黑暗，这对冯梦龙也是有影响的。当冯梦龙36岁的时候，他获知秀水沈德符有抄本《金瓶梅》，"见之惊喜，怂恿书坊，以重价购刻"(沈德符《顾曲杂言》)。就是在他离开福建寿宁知县任后，归隐乡里，晚年仍孜孜不倦，继续小说创作和戏曲整理工作。文并简所作的《冯犹龙》诗，是对冯梦龙一生的最好概括。诗云："早岁才华众所惊，名场若个不称兄。一时名士推盟主，千古风流引后生。桃李兼栽花露湿，宓琴流响讼堂清。归来结束墙东隐，翰鲙机莼手自烹。"笔者以为，冯梦龙作为一个风流才子、通俗小说家，本身就具备创作此类小说的条件。

三

《出像批评海陵佚史》的创作，主要是据《金史》而来。《金史》一百三十五卷，是记载金朝兴亡的史书。从元世祖中统二年(1261)议修《辽史》《金史》二史始，直至元顺帝至正三年(1343)，才命脱脱为都总裁官，主持修史。次年十一月，《金史》告成。元修《金史》，实际上是在前人工作基础上的加工整理。当时依据的史料，主要有金代实录、中统间王鹗所作《金史》、刘祁《归潜志》和元好问的《野史》。有这些现成的史料可供采录，所以编写前后只用了不到两年的时间。

那么，《出像批评海陵佚史》和《醒世恒言》，孰早孰晚呢?

历来的《三言》研究者，多认为"金海陵纵欲亡身"的故事，最早见于《醒世恒言》。如马幼垣、马泰来在《〈京本通俗小说〉各篇的年代及其真伪问题》一文中说："《金主亮荒淫》二卷，和上述各篇一样，亦存于世，即《醒世恒言》

卷二十三金海陵纵欲亡身。"

从版本学的角度来看，《醒世恒言》有三种版本：一为明末金阊叶敬池刻本，一为明叶敬溪刻本，一为明末艺林衍庆堂刻本。在衍庆堂刻本中，又有原本和翻本之别。两个叶本和衍庆堂的原本40篇皆全，其卷二十三即为《金海陵纵欲亡身》。而清代翻刻本则将"金"篇删去，将《张廷秀逃生救父》析为上、下二卷，以作抵挡，又将原第二十一卷之《张淑儿巧智脱杨生》补入第二十三卷。今所见者，多为39篇的清代翻刻本。现存日本内阁文库，原大连满铁图书馆所藏的叶敬池刻本《醒世恒言》，已于数年前由日本影印出版，俾使研究者有缘睹其真面而据以研究探讨。叶敬池刻本，题"可一居士评，墨浪主人校"，卷首有陇西可一居士序。据日本学者长泽规矩也先生的校勘，卷二十三《金海陵纵欲亡身》篇所载海陵与辟懒唱和淫诗四首，比衍庆堂刻本多出两首。

《出像批评海陵佚史》中的醉憨居士序，和冯梦龙在《醒世恒言》《警世通言》《喻世明言》中的序一样，都没有署明年月。但是，据研究者的考证，《三言》之刊刻应在天启间，也即冯梦龙50岁左右。笔者认为，《出像批评海陵佚史》的写作及刊刻应在天启初年，根据是当时后金的入侵已经逐步深入，天启二年，冯梦龙的恩师熊廷弼冤死。

下面，我们可以看一下《出像批评海陵佚史》与《金史》及《醒世恒言》本是多么相似。

《金史·海陵诸嬖传》

海陵为人，善饰诈。初为宰相，妾媵不过三数人。及践大位，逞欲无厌，后宫诸妃十二位，又有昭仪至充媛九位，婕妤、美人、才人三位，殿直最下，他不可数举。初即位，封岐国妃徒单氏为惠妃，后为皇后；第二娘子大氏封贵妃，第三娘子萧氏封昭容；耶律氏封修容。其后，贵妃大氏进封惠妃，贞元元年，进封姝妃，正隆二年，进封元妃。昭容萧氏，天德二年，特封淑妃，贞元二年，进封宸妃。修容耶律氏，天德四年，进昭媛，贞元元年，进昭仪，三年进封丽妃。即位之初，后宫止此三人，尊卑之叙，等威之辨，若有可观者。及其侈心既萌，淫肆蛊惑，不可复振矣。

《海陵佚史》

海陵初为宰相，妾媵不过三数人。及践大位，封岐国徒单氏为惠妃，后为皇后。第二娘子大氏为贵妃，复封惠妃，贞元元年，进封姝妃，正隆三年，进封元妃。第三娘子萧氏为昭容，天德二年，特封淑妃，贞元二年，进封宸妃。耶律氏封修容，天德四年，进昭媛，贞元元年，进昭仪，三年，进封丽妃。后宫止此三人，尊卑之叙，等威之辨，若有可观者。及其侈心既萌，淫志蛊惑，遂至诸妃十二位，昭仪至充媛九位，婕妤、美人、才人三位，殿直最下，其它不可举数。

《金海陵纵欲亡身》

且说海陵初为宰相，假意俭约，妾媵不过三数人。及践大位，侈心既萌，淫志蛊惑。自徒单皇后而下，有大氏、萧氏、耶律氏，俱以美色被宠。凡平日曾与淫者，悉召入内宫，列之妃位。又广求美色，不论同姓异姓，名分尊卑，及有夫无夫，但心中所好，百计求淫，多有封为妃嫔者。诸妃名号，共有十二位，昭仪至充媛九位，婕妤、美人、才人三位，殿直最下，其他不可举数。

《金史》卷六十三为《海陵诸嬖传》，全传计三千余字。"传"和《佚史》内容完全相合，只不过《佚史》是小说，在内容的叙述上做了许多的文字加工。早在20世纪30年代，郑振铎先生就在《世界文库月报》第二期上撰文《〈金史·后妃传〉与〈金主亮荒淫〉》。他指出，"盖《金主亮荒淫》，除了不叙及海陵后徒单氏之外，殆无一节不和《金史·后妃列传》里海陵诸嬖的记载相合，连次第也是相同，连辞句也多抄袭。不过有的地方，颇费些功力去添枝添叶的加以烘染描写而已。特别是关于贵哥说风情的一段，尤其着力”。

"贵哥说风情"一段，在《出像批评海陵佚史》与《醒世恒言》本中的叙述略有不同，《醒》本则较为详细。

《海陵佚史》

贵哥曰：小妮子听得读书的读那书上有河南程氏两夫，想来一个是趣丈夫，一个是俗丈夫，合着一个程氏的话。定哥哈哈的笑了一声曰：你这妮子，倒说得有趣，世上妇人只有一个丈夫，那有两个的理。这句书是说河南程明道、程伊川兄弟两个，是两夫子，你差解说了。贵哥曰：书上说话，虽是夫人解得明白，但是依小妮子说起来，若是眼前人不中意，常常讨不快活吃，不如背地里另寻一个清雅文物的，与他效于飞之乐，也得快活爽心，终不然人生一世，草生一秋，就只管这般闷昏昏过日子不成？定哥半晌不语，曰：妮子禁口，勿得胡言，属垣之耳，亦可畏也。贵哥曰：一府之中，老爷是主父，夫人是主母，再无以次做得主的人。老爷又趁常不在府中，夫人就有些小做作，谁人敢说个不字，阻挡作梗。定哥曰：就是我有此心，眼前也没一个中得我意的人，空费一番神思了……

《金海陵纵欲亡身》

贵哥道：小妮子不知事，敢问夫人，比如小妮子，不幸嫁了个俗丈夫，还好再寻个趣丈夫么？定哥哈哈的笑了一声道：这妮子倒说得有趣，世上妇人，只有一个丈夫，那有两个的理，这就是偷情不正气的勾当了。贵哥道：小妮子常听人说有偷情的事，原来不是亲丈夫，就叫偷情了。定哥道：正是，你他日嫁了丈夫，莫要偷情。贵哥带笑说道：若是夫人包得小妮子嫁得个趣丈夫，又去偷什么情，倘或像了夫人，今日眼前人不中意，常常讨不快活吃，不如背地里另寻一个清雅文物、知轻识重的，与他悄地往来，也晓得人道之乐，终不然人生一世，草木一秋，就只管这般闷昏昏过日子不成，那见得那正气不偷情的，就举了节妇名标青史。定哥半晌不语，方才道：妮子禁口，勿得胡言，恐有人听得，不当稳便。贵哥道：一府之中，老爷是主父，夫人是主母，再无以次做得主的人。老爷又趁常不在府中，夫人就真个有些小做作，谁人敢说个不字，况且说话之间，何足为虑。定哥对着月色，叹了一口气，欲言还止。贵哥又道：小妮子是夫人心腹之人，夫人有甚心话，不要瞒我。定哥道：你方才所言，我非不知，只是我如今好似笼中之鸟，就有此心，眼前也没一个中得我意的人，空费一番神思了……

　　《醒世恒言》本之《金海陵纵欲亡身》全文约二万余字，而《出像批评海陵佚史》约四万余字，较《醒》本多出一倍。多出的文字，泰半为淫秽之语。如海陵与昭宁公主一段，"朕今宵与汝将此二十四势鏖战一番，汝不惧否？"至"海陵始少息而卧"止，计437字。但在《醒》本中，删为"朕今宵与汝将此二十四势次第试之。什古笑道：陛下既欲挑战，要敢不为应兵。海陵未尽其势之半，意欲少息"，仅51字而已。又如海陵玩弄重节一段，《醒》本删去460字。海陵与阿里虎一节，删去230余字。至于海陵与弥勒之间的叙述，则删去1500字之多。更有甚者，《出像批评海陵佚史》中，有张定安受熙宗命，出使于宋，张临行前，面嘱海陵，希望照顾家中事务，然海陵在定安行后，却勾引张妻奈剌忽，又奸淫侍女阿哈素、赤赛哥。此段甚长，计8794字。然《醒》本作"海陵与奈剌忽通宵行乐，遂如夫妇，房中侍婢，无得免者"，仅20余字而已。

　　关于定哥与阎乞儿的故事情节，《出像批评海陵佚史》比《醒世恒言》本更是详细。

《海陵佚史》

定哥思量家奴中有个阎乞儿，年纪不上二十岁，且是生得干净活脱，比乌带浊物也好百倍。如今海陵既不来，将就把他来消遣几日，再作理会。又恐怕贵哥不肯，不敢对贵哥说。凑着贵哥往娘家去了，便轻移莲步，款蹙湘裙，独自一个走到厅前，看阎乞儿在也不在。恰好走到轩子廊下，撞见阎乞儿进来。阎乞儿见定哥出来，站在旁边，让定哥走。定哥一见阎乞儿，就立住了身子，仔细打一看时，见前后左右，并没有一个人影儿，便悄悄地叫阎乞儿曰：你跟我进来，我有话分咐你。那阎乞儿从来无事不敢撞入中堂，这回见定哥叫他，正不知有何事故，鹘鹘突突，跟到房门前，便立住了脚，不进房里去。定哥又叫曰：阎乞儿进来。阎乞儿只得跨进房门，见定哥坐在那里，身边没有一个使女，忙忙把身子又退出门外。定哥叫曰：你进来不妨事，我要分咐你一句说话。那阎乞儿见定哥三四五次，叫他进房，他才放着心，大着胆走进房中，立在定哥面前。定哥便提一套衣服赏他，曰：你这样一个人，尽好上前服侍，只是身上的衣服不洁净，我如今赏你这一件，你快去混堂内洗个浴，把身上的不洁衣服换去了，早晚也好来服侍我。阎乞儿是个乖觉的人，言下便默会其意，爬在地上磕了一个头，谢了定哥，拿着衣服就往外边去了。思量要到混堂内洗浴，又怕那垢腻气惹得夫人不欢喜，只得在自家房中，烧了一锅香水汤，借了一个浴盆，把身子从上从下，洗得白白净净，才穿了定哥赏他那件衣服，假托回复夫人说话，走到定哥面前，晃了一遭，见有侍女们在房中，便鬼诨一番出去。定哥看见阎乞儿这个模样，比初大不相同，更觉爱他几分。不多时，阎乞儿又走进来，定哥见没有侍女，便把自己吃剩的半碗香茶，递与他曰：赏你这茶吃，不要嫌残。阎乞儿双手接来，一口咽了下去，道：果是好茶，感谢夫人盛德。又低身磕下头去。定哥慌忙扯他起来。他就在定哥的红绣鞋上捏了一把。定哥笑了一声，依先坐下。分咐曰：青天白日，你且出去，不要多走，被侍女们看出马脚来，直到黄昏时分，你可悄悄进来，我开门等你。阎乞儿见说，连忙走了出去，等得天色晚了，便先吃些酒饭，装饱肚腹，趁黑挨到里边空房中躲着。直等到黄昏时分，人人稳睡，各各安眠，他才一步步摸将进来。果然定哥房门不闭，一盏灯明荧闪烁，独自坐在那里，只有一个小丫环小底药师奴，昏昏睡在床背后。阎乞儿轻轻走到面前，叫曰：夫人，阎乞儿来了。定哥惊曰：你也忒然作怪，这一声几乎吓死了我。阎乞儿曰：这是小人唐突有罪了。他两个不暇叙情、叙意，也不顾名分尊严，都脱得赤条条，搂到床边弄耸起来……定哥与阎乞儿，一连弄了几夜，真赛过久旱逢甘雨，枯鱼得水浮。

《醒世恒言》

家奴中有个阎乞儿，年纪不上二十，且是生得干净活脱。定哥看上了他，又怕贵哥不肯，不敢开言。凑着贵哥往娘家去了，便轻移莲步，独自一个走到厅前，只做叫阎乞儿分咐说话，就与他结上了私情，怎见得私情好处，……如此往来，非止一夜。

以上可以看出，《出像批评海陵佚史》对故事情节的叙述是很详细的，而《醒世恒言》本的"金主亮荒淫"则一笔带过，并没有作为一种情节去加以展开。这或许可以视为冯梦龙在刻入《醒世恒言》前所作的删改。《三言》是短篇小说的结集，如将四万字的作品全部放入《三言》，不仅不合原书的旨意，而且内容上的淫秽描写太多，不雅之语占去很多篇幅，对它们进行删改是十分必要的。

《出像批评海陵佚史》和《醒世恒言》最不一样的地方，在于它们开篇前的那首词。前者曰："春城无处不飞花，飞尽家花共野花。因是惜花春起早，却疑春色在邻家。在邻家，蝶恋花，花心动处锦添花。海陵独占花间乐，收遍家花共野花。"后者则为"昨日流莺今日蝉，起来又是夕阳天。六龙飞辔长相窘，何忍乘危自着鞭"。

明人的小说中，有不少取材于前代的野史杂记，也有取之于正史的，如《隋炀帝逸游召谴》《李汧公穷邸遇侠客》《马当神风送滕王阁》《两县令竟义婚孤女》《三孝廉让产立子名》等。冯梦龙主张写历史小说，应尊重史实，并非要求拘泥于史实。在《新列国志》序中云："旁及诸书，考核甚详，搜罗极富，虽敷演不无增添，形容不无润色，而大要不敢尽违其实。凡国家之兴废兴亡，行事之是非成毁，人品之好丑贞淫，一一胪列，如指诸掌。"在《三言》中，也有冯梦龙的作品，如《老门生三世报恩》即被收入。笔者以为，《出像批评海陵佚史》在刊行以后，冯梦龙又做了大幅度的修改，删去了极端淫秽之语，以及一般的叙述，再刊入《醒世恒言》，这应该是可能的事。

四

由于缪荃孙在《京本通俗小说》跋中云："余避难沪上，索居无俚，闻亲串妆中有旧抄本书，类似平话，假而得之，杂庋于《天雨花》《凤双飞》之中，搜得四册，破烂磨灭，的是影元人抄本。首行京本通俗小说第几卷，通体皆减笔小写，阅之令人失笑。三册尚有钱遵王图书，盖即也是园中物，……尚有《定州三怪》一回，破碎太甚；《金主亮荒淫》两卷，过于秽亵，不敢传摹，与也是园有合有不合，亦不知何故。"这一段话，五十年来，曾引起一些学者的疑窦，有的从内容上论证，有的从字体上去辨别，这种讨论都是有助于弄清史实的。然而，也有人直斥缪荃孙是"伪造此书的主谋"，是"拙劣的伪造"。对此，笔者不敢苟同。

缪荃孙是近代中国对于文献收集、出版贡献卓越的学者，又是藏书家，他的著述也是今人据以参考的重要书籍。他认为只要是有价值的古籍，就要尽力设法刻出来。他早年协助张之洞编刻《书目答问》，光绪二十年（1894）为盛宣怀刻《常州遗书》，二十三年（1897）刻《藕香零拾》，三十二年（1906）刻《云自在龛丛书》，三十三年（1907）刻《对雨楼丛书》。所以，谢国桢先生说："近代刊刻丛书，无不与艺风老人有关，海上藏书之家，若南浔刘承幹、张钧衡所刻丛书，多由缪氏校订。而徐乃昌之《积学斋丛书》、金武祥之《粟香室丛书》，亦由缪氏启之。即涵芬楼之编《四部丛刊》，缪氏提倡之力为多。"邓之诚先生也云："光绪中，越缦、湘绮、曲园，皆负盛名，掌书院，从游者众，称为儒宗。艺风辈年稍后，声名亦恒在人口，若相颉颃。于书无所不窥，一生与刻书为缘，先后刻行古书数十百种，又屡为人刻丛书，且代之作跋。所藏珍本秘笈，多付之梓，不稍吝惜。此事最为可法。近数十年刻书之盛，过于乾嘉，先生倡导，与有力焉。"（见《云自在龛随笔》邓之诚序，商务印书馆，1958年）缪荃孙在光绪末年，主持江南图书馆，到职后，即设法买得浙江杭州丁氏八千卷楼藏书。宣统元年（1909），他又任京师图书馆正监督，为北京图书馆的建立做出了贡献。他从不矜夸自己学识渊博，只是说："曰勤曰恒，则信之有矣。"（也见《云自在龛随笔》邓之诚序）这样一位勤勤恳恳、默默奉献的学者，为了这么一本《京本通俗小说》，而要费尽心机去造伪，这说得过去吗？

缪荃孙的部分手书日记，今存北京大学图书馆，并已于1986年由北京大学出版社以《艺风老人日记》为书名影印出版。细翻缪氏日记，内有涉及《京本通俗小说》事。

查《艺风老人日记》1914年3月28日，还有《醒世姻缘》，又屠静三《元史》与罗子敬，校宋人《小说》三回。定别集乾隆朝书目。校《文馆词林》两卷。校《治迹统类》卷十三。改定《昆山志》。以下仅录1914年有关《小说》之记载。

7月1日：陶子林寄《小说》来。

9月5日：寄《吴兴备志》与穆子美，《小说》《草堂词》与陶子麟。

10月27日：陶子麟寄《小说》来。

11月26日：老陶寄《小说》来。

11月29日：寄石桥《诗话》、影宋《小说》。

12月18日：寄《小说》与曹接一。

12月19日：送《小说》及吴刻《花间》，送石铭。

12月26日：寄《蒲庵集》三册，《小说》五部与丁秉衡。

1915年1月2日：寄《小说》十部与叔蕴。

1月6日：发常熟《蒲庵集》三册、《小说》五部，丁秉衡收。

1月11日：接秉衡一片，言书已收到。

1月17日：又接王静庵信，知《小说》已到。送《小说》于宗子戴。

1月18日：致金湉生信，送《小说》及《龟溪集》。

1月24日：况夔生索宋代《小说》去。

1月25日：诣钱聪甫、宗子戴，赠子戴《小说》一部。

3月21日：送周湘舲《小说》《辛壬稿》。

7月10日：撰《小说》跋、《思庵闲笔》跋。校《珊瑚木难》卷二。

8月22日：送书还翰怡、《小说》与饶心舫。

9月10日：首叶《小说》跋，寄陶子麟。

1916年2月24日：饶心舫来，带来陶子麟信并《小说》四十部。

6月7日：西泠印社索去《文集》二部、《读书记》四部、宋《小说》五部、《文法》四部。

10月9日：发董受经信，寄《小说》二部。

10月21日：赵学南来，赠以大丛书全册、《小说》、吴刻口后行状及传。

10月23日：送大丛书一部、小丛书两部、《小说》五部、《文法》四部、《金石目》两部、《藏书记》三部与罗子敬。

从上面所录来看，缪荃孙正式开始校所谓的宋人《小说》(即《京本通俗小说》)，是始于1914年的3月，以后断断续续地提到。推想起来，大约是校完部分，即送湖北武昌的陶子麟刻书处刊刻印刷，完成后的单本又送回缪处，缪氏再分送给友人。

《日记》中提到的曹揆一（曹元忠）、石铭（张钧衡）、丁秉衡（丁祖荫）、叔蕴（罗振玉）、王静庵（王国维）、宗子戴（宗舜年）、金湛生（金武祥）、况夔生（况周颐）、周湘舲（周庆云）、翰怡（刘承幹）、董受经（董康）、赵学南（赵诒琛）、罗子敬（罗振常）等，都是当时的名家学者（按：据《日记》1914至1916年载，这三年中经常与之往来的，还有李详、徐乃昌、瞿良士、刘世珩、莫棠、沈曾植、叶景葵、丁福保、冒广生、陶湘、康有为、傅增湘等）。在1915年9月至11月间的日记略有涂抹，这在其他年份的日记中却没有。抹去的部分是9月16日、19日至24日，10月26日、27日，11月13日、14日、18日。其中原因不得而知。

笔者以为1913年至1916年的日记中，并没有提到改编《小说》之事。缪荃孙校订《小说》，并非偷偷摸摸，想要掩人耳目，做什么见不得人的勾当。他在《小说》印出后，主动赠予当时的名人学者，并售卖于社会。缪氏本人，在当时已是鼎鼎大名，身兼数职，他是一位学者，而不是一个政客，他每天有做不完的事情，这只要读一下他的日记就可知道。他在后来的几十年中，几乎每天都和书打交道。大凡作伪书者都离不开名和利，缪荃孙要作伪，难道他要名？要利？要名的话，他大可署上自己的大名，不必用什么"江东老蟫"。而且"江东老蟫"之名，缪氏其他辑著或文章中都未曾用过，就连顾颉刚先生开始读此书时，也弄不清楚"江东老蟫"为何方人士，有"老蟫不知其人，似系遗老，其传播此书，厥功甚伟"（眉批：老蟫即缪荃孙也）(见《顾颉刚读书笔记》，台湾联经出版社，1990年)。要利的话，他又能得几钱？靠这部《小说》就能致富？

叶德辉的《金虏海陵王荒淫》，是于缪荃孙逝去后的1919年冬天排印的，称之为"京本通俗小说第二十一卷"。在《缪艺风日记》1913年至1916年间，凡涉及叶德辉者，计140处。如缪致叶札、叶去缪府，或缪赴叶之招饮等，均可在日记上获见，但多为片言只语而已。如"发叶信""叶奂彬来""诣奂彬""阅奂彬条"等，间有借阅图书事。缪氏的日记实在太简，都是记事式的流水账，实质性的内容很难考见。但是，整部日记都没有关于海陵王荒淫故事的记载。

目前收藏在上海图书馆的《艺风堂友朋手札》抄本，已由上海古籍出版社排印出版。其中收有叶德辉致缪荃孙手札数十通，其第39函云："前拟借《金主亮小说评话》，不知借否？示知，以便来取。"末署"丙辰九月霜降"。按：丙辰为1916年。"霜降"为该年阴历九月二十八日。据缪荃孙日记所载，叶德辉于"霜降"之日发出借书之函，于10月10日"接叶奂彬函"。次日即10月11日，缪即有"发叶奂彬信"。10月18日，有"叶奂彬来，以抄帙畀之"。虽然，日记中并无直接谈及《金主亮小说评话》事，但是我们可以知道，为了此事，缪荃孙有复信给叶德辉，并着人抄了《金海陵纵欲亡身》，"以抄帙畀之"。

笔者认为，叶德辉就是以这"抄帙"，并在开端处加入"我朝端平皇帝，破灭金国，直取三京，军士回杭，带得虏中书籍不少，一本专说金主海陵庶人贪淫无道，年号初次天德元年"等129字。我们只要把《醒世恒言》本中的《金海陵纵欲亡身》与叶德辉本相对照，即可知道叶本之底本，乃是根据《醒世恒言》本而来。然而，叶德辉之所谓"照宋本刊"也好，或是在他的《郋园读书记》卷六中称之为"仿宋刻本"也好，都是唬人的荒唐之语，大凡对古代小说略有研究的人，都不会相信叶德辉所谓"宋本"之说的。

五

苏兴先生曾在他的文章中指出，《京本通俗小说》"这部书是缪荃孙伪造的"，是"兴心赝造"。但是，苏文列不出直接的证据，或者说证据不足，有一些甚至是想当然的。对于缪荃孙这样一位于中国文化有贡献的学者，不是随便就可以否定的，不能用"棍子""帽子"去打人、压人，那种做法早已为人所不齿。对于过来人，那种苦难经历得还少吗？苏文的写作，是在"文革"刚结束时，那种先定调子，不讲证据的做法实在害人不浅。

缪荃孙确实见过《警世通言》和《醒世恒言》，这在《缪艺风日记》中即可窥知。在《日记》中关于两书的记载共有六处（仅录有两种小说的部分）：

光绪十七年（1891）八月十三日，"假沈子封《奇酸记》二册，又假《醒世恒言》去"。

光绪十七年（1891）九月一日，"还子封《醉醒石》四册，取《醒世恒言》两函回"。

光绪三十三年（1907）四月十八日，"俞世兄还《警世通言》来"。

光绪三十三年（1907）七月一日，"善余借《醒世恒言》去"。

宣统元年（1909）十二月二日，"善余还《汪龙庄遗书》六册。借《警世通言》《醒世恒言》三函去"。

宣统二年（1910）六月四日，"善余还《警世通言》《醒世恒言》两种"。

以上记载，并没有说明两种书的版本，仅知《警世通言》当为缪荃孙自藏，曾借与俞世兄以及善余，二人都有归还。《醒世恒言》是沈子封所藏，缪荃孙曾经借阅，日记上未言已归还子封。十六年后，善余二次从缪处借阅《醒世恒言》，阅后并已归还。按：沈子封，即沈曾桐，浙江嘉兴人，曾植弟，子封为其号，以翰林外任广东提学使，移云南提法使，未及之官，即逢辛亥革命起，人尤偏执慵散，学亚曾植，卒于1921年，年68岁。善余，即陈庆年，江苏丹徒人，为光绪戊子科优贡生，授江浦县教谕和经济特科职衔。1903年任内阁中书，创立江南图书馆，卒于1919年，年57岁。

缪荃孙云轮阁藏书，自他逝去后，即星散各地，一些大图书馆及私人收藏家都有收得。缪氏自沈曾桐处借阅的《醒世恒言》和其自藏的《警世通言》，也不知流落何方，或已毁去。苏兴文章曾云：台湾"中央图书馆"收藏的《警世通言》，只要曾经缪艺风收藏过，或接触过，只要两项中的任何一项被证明，那"伪造犯的帽子就可以牢牢实实扣到缪荃孙头上"（《〈京本通俗小说〉外志》，载《吉林师大学报》1979年第4期）。后来，苏兴又经过清华大学图书馆的协查，得知缪荃孙可能藏有三桂堂刻本《警世通言》，但书却在抗日战争期间该校南迁过程中毁于兵燹《再谈〈京本通俗小说〉的问题》载《社会科学战线》，1983年第4期）。

胡万川先生曾专门研究台湾"中央图书馆"收藏的三桂堂刻本《警世通言》，他从未说过该书上有缪荃孙的收藏印。而清华大学图书馆藏本，今日也不可再得见了。《京本通俗小说》中的九篇话本，确实是出于《警世通言》和《醒世恒言》，但笔者推测，当年缪荃孙于"串妆"中得到的那个钤有钱曾也是园藏印的旧抄本，乃是清初人据《警》《醒》二本内之篇章抄撮而成。缪氏把这些话本都当成了宋人话本，故在他的日记里，有"影宋小说"之说。缪氏实际上并没有对此作深入的研究，只是认为此类小说，"特藏书家不甚重之，坊贾又改头换面，轻易名目，遂至传本寥寥天壤"。故刊出以供人们研究。

关于《京本通俗小说》的字体，那宗训先生曾有《从俗字看〈京本通俗小说〉是否伪作》一文，论证该书非缪氏伪作。他得出的结论是：一本伪作把俗字写到这个地步是不可能的。笔者也有同感。从笔者过去所见明代善本小说来看，这种字体的小说是有的，别的不说，笔者1974年发现的存世最早的《水浒》版本《京本忠义传》残页即是。又如1967年，上海古籍书店送来上海图书馆鉴定的《明成化唱本丛刊》中，也有此种字体。（按，此书鉴定之次日，顾师廷龙先生即嘱笔者电告上海文物管理委员会杨嘉祐先生，后由杨先生持有关文件，以"凡地下发掘物一律归公"的法令而收回。改由上海博物馆收藏，书之整修由上海图书馆负责，后又影印出版）

苏兴文章中对于"虞山钱遵王藏书"的印章，认为是根本没有的，将其视作"可能也是缪荃孙拙劣的伪造"。例证是瞿凤起先生的《虞山钱遵王藏书目录汇编》（苏文作《钱遵王藏书目》）中没有见到。又云："据今天看到的经过钱遵王收藏的书，如《四部丛刊》影印的一些书，《脉望仙馆杂剧》（影印本）都没有钱遵王的藏书印。季沧苇藏书多钱曾述古堂旧物，而今见宋元版书多季氏印，而无钱氏印。何以钱曾偏在所藏话本上盖了一个藏书印呢？据瞿凤起《钱遵王藏书目》的序言说，钱曾的藏书章有'钱曾遵王藏书'，没有说见过'虞山钱曾遵王藏书'这样的藏书章。"按，据笔者所见"虞山钱曾遵王藏书"朱文印确实是有的，如上海图书馆收藏的《省心杂言》、周叔弢《自庄严堪善本书目》中著录的《龙龛手鉴》（明影宋抄本）。又如美国著名收藏家翁万戈先生所藏《集韵》（宋刻递修本）。此外，在瞿氏《铁琴铜剑楼宋金元本书影》上也可寻获"虞山钱曾遵王藏书"之印。

《出像批评海陵佚史》醉憨居士的序为手写体，字体作行书，流畅、老练，笔势纯熟有力，可见书写者书法功力是深厚的。承马泰来兄见寄日本浅草文库收藏的《金陵百媚》中冯梦龙跋的复印件，此跋末题"吴中友弟龙子犹九顿"。冯跋也是行书。以醉憨居士手写之序与冯梦龙跋对看，尤其是用笔，包括字形、笔势连接等，都有相似之处，基本上可以认定醉憨居士者，当为冯梦龙无疑。上海古籍出版社1993年版《冯梦龙全集》（魏同贤主编），第一册有影印冯梦龙手迹并手绘扇面各一幅，审视再三，发现二者书法大相径庭：前者作楷，字体稍长；后者虽为行书，但字体嫌肥。是否如此，留待专家审定。但可以说，该两幅字与此书的序以及《金陵百媚》冯梦龙的跋，从书法的角度上看是不一致的。

又序中所云"李氏《贻臭录》"，疑李氏或为李贽。《贻臭录》则不知为何书，似也不见各家书目著录。疑是书或为当时较为流行之书，但今则不见传世。李贽是冯梦龙最为佩服之人，明许自昌《樗斋漫录》卷六说梦龙"酷爱李氏之学，奉为蓍蔡"。李为传统社会中的叛逆性人物，冯则为道学家眼中所不能容忍的极其放荡不羁的文士。《贻臭录》虽不见于李贽著述目录，但也不排除该书面世不久即被查禁的可能。《出像批评海陵佚史》，书名前冠以"出像"，当指此书有图。明代小说中的插图，不外乎在正文前或插入各回目间。冯梦龙所辑各种小说多有图，如《古今小说》等。醉憨居士序云："而道人乃辑之为书，且绘之为图。"冯梦龙是一位文学家，但闲时偶有兴到，也会提笔作画。当然，传世的冯画稀若星凤，目前，仅知南京图书馆藏有冯梦龙赠宗默禅盟的扇面一幅（《冯梦龙全集》第一册已收）。据说，所绘运笔潇洒、练达，具超脱的风格，有大家的造诣，非初学戏笔。今此书前所绘之图全部佚去，世人再也不能窥其画意了。

至于金海陵王的残暴、荒淫与否，不是本文要讨论的题目，但值得一提的是，《金史》的描述，据时人贾益谦云："当时史官修实录多所附会""诬其淫毒狼骜，遗臭无穷""自今视之，百可一信耶？"又据《金史》记载，女真族的风俗是"父死则妻其母，兄死则妻其嫂，叔伯死则侄亦如之"。《金史·后妃传》也云："旧俗，妇女寡居，宗族接续之。"（以上所引，见崔文印《略谈金海陵王完颜亮的评价问题》，载《辽史论集》第一集，上海古籍出版社，1987年）又《顾颉刚读书笔记》有"金海陵王罪恶出虚构"（见5817页）。

我们或许可以得出这样一个结论，即有关金海陵王荒淫的故事，乃是冯梦龙根据《金史》创作而成《出像批评海陵佚史》，然后再删为节本，纳入《醒世恒言》。缪荃孙所见之二卷本，为旧抄本，今已不可得见。叶德辉曾向缪荃孙借《金主亮小说评话》，缪则以"抄帙畀之"。"抄帙"的底本虽未注明，但是我们可以知道，乃是据《醒世恒言》本所抄，为一卷之本。叶德辉据以排印的底本乃是据"抄帙"而为之。《出像批评海陵佚史》这部单刻小说，传世过程中鲜有人知，如今被发现，被论述，使得湮没了三百年的孤本重新被人们所认识，这实在是值得庆幸的事。

1994年8月10日初稿

重华宫藏本《钦定古今图书集成》

前些时翻阅清雍正六年（1728）内府铜活字印本的《钦定古今图书集成》，一万卷的大书，仅目录就有四十卷之多。此书的编纂、价值、版本、流传，以及研究论著等等，裴芹先生有《古今图书集成研究》（北京图书馆出版社，2001年），叙述得很清楚。

二十二年前，我曾在"哈佛燕京"翻过此书，那时是在美国当访问学者，第一次在该馆的善本书库中见到时，真有一番感慨。五千零二十册，装在五百零二函中，整整齐齐地占了几个书架，有"书墙"的感觉，很难想到的是1940年以前，燕京是通过什么关系才收藏到这部难得的书。

我关心《集成》，主要是关注它的印数和如今究竟还存多少。

清《内务府奏请查武英殿修书处余书请将监造司库等官员议处折》（乾隆四十一年四月十八日）云："又有不全《古今图书集成》一部，内每典缺欠不一，共少六百八十二本。查此一书，于雍正六年刷印六十四部之后，并未重印。今已将各处陈设，并颁赏现存《古今图书集成》数目，按册逐一详查，与原印六十四部之数相符，是此一部，或系当时初印样本，历年久远，遂至散佚不全。""又有成书十种……查明档册既所不载，而通行各书，现在亦俱不缺少，实为余书无疑。但其何以有此余书，现在官员柏唐阿等俱称实不知来由。臣等再三详察，此项余书，盖系从前初办通行书籍之时，该处官役人等就版私行刷印，或欲自用，或应亲友所求，甚或希图市卖以渔利，其情弊所必有，迨后查核渐严，不敢持出，日复一日，年久人更，遂至遗留在库，恐不出此弊。"则此活字印本当时或不止印六十四部及样书一部，不过当时的私印必不敢多，盖部头大，不易为也。

实际上，康熙五十九年玄烨已发谕旨，定下《集成》印刷六十部。雍正元年蒋廷锡、陈邦彦等奉旨担任正副总裁后，有折子上奏雍正帝："今查得六十部之外，馆中分刷六部，亦应归入官书之内。其修书人员，陈梦雷所取八十人，今除陈圣恩、陈圣眷已经发遣，周昌言现在缉拿，汪汉倬、金门诏已经黜革，其陈梦雷之弟陈梦鹏，侄陈圣瑞、陈圣策，应驱逐回籍。林镡、方侨、郑宽、许本植四人，皆福建人，系陈梦雷之亲，林在衡、林在莪二人，系已革中书林佶之子，亦应驱逐。李莱已先告假，王之杋从未到馆，亦应除去外，存六十四人。臣等就所分校之书，察其勘对勤惰，学问优劣，若果校对用心，行走勤谨，书完之日，臣等列名具奏请旨。倘有怠忽懒惰者，实时驱逐，或有生事作非者，臣等指名题参黜革。庶勤谨者，益加勉励；怠忽者，亦知儆惧矣。"可见新官上任，第一把火就是迅即调整陈梦雷的八十人编辑班子，发遣、缉拿、驱逐回籍，不一而足。其他人等，则区别对待，落实政策。

蒋廷锡有折子（雍正元年正月二十七日）说到他到古今图书集成馆工作的事，云："随于初八日到馆，同在馆人员先将通部卷数查明，查得《古今图书集成》共一万卷，已刷过九千六百二十一卷，未刷者三百七十九卷。臣廷锡、臣邦彦将已刷过之书，每人先各分校十卷，一卷之中，必有十余页错误应改印者。是虽名为将完之书，其未完工之工，实有十分之四也。臣等一面将未刷之书，令在馆人员详细校对刷印，一面将已刷之书，令在馆人员分卷重校，臣廷锡、臣邦彦再加总阅，务期改正无误，仰副皇上命臣等至意。"由此可见，雍正帝即位时，《集成》已刷印了百分之九十以上，蒋氏接任后，主要精力是后续校对、修正与装订。古今图书集成馆于雍正元年正月开馆，至三年十二月告竣，印出五千二十本，计五百二十套。当时存留的六十名工作人员，每人二日限定校书一卷，及校看刷印排版收发书籍从无迟误。除进呈本外，尚有六十三部。

《集成》于雍正六年印出后，一直没有颁发。直到乾隆三十九年四月初二日，弘历才有最高指示，《清内府刻书档案史料汇编》载是日内阁奉上谕："大学士舒赫德、于敏中着各赏《古今图书集成》，其收藏传付子孙守而弗失。再，已故大学士刘统勋一体赏给，不意其猝尔身故，未及身预，因念及伊子克世其业，亦着加恩赏给一部。钦此。"（按，刘统勋之子，即刘墉。）没隔多少时日，五月十四日内阁又奉上谕："因思内府所有《古今图书集成》，为书城巨观，人间罕见，此等世守陈编之家，宜俾尊藏勿失，以永留贻。鲍士恭、范懋柱、汪启淑、马裕四家，着赏《古今图书集成》各一部，以为好古之劝。又进书一百种以上之江苏周厚堉、蒋曾莹，浙江吴玉墀、孙仰曾、汪汝瑮及朝绅中黄登贤、纪昀、励守谦、汪如藻等，亦俱藏书旧家，并着每人赏给内府初印之《佩文韵府》各一部，俾亦珍为世宝，以示嘉奖。以上应赏之书，其外省各家，着该督抚盐政派员赴武英殿领回分给，其在京各员，即令其亲赴武英殿支领。仍将此通谕知之。钦此。"这件差事是交给于敏中办的。

是日，于敏中谨奏："蒙发下《古今图书集成》十一部，交臣拟备各省行宫陈设外，其余拟赏各省交送遗书最多之家。今臣恭拟各省行宫七处，陈设各一部，余四部拟赏进书五百种以上之鲍士恭等四家各一部，俾得宝贵尊藏。又查交书一百种以上者，均经奉旨于所进书内，查其最佳者呈览，奉有御题。通计进书一百种以上者，在京及外省共有周厚堉等九家，谨拟赏以《佩文韵府》初印本各一部，用示嘉奖。并拟写明发谕旨进呈。所有拟备陈设及拟赏之处，另行分缮清单，恭呈御览。是否，伏候训示。谨奏。"

于敏中拟的各省行宫陈设《集成》清单共七部，为天津柳墅行宫一部、山东泉林行宫一部、江宁栖霞行宫一部、扬州天宁寺行宫一部、镇江金山行宫一部、苏州灵岩行宫一部、杭州西湖行宫一部。以上都已通知经管之各督抚、盐政派员至武英殿领取。于此，可知《集成》不仅是由武英殿雇工铸铜字并刷印，即使是印出之本亦均存置于武英殿内。

《集成》所印之书有两种纸张，一为开化纸，一为太史连纸。查《故宫殿本书目现存目》，著录内府文渊阁藏太史连纸一部，乾清宫藏开化纸一部（内缺一册），皇极殿藏开化纸、太史连纸各一部。此外，如翰林院宝善亭及圆明园内之文源阁、热河行宫之文津阁、辽宁故宫内之文溯阁和扬州文汇阁、镇江文宗阁、杭州文澜阁各一部。其余官员和民间所获赐颁者有张廷玉（二部）、刘统勋之子刘墉、舒赫德、于敏中、鄂尔泰、田文镜、杨文干、马尔赛、讷亲王、诚亲王、李卫、岳钟琪、朱纲以及鲍士恭、范懋柱、汪启淑、马裕等。

当时《集成》除去样本，共印六十四部，那记载中的置放各省行宫及各阁、各殿及颁送官员和民间所获赐颁者，总共二十八部，尚余三十六部。

目今文宗、文汇、文源及各行宫所藏早已毁于战火，私人藏者，二百年来也迭经丧乱，历遭兵燹，存世无几。除哈佛外，美国普林斯顿大学葛思德东方图书馆也有全帙，触手如新，钤有“宁邸珍藏图书”朱文长方印，当为原藏王府者。陈纪莹先生写道：“现在葛思德收藏的《古今图书集成》是世界上现存原版本三套或四套之一。因为五零二零册书籍，是由几套不完整的同类书凑起来的。义理寿可能花了极少数金钱，便买到这套完整的巨著——附带着不少多余的册数，以备遗失后的补充。”（见《胡适童世纲与葛思德东方图书馆》，五十六页）葛馆藏本我虽曾翻过，但如此之说，还是第一次知道。

韩国奎章阁藏有《集成》的全帙，五千零二十二册，每册皆经重装。为乾隆四十二年（1777），即朝鲜正祖元年时，从中国北京收购的。书中有李德懋记，云：“改装演贮于皆有窝，庚子春命检书臣李德懋、柳德恭、朴齐家、徐理修缮，抄部目各系于册，将使工书者题之，几四十日讫。抄后，又命尚衣主簿臣曹允亨题册名、写字官题部目。"书中又有"朝鲜国""弘斋""万机之暇""极"等正祖皇帝的钤印(见日本《书物同好会会报》第五号《奎章阁本〈古今图书集成〉杂记》,作者上床一男)。

英国大英博物院图书馆、法国巴黎国家图书馆及德国柏林图书馆各藏一部。美国哥伦比亚大学东亚图书馆有《集成》一册,为第二百四十九卷,属皇极典。日本内阁文库所藏亦为残帙,佚学行典卷二四一至二六○、文学典卷六五至六六、七七至八○。

2000年之前,在古籍善本的拍卖会上,《集成》的铜活字本每册约五百至八百元。2005年11月29日,天津立达拍卖了《集成》零本一册,竟以二万三千元成交。2006年6月2日,北京德宝国际拍卖有限公司的古籍文献暨书画春拍会上,《集成》一册成交价为一万二千一百元。2008年5月29日在南京盘龙拍卖公司,有十册开化纸印本的《集成》,底价三十五万元,因高于行市,致使流拍。是年的5月31日,北京保利拍卖的《集成》三卷一册,为宫内旧藏,有多方御玺,以六千元起拍,十万元落槌。

《品花宝鉴》是道光年间的小说,作者约生于乾隆五十六年,卒于道光二十八年后,书中第四十五回"佳公子踏月访情人美玉郎扶乩认义父"中说:"还有一部《图书集成》,这部书是个难消的,心上要想求子云置这部书,情愿减价,只要三千银子。"同回还写道:"子云道……《古今图书集成》我虽有一部,这个也只好我们留下罢。这个书也不过如聋子的耳朵,摆设而已。"第四十六回"众英才分题联集锦老名士制序笔生花"中又写道:"将《图书集成》装了五大车,送进怡园,子云只得收了含万楼上,倒就摆满了五间大楼。"可知当时《集成》作为商品可以买卖,或是从王府、宫中、大吏处所得,然而既减价为三千两银子,那原价又是多少呢?

"哈佛燕京"藏本为太史连纸,原藏宫中,唯不知何时流入民间,并于1940年前再转入"燕京"的。此本钤有"重华宫宝""五福五代堂古稀天子宝""八徵耄念之宝"三玺，可证为弘历亲阅藏书。重华宫，位于紫禁城月华门西百子门之北（内廷西路西六宫以北），原为明代乾西五所之二所，弘历为皇子时居第。弘历登基后，大学士张廷玉、鄂尔泰拟此宫名为"重华"，意在颂扬弘历有舜之德，继位名正言顺。"重华"语出《书·舜典》："曰若稽古帝舜，曰重华，协于帝。"孔颖达疏云："舜能继尧，重其文德之光华。"重华宫沿用乾西二所之三进院落格局，前院正殿为崇敬殿，中院正殿即重华宫，有左右配殿，东配殿为葆中殿，殿内额曰古香斋，曾收贮《集成》；西配殿曰浴德殿，殿内额曰抑斋，为弘历书室。每岁新正，帝侍宴太后、赐内廷词臣茶宴也于此，联句倡如，以为常例。又宴于阗回长漠咱吧尔、宴平定台湾成功将佐均在此。后瑨妃太妃亦住此。（见《清会典事例》卷八六二工部宫殿等）

蒋复璁先生曾回忆在北京时，看见文渊阁的陈设，即是"在阁下正中宝座两旁前面各有一个书架，陈列《图书集成》一部，如目录及字典等放在阅览室内，便利检阅"。那"燕京"的这部重华宫藏本则不知放在古香斋的什么位置了。

还想说明的是，重华宫本除了乾隆三玺外，目录中有数函钤有"礼部官书"而无三玺，这或许也配了数十册礼部本。另外我还发现了一个奇怪的现象，即钤有三玺的页面上，都有一张略大于三玺的太史连纸。这是三玺钤在页面防止印油渗出的保护措施，也是很正常的。过去我在上海图书馆时，在善本书上盖过不少印，每打完一册即拿一张小幅宣纸放在钤印上，在"燕京"也是如此。但此部那略大于三玺的太史连纸，却是装订在书内。这证明钤印是打在未经装订的页面上，而不是在已经装订完竣的书上。这是和其他古籍上面的钤印先后有区别的。

《中国古籍善本书目》著录了《集成》，中国国家图书馆、中国科学院图书馆、甘肃省图书馆、徐州市图书馆有全帙。上海图书馆（缺十二册）、故宫博物院图书馆、辽宁省图书馆、宁波天一阁均为不全之本。台北故宫博物院所藏最多，共有三部，旧藏于文渊阁、皇极殿与乾清宫。前两部都是五千零二十册，可惜第三部缺了一册（目录中缺卷三、卷四），所以为五千零十九册（也算全）。文渊本为太史连纸，皇极与乾清本为开化纸。按，杨玉良先生有《古今图书集成考证拾零》（载《故宫博物院院刊》1989年第1期），说全帙为北图、上图、北京故宫、台北故宫（三部）、杭州图书馆、天一阁、嘉业堂、伦敦、巴黎、柏林藏收有，计十二部。

如不计残缺之本，《集成》大约全帙存世有十三部。

明清两代的书价

　　有位朋友在北京某出版社工作，业余时间就在研究书价，他想写一本有关中国书价的专著，即收集自宋至清末各个不同时期的书价（包括刻本、抄本、版画等），加以分析对比研究，虽经努力，成绩却不甚理想。他告诉我，不易着笔的一个重要原因就在于第一手的数据难得，此外，也不知道什么书中有零星的点滴数据可觅。我认为以这个题目去做研究是件好事，只要用心去做，必定会修成正果。

　　书历来都是商品，在各种商品的物价中，书的价格有着特殊意义。中国历代出版的雕版图书，无论官刻本，还是家刻本、坊刻本，数量之大浩如烟海，不可胜计。而由于兵燹、自然灾害、人为的政治原因等，流传下来的图书，只能以十不存一来估算了。

　　传世之书中当以坊刻本为多，家刻本逊之。书坊刻印书籍，在传播文化上的贡献有目共睹。从书坊的经营者来说，刻印书籍在很大程度上是为了获得利益，这也是人所共知、毋庸置疑的。但是，当时的书价情况，却很少有人提及，更鲜有专题为之研究。叶德辉的《书林清话》，是一部用笔记体裁叙述我国历代刻本图书的各项专门知识，包括书籍和版本名称、刻书规格、材料、印刷、装订、鉴别、保存的方法，古代活字版、套印本的发明，以及历代著名的刻本、刻书、抄书、售书、藏书的掌故等，特别注重于目录学、版本学源流及卷册沿革的重要参考书。但是，它对明清两代图书的价钱却没有专门之章节涉及。不仅如此，近二十多年来，尤其是国内出版的数本有关版本学的论著也都没有对明清两代书价进行论述。由此，我们可以知道，这方面的资料不仅记载甚少，而且第一手的资料更不易收集。所以，这篇小文中的资料或对研究经济史、货币史、金融史、物价史、图书史、出版史的专家学者们有些许小补。

明代书价不易得见

彭信威《中国货币史》第七章"明代的货币"云："在物价中，书价有其特殊的意义。因为书是传播文化的重要工具，书的重要当然以内容为主，书的质量反映一个社会的文化高度，书价的高低影响文化的广度，两者共同反映一个社会的文化水平，又会影响这水平。中国书价的历史，不好研究，因为资料缺乏。虽然自汉以来就有书店，可是留传下来的书价记录很少。从原则上来讲，书价应当同其他物价的变动约略一致，共同反映货币的购买力。不过影响书价的，还有些特殊的因素，例如印刷术的发明，对书价就有很大的影响，这种影响同货币的价值变动就没有什么关系。"

1995年，我写过一篇《明代坊刻图书之流通与价格》的文章，发表在台北的《"国家图书馆"馆刊》1996年第6期（已收入《书韵悠悠一脉香》中）。那是因为明代的书价第一手资料实在难得，做经济史、物价史的学者很难将书价和其他物价加以比较。张秀民《中国印刷史》中也说："在明本中，连只标定价的也不多见。"张先生提供了万历金阊书坊舒冲甫刊《封神演义》（每部定价纹银贰两）、万历三十九年安正堂梓《新编事文类聚翰墨大全》一百二十五卷（每部价银壹两整）、明李衙刻《月露音》整（每部纹银八钱）三例，但未见到原书，多据他书而引用。也正因为书价资料不易得见，故我将五十多年来在国内（包括香港特区、台北）以及美国的一些图书馆里所经眼的明代刻本中钤有价格木记的二十多种书，逐一示之。

文章发表后，居然引起一些学者的注意。北京大学黄卉教授撰文《明代通俗小说的书价与读者群》，有云："沈津的《明代坊刻图书之流通与价格》，是一篇不可多得的专门探讨明代图书价格的文章。文中将多年来作者所经眼的明代刻本书价的数据录出，为探索明代书价提供了空前丰富而又非常珍贵的资料。这些内容，对我们研究明代通俗小说的书价提供了重要的参照。"

我为什么会做这个题目呢？早在1986年时，我在美国做访问学者，二十个月中去了不少美国东亚图书馆，还有美国国会图书馆，琳琅满目的中文古籍藏书，让我眼界大开，有不少难得的宋元佳椠、明清珍本及稀见的稿本、抄本多是我过去从未见过或不知道的本子。其中便有在明代刻本的扉页里钤有当时书价的木记，这引起了我极大的兴趣。因为我过去在上海图书馆收藏的近万部明刻本中从未见过这种木记，这是当年书坊售书的重要凭证。这以后，我就开始注意这方面的记载。

在明代刻本中，书的价钱皆为坊贾钤于书之封面页（或称扉页）的朱色木记。此"木记"材料为木，非石质，或方或长或圆。这种木记在大量的明刻本中鲜见其有，明初乃至正德、嘉靖、隆庆各朝所刻图书，或亦有这种木记，然津未之见。明钱希言《桐薪》卷三《金统残唐记》云："武宗南幸，夜忽传旨取《金统残唐记》善本。中官重价购之。肆中一部售五十金。"《金统残唐记》不知为何许书，也不知卷数、作者、版本、册数，而今早已湮灭不存。武宗即朱厚照（1491—1521），明朝第十位皇帝，年号正德。

而今日所见之明代书价，明初者从未见有，即嘉靖中所刻也极少，多为明代万历至崇祯间所刻之本，且国内各图书馆所藏不多。有意思的是，目前发现的本子，多藏于美国、日本，如美国哈佛大学哈佛燕京图书馆所藏，几乎多购自日本。而日本所藏，均得自明末清初时的中国与日人之贸易，或学者、僧侣、商人等在中国所购买。这些明代刻本在日本，除了封面易为日式装帧，而内里的扉页数百年来保存良好，并未除去。更为奇妙的是，台湾地区偶有所见，在大陆，私家所藏居然会突然奇葩般地现身。从出版者来看，这些有书价的明代刻本，多为坊间所刻，而家刻不多，官府之本则极稀见。

明代图书的一般书价

一般来说，各类图书，在某地卖的价银，在另一地则有不同，这是正常的。这和今天的一件商品摆在两处售卖，而价格不同是一样的道理。因为这里不仅有地区的问题，还有店铺的大小、进货的渠道、人工等。有的书明码标价，或不还价（不二价），或可还价。也有的书不标价，这些都和书坊主人的经营方式有关。下面我们将已查到的有书价的明代刻本分而类之，以见一斑。

《六家诗名物疏》五十五卷、《提要》三卷，明冯复京撰，明万历三十三年（1605）刻本，十册。引用书目末有"弟述京编录，友王文昌校镌"。扉页刻"镌六家诗经名物疏。常熟冯嗣宗辑著。六家诗者，汉申公鲁诗、辕固齐诗、韩婴韩诗、毛公毛诗、郑玄诗笺，此古之列学官者也。朱子集传，此今代列学官以取士者也。其经传中，名物若天地山川、礼乐器用、草木鸟兽等类，不胜纷颐，学者或未洞悉。吾友冯嗣宗氏，学穷二酉，功励三余，旁采古今凡经史子集有关六家者汇为一编，上以羽翼圣经，下以嘉惠来学，诚艺林之秘宝也。不佞亲授付梓，买者须认博物斋原板，幸无忽焉。同邑陈则舆识"。下钤朱色木记"每部纹银八钱"。又有红色木记"冯氏藏板，不许番（翻）刻"。此本美国哈佛大学哈佛燕京图书馆也有入藏，但佚去扉页。

《礼乐合编》三十卷，明黄度撰。明崇祯六年（1633）黄氏玉磬斋刻本。十六册。此书藏美国哈佛大学哈佛燕京图书馆，其扉页刻"□□□诸名公鉴定。

锡山黄日斋先生第"。并钤有"本衙藏板，翻刻千里必究""实价纹银壹两伍钱"两印。玉磬斋为黄氏读书处，又刻有《承天纪》十卷明崇祯七年（1634）刻本，此书当是黄氏自刻本，为求流通，也对外售卖。

《广金石韵府》五卷，明林尚葵、李根撰。明崇祯九年（1636）莲庵刻朱墨套印本。六册。此书藏美国哈佛大学哈佛燕京图书馆，其扉页刻"广金石韵府。莲庵藏书"。并钤有"是集刻自嘉靖庚寅岁，阅今百年有奇，原板销没，兹博搜异文忝广梓，以公之海内，庶考古者有所稽焉。莲庵主人识""棉纸朱文，定价壹两，本衙藏板，翻刻千里必究"木记。这个"本衙"，当为私宅，也即莲庵主人家。

《三国志》六十五卷，晋陈寿撰，刘宋裴松之注，明陈仁锡评。明末陈仁锡刻本。扉页刻"陈太史评阅三国史。日程堂明卿氏。南城翁少麓梓"。钤有"陈衙藏板，不许翻刻""纹银叁两"木记。此当为陈氏自刻本，委之翁少麓书坊刊刻，三两银子，不是一笔小钱。

《范氏后汉书批评》一百卷，明顾起元撰。明万历四十七年（1619）刻本。扉页刻"本衙藏板，翻刻必究"。又钤"每部纹银叁两""寓南京新桥口沙街沈衙发行"。北京大学图书馆藏。一百卷是大书，售银三两，和上部《三国史》的卷数、价格相差太多。

《大明一统志》九十卷，明李贤、万安等纂修，明嘉靖三十八年（1559）书林杨氏归仁斋刻，万历十六年（1588）重修本，十六册。此为明代官修地理总志，成书于天顺五年（1461）。美国哈佛大学哈佛燕京图书馆藏，其纂修职名后有牌记，刊"皇明嘉靖己未归仁斋重刊行"。卷九十末有荷盖莲座牌记，刊"万历戊子孟秋归仁斋杨氏刊"。扉页刻"大明一统志。御制新颁。刘双松重梓"。并钤有"□□□安正堂松记"印，及"每部实价纹银叁两"木记。按《大明一统志》最初有明天顺五年（1461）内府刻本，以后所刻皆为坊间据之重刻，如弘治十八年（1505）慎独书斋刻本、明嘉靖三十八年（1559）书林杨氏归仁斋刻本、明万寿堂刻本等。此本或为刘双松得板重印之本，扉页所云"重梓"，非也。明嘉靖末年，正九品官员一月可得薪俸白银三两八钱五分，可见此书价格之昂。

《金陵梵刹志》五十三卷，明葛寅亮撰，明万历三十五年（1607）南京僧录司刻本，每部银二钱二分五厘。此应为官家所刻明洪武十五年始置僧录司，属礼部管辖，掌有关僧侣等相关事务。此书有影印本。

《性理标题综要》二十二卷，明詹淮撰，陈仁锡订正。明末陈仁锡刻本。此本为河南郑州大学图书馆藏，为科举场屋用书，有扉页，刻"性理综要。陈太史标题订正。是书有胡口诸公纂修大全行世，标论策题，以示主司衡士嗣植，山公口约其浩衍，然或冗或遗而有之。兹刻系太史公凤为纂正，题标大小，不冗不遗，诚试科捷径、名理渊薮也。学士家鉴之。南城翁少麓梓行"。扉页内又钤有朱印三方，为"圣谕颁行""大姚陈衙藏板葑溪""每部纹银叁两"。翁少麓为坊主，刻书甚多，有《食物本草》二十二卷首一卷、《卜筮全书》十四卷、《名世文宗三十卷、《古香岑评点草堂诗馀》四卷、《汉魏六朝二十二名家集》一百二十九卷、《篇海类编》二十卷、《新镌王永启先生评选古今文致》十卷、《新镌增补评林音注国朝捷录》四卷等。

《南丰先生元丰类稿》五十一卷，宋曾巩撰。明崇祯刻清修本，十二册。藏日本东北大学狩野文库。钤有"银捌钱"（见日本《东北大学所藏和汉书古典分类目录》）。

《宋文文山先生全集》二十一卷，宋文天祥撰，明钟越辑并评。明崇祯二年（1629）钟越跃庵刻本。八册。此本藏美国哈佛大学哈佛燕京图书馆，扉页刻"宋文文山先生全集。跃庵评梓"。并钤有"从来文运关国运，近时子书盛行，淫邪之风盈制艺，而阉宦夷狄之祸起。跃庵钟先生，思以砥文运者口、口国运，乃作宋文丞相传，正其书法，辑其全集而梓之，诚士林之巨宝也。得者当珍之，购者当重之。天目书生程泰祚谨识""博陆双桥本府二房发兑""武林博溪钟府藏板，翻刻定行追究""每部定价纹（银）壹两"等木记。崇祯年间，佣工之工钱，每人每天可得六十文，而白银一两值八百文至一千六百文，明末之书也是极贵的。

《宋李忠定公全集》四卷、《奏议》十五卷、《文集》二十九卷，宋李纲撰，明左光先选，李春熙辑。明末刻本。八册。有扉页，蓝印，刻"宋李忠定公全集。按院李学宪郭颁行。此宋贤相李公伯纪之所以却虏平寇，于无兵无饷之时，而措宗社于盘石之安者也。伟略奇勋，具存于此。曩藏秘府，近刻绥安。侍御李少文先生，望峻龙门，忠贞世笃。学宪郭仲常先生，型标有道，薪槱情深，愤寇虏之凭陵，慨膺惩之罔效，特颁兹集，作我士模，洵经济之先资，救时之鸿宝。倘人人诵读家传有用之书，将处口城，永衍无疆之历矣。览者珍之，毋虚盛举"。又钤"秘府奇书定价壹两"印。按，此见之笔者之笔记，中山大学图书馆所藏。据《中国古籍善本书目》，此书流传甚多，北京国图、上图、南图、浙图等馆入藏，计三十三部。美国哈佛燕京馆，美国国会馆，日本尊经阁文库、内阁文库也有入藏。燕京馆本亦有扉页，但无书价之印记，又有李嗣玄识语，文字与此本不同。

《孙宗伯集》十卷，明孙继皋撰，明万历陈一教、刘毅等刻本，十二册。其扉页为蓝色，刻"宗伯学士柏潭孙先生集"。内有朱色木记两行，为楷书："江平山店发兑，每部纹银陆钱"。此集中国国家图书馆、上海图书馆、天津图书馆等八馆皆有入藏。此为天津立达拍卖有限公司2005年11月29日秋拍的《拍卖图录》中所见。此本以人民币一万五千元起拍，四万八千元成交。

《新刻李袁二先生精选唐诗训解》七卷，明李攀龙辑，明万历四十六年（1618）居仁堂余献可刻本，四册。藏美国哈佛大学哈佛燕京图书馆，其扉页刻"唐诗训解"，二刻"李于鳞先生选""书林三台馆梓"。并钤有"每部纹银壹两"木记。三台馆是福建名肆，刻书甚多。

《永怀堂古文正集》一编十卷，明葛鼐、葛鼏合编，明崇祯六年（1633）永怀堂刻本，二十四册。书藏美国普林斯顿大学葛思德东方图书馆，其扉页刻"古文正集一编。葛靖调、端调两先生评选。（左传、国语、公羊传、穀梁传、檀弓记、战国策、史记、汉书、后汉书、韩昌黎集、李协律集、柳河东集、欧阳文忠公集、王临川集、苏老泉集、曾南丰集、苏文忠公集、苏栾城集）金阊段君定梓行"。钤有"昆山葛衙原板，翻刻查知必究"及"每部纹银贰两"木记。此书应是葛氏出资，由段君定书坊刊刻。

《汉魏名家集》（应作《汉魏六朝二十一名家集》）一百二十三卷，明汪士贤辑，明万历天启间新安汪氏刻本，三十五册。藏日本蓬左文库。钤有"每部纹银叁两"（见《蓬左文库藏汉籍目录》）。

明代小说和戏曲的价格

《新刻钟伯敬先生批评封神演义》二十卷一百回，明许仲琳撰。为明舒文渊刻本，二十册。《日本内阁文库藏汉籍分类目录》著录，此本扉页钤有"每部定价纹银贰两"。艾思仁先生曾寄示此书扉页书影，扉页刻"封神演义。批评全像武王伐纣外史。此书久系传说，苦无善本。语多俚秽，事半荒唐。评古愚今，名教之所必斥。兹集乃先生考订批评家藏秘册，余不惜重赏购求，锓行以供海内奇赏。真可羽翼经传，为商周一代信史，非徒宝悦琛瑰而已。识者鉴之。金阊书坊舒冲甫识"。下钤"每部定价纹银贰两"。

《李卓吾先生批评西游记》一百回，明吴承恩撰。明世德堂刻本。扉页有朱色木记"每部定价纹银贰两"。日本藏。（见日本学者矶部彰有《〈西游记〉受容史の研究》，东京，多贺出版，1995）

《新镌陈眉公先生批评春秋列国志传》十二卷，明余邵鱼撰。明刻本。扉页有朱色木记"每部纹银壹两"。

《封神演义》《西游记》《春秋列国志传》都是明末坊间所刻通俗小说，而且前两种还是脍炙人口的神怪著作，也正因为此，这些小说在民间有其市场，满足了当时普遍兴起的市民文学需求。书籍的定价在一两至二两之间，虽然较贵，但也是部分民间士人能够接受的。

《张玉娘闺房三清鹦鹉墓贞文记》二卷，明孟称舜撰。明崇祯十六年（1643）金陵书坊石渠阁刻本。数年前笔者在台湾大学讲演时，暇间去台大图书馆参观，主事者请入善本书库，就一些明清善本提供意见，发现此书有扉页，刻"鹦鹉墓。花屿仙史填辞。寓山主人评。金陵书坊石渠阁绣梓"。上有木记"每部纹银贰钱。翻刻千里必究"。此书甚难得，或因此类书籍为通俗戏曲小说一类，属市民百姓阶层阅读，故书价便宜，但明末戏曲图书价钱低廉，于此可见一斑。

《月露音》四卷，明李郁尔编。明万历杭州李衙刻本。八册。为散曲一类的书。书原藏北平图书馆，今为台北"故宫博物院"代管。据称此书写刻极精，图尤雅致，具徽工之轮廓，擅苏趁之纤道，在版书群中，尤居上品。其扉页刻"月露音。静常斋藏板，不许翻刻"。并钤有"杭城丰东桥三官巷口李衙刊发。每部纹银捌钱。如有翻刻，千里究治"。

《新调万曲长春》，明万历年间书林拱塘金氏刻本。三册。日本尊经阁文库藏。此为戏文唱词之选本。书分三栏，上下栏为曲文，中间为"汇选江湖方语"。扉页上半为图，图的两边署"洒落千般调，清新万曲音"。下半刻"新调万曲长春"。并有"徽池滚唱新白""书林金拱塘梓"。图上有朱文钤记"每部价银一钱二分"。查《尊经阁文库汉籍分类目录》，著录有《鼎锲徽池雅调南北官腔乐府点板曲响大明春》六卷，明程万里撰。明刻本。按，此书当为《新调万曲长春》，据云刻于福建建阳。故价甚低廉。

明代的类书、画谱的价格

类书乃为辑录各门类或某一门类的资料，按照一定的方法编排，便于寻检、征引的一种工具书。由于读书士子经常查阅，又因其部头大，册数多，价钱较一般图书来说，也要贵出许多。如：

《新编古今事文类聚》前集六十卷、后集五十卷、续集二十八卷、别集三十二卷，宋祝穆辑。新集三十六卷、外集十五卷，元富大用辑。明万历三十五年（1607）书林刘双松安正堂刻本。三十七册。书藏香港中文大学图书馆，其扉页刻"宪台校正官板古今事文类聚大全。安正堂刘元初重梓"。另有荷盖莲座牌记，刊"万历岁次丁未季冬月书林安正堂刘双松梓"。并钤有"每部实价纹银叁两"红色木记。此安正堂刘双松当与前《大明一统志》同为出版者。

《新编事文类聚翰墨大全》甲集十二卷、乙集九卷、丙集五卷、丁集五卷、戊集五卷、己集七卷、庚集二十四卷、辛集十卷、壬集十二卷、癸集十一卷、后甲集八卷、后乙集三卷、后丙集六卷、后丁集八卷、后戊集九卷，元刘应李辑。明嘉靖三十六年（1557）杨氏归仁斋刻，万历三十九年（1611）刘氏安正堂重修本。按：此安正堂本不见《中国古籍善本书目》著录，其封面页刻"事文类聚翰墨大全。旧刻翰墨全书，流行天下，永利世用。然皆支离陈腐，盖出于一时腐儒之所僭改，非刘氏之正宗也。本堂常有馀憾，仍求诸选部古冲李先生门下珍藏古本，分门别类，核治綦详，甚足以备游戏文墨者之观，比之前刻，大径庭也。谨重梓之，四方尚鉴焉。安正堂梓。万历辛亥岁孟夏月，重新整补好纸板，每部价银壹两正"。并钤有圆形安正堂印记。此书未注明册数，然《新编古今事文类聚》，亦是刘氏安正堂刻。又与《大明一统志》皆嘉靖时杨氏归仁斋刻、刘氏安正堂重修本，时间上仅相差23年，但价格却大有悬殊。此例得自叶德辉《书林清话》卷五，卷数作150卷，版本项作明万历三十九年刘氏安正堂刻本。

"万宝全书"一类的小类书，在明代万历至崇祯间较多，约有十多种，虽在内容上大同小异，但却不是每部都有书价。如：

《新刻搜罗五车合并万宝全书》三十四卷，明刻本。八册。日本宫内厅书陵部藏。扉页刻"坊间万宝全书，不啻充栋，然不一精检，鲁鱼亥豕，混杂编章之者有之。本堂特请名士校雠，事物度数，一仿古典，启牍书札，别换新藻，端写绣梓，点画不差。应酬便用，价比南金矣"。并有朱色木记"每部定价银壹两正"。《新刻艾先生天禄阁汇编采精便览万宝全书》三十七卷，明崇祯元年(1628)存仁堂陈怀轩刻本。五册。日本东京大学东洋文化研究所仁井田文库藏。扉页有朱色木记，载明"每部价银壹钱"。令人生疑的是，以上宫内厅书陵部藏本和此书在卷数上相差无几，但书价上却相去如此之远?

《黄氏画谱》八种八卷，明黄凤池辑。明万历天启间集雅斋、清绘斋刻本。藏美国哈佛大学哈佛燕京图书馆，八册。其扉页刻"新镌五言唐诗画谱。集雅斋藏板"，并钤有"每部实价纹银伍钱"木记。笔者又得艾思仁先生寄示收藏在哈佛大学塞克勒博物馆(Harvard-Sack1er Museum)的《新镌五言唐诗画谱》以及《新镌梅竹兰菊四谱》，这两种书之扉页也都钤有"每部定价纹银五钱"。而哈佛燕京馆所藏的《黄氏画谱》，除《唐诗画谱》外，其余七种皆无钤价目的标记。但据此，我们可以知道《黄氏画谱》八种，在坊间是可以零拆售卖的。而每种售价纹银五钱，而八种之合价则应是四两银子。

《离骚图》三卷，明末刊刻本，此书乃为《楚辞》所绘之图，为明末清初著名画家萧云从作，是读书士子所重视的一部书。民国间影印的《喜咏轩丛书》中收有此书，此书扉页刊"枣板绣梓，刷印无多，今包刻价，壹钱五分。纸选精洁者，每部贰钱柒分伍厘。用上品墨屑，并刷工食费柒分伍厘，共纹银五钱。今发兑每部壹两，为不二价也。装订外增贰钱。书林汤复识"。工序、纸张、墨汁、刷印费乃至装订费清清楚楚，这是商品——书不还价的见证。

艾思仁先生的观海楼书斋还藏有《诗余画谱》不分卷，一册。为明末清音馆据万历四十年本的翻刻本。扉页刻"诗余画谱。清音馆藏板"。钤有"每部纹银捌钱"。我们或许可以得出这样一个结论，即作为艺术类图书的画谱，由于画图之精美，可作范本，赏心悦目，价钱是较贵的，平均每册都在纹银五钱至八钱左右。

明代的印谱价格

在印刷机发明之前，所有的雕版印刷乃至装订，都是手工操作。而印谱，作为辑集钤印篆刻的专门图书，传世不多。虽然晚明以来，随着篆刻的发展，辑集印谱的风气益盛，但对于印谱来说，因为多是手钤之故，再加上印数不多，所以价钱也不便宜。如：

《考古正文印薮》五卷，明张学礼等辑，明万历十七年（1589）刻钤印本。北京藏书家田涛所藏。笔者所见为田涛先生所赠之书影。扉页钤有"墨刷朱砂印，上白供单纸，宋笺壳衣，绩绫套，每部价银壹两贰钱"。又刻有"历观先代诸家印谱，及我皇明诸世家所藏古印，惟武陵顾氏为犹富。隆庆辛未间，作谱廿册传之。原印仅千余方，名曰《集古印谱》，亦一时奇观也。旋即增为七千有奇，未加校择，翻为木刻，更名《印薮》，海内始有鱼目混珠之叹矣。今予兹选，皆目及秦汉真文合于六义者，勒之铜石，印于越楮，与好古者共之。万历己丑春仲中和道人识"。按，笔者所见香港中文大学图书馆也藏有此书，然却无扉页。可见同样的书，同样的版本，有的标有价钱，有的没有，这应该是在不同的书坊所售。

《宣和集古印史》八卷、《秦玺考》一卷，明来行学辑。明万历二十四年（1596）来氏刻钤印本。据笔者所知，大陆及台湾地区所藏约八部。此书笔者所见两部，一藏美国国会图书馆，八册。扉页刻有"宝印斋监制宣和印史，夹连四，棉纸墨刷，珊瑚朱砂，衣绩绫套，藏经笺面。定价官印一套，纹银一两五钱；私印二套，纹银三两。绝无模糊、剜邪、破损，敢悬都门，自方吕览。恐有赝本，用汉佩双印印记，慧眼辨之。来行学颜叔识"。这个价钱和《考古正文印薮》相近。另一部为上海图书馆所藏，没有标价。

《集古印谱》六卷，此本为万历间上海顾氏集印，黄纸墨格，原印朱拓，每页横打印二排，四枚至六枚不等，前有黄姬水序。序前页有木记一方，云："古玉印一百五十有奇，古铜印一千六百有奇，家藏及借四方者，集印数年乃成。仅廿本，手印者、藏印者、朱精者，三分之，手印友随亦致病。斯谱有同秦汉真迹，每本白金十两。"（见罗福颐《印谱考》卷一，第5页）又《清仪阁古印偶存》，有道光十五年张邦梁跋，云："印古真印成书者，明上海顾汝修所集印二十本为最善。其书官印一册，私印上下平声、上去入声五册，卷首朱记四行，定其直曰：每本白金十两。吾家旧有藏本，世颇珍之。"张邦梁跋又云："昔岁戊子，家大人以积存古印三百三十有奇，命邦梁印三十五部，部分六卷，卷首朱记四行，悉如顾书之例。惟顾有铜有玉，而此则仅有铜也。印甫就，同嗜者购去殆尽。今通并戊子后所续增者，复命梁印二十部，纸扣略小，取便携带，部分仍旧，而卷首朱记不复用。"所云"每本"者，当为每部，然而白金十两，当是土豪之价了。然而酒香不怕巷子深，价钱再高，奇货可居，也是有人愿意掏银子的。

曩读张珩《张葱玉日记诗稿》（上海书画社，2011年），也有涉及《集古印谱》事。其1939年3月9日日记有："午后，吴诗初自苏来，带有明上海《顾氏印谱》十二册，明竹纸本。所收秦汉印约三千馀，印花俱用墨印泥钤之，偶有数方用朱印。第一册副页上钤木戳云：'止印廿部。定价白银十两。'当隆庆时工价也。后有道光时吴宪澄、季锡畴二跋，光绪庚子翁同龢一跋，至精。闻诗初得费百廿元，不算贵。"

《集古印谱》的版本较复杂，有南京学者专门为文论证。又见《集古印谱》六卷，此本题"太原王常延年编；武陵顾从德汝修校"。印文及格均用朱刷，每页印横列二排，四枚至六枚不等，印文下均有释文，纽制官印间有考释。书下有"顾氏芸阁"四字，前有王稺登序。序前页有朱印古玉一块，下有木记一方，云："白鹿纸，水花朱双印，每部价银一两，恐有赝本，用古玉玦印记。"（见罗福颐《印谱考》卷一第10页）无独有偶，我在香港友人林章松家见有另一部《集古印谱》，明刻本，有玉玦印记，为日本福井端隐旧藏。印记上的文字为："水花朱双印，每部价白银壹两贰钱，恐有赝本，用古玉玦印记。"日本北村春步也藏一部，卷首扉页捺有玉玦印记。为木刻黑印，印文为"绵纸水花朱双印，每部银卅两伍钱，恐有赝本，用古玉玦印记"。日本的两本印记之别在前者"水花朱双印"前多"绵纸"二字，但同属万历，又相同内容之书，价格相差如此悬殊，实有天壤之别，也令人不解。

这三部《集古印谱》应是同版，但书价却不同，前者为"价银一两"，后者却为"白银壹两贰钱""银卅两伍钱"，抑或在不同的地方，有着不同的价钱。当然，如果将这三部印谱的价格，和前段所云之本的价钱相较，则又大不一样了。

《集古印正》五卷、附说一卷，明甘旸辑。明万历二十四年（1596）刻本，六册。见现代版本目录学家孙殿起《贩书偶记续编》。其书扉页有木记，钤有"计六册。每部纹银三钱。古玉夔为记"。按：此书为刻本，非钤印本。可见印谱非钤印本，而为刻本的话，那价钱也并不都是贵的。钤印本上的每一方印，都需人工手钤，端端正正，费时费工，故价钱不菲。而刻本则一板而成，刷印之工本甚低，故价不高。但此书与《宣和集古印史》同为万历二十四年刻印，然价钱相差悬殊，抑或地区之别乎？

明代文人记载中的书价

在明刻本中，虽然没有扉页上之木记，但偶然见有当时文人购置图书之价钱。这种材料也不多见，津所见数种亦列于下：

《史记评林》一百三十卷，明凌稚隆辑，明李光缙增补，明熊氏宏远堂刻本。书末有刻书牌记，云："宏远堂熊氏增补绣梓行。"牌记下有署"惺中氏"

者之黑笔题记，"崇祯甲子夏日置，白银一两八钱七分"。惜中不知其人，当为读书士子。按：崇祯无甲子年，余颇疑此真伪。书藏河南省图书馆。此乃从该馆卡片附注上得知。这也是买价的资料。

《新刊训解直言书言故事大全》六卷，宋胡继宗辑，明万历三十四年（1606）唐氏世德堂刻本，八册。此为童蒙读本。有明汪宗师题识，云："崇祯七年岁次甲戌十月，汪宗师南宫县岁考买之，使皇钱柒十文，共是四本。"此本金镶玉装，当为后人易为八册。藏美国哈佛大学哈佛燕京图书馆。

《倪云林先生诗集》六卷、附录一卷，明倪瓒撰。明天顺四年（1460）荆溪蹇氏刻本，四册。明陆嘉颖跋。跋云："崇祯己巳秋七月廿五日，长安市上二青蚨购得。吴郡陆嘉颖识。"古时称钱为青蚨。唐释寒山子诗有："囊里无青蚨，箧中有黄绢。"

《仁节先生集》，明陶琰撰。中国社会科学院文学研究所图书馆藏。其卷九为《游楚日记》，载及明茅坤《唐宋八大家文》之价银为一两四钱。

在中国藏书史中，最为人称道的是明末常熟藏书家兼出版家毛晋汲古阁的收藏。毛晋，少为诸生，以字行，性嗜卷轴，他为收书，特贴出告示于门。曰："有以宋椠本至者，门内主人计叶酬钱，每叶出二百；有以旧抄本至者，每叶出四十；有以时下善本至者，别家出一千，主人出一千二百。"于是湖州书舫，云集于七星桥毛氏之门矣。邑中为之谚曰："三百六十行生意，不如鬻书于毛氏。"前后积至八万四千册，构汲古阁、目耕楼以求之。此处所称"时下善本"，应泛指明代所刻之书。然而宋椠本、旧抄本、时下善本三类图书，唯第三类没有价钱。

彭信威的《中国货币史》曾引日人小叶田淳《中世日支通交贸易史の研究》（引周良《两渡集》），列出嘉靖年间，日本人在苏州、宁波等地买书资料，如：《鹤林玉露》一部四册，费银二钱，每册只五分；《文献通考》一部，九钱；《本草》十册，四两九钱；《奇效良方》一部，七钱。津按，这些书的价格有高有低，但总的说来，因为没有见到原书，不敢断定其记载的真实性。因为《文献通考》乃是三百四十八卷的大部头巨帙，只卖九钱银子，使人难以置信。但是，一般来说，福建地区的刻本价钱不高。

明代史书中所记录的金价、田亩及米价

纹银指成色佳的银子，以大条银或碎银铸成，形似马蹄，表面上有皱纹，故称"纹银"。清黄六鸿《福惠全书》卷六《钱谷部》之《地丁搭钱》："地丁钱粮，七分征银，三分搭钱，原为流通国宝起见，制钱十文，作纹银一钱。"元代，举凡贸易、借贷都用银两，物价也用银两来表示。明初，一反元时货币政策，禁用金银，恢复钱钞制度。但当时的"大明宝钞"仍以金银比价，政府征税以及民间都用银两计算。明英宗即位（1436）后，放松用银禁令。明代中叶，不论政府民间，银两都成为最主要的货币，而政府发行的铜钱，仅能在小额交易方面使用，或作为不便分割银两时的找零，其性质，有如今日的辅币，用以减少小额交易使用银两的不便。

明初一两白银值钱一千文，自成化元年（1465）以后只能换得八百文，弘治元年（1488）以后减为七百文。而万历后期，银价由五百文升至六百文。清顾公燮《消夏闲记摘抄》卷上云："前明京师钱价，纹银一两，兑钱六百，其贵贱在零几与十之间。至崇祯十六年（1643）竟兑至二千矣。"近人邓之诚《骨董琐记》卷一云："明时京师钱价，纹银一两，率易黄钱六百。崇祯末，贵至二千四百。"以当时之米价，每石约合制钱一百五十至二百文。而购一部《宣和集古印史》（官印）即索银一两五钱，或可购米约五石之多，也可说贵极矣。

地区不同，物价自然有相异之处，从以上这些钤有木记的书价来看，大多刊在明万历至崇祯年间。然而，明代的一两黄金，在洪武元年时可换银子五两（《明会典·钞法》）；永乐五年时，亦可换五两（《续文献通考·钱币四》）；成

化十七年，可换七两（《明实录》）；弘治十五年，可换九两（《明会典》）；嘉靖九年，则可换六两（《明会典》）；隆庆二年，同嘉靖朝（《明山藏》）；万历中，又可换至七点五两（《日知录》）；崇祯中，却可换十两至十三两（《日知录》）。由此可见，不同时期，一两黄金所换银子则大有不同。

又顾亭林《日知录》，记"明洪武八年造大明宝钞，每钞一贯，折银一两；四贯易黄金一两。十八年后，金一两当银五两。永乐十一年，则当银七两五钱。万历中，犹止七八换。崇祯中，已至十换矣"。

邓之诚的《骨董琐记》引《启祯记闻录》云，崇祯十五年吴某有祖遗肖泾田六百四亩，得业已六七十载，原价每亩八钱，今则值四五金矣。可知当时田价甚廉。按唐甄《潜书》言，卖田四十亩得六十余金，每亩仅值银一两五钱，是时常赋什五，四十亩佃入四十一石，而赋及杂耗二十三石，凶岁则典物以纳，故田价之贱如此。明代山地价格也不一样：坟山，又称风水地，价格最高；荒山或林木不茂盛的山，价则极廉。而农田，又有水田、旱地之别。从1601年至1644年，每亩田地的平均价格，大约在8.69两至9.83两之间。

升平时期，物价没有太大的波动，明万历间一两银子可以买一般质量的大米二石。当时的一石约为94.4升，一两银子可买188.8公斤大米，即377.6斤。但若碰到不可抗拒的天灾，那米价就非平时所比。明顾起元辑《客座赘语》卷一《米价》，述嘉靖、万历间金陵米价的情况，有云："嘉靖二年癸未，南都旱疫，死亡相枕籍，仓米价翔贵，至一两三四钱。时三年无麦，插秧后复旱。处暑前，乃得雨，禾骤起，收获三倍，人始苏焉。万历十六年戊子夏，荒疫亦如嘉靖之癸未，死者亡算，南门司阍者以豆记棺，日以升计，哭声夜彻天。粳米价二两，仓米至一两五六钱。父老言，二百年来，南都谷贵，自未有至此者。忆《南史》侯景围台城，因食于石头仓，既尽，兵民无谷，米升值七八万钱。金陵米价之贵，至此极矣，因附记之。"（《金陵丛刻》）但这是遇到自然灾害时的粮价，录之以为前引之补苴。

明天启时，由于在东北和西南已有军事行动，米价亦在上涨。史书所载米价，多为特殊价格。如天启元年（1621）沈阳落入后金之手，米价每石十二两。

天启三年（1623）云南围城，米每石至一百九十两。崇祯间的币值更加混乱，明末左懋第南使时（约在崇祯十四年，1641），曾上疏说："臣自静海抵临清……米石银二十四两。去冬抵宿迁，见督漕臣史可法，言山东米石二十两，而河南乃至百五十两。"《明史·左懋第传》）以上所载皆为特殊价格，都不足以作为物价或币值的检验标准，更不能拿来平均。由于所见其他记载，每石多在一两以上，故平均价格也当以此为准。

万历年间江南的米价，每石可见于下：万历八年（1580）以后，约0.3两；万历十六年（1588）夏，约1.5～1.6两；万历十六年（1588）冬，约1.2两；万历十七年（1589）正月，约1.6两。在嘉靖以后，百物腾贵，似起于天启元年（1621）。这可以从明周晖《金陵琐事剩录》窥见，其书卷一云："天启元年正月初间大雪，礼部张挂选妃告示，五城居民，急急遑遑，私嫁女数千，一时物价为之骤贵。鹅一只，钱五百余文；鸭一只，钱二百余文；鸡一只，钱二百余文；猪肉一斤，钱四十余文；羊肉一斤，钱四十余文；牛肉一斤，钱二十余文。"

而崇祯年间，米价也贵得离谱，清丁国钧《荷香馆琐言》卷下载《芸窗杂录》言，崇祯十年（1637）米价，冬粟每石一两二钱，白粟一两一钱。至十四年（1641），糙米每石二两二钱，冬粟每石二两五钱。

各地的书价不同，而且悬殊，或与地区的赋税有着很大关系。明人谢肇淛《五杂俎》卷三云："三吴赋税之重，甲于天下，一县可敌江北一大郡，破家亡身者往往有之，而间阎不困者何也？盖其山海之利，所人不赀；而人之射利，无微不析，真所谓弥天之网，竟野之罘，兽尽于山，鱼穷于泽者矣。"又（崇祯）《吴县志》卷九《役法》云："吴赋既重，而役更系民不堪命。"手工业的发展有助于市镇贸易以及文化之繁荣，但是市场价格往往又受到税率高低的影响。所以手工业者或书商，往往把税务方面的负担转嫁到书籍的售价方面，这也是江南书价高于他处的原因之一。

还是《吴川县志》，其中再引陈舜系《乱离见闻录》云："差徭省，赋役轻，石米岁输千钱，每年两熟，耕者鼓腹，士好词章，工贾九流，熙熙自适，何乐如之。崇祯御极，兵饷日增，辽饷每石派银二钱有七，练饷又增三钱，未几又加粤饷，每米一石，正供杂饷计编一两七钱有奇，民不堪命矣。孰知鼎革之际，赋重差繁，石米在广州年费二三十金，在吴川亦不下七八两，以今较昔，孰重孰轻？"

明代初年，马的价钱较贵，那是因为在冷兵器时代，铁骑彪悍，马的作用就凸现出来了。马市上马价不一。景泰元年（1450），因土木堡之变，马价上升，一匹上马八两银子，中马六两银子。嘉靖十六年（1537），在辽东马价相当便宜，一匹骟马六钱银子，儿马五钱银子，骒马四钱银子。嘉靖四十五年至隆庆三年（1566—1569），马价上扬，在边疆买马，一般一匹约十至十二两银子。隆庆五年（1571），大同得胜堡平均一匹马价七两六钱九分，新平堡平均马价五两八钱五分，山西水泉营平均马价八两九钱七分。万历年间，马价总体不高，每匹在五至七两之间，唯万历十三年（1585），宣大马市例外，每匹胡马均价八两八钱一分。（参见黄亚明专栏《青点子大马值多少》，见《南方都市报》2015 年 5 月21 日）

明代民间的物价

在明代，几两银子不是小数目，几十两银子是很大一笔钱了，有百两银子就算巨款了，能够买上十几亩良田。戚继光的士兵军饷一日只有三分银子，一月不足一两。平常老百姓使用的是铜钱，很少将银子用于日常交易。许多老百姓至死都未见过银子，所以口语中表示没有钱（贫穷）时用"铜钱（铜）没有"而不说"银子没有"。这就是为什么人们认为银子极为珍贵的表现之一吧。

商品价格的高低，直接影响到百姓的日常生活。由于米价对人民生活尤多切身利益，故以米价来计算银两较为实际。清钱泳《履园丛话》载："前明中叶，田价甚昂，每亩值五十余两至百两，然亦视其田之肥瘠。崇祯末年，盗贼四起，年谷屡荒，咸以无田为幸，每亩只值一二两。或视田之稍下，送人亦无有受诺者。至本朝顺治初，良田不过二三两。"

或许我们应该更实际一些，即用明代的出版物所载当时物价来做一叙述。据明沈榜《宛署杂记》卷十四《经费上·宫禁》、《明会典》卷一百九十《物料》，在明嘉靖、万历间，白麻一斤，价银二分七厘；苎麻每斤一钱；麻一斤，平价约为十三文至二十文之谱；一般麻布每匹价银一钱五分，而白苎布则高至每匹二钱五分。

至于普通人家平常开销之物价，如万历时，北京猪肉价钱记载很不一致，但大体上与江西差不多，有记载云：猪肉五斤，银九分，则一斤应为十二文多；牛肉四斤，银五分二厘，则每斤为十三文。《吴川县志》中引陈舜系《乱离见闻录》云："予生万历四十六年戊午……时丁升平，四方乐利，又家海角鱼米之乡，斗米钱未二十文，鱼钱一二，槟榔十颗钱二文，著十束钱一文，斤肉、只鸭钱六七文，斗盐钱三文，百般平易，穷者幸托安生。"

又明代医价，可见明末冒襄《同人集》，有云："袁道士，号汝和，南都第一名医也。难请之甚，须发一通家侍教生帖，着人邀之。邀到看脉毕，一面备轿钱百文、药童钱七十文，送一礼多则五钱，少则三钱。"清俞樾《茶香室续钞》引明杨循吉《苏谈》云："金华戴原礼，学于朱彦修，既尽其术，来吴为木客，吴人以病谒者，每制一方率银五两。"可见医价之昂。

而明代演戏之价目，清初吴江陆文衡《啬庵随笔》卷四有云："万历年间，优人演戏，一出止一两零八分，渐加至三四两、五六两。今选上班，价至十二两。"（《小说月报》15卷6号）这或许是私宅大院喜庆宴请，戏班搭台唱戏之价。

再看明代万历间书画家所用印泥的价钱。在明万历二十四年（1596）来氏刻钤印本《宣和集古印史》一书中，除有扉页外，书末有《印则》一篇，称："宝印斋监制珊瑚琥珀真珠朱砂印色，每两实价伍钱。朱砂印色，每两实价二钱。西陵来行学颜叔识并书"（见李一氓《一氓书缘》，三联书店，2007年）。此为明代万历时印泥价。

万历间，书画家李日华以善书画著称，其时求书者络绎不绝。他当时订下的润笔费为：书扇一柄，若写有姓名字号者，收取磨墨钱五文，不写者则收三文。若写细楷，收笔墨银一钱，磨墨钱亦止三文；若书写卷册且又字多，收磨墨钱二十文；若写扁书，一具收三十文；书写草书单条，每幅收五文。

明代刻书工价，在《径山藏》不少零本的卷末牌记中有所载及。《东湖丛记》中有刻《明文衡》的工价，《明文衡》计九十八卷，正德五年刻，其序云：总为费计钱二十万有奇，六阅月讫工。又明邵经邦《读史笔记》，载《弘简录》刻费九百余金，计字三百四十万有奇，每百字为银二分七厘，为钱二十文。又古典文学的不朽名作《金瓶梅》中，曾提到印刷绢壳经一千部，每部只花三分银子；印绫壳陀罗经五百部，每部五分银子。

彭信威《中国货币史》内有一节写《明代的货币》，说道："明代刻工的工钱更低，刻一部《古注十三经》，只要一百多两。嘉靖年间，每页约五百字的刻工工钱只要白银一钱五分多一点。崇祯末年也差不多，三分银子刻一百字。所以明代书价更低。嘉靖年间，日本人在苏州、宁波等地买书，《鹤林玉露》一部四册，费银二钱，每册只五分。《文献通考》一部，九钱。《本草》十册，四两九钱。《奇效良方》一部七钱。这些书的价格有高有低，大概因为版本关系。例如《本草》大概是绘图本。而《文献通考》乃是一部三百四十八卷的巨著，只卖九钱银子，使人难以置信。可能记载错误或另有原因。总而言之，自印刷术发明及应用以来，中国的书价有下跌的倾向，而以明代为最低。"彭先生所述日本人在苏州、宁波等地买书之事，得自日人小叶田淳《中世日支通交贸易史の研究》所引周良《两渡集》，其得出结论为书价"以明代为最低"，此当可商榷。

曾经有学者经过研究，得知明代嘉靖年间官场的接待费用，如海瑞在浙江淳安做知县，"据他估算，接待一般官员，算上伙食费及车马费，大概也就是五六钱银子，大约一百五十元人民币。即使是巡抚来了，增加两钱银子，添盘烧鹅、火腿，再加一些五六分银子的青菜，总共也就二百元"。（陈事美《一顿饭能吃多少钱》，见《南方都市报》2015年5月21日）

明代有国子监，进国子监读书，有四条门路：部分会试落榜的举人、各州县举荐的特殊人才、官府人家的子弟、家境较好的人家子弟。崇祯年间，官方卖价开始明确，地方一等秀才要到国子监读书，需赞助银子一百二十两，二等秀才赞助一百九十两，三等秀才（附学生）赞助二百六十两，其他身份还有一百六十两、一百八十两、二百三十两、三百两的不等赞助。如果是品行不端的秀才，则需赞助三百四十两，普通老百姓的优秀子弟，则需赞助三百五十两。（据黄亚明《大学赞助费》，见《南方都市报》2014年12月9日）

明代官员之俸银

以《明史·食货志》卷八十二《俸饷》所载为证，我们再来看一下明代的官俸定例。正德以后，官俸则九成用银，一成用钱，每石折银七钱。嘉靖末年以后，全用银子支付。在当时，文官的薪俸，如正七品的翰林院编修，年禄相当于米九十石，折合银两五十八两五钱，即每月四两九钱。又如翰林院典籍，国子监博士、助教，俱从八品，年禄约米七十二石，折合银两为四十六两八钱，即每月三两九钱。而王凯旋、李洪权著《明代的官俸》（《明清生活掠影》，沈阳出版社，2002年）也可参考之。

香港学者杨永安先生曾利用有关资料，制表说明在万历年间（1573—1620）各秩官员的俸禄。

品秩	年俸（石米）	月俸（石米）	折合当时银两
正一品	1044	87	139.2
从一品	880	73	116.8
正二品	732	61	97.6
从二品	576	48	76.8
正三品	420	35	56
从三品	312	26	41.6
正四品	288	24	38.4
从四品	252	21	33.6
正五品	192	16	25.6
从五品	168	14	22.4
正六品	120	10	16
从六品	96	8	12.8
正七品	90	7.5	12
从七品	84	7	11.2
正八品	78	6.5	10.4
从八品	72	6	9.6
正九品	66	5.5	8.8
从九品	60	5	8
未入流	36	3	4.8

　　明代朝官，只是仰仗俸薪，别无赐给。陈宝良撰有《明代社会各阶层的收入及其构成——兼论明代人的生活质量》，文中以儒学教官为例，府学教授从九品官，月俸米才五石，而府学训导为未入流，月俸米三石。巡检司的巡检，从九品官，月俸米五石。明代后期，官员俸禄改为折银，然据谢肇淛的记载，明代在外官员，七品以上，月俸每年可得一百两银子，四品以上又可加倍。明代官员的官俸，仅仅是官员基本收入的一小部分，更多的基本收入，理应来源于家庭许多经营性的收入。在这类收入中，田亩及房产出租当属大宗。

　　陈宝良还指出：明代士人群体中有蒙师及经师，如尚未具有生员科名的塾师，其整年所获束脩较低，有的一年脩金仅四两银子。而经师的束脩，大约一年在三十两至五十两之间，多者亦有超过五十两者。而从事农田耕作的长工，每年收入在十三两银子左右。

嘉靖以后，白银在货币系统中成了主要的支付和流通工具，各种铜钱都和白银发生关系，规定比价。就买书来说，即使做官人家，也要量力而行。一名七品芝麻官的每月薪俸，仅能买几部平常之书而已。由此可见，要想成为一位藏书家，也是不容易的事。沈节甫为嘉靖三十八年（1559）己未进士，官至工部侍郎，其《玩易楼藏书目录》自序云："余性迂拙，无他嗜好，独甚爱书。每遇货书者，惟恐不余售，且去惟恐其不复来也。顾力不足，不能多致，又不能得善本，往往取其值之廉者而已。即有残缺，必手自订补，以成完帙。"（见《吴兴藏书录》）

应该注重明代书价研究

正由于书价昂贵，并不是一般市民阶层所能承受，所以，抄书也是藏书家聚书的重要手段。一般知识分子无力购求图书，也往往千方百计借书抄录。同时，抄书也是一些为生活奔波或穷愁潦倒的书生谋生的手段。

明人抄书之记载甚多。如嘉兴人包桂芳，"喜书，闻有异本，即僻巷环堵，必徒步相访。得之，则命左右传写，手自摘录，垂丙夜不休"。又如朱存理，"不业仕进，闻人有奇书，辄从以求，以必得为志，或手自缮录，动盈筐箧，群经诸史下逮稗官小说，无所不有。尤精楷法，手录前辈诗文，积百余家"（明文徵明《甫田集》卷二十九《朱性甫先生墓志铭》）。对于交通不便的地区，书籍之流通不易，因此借书、抄书，都是读书人设法去做的事。对于书坊来说，抄本书也是经营的范围。如市上不见刻本流传，而抄本又据稿本传抄，其价则必高。然据明胡应麟《少室山房笔丛》卷四《经籍会通四》云："凡书市之中，无刻本则抄本价十倍。刻本一出，则抄本咸废不售矣。"

明代的书价，是研究明代经济，特别是商品货币经济发展状况的一个重要课题，但也是一个比较复杂的问题。因为，一部书刻于何地，所用木板之优劣、纸张的选择、写工、雕工、印工、装订工以及发行量，都有核算。书印成后的价格，又受到多种因素的影响，如不同地区、不同时期、政治局势、交通状况、年成丰歉等，都会对书价的形成及变化发生直接或间接的影响。

胡应麟《少室山房笔丛》卷四《经籍会通四》中，对影响书价的原因总结了七条，曰："凡书之值之等差，视其本，视其刻，视其装，视其刷，视其缓急，视其有无。本视其钞刻，钞视其讹正，刻视其精粗，纸视其美恶，装视其工拙，印视其初终，缓急视其时，又视其用，远近视其代，又视其方，合此七者，参伍而错综之，天下之书之值之等定矣。"

而钤印在明代刻本书上的明码价银，是我们今天了解当时书价的第一手资料。但是，这类书价很难得见。明代刻本今天早已成为善本，并被珍藏在图书馆中，不要说一般读者很难见到，就是专门研究中国书史或出版史、印刷史的学者也很难遇见实物，因为无法知道什么书上会有这样的钤记。这也是近年来出版的一些有关著作，都没有关于书价的任何章节，有的或引别人的几句叙述，有的甚至根本就不提的原因。

宋、元刻本在明代之价格则较少得见，笔者所见也仅数条而已。曾见美国著名收藏家翁万戈先生所藏宋刻本《鉴诫录》书影，为蜀何光远撰，有明项元汴跋。项跋云："时明万历元年秋七月既望，重装于天籁阁，共计二册，原价陆□。"按，□中之字佚去，当为"两"字，即此宋刻原价陆两。至于明王世贞以田庄易得宋刻本《西汉书》，更是豪举，于此也可见书价之昂。

清代的书价也不易得见

清代书价的资料也不多，清初尤其难查找。多年来，我在翻书时，也留意这一时期的书价。那是因为十年前，我在做一个《清代版刻图录》的题目，需要将美国哈佛大学哈佛燕京图书馆所藏的所有清代刻本全部翻一遍，我必须在每个星期的休息日去馆将我想要的信息做个记录。清代刻本的数量为一万八千部左右，大约经过了一年的时间，我才完成。当然我也得到了一些清代书价的信息。在这之后，我又从旧日的读书笔记中寻得多则，今录于下。

上海图书馆藏《颜氏家藏尺牍》，有李渔致友朋札一通，云："渔行装已束，刻日南归，所馀拙刻尚多，道路难行，不能携载，请以贸之。同人或自阅，或赠人，无所不可。价较书肆更廉，不论每部几何，但以本计，每本只取纹价五分，有套者每套又加壹钱。南方书本最厚，较之坊间所售者，一本可抵三本，即装订之材料工拙，亦绝不相同也。不用则已，用则别示一单，以便分送。"李渔是明末清初文学家、戏剧家，明末秀才，入清后无意仕进，从事著述，后居于南京，其居所即为"芥子园"。李曾开设书铺，编刻图籍，札中所云"所馀拙刻尚多"，或即为清康熙十八年（1679）芥子园甥馆刻彩色套印本《芥子园画传》。按：《画传》为五卷，五册。又有《画传》二集，八卷，八册；《画传》三集，四卷，四册。二集及三集皆康熙四十年（1701）芥子园甥馆刻彩色套印本。李渔既为书商，则有他自己的生意经，此札可证售书以册计，且每册纹银五分，如一部书以四册计算，那即为二钱。有无函套、装帧不同价也有异。如若李渔不欲南归，并不急于找友人处理这批图书，那么书价必不至廉。清初书价资料，极难得，此其一证也。

毛晋之子毛扆，有《汲古阁珍藏秘本书目》，中有：元板《诗集传疏义》，八本，二两四钱；《中原音韵》，一本，国初人手抄，五钱；《大唐西域记》，四本，绵纸精抄，二两；宋板《东京梦华录》，一本，二两；《醉翁谈录》，影宋板精抄，二本，一两二钱；《画相搜神广记前后二集》，元板，二本，二两；《南华真经》，宋板，五本，五两；《孟东野诗集》，宋板，四本，十六两。读者诸君当可细细阅之，至于其他文集（含题跋）、笔记中也略有涉及，但不多。

乔衍琯先生有《乾嘉时代的旧书价格及其买卖——读〈荛圃藏书题识〉札记》一文。黄丕烈是清代著名藏书家，他搜集的善本书里，多写有自己的题跋，其中涉及当年购书的价钱。乔先生于此得出：从乾隆末年到道光初年的四十多年中，书价是有变动的，而且这中间的银价、物价也影响到书价；从明末毛氏汲古阁到黄氏的百余年间，书价涨了数倍乃至六十倍；算出了当时番钱合银两的比价；收书的时间不同，价也悬殊；书价可以商榷；逾时书即涨价；得书与惜钱，二者不可兼得；书贾哄抬书价；书贾利润可观；用家刻书换书；藏家之间也相互买卖等。黄丕烈跋中的这些材料，都非常有用，且是研究中国货币史的专家学者所不能忽视的实例，经乔先生的提示，研究者必将多受裨益。

　　黄丕烈晚年，其长孙习业，开设书籍铺，其家藏图书亦皆铺中之物。张芙川颇嗜古书，曾向黄氏购宋刻本《纂图互注荀子》二十卷。黄氏致张信云："铺中以市道待人，何妨议价乎？且计较多寡矣无已。拟直拾洋，合缗钱每册一六，不为多也。特送上，即希付价与来人。实缘今日乃挂牌吉日，取生意兴隆，得此十金，是佳谶也。敢以实情奉告，谅允行矣。外附去元版《通考》一函，实直六洋，留则给直，否则还书可也。"（见乔衍琯《乾嘉时代的旧书价格及其买卖——读〈荛圃藏书题识〉札记》）黄氏为藏书家，他的另一面则是贾人，所言"直"为生意人语。

　　我选择清代书价的第一手资料，和明代刻本相同，也是基于清代刻本扉页上所钤"木记"。乾隆刻本往往在扉页的右下角，嘉庆、道光以后，则或左下角或右下角不等。因为这种"木记"中的内容都是该书的售价，和明代万历及天启、崇祯时一些图书扉页左下方有售价的"木记"一样，是明代刻本有书价资料的延续。这种有书价的"木记"较稀见，它是当年坊肆书贾所钤，此外还有牌记及扉页上的记载，这些都是第一手的不可或缺的书价资料，而且不见于他书之专门记载，甚至在《中国货币史》中也没有一则清代版本的例证。

清代初年到乾隆时的书价

以下为我所经眼的原书和记载中的清代刻本（含活字印本）的书价材料，并以出版时间先后列如下：

《印存初集》四卷，明胡正言篆刻。清顺治四年胡氏十竹斋钤印本。二册。此为王贵忱藏本，扉页刻"印存初集。海阳胡曰从篆。金陵十竹斋珍藏"，并钤有"每部定价纹银贰两"木记。按：胡正言是著名的笺谱制作者，名传四海的《十竹斋笺谱》就是他的作品。胡氏十竹斋所刻图书，包括文学、艺术、类书、医学、印谱等，传至今日者尚有近三十种之多，笔者历年所见仅二十余种。十竹斋的钤印本居然索价纹银贰两。现代著名藏书家、德高望重的周叔弢先生，他极看重刻本书上标明定价。他在看到王贵忱寄示的《记十竹斋印存初集》一文后，认为："《印存初集》确是罕见之书。尤为可贵者皆是标明定价，可以考见当时书价。每本壹两可谓高矣，当时已为世所重也……古籍中标明价格者，可谓绝无仅有。"（见《图书馆论坛》1981年第4期王贵忱《介绍几部明清刊本定价印记》）

《医门法律》六卷，清初葵锦堂刻本。扉页刻"医门法律。豫章喻嘉言先生著。是集穷致物理，发明心地，法开广大之门，律简微细之愆，言言阃奥，字字竿头，俨具药王手眼，医圣炉韝。敬授之梓，以为世范。葵锦堂主人识"要，并钤有"价纹壹两贰钱不折"木记。"不折"者，不打折扣也。

《古文汇钞》不分卷，清康熙五年（1666）交翠堂刻本。扉页刻"古文汇钞吴门蒋新又纂辑，交翠堂选，本衙藏板"。钤有"此书系本衙捐资自梓，精选精刻。金阊童鸣佩发兑，每部纹银壹两，翻刻誓必告官严究，决不以假。预白"。金阊，当在吴门，此为维权之一例。

《抚豫宣化录》四卷，清雍正五年（1727）刻本。序之第一页下钤"价值纹银拾肆两正"。北京大学图书馆藏。

《景州志》六卷，清乾隆十年（1745）刻本。卷末有刊书牌记六行，云："是书选材镌刻颇费心力，校对字画一无舛讹。用粉连纸刷印，细蓝布做套，每部需工料银钱五分，用太史连纸减银五分。但刷印、装订本地并无良工，邻境德州尚有能手。嗣后刷印此书照数发价，责成礼房万勿克减，委之拙匠，致书不堪寓目也。"景州，在河北省。德州为大邑，在山东省。

《广舆古今钞》二卷，清乾隆刻本。有乾隆十二年（1747）陈撰序。扉页刻"广舆古今钞。古歙临河程氏订。有诚堂藏板"，并钤"每部纹银二钱四分"木记。有诚堂为陈撰室名。美国国会图书馆藏。哈佛燕京图书馆佚去此扉页。

《经史待问三略》不分卷，清乾隆三十八年（1773）刻本。扉页刻"经史待问三略，乾隆癸巳仲冬。经史识略附策。经济要略附策。经史纪数略。一本堂藏板"。并钤长形木记"甲午增校定本，实价纹银壹钱，不折不扣"。甲午，当为乾隆三十九年（1774）。此书稀见，不见各家书目著录。坊贾深知，顾客讨价还价，颇费口舌，索性开诚布公，价仅壹钱，"不折不扣"，没有商量余地。

《安居金镜》八卷，清乾隆四十五年（1780）周氏寿南堂刻本。扉页刻"安居金镜，钱塘周梅堂手辑，仁和王司直参阅。寿南堂藏板"。钤有"仙根周氏图书"及"每部纹银实价四两"木记。周南序署"钱唐周南梅堂氏书于寿南堂中"，寿南堂为周梅堂号，则此为其自刻本。此为趋避书，民间百姓、富商大贾，均以冀求平安为要务。此书价甚贵，当非一般人所能购买，乃奇货可居之书。

《甫里逸诗》二卷，清乾隆五十六年（1791）周氏易安书屋活字印本。卷上姓氏目录后镌"印一百部，五十分送四方，五十待售纹银贰钱"。此为私家活字印本，每部纹银贰钱。

《红楼梦》一百二十回。清代有乾隆五十六年（1791）萃文书屋活字印本及乾隆五十七年（1792）萃文书屋活字印本两种。清毛庆臻《一亭考古杂记》云："乾隆八旬盛典后，京板《红楼梦》流行江浙，每部数十金，至翻印日多，低者不及二两。其书较《金瓶梅》愈奇愈热，巧于不露，士夫爱玩鼓掌，传入闺阁，毫无避忌。"弘历八旬盛典后，当为乾隆五十五年之后，所谓"京板《红楼梦》"即乾隆五十六年萃文书屋活字印本及乾隆五十七年萃文书屋活字印本，虽然未说"数十金"之具体数字，但可知必定昂贵。书价，以原本流传稀少为贵，一旦翻印重刻，则为习见，但是低者不及二两，那高者或数倍于此。

《钦定四库全书总目提要》二百卷，清乾隆六十年（1795）沈青等刻本，藏香港中文大学图书馆。扉页上钤有红色圆印"遵照文澜阁本敬刊"。又有长方印，钤"奉宪印行。每部制钱二十四两，定价不二"，末有阮元撰《恭纪》，云："乾隆四十七年，《四库全书》告成，特命如内廷四阁所藏，缮写全册，建三阁于江浙……《四库》卷帙繁多，嗜古者未及遍览，而《提要》一书，实备载时、地、姓名及作书大旨。""乾隆五十九年浙江署布政使司臣谢启昆……恭发文澜阁藏本校刊，以惠士人。贡生沈青、沈以澄、鲍士恭等咸愿输资鸠工蒇事，以广流传。六十年工竣。"这是贡生沈青、沈以澄、鲍士恭等出资助刻，也是我所见到的清代刻本所钤木记中记录书价最昂的书。二十四两，绝对不是一个小数字。当然，此书也是大部头，有一百一十二册之多。

嘉庆至光绪时的书价

《陈忠裕公全集》三十卷，清嘉庆八年（1803）簳山草堂刻同治印本。扉页有"同治己巳五月重古庐何氏重修刻刷。每部工价洋钱两圆四角"。同治己巳为同治八年（1869）。嘉庆八年到同治八年之间相差66年，原版年久失修，何氏再加重修刷印并向外售卖。中国人称外国银币为洋钱。《皇朝文献通考》卷十六《钱币考》之乾隆十年："福建、广东近海之地，又多行使洋钱。其银皆范为钱式，来自西南二洋。"又清诸联《明斋小识》卷十二《洋钱》："闻古老云，乾隆初年，市上咸用银。二十年后，银少而钱多，偶有洋钱，不为交易用也。嗣后洋钱盛行，每个重七钱三分五厘。"

《孟子注疏解经》六卷，清嘉庆十三年（1808）刻本。扉页有"孟子注疏解经。山阴樊菘畦校补。嘉庆戊辰新镌上孟。下孟嗣出。海涵堂藏板"。钤有"每部该纸价印工计洋银壹元"。

《古文苑》九卷，清嘉庆十四年（1809）孙氏重刊宋淳熙本。扉页有"古文苑九卷。宋淳熙本重刊"。并钤有小木记"工价纹银壹两八钱"。

《隶韵》十卷附碑目一卷、考证一卷，宋刘球撰。清嘉庆十五年（1810）刻本。扉页刻"隶韵。宋石刻本。刘球篆。碑目一卷考证一卷附"。有木记"板存扬州百尺楼书坊，每部纸墨工洋钱贰元"。

《续古文苑》二十卷，清嘉庆十七年（1812）刻本，扉页上有"冶城山馆藏版"。钤有"每部工价纹银肆两"。北京大学图书馆藏。

《年华录》不分卷，清嘉庆二十年（1815）刻本。扉页刻"年华录。全谢山先生辑。嘉庆二十年镌。日新堂藏板"。有木记"每册计七折，银叁钱贰分"。这是打了折的书，用今天的话来说，就是折价处理。

《可庐著述十种序例》（清钱大昭撰）及《既勤著述七种序例》（清钱东垣撰），于嘉庆初合刻出售，扉页钤有价格表。除上述书外，尚有其他三种，当时的价格是：十七种序例（每部一钱四分），建元类聚考二卷（钱东垣撰，每部一钱二分），列代建元表十卷（钱东垣撰，每部四钱二分），《三国志》辨疑三卷（钱大昭撰，每部一钱二分）。

《元遗山诗集笺注》十四卷，清道光二年（1822）刻本。扉页刻"南浔瑞松堂蒋氏藏版"，为家刻本，又钤"每部发价英洋壹元"。

《群芳列传》四卷，清道光三年（1823）刻本。扉页刻"群芳列传。道光癸未年新镌，餐秀阁藏本"，下钤"每部板口工价纹银六钱"。

《聊斋志异精选》六卷，清道光七年（1827）刻本。扉页刻"聊斋志异精选。淄川蒲留仙先生著。古剿小芝山樵选。道光七年新镌，本堂藏板"，下钤"每部漕纹壹两"。按：此书原为周晶先生藏书，2013年，津在山东大学杜泽逊院长之校经处得见，时周先生持示藏书多种，此其一也。此书今已为《五里山房珍本丛书》第六册收入。漕银是一种银锭，即清代将应缴纳国库的漕粮折合成银两上交国库的税银。漕粮起于两汉，盛行于唐宋，明清成为定制。后因运输不便，约从清代起朝廷将漕粮改为征收货币，将应缴纳的漕粮换算成货币，称为漕银。漕粮名存实亡。

《绝妙好词笺》七卷《续钞》一卷，清道光八年（1828）刻本。扉页钤有"每部纹银壹两贰钱"。北京大学图书馆藏。

《甒甋洞稿》五十四卷，清道光十年（1830）桂芬斋木活字印本。扉页刻"甒甋洞稿。楚兴国吴国伦著。道光庚寅年重镌。桂芬斋梓"。在《明卿先生传》之第一页右下钤有朱色木记"卫资纹银壹两四钱"。

《关帝全书折中》八十卷，清道光十一年（1831）刻本。扉页刻"湖北汉阳县铁门关上首大生堂善书局藏书"。钤有"定价□平实纹银壹两陆钱"。

《校补金石例四种》十七卷，清道光十二年（1832）吴郡李瑶泥活字印本。扉页刻"七宝轮藏定本仿宋胶泥板印法"牌记。并钤"每部实兑纹银四两"朱文长方木记。

《桂杏联芳谱》四卷，清道光十七年（1837）漱润斋刻本。扉页刻"桂杏联芳谱。道光丁酉冬镌。板存京都琉璃厂东门内路北漱润斋刻字铺。每部竹连纸工价银贰钱陆分，杭连纸工价银叁钱肆分"。

《抚黔奏疏》八卷，清道光二十五年（1845）海宁杨氏述郑斋刻本。扉页刻"道光二十有五岁在乙巳春三月海宁杨氏述郑斋重雕"牌记，左下有"每部大钱壹仟肆佰文"。

《关帝觉世真经阐化编》十六卷，清道光二十五年（1845）刻本。扉页刻"关帝觉世真经阐化编。道光乙巳年重镌。板存京都琉璃厂东门外桶子胡同内路南会文斋刻字铺。每部工价纹银八钱"。

《诗毛氏传疏》三十卷，清道光二十六年（1846）陈氏扫叶山庄刻本，十册。

扉页有"每部工价纹银陆两"墨记，各卷末左栏外有"武林爱日轩朱兆熊镌"一行。按：此书为家刻，印量定然不多，成本也高，故书价六两银子，虽甚贵，但和书坊之书不同，应属不牟利者。

《大生要旨》五卷，清道光二十七年（1847）刻本。扉页刻"板存京都前门外西首众善君子施□□□□内路北龙元斋陈姓刻字□□□□，川纸工价纹银钱二分，扛□□□□□"。北京大学图书馆藏。

《两朝剥复录》六卷，清同治二年（1863）刻本。扉页刻"同治二年岁次癸亥刊于江西省寓"。右有木记"是编多出省宪倡锾，而同人继之，惟续刻各种嗣出，卷袠浩繁，酌定工价银肆两"。

《春晖堂试帖详注》四卷，二集四卷，清同治六年（1867）刻本。扉页刻"春晖堂试帖。分韵详注。退思书屋藏板。同治六年孟春新镌"。有木记"每部百八十文"。

《吴兴科第表》不分卷，清同治十一年（1872）刻本。内有刊板、印数及书价之资料，较为难得。此书最初有乾隆五十八年（1793）刻本，然作者戴璐解组归田，板已遗失，书之存者，亦寥寥不可多得。嘉庆二十五年（1820）璐子春溪有增补，并由毛谟重付梓人印行。至道光二十五年（1845）蔡赓扬又"悉心披览，参以群书，详加厘订"，予以重刻。道光本有《规条》四则，其一云："此书板多字少，梓人刻价，连板片并包承办，故议定每百字白银一钱八分，其刷印装订用太史连纸，每本白银二钱二分。""此书初成时，仍以公项刷印百部，分送京外同郡搢绅先生暨留京公车应京兆试诸君。此后索者或多，未能为继，拟照刷印工价每部取白银二钱二分，交值年收存，为刷印之资。每岁值年处，刷书三十部备用。"然而，岁久漫漶，以次续增，故同治十一年，再有重刻之举。重刻本有续增《规条》二则，其一云："此书刷印装订原价每部银二钱二分，现在篇页较多，议定仍用太史连纸，分订两本，外用布套，每部价银三钱。重刊告成，先提公项刷订百部，分送同郡京秩及会试朝考诸君。此后如有索取者，每部收书价银三钱，以抵刷订之资。"所谓"刷订之资"，乃工本费也。

《舒艺室随笔》六卷，清同治十三年（1874）刻本。牌记作"同治十三年冬十月金陵冶城宾馆刊。张裕钊署首"，此应私人出资刻本，又有钤"定价划一每部两洋"。

《檀弓论文》二卷，清光绪七年（1881）刻本。扉页刻"檀弓论文。光绪七年重刊。常州状元第庄藏板"。钤有木记"每部工料英洋两角"。

《中西纪事》二十四卷，清光绪十年（1884）当舍（涂）夏氏江上草堂活字印本。扉页有"甲申孟夏月用活字版重印于江上草堂"，左下木记钤"每部实价洋钱壹圆"。

《搢绅全书》，清光绪十五年（1889）春季荣录堂刻本。扉页刻"白《文搢绅》每部市白银六钱四分，白《武搢绅》每部市白银三钱二分，袖珍《文搢绅》每部市白银三钱二分，袖珍《武搢绅》每部市白银一钱六分"。发售时间以朱色木戳记于旁，为光绪十五年二月十九日。四种《搢绅》四个价，《武搢绅》相较《文搢绅》价钱少一半，那内容也就少一半。一般来说，《搢绅录》传世多为《文搢绅》，《武搢绅》很少得见。袖珍本的开本较一般本子小，所以价钱也就便宜一半，一分银子一分货，倒也合理。光绪十五年是己丑科，一甲三名，二甲一百三十二名，三甲一百六十一名。其中后来名声较大者如一甲第二的李盛铎，二甲中有费念慈、江标、叶昌炽、王同愈、金蓉镜、梁于渭等，三甲中如陈三立、丘逢甲、杨深秀等。《搢绅录》，多为北京琉璃厂的坊肆所刻，记载京朝及外省职官各职官姓名、籍贯、出身、履历等。乾隆初同升阁刻《满汉搢绅全书》，乾隆五十七年宝名堂刻《大清搢绅全书》，而鸿远堂、崇寿堂、五本堂等亦刻卖各种搢绅册子。所以，买《搢绅录》的顾客，当是官府中人，因为这是极为实用的"联络图"，对于寻常百姓人家是没有什么用的。

《今文房四谱》一卷，清光绪十六年（1890）刻本。扉页钤有木记"一得阁寄卖。每部京钱壹千文"。

《音释坐花志果》八卷，清光绪十七年（1891）竹简斋石印本。扉页有"图咏音释坐花志果。辛卯年武林竹简斋石印"。钤有木记"是书每册有夹板，计洋叁角正，无夹板贰角五分，托杭城启源钱庄照本折售，以冀推广。特白"。有夹板与无夹板，仅五分之差价。

《兰蕙同心录》二卷，清光绪十七年（1891）石印本。扉页有"兰蕙同心录。光绪十七年春景修。竟芳仙馆藏"。钤有木记"娱园集议定价每部足纹壹两"。

《搢绅全书》，清光绪十八年（1892）冬季北京荣录堂刻本。原装红色函套，内里粘有该堂广告一纸，云："荣录堂搢绅店。本堂专刻各种例书、六部奏定新章程，南纸笔墨减价发售。"下列书名及价银若干，如"《新刻律例精言》二钱，《奏对合编》三钱"等。

《达生编》三卷，清光绪二十一年（1895）庆福斋刻本，扉页刻"达生编。光绪乙未年重镌。每本纸张工价钱肆拾文。板存省城盐道街庆福斋"。

《新订第四版卫生学问答》九卷，清光绪二十七年（1901）无锡丁福保畴隐庐石印本。扉页木记钤"每部三百文，翻印必究"。

《桐城吴先生全书》，计六种，清光绪三十年（1904）刊本。此为清吴汝纶撰，其中四种之扉页印有价钱，另两种仅作附录无价钱。当时的价钱是：第一种，《易说》，每部定价库平足银二两。第二种，《尚书故》，三两。第三种，《文集》，二两。第六种，《尺牍》，三两。除此之外，又见此书的两个后印本，价钱与前者不同；其一之第六种为《尺牍》，每部定价库平足银三两，如与《文集》合售，共四两八钱。其余三种标价同上。其二者，在总目前封面钤有朱文木记"每部定价大洋五元整"。此实为全书之价钱。

《天咫偶闻》十卷，清光绪三十三年（1907）甘棠转舍刻本。扉页钤"洋壹元肆角"。

《洗冤集录详义》四卷，清光绪刻本。刻有"京都琉璃厂荣录堂重刊。发售每部纹银壹两整"。北京大学图书馆藏。

《古文渊鉴》六十四卷，清宣统二年(1910)学部图书局石印本。扉页钤"每部二十四册，定价陆圆贰角"。

《测地肤言》不分卷，清末定海夏仁杰活字印本。有日新斋告白，云："精校足本《测地肤言》，附绘图分角片一块，每部纹银三钱六分。《测绘浅说附秦鄂舆图章程》，并绘图，分角片、计步尺各一块，每部银三钱六分。《增广中西度量权衡表》，每部银一钱二分。以上三部，共价纹银八钱。《三角测量说》，每部银一钱。《富国精言》，每部银一钱。零售绘图、分角片、计步尺，每块计银一钱。上白对方纸测量册，每百张计银八分，均由经售处代售。外埠另加寄费。日新斋特白。"定海，在浙江省，书属科技富国类，三种书计纹银八钱。

清末的一些坊肆，如李光明庄、扫叶山房等，都在自己刊刻的图书中，附有已刻书目，包括书名、价目等，这些资料都较为易得，此处不再赘述。

因纸张不同书价也两歧

书的价钱，有时也因印书用纸不一，而有不同之价，盖因纸张原料、粗细、产地、成本之故。一种书用两种纸刷印，标明不同的售价，这种情况似乎最早见于清代中期的书中。如：

《礼经会元》四卷，清乾隆五十二年（1787）刻本。扉页刻"礼经会元。宋叶文康公编著。乾隆五十二年春镌。桐柏山房节本"。左上角的朱色木记钤"连四白纸每部叁钱陆分，太史竹纸每部贰钱陆分"。连四纸为宣纸的一种，色白匀净细薄，吸水性好。元代开始有"连四纸"的名目，明清时又名为"连史纸"。太史纸即所谓的荆川纸、薄竹纸，以嫩竹为原料。清代印书，多用连史纸、太史纸。

《五百家注音辩韩昌黎先生全集》四十卷，清乾隆刻本。扉页刻"五百家注音辩韩昌黎先生全集。遵依宋本"。又率钤朱色木记"连四白纸每部纹银贰两，太史竹纸每部壹两陆钱"。此本十二册，上本《礼经会元》二册，两者出版时间似相隔不长，且用纸一样，但书价悬殊。

《易经如话》十二卷首一卷，清同治十二年（1873）曲水书局活字印本。扉页刻"安徽献书"，封里左下刻"常郡韩文焕斋承刻聚珍排印，并用为上白连纸，及写校之费，每篇本价银三厘，装潢每帙本价银一分"。

《说文引经考证》八卷，清光绪十年（1884）三益庐刻本。钤有一方小木记"竹连毛边壹千（五四）百文"。即竹连壹千五百文，毛边壹千四百文。两者仅差一百文。

还有一种情况是在教人或贤达信士、乐善好施者为社会教化、改善风气，对于民间百姓常用书，如小册经书、善书、医书等出资雕成书版后，存放于书肆或刻字店内，供顾客付钱刷印，在书版上刻有用纸及价钱。

《戒士图说》一卷，清道光十五年（1835）刻本。扉页刻"是书足钱。头号毛太纸二百文，次毛太纸每部足钱一百六十文。加布套四十二文。凡好善信士发心印送者，向嘉定县南翔镇东街漱芳斋范绶章刻字店承办，庶不致误。特此谨白"。此为善书之一种，但并非实质意义上的书价，而是告知善男信女，如若发之善心，印此善书，那刻字店可以代办。嘉定，清代属江苏太仓州，今属上海。代办印书之毛太纸，也分头号、次号，之间相差四十文。商家做生意，按质论价，真的是一板一眼。

《普济应验良方》八卷，清咸丰七年（1857）刻本。书名页刻"板存宁郡又新街三味堂元记书坊。刷印，其竹纸每部钱一百十二文，连史纸每部一百六十八文"。连史纸较之竹纸细白，两者相差五十六文。

《得一录》十六卷，清同治十一年（1872）刻本。有扉页，钤"板存汴省布政司东首北兴街聚文斋，杭连纸八开每部壹千二百五十文，十开每部壹千五十文，装订夹板在内"。

《最乐编》正集六卷续集二卷，清同治十三年（1874）刻本。扉页刻"板存浙省大井巷内张翰文斋刻字铺。刷印，白竹每部制钱一百六十二文"。

《观音灵签》不分卷，清光绪十年（1884）刻本。扉页刻"观音灵签。光绪十年孟夏重镌。普陀原本，校正无讹。□□□□□签，方先须沐手，一心敬信，庶不亵渎。板存上海新北门内穿心街文艺斋刻字店内。如有乐善好施印送者到店预定刷印，用重毛太纸，观音签每本五十文。大士方合订每部九十六文。每签上有空白，凡寺院中用，可刻某处某某寺补印在空白内"。

《圣谕像解》二十卷，清光绪十三年（1887）宝善堂石印本，扉页刻"咸丰丙辰。广州味经书坊重镌。光绪丁亥湖南宝善堂重镌。板存南阳街聚德刻刷店。杭连纸每部壹千壹百文，官堆纸每部捌百文"。

《暗室灯注解》二卷，清光绪十五年（1889）南州植因堂刻本。扉页刻"重刻暗室灯注解。光绪己丑年镌。此书刷印纸张装订每本需工本钱捌拾伍文，如有同志者，请赴江西省广润门内甲戌坊熊雨粟斋刻字店存板刷印，刻捐送姓氏籍贯。南州植因堂重刻"。

《拱宸桥竹枝词》二卷，清光绪刻本。拱宸桥位于京杭大运河南端的杭州老城区北，桥为三孔石拱桥，是杭州标志性古桥之一。此本钤有红色木记"每部取工料洋贰角。借板刷印抽取三成。板存察院前文元斋"。由此可以知道，此本非为牟利之书，只取纸墨等工本费而已。借板刷印，当为传播流通。文元斋，为杭州书坊，当为刊刻此书之处，也可推理为售卖之肆，地点在察院之前。（此见《上海嘉泰2011春季艺术拍卖会古籍善本图录》）

《岳忠武王文集》十卷，清光绪刻本。扉页刻"板存河南省城南书店街中路西乔文耀斋刻字店内。刷印每部纸料工价钱：毛边、杭连纸柒、陆百五、八十文；棉、连纸四百六十文"（即毛边七百五十文、杭连纸陆百八十文；棉纸及连纸都是四百六十文）。

《增订敬信录全书》四卷，清文瑛阁刻本。扉页刻"增订敬信录全书。文瑛阁新镌。天鉴堂藏板"，并刻"此版今存杭城佑圣观庵内金振声刻字店，如四远乐善诸君印送者，每部价钱一百二十文，如用布套，加钱五十六文。谨白"。

以上各书的刊刻地，分别在北京、河北、江苏、浙江、湖南、广东地区，书坊所用纸张却大有讲究，有竹纸及连史纸、杭连纸及官堆纸、粉连纸及太史连纸之别，即使是毛太纸，也有头号及次等之分。因此，不同的纸，包括其质量，都是决定书价的因素之一。

官家刻本也对外售卖

"天下熙熙，皆为利来；天下攘攘，皆为利往。"一般来说，历代各朝的刻本中，坊刻本是牟利的；而家刻本中有一小部分也是对外售卖的；而官府刊刻之本却很少有外售的记载。实际上，清廷内府刻本也可以标价对外出售，那是因为所印书籍太多复本，"充溢库内，不特书籍繁多，日久存贮为难，且安放多年，将来保无霉蠹"。所以这种处理也算是"皇上嘉惠士林有加无已之至意"。

据乾隆三十九年五月十一日永城、王际华、英廉、金简等请旨："伏查武英殿修书处刊印各种书籍，向例预备多部，以供内廷传用陈设，其余颁赏之外，有蒙圣恩准令通行者，俾愿读中秘之人，交纳纸张工价请领，历久遵行在案。查通行书籍，随印随发，存下者甚少。惟预备传用陈设之书，缘初告成时，各宫殿应行陈设之处，俱经陈设，嗣后即有传用，为数无几，现在存积甚多。又自康熙年来臣工陆续奏进之书，向例不在通行之列。如《佩文韵府》，现存一千九十余部，此即外进之一种。其他《性理精义》《御选唐诗》《朱子全书》等类，现存六七百部至一二百部不等，……臣等公同商酌，请将前项书籍，无分外进内刊，凡数至一千部以上者，拟留二百部；一百五十部以上至六七百部者，拟留一百部；其一百五十部以下者，拟留五十部。此各种书籍，俱系原板初印，纸墨较通行者尤善。臣等仰体我皇上嘉惠士林有加无已之至意，合无请照通行书籍之例，概予通行，俾海内有志购书之人，咸得善本，必皆踊跃鼓舞，益感我皇上右文惠士之恩于无既矣。"（《清内府刻书档案史料汇编》第191页）

一个多月后的六月二十六日，售书事有了新的进展。"今将因何贱售缘由及原印若干部、已售去若干部，据实声复、交臣查奏等因。各行知去后。兹据英廉复称，查得此项《佩文韵府》，向来用台连纸刷印发售，每部价银十一两六钱二分九厘。今次所售因系库存原板初刊，又系竹纸刷印，是以按照纸色工费，每部银十二两四钱六分，较台连纸书每部增价银八钱三分一厘。至此外尚有《渊鉴类函》等书十种，亦系精好适用，现在出售价值，均按旧例，分别连四竹纸、榜纸作价，比之台连纸，亦皆稍增。谨分别缮单寄覆。"等语。又据金简复称："武英殿通行书籍，自乾隆三十九年奏准售卖，悉按部数多寡，计其所需纸张、棕墨、工价外加耗余，合计作为定价发售。查旧日通行之书，亦有《佩文韵府》，但系台连纸刷印，每部纸张、工价作银九两五钱四分八厘，外加耗余银二两八分一厘，共银十一两六钱二分九厘，具系散本散篇，并不装钉。现在所售库存《佩文韵府》，因系初刊，字划明白，又系竹纸刷印，较旧时发售者更为精好。是以未敢照台连纸旧价售变。公同酌核，遵照竹纸定旧例，每部作价十二两四钱六分，亦系散本散篇，并不装钉。此项《佩文韵府》，原有一千九十六部，奏明存库二百部，应发售八百九十六部。已卖去四十四部，得价银五百四十八两二钱四分，尚余八百五十二部，现在存库。再，此项发售书籍共五十四种，此内有榜纸、连四竹纸之分，亦俱按其纸张等差，照例分别三等量加耗余作价。如定价太昂，转恐售变壅滞。此亦公同按例定拟之事，非简自敢独出臆见。今蒙圣询，不胜悚惧。"等语。"奴才查英廉、金简所复情形，以《佩文韵府》一书，因系库存初印，又系竹纸本，是以酌增价值，较之通行台连纸刷印者已增价银八钱三分，且系草钉散本。若加以装钉做套，精致者约需银二十余两，其次亦需银十余两，即每部不下二三十两以上，较外间书肆所售，装成纸本其价转觉浮多。再，查此书共计八百九十六部，自本年五月奏准发售之日起，迄今仅售去四十四部，拟外间尚无贪图贱价趋买情形。应否交英廉、金简另议，加增价值，抑或仍照现定价值发行之处，请旨遵行，并将送到各单一并呈览。谨奏。"(《清内府刻书档案史料汇编》第194页)所以，《佩文韵府》的内府刻本，对外的发售价为每部作价十二两四钱六分，亦系散本散篇，并不装钉者。像这样的一百六卷的大部头书，坊间不仅没有资格去刻印，即使交付雕板，也是难以完成的。

地方志，应属官家出版物，但亦有不同纸张不同定价的例子，如(道光)《长清县志》十六卷末一卷，清道光刻本，卷十六末孙观跋后刻有"白纸印本工价大钱壹千壹百文""竹纸印本工价大钱陆百文"。白纸和竹纸两种，白纸贵，竹纸贱。这种例子亦少见。

清代藏书家购书时记录的书价

清代书价资料，在各种藏书目录、书影或题跋中亦偶有所见，曾见赵烈文撰《天放楼书录》(封思毅编注，台北商务印书馆，1981年)，中有同治、光绪年间书价事数则。赵烈文为江苏阳湖(常州)人，字惠甫，号能静居士，室名天放楼、能静居等，曾国藩、曾国荃之幕僚。著有《能静居日记》等。兹录于下：

同治九年九月廿九日：初印汲古阁《新唐书》。早食后，同傅清渠入德州城游观，进自大西门遵大路，至南门，于书肆见初印汲古阁《新唐书》，甚精好，索价八十缗。余为述书版之所在及相当价值，肆主亦哑然，自笑其言之不当也。终以俯仰悬殊，买之未成。津按：缗，指成串的钱。

同治十年三月廿四日：以去岁购得之宋板《十七史详节》《鹤林玉露》，明北监本《廿一史》，易殿板《廿四史》一部，贴银壹百八十两。纸本完好，印虽不初，尚为中品，惜缺页多耳。

光绪七年十一月十二日：得汪文盛本前后《汉书》，各缺数卷，其直番银八饼。番银者，广东人称外国银币为番银。

光绪七年十一月二十七日：买《容斋随笔》等书二十部，直洋银二十八圆。

光绪七年十二月二十九日：书贾鲍叔寅，持明人重刻宋绍兴无注本《通鉴》来售，其佳处可以是正元兴文署本者几百余条，真宝书也。以番银二十六饼易之，书林又增一壮观矣。

光绪八年五月朔日：苏州侯氏书肆得元板《宋季三朝政要》，书止二册，其直至六银饼。盖斯书仅有存者，季沧苇家旧物，故甚贵重。又元板《礼记集说大全》十本，价四圆。又抄本《都公谭纂》二本，价二圆。都公，南濠都穆也。书系小说，因孤本，又士礼居物，中有黄荛圃记得书始末一纸，故亦留之。又明板《医统正脉》五十九本，缺五本，价十二圆。

又读台北《"国立中央图书馆"标点善本题跋集录》，录得清代书价之交易记录二十三则：

《中州杂俎》三十五卷，清陈氏德星堂抄本，八册。"道光十五年（1835）方载豫以钱二千文得自考棚书肆。"

《千顷堂书目》三十二卷，旧抄本，十六册。清吴骞手校并跋，杭世骏、鲍廷博手书题记。乾隆三十六年（1771）鲍氏云："鲍氏知不足斋收藏，其值六金。"

《说苑》二十卷，清王谟《汉魏丛书》刻本，四册。清光绪十年（1884）姚觐元手校并题记，有云："此书今在海宁查司马处，光绪甲申十月，同乡书贾郁志宝持来求售，索值番银一百二十饼，许以五十饼，不售。已而仆人崔福复持以来，崔亦海昌人也，增至六十饼，犹不售……"

《朱子圣学考略》十卷，旧抄本，十册。清光绪二十四年（1898），恽毓鼎题记，云："今年正月，游琉璃厂，乃于火神庙敝摊中遇此本，以白金五两得之，欣喜如获至宝。以知物必聚于所好，专心求之，未有不得者也，乐而志之。"

《雪庵字要》一卷，明抄本，一册。有黄丕烈跋，云："余以缗钱一千易之。"

《麈史》四卷，明蓝格抄本，四册。有清初毛扆校并跋，又韩应陛题记。韩题记云："咸丰己未十一月朔日得之金顺甫，价银三元。"

《游宦纪闻》十卷，明抄本，四册。清黄丕烈跋，跋中有云："爰出白金陆两易得。"

《新编宣和遗事》二卷，黄丕烈跋。跋中有云："其直十二番云。"

《艺文类聚》一百卷，明初刻本，二十四册。1916年沙元炳有题记，云："丙辰六月，书友周应祯持此书来视，云以银十五圆易诸马塘旧家者，虽甚蠹蚀，而古香腾溢，辨其印识，知为邵山人潜夫旧藏。"

《改正湘山野录》三卷《续录》一卷，旧抄本，二册。清周星诒及其妻李蕙校并跋，又录清黄丕烈跋。周跋中有"同治丙寅秋九月，购之福州陈氏，为价七钱。季贶。"丙寅，同治五年，为1866年。

《冲虚真经》八卷，明万历九年（1581）两淮都转运司慎德书院刊四子本，二册。清同治七年（1868）李公弼题记，云："同治戊辰六月十五日，由苏返润，道经无锡，泊舟西门，间行见席地卖废弃物者，于故纸堆中得此本，以钱两百购之，纸板完好。"

《石林燕语》十卷，明正德元年（1506）河南官刻本，一册。清叶树廉题记。有云："庚子岁夏五月，用青钱二百五十，贸于东塔前书铺，随装讫。"庚子，清康熙五十九年（1720）。青钱者，青铜所铸之钱，即铜钱。

《神农本草经》三十卷，明天启五年（1625）海虞毛氏绿君亭刻本，十册。清刘汉臣题记。云："咸丰辛亥，余与三弟科试白门，见坊间有此，翻阅之，知为毛氏绿君亭刻本。缪氏之书固不易购，若绿君亭刻本尤为希有，亟以青蚨四千以易之。"咸丰辛亥，即咸丰元年（1851）。

《方氏家传喉科秘法》一卷，清初朱墨抄本，一册。清陈念祖跋。跋云："余昔在都市地摊以壹百六十文购得《方氏喉科秘法》，此方阅而妙之。查未有传本，永远保存。嘉庆十二年秋后日陈念祖录。"

《五曹算经》五卷，清乾隆歙县鲍氏知不足斋抄本，一册。清丁传跋。跋云："予二十岁时，有以宋雕此书来售者，许以十二金而不卖，因为手模一本。雕本即毛氏物，丁酉六月二十，以毛氏影宋本为校此册，深幸与是书获奇缘也。希曾记于贞复堂。"

《止斋先生奥论》八卷，明刻黑口本，八册。清韩应陛题记。题记云："咸丰九年七月二十三日，得之苏州书友蒋恕□，价洋一元六角。读有用书斋主人识。"

《昌黎先生集》四十卷、外集十卷，明万历间东吴徐氏东雅堂刻本，二十四册。清韩应陛题记。有云："咸丰庚申二月十六日，淞沪营兵由省中调去开船，余于宝晋斋书坊内见此及《□□斋集》，共还价洋二元五角，主人不售，已□□□□□续告警。时隔一月有余，又闲行到彼，仍以原还价收之。此书价约得二洋，书系初印，纸张开阔。"庚申，为咸丰十年（1860）。

《晦庵先生五言诗钞》一卷，明宣德十年（1435）钱宣刻本，一册。此本有清黄丕烈抄补并题记，又韩应陛题识。题识云："咸丰戊午六月朔日得于士礼居，洋银三角廿分。应陛记。"戊午，为咸丰八年（1858）。

《守墨斋遗稿》十一卷，明永乐十一年（1413）上虞叶氏刊正统五年（1440）补刻本，二册。有清黄丕烈跋、清韩应陛题记。题记云："咸丰己未十一月得之金顺甫，价洋银二元五角。"

《西山先生真文忠公文章正宗》，宋刻本（配补元刻本），存六卷又目录一卷，八册。清汪泰基跋。跋云："宋椠本书珍与宋拓碑帖等，季沧苇、钱遵王、黄荛圃所藏，可谓空前绝后，然不全者十之八九，且元明时刷印居多。兹真西山《文章正宗》，虽仅有八册，妙在宋椠之初印者，斯时纸帘纹阔可证也。其装订裱面，尚是前明，真希所见也，不必抄补齐全，亦不碍其为宝也。己丑夏日，梧桐乡人汪泰基得于申江寓次，其值英洋肆拾饼。"

《文章正论》十五卷、《绪论》五卷，明万历十九年（1591）徐图广陵刻本，二十册。清温君勒跋。跋云："是书去取虽未尽当，而纸版颇精，以二十金购得之。时在光绪甲申、乙酉之间，今则西学盛行，古籍日少，明版书更不易得矣。"甲申，为光绪十年。

《陶杜诗选》二卷，清乾隆三年（1738）查岐昌手稿本，一册。清黄丕烈、韩应陛跋。黄跋云："近日书直昂贵，苟有旧本出，无论刻抄，每册动以番饼论价。此一册亦索直半饼，余故以书相易，及付装池，又需青蚨二百余文。此书几七折制钱一金矣，后人勿轻视之。余得时，有座客斥为故纸者，因书此解嘲云尔。复翁。"

《圣宋文选》三十二卷，宋刻本（有抄补），十二册。清黄丕烈、缪荃孙跋。黄跋云："此宋刻《圣宋文选》三十二卷，旧时抄补，而仍缺七至十一。常熟苏姓书贾携以售余者也……客冬，书贾来，余因其家在常熟，毛钱诸家物必多，属渠搜访。书贾遂举此书以对，至今秋始来，余一见即诧为异书，虽无二古（汲古阁、述古堂）藏书图记，而墨敝纸渝，颇饶古趣，即有残缺，亦不失为片甲残鳞。爰问其值，须以新刻《十三经》易之，遂与交易（时阊门书业堂新翻汲古阁《十三经》，每部需银十四两）。"

以上书价多道光、咸丰间，而康熙、乾隆、嘉庆朝各一笔，同治朝二笔，光绪朝三笔，余为不明时代者。版本不同，地区不同，售价自然亦不同。

黄丕烈的《士礼居题跋》等书贾有不少书价资料。如《续后汉书》二卷，为影宋抄本，仅存二卷，书贾以为未见之书，索黄丕烈重值，后易以家刻书乃得，其值合番饼三枚，时嘉庆十七年（1812）。《茅亭客话》十卷，抄本。此虽为抄本，但世不多有，原藏顾广圻处，后为黄丕烈以白金十八两而得。《蔡中郎文集》十卷外集一卷，为明锡山华氏兰雪堂铜活字印本。书贾居奇，售予黄氏番饼五枚。

读赵宗建的《旧山楼书目》，中有《张江陵全集》抄本20册。其备注云："价人公自京中一笔帖式家买得，价银四两，其子殿元公抄录。诗文均较刊本为少，明本朝诸名人均有题，共有三十二人，真宝贵也。"

清代乾嘉时的善本书价那是不低的，在宋刻本《重雕足本鉴诫录》（今藏上海图书馆）中有黄丕烈跋（与《荛圃藏书题识》有小异）。跋云："近年念鞠宦游江西，家中书籍大半散佚，唯此书未见。询诸伊戚毛榕坪，知此书亦欲售去，以榕坪劝阻，尚为宝藏。余闻斯言，知物主未必无去志，缘谋诸书贾之素与往来者，久而始得见其书，索直白镪卅金。余爱之甚，且恐过此机会难以图成，遂易以番钱三十三圆，书计五十七叶，并题跋一叶，以叶论银，当合每叶四钱陆分零。宋刻书之贵，可云贵甚，而余好宋刻书之痴绝矣。"按：此为嘉庆九年（1804）正月时事也。

三十多年前，见海宁藏书家管庭芬笔记两种。其一《破铁网》卷上有四则涉及其时书价事。其所论说为：宋叶适《习学记年》80卷，旧抄本，楷法精妙，是非庸手所能，索价甚昂。虽未写出价值，但用"甚昂"两字，当是一般人莫能得之。而元刻本之价就是上了几个等级的了，所载《唐律义疏》30卷，每卷装作一册，即30册，有楠木匣，索价需百金。而宋刻本呢？自是另价，其载《东莱读书记》二楠木匣，纸墨字画之精，非明季刻本所能比拟，故佳，索价需200金。另一种宋刻《五百家播芳文粹》，二楠木匣，延令季氏物，前有季沧苇私印，后有朱彝尊跋。纸帘阔寸余，纸色似不甚旧，而沉静之态大非近世劣纸可比，拟价需300金。管氏为道光间人，所举之例为清精抄本、元刻本、宋刻本。然宋刻本二种，后者多出100金，区别就在后者为清初重要藏书家所藏，又有名人之跋。所以上述书价不仅是其时之价，而且是大有所别。

光绪十六年，清末重臣翁同龢收得明万历许自昌刻本《集千家注杜工部诗集》（藏四川成都市图书馆），其书名页有翁同龢题识，云："光绪庚寅长至，翁同龢收得之，白金四两。"并钤有翁印。庚寅，为光绪十六年（1890），但此书仅为万历本，且并不难得，翁为显宦，四两银子，自是不在话下。

清末及民国时有关书价之记载

清末人震钧有《天咫偶闻》，书中记有当年北京琉璃厂书肆之大致书价，云："咸丰庚申以后，人家旧书多散出市上，人无买者，故值极贱，宋椠亦多。同治初元以后乃渐贵，然收者终少。至光绪初，承平已久，士夫以风雅相尚，书乃大贵。于时南皮张孝达学使有《书目答问》之作，学者按图索骏，贾人饰椟卖珠，于是纸贵洛阳，声蜚日下，士夫踪迹半在海王村矣。然其价亦不一，宋椠本计叶酬直，每叶三五钱；殿板以册计，每册一二两；康乾旧板，每册五六钱。然如孙、钱、黄、顾诸丛书，价亦不下殿板也。此外新刻诸书，则视纸板之精粗、道途之远近以索直，大抵真字板较宋字赢十之三，连泗纸较竹纸亦赢十之三，道途之远较近者又赢十之三，于是同一新板，有倍价者矣。"

震钧为光绪八年（1882）举人，曾任甘泉知县，迁陕西道员。庚子以后，任江苏江都知县，后任教于京师大学堂，又任江宁八旗学堂总办。其家世居京师，习闻琐事，又博学多闻。震钧所云咸丰十年，英法联军自海入侵，故书价低落，珍稀之本亦多。至光绪二年，张之洞《书目答问》出，书价始贵。看来清末时北京地区书价大抵如此，即宋本、清代殿本、清初刻本、各家丛书之价。又清末各种刻本，则是以字体、纸张、书源之渠道远近来论价的。

《连筠簃丛书》收书15种，218卷，为道光二十八年（1848）杨氏刻本。孙殿起《琉璃厂小志》有按语云："余昔尝闻吾肆中诸长者言：杨氏《连筠簃丛书》等板，质于琉璃厂西门南柳巷某当铺中。《连筠簃丛书》曾经印书，每部售纹银一两余。"此当为后来之得板重印本，故较为便宜。

又有《贩书琐记二则》，其一说的是在咸丰、同治、光绪三朝的琉璃厂。"唯骡马市大街，平日书摊不少，时有好书。如姚君大荣（著有《惜味道斋集》《马阁老洗冤录》）游此，以纹银一两，购得明弘治刊黑口本《元遗山集》一书（即《四部丛刊》影印之底本）。"另一则也很有意思，说的是书商胡君治稳（琉璃厂正文斋书铺伙友）往某宅送书，经过该地书摊，以纹银一两五钱，购得明嘉靖年间通津草堂刊本《论衡》一书，随将此书卖于某宅，得价纹银20两，异常欢喜，返铺面告铺长。不意铺长闻之，喟然长叹，戒之曰："汝能买书获利，固然可嘉，但此书尚未经吾过目，自主卖去，则于情理有所失当。"按：此二例，一为以纹银一两购得明弘治十一年李瀚刻本《遗山先生文集》40卷，二为以纹银一两五钱，购得明嘉靖十四年苏献可通津草堂刻本《论衡》30卷，当属适逢其会，凑巧捡漏之举，这也是初以小钱得之，后获厚报之例。

曾读叶昌炽《藏书纪事诗》卷七"江标建霞"条，欣夫补正云："昔年于悬桥老书贾杨馥堂处见建霞手书目录一纸，系当时托为代售者。兹录于下：宋刻《通鉴》残本七十余卷，即常熟瞿氏所藏之半，两匣，二百两。《读史管见》，宋刻宋印，三十本，一百两。《古文集成》，宋刻宋印，袁漱六藏本，亦即《四库》所收原本，此书天下无第二部，二十本，一百两。宝祐本《晋书》，即九行十六字本，罕见，略缺数卷，六十本，二百两。宋本《扬子》二本，一匣，四十两。宋本《盐铁论》二本，一匣，八十两。宋本《中说》三本，一匣，三十两。宋巾箱本《论语注疏》，即廖莹中刻本，罕见，廿四本，四函，二百四十两。元本《李太白集》八本，一匣，七十两。元本《王右丞集》六本，一匣，四十两。《华阳国志》，陈仲鱼校钞，四本；《语林》，黄校、周校，一本；《山窗小口》，黄校，一本，共一千五百两。屈翁山《崇祯宫词》、顾云美《三吴旧语》、元本《广韵》、元本《礼记集说》，共四百两。元刻巾箱本十六卷本《礼记集说》二十本，有缺页，银一百两，此刻尚在未改十卷本之前，罕见之本，刻印精致，无异宋椠。"

按：此也可见清末光绪年间之善本书价，江标为光绪十五年进士，官至翰林院编修，出任湖南学政，整顿校经学院。其博学工诗，好藏书，所藏皆精品。其代售之书，版本之认定及价格皆江氏云，或有不妥之处，如宋本《盐铁论》是不可能出现的。陈鳣（仲鱼）校钞的《华阳国志》等三种，竟开价1500两，自是宋本之数倍，当是天价无疑。但可看出元本皆不出百两。

清代官员之俸银

清代币制，和明代相同，单位分别是两、钱、分、厘。大数用银，小数用钱。铜钱和银两之间的兑换，正常情况下，一两白银大约可换到1000文至1500文铜钱。古时通常说的一贯钱或者一吊钱就是一千文。银两凭成色重量流通，以两计算。制钱则以文计算。在市场上银两与制钱并行流通。当然银钱比价非一成不变，而是时有变化。清初至乾隆多使用银两，嘉庆以后的八九十年，外国银元也在中国流通。嘉庆十七年（1812）和嘉庆十八年（1813），银价每两兑换制钱900文左右（见张廷济壬申、癸酉两年日记）。到道光以后，可换到3000多文。官俸以银计算和支付，官吏的收入，也并非全为银两，还有禄米。

根据记载，清顺治元年汉官柴薪银标准为：正一品，144两；正三品，120两；正四品，72两；正五品48两；正七品，36两；正八品，24两；正九品，12两。

一般来说，清代官吏之俸禄并不高，许多吏员的收入难以维持生活，即使总督、巡抚，每年的俸银也仅150两至180两。康熙时，一品京官一年仅180两俸银。以山西为例，据清乾隆刻本《晋政辑要》卷一"各官俸银"记载：督抚兼尚书衔者支食一品俸银180两。其兼侍郎衔者支食二品俸银155两。晋抚系兼侍郎衔，正二品俸加25两。按察史俸银130两。太原府俸银105两，通判60两，教授45两，训导40两。知州80两，州判45两，学正40两。知县45两，县丞、教谕40两，主簿、典史、巡检及驿丞均为31两5钱2分。如此看来，一般官员的年薪，都在30两之上，50两以下。

我们还可以用河北省康熙时的方志所载来看。《大城县志》（康熙十二年刻本）载知县俸银27两4钱9分，典史31两5钱2分，教谕、训导皆19两5钱2分，书办工食银7两2钱。又《保定府志》(康熙十九年刻本)载知府俸银62两4分4厘，同知42两5钱5分6厘，训导19两5钱2分，书办工食银10两8钱。

康熙朝如此，那乾隆朝呢？《博野县志》(乾隆三十一年刻本)载知县俸银45两，典史31两5钱2分，教谕40两。《宁河县志》(乾隆四十四年刻本)载知县俸银45两，典史31两5钱2分，教谕40两，训导40两。《涿州志》(乾隆三十年刻本)载知州俸银80两，训导40两，学正40两。

当然，京官最为清苦。枝巢子《旧京琐记》里说：五品实缺官岁俸不足百金，两季米十石余，正途候补者减半支给，捐纳并半俸无之，生活之需多仰给外官之冰炭敬与别敬。所以，要想买一部如《钦定四库全书总目提要》的大书，实在是困难至极。即使想买《安居金镜》，纹银实价四两，也不是那么容易得到的。

《晋政辑要》中，还载有如有中进士者，各县旗匾贺仪银三两三钱三分三厘。而中举人者，各县不等，自二两、二两五钱至五两不等。又铺司兵以递送公文，其工食每名自三两八钱二分至七两二钱不等。而在各省司道府厅州县佐杂衙门各设民壮数名至数十名，每名岁支工食银七两二钱。所以一般百姓，对于价钱略高的书籍，也只能是望"书"兴叹了。

清代民间的物价

清代的各种图书价格，应与清代各个时期的物价做一比较，才可知书价之高低，当然限于地区之不同，或有其他如兵燹、灾年等因，也是有区别的。兹将查知所得的部分民间物价文献资料，选择部分列如下，供研究者参考。

米、盐为生活必需品，以清代乾嘉时民间百姓对米、盐的购买力，可以和上述书价做对比。《骨董琐记》载乾隆三年(1738)上谕李卫所开米价："保定稻米每一仓石价，自二两六钱至二两七钱五分，钱为价中。大名每一仓石，自一两七钱五分至二两一钱四分，为价贱。岂有如此米价，尚得为中为贱乎?"《石渠馀记》卷五亦云：乾隆二十六年（1761）苏州米价为"每石二两上下为贵，一两五钱上下为中，一两上下为贱。麦每石一两为贵，七八钱为中，五六钱为贱"。

又清张照为乾隆时刑部尚书，其《咨奏手稿》云："银一两易大制钱九百上下，或八百五十上下。米色虽高下不等，市价以八百文为率，谓一石也。"（《骨董琐记全编》第94页）

而乾隆以后至道光间，米价即突然上涨。嘉庆朝每公石平均二两一钱，较乾隆朝上涨百分之四十以上。道光朝每公石二两一钱六分，比嘉庆朝稍高。咸丰朝白银购买力稍有增加，每公石米值一两九钱。

盐，为百姓生活的必需品。乾隆元年（1736），云南盐价昂贵，每百斤自二两四五钱起，竟有卖至四两以上者。（见《清高宗实录》元年三月）

田亩为农民生活之本，从咸丰元年（1851）始，地价就有很大的变动。主要是太平天国运动（1850—1864）期间长江下游地区的大动乱，导致该地区地价剧烈变动。连年征战，农民逃亡，地价下降，而到同治三年降至最低点。以皖浙赣三地水田价格看，从1851—1870年，自十二两多，跌至五两不到。咸丰间，许多土地买卖以文钱计算，有时又以两计算。每两纹银折钱的比率时有变动。乾嘉时每两换钱千文，道光初年尚换得一千三四百文，至咸丰元年则成一两值二千文，咸丰四年增到一两二千三四百文。据此，战争时、兵燹后书价也会跌至谷底，也就是说，书价及其他生活用品的价格也会随之变动。

那么清初时的一般物品价格如何？我们可以看叶梦珠所撰《阅世编》。叶梦珠字滨江，号梅亭，上海松江人，博学多才。此书详载松江府沿革，内亦录有数种物品如肉桂等之价格。肉桂，香料之一种，从中医药来说，有补火助阳、引火归源、散寒止痛、活血通经之效。用于治疗阳痿、宫冷、心腹冷痛、虚寒吐泻、经闭、痛经及温经通脉。肉桂旧价只二三钱一斤，数年以来价至每斤七八两，甚至十二三两，几与人参价相若。近来稍差，最上者每斤价银五两而已。再以燕窝菜为例，叶氏幼时每斤价银八钱，然犹不轻用，顺治初价亦不甚悬绝。其后渐长，竟至每斤纹银四两，是非大宾宴席不轻用。又记藕粉价，藕粉是久负盛名的传统滋养食品，营养价值高，药疗作用好，味道鲜美，老少皆宜。在明末，唯露香园有之，主人用为服饵，等于丹药，市无鬻者。顺治初始有鬻之于市面，其价甚昂，每斤纹银一两五六钱，后减至一两二钱。顺治九年壬辰夏犹卖纹银八钱一斤，而铺主人犹以价贱为恨。而愈往后，在顺治十二（1655）至顺治十三年（1656）之际，制作方法传开，习者甚多，沿街列卖每斤不过六七分。当然，质量大不如前，盖因半和伪物，味亦大不如前矣。再以眼镜为例，清初时，得自西洋者最佳，每副值银四五两，以玻璃为质，象皮为干，非大有力者不能制。顺治后，价渐贱，每副值银仅五六钱。又由于苏杭一带有人亦制之，并遍地贩卖，人人可得，最贵者仅七八分，直有二三分一副者。

　　而清初民间嫁娶，势必宴席。清俞樾《茶香室三钞》云："龚炜《巢林笔谈》：清河与太原联姻，西家皆贵而赡，其记顺治三年嫁费，曾亲席十六色，付庖银五钱七分。盖其时兑钱一千，只需银四钱一分耳。而猪、羊、鸡、鸭甚贱，准以今之钱价，斤不过一二分有奇，他物称是，席之所以易办也。"清代初年，离明末不远，民间嫁娶所用并不贵，所以才有"席易办"之说。

　　但是乾隆朝的宴客，相较还是便宜的。清李斗撰的《扬州画舫录》，记载了扬州地区的不少文献资料，其述："如意馆食肆……故老相传云，旧时此馆每席约定二钱四分，酒以醉为程，名曰包醉。"当然也有特殊饭局之例，乾嘉时杭州"富人一席之费，几至六七千文，盖又务为精别相高，虽罗列数十品，绝无一常味也。甚而有某姓者，尝以钱五十千治一席，又以十千买初出鲥鱼二尾为尝新。"（《骨董琐记全编》第444页）

　　就是清初梨园演出封赏价，也可见于《骨董琐记全编》，其有多例，一云：清初戏酒价。《平圃遗稿》云："康熙壬寅，予奉使出都，相知聚会，止清席，用单柬，及癸卯还朝，无席不梨园鼓吹，皆全柬矣。梨园封赏，初止青蚨一二百，今则千文以为常。大老至于纹银一两者。一席之费，率二十金，以六品官月俸计之，月米一石，银五两。两长班工食四两，马夫一两。石米之值，不足饲马，房金最简陋，月需数金，诸费咸取称贷。席费之外，又有生日节礼庆贺及公祖父母交知出都诸公分，如一月贷五十金，最廉五分起息，越一年即成八十金矣，贷时尚有折数，有轻秤抵色，一岁而计，每岁应积债二千金矣，习以为常。若不赴席，不宴客，即不列于人数。昔人谓都门宴客为酒肉卯，予谓今日赴席为啖债，良不诬耳。又堂邑张凤翔疏云，移风易俗，当自辇毂始，迩来官员非有喜庆典礼，每酒一席，费至二两，戏一班，费至七两，宜饬令节省。"乾隆时金价二十换，见陈辉祖案明谕。视明末已倍之矣。"

众所周知的乾隆朝书画家郑燮（板桥），因名气太大，求书求画踵门者多多，于是他拟定润笔，据《郑板桥集》中所载，为"大幅六两，中幅四两，小幅二两。书条、对联一两。扇子、斗方五钱"。此润笔为乾隆二十四年所定，当时郑的一幅大画价值约近良田一亩。戴熙是道光间著名画家，曾官兵部右侍郎，他卖画的润笔则为四两一幅。

大约流传于清代中期到清末的各种小说，尤其是社会章回小说更能反映民间百姓生活的物价。乾隆间的吴敬梓，他的《儒林外史》是古典讽刺文学中批判现实主义的杰作，小说中描述了社会百姓的生活，第十四回刻画了马二先生游西湖的情景："马二先生独自一个带了几个钱，步出钱塘门，在茶亭里吃了几碗茶……起来又走了里把多路，望着湖沿上接连着几个酒店……马二先生没有了钱买了吃……只得走进一个面店，十六个钱吃了一碗面，肚里不饱，又走到间壁一个茶室吃了一碗茶，买了两个钱处片嚼嚼，到觉有得些滋味。"第十七回中有"于是走进一个馒头店……那馒头三个钱一个，三公子只给他两个钱，就同那馒头店里吵起来"。在此书中也列出了有些物价，如馒头每个三文，烧饼每个二文，面每碗十六文或八分银，塾师包饭每日二分银，杂烩每买一钱二分银，餐宴一桌四两银，塾师馆金每年十二两银，可见物价都相当低廉。

就以馒头来说，每个三文，在《野叟曝言》第十六回中的说法也与其差不多，即馒头是四文钱一卖，一卖一般是四个，至少是二个。还有一段云："又李道，你这茶几个钱一壶？店家道，茶是两文一壶，馒头、糖片、瓜子、腐干都是四文一卖。又李在顺袋内摸出两文钱来道，拿钱去，我止吃你半杯茶，也算是一壶了。"《野叟曝言》的作者夏敬渠是江苏江阴人，乾隆间举博学鸿词不第。

而李伯元的《官场现形记》作于清末，其卷二有一段买馒头的描述："后来又说他今天在路上买馒头，四个钱一个，他硬要五个半钱一个，十二个馒头便赚了十八个钱，真是混账东西。"以平民大众化的馒头来看，其价格是便宜的。

嘉庆间的百姓饭局，在《燕市积弊》卷三有"火锅一品备肥荤，随常款客无多费，恰够京钱三百文"。俭者只需240文。而直到清末，一斤（相当于1.2市斤）猪肉只要20文钱，一亩良田只要七至八两银子或者十二三个银元。

被列入英雄儿女类的小说《争春园》（清道光二十九年刻本）第十三回也有一段涉及吃饭之事的，云："就是我弟兄二人，日间三餐，晚间的酒肴连房钱与你一两银子一天。小二听见说是一两银子一天，心中大喜。"毕竟是一两银子的大手笔，包括了二人的餐饮与住宿，小二当然是求之不得的了。

清同治七年作的《信徵闰集》卷上有《草鞋翁》，云："西城外有一周顺兴，年六十余，开一零卖酒店，列桌数张，来饮者二文一杯，发芽豆一钱一碟，用五六文钱便可饮醉。……有卖草鞋者，隔数日即来饮。……其所卖之草鞋，七文钱一双。"同治九年出版的《信徵载集》卷下《孽缘》，云："有赵生某，往水德庵看演戏。午后至桥边小店内，酒三文钱一杯，五香煮豆二文钱一碟，用钱不多，已得半醉。"小本经营，成本低，售价亦平。

社会上一般平民百姓所用生活用品的具体物价，如有心人将之与书价做一对比，不难获知其中之差价。骈渠道人《姜露庵杂记》云："晋江王伯咨先生命岳《耻躬堂集》，其家训中述往事云，银三钱可得钱一百二十文，吾每日买柴一文，三日共菜脯一文，计二十日用二十七文而足，存九十三文买米一斗五升，足家中二日半之粮。按此银一两，仅值钱四百，米斗不过六十文，薪火菜脯之类尤极贱。"又云，"同治初，江南咸卵一枚值钱二十四，吾越橄榄一枚值钱一百六十。"按，骈渠道人未知其详，据书中自述姓施名山，或为道光至同治间人。

历朝历代，读书识字人家，都离不开毛笔，写字抄书或是必修课。乾隆时沈初的《西清笔记》有毛笔之价格，云："写泥金字不可用毫笔，于前门笔铺中市其最下者，董香光所谓三文钱鸡毛笔，今则需五六文矣。"鸡毛笔算是高档笔，普通的羊毫、狼毫，当为廉价之品。

无论是明代还是清代，普通工人的月钱应该在一两至二两之间，较为稳定。康熙九年，两河工程所给夫役工食每天为银四分，合四升米。乾隆十五年永定河工是每夫一升米，折给制钱10文，另加盐菜钱五分。乾隆十八年挑木打炭和烧火砍柴的佣工每天工钱也是15文。

袁逸《中国古代的书价》（《图书馆杂志》，1991年第4期），有"清代的书价也大致与明代持平，平均每册均在三钱银子左右。如嘉庆十年刻印的《唐才子传》一部二册，每部计银六两。嘉庆十八年刻印的《三经音义论孟孝经》，一部一册，售价三钱二分。其时米价约每两银八十斤米，每册书的价值约在二十四斤米价左右。而清代一个七品知县的薪俸为每月八两银，约可购书二十七册。若要购买当时出版的大型工具书《佩文韵府》，每部十二两四钱六分银，则须支付一个半月的薪金。当时一个普通的政府文书人员月薪一两八钱银，除了应付日常的吃穿用外，再拿余钱去买书则是十分困难的"。

总之，书价之高低，和成本有着极大的关系：书稿完竣后，由书籍刊刻的书坊为之，或请技工至宅，一般来说，写工、刻字工、印工，乃至成页后的折页、分书、齐栏、添副页、草订，外加书衣、截书、打磨、包角、订眼、穿线、贴签等都是不可或缺的工序。至于雕版用的木料，如梨木、如枣木、如杂木，及纸张的优劣，或是有绘图的书，册数的多寡等，选择不同，成本都会相应增损。其他因素如地域的环境、交通（陆海）便利与否、丰年灾年兵燹等，都影响着书的价钱。

我似乎记得叶昌炽的日记中也记有书价，但无暇再觅。我不仅没有时间，也没有本事去做书价的研究，只能罗列点材料，供有心人省却点工夫。但我相信，总的来说，书价并不便宜。一般的读书人亦苦于无钱买书。下面三例文人之诗述及购书之苦衷及无奈，或可见一斑。

清鲍钤《道腴堂诗编》卷二十九有《购书诗》，云："俸钱苟有半年储，喜购从无触手书。力学何妨从政后，遂心不异服官初。漫留尘牍污襌暉，顿释烦襟整部居。三十年来多未见，一床堪傲子云居。"

马镇为长洲人，其《半间云诗》有《无钱买书叹》一首，云："生不恨书无，满腹囊无钱。但恨秦火烧之烧不完，使我耽此空流涎。又恨世人有钱不善用，半为花输半酒俸。平生挥霍如土泥，张目不知汉唐宋。吁嗟乎咄哉，倾箱倒箧无长物，水衡可借口还吃。琅嬛福地哪许寻，捃摭残编辨屡屈。凿壁余光光虚照，负此三余堪一笑。天公何故置我不农不士不工间，便欲呼天叩天发大叫。天公笑谓尔有读书志，使尔他生化作白蟫鱼，食尽三千神仙字。"

还有一位管庭芬，他自作《典衣买书歌》，云："天涯有客芘湘子，青山懒隐隐村市。贫居陋巷无所求，愿与史籍同生死。既耕还读甑屡虚，仰天狂笑心不舒。天生我材必有用，供我岂乏今古书。……缊袍挂体春衣间，呼童且质钱刀还。奇文换得自欣赏，绝胜梦游琅嬛间。"看来纵有喜书之读书人，苦于囊中羞涩，亦只能对此发点牢骚，吐吐苦水了。

然而，书价无论高低，对于贫寒之士来说，还是买不起的，他们只能通过借书抄书来解决读书求知的需求，这也是造成清代抄本较多的重要原因。贵州著名诗人郑珍，同治二年（1863）时，年58岁，在郡城书院任职，月薪仅斗米，莫能养家，借贷过活，数月不知盐味。次年九月即病逝。可想而知，郑珍应是望书兴叹之一人。

明代部分 2010 年 4 月 18 日初稿

2015 年 7 月 1 日修订

2016 年 12 月 26 日定稿

清代部分 2009 年 12 月 20 日初稿

2010 年 4 月 11 日补充

2015 年 2 月 6 日再修改定稿

2018 年 1 月 12 日定稿

　　注：一两白银大约可换到 1000—1500 文铜钱。由于古代中国银子缺乏，银子的价值很高。正常情况下，一两白银可换到 1000—1500 文铜钱，古时通常说的一贯钱或一吊钱就是 1000 文。一两银子等于制钱 1200 多文（清初以前）到 3000 多文（清道光以后）。而直到清末，一斤（相当于今 1.2 市斤）猪肉只要 20 文钱，一亩良田只要七至八两银子或者十二三个银元。

"梨枣灿春云"——说雕版书的版片

当您摩挲宋元明清各朝刻本时，是否想到您拿在手中的书，在刷印竣工付诸装订之前，它的"源"究竟是怎样的一种状况？也就是说，由最初时的光板，经过刻字工匠镌刻竣工后的书版，着墨刷印的书版以至书版的质料、价钱、易得与否，包括后来的保存、毁亡等？

我曾查阅《中国雕版源流考》《中华印刷通史》等书，谈及书之版片的章节似乎没有，其他有关版本学著作也多简单叙述，也有筛眼走漏的，因此，此可作为一个题目来叙说。

什么是雕版

中国早期的印刷是将图文刻在一整块木板或其他质地的材料上，然后在版上涂加调好的墨汁，铺上纸，用细料棕刷均匀刷之，这种方法，称为雕版印刷。也有作"刻版""印板"的，指用木版刻成印刷的底板。朱熹《书〈楚辞协韵〉后》云："始予得黄叔屋父所定《楚辞协韵》而爱之，以寄漳守傅景仁，景仁为刻板，置公帑。"《五代会要》卷八《经籍》云："后唐长兴三年二月，中书门下奏，请依石经文字，刻《九经》印板。"《朱子语类》卷二十七《论语九》云："我只是一个印板印将去，千部万部虽多，只是一个印板。"然而，现代的雕版印刷技艺，已成为一项传统手工技艺，大致上分为策划（备料）、雕刻、刷印、装订，共有三十多道工序。

雕版印刷，是中国，也是世界出现的最早印刷形式。雕版的名目繁杂，据《书林清话》"刊刻之名义"云："刻板盛于赵宋，其名甚繁，今据各书考之：曰雕、曰新雕、曰刊、曰新刊、曰开雕、曰开板、曰开造、曰雕造、曰镂板、曰锓板、曰锓木、曰锓梓、曰刻梓、曰刻木、曰刻板、曰镵木、曰绣梓、曰模刻、曰校刻、曰刊行、曰板行，皆随时行文之辞，久而成为新语。"除此之外，亦有特例，往昔，津尝见美国国会图书馆藏宋刻《万寿大藏》本《大般若波罗蜜多经》(存一百九十三)，刻工名后有将"雕"字写作"刁"字者，作"刁"或为同音简写。

张元济序《宝礼堂宋本书录》云："越八百余年，而雕版兴，人文蜕化，既由朴而华，艺术演进，亦由粗而精。故昉于晚唐，沿及五代，至南北宋而极盛。西起巴蜀，东达浙闽，举凡国监官廨、公库郡斋、书院祠堂、家塾坊肆，无不各尽所能，而使吾国文化，日趋于发扬光大之境。"又云：雕版"莫如木、若梨、若枣，取用尤繁，故当时所称曰'锓板'、曰'锓梓'、曰'绣梓'、曰'刻板'、曰'镂版'、曰'雕造'、曰'模刻'、曰'板行'，无不与木为缘，揆其功能，实远出范金合土之上。维时剞劂盛行，上下交励，其敕刊诸书，有督刊诸臣、管干雕造官者，无论矣，即诸路军州所刊官本，如绍兴十七年黄州刊王黄州《小畜集》，有监雕造右文林郎军事推官宗亚昌、右文林郎军事判官王某二人。嘉泰五年吉州刻《文苑英华》，提督雕造者为成忠郎新差充筠州临江军巡辖马递铺权周少傅府使王思恭。余尝为涵芬楼收宋镇江本《说苑》，卷末有'咸淳乙丑九月乡贡进士直学胡达之视役'一行。又明覆宋括苍本《沈氏三先生集》，卷末有'从事郎处州司理参军高布重校兼监雕'一行。督责既严，工技自进。

下逮临安陈氏、建安余氏，鬻书营利，亦靡不各炫己长，别开风气，鸿编巨帙，雕镂精严。其最可取法者，举每叶大小之字数，列本版起讫之岁时，而镌工姓名，一一标载。此可见责任之攸归，自不肯苟焉从事也"。

雕版所用的材料

中国雕版，多用梨木或枣木，故以"梨枣"为书版之代称。清顾炎武《亭林文集》卷三《答曾庭闻书》，云："《音学五书》四十卷，今方付之剞劂，其梨枣之工，悉出于先人之所遗，故国之遗泽，未尝取诸人也。"清方文《赠毛卓人学博》诗云："虞山汲古阁，梨枣灿春云。"又或作"枣梨"，清周亮工《尺牍新钞·王士禛与程昆仑书》，云："（林茂之）诗自万历甲辰末付枣梨，茂翁贫且甚，不能自谋版行，行恐尽沦烟草。"林树梅《说剑轩余事》云："刻书须用全块干净正红梨木板，盖红梨纹理缜密，耐久不坏；白梨则松脆，易于蠹朽也。"

过去常以"付诸梨枣"，指代"刻书"，是因为古人认为梨木、枣木是最佳的刻版材料。除梨木、枣木外，江苏、浙江一带又有用白杨木与乌桕木刻书的。胡应麟《少室山房笔丛》云"今杭本雕刻时，亦用白杨木，他方或以乌桕板，皆易就之故也"。另外，皂荚木、黄杨木、银杏木、苹果木等也时有应用。这些树木硬度适中，耐印率高，纹理细密，质地细匀，易于雕刻，干湿收缩不大，吸墨与释墨性均匀。而且资源丰富，各地均可就地取材。然松木等针叶树类，虽木料纹理较直顺，但由于木料中含有难溶于水的树脂，不易着墨，且易变形，一般不予采用。

不少旧时古籍的记载中，福建地区书坊多用榕木来锓版，清施鸿保《闽杂记》载："麻沙镇……地产榕树，质性松软，易于雕版。宋时镌书人多居此，故世称其书为麻沙本。"清陈寿祺《左海文集》亦云："建阳麻沙之刻，盛于宋，迄明末已，四部巨帙，自吾乡锓版，以达四方，盖十之五六。"即其刻书之多，贩书之远，可见一斑。《朱子大全》中之《嘉禾县学藏书记》有："建阳麻沙本书籍，行于四方者，无远不至。"

但麻沙本时遭文人之不满，盖因书版差劣。《五杂俎》云："建阳有书坊，出书最多，而纸板俱最滥恶，盖徒为射利计，非以传世也。"其雕版不工的原因在于：一、出书多，难免遗误，盖多则不精。二、产榕多，虽便于雕刻，而板每苦薄脆，久而裂缩，字渐失真。此闽板受病之源也。

然"地产榕树"，以榕木制成版片刻书之说似可商榷。早在20世纪70年代末，林列即有文论及榕树和麻沙本没有什么关系，他的依据是：宋淳熙梁克家《三山志》载榕树"州以南为多，至剑建则无之"。即在宋朝，榕树以福州之南为多，到了南平、建宁二府就没有榕树了。明万历何乔远《闽书》也记载："此树生至福州而止，故福州号为榕城。谚云，榕不过剑。"这就进一步地说明到了明朝，南平以北仍然不产榕树。麻沙在刻书的全盛时期不产榕树，就是现在，在麻沙及其附近，也见不到榕树。当地不产，就千里迢迢，从闽南、福州北运，这既不可能，也无必要。因为在古代的交通条件下，如从外地长途运入，必然提高雕印图书的成本，麻沙就成不了"图书之府"。

麻沙周围，苍山如海，樟、梾、水冬瓜、檫柳、楮、楠、山杨梅等颇多，诸多杂木，任凭选用，完全不必弃近就远。如樟，在建阳、建瓯、崇安一带就很多，如今仍然到处可见。《三山志》对樟树也有"肌理细润，可雕刻及造舟"的记载。清郭柏《闽产异录》记载，如梾，"乃山檎，梨之生山中者，可以制品，亦可以刻书"；如水冬瓜，"质松可刻字"；如檫柳，"刻书易蛀"，可见亦可刻书。而这些树木，麻沙及其附近都有出产，都可以作为书版材料。（林列：《谈两点对麻沙本的看法》，《福建省图书馆通讯》，1980年第1期）

中国现存最早的版片，今藏美国纽约公共图书馆，为北宋佛经雕版一块，有冯汝玠跋。冯跋云："隋时已有雕版，世无传本。惟敦煌石窟所存宋时刻经，有翻雕隋板印记。复有木雕经板，亦同发见于世，其制有柄。此板出巨鹿，字体与石窟所存之板相似，尚无宋书板气味，当是北宋时刻。宋椠书世传尚多，宋雕板则绝无仅有矣。往岁在余斋，今归受乙残斋，因为题识。乙丑秋，志青冯汝玠书于玺斋。"冯汝玠，字志青，浙江桐乡人。辛亥革命前任职清廷海军部，民国后曾任北京大学教授，是研究金石文字的专家。（图已拍照，此段记载见艾思仁（Soren Edgren）编 *Chinese rare Books in American collections*，59页）

版片的不易得及其价格

木材品种多样，特性也不尽相同，其中梨木最为首选，软硬适中，切面光滑，纹理细密。梨木虽是刻版的上好材料，但并不是想买就可以买到的，徐康《前尘梦影录》卷下云："《云栖法汇》三十三册，原板已失，近许中丞乃钊、吴方伯在籍，与粮道如公山三人，发愿以原书翻刻。奈梨板不易购，及至书成刷印，许吴二公先后归道山，如公亦升长芦都转，三人皆未及目。"所以，刻一部书不容易，许乃钊等三人都是官家，许又是道光十五年进士，官至江苏巡抚，应有平常百姓不及之便利，然而还是未能寓目。难，竟难在"梨板不易购"。

刚才是官宦人家"梨板不易购"，下面请看朝廷的例子，仍是关于梨木板的，且早了百多年。乾隆元年二月十七日，和硕庄亲王允禄奏并请旨："雍正十三年二月内臣遵旨议奏刊刻藏经一事，原议刊刻藏经板片，因尺寸厚大京师难以采买，请交直隶、山东地方就近采买等因。臣议得刊刻藏经一部，用长二尺四寸，宽九寸，厚一寸一分梨木板约计七万三千一百余块，每块并脚价约用银三钱二分，请内务府人员派出老诚谨慎者，往直隶、山东，照依彼处时价采买。奉旨：知道。钦此。臣随派内务府员外郎常保、李之纲、内副管领六十八、岱通并发给内雇银共七千两，前赴生产梨木地方购买，迄今将近一年，仅得梨木板一万余块，除员外郎常保所办板片已经照数交纳外，其员外郎李之纲、内副管领六十八、岱通承办日期已久，而所买板片仅交十之一二，以致不敷工程应用，难免迟延之咎，其未交板片，令其作速交纳外，请将承办之员外郎李之纲等，交与该处查议。中略伏查直隶、山东约有二百四十余州县，请将此项板片，交与直隶、山东督抚，分给出产梨木各州县，照时价采买，不令刻扣民间，亦不使钱粮浮费，此项价值令酌量暂动该地方钱粮，俟板片解齐之日，由臣衙门详细核算，将内库银两补给。"（《清内府刻书档案史料汇编》）

雍正十三年，朝廷就近采买梨木板约计七万三千一百余块，但将近一年，仅得梨木板一万余块，各方承办仅交十之一二，可见此事不易办，所以只得交与直隶、山东督抚亲自督办了。下面三则史料都是作为"政治任务"交办的，非如此，内府刻书之"大局"必受影响。

乾隆三十七年十月，上谕：现在需用刊书梨板约计五六万块，若于京城就近采买，恐难如数购觅。着交直隶、河南、山东三省督抚，饬令出产梨木之各州县，照发去原开尺寸，检选干整坚致合式堪用者，即动支闲款，悉依时价公平采买，亦不必一时亟切购足办解。着三省各先行采办三百块解京，以备刊刻之用。但不得混杂翘裂肿节潮湿等板，以致驳换稽误。……板片尺寸，每块净长二尺，宽六寸二分，厚一寸四分。今采买应每块酌量加荒，以便剞刨做细。

乾隆三十七年十二月十三日，直隶总督周元理奏：敕令采办刊书梨板，先办三百块解送应用。兹据委员及各该地方官选择坚实树株，公平给价采买，并无丝毫勒派滋扰。照奉到所开尺寸厚薄，酌量加荒，锯就梨板三百块，经臣逐一亲加挑验，均系干整坚致，并无翘裂肿节潮湿之处，随即备咨委员解送内务府查收备用。其价值每块实用银四钱五分，委无浮冒。

乾隆三十七年十二月十九日，河南巡抚何煟奏：窃臣于本年十一月十七日钦奉上谕，需用刻书梨板约计五六万块，交直隶、河南、山东三省各先采办三百块解京。等因……当即飞饬出产梨木各州县，照依颁发尺寸，星速办解，并恭折覆奏在案。兹据布政使张镇详，据祥符等属如式办齐梨板三百块，均属干整坚致，合式堪用，饬委巡检丁祚梁解送等情。现饬该委员即日领解起程，赴内务府交收。至梨木惟秋冬收脂之时，采买锯板，方得平整不翘，一交春夏，难免翘湿。所有其余应办板片，仍令出产各州县随时预为妥协购办，以备将来陆续解送。

梨木难得，枣木也不易得。康熙五十一年八月初七日，和素、李国屏谨奏：刊刻《热河三十六景》，枣木板才可用。略算之，一个人二十天左右可刻一块。再，现找得之枣木板虽长宽尺寸勉强够，但潮湿，干后方可刊刻。若干，需十几日。我闻得穿山甲、川胶放入水中，煮二三日，放阴凉处晾干，干得快，亦不易裂。营造处来我材料处查找，未找到干枣木板面，现将找到之枣木板煮之，干后再看。清内务府造办处档案记载中也说：枣木木性有松紧，版片有新陈燥湿不等，又非一时刊完，其先刻得之版，已经搁放有势致抽缩。武英殿遂对其板片内有抽缩者，用水浸泡，使其展放。

由此可见，无论梨木、枣木之木板选用，质量必须保证，还要附带各种条件进行操作，方不变形，这几种方法也是民间匠人经验之积累。

梨木板的价格也是有迹可寻的，乾隆元年的价格可见上文，此外，我所查到的材料是：嘉庆五年十月十九日，武英殿修书处官员为呈明酌定采买物料价值事。不同尺寸的木板有不同的价格：一种是长二尺二寸，宽九寸五分，厚一寸梨木板，每块银一两二钱八分；第二种为长一尺四寸五分，宽一尺五分，厚一寸梨木板，每块银五钱二分；第三种为长一尺一寸五分，宽八寸五分，厚一寸梨木板，每块银一钱六分八厘；第四种为长一尺，宽八寸，厚一寸梨木板，每块银一钱五分二厘。

而五十年后的咸丰年间，梨木板每块长一尺一寸五分，宽八寸五分，厚一寸，时价每块需制钱五百文。到了光绪间，梨木板每块长一尺一寸，宽八寸五分，厚一寸，时价每块一钱九分三厘。此外，梨枣之木板应比一般书版价为贵，盖因难得也，于此想到的是，一般书坊刻书为了降低预算，当取他木为之，理论上应是不大会用梨枣之木做书的。

在明代末年，书版的价格每块银钱四分，这可见于明代万历至崇祯年间所印的《径山藏》零种上，如明崇祯十六年（1643）常熟毛晋刻《佛说辟除诸恶陀罗尼经》一卷，其卷末记："共板一块，计工价钱四分。"同年毛晋又刻《佛说钵兰那赊嚩哩大陀罗尼经》一卷，其卷末记："共板二块，计工价钱八分。"又同一年泰和杨仁愿刻《佛说持明藏瑜伽大教尊那菩萨大明成就仪轨经》四卷，其卷末记："板二十八块，工价钱一两一钱二分。"同年杨仁愿又刻《佛说初分说经》二卷，其卷末记："共板十二块，工价钱四钱八分。"同年杨仁愿再刻《佛说大乘随转宣说诸法经》三卷，其卷末记："板十七块，工价银六钱八分。"这里所说的木版，并未说明是什么木料，但一定不是梨木或枣木。

一块书版，可作单面镌刻，也可双面刻梓，后者物尽其用，可降低成本。双面刊刻者，元冯福京《昌国州图志》七卷，福京跋后有字数行，云："《昌国州图志》板五十六片，双面五十四，单面二，计印纸一百零十副。"又《千金要方》九十三卷，唐孙思邈撰，明嘉靖乔世定小丘山房刻本，此本卷末有刊记，云是书计一千二百七十六张，双面板六百七块，丹面板六十二块，千帖板一块，共板六百七十块。咸宁县刊字匠胥文堂、胥廷季；刷印匠段朝奉。按，此云"张"，当指刷印之页。双面板，为在一块木板之正反两面刻字。丹面板，则为单面刻字之板。千帖板，乃指刷印书签的印版。

清康熙四十五年刻递修印本《宋宗忠简公全集》十二卷首一卷末一卷，其卷末附录刻："此集重样成于康熙四十五年十一月，统计版三百一十四块，字两面。"又据康熙五十二年五月十九日，和素、李国屏谨奏：由经板库查出带来之《文献通考》《诗文类举》《五经大全》《诗书大全》，板内有两面刻者，也有一面刻者。又如嘉庆十一年十二月二十三日，武英殿收到西江总督铁保呈进《康熙朝雅颂集》板一千七十七块，亦双面刊刻者。据今天看到的实物，双面刊刻者居多。

清末台湾所修《淡水厅志》亦双面雕梓，时由台湾板桥林家捐资雕版，计有二百二十版，四百四十页。后板片由林家保存，再于战后捐赠台湾省文献会（今国史馆台湾文献馆）。按，台北"国家图书馆"亦有数版，为方豪教授购入捐赠。

版片的流通与转让

一部书的刷印，是由多块雕版合之方能成书，如《白鹿洞书院新志》八卷，明李梦阳撰，明嘉靖刻本。是书卷八《书籍志》云："《新志》板八十七片，提学副使李梦阳刻；《重修新志》板一百零三片，提学副使周广刻。"又如《四书朱子语类》三十八卷，宋朱熹撰，清张履祥、吕留良辑。清康熙四十年（1701）南阳讲习堂刻本。卷三十八后有牌记云："右《四书朱子语类摘抄》，凡三十八卷，计具六百二十二版，康熙辛巳南阳讲习堂校刊。旌德汪乘六缮写，刘子礼镌。"

然而一部书的雕版有多有少，现知雕版最多的是《乾隆版大藏经》，此大藏计七千一百六十八卷，共收录经、律、论、杂著等一千六百六十九部，共享经版七万九千零三十六块。其藏编刊工程浩大，负责其事的官员、学者、高僧等达六十余人，监造人员八十余人，还募集刻字、刷印和装帧等优秀工匠八百六十余人，始刻于清雍正十一年（1733），竣工于乾隆三年（1738），历时六年完成。据《清内府刻书档案史料汇编》乾隆三十三年十二月二十八日："武英殿修书处为移咨事。本处为进呈《华严经字母》折奏内称：伏查，《大清龙藏经》共刷印过一百四部，内装订十一部，雍和宫等处供奉九部，赏给庄恪亲王、和亲王各一部。未装订九十三部，内礼部存贮一部，京城内外并直隶各省寺庙颁发过九十部，武英殿现存二部。"当年所印一百四部，多颁赐各地神院，此后至民国年间，又陆续刷印了数十部，共印行一百五十余部。自宋至清，大藏各代都有，唯《乾隆版大藏经》经版保存至今，2009年的调查结果为：经版存六万九千四百十块，佚九千六百二十六块，现在经版已存放至现代化的文物库房，佚失及损坏的板片已补齐并修复。

书板也是流通之物，属有价商品，互通有无。如《津逮秘书》十五集一百四十一种七百四十八卷，明毛晋编，明崇祯常熟毛氏汲古阁刻本。此书先是胡震亨辑有《秘册汇函》，刊未竟而毁于火，残版为毛氏汲古阁所得，乃增辑为《津逮秘书》。《津逮秘书》凡版心书名在鱼尾下者，皆《秘册汇函》之旧，书名在鱼尾之上，而下刻"汲古阁"或"绿君亭"字样者，皆毛晋所增。然也有出其外者，如《搜神记》等书，卷后有毛晋跋，此当为书贾以《津逮秘书》之零本，选其无汲古阁字样者，以充《秘册汇函》，盖因《秘册汇函》传本罕见也。

这些都是大部头书，而刻单册数函者的版片收购、转让就更多。试举例如下：明马世奇的《澹宁居文集》十卷，清乾隆二十一年（1756）周原溥刻本。马世奇，嗜学有文名，崇祯四年进士，官至左庶子，砥砺名行，都城陷，肃衣冠捧所署司经局印，望朝廷拜毕，自缢死。赠礼部右侍郎，谥文忠。（乾隆）《无锡县志》卷三十一"忠节"有传。吴培源序云："吾邑先贤马文肃素修先生，当前明末造，从容就义，身殉国难，固已彪炳史传，光日月而泐金石矣。其旧刻《澹宁居诗古文集》梓行未广，历今百有余年，后嗣式微，板片零落，几至废失。周子于京大惧先贤遗集之失传也，出赀购买遗版，刷印校雠，志欲补其残缺，悉心访求而诗板得全。"

《居易堂集》二十卷，清徐枋撰。清康熙刻嘉庆二十年（1815）鸢湖赵氏得版重印本。此本有嘉庆二十年赵筠"得居易堂集板序"，云："其所刊《居易堂集》者，世闻但有印本，而版不知所在，岁月寝久，麻沙零散，询诸坊人，卒亦邈不可得。板初刊在烂溪潘氏，潘氏中落，辗转失守。今年冬，偶过亲旧家，见有捆束尘积，若庋阁数年不一动者。视之，《居易堂集》也。余亦不暇详所繇来，亟购之归校，以原印之本，板凡缺佚者若干，蚀损者若干，修合完整，弆藏于家，亦以谢潘氏责也。"所以，版片是可以流通的，是可以通过买卖而取得书版再予以刷印，以延其一脉。

书版流通，多为后人得版重印，既可为古书作续命汤，又可继续嘉惠学林。荥阳悔道人辑、顾湘参校的《汲古阁刻板存亡考》，其中有一种记录为板片流通之证。《八唐人集》，"板向为山东赵秋谷先生以白金二百易去，今板现存益都赵氏。常州臧在东曰：余在山东毕中丞节署时，偶游济南书肆，见新印《八唐人集》，字迹完好，与初印书相去不远"。赵秋谷，即赵执信，康熙十八年进士，由此可见赵氏得此版重印，且与明末毛晋汲古阁原刻"相去不远"。

至于雕版转让、出借例也有所见，如清末南京李光明庄曾从金陵书局购得不少板片。而于光绪二十年以后，李光明庄经营日渐困难，曾转卖《礼记集说》板片给镇江文成堂。文成堂印本版心将"李光明庄"改为"文成堂庄"，并亦有未及剜改者，此书今在台湾东海大学图书馆。又李光明庄曾出借板片给扫叶山房。

而书贾得版重印例甚多，民国间的上海、北平、苏州都有操此业者。蒋凤藻辑《心矩斋丛书》印行未广，世或未尽见，1925年，苏州江杏溪文学山房得是刻之板片，整理残缺，得书七种，即再刷版印行，以广传播。七种为洪颐煊《汉志水道疏证》四卷、文震孟《姑苏名贤小记》二卷、邵晋涵《南江札记》一卷、沈钦韩《苏诗查注补正》四卷、严可均《铁桥漫稿》八卷、桂馥《札璞》十卷、孙经世《经传释词补》五卷。江杏溪于此得版重印本又刻上"吴县江如礼杏溪鉴考书籍印""吴县江氏文学山房珍藏之印"。

另有一例说明假借名人作序官司败诉，导致的结果却是毁版。缪荃孙《艺风堂文别存》卷三"有学集跋"，有云："牧斋尚书《初学集》一百十卷，瞿忠宣公为刊于崇祯癸未。入国朝，所撰未刻稿手编五十卷本《初学集》，旧例名曰《有学集》，在从孙遵王处，流传于无锡邹流漪，漪刻于康熙甲辰，是第一刻也。邹又刻吴梅村《绥寇纪略》，借名吴伯成兴祚序。伯成控诸有司，至毁其版，此集遂同毁矣。赵刻《敏求记》，假傅王露序，亦经官毁版。"邹为邹式

　　　　　　　　　　　　　　　　　沈津自选集

金，邹刻即清康熙十三年邹式金刻本。赵刻《读书敏求记》，为清雍正四年赵孟升松雪斋刻本。

版片保存难有百年长守之局

但以时间上看，各种图书和书版一样，均难有百年长守之局。以明末清初毛晋汲古阁而言，当年刻书之多非晋莫属，然时过境迁，晋刻精本之品，却为后人作薪炊之物。传晋孙不知何名，性嗜茗饮，购得洞庭山碧螺春茶，虞山玉蟹泉水，独患无美薪。因顾《四唐人集》板而叹曰：以此作薪煮茶，其味当倍佳也。遂按日劈烧之。《四唐人集》即《唐人四集》十二卷，为《歌诗编》《唐英歌诗》《唐风集》《窦氏联珠集》，中《唐英歌诗》一种最为善本。所以晋之不肖孙竟以版片作薪，那不仅是蠢人，而且是有意去毁灭文化，后人是再嗟乎慨叹都无济于事了。

我没有去统计过，也不可能去统计出在过去的宋、元、明、清各朝代共刻过多少种书，但是在各种刻本中，无论是官刻本、家刻本，还是坊刻本，那么多刻本的木版都到哪里去了，这或许是许多人想知道的问题。我相信，大量的书版都是因兵燹之因，政治之因，以及回禄之灾。

对于书来说，历代的兵燹，是其损失之主因，那是因为历代的战争中其所遭受的焚烧破坏最大。明谢肇淛《文海披沙》卷六序《物聚必散》云："大凡尤物，聚极必散，毋论货财，即书画器具，裒集甚难。而其究也，或厄于水火，或遭于兵燹，或败坏于不肖子孙，或攘夺于有力势豪。"黄俞邰有《征刻唐宋秘本书例》云："大梁周子梨庄栎园司农长公，世以书为业，嘉隆以来，雕版行世。周氏实始此事，游宦所至，访求不遗余力。闽谢在杭先生，万历中钞书秘阁，后尽归司农。两遭患难，数世所积，化为乌有。"

中国的释家类宋代的大藏，传世至今，没有一部是全帙，无论是《契丹藏》

（五千四十八卷）、《万寿大藏》（六千四百三十四卷）、《毗卢大藏》（六千一百十七卷）、《思溪圆觉藏》（五千四百八十卷）、《思溪资福藏》（五千七百四十卷）全部是残本。至于第一部雕版的佛教大藏经是《开宝藏》，五千四十八卷，于开宝四年（971）宋太祖敕高品、张从信在四川益州开雕，至太平兴国八年（983），费时十二年，版成，计计十三万块，量可谓大焉。雕版竣工后，经版存于开封。然而金灭北宋时，开封惨遭洗劫，所有经板全部亡佚，而原本经卷，今也仅存十余卷而已。

宋蔡襄的《宋端明殿学士蔡忠惠公文集》三十六卷，有《别纪补遗》二卷，明徐㸞辑，清雍正十二年（1734）至乾隆五年（1740）蔡氏逊敏斋刻本。《别纪补遗》谢肇淛序云："先生有集，向行于世，自莆阳兵燹之后，梨枣为灰，余足迹半天下，觅之不得也。"又明崇祯十二年（1639）左光先刻清康熙李荣芳修补印本《宋李忠定公奏议选》十五卷，此本李荣芳识语云："其子又玄，继成厥志，镂版藏家，洊经兵燹，原版残失过半。"一场兵火焚掠之后，藏书家所有奇书秘册，顿时灰飞烟灭，其中应有大量私家坊间刻书的版片。

《清稗类钞》鉴赏类中有一例，说的是清道光间潘仕成所辑《海山仙馆丛书》，雕刻极精，以善本著名南中。然禁烟一役，法国侵略者兵陷粤城，全书板片均为法人所掠，与军用品物随舶西运，今存于巴黎博物院。

书的最大敌人是火灾，书版也如是，一把火烧起来，涉及之处，毫不留情，全部毁灭。福建印书事业，经南宋极盛之后，至明其业渐替。《归田琐记》卷三记载了弘治十二年十二月，建旧书坊街大火，古今书籍书版被毁之事，云："弘治十二年，吏科给事中许天锡言，'今年阙里孔庙灾，迩者福建建阳县书坊被火，古今书版，荡为灰烬。上天示戒，必于道所从出，文所萃聚之地，乞禁伪学，以崇实用'云云。"《竹间十日话》也载此事："弘治十二年十二月初四日，将乐大火，直至初六，郡署庙学延烧二千余家，建阳书坊街亦于是月火灾，古今书版皆成灰烬，自此麻沙板之书遂绝。"《闽杂记》载弘治十二年，给事中许天锡言……今则市屋数百家，皆江西商贾，贩鬻茶叶，余亦日用杂物，无一书坊也。明代建阳县内之书坊，一家挨一家，鳞次栉比，而祝融肆虐，损失不可估量。

清咸丰二年重刻乾隆刻本的《淮安府志》有陈琦序，云："《淮安》《山阳》二志，版存三台阁，嘉庆乙亥年，寺僧不戒于火，板片煨尽。"又杨庆之序亦云："吾郡志书，自卫郡伯修后，板藏吾邑三台阁，乙亥岁毁于火。"看来，书版在寺庙也不保险，一个不小心，全数尽付祝融了。

书籍的版片，在流传过程中，有一个方面值得引起注意，那就是在特定的政治环境中，被人为地扼杀，被大量地毁掉。乾隆七年正月初八日，湖广总督孙嘉淦谨奏，为销毁谢济世著作及板片事。当时上谕有："朕闻谢济世将伊所注经书刊刻传播，多系自逞臆见，肆诋程朱，甚属狂妄。尔等可寄信与湖广总督孙嘉淦，伊到任后，将谢济世所注经书中有显与程朱违悖抵牾，或标榜他人之处，令其查明具奏，即行销毁，毋得存留。"孙嘉淦即遵旨办差："将查取到谢济世所注经书一百五十四本，刊板二百三十七块，悉行焚毁。再饬湖南藩臬两司并严饬谢济世将已经刷印送人之书，悉行查出，陆续追取销毁，毋得存留传布。再谢济世为人朴直，颇知自爱，其居官操守甚好，奉职亦勤，诚如圣谕，可保无他。"最后朱批："所办甚妥，止可如此而已。"谢济世，字石霖，号梅庄，全州人。康熙进士，授检讨，雍正间官御史。直声震天下，以劾田文镜遣戍，又以注释《大学》不宗程朱，坐怨望论死。得旨宽免。高宗登极，授湖南粮道，复坐事解任，事白，改授驿盐道。

销毁谢济世著作及版片之事，只是一个前奏曲而已，到了编纂《四库全书》时，那就成了一场政治运动了。乾隆三十九年八月卯上谕明言："明季末造，野史甚多，其间毁誉任意，传闻异辞，必有诋触本朝之语。正当及此一番查办，尽行销毁，杜遏邪言，以正人心，而厚风俗，断不宜置之不办。"后来由军机处、四库馆分别令各省随意收缴，前后近二十年。毁去图书三千余种六七万部以上，种数几与《四库全书》收书相埒。

版片收缴后的结局

收缴过程中，殃及池鱼并接踵而来的则是作者著作的书版。《清内府刻书档案史料汇编》中的十余例，都是乾隆年间的，兹列出数条，以见一斑。

三十九年十一月三十日，湖北巡抚陈辉祖奏。臣于现在缴到书内，检查得《博物典汇》一部、《前明将略》一部，其中竟有悖逆不经之语。谨将原书二部封固进呈，请旨销毁。但该二书既镂有板，此等鸱鸣狂吠，岂容潜匿流传，臣一面通饬各属，再行详查，并分咨各省，如有前书及板片尽数销毁。朱批：知道了。

同日，安徽巡抚裴宗锡奏。《田间诗集》《田间文集》《香雪庵集》《一木堂诗集》《洁身堂文集》等，俱有诋毁、触碍、讥刺语句，惟各项书籍均经刊板，此等悖逆伪妄板片，断不容其存留，贻惑后世。务期必获，尽行销毁。

四十年四月十四日，江西巡抚海成奏。新城县查起应毁《孔正叔文集》书版九十四块、金溪县查起《明纪编年》书版一百四十四块，一并解送军机处。

四十年五月二十二日，浙江巡抚三宝奏。起出《几亭丛书》书版一副计八百九十一块、《古处斋诗文集》书版一副计二百块、《通纪会纂》书版一副计一百三十八块。共一千二百二十九块。

四十年六月初二日，两江总督高晋奏。又起到《阐义》等书版八种，计五千七百四十九块。

四十一年二月二十九日，河南巡抚徐绩奏。李贽《焚书》一部，令舒赫德缴送应毁书籍及版片到京。

四十一年四月十六日，湖南巡抚觉罗敦福奏。《独秀轩集》一部，查此书系湖南长沙府攸县人胡作传著。内有《旗下山》《菩萨衫》诗二首，语含讥刺。系胡作传族孙胡环水缴出，应行销毁。随查据县民胡成兴缴出不全板片二百一十四块，据胡成兴供称，伊故父胡虔占于乾隆十八年间，见胡作传幼孙胡绍言将书版做柴煮饭，用米数斗换回，查点缺失过半，是以未经印刷，今已尽数缴出，并无藏匿。现在胡绍言亦已病故，再四驳查，实无遗漏。谨将查出书板，遵旨解交军机处销毁。

四十一年十一月初四日，江西巡抚海成奏。查获《肖九生集》书版四百二十五块、《已吾集》书版一百二十五块、《壶山集》书版三十一块，一并附解军机处。

四十二年八月二十二日，高晋奏。江宁县缴到《鸿书》书版八百八十块，不全、《尺牍新钞》抽板六块、《金堡文集》书版十二块等，八种计九百二十二块。

四十四年七月初九日，两江总督萨载奏。又《别裁集》等书二千二百三十二部，又《天佣子集》等板九副，共一千四百二十六块，呈请奏解前来。分别装箱，管解进京，送军机处查收办理。

四十四年七月十二日，江西巡抚郝硕奏。所有已经奏明应毁之书，其印本板片严饬各属设法收缴。先于上年八月间，解过书五千八百二十九部，板一百六十七块。自上年九月至今，据各属陆续呈缴到局书五千六百七十二部，计二万六千九百八十八本，又板片二十二种，计四千三百八十六块。分别装箱，委员解交军机处查收，请旨销毁。

四十六年二月十二日，直隶总督袁守桐奏。奉上谕：阅奏缴销毁书籍内，有河南省解到之明仁宗所制《天元玉历祥异赋》及不知撰者名氏之《乾坤宝典》二种。此等天文占验、妄言祸福之书，最易淆惑人心，自未便存留在外。恐各省查办，未能搜查净尽，着传谕各督抚，令其详悉收缴解京，并查明有无板片，一并解送销毁。将此谕令知之。

当年收缴到的"违碍书籍"，由于实在太多，又经各省督抚分起送到，向例俱交存方略馆，但箱捆为数甚多，房屋已不能容，多系于院子内堆积，官员以为应急为焚毁，方不致转有疏失。后来，奏准酌派军机满汉司员，眼同监看，在武英殿字炉尽数烧毁。

那么收缴的版片呢？有三种情况：一作柴火。乾隆四十五年，由军机处交去江西等省解到《名堂绪论》等书版共八次，应销毁废板二万一千九百八十三块，经查验，这批板片俱系双面刊刻，厚达四五分不等，难以铲刻应用。所以根据向例，凡外省解交武英殿板片，均交琉璃厂做烧柴应用，若有军机处奏交武英殿板片，据军机处原奏转交琉璃厂作为烧柴应用。此项板片照例交造办处玻璃厂劈碎作为硬木烧柴应用。再如乾隆四十七年，山西等省解到双柏庐等书共四次，应销毁废板共一万六百二十五块，这些板片经奏明后，交琉璃厂作烧柴应用。

一作劈销。乾隆三十九年十二月初四日，江苏巡抚萨载奏：《吾学编》《苍霞草》《辽金小史》《酌中志》《孤树裒谈》五种，书版一并劈销。真是粉身碎骨，连回炉的机会也没有了。

一作废物利用。乾隆三十八年十二月十七日，大学士舒赫德等谨奏：查从前奉旨谕令各省将钱谦益《初学集》《有学集》等书解京销毁，前经臣等将解到各书奏交内务府烧毁，续据各省解到《初学集》等书共二万三十一本，又未钉者四十部，理合奏明，仍交内务府烧毁。再查有解到《初学集》等书板片共二千九十八块，应交武英殿收查，其中或有尚可铲用者，作为刊刻别项书籍之用。其残损浇薄者，即行烧毁。

除此之外，政治违碍致版片毁损，于地方亦同。清末王树枏即因《蛰叟》一书毁版请求宥恕。引见谢道宏《陶庐全书书目考》："按，右二书成于光绪二十四年戊戌，先生年四十八岁，已刊入《陶庐丛刻》，因讽时过甚，销毁其版。"

版片不易保存，即使当年一块不缺，若干年后则难保此说，连原因都是说不清楚的。乾隆四十年三月十九日，浙江巡抚三宝奏。起到明郑晓《吾学编》

书版一副七百六十一块，按其书页较对，原版内缺少三十七页，询其后人郑炳衡，称原系先人所刻，堆贮年久，其遗失实不知其原委等语。此例是指民间。

20世纪40年代以来，书可称斤作还魂纸，那刻书的书板呢？我了解的是，有小部分书之板片可谓糟极。来青阁书贾言及顾师廷龙先生，有《楹书隅录》书版，拟按柴价加半求售，即每担九百元，计二十五担。又赵之谦《仰视千七百二十九鹤斋丛书》六集（清光绪中会稽赵氏刻本），书版亦将为燃料，皆蟫隐庐售出。顾"力不能收，徒呼负责！如书有留存，将来不难重行排印也"。1957年1月13日，郑振铎至琉璃厂，"至来熏阁，取回《四唐人集》。晨闻孙助廉云：来熏阁曾将董刻数书的木板作柴火烧去。这时，细细访之，知只烧去20多块，已严禁其再作此举矣。"（《最后十年（1949—1958）》

版片保存于何处

书版既竣，则刷印无数，事成，私家多存本宅某处、祠堂（或本族）或他处，或坊间壁角，或刻字铺，或藏经楼，或衙署，或书院等处。

藏于本宅者如：《倚云阁诗存》三卷补遗一卷诗余存三卷，清张友书撰。清光绪十二年（1886）刻本。诗存为卷一工余草、卷二越吟草、卷三海鸥吟草。此本有扉页，刻"倚云阁诗词存。光绪丙戌亥月重镌，板藏本宅"。

藏于读书处者如：《宝纶堂集》十卷，清陈洪绶撰、陈字购辑。清康熙陈氏宝纶堂刻本。此本有扉页，刻"陈章侯先生遗集。宝纶堂藏板"。

藏于家者如：《听秋轩诗集》三卷，清骆绮兰撰。清乾隆六十年（1795）金陵龚氏刻本。此本有扉页，刻"听秋轩诗集。金陵龚氏藏板"。骆为金陵龚世治室人。

藏于祠堂者如：宋欧阳修的《欧阳文忠公全集》一百五十三卷，清乾隆十一年（1746）欧阳安世刻增补印本，末有乾隆十一年欧阳安世跋，云："于是鸠工聚枣，就祠举事，仍谋宗族首祠事者各出藏本，互相校订，自冬十一月至明年六月集成。是集也，向之讹者以正，而疑者阙焉，不敢妄增损一字，存其真也。板贰千六百余面，并藏于吉州刺史公祠。"

藏于寺庙内者如：《异方便净土传灯归元镜三祖实录》二卷，清释智达拈颂。清康熙四十八年（1709）大善弘恩寺刻本。卷末刻"皈依三宝弟子张景众等刻印流通。康熙岁次己丑年夏月吉旦重刻。板存旧店大善弘恩寺内"。

藏于书肆者如：清道光二十九年（1849）刻的《暗室灯批注》，扉叶刻"暗室灯批注。道光二十九年刻同治三年印本。板存苏州扫叶山房"。

藏于书院者如：《圣门礼乐统》二十四卷，清张行言撰。清康熙四十一年（1702）万松书院刻本。扉叶刻"圣门礼乐统。督学部院张大宗师鉴定。太史刘大宗师鉴正。江浦张躬纂辑。万松书院藏板"。

对于地方志来说，刷印完之书版多存于衙门内之库房，但署名却不一。

藏于府署者如：《蒲州府志》二十四卷，清周景柱等纂修。清乾隆二十年（1755）刻本，扉叶刻"蒲州府志。乾隆乙亥重镌。府署藏板"。

藏于县署者如：《曲周县志》十九卷，清劳宗发修，王今远纂。清乾隆十二年（1747）刻本，扉叶刻"曲周县志。乾隆十二年新镌。县署藏板"。

藏于县库者如：《娄县志》三十卷首二卷，清谢庭薰修，陆锡熊纂。清乾隆五十一年（1786）刻本，扉叶刻"娄县志。乾隆丙午镌。版藏县库"。

藏于本衙者如：《临晋县志》八卷，清王正茂纂修。清乾隆三十八年（1773）刻本，扉叶刻"临晋县志。庐江王正茂纂着。本衙藏板。"

藏于官衙者如：《直隶绛州志》二十卷，清张成德修、李友洙等纂。清乾隆三十年（1765）刻本，扉叶刻"直隶绛州志。乾隆乙酉年镌。官衙藏板"。

藏于州署者如：《涿州志》二十二卷，清吴山凤纂修。清同治十一年（1872）刻本，扉叶刻"涿州志。同治十一年重修。版存州署"。

又山水志一类的书版也多由政府机构存藏。

如藏于盐驿道库者：清雍正十三年（1735）刻的《西湖志》，扉叶刻"西湖志。雍正九年新纂。两浙盐驿道库藏板"。

如藏于道署者：清乾隆刻的《大岳太和山纪略》，扉页刻"大岳太和山纪略。乾隆九年纂。下荆南道署藏板"。

如藏于州丞署者：清道光间刻的《洞庭湖志》，扉页刻"洞庭湖志。陶大中丞督修。六安直隶州州丞署藏板"。

还有藏之于府学者、学宫者、州库者，如南宋南京《景定建康志》中之《经籍》亦记有府学藏书版有六十八种之多，列书名、版数，如《横渠易说》一百六十八版等。而宝祐旧板《通鉴纪事本末》后有元延祐六年陈弼序，称节斋刻板后，"束之高阁者四十余年，其孙明安过嘉禾学宫，出所藏书版见示。因白御史宋公一斋、金宪邓公善之，以中统钞七十五定偿之，置之学宫。因书得板颠末于节斋序后"。

版片也有藏之州库者，（乾隆）《荆门州志》三十六卷首一卷，清乾隆十九年（1754）刻本。其凡例末条云："书成计镂板八百三十七块，镌字二十四万八千六百，备书于册。板片掌之原办书吏，藏之州库，倘有借刷印之名因而私行改录者，责有攸归，在所必究。"可见书版管理办法之一斑。

版片的存贮，也有租房置放的。曾见《新刊宋学士全集》三十三卷，明嘉靖三十年（1551）浦江知县韩叔阳刻本，卷三十三末刻"本祠临街店房柒间，每年每间该赁钱陆钱，共该银肆两贰钱，二次共银壹拾壹两伍钱叁分贰厘叁毫。每年本县追收贮库，以备修理本祠，及上司本县刷印全集纸张工食之费，庶不科扰里甲。书一千四百零七张，板七百五十七块。嘉靖辛亥孟冬十月刊行"。或许县官衙门刻书的板片，也是置放"本祠临街店房"里的。

也有将版片存诸琉璃厂肆保存的，在缪荃孙《艺风堂文漫存》卷三有《桂氏说文义证原刻跋》，涉及板片事，云："乾嘉盛时，说文之学大行，南段北桂，最称弁冕。段氏自刊其书，久行于世。桂书止有稿本流传，亦未校正，字几及二百万，刊板正复不易。诸城李方赤方伯得其稿，延许印林、许珊林、王箓友诸小学家校订，苦其繁杂，欲删节之，箓友以为不可。道光己酉，聊城杨至堂河帅驻清江，平定张石洲为山右杨墨林刻《连筠簃丛书》，愿以此书刻入，初浼汪孟慈校雠，后交印林独校，即在清江集工开雕。……印林因父病不能远离，再移局于赣榆之清口镇，距印林家止百里，俾之照料，咸丰辛亥始藏事，未印多书，而墨林、石洲前后殁，未能移板入都，板即庋印林家。辛酉八月，捻逆窜日照，印林家破，室庐书籍，均毁于寇，桂板亦烬焉。逮南皮张文襄公刻于鄂局，海内始得见桂氏之书。文襄公序言，杨氏书版，质于厂肆，不知桂书并不在内。临清徐君梧生又言，板毁于拳匪之乱，皆传闻之辞，不如印林与高伯平书为可据。"孙殿起按：余昔尝闻吾肆中诸长者言：杨氏《连筠簃丛书》等板，质于琉璃厂西门南柳巷某当铺中。《连筠簃丛书》曾经印书，每部售纹银一两余，而桂氏说文板中篆字，皆许印林所手写者，各篆字多用水胶粘之，因屡次移置影响，其篆字多散落，未能印书。庚子义和团事起，板遭灰烬矣。(《琉璃厂小志》，382页）

明代的司礼监，内设经厂库，藏"祖宗累朝传遗秘书典籍"，以及各种书籍板片，皆由提督总其事，下又有掌司、监工等。尽管如此，万历以后，管理不严，致使图书多被匠夫厨役偷出货卖，公然罗列市肆。而板片则湿损模糊，甚或劈毁以御寒，去字以改作。据万历年太监刘若愚《酌中志》中所载，有《五伦书》《周易大全》《书传大全》《诗传大全》等一百六十五部书之本数、页数（即板片），而今，四百余年过去，其版片早已不存于世了。

版片保存之不易

版片都是木质的，有些书版虽坚，但随着时间的推移，尤其是刷印次数多了，板片的纹理必遭墨汁浸袭，再加上保管不善，库房、空间、气候等原因，促使木板热胀冷缩，甚至断裂。如今所见不少雕版图书中有断版，即为实证。至于版本学上说的"烂版"（邋遢本），更是指书版因刷印次数过多，字口多磨平，墨汁渗透肌理，再印出的书就属于"糟少朽模糊"，也就是说版刻漫漶，字体显示不清，有模糊的感觉。以元兴文署刻《资治通鉴》二百九十四卷为例，此书元末明初刻本未经漫漶，时印本以为精鉴，然版至明嘉靖间，已坏二千九百二十一块。

版片中，也有持久至数百年者，因久经印刷，难免有漫漶烂版之处，而且修补之次数不止一次，故有迭经修补而仍能印刷者，其书口或板框及字体等，因修补之时代不同，刊工非出一人之手，则较易鉴别。也有补刻并注明年代者，都称之为"递修本"，如宋代蜀刻《七史》，成于宋绍兴十四年，元代以来递有修版，明代洪武时，板片入国子监，嘉靖、万历、崇祯间又叠迭修补，至清代历经顺治、康熙、雍正、乾隆四朝，尚存江宁藩库，嘉庆时方毁，几七百年。故刻板之存于世，未有久于此者也。再如元代刻的《玉海》，自明代正德、嘉靖而下，屡有修补。万历十六年，赵用贤重修，清康熙三十六年李振玉再修，乾隆三年熊木补刊，至嘉庆十年始毁于火，其板片之修补次数，在各种刻本中或可推第一。

版片虽多有损毁缺失，但有心人不忍弃置，捐赀为之补刻。曾见《嘉定四先生集》87卷，明谢三宾辑。明崇祯刻清康熙陆廷灿重修本。48册。四先生者，为唐时升、娄坚、程嘉燧、李流芳，皆出嘉定，且皆学有所宗，同气相求。是集明崇祯时谢三宾于嘉定知县任上初刻。明清易代，谢氏原刻因兵燹毁坏，清康熙间陆廷灿重修印行。宋荦序云："四君各有集，明崇祯初，邑令四明谢君为椠板行，未几遭乱，板亦毁。后五十年，陆生扶照慨然表章，其已毁者刻之，缺者补之，朽蠹者新之，而四君集复完。"张云章后序亦云："是书之刻，始于四明谢三宾为县令时，而娄、李二集续毁于兵燹，唐、程亦多残缺。今得陆子扶照重名工刻其已毁，补其所缺，而四先生集复完。表章之功，与谢令等。"《檀

园集》缺名后序所述更详："乙酉之乱，李氏被祸最酷……檀园既成劫灰，梨枣
亦无复孑遗矣。娄思修兵死无后，其板析而为薪，所存不能什二。唐、程二集
幸无恙。金治、文渭师兄弟复为程刻《耦耕堂集》以续之。唐遗稿尚多，惜无
人为之补刻。远近来购四先生集者，久有缺逸之叹。吾宗开倩暨其伯子扶照，
嗜古好学，慨然以复旧为己任，因遂捐金，先校李集付诸梓，将次第及于娄之
缺板、唐之续稿，以成大观。"

对于民国时期来说，涉及雕版的保护及修复，可见时任南京文献委员会的
卢前《书林别话》，卢曾有记：姜文卿子瑞书，字毓麟，与余最相得，今亦年
将六十矣。古微先生《彊村遗书》及余所刻《饮虹簃丛书》皆出毓麟手。丁丑
（1937）变作，毓麟尽弃所有，惟运版至姑孰，因此保存者不少。丙戌（1946）
还都后，余力助毓麟复业。先是，乙酉之冬，余自渝而东，毓麟方结束，将归
耕泰州，板片多朽腐，刻手尽行遣散。幸余早一月至，百方劝慰，嘱以祖业为
重。明年，京市设志馆，余受聘主其事，集乡人所刻书版劫后之仅存者，邀毓
麟主持修补，刻手渐招还，不一年略复旧观。而李光明、汤明林诸家，皆荡焉
无存。环视宇内，能精刻书之艺者，今日惟有姜氏矣。所愿毓麟收徒，俾中道
不致绝传，并举平昔所闻于毓麟者，笔之于书，有志将书稿付剞劂者，尚亦乐
许之乎。（见《卢前笔记杂抄》，中华书局，2006年4月）

宋代的版片，国内几乎一片都找不到了，而且记载也鲜有得见。我们知道，
前人如叶德辉《书林清话》、徐信符《广东板片记略》中都未论及广东潮州刻
书事，但从《永乐大典》中辑出之《三阳志》，却可见南宋时潮州地方刻书的
详细记载以及版片之数目。其《书籍》一门云："郡书旧数十种，岁久漫灭，多
不复存，今以管见及新刊者列之于左。"大字《韩文公集并考异》一千二百板，
中字《韩文公集》九百二十五板，《通鉴总类》一千五百板，《汉隽》一百九十
板，《蔡端明集》六百五十板，《赵忠简集》四百三十五板，陈内翰宗召、徐
学士凤《北门集》三百二十板，《三山王讷斋集》一百二十板，许东涧《应龙

集》二百二十板，《续谈助》二百七十板，《谕俗续编》四十板，林贤良《草范》五十板，《新修潮阳图经古瀛乙丙集》三百二十五板，大字《韵略》一百板。药方五种：《瘴论》三十板，《备急方》三十板，《易简方》九十板，《治未病方》九十板，《痈疽秘方》四十板，以上书版并留郡。《濂溪大成集》四百板，《吕氏大圭孟子说》三百二十板，《吕氏大圭春秋集传或问》六百板，以上板留濂溪书院。《朱文公论孟或问》六百板，《朱文公中庸辑略》一百八十板，《朱文公家礼》一百七十板，《北溪字义》一百三十板，《吕氏易集解》三百二十板，《孝经本旨》九十板，《三阳讲义》一百板，陈平湖《胶髓集》一百板，陈平湖《中庸大学太极通书说》七百五十板，以上板留郡学。《新刊元城刘忠定公集》一百八十板，《春秋辨传》二百五十板，《牟心斋读史诗古瀛丁集》五十板。以上典籍达三十余种，板数逾万，于此也可见广东潮州一地在明代永乐之前的刻书情况。

版片之保存不易，无论在皇家的武英殿中，或官府私宅，书院坊肆，要做到万无一失几乎是不可能之事。康熙年间，首开武英殿书局，十九年时，将左右廊房设为修书处，掌管刊印装潢书籍之事，武英殿所刻之书凡存而不发者，皆贮于敬思殿，后敬思殿则成为存储板片之处。同治八年武英殿被火，烧毁正殿、后殿、殿门、东配殿、浴德堂等外，书籍板片毁去不少。实际上，在被火之前的咸丰六年十一月初九日，武英殿官员即有折子报告：本处查顺治年间《御注孝经》，本殿现有库存书三十九部，其板片无存。又查雍正年间《御纂孝经集注》，书版俱无。为此呈报。

还有一事，也发生在武英殿内，则是令人匪夷所思。《竹叶亭杂记》卷四有载："《骈字类编》书板久不存，人家有藏者，亦居为奇货。嘉庆甲戌夏，武英殿奏请清查板片书籍。时同年谢峻生编修为提调官，查至南薰殿，见炉坑内（烧火坑出灰之坑，都中名曰炉坑）有物贮焉。命启之，板片堆积，审之则《骈字类编》板也。核板短二千页，因奏请刻板千补之（板两面刻字，故只用千板）。

今此书发卖，士子俱得见之矣。"看来，武英殿刻书的板片也不全部存放库房，但置于炉坑，却是意想不到的事。

光绪二年，左宗棠奏准请领书籍现存书版，但他只取到《佩文韵府》《袖珍渊鉴类函》《唐宋诗醇》《十三经注疏》《文献通考》《前汉书》《后汉书》7种，而《周易折衷》《书经传说汇纂》《诗经传说汇纂》《春秋传说汇纂》《三礼义疏》《性理精义》《唐宋文醇》《袖珍古文渊鉴》《史记》《四书》《文选》11种的书版，已无踪迹可寻。

光绪间，朝廷想重印列圣圣训，光绪帝有旨"历朝圣训板片是否齐全，即行详细查明，咨覆等因前来"。五年正月十七日，武英殿修书处官员有折子报告军机处：遵即查得本处现存《高宗纯皇帝圣训》（满文版）一万八千六百块，多半糟少朽模糊且有残缺；《文宗显皇帝圣训》（满文版）八千五百六十二块，内糟少朽模糊二百五十三块，残缺六十一块；《文宗显皇帝圣训》（汉文版）三千一百九十九块，内糟少朽模糊二十四块，残缺十一块。可见不管是数代帝王留意刊刻的重要典籍，抑或是皇家祖宗的"圣训"，也并不是后代帝王子孙所能保管得好的。

当然，朝廷中保管版片的不止武英殿一家，礼部也有所属之板片库，由本部堂官委任所属司员管理库事，但并无定员。其版片库贮有《钦定三礼义疏》《大清会典》《大清会典事例》《大清通礼》《礼部则例》《科场条例》等。但这些库存版片却是早已销声匿迹，不知所终的了。

罗继祖先生是现代史学大家，他的笔记《枫窗三录》大有学问，中有"板片"一则，亦证武英殿板贮情况及偷盗之事，有云："武英殿板贮殿旁空房中，积年久，不常刷印，遂为典守者盗卖无数。光绪初，张广雅之洞官翰林，拟集赀奏请刷印，以广流传。或阻之曰：'公将兴大狱耶？板久不完，一经发觉，以历任殿差者皆将获咎，是革数百人职矣，乌乎可？'广雅遂止。殿旁余屋为实录馆供事所据，为赴馆便也，宿食于斯。冬日炭不足，则劈殿版代炭。又有窃板出者，刨去板字售于厂肆刻字店，每板易京当十泉四千（合制钱四百文）。板皆红枣木，厚寸许，经二百年无裂纹，竟陆续毁于若辈杂役，故每曝一次必盗一次，亦有学士自盗者。"（《清代野记》中）

《枫窗三录》又载有罗先生之亲历。其忆及"吾家书版，吾家着书之刻板者，初皆零星小部，如《陆瘩所著书》《五史斠议》《王无功集》《金石萃编校字记》等。嗣官京师，刻《宸翰楼》《玉简斋》两丛书，在津沽又刻《永丰乡人稿》《杂著》《昭陵碑录》及《芒洛》《邺下》《广陵冢墓遗文》各编，板积日富。居旅顺时，以分置书楼橱下大屉中。1945年旅大光复后，与书籍同移出，散乱无纪。予在旅顺废庙理书，店中住领导人某，取书版劈以代薪取暖，枣木不易燃，且劈且詈，予嗫不敢阻，以板出吾家，惧言则启嫌也。劈且尽，尚余一二板。书理毕，将移藏市馆，忽有检得板者，大诧曰：'此宋板也，胡委是！'亟令饰而藏之，予为忍笑不禁。今尚在市馆"。"板皆红枣木，厚寸许，经二百年无裂纹。"那可是上佳之刻材。领导惧寒，以薪取暖，但不易燃，居然也是枣木。说是"今尚在市馆"，那必定在大连市图书馆无疑，如今六十余年逝去，枣木版片安在否？

私家对保护先人著作，也可谓尽心尽力。先举农夫保存例，曾见（雍正）《惠来县志》十八卷首一卷，清雍正十年（1732）刻，同治五年（1866）增刻本，卷首有同治五年方汝进进缴县志原板呈，述书版流落经过甚详，云："咸丰四年五月，逆匪陷城，旋经官军攻克，而县署毁焚，志版遗失……先是，版为县吏朱某所收掌，当城陷时，朱携所有避于乡，旋即物故，以是无知之者。职因母言，接踵遍访，始悉此版现存于凤镇乡农夫家。缘系官物，不敢毁；惧祸谴，亦不敢报。历藏至今，十有三年，固依然无恙也。爰急向该乡农夫剀切传谕，共检存三百四十六块，运回呈缴。"这是指一个县衙内所藏书版，如若农人私自毁去，自是无可奈何之事。然而同治年间，书版尚存三百余块，但时至今日，却早已片版不存。

再以清末名臣张之洞为例。张之集，名《张文襄公全集》，1928年王树枏编。据"张文襄公祠保存全集板片规则"："内一《张文襄公全集》，由汉冶萍公司筹拨刻资，由王晋卿布政担任编纂，计板片四千三百一十九块，共五十八箱，由张府委托本祠保管。一板片由王宅运来，所有箱价，运费，由本祠付讫。一板片由本祠备置箱架，以防潮湿。一板片由本祠敬建储藏，无论何人不得移动。一板片颇有破损，由本祠补刻完全。一凡自费印资，欲刷印全集者，须商得本祠董事会同意。一凡刷印全集，一律在本祠动工，不得将板携出。一凡刷印全集板片，应妥为保护，如有损坏，应付赔偿之责。"由此可见，各项措施，都是为了保护板片的安全。如今，仅八十年，《张文襄公全集》之版片之事，则是"泥牛入海无消息"的了。

再如清王灏辑《畿辅丛书》，计173种1530卷，此书从编到刻印完成，共用了三十年时间，广收畿辅先哲遗著，字作仿宋，版用枣木。王灏去世后，部分未刻完的书版由其子王延纶于1886年全部刻竣。全套书版共38000余块，专置其家后花园十间瓦房内保存。解放战争中，为使书版不受战火破坏，时任晋察冀军区司令员聂荣臻明确指示妥善保管。1948年全套书版被运至河北阜平县，几经辗转，在"文革"中损失1000余块，现由定州市博物馆保管，尚存三万块。

林树梅《说剑轩余事》于书版之保存也有一说，即"印完将书版置无日有风处凉干，收贮箱内。每部用麻一束，庶不错杂。另将印好书样存留一本，书皮上写此书分为几卷，计书版若干片，再印之时可为程序，亦便检讨也"。又见（嘉靖）《衡州府志》九卷，明嘉靖十五年（1536）刻本。卷末有题识，云："岳亭书屋刊完郡志一部，计板共二百片。板宜架阁则不朽，印后查点则不失，此虽非垂世不刊之□，聊可以答应仓卒之求，照鉴幸甚。"此本为郡人号岳亭子者为之刊行，他所提出的"板宜架阁"实际上就是说以板片置之书架，以利保管。今天所见藏版者或单位，皆如此置放。

版片的保存，有时还要经得起"折腾"。就拿黎庶昌辑印的《古逸丛书》

来说，这两面刻字的大块版片，也曾有令人难忘的经历。这些版片最早藏于丁日昌创办的江苏官书局（苏州城南十全街燕家巷之杨家园）内，1914年，地方士绅沈维骥呈请江苏巡按使韩国钧创办的江苏省立第二图书馆（后改名江苏省立苏州图书馆），江苏官书局即并入该馆，改名官书印行所。官书局自成立至1914年，共刻印书206种。其所存的10余万片板片，即藏于苏州图书馆内。民国时期，每年都要将这些书版煮过阴干保存。1951年，馆舍借给苏南工业专科学校使用，将书版移至城东昌善局。1952年，昌善局辟为动物园，又将书版转至西园寺藏经楼。两次搬迁中，书版略有损失。1958年在"大跃进"中，吴县九连钢铁厂农民工住在西园寺中，把这些书版当柴烧，待苏州市图书馆的工作人员赶到制止时，又失去一些。书版后来运至公园路苏州图书馆，至1960年，奉江苏省文化局令，所剩书版全数移送扬州广陵书局，其中包括这部含有国内久已绝迹，而藏于日本的中国古代重要图书，而且以精刻为特点的《古逸丛书》版片。

现今所存的版片

国内收藏版片最多者，应推北京故宫博物院。1925年故宫博物院成立，部分书版如清内府寄贮国子监的书版与国子监刊刻的大量书版，因成立古物馆而搬至端门朝房等处，清内府所藏书版储存在午门东西朝房及太和门东库房内，后归国立北京历史博物馆保管。该院收藏的版片多源于清内府，而内府的书版又有四个来源：一为清廷入关后接收的明内府遗存书版，因年代久远，多有残缺；一为清代臣工承刻与进呈的书版，如《通志堂经解》《南巡盛典》等；一为清内府武英殿及各部衙门刊刻的书版经版；一为民间捐赠的书版。

1950年7月，经文化部文物局批准，19万块书版回归故宫，其中还掺有部分民国徐世昌所刻书版。经过清查、整理与编目，现已知各类书版244153块，其中经版、书版206257块，资料版31897块，铜版5995块，石版4块。

据翁连溪所云："有清一代内府刻书总一千余种，每刻一书都须雕镌，少则几十多则数万块书版，所刻以数量计，即使以浩如烟海、汗牛充栋形容之，也不为过。同治八年（1869）夏，武英殿大火，殿内所藏自康熙以来二百余年雕镌的书版，尽付祝融，焚荡殆尽。幸大内宫廷殿阁、奉天陪都、热河行宫、国子监等处，尚有部分殿版存籍，使这份宝贵的文化遗产不致湮灭。""故宫所藏书版中，清康、雍、乾时期所刻数量最多，占总数的百分之九十以上。其中如康熙十九年（1680）刻乾隆五十年（1785）重刻的《通志堂经解》版，康熙三十九年（1700）刻竣的藏文《甘珠尔》版，康熙五十九年（1720）刻蒙文《甘珠尔》版，雍正五年（1727）刻《子史精华》版，雍正十年（1732）至乾隆三年（1738）刻《朱批谕旨》套印版，乾隆四年至四十九年（1739—1784）刻《二十四史》版，乾隆四年至十二年（1739—1747）刻《十三经注疏》版，乾隆三十七年至五十九年（1772—1794）刻《清文翻译全藏经》版等，都是清内府刻版中极负盛名的鸿篇巨制。"（《故宫博物院藏品大系·善本特藏编》）

国内也有一些图书馆收藏书版，如上海图书馆，1962年，上海市文化局副局长方行指示上海图书馆，上海有些人家有木刻书版可以征集保存，将来有的书版还可印刷一些，由上海旧书店发卖。当时顾廷龙馆长想起金山钱家、南汇顾家都是刻过书的，于是他就托人向金山高君宾探询这两家书版的情况。高说，现在都没有了。隔了一段时间，高君宾找顾廷龙说，他父亲高吹万《吹万楼诗集》的木版存在杭州，愿意捐献。顾接受了这一批，并请保管部主任赵兴茂专程去杭州取了回来。

天津图书馆藏有金钺所刻书版甚多。金钺字浚宣，号屏庐，天津人。监生出身，清末曾任民政部员外郎，喜乡邦文献，编刻书籍颇多。高凌雯在《志余随笔》中云："天津有藏书之家，无刻书之人，惟浚宣喜为此。网罗旧籍，日事铅椠，十余年未尝有闲。由其先人撰述，推及乡人著作，已刊行二十余种。"

今存15种，为《许学四种》《津门诗抄》《天津金氏家集》《天津文抄》《金刚愍忠表忠录》《重刊广瘟疫论》《补注广瘟疫论》《王仁安集》《屏庐丛刻》《妙莲花室诗词抄》《戊午吟草》《铜鼓书堂词话》《吟斋笔存》《髦学斋日卒语》《古泉丛考》等。共木刻书版48箱，2388块板片，有部分单面刻字。这批板片"文革"后期被调拨到北京中国书店，2004年天津图书馆古籍部主任李国庆通过努力，又从中国书店索要回来。此外，天津馆还藏有《山谷诗集注》39卷，为清光绪年间刻版，今存1067块版片。

而广东省中山图书馆也保存了广雅书局刻书的许多板片，大约有20万块。广雅书局由张之洞等筹资兴办，因"海内通经致用之士接踵奋兴，著述日出不为，亟应续辑刊行"，于光绪十三年（1887）成立，书局所刻经史子集之书甚多。辛亥革命后，书局停办，板片存于局内，并无损失。1920年时，广雅书局易名为广雅板片印行所，利用原存版片，择取其中尺寸大小差不多者，由徐绍棨（信符）编为《广雅书局丛书》(清光绪中广雅书局刻，1920年番禺徐信符汇编重印本)。《丛书》收书计159种，销行甚广。抗日战争中，日军南侵广东，徐信符与黄希声、廖伯鲁三人，设法将板片运至广州乡间分存，以避兵灾。日本投降后，广东省成立广东文献委员会，又申请经费将之全部运回，暂时寄存于广州府学宫旧屋内。1949年后，广东省副省长兼文教厅厅长杜国庠又设法购得民房数间，才得以将全部书版移至保存。

在国内各图书馆收藏的版片中，最为大宗的是浙江省图书馆的收藏，为民国至新中国成立后的各私家捐赠。据李性忠的统计，早在1916年，杭县谭献《半厂丛书》板片10种743块，由其后人谭镕捐赠。这之后又有：

1922年2月，杭州汪氏振绮堂后人汪玉年等捐赠先世刊板32种5761块。

1923年、1933年，永康胡宗懋退补斋先后两次捐赠家刻《金华丛书》《续金华丛书》板片合计127种13981块。

1933年7月，丁丙后人丁序之捐赠八千卷楼全部刻版18400块。

1933年10月，慈溪冯庆瑞家刻《姜西溟全集》板片544块寄存，后捐赠。

1933年10月，长兴王修治庄楼家刻书版519块寄存，后捐赠。

1933年，孙峻亲自将家藏板片《干道临安志》（影宋刻）、《后汉书补逸》、《玉川子诗注》等捐赠。

1935年，平湖金蓉镜辑刊的《檇李丛书》板片600余块由陆仲襄寄存，后捐赠。

1936年，吴兴张石铭辑刊的《适园丛书》板片8187块，由张芹伯捐赠。

至于刘承幹的嘉业堂，当年雕版刻印的图书达179种2742卷之多，如《嘉业堂丛书》《求恕斋丛书》《嘉业堂金石丛书》《吴兴丛书》《景宋四史》《旧五代史注》《晋书斠注》《章氏遗书》等，这些丛书的版片甚多。据《嘉业堂志》第六节《版片与自印书的捐献》云："1924年，南浔嘉业藏书楼落成，设有版片库，内置版笼，专以存放嘉业堂所雕之版。1951年4、5月间，库房被中国人民解放军三野卫生部第二野战医院（即后来的九九医院）征用，版片被移到露天堆放，略有破损，版笼则已基本损坏。7月，浙江图书馆、嘉兴图书馆派员联合代管书楼时，即将版片移至书楼内，予以保护，并按丛书部别目录顺序加以整理、排列、清点。7月23日，刘承幹呈文浙江省人民政府及嘉兴专署，在提出政府给价收购嘉业藏书楼藏书的同时，表示愿将版片悉数捐献。11月19日，刘承幹致函浙江图书馆，捐献所有版片。"第七节《捐献后版片的保管与利用》又云："1965年7月，浙江图书馆收回书楼东侧四进平房，将其全部开辟为版片库。库房共五间，其中两间是书楼建造之初就有的，其他三间是改造原抗昔居等而来的。库房内除嘉业堂留存版片外，并保存着浙江省图书馆历年来收藏的版片：浙江官书局，包括浙江图书馆与之合并后刊刻的版片97种，86000余片，接受社会捐赠65种，61000余片。"

1975年时，上海图书馆的古籍版本训练班即将结业，于是有参观浙江湖州南浔刘氏嘉业堂之行。事前，我告知浙江省图书馆古籍部谷辉之君，请她和嘉业堂方面打招呼，并安排参观、住宿等一切事宜。我们在嘉业堂的一楼平房内，看到了刘氏刻书的书版及《四明丛书》《雍正御批》等书的版片。为了防潮，工作人员在书架底部垫有砖头，记得室内阴暗，没有照明设备，这大约是为了防火，而切断了电源。据介绍，《四明丛书》的板片有两万多块。全部版片的来源是浙江官书局书版10万多块、私人捐赠6万多块、嘉业堂原藏近3万块。由于板片的多次转徙、屋宇的屡屡修缮，夏天冬季，冷热胀缩，保管条件的不尽如人意，致使版片损失严重，遗失有六七万块，因受潮、虫蛀、断裂的3万多块，所以现在仅存13万块左右。

书坊是从事雕版印刷的基本所在。福建闽西的四堡，一个客家人聚集的偏僻小镇，居然是国务院2001年公布的全国第五批重点文物保护单位，之所以被"重点保护"，就因为它有四堡古书坊的建筑群。四堡在清代鼎盛时期，仅邹氏雾阁村和马氏马屋村两处，就有一百余家书坊，所谓"印坊栉比，刻凿横飞"也。四堡今有雕版印刷展览馆，陈列有乌黑斑驳的当年雕版，这种雕版是家族赖以生存的财富，有了雕版，就可刷印成书，就可售卖，就可传世。据说，当年邹氏、马氏两大家族的弟兄家产分割书上，排列第一位的就是雕版的种类和数量。

书版的余话

有人说："上一百年，最遗憾的倒不是毁了多少书，而是毁了流传了几百年的老书版。"这是有见地的话。有了书版，就有了源，春天来了，就可"刷又生"。版毁了，书源也就"枯干"了。如今江苏扬州雕版印刷博物馆、扬州广陵古籍刻印社和中国书店等单位还保留着一些清代及民国的雕版。就以"广陵"来说，这家刻印社建于1958年，当时主要以保存、整理中国传统雕版印刷技艺为己任，整理、保护和管理了近30万块的古籍版片。而博物馆有版片典藏库，规模宏大，我见到的大部丛书版片的即有刘世珩辑《暖红室汇刻传剧》，徐乃昌辑《积学斋丛书》，卢前辑《饮虹簃所刻曲》，黎庶昌辑《古逸丛书》，俞樾辑《春在堂全书》《楚辞集注》《玉井山馆五种》《唐律疏义》《沈余遗书》《石城七子诗抄》，文廷式撰《纯常子枝语》《群碧楼自著书》《六代文粹》《重刊江宁府志》等。

民间和私人手中的版片则数姜寻先生收藏最富。姜寻是诗人、书籍装帧设计家、出版家、北京模范书局主持人，也是我的朋友。多年前，他就不惜重金，大量搜罗雕版，以个人之力创建了民间雕版博物馆。他的藏品中有明永乐《北藏》的版片，明代功德冥钱印刷版、《大悲咒》佛经印刷版、五台山佛鼓印刷版、《太师王端毅公奏议》《长生殿》《草窗韵语》的印刷版等。

2014年，经全国古籍保护工作委员会研究并通过，报文化部批准同意，古籍版片和版片收藏机构被正式纳入第五批《国家珍贵古籍名录》和"全国古籍重点保护单位"的申报范围。由于各收藏机构积极申报，再经全国古籍保护工作委员会严格评审后，初步选定我国古籍雕版版片70余种，共114623片进入推荐名单。

这70余种中，包括宁夏博物馆和宁夏银川西夏博物馆藏1990年出土于贺兰县潘昶乡宏佛塔的西夏晚期（1190—1227）西夏文雕版版片、故宫博物院藏明嘉靖四十二年（1563）刻《大乘诸品经咒》《佛说高王观世音经》版片、明万历二十三年（1595）至三十四年（1606）北京国子监刻《二十一史》版片、清崇德八年（1643）内府刻《蒙古律书》版片、清顺治五年（1648）内府刻满文与蒙古文《皇父摄政王军令》版片，中国科学院文献情报中心藏清道光十年（1830）内府制《柯尔坪之战图》铜版，湖北省老河口市档案馆藏清道光十三年（1833）刻《清道光十三年光化县衙告示》版片，河南省辉县市博物馆藏明末清初大儒孙奇逢著作十余种雕版版片（包括《四书近指》存160块，《书经近指》《理学宗传》存507块，《日谱》存851块，《夏峰先生集》存365块等），浙江图书馆藏民国三年（1914）至十七年（1928）嘉业堂影宋"前四史"（《史记》存1300块，《汉书》存2107块，《后汉书》存1831块，《三国志》存688块）雕版版片，湖南图书馆藏清光绪刻《南岳志》版片1254块，曲阜文管会孔府文物档案馆藏清康熙刻《幸鲁盛典》版片811块，天津图书馆藏清光绪刻《船山师友记》十七卷版片，山东省泰安市博物馆藏清乾隆刻《泰安府志》版片214块等。

中国古代的四大发明（造纸术、活字印刷术、火药、指南针）对于世界有卓越的贡献，而隋唐时发明的雕版印刷，乃至后世的石印、影印，都是值得细细研究的题目。旧时雕版印书的板片以及版片的销亡等等，很值得细做，应有人去做研究，可以去做更大的文章。当然，那是搞中国出版史、中国印刷史、中国版本学专家的事了。

2009年11月8日初稿
2016年12月26日修订
2017年12月31日定稿

北京图书馆古籍善本概述

北京图书馆也即中国国家图书馆，是一所以典藏丰富著称的综合性研究图书馆，也是中国的总书库和书目中心，现藏中外文图书计1600多万册，并以每年50万至60万册的增长速度不断增加。北京图书馆已有80余年的历史，早已成为亚洲第一大馆，形成了体系完整、藏书繁多、内容丰富的宝库，它的馆藏在世界排名第五位。

北京图书馆的前身，是京师图书馆，它是近代西学东渐、变法维新的产物。早在1909年8月5日，清政府学部即奏请清廷筹建京师图书馆。辛亥革命后，由北洋政府教育部接管，并于1912年8月27日正式开馆，地址在什刹海广化寺。1928年7月，改名为国立北平图书馆。1929年8月，中华教育文化基金会建立的北海图书馆并入，馆名不变。1949年改名为北京图书馆，原址在北京文津街。由于馆藏图书日益增长，书库早已不敷使用，1975年3月，筹备建造新馆，馆址选在紫竹院公园北侧。1983年9月奠基，1987年7月落成，10月正式开馆。

《学部官报》第100期所载学部《奏筹建京师图书馆折》，是一篇很重要的中国近代以来图书馆文献。它指出："近年各省疆臣，间有创建图书馆，购求遗帙，以供众览者。江宁省城经调任督臣端方首创盛举，不惜巨款，购置杭州丁丙八千卷楼藏书，存储其中。卷帙既为宏富，其中尤多善本。并购得湖州姚氏、扬州徐氏藏书数千卷，运寄京师，以供学部储藏。并允仍向外省广为劝导搜采。兹者京师创建图书馆，实为全国儒林冠冕，尤当旁搜博采，以保国粹而惠士林。无如近来经籍散佚，征取良难，部款支绌，搜求不易。且士子近时风尚，率趋捷径，罕重国文，于是秘籍善本，多为海外重价购置，捆载以去。若不设法搜罗保存，数年之后，中国将求一刊本经史子集而不可得，驯至道丧文敝，患气潜滋。此则臣等所惴惴汲汲，日夜忧惧而必思所以挽救之者也。"

一、馆藏古籍的来源

京师图书馆的藏书是有其渊源的。清朝末年推行新政，大学士张之洞分管学部，奏请筹建京师图书馆。宣统元年（1909）七月，学部曾有一折奏请将"热河文津阁《四库全书》，暨避暑山庄各殿座书籍……并请饬内阁将宋元旧刻，翰林院将《永乐大典》，无论完阙破碎，一并送交图书馆储藏。"（《宣统政纪》卷十七，秋七月壬申）此请获得清廷批准。在京师图书馆筹建之初，是以清学部藏书为基础，学部旧藏又多系继承历代皇家所藏之孑遗，同时也征调部分地方文献，采集部分民间藏书。因此京师图书馆藏书主要来自以下几个方面：

（一）内阁大库残帙，此指清内阁所保存的历代典籍中的宋、元、明旧本。清宣统元年（1909），内阁大库屋坏重修，发现除近代书籍外，完帙颇稀，而断烂丛残不能成册者间亦有宋、元旧刻。内阁大库的宋、元旧本是继承明代宫廷中文渊阁藏书而来，而文渊阁藏书又有部分是宋、元皇家所藏。

（二）国子监、南学典籍。国子监为清代最高学府，南学则为国子监监生及肄业学生居住处。1909年，两处图书均由学部拨交京师图书馆典藏储存。

（三）南陵徐乃昌积学斋及归安姚氏咫进斋藏书。徐、姚两家藏书极负盛名，此为两江总督端方得知张之洞拟筹建京师图书馆而采进的，共1652种、120900

余卷，分装180箱，价银二万两。

（四）常熟瞿氏进呈书。计50种，为抄本37部；元、明及明末常熟毛氏汲古阁旧刻本13部，如元刻《列子》，明刻《尚书汇解》《唐文粹》《周易大全》等。此为京师图书馆的第一批私人捐献图书。

（五）敦煌石室遗书。自清光绪二十六年（1900）敦煌遗书被发现后，英籍匈牙利人斯坦因等人盗运大量遗书精品而去，有鉴于此，学部奏请清廷："现正奏设京师图书馆，古书旧刻皆应保存，况此项卷册乃系北宋以前所藏，尤宜格外珍护。"并饬请陕甘藩司将所遗之写经等共18箱，8651卷（后又续送22卷、粘本2册）交京师图书馆藏庋。

（六）《永乐大典》之劫余。计60册，原暂存在陆润庠家中，至1911年7月，由学部派人取回，移交京师图书馆。

（七）《四库全书》。此为从热河文津阁调来，共6144函，36300册。另有殿本《四库全书提要》20函，124册。

（八）舆图、绢绫纱本图65帧又48册，纸本97帧55册，又155页。全部旧图居多，且多为明、清内府所藏。

（九）金石拓本。多为从各地征购所得，如唐开成石经拓本178卷；近代金石拓本1149种，2550张又23册。

（十）普通图书。计14000余部、143900余册。如赋役全书，各省、县地方志等。

根据当时的统计，为宋刻本129部、2116册，宋写本2部、51册，翻宋本13部、103册，仿宋本2部、34册，影宋本15部、93册，校宋本50部、313册，金刻本2部、3册，翻金本1部、24册，影金本1部、3册，元刻本261部、3995册，元写本1部、4册，翻元本12部、186册，仿元本4部、18册，影元本4部、44册，明刻本457部、4292册，清精刻本22部、103册，旧写本441部、10636册，稿本42部、387册，日本刻本6部、42册，朝鲜刊本8部、61册。

这些京师图书馆的旧藏，充分奠定了北京图书馆藏书的基础，而且从质量上来看，也是绝佳的，如原宋本，都为蝴蝶装。宋刻本中最精者有《诗集传》《春秋左氏传》、宋龙爪本《资治通鉴》。宋嘉泰元年至四年周必大刻本《文苑英华》(内府藏本，有南宋缉熙殿藏印)，宋内府写本《仙源类谱》(存30卷，30册)等都是极品。

京师图书馆作为中国图书渊府，早在1910年，学部即有"京师图书馆及各省图书馆通行章程"，规定凡属内府秘籍、海内孤本、宋元旧椠以及精抄之本皆应在收藏之列，并具体规定"中国图书凡四库已经著录及四库未经采入者，及乾隆以后所出官私图籍均应随时采集收藏。具有私家收藏旧椠精抄，应随时假抄，以期完备"。1919年1月18日，京师图书馆为扩大征集图书事宜，拟有专文呈教育部核准。文曰："窃维中国书籍自清初建设四库搜采之后，迄今二三百年，公家久未征求，散佚之虞，匪可缕举。私家为图书建筑馆宇者，实属寥寥。一遇刀兵水火之灾，无力保全，最易毁灭。绛云之祸，前车不远，一也。私家藏书最久者，海内独推宁波范氏，然天一阁之书今亦散佚，盖子孙不能世世保守勿失，二也。海通以来，外人搜求中国善本孤本之书，日盛一日，售主迫于饥寒，书贾但图厚利，数年之后，势必珍篇秘籍尽归海外书楼，中国学者副本亦难寓目，三也。名人著作及校本未刊行者，指不胜屈，亦有子孙无力刊行尚知保守者，但数传之后或渐陵夷，心血一生，空箱饱蠹，四也。且当四库搜采之时，佚书尚多，加以二百年来名臣学士项背相望，著述之多，尤当及时征集。敝馆虽限于经费不能放手购求，但抄录校雠，或者尚易为力。况热心之士苟知公家保存可以长久，或且乐意捐助，亦未可知。总之，在馆中能多一册书即学术上多受一分利益，倘或再稽时日，窃恐异时征求更属不易。为此谨拟简章，仰乞钧裁。如蒙核准，并请一面由部通咨京内外各机关，一面由本馆函达各省图书馆及海内藏书家，以便广为搜辑。"其所附《征求书籍简章》中明确指出：甲、公家私家所藏书籍目录。乙、名人未刊之著作。丙、善本及名

人校本。丁、近时木刻及石印铅印书报。(《教育公报》第六年第三期)

据《京师图书馆档案》，1913年1月30日，有"京师图书馆造送书籍数目册"，计善本书，经部153部，2477卷，1138册。史部44部，17089卷，5812册。子部184部，4651卷，1938册。集部199部，4195卷，1934册。总共880部，28412卷，10822册。

敦煌唐人写经8662卷。

阅览书，经部552部，8366卷，3002册。史部455部，20924卷，8966册。子部392部，11572卷，4557册。集部670部，22757卷，7507册。志书1646部，19138卷，6150册。新书702部，1649卷，1172册。丛书127部，38557卷，10150册。总共4544部，122963卷，41504册。

20世纪20年代末至30年代初，北平图书馆的古籍图书数量增加并不多。著名学者蔡元培曾在30年代初任北平图书馆馆长，他撰有《国立北平图书馆记》一文，并由钱玄同写成碑文。记有云："十七年七月，更名曰国立北平图书馆。十八年一月，迁址于中海居仁堂。馆中藏有文津阁《四库全书》一部、唐人写经8651卷，又有普通书148000余册，善本书22000余册，明清舆图数百轴，及金石墨本数千通，均希世之珍也。"

在抗日战争期间，为防日本侵华战争之战火波及北平图书馆，该馆曾选出若干善本书，共2720种、约20000余册，凡102箱，包括宋、元版约200种，明版近1000种，抄本500余种。由北平馆驻上海办事处钱存训先生通过秘密关系，远涉太平洋，海运美国寄存在国会图书馆。原书于20年后运至台北，存于台湾"中央图书馆"，后移往台北故宫博物院。

北京图书馆所收藏的古籍图书，不管是善本书还是普通古籍，都是中华民族数千年来灿烂文化的象征，是取之不尽，用之不竭的特殊人文资源。北京图书馆所藏善本图书，无疑是该馆最重要的精华。从筹建京师图书馆始到1949年止，甲乙两库的善本珍藏全部所在为13000册，已为北图丰富的藏书打下了坚实的基础。而之后的20年，是北图善本图书大发展的时期。

1949年9月，该馆首先入藏的是稀世珍本《赵城金藏》4313卷。《赵城金藏》是金代刻印的一部佛教大藏经，原藏山西省赵城县广胜寺。30年代初，被范成法师发现，盛传一时，为世人瞩目。此部大藏经之珍贵，不单在于传世仅此一部，还在于它是以《开宝藏》为底本刻印的。而《开宝藏》是中国整部大藏经雕印的第一部，因为时间在宋开宝年间，故名。它是以后一切藏经的祖本，且传世极罕。《赵城金藏》中所收的经有数十种是其他藏经所未收的，对研究中国佛学史和印刷发展史都是极为重要的文献和实物。

在1950至1952年的三年中，有不少重要的著名藏书家，如瞿济苍兄弟、傅忠谟、周叔弢、翁之憙、刘少山、邢之襄、赵世暹、吴南青兄弟、赵元方、丁惠康、潘家多，以及潘宗周宝礼堂等，多将他们保存了百年以上或一生精力所聚的宋元精椠、明清罕见本、名抄佳稿等捐献给北京图书馆，使该馆馆藏更为充实。如1950年1月7日，瞿氏兄弟将其家藏宋、元、明善本书52种、1776册，通过文化部文物局捐献给北京图书馆。3月，又捐献宋、元、明善本书20种。又如周叔弢一次捐献珍藏善本凡宋、元、明精椠及明抄本等共715种、2672册。如宋绍兴九年（1139）临安府刻本《汉官仪》3卷、元至大刻本《梅花字字香》2卷（有杨绍和跋）、元至正刻本《梅花百咏》1卷（有黄丕烈跋并题诗）等。郑振铎在写给周叔弢的信中，说这批书"琳琅满目，美不胜收"。又如傅增湘双鉴楼所藏镇库之宝宋刻百衲本《资治通鉴》、宋写本《洪范政鉴》，在傅氏去世后，其家人遵其遗命捐赠给北京图书馆。

在50年代至60年代之间，除了上级拨交、私人捐赠外，北图采购人员还不遗余力地四方采集，各省古籍书店也将部分珍本古籍提供该馆。尤其是北京市琉璃厂中国书店，售给北图的最多，如宋端平刻本《楚辞集注》8卷、明弘治二年（1489）刻本《汪氏族谱》10卷、明万历十一年（1583）家抄本《清苑王氏家谱》9卷、清康熙五十八年（1719）徐氏真合斋泰山磁版印本《周易说略》8卷等。

二、馆藏古籍的内容

根据《北京图书馆古籍善本书目》，截至1986年的统计，善本古籍共23225部，几近30万册。除了敦煌写经、《赵城藏》等专藏之外，历代刻本、稿本、抄本、活字本、套印本中之精品比比皆是。据统计，宋刻本计800部（其中经部123部、史部204部、子部225部、集部248部）；金刻本15部（经部5部、史部1部、子部6部、集部3部）；蒙古刻本12部（经部3部、史部4部、子部4部、集部1部）；元刻本717部（经部179部、史部173部、子部222部、集部143部）；明刻本8454部（经部544部、史部1960部、子部2406部、集部3544部）；清刻本5828部（经部403部、史部2548部、子部652部、集部2225部）；活字本266部（经部9部、史部44部、子部45部、集部168部，其中明代164部、清代102部）；套印本177部（经部15部、史部10部、子部62部、集部90部，其中明代119部、清代58部）；磁版印本2部；石印本4部；钤印本82部（其中明代21部、清代61部）；拓本8部；稿本819部（经部99部、史部261部、子部132部、集327部）；抄本6037部（经部403部、史部1924部、子部1202部、集部2458部，其中隋唐写本2部、宋抄本20部、元抄本6部、明抄本1112部、明影宋抄本3部、清抄本4744部、清影宋抄本110部、清影金抄本4部、清影蒙古抄本1部、清影元抄本25部、清影明抄本9部、太平天国抄本1部）。又有唐刻本1部、五代刻本3部。

宋元刻本的本身价值自不必多去叙述，只要看北图收藏的那傲人数字即知，不管是哪一个图书馆都不能与之匹敌，只有以上海图书馆加上台湾"中央图书馆"的馆藏方才能相埒。今列举各十数种以窥一斑。如北宋刻递修本《汉书注》，为影印百衲本二十四史《汉书》之底本；宋绍兴九年（1139）临安府刻本《汉官仪》，今《续古逸丛书》本即据之影印；宋刻本《龙龛手鉴》，为传世最古刻本，影印《四部丛刊》据之为底本；宋刻递修公文纸印本《三国志注》、宋刻宋元递修本《经典释文》，为今日所存宋刻全本；宋嘉定十三年（1220）刻本《渭南文集》；宋咸淳廖氏世彩堂刻本《昌黎先生集》《河东先生集》（此书在宋刻本中为无上神品）；宋临安府棚北睦亲坊陈宅书籍铺刻本《唐女郎鱼玄机诗》；宋绍兴三年（1133）两浙东路茶盐司刻本《资治通鉴》；宋刻本《张承吉集》《曾南丰先生文粹》；宋绍兴十八年（1148）建康郡斋刻本《花间集》等。金刻本存世寥若晨星，屈指可数，该馆中之重要者如《刘知远诸宫调》《南丰曾子固先生集》《萧闲老人明秀集注》《崇庆新雕改并五音集韵》《壬辰重改证吕太尉经进庄子全解》等。元刻本中之佳椠不知凡几，俯拾即是。如元至大三年（1310）曹氏进德斋刻递修本《中州集》，元至正七年（1347）杭州刻本《大元大一统志》，元刻本《古杭新刊本关大王单刀会》《赵氏孤儿》《邵氏世谱》《梨园按试乐府新声》；元集庆路儒学刻本《救荒活民类要》、元岳氏荆溪家塾刻本《春秋经传集解》；元至大刻本《梅花字字香》、元陈仁子茶陵东山书院刻本《梦溪笔谈》等。

14000余部的明、清刻本，在该馆的善本书目中，有如恒河沙数、汗牛充栋。确实，有关专业人员积70余年之辛劳，涉及两三代人，而使馆藏明椠清刻之珍品森罗万象。虽说明清两代仅540余年，但是刻书数量之大，种类之多，较之宋元来说，不知超越了多少倍。而雕印之工、装潢之美、纸墨之精，也是前所未见。以北图所藏，要举出哪些是最重要者，却是一道很难回答的题目。或许可以这么说，在每一个小类中都有稀世之珍的存在，对于研究者来说，随时都可发现他们在别处所未见过者。我们可以用集部曲类（包括诸宫调、杂剧、传奇、院本、散曲、弹词、宝卷、曲选、曲谱、曲韵、曲评、曲话、曲目）的著录来看该馆的藏品。此类的明刻本共393部、清刻本共215部。如果和上海图书馆、台湾"中央图书馆"做一个比较的话（北图和央馆都不计原北平馆馆藏），那上海图书馆有明刻本117部、清刻本90部，台湾"中央图书馆"有明刻本77部、清刻本11部。据此，也可证北京图书馆藏明清善本之丰。

手稿本的价值不仅在于体现作者的手迹，还可以考察作者写作的心路历程，如果稿本未刊，那资料价值就更高。北图收藏最重要的稿本，无疑是宋司马光撰《资治通鉴》残稿1卷。又有不少未刊稿本和稿本，如集部别集中的明万达甫《皆非集》1卷《法藏碎金》1卷、朱赓《朱文懿文稿》不分卷、刘宗周《刘念台先生抄稿》1卷、范景文《范文忠公文稿》不分卷、莫是龙《小雅堂诗稿》不分卷、归昌世《假庵诗草》不分卷、倪元璐《倪文贞公诗文稿》不分卷、祁彪佳《抚吴尺牍》不分卷《远山堂尺牍》不分卷、赵士春《保闲堂续集》4卷、文从简《文彦可先生遗稿》不分卷、陈显《陶庵全集》20卷、苏先《苏子后集》7卷等。又史部中清人稿本如钱大昕辑《元进士考》不分卷、允礼撰《果亲王西藏日记》不分卷、吴骞辑《董令升遗事》不分卷、孙承泽撰《畿辅人物略》不分卷、赵之谦撰《湖州氏族考》6卷、《本朝湖州府县官考》1卷、《本朝科名盛事录》1卷等。

抄本中有不少难得之本，明清两代著名藏书家和学者的抄本不胜枚举，如明秦氏雁里草堂抄本《诗集传名物抄》8卷、明祁氏淡生堂抄本《沈先生春秋比事》20卷、明丛书堂抄本《孟子注疏解经》14卷和《隶释》27卷、明秦氏绣石书堂抄本《国初事迹》1卷、明穴研斋抄本《战国策》33卷、明姚咨茶梦斋抄本《春秋五论》1卷、明柳佥抄本《五代史补》5卷、明范氏卧云山房抄本《金石录》30卷、明钮氏世学楼抄本《程氏续考古编》10卷、明杨氏七桧山房抄本《珩璜新论》1卷、明谢氏小草斋抄本《寓简》10卷、明沈与文野竹斋抄本《纯全集》4卷、明末祁氏远山堂抄本《祁忠敏公日记》15卷等。又如清初钱氏也是园抄本《相台书塾刊正九经三传沿革例》1卷、清初钱曾述古堂抄本《教坊记》1卷、清黄氏士礼居抄本《（淳祐）玉峰志》3卷和《（咸淳）续志》1卷、清惠氏红豆斋抄本《复社姓氏目录前卷》1卷、清曹氏倦圃抄本《名相赞》5卷、清劳氏丹铅精舍抄本《左氏古义》6卷、清彭氏知圣道斋抄本《唐余纪传》18卷、清汪氏艺芸书舍抄本《蜀梼杌》1卷等，还有如清钱大昕抄本、顾广圻抄本、孙潜抄本、吴翌凤抄本、曹琰抄本、焦循抄本、劳权抄本等。至于清初毛氏汲古阁抄本、汲古阁影宋抄本的数量更是首屈一指，任何一个图书馆所藏都难望其项背。

我们或许可以得出这样一个结论，即无论什么版本，诸如宋元明清各代之刻本，或是套印本、抄本、稿本、活字本，其数量和质量都是北图独占鳌头的。又如在版本学界中公认的明铜活字印本唐人小集，传世极罕，前人多误认为宋刻本，然原书全目，已不可考，范氏天一阁藏有34家，而北图却有48家之多（这个数字还不包括原北平馆所藏）。其中如《唐太宗皇帝集》2卷、《许敬宗集》1卷、《张九龄集》6卷、《孙逖集》1卷、《王昌龄集》2卷、《王摩诘集》6卷、《储光羲集》5卷、《岑嘉州集》8卷、《严武集》1卷、《韩君平集》3卷、《李端集》4卷、《卢纶集》6卷等，都是难得之本。而台湾"中央图书馆"仅藏10部（也不包括原北平馆所藏），且多是北图已有复本之书。

截至1992年，北图共有普通古籍82571种、1957544册，占馆藏古籍种数的73.6%，也是馆藏图书总册数的13%，其中也有少量辛亥革命以后刊行的线装书，这些图书也一直被视为普通古籍。不可否认的，普通古籍的复本数量较多，不少图书的复本都在五部以上，甚至多达数十部、上百部。普通古籍藏书中，也有不少知名藏书家的藏书和重要学者的用书，如清李慈铭困学楼、归安姚觐元姚慰祖父子咫进斋、李氏延古堂、南陵徐乃昌积学斋、四明张寿镛约园以及郑振铎等人的藏书。这近200万的藏书中，有少量的明刻本，90%以上为清代学者所著，清朝各代所刻占的比重最大，而稿本、抄本也有不少。

三、馆藏古籍的特色

北京图书馆收藏的古籍特点甚多，兹撷取一二述之。

地方志是地方的百科全书，内容丰富，资料充实，是各代学者重视的参考用书。北京图书馆藏方志数量最多，来源广泛。当京师图书馆成立之初，即由内阁大库拨交方志1000多部，多为清康熙旧刻本，为康熙间纂修《大清一统志》时从全国各省进呈而来。此后又由国子监移藏100余部。在1916年至1925年的10年中，北洋政府教育部征集全国各省方志，凡征得复本的，即拨交京师图书馆一部，计得300余部。其后购买、捐赠、拨交的共有600部。1926年，北海图书馆成立，又先后购入500余部。1929年，国立北平图书馆与北海图书馆合并后，再陆续购得（包括捐赠）1000余部。截至1933年初，共有方志3800余种、5200余部、42000余册。是年5月该馆为此编印了《国立北平图书馆方志目录》，收录了省志、府志、厅志、州志、县志，还收录了边镇志、卫志、所志、关志、场志、盐井志等，并将清末各地所修乡镇小志、乡土志作为附录。

1936年6月，该馆又将1933年至1936年收藏的方志862部、5300余册，编印成《国立北平图书馆方志目录二编》。其中90%为采购得来，其他为各方人士所捐赠。抗日战争期间，该馆部分人员南迁云南昆明后，即锐意收集四川、西康、贵州、云南以及广东、广西之方志和地方文献。其中万斯年等人深入西南边远地区，采得不少方志，计四川省志206种、云南省志93种、贵州省志34种、广西省志24种、西康省志15种。抗战胜利后，该馆在北平也陆续购得并接收了一些。1949年后，收藏又有不少发展。1957年11月，该馆出版《北京图书馆方志目录三编》，除去重复，计收方志2177种。附录名胜、古迹、山志180种，总共收书2357种、55000册。其中有551种方志是上面两部目录未收录的。

现今馆藏方志总数为6066种、93009卷，占大陆各图书馆收藏量的72.7%；按卷数计，占总藏量的77.7%。该馆藏各省方志中以河北为最多，计564种、7440卷。次为江苏，476种、8274卷。三为四川，458种、6431卷；山东，458种、6238卷。四为河南，434种、5800卷。五为浙江，398种、8084卷。余为山西，375种、4627卷；江西，342种、7476卷；陕西，331种、3516种；广东，295种、4676卷；安徽，261种、4849卷；湖南，260部、5536卷；湖北，260种、

4195卷；福建，205种、4670卷；云南，192部、3057卷；甘肃，142部、1279卷；广西，117种、2066卷；贵州，98种、1677卷；新疆，87种、436卷；辽宁，79种、1104卷；吉林，60种、408卷；台湾，44种、394卷；黑龙江，41种、311卷；西藏，36种、78卷；内蒙古，19种、148卷；宁夏，19种、104卷；青海，15种、92卷。在馆藏地方志中，复本超过五部的种数约占4%。

若按种数计，该馆计有县志4111种、府志583种、州志526种、通志235种、乡土志233种、镇志66种、直隶州志88种、厅志65种、卫志19种、直隶厅志15种、道志10种、关志10种、市志5种。

《永乐大典》是明代永乐年间编纂的一部大类书，全书共22937卷，分装11095册。现存流传于世的是明嘉靖四十一年（1562）至隆庆元年（1567）重写本，清乾隆年间已多残缺，清光绪二十六年（1900）八国联军攻入北京，存储在翰林院的《永乐大典》大部分被烧毁，小部分也多为侵略者掠夺而去，民间所存极少。现存于世界各地的《永乐大典》约370余册，共810卷。劫后的翰林院仅余60册，民国初年拨交京师图书馆保存。数十年来，北京图书馆多方征集寻访，加上有关部门的拨交、各界人士的捐赠，以及50年代初期苏联先后将沙俄和日本侵略者劫走的64册（包括原藏列宁格勒大学东方学系图书馆、海参崴大学、大连图书馆）归还中国，北京图书馆藏《永乐大典》的数量，已是现今所有收藏单位中最多的，总共计161册（又零页48张）（据《北京图书馆古籍善本书目》1987年著录作127册，疑误）。而台湾"中央图书馆"藏8册，上海图书馆仅藏1册1页，四川大学图书馆藏1册。

赋役，为田赋、力役、田租之专称。《赋役全书》反映了一个时代田亩、赋税的状况，是绝好的经济史料。馆藏清代顺治、康熙、雍正、乾隆间的《赋役全书》，也由内阁大库移来，绝大多数是清初所修，而且各省齐备。清代赋役书历朝都有，而乾隆以前所修，流传于世者十分罕见。如清康熙刻本《直隶顺天府五州二十一县赋役册》30卷、清乾隆刻本《江南新宣等卫司赋役全书》

12卷、清顺治刻本《山东省赋役全书》111卷、清乾隆刻本《广东赋役全书》104卷、清乾隆刻本《陕西省西安布政司赋役全书》93卷等。在《中国古籍善本书目》史部政书类"邦计"中著录的赋役全书80种中，就有73种为北图所藏。

郑振铎藏书约10万册，在他飞机失事后，由他的夫人高君箴遵照他的遗志捐献给北京图书馆。郑振铎是一位对中国文化有着特殊贡献的学者，他是作家、诗人、教授，他的藏书是从一位学者的立场、角度，去收集、研究，聚书20余载，所得有历代诗文别集、总集、词曲、小说、弹词、宝卷、版画和各种有关政治、经济史料等文献，总数达7740种，明清刻本居多，抄本次之。其中明清诗文集数量可观，不少为罕见的僻书，尤其是画家、戏曲家、词家的著作，更是尽力收藏。他也善鉴定，某些重点研究的题目涉及的版本，他都是尽力搜罗，如《昭明文选》版本达33种、《玉台新咏》版本有8种。地方艺文类的书籍，前后收集了200余种，不少是很难得的书。至于曲类图书，竟达600余种，稀见者比比皆是。他有关版画图书的藏书中，最著名的是明末胡正言编印的《十竹斋画谱》和《十竹斋笺谱》，以及明陈洪绶的《博古叶子》《水浒叶子》，还有如清初《太平山水图画》等。其藏书数量和质量，在当代私家藏书中，也为各方所关注。郑氏家人的无私捐赠，使得北京图书馆在戏曲、小说、宝卷、文集、版画等方面得到了大量的补充。

其他如清廷升平署剧本609种、1693册，多系乾隆、嘉庆以来宫廷中演戏的底本。如《九九大庆》52卷、计47册，《清内廷承应剧本》20种、20卷、2册，《法官雅奏》48卷、37册。也有一部分为其时廷臣所编的戏本，如《楚汉春秋》《封神天榜》《盛世鸿图》《昭代箫韶》等。所谓"宫廷大戏"，每种有多至200多折的，传本多很难得。重要戏曲丛书《古本戏曲丛刊》第九集中收入的此类剧本，即是根据该馆所藏影印。还有部分为乾、嘉以下至清末升平署剧本，均为研究近世戏曲史的重要文献资料。

除古籍图书外，北京图书馆还藏有敦煌写经，共11429卷。另藏不少金石文献，据1988年12月的统计数字，为甲骨35651件；甲骨拓片20671种、78625件；墨迹129种、315件；北京地区石刻7193种、15023件；各地石刻10984种、18773件；房山石经15603种、30314件；法帖851种、3858件，裱本2976种、5471件；裱轴1479种、1756件；画像1840种、3615件；造像6463种、7383件；墓志6464种、11726件；善本碑帖拓本702种、2588件；玺印568种、2578件，专藏4660种、8897件；铜陶砖瓦150种、2254件；画册117种、178件；照片1997种、5553件；书籍1651种、5451册；石经残石355种、360件。

四、馆藏古籍的整理

由于善本图书历年不断增加，善本书目也在不断增补修订。自1911年缪荃孙编《清学部图书馆善本书目》始，到1988年的《北京图书馆古籍善本书目》止，共有八种，下面分而述之。

（一）《清学部图书馆善本书目》，1911年9月，由缪荃孙主持编纂。书目刊载在《古学汇刊》第一辑上（1912年《国粹学报》上海排印本），以后的善本书目都是在此基础上增补的。该目收录清学部图书馆所藏善本书约140种，分类按《四库全书》体例。全目收宋元版本居多，也选收一些版刻精良的明刻本以及清代前期的稿本。书目除著录书名、卷数、作者、版本、行款、刻工、牌记、存佚、装订形式之外，还说明各书的刊刻源流，摘录有关序跋、印章、避讳等，甚至还列出编纂、雕造人员名单，但每种书均未标明册数。

（二）《京师图书馆善本简明书目》1册。1912年5月，江瀚调京师图书馆馆长任后主持编纂。1913年该馆铅印本。收录322种。

（三）《京师图书馆善本书目》4册。1916年，夏曾佑任馆长，他有感于缪氏之目甚详，"而草创成书，不能无误，江本、王本，盖即就缪本蓥录而成，所不同者，仅增删书目十数种耳。兹就现藏书籍，与各家目录详加校正。……谨督同馆员，检查原书，并根据《四库全书提要》，及晁、陈以来各家目录，悉心厘正，缮成定本。所有与缪目不同之处，均分疏于各条下，以便考核。"（《京师图书馆善本书目》）

（四）《国立北平图书馆善本书目》4卷4册，赵万里编。1931年，文津街新馆落成，善本藏书已具相当规模，馆方有设立甲库别贮精英之议，于是，遴选宋元旧刻、明版精椠及传世罕见之本凡3796种，藏于甲库。1933年正式出版。

（五）《北平图书馆善本书目乙编》4卷1册，赵孝孟编。由于甲库之书不能反映该馆善本之全貌，又设善本乙库。在善本书库及普通书库中选出清代刻本中流传至罕、刻写精良的版本以及名人手校本、精抄本约2000余种，加上其后陆续采购到的五六百种，共计2666种，编为此目，以区别于宋、元、明刻本之甲库。1935年12月印行。据序所云，此目之重要资料有五：一为内阁大库藏方志；二为清顺治、康熙年间赋役全书；三为升平署戏曲本；四为稿本及批校本，如李慈铭校本80余种、王国维校本170余种；五为罕传本。"凡此五类，皆承学之士研究文史者所必取资。"

（六）《北平图书馆善本书目乙编续目》4卷1册，北平图书馆编。此为增补《乙编》之目。盖因后又入藏善本书1357种，遂编制此目。1937年4月印行。

（七）《北京图书馆善本书目》8卷8册，北京图书馆编。1949年以后，北京有关上级部门大批拨交各方之书给北京图书馆保存，该馆又从四处积极采购，再加上不少著名藏书家无私捐赠，使得该馆善本图书激增。此目反映了该馆所藏自宋代以来的各类善本图书计1348种。计经部：总类14种、易类116种、书类54种、诗类79种、礼类156种、春秋类139种、孝经类18种、四书类56种、乐类12种、群经总义类63种、小学类296种。史部：纪传类251种、编年类176种、纪事本末类20种、杂史类335种、诏令奏议类113种、传记类507种、地理类650种、职官类43种、政书类196种、金石类177种、目录类169种、时令类7种、史评类65种、史抄类44种。子部：总类21种、儒家类226种、兵家类 58 种、法家类 55 种、农家类 17 种、医家类 194 种、天文算法类 122 种、术数类 123 种、艺术类 167 种、谱最 73 种、杂家类 808 种、小说家类 115 种、类书类 192 种、释家类 200 种、道家类 145 种、丛书类 126 种。集部：楚辞类 42 种、汉魏六朝别集类 101 种、唐五代别集类 618 种、宋别集类 898 种、金别集类 21 种、元别集类 440 种、明别集类 915 种、清别集类 635 种、总集类 619 种、诗文评类 127 种、小说类 31 种、诗余类 200 种、曲类 303 种。（1959 年 9 月，北京中华书局铅印本）

（八）《北京图书馆古籍善本书目》，北京图书馆编，5 册。此目所收，包括该馆自建馆以来（1910—1986）陆续入藏的古籍善本书。在《北京图书馆善本书目》出版后，该馆专业人员仍然持之以恒，精益求精，致力于善本书的考定著录工作，除"文化大革命"时期外，从未间断。据此目前言云："至 1980 年，著录工作基本告一段落。当时正值全国遵照周恩来总理生前指示，开始编制《全国古籍善本书总目》，本馆全力以赴，投身于这项工程，依照这部总目的收录标准，奉献出自己馆藏的著录成果。然而由于该书目的收录标准与本馆不尽相同，而且 1980 年以后本馆又陆续选入近千部善本书籍，未及收入《全国古籍善本书总目》，所以本馆自 1986 年起又着手编制第六部善本书目。"然而此目收录原则中对于明刻本以下复本较多者，只收三部，其余不收；明刻本以下残书，凡存卷不足全书三分之一，且无批校题跋者不收；民国以来（1912）刻本、抄本，不论有无批校题跋，一律不收；外国的抄本、刻本一律不收等。

北京图书馆有普通古籍组之设，多年来，该组做了不少工作，为了协助读者了解和利用普通古籍，曾于 1988 年 1 月至 4 月，举办"普通古籍及分类目录专题展览"，以文字说明与样书相结合的方式介绍了普通古籍的基本情况及其所使用的分类法。大有大的难处，限于人力，几十年来，这些普通古籍并没有全部编目完竣，有 60% 左右的书只是做有简编草片或尚未编目，不能提供阅览。自 1983 年始，该馆根据古籍著录国家标准《古籍著录规则》，对每种古籍施以标准化著录，至1992年，已完成8.89%。

早期的北京图书馆普通古籍书目，是按经、史、子、集四部分类的，如民国年间编的《京师图书馆普通本书目》28卷。北京图书馆从1984年始，即着手有计划地编纂《北京图书馆普通古籍总目》，共分目录门、经籍门、史乘门、地志门、传记门、古器物学门、社会科学门、哲学门、宗教门、文字学门、文学门、艺术门、自然科学门、应用科学门、总记门，计15大类，每门自成一卷。分类据刘国钧编制的《国立北京图书馆中文普通线装书分类表》而分。出齐后计约精装20大册。现已出版"目录门"，收书1948种、3747部、15406册（含稿本、抄本500余种）。其中出版于1911年以前的有562种、1127部、6989册；出版于1911年以后的有1386种、2620部、8417册。另有书影散叶7种、7部、2555页。古器物学门1456种、2996部、12429册、散叶334张。其中1911年以前的有572种、1117部、5994册、散叶27张；出版于1911年以后的有884种、1879部、6435册、散叶307张。文字学门1958种、3353部、15059册。其中出版于1911年以前的有1280种、2189部、10608册，出版于1911年以后的有678种、1164部、4451册。自然科学门（相当于四库子部的天文算法类和谱录类）1255种、1910部、5852册。出版于1911年以前的有883种、1347部、5080册；出版于1911年以后的有372种、563部、772册。每门所著录之书下都有北京图书馆索书号，每门后均附四角号码综合索引（书名、著者），以利读者查找。

五、馆藏古籍的利用

早在20世纪30年代，北平图书馆馆长袁同礼以古籍日就沦亡，计划选择罕见孤本、佳椠名抄，汇辑影印，编为丛书，以广流传。后编辑出版了一部《国立北平图书馆善本丛书》第一集，收书11种，多为罕见难得之本，且富资料价值，颇得时人好评。其子目为：《皇明九边考》10卷（明嘉靖刻本）、《边政考》12卷（明嘉靖刻本）、《三云筹俎考》4卷（明万历刻本）、《西域行程记》1卷、《西域番国志》1卷（明抄本）、《筹辽硕画》46卷（明万历刻本）、《皇明象胥录》8卷（明崇祯刻本）、《行边纪闻》1卷（明嘉靖刻本）、《朝鲜史略》6卷（明万历刻本）、《安南图志》1卷（清初钱氏述古堂抄本）、《日本考》5卷（明万历刻本）、《使琉球录》1卷（明嘉靖刻本）。每种后皆有谢国桢跋，详述源流。据谢国桢序云："自民国肇造，异书间出，于是明代载籍，建州萌古，西域殊方，舆地稗乘，逐渐发现于世。凡昔人所未见，或为明史所遗者，皆可获见于今日，假吾人以研治边疆史乘之便利，不可不谓学术界之幸事也。本馆秉昔日京师图书馆之旧藏，兼历年采访之所得，访书江浙，寻碑秦陇。时则江南旧家，书籍往往散出，鲍校毛抄，间有流传，士礼艺芸，亦登簿籍。间或荒摊冷肆，苦索冥搜，禁书秘籍，亦时有所获。辐辏骈至，荟萃一堂，于是宋元佳椠，登诸甲编；名抄秘籍，列诸乙库，插架缥缃，悉编目录，取便学人，供诸探讨。……其为清廷毁禁，明史所遗，舆地稗乘，秘家载籍，可以审核地理之沿革，资边陲之考镜，淬砺民智，厥功尤伟。乃先选明代边防史乘凡十一种，题曰《国立北平图书馆善本丛书》第一集。"

北京图书馆以它丰富的古籍藏书雄视东西方，同时也吸引了各方学者前来查阅资料，进行研究。为了使孤本不孤，以达到"学术乃天下之公器"之真谛，也效法当年袁同礼馆长之举，于1987年组成了"古籍出版编辑组"，计划在十年内有系统地选取馆藏珍本古籍中实用价值较高的善本书，陆续交书目文献出版社影印出版，以供学术界研究利用。目前已编辑出版了《北京图书馆古籍珍本丛刊》部分。此套《丛刊》共收古籍473种，近8000卷，分装120册。均为宋、元、明、清各代刻本，并元、明、清三代的稿本、抄本。然而，编选水平并不高，除稿本、抄本外，在刻本中却杂有流传较多的版本，如《乐律全书》48卷等。也有选择并不精当之本，如《世庙识余录》26卷。有极小部分是较为罕见且资料价值较高的善本，如《安南来威图册》3卷、《虔合倭纂》2卷、《玉镜新谭》10卷等。此外，北京图书馆还编辑出版有《北京图书馆珍本小说丛刊》《北京图书馆稿本丛刊》。

说到北京图书馆所收集到的善本书，不能不提到赵万里先生。赵万里，字斐云，浙江海宁人，肄业于南京东南大学（南京大学前身）中文系。早年从王国维问学，曾在清华国学研究所任王国维的助教。1928年进入北平图书馆后，又佐著名版本目录学家徐森玉先生。除精于版本目录之学外，对于辨伪、辑佚等，也卓然有成。傅增湘先生在《北京图书馆善本书目》序中说："袁君守和以专门名家久领馆政，任事伊始，即延赵君斐云专司征访纂校之职。赵君夙通流略，允擅鉴裁，陈农之使，斯为妙选。频年奔走，苦索冥搜，南泛苕船，北游厂肆，奋其勇锐，撷取菁英，且能别启恒蹊，自抒独见。于方志、禁书、词曲三者搜采尤勤。"赵万里治学严谨，著有《王国维先生年谱》，编订《王静安先生遗书》，辑有《校辑宋金元人词》，又编《汉魏南北朝墓铭集释》等。赵万里在北京图书馆50余年，历任北平图书馆善本考订组组长，中文采访委员会委员、采访组组长，北平图书馆编纂、购书委员会委员，北平图书馆馆刊编辑、善本部主任，故宫博物院专门委员，并兼任清华大学、北京大学、中国大学、中法大学、辅仁大学等校讲师、副教授、教授等职。1949年后，在北京图书馆任研究员、善本特藏部主任，及《图书馆》杂志编委等职。为了采访古籍，他的足迹遍及大江南北，在江苏、浙江、福建、广东等地为国家收集了不少宋元旧本和明清罕见善本。他致力于古典文献资料的收集、整理、编目、保存、研究，把自己毕生的精力献给了北京图书馆，是对北京图书馆贡献最大者之一。

上海图书馆的古籍与文献收藏

上海图书馆在中国省市一级的31个公共图书馆中，就藏书之丰富、规模之大、读者之多而言，是仅次于国家图书馆（即北京图书馆）的一个图书馆，1952年创立。自从1996年12月新馆启用后，它的面积、设施、服务都已跻身于世界先进图书馆的行列。新馆的目标定位在"中国先进、世界一流"，这是因为必须配合上海要发展成为一个国际经济、金融、贸易中心的现代化城市而做出的决策。该馆现在藏书已达1300万册，建筑面积为83000平方米，占地3.1公顷。它的文献资源优先配置、可持续发展的中心图书馆格局、信息聚散的多种功能、传统文化的累积及运用都是各方所注目的。

我过去曾在上海图书馆服务了32年，并主持过该馆特藏部的工作，这个部负责管理古籍组、近代文献组、徐家汇藏书楼200万册的1949年以前出版的所有古籍善本、普通线装书、金石拓本、名人手札、旧期刊、旧报纸、旧平装图书以及一些特藏资料，如"文革"中出版的各种红卫兵小报、宣传品等，因此对它的古籍文献收藏略有一些了解。

1949年以前的上海，本身就是一个重要的商业城市，也是重要的文化中心。但是这个过去的十里洋场却没有一个像样的市级公共图书馆，它不像北京有国立北平图书馆、南京有国立中央图书馆、杭州有浙江图书馆，这些是当时国内历史悠久、藏书丰富的前三名者。而1945年成立的上海市立图书馆，其时的中外文全部馆藏尚不及10万册。然而在那个年代里，上海却有几个重要的专业私立图书馆。

上海图书馆是1952年建立的，原来设立在旧上海的"跑马厅"大楼，创建时只有70万册藏书。一个重要的大型图书馆，它的藏书来源无非是通过采购、藏家捐赠、有关部门调入三种途径，当然也包括后来的摄制胶卷、照片来补充馆藏。如北京图书馆在50年代初就接受了著名藏书家如瞿济苍兄弟、傅忠谟、周叔弢、翁之憙、刘少山、邢之襄、赵世暹、赵元方、潘家多以及潘宗周宝礼堂等极为重要的捐献，同时又接受政府拨交的《永乐大典》等书。上海图书馆也不例外，从1950年起，就陆续有不少社会知名人士将其私人藏书捐给上海市文物保管委员会，后由该会拨交上海图书馆收藏，较为重要的有金山姚石子后人捐献48000余册，其中抄校本300余种。柳亚子将其故里吴江黎里宅中藏书44000余册，南社诗人高天梅尚志堂藏书19000余册，平湖金兆蕃藏书9000余册，海宁朱宁生藏书7000余册，以及潘景郑先生、刘世珩先生、丁福保先生、龙榆生先生、秦翰才先生、倪春如先生等也将全部或部分藏书捐赠给上海图书馆保存。同时，上海市政府也将徐家汇天主堂藏书楼藏西文书、线装书和旧报刊移交上海图书馆。此外还有亚洲文会图书馆、东方经济图书馆等单位的书也拨交上海图书馆保管。

1958年，上海市科学技术图书馆、上海市报刊图书馆、上海市历史文献图书馆与上海图书馆合并，藏书骤增至320万册。在这里，我必须着重提一下历史文献图书馆，因为没有"历史文献"，就不可能有上海图书馆的今天。"历史文献"的前身是"合众图书馆"，"合众图书馆"筹设于1939年抗日战争时期，它的成立旨在保存国粹，联合气谊相投之友，各出所藏，以期集腋成裘。张元济先生特请正在北平燕京大学图书馆采访部担任主任的顾廷龙辞职南下负责筹馆事宜。

在陈叔通拟定的图书馆组织大纲及董事会办事规程中，明确指出该馆创办的目的是收集各时代各地方的文献资料，供研究中国及东方历史者参考。曾宣称，该馆是为保存中国固有文化而设的专门国学图书馆。又由于图书馆的创办，首先是通过征集各私家藏书而成事，因取"众擎易举"之义，命名"合众"。

"合众"的藏书基础，首先是几位发起创办人所捐赠的家藏，他们将数十年甚至毕生收集的珍藏无条件献出，并且各具特色。如叶景葵先生家藏全部宋、元、明、清各代的刻本，以及稿本、抄本、批校本等，其中尤以未刻稿本为多；张元济先生数十年来收集的善本以及旧嘉兴府文人著作；蒋抑卮先生的旧藏钱塘汪氏万宜楼藏书，其中常用参考书多齐备；李宣龚先生藏近代学者的诗文别集和师友手札；陈叔通先生家藏名人手札及清末新学书刊；叶恭绰先生家藏山水寺庙专志及亲朋手札；胡朴安先生藏经学、文字学、佛学图书及书札；冯雄先生旅蜀时收集的四川文献；顾颉刚先生藏的近代史料、拓片等；潘景郑先生藏的大宗金石拓片、清代科举考试的朱卷等。此外又有经济史料2000余种，为清末民初的企业章程和报告；地方志收藏达3000种。

上海图书馆的线装古籍，经过几十年的积累，两三代人的努力，如今收藏十分丰富，馆藏约160万册。这个数字仅次于北京图书馆，而领先于其他省市公共图书馆。如果将台湾地区的"中央图书馆"、台湾图书馆、故宫博物院、"中央研究院"傅斯年图书馆、台湾大学图书馆、台湾师范大学图书馆、东海大学图书馆、文化大学图书馆、孙逸仙博士图书馆的善本旧籍全部相加共为82万册左右，也只有上海图书馆所藏的一半。这160万册古籍中，有善本书17000余部、17万余册。包括敦煌写经约200余种，均为唐或唐以前写本，其中最早的为北魏神龟元年（518）的《维摩诘经》（经生张凤鸾写，用纸29张），这不仅是上海图书馆年代最早的藏品，也是传世经卷中较为罕见者，历1400余年，纸质完好，墨色清晰，确为稀世之珍。又如唐贞观五年（631）写本《大乘无量寿经》、唐开元五年（717）写本《佛顶尊胜陀罗尼经》等，都是馆藏重要的早期写本。还有敦煌所出古写经及日本古写经42种，如日本天平十二年（740）藤原皇后写本《文殊师利问菩提经》，首尾俱全，在日本也属难得一见的珍品。

在中国大陆，收藏宋、金、元版本最多的应推北京图书馆，为1530余部，上海图书馆仅800余部，位居第二。该馆重要宋、元本如《诸儒鸣道集》七十二卷（宋刻端平二年黄壮猷修补本）、《周髀算经》二卷（宋嘉定六年鲍浣之刻本）、《东观余论》二卷（宋嘉定三年温陵庄夏刻本）、《嘉祐集》十五卷（宋刻本）、《韵语阳秋》二十卷（宋刻本）、《巨宋广韵》五卷（宋乾道五年建宁府黄三八郎刻本）、《元包经传》五卷（宋刻本）、《艺文类聚》一百卷（宋刻本）、《杜工部集》二十卷补遗一卷（宋刻本）等宋本均是传世孤本。又如元至正十五年嘉兴郡学刻本《文心雕龙》十卷，是存世最早的版本，传世仅此一帙。元至元五年刻明补版印本《农桑辑要》七卷等也皆为海内孤本。

明刻本和清初刻本是该馆善本藏书中的大宗，只要在《上海图书馆古籍善本书目》（初稿，复写纸印本）中经、史、子、集、丛五个部类里略加翻阅，即会感受到上海图书馆所藏有如恒河沙数、汗牛充栋。据我1965年时的统计，总数约在9600部，其中明刻本6800部，清刻本2800部，均较"中央图书馆"所藏（明刻本6219部，清刻本344部）为多。当然，如今又经过了30多年，尤其是"文化大革命"这一时期，该馆在数量上应该是绝对超过一万部了。然而，要举例说明哪些是最重要者，却是一道很难回答的问题。或许我们可以这么说，在每一个小类中都有稀世之珍存在，如果想在更深的学术领域里去获得更多有价值的文献资料的话，那应该去上海图书馆试试。我们不可能对每个类目去做细述，但我们可以举上海图书馆集部收藏的例案来窥其收藏之一斑。

从集部图书来说，明、清别集数量颇为可观。众所周知，大陆的图书馆专家学者花费了20年的时间编成的《中国古籍善本书目》著录了包括北京图书馆、上海图书馆、南京图书馆等八百余家图书馆、博物馆、文管所所收藏的善本书，在《中国古籍善本书目》集部（油印本，征求意见稿）中共著录明人别集包括明刻本、清刻本、稿本、抄本计4333部。其中上海图书馆所藏为963部，占大陆收藏总数的22%。包括明代刻本765部（复本不包括在内）、清代刻本71部、稿本23部、抄本104部。而不见于大陆他馆所藏的，仅存上海图书馆一部的明代刻本为218部，清代刻本为18部。该馆所藏稀见明代刻本，我曾选择百余种撰成书志，发表在《文献》杂志上，并已收进我的《书城挹翠录》那本小书中。由于台湾"中央图书馆"善本藏书中的精华部分是明人别集，故我曾经将上海图书馆和"中央图书馆"收藏的明人别集做过一个比较，结果发现"中央图书馆"所藏约1416部，其中明代刻本1017部（不算复本250部），较上海图书馆多出252部。清代刻本33部、稿本11部、抄本105部。由此可知，上海图书馆较之"中央图书馆"在明人别集刻本上略逊一筹。

清人别集的数量较之明人别集要多，这在《中国古籍善本书目》中共著录5186部，包括清代刻本、稿本、抄本。其中上海图书馆所藏为1048部，占大陆收藏总数的20.2%。包括清代刻本593部（复本不包括在内）、稿本294部、抄本161部。而不见于大陆他馆所藏的清代刻本为202部。如以"中央图书馆"为之比较，则"中央图书馆"清人别集270部，其中清代刻本45部、稿本115部、抄本110部，差之甚远。总的来说，该馆明清别集的收藏还是很丰富的。

在宋、元、明、清版本之外，我们似还可以从该馆藏善本及古籍中去看收藏的特点。近50年来，在该馆善本古籍藏书的基础上，已逐步形成了它的特色，大致上说有以下几个方面：

一、稿本的价值与数量。手稿本的价值不仅体现了作者的手迹，还可以考察作者写作的心路历程，如果稿本未刊刻，那学术价值就更高。上海图书馆的稿本总数为1600部左右，而据"中央图书馆"的目录，其稿本数量似不超过500部。我们还是来看明、清人的别集稿本：在明人稿本中较重要的有吴宽《吴文定公诗稿》不分卷；文徵明《文徵明诗文稿》不分卷，又《诗稿》一卷、《文稿》一卷；俞允文《俞仲蔚文稿》不分卷；高攀龙《高攀龙诗文残稿》一卷；

王鏊《匪石堂诗》三十二卷；毛晋《汲古阁集》四卷；徐燉《红雨楼集》不分卷、《鳌峰文集》不分卷等。在清人稿本中如黄宗羲《南雷杂著》，存文稿40余篇，间有未刊刻者或与已刻文字有异者。查慎行《敬业堂诗集》，稿中篇什多于康熙刻本，并经朱彝尊、姜宸英评点。至于像何绍基、戴熙、龚自珍、魏源、李鸿章、俞樾、丁晏、莫友芝、罗以智、钱泰吉、王韬、张鸣珂、杨沂孙、吴大澂、赵宗建、张佩纶、魏锡曾、萧穆、李慈铭、林旭、吴昌硕等人的稿本，其中多数为未经刊刻者。

其他如元人陶宗仪《古刻丛抄》、明丰坊《南禺书画目》一卷、清初地理学家顾祖禹著《读史方舆纪要》一百二十卷、清钱大昕《演易》不分卷、清惠士奇《大学说》不分卷、戴震《声韵考》四卷、严可均《全上古三代秦汉三国六朝文》七百四十一卷等都是该馆的重要藏品。

二、抄本与台湾"中央图书馆"比较不相上下。对于"中央图书馆"来说，它的善本书收藏最大宗的是明刻本和抄本，明刻本约为6000部，抄本为2500余部。而上海图书馆的善本书中抄本数字和"中央图书馆"不相上下，这仅是60年代的数字，也不包括普通线装书中的清抄本。上海图书馆抄本中，明清重要学者、收藏家所抄的也应有尽有。如明钮氏世学楼抄本《立斋闲录》、祁氏淡生堂抄本《愧郯录》、姚氏茶梦斋抄本《南北史续世说》、明秦氏雁里草堂抄本《铁围山丛谈》、明杨氏七桧山房抄本《支遁集》、明柳大中抄本《禅月集》、明苍雪庵抄本《改正湘山野录》、明王宠父子手抄《圣宋名贤四六丛珠》、明末常熟毛氏汲古阁影宋抄本《类篇》十五卷、《极玄集》、《南宋六十家小集》等。清代名家所抄那就不胜枚举了，如清内府彩绘本《卤簿图》不分卷、清鲍氏知不足斋抄本《孙明复小集》一卷、清汪森裘抒楼抄本《乐轩先生集》八卷、清汪氏摛藻堂抄本《元天目中峰和尚四居诗》一卷等。

三、名家的日记收藏首屈一指。日记，尤其是名人学者的未曾刊印出版过的日记价值更高。上海图书馆收藏的日记非常丰富，我们仅计算在该馆善本书库中的数字，大约是200种，且多为稿本，未经刊刻。《中国古籍善本书目》中共载有387种，其中著录上海图书馆所藏的就有126种，也就是说，在大陆800余家图书馆中，上海图书馆一家就占了将近三分之一。据"中央图书馆"善本书目所载，稿本加抄本总数为15部。上海图书馆馆藏重要的手稿本如元郭界《郭天锡日记》、明安广居《明安廓庵先生日记》、明侯岐曾《明侯文节日记》、清查慎行《南斋日记》、清陈邦彦《匏庐公日记》、清王际华《王际华日记》、清潘世恩《亦吾庐随笔》、王韬《蘅花馆日记》、何绍基《蝯翁日记》等。而清代学者吴骞的《兔床日记》，更是自乾隆四十八年（1783）至嘉庆十七年（1812），长达30年之久。日记中载读书笔记、见闻杂录、清朝典故、乡间风俗、友朋往来、藏书史实、鉴赏金石书画、游览山水等，备载作者本人的经历见闻。其所记时间之长、内容之丰富，在目前所见的明、清两代学者的各种日记中是仅见的。

四、地方志的收藏仅次于北图。中国大陆地方志收藏最多的首推北京图书馆，共6066部（其中也包括胶卷、"文化大革命"前所出版的影印本、铅印本、油印本），上海图书馆次之，有5400种9万余册。其中胶卷940种，1966年前天一阁影印稀见明代方志107种，50年代从各地图书馆借来传抄的新抄本约300部，以及1949年后的一些铅印本及油印本近百部。若以原本计算，大约有4000部。这个原本数字较之整个台湾地区（"中央图书馆"、"故宫博物院"、"中央研究院"历史语言研究所傅斯年图书馆、台湾大学图书馆等12馆）的方志收藏4500部来说似乎少了一些。而在大陆地区的图书馆来说，也领先于中国科学院图书馆、南京大学地理研究所、南京图书馆等馆而位居第二。

1979年编订出版的《上海图书馆地方志目录》全面地反映了这方面的馆藏，此目并不包括总志（如《元和郡县志》《清一统志》等）、各种专志（如山志、水志、寺庙志、名胜古迹志等）。上海图书馆藏方志的覆盖面不仅至各省、市、县，且版本中罕见本占较大的比例。宋绍定二年刻本《吴郡志》是该馆所藏最早的方志，而见于《中国古籍善本书目》著录的就有207部，其中明刻本127部。如明成化刻本《金华府志》，明弘治刻本《常熟县志》，明嘉靖刻本《郑州志》《德清县志》《山阴县志》，明崇祯刻本《松江府志》，清顺治刻本《长兴县志》，清康熙刻本《台湾府志》等近百部都属珍本，传世仅一两部而已。如果我们将上海图书馆所藏方志与《中国地方志联合目录》做一个比较的话，可以了解到上海地区、江苏、浙江三地的方志是该馆收藏的重点，如上海地区方志，《联合目录》共收137种，而上海图书馆有117种，上海行政区域内松江、嘉定、上海、青浦、南汇、奉贤、宝山、金山、川沙、崇明诸县重要的府、县、镇志几乎全都包括在内。江苏方志，《联合目录》共收557种，上海图书馆则有412种；浙江方志，《联合目录》共收602种，上海图书馆有475种。

五、家谱的收藏天下第一，富可敌国。家谱（包括宗谱、族谱、家乘、房谱、支谱等）资料极为丰富，截至1965年的统计，该馆家谱收藏约为13700余部，75000余册。其来源为以下四个方面：（一）1952年上海图书馆建馆起随其他古籍一并采购或各家捐赠而来，共约500余种，3000余册。（二）1956年前后，自浙江遂溪等地船运至沪数十吨废纸，其中有不少古旧书籍，上海图书馆、历史文献图书馆以及上海市文物管理委员会下属之文物仓库即派人去造纸厂，在化浆池旁抢救出约8000种，近6万册，其中残本居多。（三）1959年至1963年间，从安徽屯溪等地采购约5000余种，25000余册。（四）原徐家汇藏书楼藏90种、400余册。如加上"文化大革命"中收存约1200余种，18000余册，那就将近15000部，96000余册了。这个傲人的数字，使该馆独占鳌头。

在该馆的家谱中，全本为4000余部，其余皆是残本。所收姓氏共313个，地区也遍及全国。其中陈姓最多，为615家；张姓次之，为594家；王姓又次之，为529家；李姓393家，吴姓389家，刘姓370家，周姓345家，徐姓321家，朱姓293家，黄姓277家，胡姓228家，杨姓224家。其他在100家以上者有方姓、谢姓、许姓、孙姓、何姓、傅姓、程姓、汪姓、沈姓、蒋姓、楼姓、赵姓、金姓、余姓、郑姓等。至于冷僻姓氏如吾姓、寻姓、师姓、生姓、港姓、青姓、斜姓也有80余家。从地区来看，浙江省居多，其次为安徽、江苏、湖南、四川、福建、山东、河南、河北、湖北、江西，而边远地区甚少。在浙江省的家谱中，又集中于金华、余姚、上虞、慈溪一带，且以方、章、楼、谢等姓氏居多。而在安徽省家谱中，又以歙县、绩溪、休宁、婺源（今属江西省）最为集中，且以陈、李、程、汪、金诸姓氏居多。江苏省家谱则集中在无锡、常州、镇江、扬州、太仓、苏州一带，以周、吴、席、张、秦、荣、陶姓居多。就版本而言，清代为最多，最早者为明成化刻本《新安程氏统宗世谱》。较重要的版本中有明嘉靖刻本《王氏家乘》一卷、明嘉靖刻本《休宁藏溪汪氏世谱》十卷总目一卷、明嘉靖刻本《绩溪西园汪氏重修族谱》六卷、明嘉靖二十七年刻本《鄱阳洪氏统宗谱》八卷首一卷末一卷、明万历十三年刻本《崔氏家塾志》一卷、明代稿本《管溪徐氏家谱》五卷、明代稿本《余姚江南徐氏宗谱》不分卷等。

上海图书馆的这些家谱数量确实是任何其他馆的收藏都无可比拟的，说它"富可敌国"也是一句并不过分的话。1997年由中国国家档案局等单位汇编而成的《中国家谱综合目录》，共收录了除上海图书馆之外的400多个图书馆、文化馆、档案馆、博物馆所藏，计14719部。我们还可以将上海图书馆和国外的收藏做一个比较，日本学者多秋贺五郎《宗谱の研究·资料篇》（1960）一书中，列出了日本所藏中国家谱1235部，同时收入了当时所能见到的北京图书馆、上海图书馆、南京图书馆、中国科学院图书馆、广州中山大学图书馆以及台湾"中央图书馆"书目中著录的家谱共491种。美国哥伦比亚大学东亚图书馆藏926种，美国哈佛大学哈佛燕京图书馆藏7种，全部著录相加也仅2659种。

六、地方文献十分丰富。如柳亚子的藏书44000余册中多吴江地区文献，总共650余种。柳亚子自己说：（1917年）"此时我又在发狂地收买旧书，凡是吴江人的著作，从古代到近代，不论精粗好歹，一律收藏。"他的藏书来源除了采购外，多是南社友人赠送、借抄，柳氏自己以及儿女无忌、无垢也都有传抄本。张元济的海盐地方文献，其中在嘉兴一府前哲遗著476部，1822册；海盐先哲遗著355部，1115册；又张氏先世著述及刊印评校之书104部，856册。这些乡邦文献皆为张元济先生数十年来勤求博访、锲而不舍，始克臻此，其难能可贵，可见一斑。

七、戏曲资料非常珍贵。大凡研究中国近代戏曲的学者，几乎没有不知道《道咸以来梨园系年小录》《五十年来北平戏剧史料》，以及《清升平署存档案事例漫抄》《读曲类稿》的，这些戏曲研究中必不可少的重要参考书的编辑者就是周明泰先生。近百年来，中国以收藏戏曲文献图书为专题的收藏家不出10人，其中重要者如吴梅、齐如山、傅惜华、郑振铎等。吴书40年代即已散出；傅书在"文革"中被中国社会科学院文学研究所获得；郑书则在50年代后期郑氏飞机失事后，由郑的夫人悉数捐入北京图书馆。齐氏收藏的国剧图书1000余部，见于《齐氏百舍斋戏曲存书目》者为363种。可惜的是，齐氏费尽辛苦积聚起来的藏书于40年代陆续散出，其中大部分归戏曲研究院（今文化部艺术研究院戏曲研究所），齐先生携往台湾者在他病逝后，有数十种明清刻本被美国哈佛燕京图书馆收藏，其余的也都不知星散何处。而周明泰的戏曲类专藏，直可与齐如山的收藏媲美，如今由上海图书馆保存在善本书库内，没有任何散失。

周明泰，字志辅，安徽东至县人，他收藏戏曲文献的处所为几礼居。1949年，他在离开内地迁移香港前，将他多年来收藏的戏曲书籍寄存在上海合众图书馆。50年代初，他从香港来信，表示正式将这批藏书捐献给上海图书馆。他的收藏中有大量的清代南府和升平署的抄本和精抄本，而这些旧本多是周氏出重价从合肥方氏家得来。合肥方氏之藏已有三代，其先为方星樵，曾在清廷中供奉，精音律，擅度曲，所得皆大内精品。

周的藏书中也有不少明刻、清初刻善本，如明书林萧腾鸿师俭堂刻本《汤海若先生批评西厢记》二卷、《园林午梦》一卷、《钱塘梦》一卷、《蒲东诗》一卷（汤显祖评本）、明刻本《梁状元不服老玉殿传胪记·僧尼共犯传奇》二卷

（明冯惟敏撰）、清初倘湖小筑刻本《两纱》二卷附《挑灯》一卷（明来集之撰）、明陈氏继志斋刻本《重校红拂记》二卷（张凤翼撰、汤显祖评本）、明刻本《宝晋斋明珠记》二卷（明陆采撰）、明师俭堂刻本《鹦鹉洲》二卷（明陈与郊撰）等。而明万历刻本《新刻点板情词昔昔盐》五卷（明魏之皋撰）、明刻本《新镌出像点板怡春锦曲》六卷、明刻本《挂枝儿》一卷、《夹竹桃顶针千家诗山歌》一卷（明冯梦龙撰），都是极为难得的版本。至于清内府四色抄本《江流记》《进瓜记》，都是难得一见的秘本。此外又有《升平署扮像谱》《升平署脸谱》，皆清升平署绘制。

周氏的大量戏曲文献中还有一大批戏单，从清光绪三十三年（1907）的喜连成班、长春班至1942年，在时间上较为连贯，每年都有若干张，多者一年200余张。此外还有天津戏单206张、上海戏单31张、堂会戏单38张、民国初年北京各园海报624张、年份班名不详戏单51张等，总共3652张（不包括重复的164张）。这些戏单全部在20世纪60年代初期装订成册。

八、尺牍手札应有尽有，他馆所藏多不能望其项背。名人手迹中具资料价值的尺牍有2121种，3969册，又140卷，又1841页，约108000余通（件），这是从数量上说的，居各大博物馆、图书馆之首。从质量上来看，它虽不似北京故宫博物院、台北故宫博物院、上海博物馆或美国纽约大都会博物馆所藏宋、元法书名札那么显赫，但它的收藏是偏于学术和文献价值，而重点则放在明、清以及近代名人手札的收集上。如元代画家王冕诗笺，王的墨迹传世甚罕，而他的这首诗则不见《竹斋集》。如明徐渭书册、明八大山人手札（十二通，又诗帖六页）、王阳明先生尺牍、颜氏家藏尺牍（存三十三册，系清康熙前后如顾炎武、屈大均、孔尚任、李渔、宋琬、惠周惕等人致"曲阜三颜"颜光敏、颜光猷、颜光敩手札，计230余家，700余通）。又如像林则徐的尺牍有80通之多，这还不包括林氏的诗帖以及"折狱问条"等，而"折狱问条"竟达78页。我还可以举两个例子：许多人都知道建于明代而至今仍十分完善的宁波天一阁藏书楼，天一阁的主人是范钦，这位曾官至兵部右侍郎的明嘉靖十一年进士，400多年来，他留下来的手迹真是凤毛麟角，而他却有十余通手札被珍藏在该馆。再如马湘兰，这位明代秦淮名妓，她和才子王稚登之间的美好爱情，曾倾倒了多少文人墨客，而如今马的画作（如墨兰等）在一些大的重要博物馆还有收藏，但上海图书馆却有她致王氏的信数通。清末重要的金石学家陈介祺（簠斋），也就是《十钟山房印举》的作者，致吴子苾父子尺牍有8册，致吴仲饴尺牍有6册，另外陈氏致各家手札有11册，达50万字之多。此外像同治年间的状元、吏部尚书、曾任末代皇帝溥仪的师父的陆润庠的家书裱成6册，其师友手札更有10册之多。又如陆心源，这位清末四大藏书家之一、著名的皕宋楼主人，他所留存的师友手札、亲朋手札也有10册。又如《青溪旧屋通义堂尺牍》，此为清代道光、咸丰期间名家学者如魏源、刘宝楠、吴让之、丁晏等人致刘文淇、刘毓崧父子之手札，共450余人，达2000余通。刘氏父子都是学贯群经，而又致力于《左传》研究的大学者，这些函札多以论学为主，极具文献价值。又如刘承幹《求恕堂书札》，集中了刘氏父子与友朋往来的函札约4000件。

1961年春节期间，上海图书馆曾举办过一次"清代学者书简展览"，陈列了120位清代著名学者的书简手札计180多封，有千言长信，也有短札小简，都是没有发表过的，如段玉裁、朱彝尊、孙星衍、江声、姚鼐、戴震、王念孙、翁方纲、程瑶田、潘耒以及近代学者如陈澧、黄遵宪、严复、郑观应等，观者真有琳琅满目、美不胜收之感。所以上海图书馆明、清尺牍的收藏在大陆图书馆界无有出其右者，连北京图书馆都不能望其项背。上海图书馆藏的这些书札不仅全部整理编目完毕，而且专门设计尺牍卡片，聘请专家将这大宗的收藏全部按寄信人的姓名用四角号码排列，按人检索，十分方便。比如说寻找孙中山先生的墨宝，一查就可知道馆藏的数十通在何种名目的函册内。

九、善本碑帖2182部，3142册，约40000余件拓本。宋拓本即有44部，如宋拓孤本《郁孤台法帖》《凤墅帖》《蔡忠惠公茶录帖》等。《凤墅帖》是宋人刻的宋人汇帖，搜罗了数以百计的宋人墨迹，且又多据真迹，刻工亦精，今仅存十二卷。此帖之珍贵不仅在于它是如今仅存的孤本，而且帖内收有南宋抗金名将岳飞的墨迹，岳飞的字极似苏东坡体，而旧时所传岳飞所题"还我河山"，所书"满江红"之类的书体都是后人所为，而非岳飞亲笔。

在我国，收藏拓片较多的有北京图书馆、北京大学图书馆，数量也都在数万件左右。如北大所藏是以缪荃孙艺风堂的11000种为基础。上图的金石、碑刻拓片全部相加约在4万张（通）以上，即使去掉重复也有2万种左右，其中墓志在一万种以上，所藏的基础是叶昌炽五百经幢馆、刘世珩、潘景郑等数家所藏。

十、重要人物专档文献的资料也较完整且成系统。如李鸿章、盛宣怀、唐绍仪、熊希龄等数家，约近10万件。其中尤以李、盛两人的档案资料规模最大、价值最高。如盛宣怀档案，在盛氏数十年的官场生涯和洋务活动中，留下了大批函电、奏稿及公牍、条约、合同、会议录、账册等共3万余件。

除以上所说外，像年谱、朱卷也是该馆的专藏，前者数量千余，后者近万。年谱且多清末民初人物，有些未经刊刻，且多稿本、传抄本、油印本、各类旧杂志上发表的剪贴本等。这些年谱都是秦翰才先生数十年间辛苦收集保存的。朱卷前几年已由上海图书馆和台北成文出版社合作出版了。

中国在1949年以前出版的中文期刊总数约有5万种，上海图书馆收藏有近2万种，占总藏量的40%，这些藏品都保存在徐家汇藏书楼。"徐家汇"原是中国明末著名科学家、天主教徒徐光启的故乡，又地处肇家浜与法华泾二水的汇合处，故名。徐家汇藏书楼的全称为"上海徐家汇天主堂藏书楼"，建于1845年前后，隶属于徐家汇天主堂耶稣会总院。早期的采购者和读者，都是当时在上海的耶稣会会士。藏书楼藏有中文及西文图书共30万册。中文按经史子集丛五部分类，但以各省方志为大宗；西文分圣经、教父学等37类，古本中以希腊文、拉丁文、法文、英文、德文、意大利文、西班牙文、荷兰文、葡萄牙文等语言文字为多。宗教图书有天主教、基督教两部分，前者又以早期刻本和近代铅印本占多数，这些版本即使在天主教内也已不多见，这也是藏书楼百多年来收藏天主教图书的特色。上海图书馆在1992年曾编有一本《上海图书馆西文珍本书目》，所收1800余种西文珍本，都是1515年至1800年的欧洲出版物，其中又以早期汉学著作最引人注目。

由于徐家汇藏书楼的历史悠久，它目睹了中国近现代新闻纸的诞生与成长，并将收集到的报刊全数妥善地加以保存，它是我国仅有的存有完整的英文《字林西报》(创刊于道光三十年)和中文《申报》的地方。《申报》是中国历史最悠久的报纸，创刊于同治十一年（1872），至1949年5月停刊，说它最完整，是它在77年中仅缺两张半的副刊。此外，1874年6月创刊的《汇报》、1875年创刊的《益报》、1876年创刊的《新报》等，都是难得的早期报纸。至于清末维新运动前后出版的各种官报以及辛亥革命前后出版的鼓吹排满、倡导革命的报刊都较他馆为多。在新文化运动及抗日战争前后直至1949年止，报刊品种繁多，浩如烟海。而当时的画报、报纸副刊、小报、纪念刊、特刊等更是包罗万象，丰富多彩。在旧报纸杂志的收藏上，包括北京图书馆等单位都无法与上海图书馆相颉颃。

上海图书馆收藏的旧平装图书，是指1949年以前出版的图书，就数量而言，有10万余种，50余万册，在大陆各图书馆里名列前茅，这和上海在清末至1949年是全国出版图书的中心地，印销品种最多有关系。这10万余种图书门类广，内容丰富，精华与糟粕并存，可以说，基本上反映了1911年至1949年中国图书出版的大体概况。上海图书馆这些旧平装图书的特点，其一是门类齐全，如哲学、政治、经济、社会、军事、历史、地理、文化教育、文学艺术、交通运输等，应有尽有。二是丛书多，共有5549种（包括30940种单种书）。最早的是商务印书馆于1902年编印出版的《帝国丛书》。至于五四新文化运动以来的文学社团编印的丛书，如沈雁冰、郑振铎的《文学研究会丛书》等也多有收藏。著名作家编辑的丛书不胜枚举，如巴金的《文学丛刊》、赵家璧的《良友文学丛书》、开明书店的《开明青年丛书》等。该馆编辑出版的《中国近代现代丛书目录》已全部做了反映。

在这里，我必须提一下"文化大革命"中的上海图书馆。"文革"前期，上海的图书馆都受到较大的冲击，尤其是部分中、小型图书馆，藏书损毁严重。私人藏书遭受到毁灭性的打击，略有藏书之家几乎无一例外地被非法查抄，被损毁的图书文献无法计数。1967年初，为处理查抄的大量文物图书，由市政府有关单位决定成立上海市文物图书清理小组（简称文清组），并由上海博物馆、上海图书馆派出人员组成，我就是当年的三人筹备小组成员之一。几年内，收到全市各单位上交的非法查抄图书547万册，几乎相当于一个有相当规模的省市公共图书馆。经整理后，有74万余册调拨给书店，辗转出售。剩余的400余万册移归上海图书馆整理、分类、保存。1979年以后，根据有关落实抄家图书的政策，至1984年6月，退回发还图书143万余册，占接收数的四分之一左右；其中珍贵图书94000册，占接收珍本图书的90%。1984年至1986年初，又采取了开库认领、顶退发还、经济补偿等方式，共退还了230万册，其中珍贵图书共101000余册。在"文革"初期，上海的一些红卫兵借"扫四旧"（所谓"四旧"为旧思想、旧文化、旧风俗、旧习惯）为名，到上海图书馆"造反"，要清理、烧毁所谓宣扬封建主义、资本主义的书籍，但这种"革命"行动遭到了该馆的强烈抵制。

中国最早使用"图书馆"这个专用名词是在清光绪二十三年（1897），那是在当时的北京通艺学堂内设立了图书馆。1909年前后，不少地方大吏纷纷上奏，请求创设省图书馆，在地方大吏所上奏折中最重要的还是张之洞的《请求设立京师图书馆》折。这之后，中国三大图书馆相继成立，那就是1912年京师图书馆正式开馆，1928年正式定名为国立北平图书馆；1913年，浙江图书馆成立；1933年，国立中央图书馆筹备处成立于南京，1940年正式成立。由于历史悠久，三馆馆藏都有不同程度的递增，尤其是古籍和历史文献的收藏都逐步形成了它们本身的特色。上海图书馆是一个仅有40余年历史的图书馆，和以上三馆比较，则有一定的距离。上海是个"书海"，上海图书馆能够有今天这么丰富的收藏，是和上海长期以来作为一个重要的通商口岸、文化中心以及书籍集聚流通的城市分不开的，同时也离不开去年（1998）8月去世的上海图书馆名誉馆长顾廷龙先生和40年代至60年代曾在"合众"等图书馆、上海图书馆工作过的古旧书刊采购、整编人员的努力。

顾廷龙先生不仅是中国现代图书馆事业家，还是上海图书馆古籍与文献收藏的奠基人。顾廷龙，字起潜，号匋誃，苏州人。20世纪30年代初，任北平燕京大学图书馆中文采访部主任，1939年，应张元济等先生之邀，至沪筹建私立合众图书馆，为总干事；1956年任上海历史文献图书馆馆长；1962年任上海图书馆馆长；1985年任上海图书馆名誉馆长。他也是我国国家文物鉴定委员会委员，国务院古籍整理出版规划小组顾问，中国图书馆学会第一、二、三届副理事长，以及复旦大学、华东师范大学兼职教授。他在上海图书馆收藏与整理古籍及历史文献的重要工作中，运用独特的眼光，做出了许多重要决策。1964年，北京中国书店有一批数量甚大的家谱、鱼鳞册待售，而北京的许多单位都看不上眼，因此滞留库房，资金也不能运转。几乎是在同时，上海古旧书店、安徽屯溪古旧书店也都有大批鱼鳞册待售。上海图书馆得知消息后，迟迟不能做出决定，经请示顾廷龙先生，他马上拍板表示：家谱、鱼鳞册现在很少人在研究，但将来必定会引起重视，既然别人都不要，那我们要，有多少收多少。因此上图得以迅速购入以补充馆藏。察其地区范围，多系安徽黟县、绩溪、歙县、祁门、休宁、宁国，江西庐陵、婺源等地及江苏江阴，浙江遂安、上虞、会稽等县。时代则从明万历至民国初年，如《万历九年丈量鱼鳞清册》，40余册，均系填写本，按千字文排列。此外如顺治、康熙间的也很多。

如果说，在1958年四馆合并前，各个图书馆（除了上海图书馆外）都是在自己的专业范围里自行采购，经费比较分散，不易有大的举措。那50年代后期至60年代中期，则是上海图书馆古籍、文献以及旧报刊的迅猛发展期。那时上海图书馆的古旧书采购人员多是40年代即在上海福州路一带旧书店里或做伙计、或自开门面的小业主，他们吃苦耐劳，有实践经验，懂得书的价值。除了采购、接受捐赠及调拨外，他们还多次从造纸厂废纸堆中抢救出许多图书文献以及有用图书，有些是极为重要、难得之帙，如宋刻本《磐老人集》、明万历刻本《三峡通志》五卷、明刻本《杨太真全纪》四卷等。1959年，仅一次就从废纸堆中选出一万多斤，其中有地方志、家谱、医书、丛书、舆图等。我们或许还可以这样说，上海图书馆采购古籍及历史文献是深受顾颉刚先生"中国图书采购计划书"的影响，这份"计划书"，含义甚深，计划周密，所拟采购16大类的范围详述无遗。故无论是"合众""历史文献"，还是上海图书馆，都是以此途径作为采购目标。

我为自己写了一篇介绍上海图书馆收藏古籍及历史文献的文章而感到高兴。忆及在1988年时，先师顾廷龙先生即嘱我写一篇这样的介绍，但因为工作繁忙，无暇写作，一拖再拖，直至10年后方才动笔，而先师已于去年8月御鹤西归。所以，这篇文字也可以说是为纪念先师所写。

美国所藏中国古籍善本述略

中国是个历史悠久、文化典籍丰富的国家，早在隋唐时代就已发明了印刷术，历经唐、宋、辽、金、元、明、清各个时期，而流传至今的古籍图书，尤其是古籍中占有相当数量的善本书已经成为文化遗产的重要组成部分。这些文化典籍，都是前人研究文学艺术、历史、科学技术等领域的结晶。由于历朝的兵燹，不可抗拒的自然灾害，以及人为的破坏，都使至可宝贵的善本图书遭到了一定程度的损失。从秦皇焚书到"文革"浩劫，2000多年来，不计其数的古籍，尤其是许多重要典籍就此淹没不传，目前存世的古籍图书究竟有多少，谁也说不清。现在的学者要进行文化史、思想史、史学史以及其他各种研究，典籍的存世和亡佚都是他们必然要了解的。

笔者曾于五年前在美国做图书馆学的研究，而今又在美国哈佛大学哈佛燕京图书馆做版本学的研究，故对美国所收藏的古籍善本有一些了解，本文的写作，即是就当年所见的美国藏中国善本书和有关资料进行整理排比，希望能勾勒出一个大概，供读者了解。

一、概况

由于历史的原因，1949 年以前，不少古籍图书通过各种渠道自我国流往海外，其中不乏宋元旧刻、珍本秘籍，至于敦煌经卷，重要者多在他国。目前遗留在海外的古籍图书以欧美地区来说，当推美国为最；从亚洲地区来看，则数日本为多。如今古籍图书中的善本，大部分都保存在所在国的国家图书馆、大学的东亚图书馆、博物馆、研究机构、寺庙、文库以及私人收藏家处。

在美国，收藏中文古籍图书较多的，有美国国会图书馆、哈佛大学哈佛燕京图书馆、普林斯顿大学葛思德东方图书馆、哥伦比亚大学东亚图书馆、芝加哥大学远东图书馆、柏克莱加州大学东亚图书馆、康奈尔大学华生图书馆、耶鲁大学东亚图书馆、西雅图华盛顿大学东亚图书馆、纽约市立公共图书馆等。其余如犹他州族谱图书馆、杨百翰大学图书馆等虽有一些中文书，但古籍甚少，就不包括在内了。

但是，美国国会图书馆以及各东亚图书馆所收藏的古籍图书到底有多少，目前没有人做过较精确的统计。台北故宫博物院副院长昌彼得先生曾估计全美藏古籍在 90 万册左右（见《版本目录学论丛》之《美日访书记》，学海出版社）。这个数字可能偏高。根据笔者手中的资料，除了复制品、微卷及新印古籍外，线装原本古籍的总数似不超过 70 万册，也就是说，不及大陆上海图书馆藏古籍总量的一半。

由于美国的一些大学东亚图书馆藏的普通古籍并不是很多，所以如哈佛燕京馆、普林斯顿葛思德馆、哥伦比亚东亚馆、芝加哥远东馆等馆都采取将普通古籍与平装书统编放在一起的原则，而将历代的善本书作为珍藏而另辟专库保管，这也是普通古籍难于统计，善本书的数字较易得出的原因。

根据统计材料，我们可以知道收藏善本在 1000 种以上者为国会馆、哈佛燕京馆、普林斯顿葛思德馆；1000 种以下者为芝加哥远东馆、哥伦比亚东亚馆、柏克莱加大东亚馆、耶鲁东亚馆、康奈尔华生馆、西雅图华大东亚馆、纽约市立馆。而全美图书馆系统所藏中国善本书的总数有9000部左右。计国会馆2000部、哈佛燕京馆4000部、普林斯顿葛思德馆1100余部、芝加哥远东馆394部、哥伦比亚东亚馆250部、柏克莱加大东亚馆330余部、耶鲁大学东亚馆65部、康奈尔华生馆20部、西雅图华大东亚馆138部、纽约市立馆近百部。

无论从数量还是质量来看，美国所藏的中文古籍善本都远远超过了欧洲（如英、法、德等国）或美洲（加拿大）以及东南亚地区的一些国家，是除中国以及日本之外，收藏最多的国家。

应该说，这些文化典籍的保管条件都较之大陆本身要好，除了空调设备外，每部书皆做有函套，有些馆还有专人负责管理。以笔者对美国东亚馆的考察所见，以为原因之一，是不少东亚图书馆（部）的责任者多是华裔，如国会馆的王冀先生、哈佛燕京的吴文津先生、普林斯顿葛思德馆的马敬鹏先生、芝加哥远东馆的马泰来先生等。他们早年受中国传统文化的教育，在美国又受西方文化的熏陶，然而他们基于祖国传统文化的背景，有着一种炎黄子孙血浓于水的不可分离的情感。他们对于传播中国文化和保存这些善本图书多是不遗余力，并希望有进一步发扬而光大之。原因之二，是一些对于中国传统文化有特殊感情的美国教授、学者（也包括华裔），他们是汉学家，毕生都以研究中国文化为己任，他们多方设法筹措资金，举办汉学讲座和演讲会，介绍中国文化，推进有关中国的各项研究，并为大学的东亚馆拥有这些宝藏而感到自豪。

二、来源

美国开国于1776年，历史并不长。然而追溯其收藏中文图书的历史，则始于19世纪的后半期，也有100多年。据钱存训博士的研究，最初是在1867年，美国国会通过一项法案，即将美国政府出版品每种留出50份，责成司密逊学院

（Smithsonian Institution）向其他国家办理交换事宜。该院随即经由国务院通过驻北京使馆行文中国政府请求办理，但是清廷搁置未复。同治七年（1868），美国农业部派专员访华，除带有植物种子外，并携有关美国农业机械、地图等图书，希望和中国交换同类物品。不久，美国国务院也因联邦土地局之请，再度训令其驻华公使请求交换有关中国户籍和赋税的资料。清廷总理衙门于此不便再予拖延，因此奏准选购《农政全书》《本草纲目》《皇清经解》《针灸大成》等10种并植物种子等，于同治八年（1869）四月二十七日一并送交美国使馆，以作还答。这批书籍至今仍保存在国会图书馆，因此可以说，这是中美两国间图书交换的开始。

美国国会图书馆及各东亚图书馆收藏大宗中文图书和古籍图书的原因，主要在于中美之间文化交流的需要，同时美国的教会有计划地积极向亚洲发展，迫切需要了解中国。又由于美国的高等教育也一直受到欧洲的学术研究风气的影响，不少大学课程都仿照欧洲的体系，因此"汉学"也成为美国的东方研究之一支。

在第一次与第二次世界大战期间，美国出现了不少新兴的学术团体，如成立于1925年的"美国太平洋学会"，1926年的"华美协进会"，1928年的"远东研究促进委员会"（即"远东学会"及现在的"亚洲研究学会"的前身）及哈佛大学的"哈佛燕京学社"。它们出钱出力，有系统地收集书籍，培育人才。同时和这些学术团体同样重要的则是几个著名的基金会，如洛克菲勒基金会、福特基金会等。不可否认的是，美国的国力强大，财力也盛，这对于促进"汉学"的研究起了极大的推动作用。

美国收藏的古籍图书的来源大致有以下几个方面：一、清廷的赠送，二、派员在我国的收集，三、购自日本和中国台湾（私人的转让与捐献）。

一、清廷的赠送。清光绪三十年（1904），中国政府将其参加在美国圣路易斯的"路易斯安那购置百年纪念博览会"（1ouisiana Purchase Exposition）的一批图书2000多册赠送国会图书馆；光绪三十四年（1908），为了答谢美国退还庚子赔款，清廷特派唐绍仪为特使亲至美国华盛顿，赠予国会图书馆一套《古今图书集成》，计5040册，为光绪二十年（1894）同文书局石印本。

而最早的第一批赠书10种，计934册，分装130函，每函的封套上皆贴有白纸书签，上面印有英文说明："Presented to the Government of U.S.A by His Majesty the Emperor of China，June 1869."（1869年6月中国皇帝陛下赠送美国政府）这批图书从版本上来讲，最早的一种为明永乐十四年（1416）内府刻本《性理大全》，其余多为乾隆、道光间刻本。

二、派员在我国采购的古籍图书，是美国各东亚馆补充馆藏的重要来源。早在1915年至1926年间，美国农业部的一位植物学家施永格（Walter T. Swingle）三次到中国各地广为搜罗，陆续采购到中国农业、类书、丛书、地图和方志等68000多册，其中方志即有1500多种，并由此而奠定了国会馆收藏中国方志的基础。1929年到中国考察植物的罗克博士（Dr.Joseph F.Rock）也代国会馆搜购到西南各省方志一批。1933年国会馆又通过王文山介绍，购得山东潍县高鸿裁所藏的山东各县方志118种。1934年，国会馆东方部主任恒慕义（Arthur W. Hammel）也亲自到中国，又收得近8000册中文图书。

义理寿（Adviser Commander Irvin Van Cillis，1875—1948），这位能说相当流利中文的美国驻华公使馆海军上校武官，是美国人在中国收集古籍善本图书最多的一个。他最初受美国海军情报训练，是一位指纹、打字机、显微镜分析专家，他将他代美国建筑师葛思德买到的古籍图书，每种都做有注解，他对中国古籍版本的知识，曾获得王重民先生的称赞。王重民在鉴定葛思德的藏书后写道："我已经又把义理寿所做项目的英文注解（1029—3707）审查过了，我觉得他对中国目录学是非常优异。在注解中，他几乎没发生一点错误，但他仅是对于若干善本书没有指出它们的重要性。"而且义理寿所收集的善本书，据王重民说："我曾在国会图书馆审查过1500个图书项目，我又曾把国立北平图书馆于战时存放在美国的2700个书目加以审查，我已经发现葛思德收藏的A部分（古典文学）百分之七十和国会图书馆或北平图书馆并未重复。D部分（文艺写作）有百分之五十不重复，这样足够证明葛思德收藏的价值了。"从20世纪20年代初到40年代中，义理寿总共为葛思德购得古籍图书共102000册之多，其中仅乾隆木活字印本《武英殿聚珍版丛书》的原本，他就分别购得四套，现在两套在葛思德馆，另一套在哈佛燕京馆。

又如哈佛燕京馆的馆长裘开明先生，在30至40年代也委托北平的燕京大学图书馆等有关机构为之寻觅，如今那些大部头的丛书、各省之方志、众多的明清人文集等都是那时所购得的。

三、购自日本和中国台湾。从第二次世界大战结束到50年代初期，日本这个战败国的经济跌入了谷底，战争带来的苦难使一般老百姓度日更为艰难，原本较富的家庭也不得不设法转移到农村，过着贫民的生活，不少人家将收藏的古书变卖，以换取有限的粮食。由于这样的背景，使得市面上不少旧书店古籍充斥。就在这时，裘开明先生慧眼独具，他两次赴日，选购了包括经史子集各类的古籍善本，其中就有百余部明代所刻而经日本人重新装帧的善本书。

20世纪40年代末，美国国会图书馆也从日本某收藏家手中买到1500部古籍图书，包括一小部分的碑帖。这批图书经笔者鉴定并编目的属于善本书一类的在200种左右，包括有宋刻佛经、明清文集、类书、小说、印谱，其中有部分是大陆本土和台湾地区没有收藏或罕见流传的，如宋奉化王氏祠堂刻本《大般若波罗蜜多经》残本、明万历刻本《新刻翰林改正京本杜诗评选》《宪世前编》、明钤印本《秋闲戏铁》等，而这批图书都是王重民先生未见的。

60年代初，台湾私人收藏的两批古书相继为美国东亚馆购得，书原为河北高阳人所有，他们是齐如山、李宗侗。齐如山先生是中国现代著名的戏曲研究专家，他一生收集的有关戏曲小说的图书达1000多种，其中数百种都是比较稀见的珍本。齐氏于1962年病逝台北，其哲嗣即将齐氏的部分戏曲小说善本计72

种价让哈佛燕京。李宗侗（玄伯），祖父为光绪朝的重臣李鸿藻，叔父即为李石曾。他早年曾为故宫博物院秘书长，后任北平中法大学教授兼文学院院长，去台湾后为台湾大学教授，1974年去世。他的书不多，但有潘祖荫致李鸿藻手札八大册、文廷式稿本《知过轩随录》等，都为芝加哥远东馆购得。

至于转让、赠送给有关图书馆的也不少，如清光绪五年（1879），美国驻清廷的首任公使顾盛（Caleb Cushing）将他在中国时所收集的2500册汉、满文书籍转让给国会图书馆，这批藏书中有太平天国文献，但明刻本极少。又如加大柏克莱东亚馆购入贺光中藏佛经一批，佳本颇多。此外，该馆藏的全套江南制造局所译中文教科书及科技图书即是该校中文讲座教授傅兰雅（John Fryer）所赠。1915年，接傅兰雅任讲座教授为江亢虎，江早年曾任北洋编译局总办兼《北洋官报》总编，他离任时又将其私藏13000余册也捐给了加大。又如耶鲁大学东亚馆早期收藏的部分即为中国第一位留美学生容闳所赠；70年代，太平天国史专家简又文先生又将其所藏有关太平天国书籍320种600余册捐赠该馆。

三、宋元刻本

从版本学的角度来看，宋元刻本不仅传世悠久，且在校勘学上也有其特殊的价值，故清代藏书家多有癖宋元之好。号称"百宋一廛"的黄丕烈、"千元十驾"的吴骞，即是这方面的代表人物。然而宋元刻本传至今天，已经很少，目前我国所藏的数量，大约在3000部以上，主要集中在北京图书馆、上海图书馆、南京图书馆、北京大学图书馆等馆。台湾"中央图书馆"藏约500种。据梁子涵先生《日本现存宋本书录》的统计，日本藏宋刻本414部，计经部96种、史部109种、子部127种、集部82种，分藏东洋文库、内阁文库、足利学校遗迹图书馆等30余处。

美国各东亚馆所藏宋元刻本，据资料显示，大约超过百部，多集中在国会馆、哈佛燕京馆、葛思德馆。

国会图书馆共有宋本11部，为宋绍兴间刻本《后汉书补志》30卷、宋刻明初印本《魏书》114卷、宋刻元印本《国朝诸臣奏议》150卷、宋刻《东坡纪年录》1卷、《景德传灯录》残存1卷、《分门集注杜工部诗》残存3卷、《文章正宗》残存4卷、宋刻明修补本《宋文鉴》150卷等。金本1部，为平阳张存惠刻《重修政和经史证类备用本草》残存13卷。元刻本14部，为元刻明印本《礼经会元》4卷、元刻明印本《仪礼图》17卷、元刻《增修互注礼部韵略》残存1卷、元刻明修本《书学正韵》36卷、元刻明印本《隋书》85卷、元刻本《宋史全文续资治通鉴》36卷、元刻《世医得效方》20卷、元大德间刻本《宣和画谱》残存16卷、元刻《新编古今事文类聚前集、后集、续集、别集、新集、外集》全帙、元延祐圆沙书院刻《群书考索前集、续集、别集》全帙、元至正间刻《大颠和尚注心经》1卷、元广勤书堂刻《集千家注分类杜工部诗》25卷附文集2卷年谱1卷、元刻明印本《唐文粹》100卷、元刻明补配本《元文类》70卷。此外又有宋元刻佛经残本多种，如宋福州东禅等觉院刻万寿大藏本《大般若波罗蜜多经》卷193、《四经同卷》，宋明州王公祠堂刻《大般若波罗蜜多经》卷300、545，元普宁藏《大般若波罗蜜多经》(昆字号)，宋刻《妙法莲华经》等。

哈佛藏宋本有宋刻《名臣碑传琬琰之集》107卷、宋刻《西山先生真文忠公读书记》(存卷甲之21)、宋建刻《纂图互注扬子法言》10卷、宋蔡琪一经堂刻本《汉书》(存卷53)、宋刻明修本《广韵》5卷、宋刻《洪州分宁法昌禅院遇禅师语录》。元刻本有元至治三山郡庠刻本《通志》200卷、元至正刻《宋史》(存卷170至172、187至188)、元刻本《图绘宝鉴》5卷、元鄞江书院刻《增广事联诗学大成》30卷、元刻本《新编事文类聚翰墨大全》134卷。宋刻佛经则有：宋毗卢大藏本《大般若波罗蜜多经》(卷8)、《法苑珠林》(卷48)、《经律异相》(灵字号)，宋明州王公祠堂刻本《大般若波罗蜜多经》(卷322、351、383、436、547)，宋刻碛砂藏本《大般若波罗蜜多经》(雨字号)；宋刻万寿大藏本《六度集经》(存卷5)、《新译大方广佛华严经音义》2卷、《十诵律》(存卷13)、《五经同卷》;宋刻《根本说一切有部毗奈耶杂事经》(存卷6)。元刻佛经有:元大德刻补毗卢大藏本《大般若波罗蜜多经》(存卷53),元径山兴圣万寿禅寺刻《宗镜录》(存卷48)、元刻《妙吉祥平等瑜珈秘密现身成佛仪轨》、元普宁藏《说无垢称经》(存卷3)。

普林斯顿葛思德馆藏宋本仅二种,为宋刻元明递修本《晋书》130卷音义3卷、宋开庆元年福州刻元明递修本《西山真文忠公读书记》(存卷17)。元刻本有6部,为元刻明递修本《诗地理考》6卷(玉海本)、元至治二年福州路三山郡庠刻明成化印本《通志》200卷、元刻明印本《至大重修宣和博古图录》30卷、元后至元三年庆元路儒学刊明正嘉间递修本《玉海》、元刻《新编事文类聚翰墨大全》145卷。宋元刻《碛砂藏》存1479种,6014卷。又普大总图书馆又有《大般若波罗蜜多经》(卷429,为宋刻毗卢大藏本)。

哥伦比亚大学东亚馆所藏宋本为宋绍兴三十二年明州王公祠堂刻本《大般若波罗蜜多经》(存卷451),以及《资治通鉴》一页,为卷8之第16页,宋刻宋印,帘纹两指宽,此页可补北京图书馆、上海图书馆残帙之所缺。又有《玉海》残本,存卷2至3。

纽约市公共图书馆有《大般若波罗蜜多经》(卷103,宋刻毗卢大藏本)。

目前收藏在美国各东亚图书馆里的宋元刻本中,孤帙或较突出者甚少,残本较多,同时佛经较之其他文集、史籍等要在品种上占去较大比例。宋元两代的几个大藏(除《平江府碛砂延圣院大藏》外)如开室藏、万寿大藏、毗卢大藏、安吉州思溪法宝资福禅寺大藏、湖州思溪圆觉禅院大藏以及元代的普宁藏、毗卢大藏等,在大陆和台湾都不全,仅有不多的零本。而今美国的这些藏经之零本都是大陆和台湾所未入藏的(笔者有《美国所见宋元刻佛经经眼录》一文,载《文献》1989年第1期,可参阅)。同时在柏克莱加大东亚馆收藏的佛经中,据说《大般若波罗蜜多经》600卷,为信主善虎私人所刻,保存相当完整。又有两大箱的佛经，是二次世界大战后自日本购得者，其中多为宋元明刻本，如万寿大藏的零本《广百论释论》《建中靖国续传灯录》等，都为大陆所无。至于葛思德馆藏的《碛砂藏》，其中宋代原刻约700册，元代所刻约1600册，余为配补明南藏本或天龙山本，约800册，又有明万历年间白纸精抄补本2100余册，总计5359册，其中可补商务印书馆影印本之处甚多，而价值也最高。

不可否认的是，由于一定的局限性，美国收藏的这些宋元本中也夹杂着个别的似是而非的版本，尚有待于今后进一步鉴定。笔者曾在芝加哥大学远东馆见到《一切如来心秘密全身舍利宝箧印陀罗尼经》一卷，原作五代所刻，实为民国间坊贾翻刻，此为一例也。

然而，美国所藏的宋元本最多者不在图书馆，也不在博物馆，而在于私人收藏家翁万戈先生。翁万戈先生是常熟翁同龢的五世孙，曾任纽约华美协进社社长，现已退休，他在社长任内曾为美中之间的文化交流做了不少有益的工作，人也热情厚道。其家传的近百种善本（不包括碑帖），从数量上虽无法与美国其他大图书馆匹敌，但其所藏宋元版本却是全美第一，多为极精之品，没有一家图书馆能望其项背。承翁先生的厚意，笔者曾去他在纽约的公寓见到了所想看的善本。

翁氏所藏，如宋杭州净戒院刻本《长短经》、宋明州刻本《集韵》、宋福建吴坚漕治刻本《邵子观物外篇》、宋浙江刻本《重雕足本鉴诫录》、宋淮东仓司刻本《注东坡先生诗》、宋淳熙锦溪张氏刻巾箱本《昌黎先生集》、宋刻本《丁卯集》《会昌一品制集》《首楞严经》《汉书》《分门集注杜工部诗》《新刻嵩山居士文全集》等都是名重一时或罕见的佳椠。翁先生曾送笔者一本《中国的善本书》(*Chinese Rare Books*)，这是他主持的一次宣扬中国古代印刷发明的展览图集，是请美籍瑞典学者艾思仁先生编辑的，翁氏所藏的精品多被收入，可以一窥庐山真面。1992年5月初，笔者在哈佛燕京又巧遇翁先生，他说目前正在做陈老莲作品的研究，待告一段落后，即开始将其珍藏的善本全部撰成书志，以公诸海内同好。

四、明清刻本

在美国的东亚馆里（除哈佛燕京外），善本书中的明刻本是占大多数的，而清刻本则很少入"志"，或入"善"。这可以从国会馆及葛思德馆的书志上看出来。

国会馆藏的明刻本中有一些是很难得的，如明人文集中的罗治《大月山人集》12卷（天启刻本）、章升宇《巢鹊楼诗集》1卷（万历刻本）、王公弼《抱琴居集》5卷（明刻本）、王道行《王明甫先生桂子园集》23卷（万历刻本）、南轩《渭上稿》18卷（万历刻本）、王承祚《嘉卉园诗》8卷（崇祯刻本）、汪淮《汪禹乂集》8卷（万历刻本）、钱薇《海石先生文集》（万历刻本）、杨美益《西巡稿》3卷（嘉靖刻本）、吴伯宗《吴状元荣进集》3卷（万历刻本）、方良永《方简肃公文集》10卷附录1卷（万历刻本）等。其他如万国钦《万二愚先生遗集》6卷（万历刻本，大陆仅吉林省图书馆1部）、王崇古《公余漫稿》5卷（隆庆刻本，仅北京图书馆、上海图书馆入藏）、李本纬《灌蔬园诗集》7卷（万历刻本，仅中共中央党校图书馆1部）、公鼐《问次斋稿》31卷（万历刻本，中山大学图书馆所藏为残本）、胡侍《胡蒙溪诗集》11卷文集4卷续集6卷附1卷（嘉靖刻本，仅首都图书馆1部为全帙）、蒋信《蒋道林先生文粹》9卷（万历刻本，仅北京大学图书馆、杭州大学图书馆2部）。

至于哈佛燕京馆，藏明刻本在1400种左右，而清刻本则在1900种左右。以笔者数月来所见明刻本300部，其中不乏罕见之本，如汤宾尹《鼎镌睡庵汤太史四书脉》6卷（万历刻本），周延儒、庄奇显《新镌黄贞父订补四书周庄合解》10卷（万历刻本）、官裳《麟书捷旨》12卷（天启刻本）、华琪芳《新刻乙丑科华会元四书主意金玉髓》14卷（明金陵书林刻本）、方应龙《新镌四书心钵》

9卷（万历刻本）、伍袁萃《简文编》5卷（万历刻本）、《董子春秋繁露》1卷（天启峥霄馆刻本）等40余种都是大陆和台湾地区未及收藏者。此外如齐如山原藏的明吴郡书业堂刻本《邯郸记》、明刻本《长命缕传奇》、明末刻本《新刻袁中郎先生批评红梅记》、明金陵唐氏刻本《新刻出像汉刘秀云台记》《新刻出像点板张子房赤松记》、明刻本《山水邻新镌出像四大痴传奇》、明读书坊刻本《怡云阁金印记》、明唐氏世德堂刻本《新刻重订出像附释标注音释赵氏孤儿》等都是不多的版本。

哥伦比亚东亚馆的明刻本约200部，但印象最深的是3种宝卷，即《灵应泰山娘娘宝卷》2卷、《救苦忠孝药王宝卷》2卷、《泰山东岳十王宝卷》，还有20余部禁书，多为史部之书，如《颂天胪笔》24卷、《皇明典故纪闻》18卷、《皇明通政法传全录》28卷、《皇明法传录嘉隆记》6卷、《续纪三朝法传全录》16卷、《昭代典则》28卷、《皇明书》45卷、《新镌旁注总断广名将谱》20卷、《镌两状元编次皇明要考》6卷等。此外又如《新刻皇明百将列传评林》4卷附录1卷，是我国所未有的。

耶鲁大学东亚馆的线装古籍并不多，但藏有的一些明清小说很不错，都存放在一间小房间里，如清乾隆五十七年程伟元萃文书屋木活字印本《石头记》，我国仅两三部而已。又如清初刻本《金瓶梅》、明刻本《杨家府世代忠勇通俗演义》、明嘉靖刻本《三国志通俗演义》、明郁郁堂刻本《水浒四传全书》、明刻本《李卓吾先生批评三国志真本》、明遗香堂刻本《三国志》等。

在上述的东亚图书馆的普通书库内，也有一些属于善本书的收藏，像国会馆就有较多的清乾隆以前的刻本在普通书库的书架上，如清康熙刻本《百尺梧桐阁诗集》（清汪懋麟撰，上海古籍出版社因其罕见，故影印入《清人文集珍本丛书》）。又如清末写本《膳房办买肉斤鸡鸭清册》（清光绪三十三年、清光绪三十四年全套，计24册，分装4函），上海图书馆、南京图书馆仅有零本。又如哈佛燕京馆藏的明刻本《唐伯虎汇集》、清顺治宛委山堂刻本《说郛》全帙、清道光年间何绍基批校《复初斋诗集》，以及20世纪30年代就被郑振铎称之为难得一见的清盛大士《蕴愫阁文集》等数十种（由于笔者的建议，已有部分提入善本）。至于哥伦比亚大学东亚馆藏的清人文集约900种，几乎都集中在普通书库，其中颇有一些康熙、乾隆年间难得之本，如清晏期盛《楚蒙山房集》、陈至言《菀青集》、纳兰常安《受宜堂集》、储掌文《云溪文集》等数十种。

笔者之所以举例说明这些，只想提示已出版的书志或公布的数字并非该馆收藏善本的确切数字。实际上，不要说海外的东亚图书馆藏善本书或古籍图书的数字不清，就是我国的北京图书馆、上海图书馆、南京图书馆，这三家国内最大的馆又有哪一家的收藏数字是准的？这三个馆的普通书库也照样"混"有够格的善本书，或尚有不少线装古书待整理编目。就拿上海图书馆来说，前几年还发现有清黄丕烈校本《青阳集》和《四库全书总目提要》的残稿呢。

芝加哥大学远东馆藏的明刻本并不很多，但最有特色的是经部图书，全美第一，品种极多，有1700余种，有些较罕见。笔者曾做过一个记录，即从经部善本的卡片中选了32种不多见之书，经查核，其中11种为《四库全书总目》所未收，《续修四库提要》仅收一种。同时，32种中有16种为台湾《"中央图书馆"善本书目》未著录之书，即一半。再查《中国古籍善本书目》，连查5部，有1部未著录。其经部中之书类，确比20世纪50年代出版的《北京图书馆善本书目》多，和台湾《"中央图书馆"善本书目》不相上下，且有大陆及台湾地区所未有入藏者。

五、稿本及抄本

稿本，尤其是未刻稿本的价值更大，这是不言而喻的。同样的道理，对于抄本来说，如据传世罕见的稀刻孤椠影抄、传抄，也是非常珍贵的，因为一旦稿本或孤椠佚亡，那抄本就起到了延其一脉的作用。美国东亚馆所藏稿本及抄本属善本的不很多。据笔者所见到的和间接了解的情况，收藏最多的要数哈佛燕京馆了，其表面上的数字是1200多部，但是大部分并非善本之属。那是于60年代购于齐耀琳、齐耀珊兄弟。齐氏兄弟为吉林伊通人，二人皆为光绪间进士，耀琳曾任河南巡抚、盐务大臣、吉林民政长、江苏巡按使、江苏省长兼代督办。耀珊曾任湖北宜昌府知府，又任湖北提学使、参议院参政、浙江省长、山东省长、内务总长等职。他们位置虽高，但所藏却多任内的各种文书档案、工尺谱、各种舆地图(详见笔者撰《哈佛燕京访书记》，载《明报月刊》1987年6至9月号)。

哈佛燕京馆所藏较重要的稿本有书画家高凤翰《南阜山人诗集类稿》，藏书家吴骞《皇氏论语义疏参订》，学者周广业《蓬庐文抄》，清宗室敬征《敬征日记》，清巡抚丁日昌《炮录》，数学家李锐《观妙居日记》，金石学家王仁俊《籀鄦金石跋》《籀鄦手校石刻考》，内阁侍读叶名澧《宝芸阁诗草》《城南集》等，以及《北洋海军来远兵船管驾日记》等，而抄本中之佼佼者则为明黑格公文纸抄本《明文记类》，明黑格抄本《天运绍统》《南城召对》，明蓝格抄本《钦明大狱录》《观象玩占》，清初抄本《牧斋书目》《汉事会最人物志》《春秋年谱》，清东武刘氏嘉荫簃抄本《圣宋名贤五百家播芳大全文粹》。又如明毛氏汲古阁抄本《离骚草木疏》，字体工整绮丽，缮写精绝，纸墨均佳。而清初抄本《文渊殿》，则不见各家戏曲目录著录。此外又如清光绪十六年海军游历章京凤凌、彦恺的《四国游记》，虽题为游记，实为二人赴法、意、英、比利时考察四国海口、兵房、炮台、船澳及各军火制造厂埠、水陆武备学堂，并于各要隘形胜、水陆军情、船炮制造，随所见闻，据实纂纪，近30万字，极为详细。又如《嵩年奏稿》20册，记述嵩年自嘉庆九年至二十一年在江宁织造、长芦盐政及热河总管任内所上之奏折，在研究嘉庆间政治经济等方面颇具史料价值。

国会图书馆的抄本中有清曹炎抄本《南部新书》、旧抄本《马相辑要》、清内府写本《多尔衮家谱》、旧抄本《马氏家谱》、旧抄本《三番志略》、清抄本《古训堂诗》《青海奏疏》等较为重要。而柏克莱加大馆藏有稿本、抄本20余部，其中以翁方纲未刻稿本《易附记》16卷附2卷（存11卷）、《书附记》14卷、《春秋附记》15卷、吴骞稿本《拜经楼诗话续编》为最好。又有清陈沣《东塾存稿》不分卷、明黄暐《蓬轩类记》、清观瑞《竹楼拟稿》、清祝石《知好好学录》等，这些书多为刘承幹嘉业堂旧藏，在1949年初美国人艾尔温（Richard Irwin）购于上海，而转入加大东亚馆的。

然而东亚馆在编目中对子稿本及抄本的鉴定也时有偏差，一般的错误是将稿本作为抄本来编，但最多的是抄本的鉴定误差。如国会馆藏《教外别传》，原题"明抄本"，实为清末抄本，所钤张蓉镜印均伪；又如《洞天福地岳渎名山记》，也误将清末抄本做明抄本（四库底本）处理，此书"翰林院印"也伪，抄手也拙劣；又如普大葛思德馆藏的《昌黎文式》原作"明抄本"，有"明黄淳耀跋"，实际上应为清末抄本，黄跋通篇为后人所伪造；再如《兵录》实为清抄本，而著录却做稿本，错误较多。

六、方志和家谱

近年出版的中国科学院天文台编辑的《中国地方志联合目录》一书，收录了大陆各图书馆所藏方志，并就台湾地区、美国国会图书馆所藏也予以增入，此目虽然在著录上错误不少，然而却是学者了解方志存佚及收藏何处的重要工具书。但由于条件的限制，同时又由于美国其他东亚馆并无方志专目的面世（就是有，大陆也很难见到），所以很难了解其收藏状况。如果假以时日，若干年后，各方面条件具备，才能对《联合目录》作大规模的增订和补充。

中国方志现存的种数约为8000种，据调查，宋元所纂修者约40种，明代约800种，清代约5600种，民国方志约1400种。美国收藏的原本方志数量很多，总数在12000部以上，这个数字较之日本所藏要多，日本的统计是原本加缩微胶卷共2852种（见《日本主要图书馆研究所藏中国方志联合目录》）。

根据笔者的了解，我国藏方志最多者为北京图书馆，为6066种，其次为上海图书馆，5400种。而美国国会图书馆的收藏竟达4000种，可以和中国科学院图书馆所藏相媲美。据朱士嘉先生在1942年所编《美国国会图书馆藏方志目录》，共收方志2939种，其中宋代23种、元代9种、明代68种、清代2376种、民国463种，而以河北、山东、江苏、四川、山西省为多。该馆藏的山东省方志，主要得自山东高鸿裁，那是1933年，由王文山所介绍。鸿裁，字翰生，山东潍县人，生于咸丰元年（1851），卒于民国七年（1918），其藏书均钤有"潍高翰生收辑全省府州县志"印记。又国会馆藏乡镇小志品种也多。

　　其藏方志最好者为天启刻本《新修成都府志》58卷、万历刻本《滇略》10卷、《杞乘》48卷、《彰德府续志》3卷、《楚故略》20卷、《汾州府志》16卷、《富平县志》10卷、《韩城县志》8卷、嘉靖刻本《常熟县志》13卷、崇祯刻本《历城县志》、弘治刻本《八闽通志》87卷。

　　哈佛燕京图书馆的方志，也有3858种之多。在中国的大学中，收藏方志最多的首推南京大学，藏有4090种，北京大学图书馆也都不及燕京所藏。该馆收集方志始于20世纪30年代，其时除向北京、上海等地书商直接购买外，北平的燕京大学图书馆也协助采购。这3800余种方志，占中国所藏种数之46%，是哈佛燕京馆的馆长吴文津先生据《中国地方志联合目录》统计而得出的百分比。该馆所藏种数最多者为山东、山西、河南、陕西、江苏及浙江等省，如和北京图书馆所藏的6000余种比较，则种数占64%，由此可见它的藏量之多。笔者曾做过一个统计，浙江省方志总数在600种左右，今浙江图书馆藏有370余种，而哈佛却有300种。

　　哈佛燕京馆的明刻本方志如《山阴县志》《昆山县志》《常熟县志》《武定州志》《太原县志》《华阴县志》《汶上县志》等都是其收藏之白眉。其中又如《广西通志》《吴江县志》，大陆各存二部，前者且为蓝印本，更为少见。至于万历十九年修、天启五年增修的《潞城县志》大约是存世唯一刻本了。

此外如芝加哥大学远东馆藏方志2700种，和中国人民大学图书馆所藏在伯仲之间，又较南开大学图书馆多出700种。该馆所藏以江苏、浙江、河北、山东、陕西省之方志最为宏富。又如哥伦比亚大学东亚馆藏方志1560种，耶鲁大学东方馆藏方志也在1400种以上。这些数量都几乎相当于中国一般较重要大专院校和除北京、上海、南京、浙江、中科院图书馆以外之省市一级公共图书馆的所藏，或有所超过。至于西雅图华盛顿大学东亚馆藏洛克（Joseph Rock）收集的方志约830种，也较清华大学所藏为多，四川省方志143种、云南省方志146种、台湾80种，都是颇齐全的。

家谱的史料价值历来为学者们所认可，被视为极为有用之资料。美国所收藏的中国家谱，可以说是除中国之外收藏最多的了，美国各东亚馆之中，又推哥伦比亚大学东亚图书馆为第一。

抗日战争时期，不少人家的藏书陆续散出，家谱也不例外，那时哥大即指派人员在北平、上海等地大力收购，顾子刚就是其中的一个。珍珠港事件起，四年之间，竟获900余种。现哥大有家谱1041种，书品均佳。明刻家谱不多，仅有《张氏统宗世谱》11卷（嘉靖九年刻本）、《涑水司马氏源流集略》8卷（万历刻本）。如果将来有条件与中国所编的《中国家谱综合目录》核对，或有不少为中国所未藏者。

除哥大东亚馆外，国会馆所藏在四百数十种左右，明刻本有10余部，如《大槐王氏念祖约言世纪》2卷（崇祯刻本）、《泾川吴氏统宗族谱》5卷（万历刻本）、《休邑敉宁刘氏本支谱》13卷（嘉靖刻本）、《马要沈氏族谱》7卷（万历刻本）、《新安毕氏会通世谱》17卷（正德刻本）、《裴氏族谱》2卷（万历刻本）、《新安汪氏重修八公谱》5卷（嘉靖刻本）、《汪氏世纪》不分卷（嘉靖刻本）。又有《浙江山阴白鱼潭张氏族谱》6卷（明抄本）、《会稽樊川陈氏宗谱》5卷（明抄本）等。哈佛燕京馆有200多种，在美为第三位，其中有一些为未刻稿本，如乾隆《梯山汪氏族谱》、咸丰《荻溪章氏支谱》等，又有抄本10余部，也较难得。明刻本中仅有《休宁荪浯二溪程氏宗谱》四卷（嘉端十九年刻本）。

应该说，集方志和族谱缩微片和复制本最多的是犹他州盐湖城的族谱学会图书馆，该馆自1980年起，陆续摄制我国大陆、台湾地区、香港地区，日本、韩国、马来西亚、新加坡、印度、菲律宾以及美国各东亚图书馆收藏的中国家谱及方志。笔者曾去该馆储藏在盐湖城花岗岩山的隧道库参观，打开数吨重的铁门后，但见库房内一排排的大柜，存放的都是经过精心加工的缩微片，如今库藏家谱微片达5000种，方志6000种左右。目前，他们又完成了对台湾250多个地区的每一家族之私藏家谱（少至数页，多至数十页）约2万余种的摄制。

七、大部头书和其他文献

这里说的大部头书是指《武英殿聚珍版丛书》及《古今图书集成》。前者是清乾隆时武英殿聚珍版，后者是清雍正四年（1726）铜活字印本。之所以要专门提一笔，是因为这两部书"名气"很大。

《武英殿聚珍版丛书》原印全帙流传不多，哈佛燕京馆有1套，葛思德馆有两套，每套138种、812卷。当时胡适先生说，这部书全世界共有4套，还有两套一在台北故宫博物院，一在哈佛大学燕京图书馆。胡先生所说不确切。实际上大陆还藏有9套，藏北京图书馆、天津图书馆等馆。

《古今图书集成》10000卷、目录40卷，分装522函，共5020册。美国共两部，一藏哈佛燕京馆，一藏葛思德馆。清雍正时，该书仅印64部及样书1部，所印之书有两种纸张，一为开化纸印本，一为太史连纸印本。哈佛燕京馆藏本为太史连纸。当年书印成后分藏多处，除内府、各宫殿等外，其余官员和民间所获赐颁者有张廷玉、舒赫德、于敏中、刘墉及鲍士恭、范懋柱、汪启淑、马裕等。目今文源、文宗、文汇所藏早已毁于战火，私人藏者，200年来也历遭兵燹，迭经丧乱，存世无几。今《集成》全帙不多，中国仅北京图书馆、中国科学院图书馆、甘肃省图书馆、徐州市图书馆4帙。上海图书馆（缺12册）、辽宁省图书馆、故宫博物院、宁波天一阁所藏均为残帙。台湾"中央图书馆"1帙，台北故宫博物院3帙。至于欧洲所藏，笔者仅知英国大英博物馆、法国巴黎国家图书馆、德国柏林图书馆各藏1部。如此，大约共存全帙13部。至于哥伦比亚大学东亚馆和国会馆藏本，经笔者目验，并非所传雍正间铜活字印本，而为清光绪二十年（1894）上海同文书局石印本。哥大有《集成》铜活字本1册，为第249卷，属皇极典。哈佛本原为重华宫所藏，葛思德本则为原藏南京王府者，有"宁邸珍藏图书"之印。而台湾学者黄仲凯先生在台湾《"中央图书馆"馆刊》新二卷二期上发表文章，说葛思德藏本仅为所存之三四套之一，显然是不确切的。

《永乐大典》作为明代的重要类书，由于兵燹等，如今所存距原数相差甚远，除大陆本土和台湾地区外，欧洲所藏主要集中在英国，计大英博物馆藏45册、伦敦大学亚非学院3册、牛津大学19册、剑桥大学2册。而美国所藏共51册，分藏国会馆41册、哈佛燕京馆2册、葛思德馆2册、康奈尔华生馆6册。

国会图书馆在1879年购入美国驻清廷第一任大使顾盛所藏237种、2500册汉、满文图书中，尤以太平天国刻本10种为最珍贵。太平天国刻本是研究太平天国史的重要文献，这10种刻本为王重民先生所未见，笔者见到时均置放于善本书库末尾的书架上，原未编目，笔者第二次去该馆才将之编竣。其书为《太平天国幼学诗》《太平天国三字经》《太平救世歌》《天父上帝言题皇诏》《天命诏旨书》《天条书》《太平诏书》《太平礼制》《颁行诏书》《太平天国癸好三年新历》以及照片《建天京于金陵论》《贬妖穴为罪隶论》《诏书盖玺颁行论》《天朝田亩制度》四种。这批文献首尾完好无损，也是过去研究此类文献的专家们所不知道的。太平天国时期，曾设立删书衙出版书籍，据记载，其时共刻印书籍29种，由于战争的原因，所刊书籍存世无多。现在大陆和台湾地区所藏的太平天国文献多为零星之本，分别藏上海图书馆、中国革命历史博物馆、南京太平天国革命博物馆、北京图书馆、中国近代史研究所和台湾"中央图书馆"等处。而欧洲所藏此类文献，如英国大英博物馆存17种、剑桥大学图书馆存10种、法国巴黎东方语言学校图书馆藏6种、德国普鲁士国家图书馆存5种。又美国纽约市立公共图书馆收藏的太平天国刻本为世界之最，有23种，合订为一厚册（实在是荒唐）。笔者见到这批文献的时候，只觉得纸质发脆，略一翻阅，即有碎片落下，实在是不敢再为触手，这也导致未能将书名种种记下。

作为第一手资料的尺牍，不仅反映当时政治、经济、风俗、文化、历史等状况，同时又可窥见名人学者之书法。哈佛燕京馆最重要的收藏之一是《明诸名人尺牍》，计7大册，分日集、月集、金集、木集、水集、火集、土集，共102件，都是嘉靖、隆庆、万历年间大名士到小知识分子致方太古的信札。如周天球、朱多炡、盛时泰、邬佐卿、王世贞、施尧臣、汪道昆、吴国伦、臧懋循、冯师孔、戚继光、沈津、田艺蘅、姚舜牧、詹景凤、陈与郊、沈鲤、申时行、王世懋、谭纶、李维桢等200余人，共651通又102件。不要说美国，就是在大陆或台湾地区的大型图书馆或博物馆，像这样数量众多的明人手札也是不多见的。以上海图书馆为例，虽然该馆藏明清尺牍量为各地之冠，计2500种、4000册以上，数万通之多，然而明人尺牍却不超过500通。哈佛燕京馆的这些尺牍装帧形式均为日人所为，它的真正价值必须做进一步的研究才能得出。

当然，哈佛燕京馆还藏有一些他处很难一见的文献，如江南制造总局账册，光绪元年向日本开拓判官照会册，光绪年间扩充使馆界址之告示，嘉庆二十年车票，道光间借票，乾隆年间契券，道光间合同议单，咸丰间期票，同治间田亩卖契票，光绪间功牌，同治光绪年间的租簿，民国时期的收款册、置产簿，康熙间鱼鳞册，同治光绪间的护照、宪照、执照、国子监照、奉天省并吉林省地券集册、彩绘十三陵园等，都是研究清代政治、经济以及其他方面资料性很强的实证。

至于行述、事略、荣哀录等也是个人传记的一部分，这种记录死者生平行事之资料，大凡生卒年、官职、事迹种种都可以在行述中获得。这类东西当时就印得不多，而得之者也非一般平民百姓，同时刻意收集者也不易聚至大宗，于是小量的数份并不起眼，而大量获得则甚难。哥大东亚馆藏的《传记行述汇辑》1套，计210种，分装19函，包括从清代至民国时期的刻本、铅印本，资料价值极高，如袁昶、顾肇熙、恽毓鼎、张金镛、黄爵滋、顾纯、杨沂孙、李鸿慈、阿桂、陆心源、陆润庠、伍廷芳、丁丙、魏源、刘铭传、沈炳垣、赵尔巽、张荫桓、盛宣怀、陈宝箴等。这类资料，如研究者有意在图书馆内寻找，也是不易找到的。

这里笔者还想说明的是，原来所传葛思德馆藏大宗围棋谱，计500册，经笔者目验，这些围棋谱均为日本所刻印，非汉籍也。

八、三部书志

收藏中国古籍善本的国会图书馆和各大学东亚馆除了有反映馆藏的读者卡片目录外，印有书本目录或以书志形式来揭示馆藏的却不多。从20世纪50年代至90年代，以书志形式面世的仅有三种，即《国会图书馆藏中文善本书录》《普林斯顿大学葛思德东方图书馆善本书志》《西雅图华盛顿大学远东图书馆藏明板书录》。下面分而叙之。

（一）《国会图书馆藏中文善本书录》，王重民编、袁同礼修订。先是1934年，北平图书馆委派王重民先生去法国巴黎国家图书馆编辑伯希和（P. Pe11iot）自敦煌得到的敦煌写经目录。1938年，他又赴英国伦敦辑录藏于大英博物馆图书馆中的斯坦因（A. Stein）得到的敦煌经卷。至1939年第二次世界大战爆发，王重民和他的夫人刘修业女士原拟经美返回大陆，但由于当时美国国会图书馆远东部主任恒慕义邀请王先生整理鉴定该馆收藏的中国古籍善本，因此他们就留居华盛顿。当时王先生每看一部分，即写就一篇书志，就一书之书名、卷数、作者、版本、板框大小、行款、序跋、藏印及册数都有清楚的著录，其间并有改证和见解，最后编就《美国国会图书馆藏中文善本书录》稿本。1957年，该馆远东部曾就王先生的稿本，由在该馆工作的前北平图书馆馆长袁同礼先生校订，并请人誊抄，影印出版，后附作者和书名索引，予读者不少便利，遗憾的是，书前没有一个分类目录。

该本《书录》共著录善本1775部，其中经部141部、史部515部、子部550部、集部569部。如以版本来分，则为宋刻本11部、金刻本1部、元刻本14部、明刻本1439部、清刻本69部、套印本72部、活字本7部、抄本119部、稿本6部、日本刻本10部、朝鲜刻本3部、朝鲜活字本8部、日本活字本1部、日本古写本1部、日本抄本2部、朝鲜抄本3部、敦煌写本8卷，另《吴都文粹》1种仅注明为"四库底本"，不知为何版本。又《书录》中有明人别集226种、清人别集20种。

（二）《普林斯顿大学葛思德东方图书馆善本书志》，屈万里著。1946年，王重民又应普林斯顿大学图书馆的邀请，协助整理鉴定该馆所藏葛思德文库的中国古籍善本，他又为之全部撰成了书志。从《书志》看，所收善本总共1136部，计经部139部、史部243种、子部398种、集部356种。其中宋刻本2部、元刻本6部、明刻本1047部、清刻本6部、套印本15部、活字本2部、抄本28部、稿本23部、敦煌写本1卷、日本刻本1部、朝鲜刻本3部、朝鲜活字本2部。又集部有明人文集86部、清人文集1部、明刻本丛书零种37部。

《书志》曾于1975年由台湾艺文印书馆出版，署屈万里撰。后又于1984年作为《屈万里全集》之一，缩版由台湾联经出版公司出版。艺文版植字错误100余处在重印时并没有得到改正，同样，此联经版也不列王氏名字。据书前童世纲先生序云：屈万里先生"检王君之旧稿，写琳琅之新志。校订删补，附益述评，采之序则节繁摘要，记行格而并及高广，究版本之传衍，著优劣之所在"。屈先生也云："订正旧稿约百余处"，"取王氏旧稿，与原书一勘对，误者正之，遗者补之。（惟各书版框尺寸，率仍原稿，未克一一覆勘）"笔者在普大葛思德馆时，曾调阅王重民原稿《善本书录》4册，所见屈氏增添之文字多为"四库总目提要著录"或"未著录"字样，以王氏原稿和屈"撰"书志相核，重要改动并不多见。屈氏所云"乃置旧稿，重写斯编"，也与实际情况很难相符。

1988年，北京大学和中国科学院图书馆的有关人员曾在普大对葛思德馆的善本集部中明代别集86种进行核查，结果发现"版本误录32种，为误定刻年12种，所定刻年无据7种、刻人误植1种、书名误定及卷数误计4种、两书扭合1种、以残作全2种、以翻刻为原刻5种，误录率37.2%。又著录欠详20种，为刻年失考9种、刻人失考11种，欠详率23.2%。总应修订率为60.46%。如除去早年某些不谨严的习惯著录方式因素——以序跋之最后署年为刻年，具体刻年可以无依据，不著录具体刻年及刻人等，属于硬性错误者尚有25种，为29.1%"。（柯单《一次编制中国古籍善本书机读联合目录的实验》，载《古籍整理简报》第225期）

（三）《西雅图华盛顿大学远东图书馆藏明板书录》，李直方编。这是李直方先生于1971年编，1973年印出。《书录》共收明刻本138部（有复本），计经部2部、史部6部、子部36部、集部25部、丛书39部。然细阅《书录》，属于善本书者约50部，其余多为丛书零种，如明末毛氏汲古阁刻《津逮秘书》本等。较稀见的有鹿善继《鹿忠节公认真草》15种20卷（崇祯刻本）、姜宝《稽古编大政记纲目》8卷（万历刻本）、申时行纂《六子摘奇》10卷（万历刻本）数种而已。

除了东亚图书馆的古籍善本收藏外，美国的一些博物馆也有因文物及参考文献而收集了中国善本书。笔者在美时曾看了普林斯顿大学博物馆、芝加哥自然科学历史博物馆及华盛顿佛利尔美术馆所藏的文物和图书。普林斯顿大学博物馆的收藏具文物性质，如三国吴建衡三年（271）索统书《道德经》、宋张即之书《金刚经》、元赵孟頫书《湖州妙严寺记》以及明代名人手札15册。芝博中文古书有一排架子，其中方志30种，明刻本也有几部，如《大明一统志》（明代包背装），清康熙钤印本《谷园印谱》等。至于佛利尔馆的古书计200余种，笔者全部为之浏览一过，其中多为康熙刻本，特殊的不多，又有10余种明刻单种佛经。

从1949年到1992年，这43年中，中国和美国政府之间的外交关系，从不正常到恢复，走过了相当的一段历程。自"解冻"后，中国的图书馆界代表团曾对美国的图书馆做过一些考察，然而时间有限，走马看花，表面上的东西看了一些，但真正的内容却顾表失里。随着我国实行改革开放，有限的专家学者也被邀请到海外做研究和访问，当他们见到美国的东亚图书馆中那么多的古籍图书以及众多的善本中有部分是我国所未入藏时，他们是很感慨的，故著名学者汤一介先生有"应注意对流失在国外的我国古籍进行调查了解"的呼吁。以匡亚明先生为首的国务院古籍整理规划小组在新的古籍整理计划中也提出要多方了解海外所藏中国古籍善本的情况。

21世纪是东亚人的世纪。这是一些明智的科学家对中国这个古老的民族和现今的科学文化的蓬勃发展，经过多年的研究后得出的结论。而在西方的汉学家长期以来不懈的耕耘下，汉学的研究也在向更深更细更广的学科发展，今天的我国学者在做好本身的课题研究外，也必须了解海外的各种研究信息，这对于促进学术研究，或恢复历史的原本面目，使后人了解历史的昨天都是有着十分重要意义的。《中国文化》主编先生来美访问，一见如故，并索稿于余，且嘱半月后交卷，故此文之写作也为急就，错误之处，尚盼方家学者正之。

1992年9月30日于美国麻省剑桥

哈佛燕京图书馆访书记

20世纪60年代初期，我已知道哈佛燕京图书馆收藏的中文书在美国大学图书馆中是数一数二的，且藏有许多中国古籍善本图书。但直到去年，我才有机会一睹庐山真面目。

我去过哈佛燕京图书馆两次，第一次是去年4月，时间很短，只有三天，做礼节性的拜访，同时先了解一个概况。承吴文津馆长、胡嘉阳小姐和戴廉先生的帮助，我对馆藏有了初步的印象。

两个月后，我获吴馆长之邀，前去哈佛燕京图书馆两星期。这样，我有了较充裕的时间去认识其珍藏。当然，限于时间，我不可能对它所有的古籍善本来个全部"经眼"，不过由于吴先生和戴先生的帮助，我还是选主要的都看了。

我想把我所认识的哈佛燕京图书馆的一个侧面写出来，即它的中国古籍善本及部分少数民族文字的收藏。希望通过这篇文章带给读者一个信息，即哈佛燕京图书馆有许多珍本，它们是中国古代文化遗产一个不可分割的部分；它们虽然"身"在海外，但过去和现在都受到很好的"待遇"。由于责任者的重视（不亚于国内的图书馆），基本上每部图书都有函套，库房有空气调节，专人负责保管。而且计划把所有图书制成微型胶片，以利保存原本。同时，馆方还利用这些收藏，向外国人士宣传中国的传统文化，对他们了解中国的古代文明起了积极作用。

哈佛燕京图书馆的特色

哈佛大学是一所历史悠久的高等学府，哈佛燕京图书馆则是它的一个组成部分。

早在清光绪五年（1879），哈佛就设立了中文讲座，当时的中文图书收藏是很有限的，并归哈佛大学大学部图书馆管理。直到1928年哈佛燕京图书馆成立（隶属哈佛燕京学社，当时称为哈佛燕京学社汉和图书馆），藏书约有7000册。它的成立，主要是促进哈佛本身的东亚研究，尤其是汉学研究。收集范围仅限于中、日文，后来发展为增购满、蒙、藏及西文资料。1946年，哈佛的东亚地区研究计划开始执行，致增设了研究近现代中国、日本、朝鲜的精深课程，为应此计划的需要，在原来的基础上，大力采购有关近代与当时的各种图书参考资料。1965年改称哈佛燕京图书馆。1976年转隶于哈佛大学图书馆系统，列为哈佛学院图书馆之一部分。

由于多种渠道的收集，工作人员的努力，积近60年之辛劳，如今的哈佛燕京图书馆收藏的中国语言文字、历史、哲学、宗教、美术一类的图书数量都非常可观。它早已有了自己（裘氏）的分类法，形成了自己的藏书体系和特点。

截至1985年，哈佛燕京图书馆的现藏书籍为641200册，中文书占374300册（详见吴文津《哈佛燕京图书馆中国方志及其他有关资料存藏现况》，《汉学研究》第三卷第二期）。在中文书中，宋、元、明刻约1400种，20000余册；清初至乾隆间刻本约2000种，约20000册，抄、稿本约1200种，4500余册；拓片500余种；法帖36种，301册；原版方志3525种，约35000册；丛书1400种，约60000册（《中国丛书综录》著录2800种，上海图书馆正在编辑的《中国丛书综录补编》，收有1800左右。以一馆之藏的1400种，是算多的了）；满、蒙、藏文资料约3000卷。

"拥书权拜小诸侯"，是罗振玉为哈佛燕京图书馆所题。如果从馆藏中文图书的内容来说，经史子集丛五部的常见图书大致齐备，一般读者可以进行研究，并找到所需材料。

如果从版本的角度来看，也是可以办一个小型的中国书籍展览的：虽不像一席丰盛的菜肴，各类海味山珍、人间美馔齐全，但至少可以给读者看到一个中国古代图书的发展过程。从宋代到现代的各种木刻本，从唐代经生书写的经卷到明代的抄本、清人的手稿，从胡正言的彩色套版到凌氏、闵氏的五色套印本；从明代的铜活字本到清代的木活字本，应有尽有。而在海外拥有这样多的中文图书，除了国会图书馆以外，就数哈佛燕京图书馆了——它在全美大学的东亚图书馆中确是独占鳌头的。

叶恭绰先生曾为哈佛燕京图书馆题词曰"海外琅嬛"。琅嬛者，福地也，传说神仙洞府中有许多奇书。清人张芙川家有"小琅嬛福地"，为其藏书之处。把哈佛燕京图书馆称为"海外之琅嬛"是一点也不过分的。

哈佛燕京图书馆藏的宋、元刻本，据原来的著录约有15种。我以为其中最好的是《汉书》（宋刻本，存卷53，袁寒云藏书）、《洪州分宁法昌禅院遇禅师语录一卷偈颂一卷》（宋刻本，不见著录，自日本购得）、《纂图互注扬子法言》十卷（宋刻元修本，傅增湘跋，佚名圈点）、《增广事联诗学大成》三十卷（元至正十四年鄞江书院刻本）、《诗词赋通用对类赛大成》二十卷（元至正二十年陈氏秀岩书堂刻本）。

此外像《尔雅注疏》十一卷，原作元刻本，似为明刻，纸张染色充旧。又如《节孝先生文集三十卷事实一卷语录一卷》，原作元刻本，似亦为明刻。毛子晋印二方均伪。

古籍善本的来源

哈佛燕京图书馆的古籍善本大约有下面几个来源：

一、1949年以前在中国的北京、成都、杭州等地大量采购，同时也委托当时的北京燕京大学图书馆为之觅寻善本，为之鉴定。哈佛燕京馆前馆长裘开明先生亦在北京监督选购图书事。如今那众多的明清人文集、大部头的丛书、各省的地方志、各种经史著作多是在那时候购到的。这些善本为哈佛燕京的馆藏打下了基础。

二、二次大战以后，一直到50年代，是哈佛燕京采购中文古籍善本的黄金时期。他们先是在日本大力收购，再收进齐耀琳、齐耀珊兄弟所藏，继而买得齐如山先生的戏曲小说珍本，使哈佛的善本在原有的基础上向前发展了一大步。

（一）唐代以来，日本就曾遣学者来中国学习，明清二代，尤其是清代，随着交通的发展，许多日本学者、商人频繁来到中国，回日时，都带了许多中国图籍。日本学者尾崎康曾说，早期"中国的文物对我们后进国来说，是文化的典范，同时受到无上的尊崇。不用说是经书，即使是通俗小说也都遥远地用船载运过来"。（见《日本地区中国古籍存藏情形》）不少日本收藏家以藏中国古本图书为荣。清末杨守敬《日本访书记》所记仅其部分，但也可见一斑。

二次大战结束后，由于日本是战败国，而且在战争中遭受惨重的失败，经济处于崩溃的境地，工业停止开工引起了大规模的失业现象，在滥发证券的重压下，社会呈现出混乱状态，在城市中粮食更是特别困难。在这种情况下，一些藏家手中的古书大量出现在书店摊头，其中不乏善本秘籍。裘开明先生独具慧眼，50年代他亲到日本选书，把握了补充馆藏的绝好机会，同时又和日本的书商联系，如有好书，哈佛可以购买。现在哈佛所藏的一些不常经见的秘本得之于日本的不在少数。如宋刻本《大般若波罗蜜多经》、明人手札多达700余通的《明诸名家尺牍》、明万历刻本《新镌提头音释官板大字明心宝鉴正文》、明峥霄馆刻本《董子春秋繁露》等都是极好的书。

（二）50年代初期，哈佛燕京购得齐氏弟兄家藏图书一批。齐氏弟兄为吉林伊通人，在清代为汉军旗人。兄为耀琳，字震岩，光绪二十一年（1895）进士，入翰林，历任河南巡抚、盐务大臣、吉林民政长、江苏巡按使、江苏省长兼代督办。弟为耀珊，字照岩，光绪十六年（1890）进士，授内阁中书，历任湖北宜昌府知府、湖北荆宜道、汉黄德道、湖北提学使、约法会议议员、参政院参政、浙江省长、山东省长、内务总长等职。

齐氏售给哈佛燕京图书馆的图书，当时有《齐氏家藏写本书目》，计506种，1103册。笔者以为这500余种图书基本上可以分为三类：

一为齐氏兄弟在任内所留下的各种文书档案，如吴江县、无锡县、阜宁县、清和县、山阳县、常熟县、丹徒县等地县知事交代驳册、登复册、田亩赋税清册、税册稿、公文信稿、刑案禀稿等。还有数种官册，如《京营知府知县等官册》《文职候补官册》《标营武职官册》等。

一为工尺谱，为30余种。工尺谱为研究戏曲的重要材料，它是中国传统记谱法之一，约产生于隋唐时代，由一种管乐器的指法记号逐渐演变而成，历代各地所用者互有出入。据说香港中文大学的人员专门委托哈佛燕京复制胶卷，加以研究。

一为各种地舆图、厘卡舆图，计79幅，其中湖南各县分都地舆图就有46幅。

除了以上这些，我认为还有两种可以引起注意的。一是《太平天国英杰归真》，二册，为太平天国干王洪仁玕所撰。此本乃据辛酉年刻本传抄，而刻本仅藏台湾"中央图书馆"和英国剑桥大学图书馆。二是《李鸿章倡办海军往来电稿》一册。《李鸿章全集》正在上海标点出版过程中，其中电稿部分主要以上海图书馆藏《李鸿章电稿》数百册为基础。哈佛此本校式及格纸一依上图所藏，想可补上图之缺。

（三）60年代中期，又购得台湾齐如山先生藏戏曲小说的部分。齐如山先生，是河北高阳人，著名的中国戏曲研究专家。其曾祖和父亲都是清末进士，祖父曾是阮元的门生，父亲又是翁同龢的门生，他们都收藏了不少图书，所以如山先生从小读书，受到了良好的教育。

民国初年，齐氏对平剧发生兴趣，于是大量收集图书资料，乃至图片、影片、拓本、模型等。几十年来，收藏甚多。据了解，齐氏收藏的有关中国戏曲小说的图书达1000多种，其中数百种都是比较稀见的珍本。

齐氏于1962年病逝，尔后，其哲嗣将齐氏所藏部分戏曲小说善本计72种价让哈佛燕京图书馆收藏，其中明刻本如明吴郡书业堂刻本《邯郸记》、明刻本《长命缕传奇》、明末刻本《新刻袁中郎先生批评红梅记》、明金陵唐氏刻本《新刻出像汉刘秀云台记》《新刻出像点板张子房赤松记》、明刻本《山水邻新镌出像四大痴传奇》、明读书坊刻本《怡云阁金印记》、明唐氏世德堂刻本《新刻重订出像附释标注音释赵氏孤儿》等都是很不错的本子。

恕我妄言，我觉得《新镌批评绣像巧联珠小说》《新镌金像武穆精忠传》和《新采奇文小说全编万斛泉》非明刻本，而似清代刻本。

齐氏所藏清刻本多为禁书，如《两肉缘》《姚花影》《觉世梧桐影》《妖狐艳史》《春迷史》《浪史奇观》《杏花天》《载花船》《觅莲记》等，内容颇涉秽亵。这类小说名目多见于清代余治《得一录》"计毁淫书目录"及同治七年（1868）江苏巡抚丁日昌查禁淫词小说目录中。清代政府数次禁毁，故这种书籍传世不多。国内有的图书馆对于此类图书则打入冷宫，很难一睹庐山真面。

齐氏所藏，书后多有跋尾，共有《百舍斋所藏通俗小说书录》及《戏曲存书目》。又吴晓铃先生曾辑有《哈佛大学所藏高阳齐氏百舍斋善本小说跋尾》（《明清小说论丛》第一辑，春风文艺出版社，1984）可以参考。

齐氏藏书中还有不少较好的明刻本，如《新校注古本西厢记》《凤求凰》《望湖亭》以及清代升平署抄本不知何时散出，而哈佛未及购得。据我所知，当代私家藏戏曲小说最著者除郑振铎、马隅卿、傅惜华先生外，就是齐如山和周志辅（明泰）先生。然齐、周二家所藏，各有所长。如今，周氏几礼居藏戏曲小说及有关资料悉数捐赠上海图书馆保存，所有戏单零页皆装裱成册，保管良好。惜齐氏积聚数十年，而今星散各地。和传世重器、名人书画一样，对于图书文献来说，自来收藏家鲜有百年长守之局。所谓"子子孙孙永保之"，实在是不可能的事。

哈佛燕京的功臣

哈佛燕京图书馆能有今天的规模，并能在美国各东亚图书馆中处于领先地位，离不开裘开明和吴文津先生的大力支持。

裘开明，浙江镇海人，早年在宁波求学，曾在书店里当过学徒，后又到湖南长沙的一个教会学校读书，并以优异的成绩获得奖学金去武昌华中大学习图书馆专业，其时班中仅六人。1922年获学士学位。曾任厦门大学图书馆馆长。1924年，裘氏赴美，在纽约读图书馆学，而后去哈佛习经济学，1933年获得农业经济学博士学位。那时哈佛大学的图书馆馆长邀他管理中文图书。1928年，哈佛燕京学社图书馆成立，裘氏即为首任馆长，他所编的裘氏分类法和首创的将罗马拼音编入卡片之法，一直为美国各东亚图书馆所采用。对于哈佛燕京图书馆来说，裘氏功不可没。他于1965年退休，1977年病逝。

吴文津，四川人。1946年中央大学外文系毕业，在美多年，为西雅图华盛顿大学图书馆学硕士，又获斯坦福大学近代史博士学位，曾任斯坦福大学胡佛研究所图书馆馆长，建树颇多。吴氏不仅是图书馆专家，而且是一位研究清末民初历史的学者，工书法。1965年裘开明先生退休后，他接掌哈佛燕京图书馆，大力采购中国现代图书，强调近代、现代史料的收集。曾两次回中国讲学，为美国东亚研究中心研究员。

一个图书馆的兴旺发达，很重要的一点即在于它的高级管理人员是行家里手和具有现代化的管理手段。我有幸见过裘先生一面，那是20世纪70年代他到上海图书馆参观访问，我为他介绍馆藏善本。对于这样一位图书馆的前辈，我是很敬仰的，这不仅因为他是吾师顾廷龙馆长的老友，更因为他是对图书馆事业贡献良多的专家。我和吴先生见过几次，曾听他谈图书馆的管理方法，极有见地。

宋刻佛经难得一见

我觉得哈佛燕京图书馆藏的宋刻佛经是极好的，我给读者介绍的是下面三种：

一、六度集经八卷。吴释康僧译，北宋元丰三年（1080）至政和二年（1112）福州等觉禅院刻崇宁万寿大藏本。存一册，卷五。前有"福州东禅等觉院住持传法慧空大师冲真等谨募众缘，恭为今上皇帝、太皇太后、皇太后、皇太妃祝延圣寿，国泰民安，开镂大藏经印版一副，总计五百函，仍劝一万家助缘。有颂云：东□□□□□，□处园林尽发花。无限馨香与和气，一时散入万人家。元丰八年乙丑岁五月日题。"

按《万寿大藏》，每半页六行，每行16字。匡高二十三点八厘米。梵夹本，此乃中国梵夹本装潢之始。其函卷数，据日本桥本《宋版一切经考》为595函，6434卷。但《昭和法宝东寺目录》则云："编号始天终号，实580函。"此册编号为"敢"字，刻工为王佑。末有"杨震印造"黑色木记。

今《万寿大藏》残缺甚多，大部不存，所知北京、上海、天津、南京、陕西、辽宁等省市图书馆，北京大学图书馆及山西、福建的寺庙内尚存有零星残本。如北图所藏为《菩萨璎珞经》13卷（存卷4）、《大方广佛华严经》80卷（存卷51）等7种11卷。

目前在哈佛燕京图书馆所藏的《万寿大藏》本还有《新评大方广佛华严经

音义》2卷（为"弁""述"字，郑宁印造）、《十诵律》61卷（存卷13，为"从"字，林璋印造）、《五经同卷》《佛说孙多耶致经》《佛说父母恩难报经》《佛说新岁经》《佛说群牛譬经》及《佛说九横经》，为"学"字，葛同印造）。

笔者在美国国会图书馆所见未编目的《万寿大藏》本有《大般若波罗蜜多经》600卷（存卷300、545）、《四经同卷》（《文殊师利根本一字陀罗尼经》《曼殊室利菩萨咒藏中一字咒王经》《十二佛名神咒校量功德除障灭罪经》及《佛说称赞如来功德神咒经》）。

估计《万寿大藏》的零本存世者不超过50卷。中国台湾无，日本尚有一些零本。哈佛这几卷都是由日本购得，皆钤有"三圣寺"圆印，当为日本寺院散出者。

二、经律异相五十卷。梁释宝唱等译，宋绍兴十八年（1148）福州开元寺刻毗卢大藏本。存1册，卷1。前有"福州开元禅寺住持传法赐紫慧通大师了一谨募众缘，恭为今上皇帝祝延圣寿，文武官僚资崇禄位圆成，雕造毗卢大藏经板一副。时绍兴戊辰闰八月日谨题"。

毗卢大藏，始刻于政和二年（1112），至乾道八年（1172）告成。六行十七字。匡高二十四点三厘米。共567函，6117卷。

是卷刻工为陈生、郭遇、崔迪、林厚、丘受、王老。

哈佛又有《法苑珠林》100卷，亦毗卢大藏本，仅1册，为卷48。有刻工李完、张周、林通、林立、陈演、郭受、高元、吴彬、曹音、卓免。

北京图书馆有毗卢大藏零本3种5卷。台湾无，日本可能有零本。纽约市公共图书馆藏1卷，为《大般若波罗蜜多经》，存第103卷，1册，末有"林从造"。

三、大般若波罗蜜多经六百卷。唐玄奘译、宋刻本。存5卷，为卷322、351、383、436、547。

在第383、436、547卷的末纸，均有"明州奉化县忠义乡瑞云山参政太师王公祠堂大藏经，永充四众看转庄严报地。绍兴壬午五月朔，男左朝请郎、福建路安抚司参议官、赐绯鱼袋王伯序题，劝缘住持清凉禅院传法赐紫慧海大师清宪"五行。

此经为大乘空宗主要经典，由般若部类重要经典汇编而成。般若波罗蜜多，即"智慧到彼岸"之意。

此非万寿大藏本，也非毗卢大藏本，当为宋代单刻，然不见著录。

卷322刻工为志、求、宾、康、丁宥、通、陈正。后有"郑显印造"。是本为"云"字。

卷351刻工为纯、郑求。后有"陈实印造"。是本为"雨"字。

卷383刻工为明、训、受、郑求、溢、发、付十。后有"王兴印造"。是本为"为"字。

卷436无刻工。后有"韩椿印造"。是本为"水"字。

卷547刻工为求、逮、保、元、蔡揖。后有"林彦印"。是本为"夜"字。此本后半皆颜真卿体。

按：绍兴壬午为三十二年（1162），时距万寿大藏告成正好50年。刻工中郑求、宾二人曾刻过万寿大藏中的《大般若波罗蜜多经》。

明刻本中有孤帙

明刻本在哈佛燕京图书馆的善本中是占多数的，大约有1300部，其中佳椠甚多。如徐光启《新刻徐玄扈先生纂辑毛诗六帖讲意》、明万历四十五年金陵书林广庆堂刻本（有明人圈点），此书除台湾一部外，大陆仅存二帙，一藏上海图书馆，一藏大连市图书馆。

至于明万历三十四年柜胸别业刻本《多识篇》、明天启五年峥霄馆刻本《董子春秋繁露》、明嘉靖刻本《玄玄棋经》、明刻巾箱本《文房十二友》、明嘉靖元年刻本《行军须知》、明书林宝善堂刻本《新刻针医参补马经大全四卷　新刻京陵原板参补针医牛经大全二卷》、明书林萃庆堂刻本《新镌金像一见赏心编》、明梅墅石渠阁刻本《山中一夕话七卷　新山中一夕话七卷》、明嘉靖祇洹馆刻本《新刻小十三经》等，都是罕见流传的重要善本。

一、齐世子灌园记三卷。明万历三十三年（1605）吴兴茅彦征刻巾箱本。六册。题"西汉司马子长析传，大明张伯起氏汇编，吴兴茅彦征氏重梓"。每半页15行15字，四周单边白口无鱼尾。前有茅茹"灌园小引"，末刻"万历乙巳年菊月梓于千里台、不二道人云津父校"。

按此书计3卷，30出，每卷10出。演齐世子田法章灌园事，取材于《史记·田完世家》。伯起，即张凤翼，号灵墟，伯起真号也，又号凌卢先生、冷然居士。江苏长洲人。嘉靖四十三年（1564）举人。好填词，所作传奇多种，如《红拂记》《虎符记》等。

此书明代单刻除此外，尚有明金陵富春堂刻本，题《新刻音注出像齐世子灌园记》三卷，北京文物出版社印《古本戏曲丛刊》初编已收。又丛书本则有明毛晋《汲古阁六十种曲》本，较为通行。又有《新灌园记》二卷，则为冯梦龙改定，刊入《墨憨斋传奇十种》。

检视《中国古籍善本书目》(初稿油印本)及台湾《"中央图书馆"善本书目》皆未著录，当亦罕见本也。

是书钤有日人"寿山獭祭窝"印。

二、鼎刻江湖历览杜骗新书四卷。明万历间陈怀轩存仁堂刻本。题"浙江夔衷张应俞著"。每半页九行二十字，四周单边白口单鱼尾。无序。每卷前皆有一图，图不甚精。

书分"脱剥骗""丢包骗""换银骗""诈哄骗""伪交骗""牙行骗""引赌骗""露财骗""谋财骗""盗劫骗""强抢骗""在船骗""诗词骗""假银骗""衙役骗""婚娶骗""奸情骗""妇人骗""拐带骗""买学骗""僧道骗""炼丹骗""法术骗""引嫖骗"，计24类，82则。文字通俗，当为坊间所刻，专售于市井百姓。

作者张应俞无考。所谓"江湖历览"者，为作者在江湖闯荡，目睹耳闻各种骗局之记录。"杜"者，杜绝也，作者在历数每例骗局后皆有按语，告诫世人"心灵有觉，百般骗局难侵"。当今世界，新奇骗术远比几百年前狡诈、诡秘，反观书中所述，虽为明代之事，但在今天看来，亦不无补益。

清代此书似未翻刻。余曾见哈佛又有日本翻刻本，扉页题"杜骗新书。作者浙江夔衷张应俞。皇都书林五车楼梓"，前有"明和庚寅春三月初告书于东武萱洲积翠楼，南宫岳为公文撰，收十七则"，末有"文政元年戊寅初冬求版"。为八行二十字，汉字旁有假名，一册。按明和庚寅当乾隆三十五年（1770），文政元年当清嘉庆二十三年（1818）。此盖日本文政元年据明和本的再翻刻本。

余又见有日人译解详注此书，题《杜骗新书译解》2卷，2册。扉页有"大清浙江张应俞著，日本河原英吉译解""明治十二年五月东京二书房发兑"。明治十二年，为清光绪五年（1879）。可笑的是，河原将张应俞从明人演变成清人了。是书又有岸印国华序："前车之覆，后车之戒，是盖刻此书者之微意也，读者请莫作与他小说一样看也。"

明代以来，专为骗局一类之书不多见。清代末年吴沃尧（趼人）有《瞎骗奇闻》，计8回，然为社会小说，旨为反对迷信，写迷信之害。又有华亭雷君曜编《绘图骗术奇谈》，20世纪30年代也有名许慕义者，辑有《古今骗术大观》。

哈佛此本，单线装订，日人所为也，盖自日本购得者。查诸各私家书目俱不载，中国大陆和台湾地区各公私目录也未见著录，诚罕见之书也。

活字本

活字印刷是中国四大发明之一。宋代活字仅见于记载，元朝活字印本王祯《农书》也佚去不传。明清二代，尤以弘治年间华氏会通馆、兰雪堂铜活字本著称于时，然流传至今，也稀若星凤了。

一、会通馆校正宋诸臣奏议150卷。明弘治三年（1490）华氏会通馆铜活字印本，16函，120册。此本乃当时初印之本，内中错字，俱经挖去，并有贴补，或以笔填入，或以活字钤上。每隔数卷的末尾，钤有"校完"红色木记，如卷81、84、144、147、150后均有。显为印出初版后专人校对之本。

此书钤有"今是堂收藏书籍之印""黄叶村庄""陈仲氏图书""笑读古人书"印，均甚旧。又有"当湖胡鑸江珍藏""课华庵""毗陵董康审定""董康暨侍姬玉奴珍藏书籍记"等印。"黄叶村庄"疑为吴之振。之振，浙江石门人，字孟举，康熙时贡生，官中书科中书，藏书多秘本。

华氏所印活字本，有15种之多，大部分尚存。会通馆所印此书，有大、小活字二种。小字本名为《会通馆印正宋诸臣奏议》，大字本名为《会通馆校正宋诸臣奏议》。检视北京图书馆和"中央图书馆"善本书目，知北图藏本为小字印本，"央图"藏小字本为全帙，大字本仅存23卷。而此本首尾俱全，又为初印，真不啻如宝玉大弓矣。

二、古今图书集成一万卷目录40卷。清雍正六年（1728）铜活字印本。清蒋廷锡、陈梦雷纂辑。分订5020册，装522函。按清《内务府奏请查造武英殿修书处余书请将监造司库等官员议处折》，此活字印本当时仅印64部及样书一部。所印之书有两种纸张，一为开化纸印本，一为太史连纸印本。此哈佛本为太史连纸印本。

查《故宫殿本书目现存目》，著录内府文渊阁藏太史连纸一部，乾清宫藏开化纸一部（内缺一册），皇极殿藏开化纸、太史连纸各一部。此外如翰林院宝善亭及圆明园内之文源阁、热河行宫之文津阁、辽宁故宫内之文溯阁和扬州文汇阁、镇江文宗阁、杭州文澜阁各一部。其余官员和民间所获赐颁者有张廷玉、舒赫德、于敏中、刘墉以及鲍士恭、范懋柱、汪启淑、马裕等。

如今文源、文汇、文宗之书早已毁于战火，私人藏者200年来也历遭兵燹，迭经丧乱，存世无几。余三去宁波天一阁观书，所见范懋柱藏本，置之大橱，但已不全，尚存8520卷、目录22卷。

余因去美国哥伦比亚大学东亚图书馆和国会图书馆访书，所见《集成》全帙，非以往所说雍正间铜活字印本，而为清光绪二十年（1894）上海同文书局影印本。误传数十年，今可澄清矣。哥大有《集成》铜活字本一册，为第249卷，属皇极典。

此本钤有"八征耄念之宝""五福五代堂古稀之宝""皇华宫宝"三玺，的确无疑，可证原藏宫中，唯不知何时流入民间，再转至域外的。

今此《集成》全帙不多，仅北京图书馆、中国科学院图书馆、辽宁省图书馆、甘肃省图书馆、徐州市图书馆、台湾"中央图书馆"、哈佛大学、普林斯顿大学葛思德东方图书馆以及英国大英博物馆图书馆九部，仅为原来所印七分之一不到。

地方志

地方志是记述地方情况的史志，分门别类，取材丰富，是研究历史的重要参考资料。目前在中国大陆的地方志大约有8300余种，以北京图书馆收藏最多，约6066种，上海图书馆次之，计5400余种。而台湾地区所藏方志也在4500种左右。现在欧洲所藏者大约3000部，而种数则不得而知。

美国的方志收藏，则以美国国会图书馆领其冠，约4000种；哈佛燕京为3858种。以近4000种的收藏，可谓是大宗的了，它可与中国的浙江省图书馆等大馆的收藏相媲美。

据吴文津先生的统计，哈佛燕京图书馆的地方志种数占中国大陆所藏种数的46%，如与北京图书馆比较，则占64%。如以县志来做比较，那台湾地区的总藏量为3100种，哈佛则为2900种。哈佛燕京图书馆收藏种数最多的为山东、山西、河南、陕西、江苏及浙江各省。如以浙江省方志来看，我过去曾约略统计过，大约总数有600种，而今浙江省图书馆藏有370余种，而哈佛却有300种之多。关于哈佛方志的情况，吴文津先生有《哈佛燕京图书馆中国方志及其他有关资料存藏现状》一文，载《汉学研究》第三卷第二期，极为详细，且有图表，大可参考阅读。

在近4000种方志中，明刻本约有20种，如《山阴县志》《昆山县志》《常熟县志》《武定州志》《太原县志》《华阴县志》《汶上县志》等，其中《广西通志》及《吴江县志》，中国国内各存两部。《广西通志》且为蓝印本，极珍贵。而另一部明万历十九年修天启五年增修的《潞城县志》大约是存世的唯一刻本了。潞城，属山西，古来无志，自从万历年间知县冯惟贤上任后，方始修志，这也是潞城的第一部方志，国内仅有清抄本入藏。

未刻稿本数十部

哈佛燕京图书馆的善本仅次于国会图书馆的收藏，但它所藏抄本图书却是全美第一，有1200余部。欧洲、日本、朝鲜和东南亚的图书馆均无法与之抗衡。

在我所看到的抄本中，尚有一些属于稿本。抄本和稿本是两个不同的概念。稿本有手稿本、清稿本之别，一般来说，经过作者手写或别人誊清、自己校正之书，都可作为稿本（此处不能细谈）；而抄本则为同时代的人或后人据稿本、刻本、抄本传抄的本子。一部图书，有稿本和抄本，那当然稿本的价值就要高出许多，但是稿本、刻本已佚亡，那传抄本的作用就显而易见的了。

哈佛燕京图书馆藏的抄本中有些稿本，我怀疑可能尚未刊刻，如清唐炯《成山庐稿》、清陈幼慈《邻鹤斋诗稿》、清素心人《竹窗雅课》、清萧霖《曙堂诗稿》等。在当时限于时间，没有对这些人的稿本细细查阅，回到纽约后，又由于手头工具书太少，而未能根查。

下面仅就所见部分稿本略举数书介绍，以窥一斑。

一、城南集一卷宝芸斋诗草一卷。清叶名沣撰。钤有"叶名沣""凤梅里人"印。前者收诗作96首，后者收有72首。叶名沣，字润臣，号翰原，湖北汉阳人，道光十七年（1837）举人，官内阁侍读。

潘德舆对《城南集》的评语是"作者性府昭旷，伦纪敦笃，已得诗人大根本，而涂径复至正，淘洗复至洁。故偶然命笔，皆古雅可诵，能动人温厚之心，如此作诗虽未遽宣扬政治，而已大有益于风教矣"。

叶氏为翁方纲弟子，《宝芸斋诗草》中有《过翁覃溪先生宅有感》一首，云"嵩阳梦杳乌云散，石墨楼空夕照留。几辈清尊开北海，百年华屋感西州。学宗鹿洞儒流仰，迹重鸡林贾客求。树影当门稀过辙，蝉声邻寺送残秋"。翁氏年八十六而卒，身后萧条，名沣闻翁方纲曾孙女溷迹市中，贫无以度，引为己女，择名门子嫁之。此事在士林中皆颂其贤。

我不知道这168首诗在《敦夙好斋诗集》里是否收录，如果没有收录，那就是作者的未刻稿本。

二、炮录十卷后编一卷军火杂录一卷。清丁日昌辑。红格，书口下有"彩玉斋"三字，半页8行24字。12册。卷1第1页下有"丰顺丁日昌编辑"数字，当为日昌亲笔，钤有"丁日昌印""禹生""雨生入目""一渡沧海二登泰山"印。

丁日昌，字雨生，或作禹生，广东丰顺人。以牧令起家，官至江苏巡抚，所历皆有名迹，亦是洋务运动中之重要人物，其以研究火器见长，非当时大吏所能及。

是稿每册扉页皆题"第 × 号炮录"，计一至十号，每号一册。又有炮录后编一卷、军火杂录一卷。书中所论，皆为各种火炮之制法、尺寸、配药；制火药法；各种枪、火箭、炮车的制造，以及步兵、战马的管理、使用，并有绘图说明之。此书虽名为《炮录》，实乃当时各种枪炮武器之辑录，亦枪炮之大全也。

丁序云："洋人之于军火制造，犹中土士夫之于八股，童而习之，故能月异而岁不同。使中土士夫能分治八股之余力以治兵事，则才力聪明，当较胜于洋人十倍，惜乎无悬的以招者，故浅尝而辄弃也。余去年托人赴泰西，购得军火书数册，延闽人王君锦堂、黄君春波逐条翻译。时适高凉有事，余奉命襄赞军务，昼之所译，夕辄决其秘，而授之匠，得心应手，若虚或实，拉朽摧枯，雷轰雷掣。贼既平，王、黄二君顾匠而笑曰：'是书也，其可秘为洴澼絖矣乎？'因识数语于此，使后之有心人以治八股之余力兼治此书，则此书真洴澼絖矣。同治初元七月，丰顺丁日昌序于高凉军次。"

由丁序看，丁氏真其时之有识之士也。自明成化后，八股为入仕之途径，然阻滞思想，不利发展，而当时朝廷之政策无法改变也。丁氏首先指出中国人在军火制造上并不比洋人落后，只是政策上的问题，如此率直说出此种言语者亦清廷第一人。

所谓"高凉有事""襄赞军务"，乃为广东大吏檄调，日昌至高州广东提督昆寿营中，协助筹划职守，并督办火器。其时日昌在粤，经其设计监制的火器较多。

按同治三年（1864）恭亲王奕䜣奏折云："治国之道，在乎自强，而审度时势，则自强以练兵为要，练兵又以制器为先。"而日昌在此之前，已充分认识到军火制造的重要性了。《广东通志》列传稿中说，迄同治三年夏，丁氏已先后制成大小硼炮36尊，大小硼炮子2000余颗。由于丁氏学识深醇，留心西人秘巧，故奉廷谕前往上海助李鸿章办理军火制造之业务。尔后的江南制造局之筹划，早期海军的建设及轮船航业都与丁氏有很大关系。

此书不见著录，亦未刻印。曾见吕实强先生著有《丁日昌与自治运动》一书，所列征引书目中也不见此书，盖此书亦可为研究洋务运动史者作参考也。

三、观妙居日记。清李锐撰。一册。存嘉庆十四年己巳一年。李锐，江苏元和人，字尚之，一字四香。诸生。幼开敏，有过人之资，遂于算学，穷究天元一术，于古法多所阐明。因受经于钱大昕，得中西异同之奥，于古历尤深。嘉庆初，阮元提学浙江，常延锐至杭，问以天算。元辑《畴人传》，锐之力为多。

李锐生于乾隆三十三年（1768），卒于嘉庆二十二年（1817），年五十。此为其四十二岁时所记，正为中年之时。日记所载，多记琐事。其与法时帆、阮元、陈鳣、李福、高夔、吴慈鹤、张敦仁等人来往甚密，日记中常有所载，惜记事过简。四月初七日有"纂五代史司天考补注二卷毕"，此书似未见刻本。又八月二十七日所记买人参事："托吴春生买人参二钱，价二十两。春生言国初以来参价日贵，惟去年、今年乃大贱，盖秧子（秧子指人工培植的根茎）多，而自然产者少也。"

今天所能见到的元、明、清人日记的稿本、抄本、刻本有近300种，但乾嘉时期的学者所存留的稿本日记却是寥寥无几，抑且多为零星残帙。清代算学家较著者有华蘅芳、梅文鼎、李善兰、吴嘉善、徐有壬诸人，尚未见有日记传世。此李锐《观妙居日记》，北京图书馆尚存三册，为嘉庆十年六月至十一月、十五年正月至八月。上海图书馆有清嘉庆二十五年抄本，存有乾隆五十六年至嘉庆元年、嘉庆九年至十六年、十八年至二十一年。此虽仅存一年，然亦吉光片羽，弥足珍贵的了。

此外清吴骞《皇氏论语义疏参订》，清周广业撰，周勋懋、周勋常辑《蓬庐文抄》，清宗室敬征《敬征日记》，清王仁俊《籀鄦金石跋》，清徐谷孙《性禾善米轩诗稿》（有张廷济序，黄锡蕃题记）、清高凤翰《南阜山人诗集类稿敩文存稿》、清佚名《四库书目庋藏表》、清邵履嘉《耘砚山房全集》等都是很有价值的稿本。

名家抄本，世所珍秘

一、明文记类不分卷。明黑格公文纸抄本。二册。此书的内容是抄录明代一些大家如方孝孺、祝允明、吴宽、李东阳、舒芬、唐顺之等18人的47篇文章，像方孝孺的《懑窝记》、祝允明的《建康观云记》等。书前钤有"何绍基印""子贞"印，均伪。

此书的珍贵，在用纸为明嘉靖九年至十年浙江海盐县官府之公文纸，公文的字极细小，细若发丝，大约是有关粮仓一类的事情。我不知道在美国的其他地方还有没有明代公文纸抄本收藏，但明代公文纸抄本是极罕见的，就是国内也不易见到(公文纸印本还可见到)。一般来说，明代抄本有黑格、红格、蓝格、无格之分，黑格、红格较蓝格在时间上要早些。

哈佛燕京所收藏的几部明抄本都很不错，但此书似以公文纸而令人刮目相看。

二、南城召对一卷。明李时撰。明黑格抄本。时，字宗易，号松溪，任丘人，弘治十五年（1502）进士，授编修。世宗朝入相，官至华盖殿大学士，谥文康。时素宽平，既入相，益镇以安静。其恒本忠厚，廷论咸以为贤。事迹具见《明史》。

此书《四库全书总目提要》史部杂史类存目著录。云："世宗亲祀祈嗣坛，时与大学士翟銮、尚书汪铉，侍郎夏言等侍于南城御殿，召见论郊庙礼制，兼及用人、赈灾之事，时因录诸臣问答之词。史称时恒召对便殿，接膝咨询，虽无大匡救，而议论多本于厚，于是编亦略见一斑云。"

此本即四库所云"浙江范懋柱家天一阁藏本"，封面有"乾隆三十八年十一月浙江巡抚三宝送到范懋柱家藏南城召对一部计书壹本"。卷1第1页又钤有"翰林院印"满汉文大方印。又查《四库采进书目》，是书为浙江省第五次范懋柱家呈送之书。按此书流传罕见，查诸《中国古籍善本书目》和《"中央图书馆"善本书目》也不见著录。

三、离骚草木疏四卷。宋吴仁杰撰。一册。此书12行24字。钤有"汲古阁""毛氏图史子孙永保之""美人芳草"。又有"黟山黄氏竹瑞堂藏书""正鹙秘籍""雨山草堂"及"蒋祖诒""谷孙""密韵楼"诸印。

此应为清初毛氏汲古阁抄本。抄本书中数毛抄最著，毛抄中又以影宋抄本为贵，一丝不苟，可谓下宋本一等。此本字体工整秀丽，缮写精绝，纸墨俱佳，当为毛氏精抄入藏者。

据王文进先生以各家书目综合之统计，见诸《明毛氏写本书目》的毛抄240余部，但是如今传世毛抄不逾百种，国内仅北图、上图、苏州诸馆入藏，台湾"中图"也有数部。

哈佛燕京抄本逾千部，清初抄本中以此书冠其首。

抄本中除了《永乐大典》二卷（卷7756形字、8841油字，前者为乾隆三十八年编四库全书时发出誊录之本）外，我以为还有像明顾秉谦纂修的《三朝要典》（明红格抄本，可能早于刻本）、明佚名辑《俪府》（明末抄本，清陈鳣、刘燕庭旧藏）、元陈旅选《周此山先生诗集》（旧抄本，璜川吴氏旧藏）、唐李淳风撰《观象玩占》（明蓝格抄本，董其昌、吴城旧藏，有翰林院大方印）、清钱谦益撰《牧斋书目》（清初抄本，近人叶德辉校并题记）、清瞿世寿撰《春秋年谱》（不见著录，清初香绿居抄本，大兴朱氏旧藏）、明涵虚子臞仙撰《天运昭统》（明黑格抄本）、明张孚敬撰《钦明大狱录》（不见著录，明蓝格抄本，刘寿曾藏书）、清庄述祖辑《五经异义纂》（清袁氏贞节堂抄本）、明佚名撰《文渊殿》（清初抄本，查有圻旧藏，查诸多种戏曲类工具书，均未著录）以及《圣宋名贤五百家播芳大全》（126卷本，清东武刘氏嘉荫簃抄本）、《汉事会最人物志》（清初黑格抄本，朱锡庚藏）、《镶黄旗满洲钮祜禄氏弘毅公家谱》（清红格抄本，北京图书馆也有一部）等都是很重要的抄本。

普通书库中的善本

在哈佛燕京的普通书库，我找到了一部清代翁方纲的《复初斋文集》，是清道光十六年（1836）李彦章刻本，虽为道光间所刻，但不多见，当时印本甚少。20世纪60年代初，我在顾师廷龙（起潜）先生的指导下，开始收集翁方纲的有关材料，以做撰写年谱之用。曾见同治年间的金石学家沈树镛（郑斋）跋《复初斋文集》道光本说："曩在家乡所见率抄写本，咸丰戊午始见上海徐氏所藏刻本，以番银十饼易得之。辛酉冬遭难后，即仓卒北上，书之存否，尚未可知，来都四年，留心搜访，竟不一见。顷至厂肆大文堂忽获觏此，亟购回之，并书年月，以志欣幸。"可见道光本在当时就不易得了。

此书的可贵处，不仅在于版本之难求，更在于此书又有何绍基手批圈点。全书35卷，从头至尾，墨痕累累，批语多在书眉之上。翁和何都是有清一代书法大家，在金石文字的考证上均有很高的造诣。何是湖南道州人，生于嘉庆四年（1799），卒于同治十二年（1873），享年75岁。此书是他晚年所阅批，书后有"庚午八月初四日阅竟，蝯叟记于吴门金狮巷"，书前又有"道州何氏家藏"印，可惜只残剩三分之一了。

我记得1980年在北京中国科学院图书馆的善本书库里，看到一部何绍基批的《翁诗录腴》三卷，是何氏东洲草堂抄本，为何氏使蜀时从翁方纲诗集中摘出令仆辈录之者，卷中批语更多。我也知道湖南省图书馆有一部《复初斋诗集》（存十二卷），据说是稿本，六册，也为何绍基所批注，但我未之见，想来大约是真的吧，因为湖南馆藏何氏书籍是颇多的。

恕我孤陋寡闻，我觉得在美国的东亚图书馆藏的善本书中批校本甚少。哈佛燕京的善本中，我还看到两部，一部是近人马叙伦先生过录清人胡重校的《说文解字》（明末毛氏汲古阁刻清印本），另一部则忘了。我曾翻阅过《国会图书馆藏中国善本书录》《普林斯顿大学葛思德东方图书馆中文善本书志》以及哥伦比亚大学东亚图书馆的善本图书，但批校本似乎没有怎么发现。这部何绍基批的《复初斋文集》我认为是应该提作善本的。

当然，在普通书库中，像《陈先生适适斋鉴须集》（清康熙刻本，中国国内仅存一部）、《袁中郎批唐伯虎汇集》（明万历刻本）、《针灸要旨》[日本宝历二年（1752）刻本]都是属于善本图书的。至于像法式善《存素堂文集》（清嘉庆刻本）、盛大士《蕴愫阁诗文全集》(清道光刻本) 在40年代就被郑振铎先生认为是"可遇而不可求之物"。又像《说郛》(清顺治宛委山堂刻本)、《稗海》(明万历刻本) 都是首尾俱全的大部丛书，在今天是不易再得到的。

各种书目是文史研究工作者所经常翻阅的工具书，一般常用的书目，都可以在哈佛燕京图书馆的工具书阅览室里找到。我想告诉读者的是在善本书库里却藏有不少常见的清代私家藏书目录。如郭宗熙《绠古楼行箧书目》、曾朴《群玉楼四部书总目》、陈善《怡云山馆藏书总目》、倔道人《四槐堂藏书录》、秦献廷《思补精舍书目》、汪适孙《蚕豆花馆璇籍小录》、陈祖望《向山阁书目》等，有七八十种之多。

这些书目都是20世纪40年代哈佛燕京学社据北京燕京大学图书馆藏抄本传抄的。不要小看这些传抄本，这是在海外唯一的大宗书目，就是在中国国内，所藏者也不很多，上海图书馆的一份也是据北京燕大抄本照相蓝晒而成，现最全者就是北京大学图书馆了。

美国哈佛大学燕京图书馆不仅以收藏的中文古籍善本著称于世界，领先于各东亚图书馆，而且在它的中国少数民族文字图书的收集上，也是首屈一指的。我不太清楚这些少数民族文字的图书是怎样收集来的，询之有关人员，也不得而知。在我看到的这些书中，以满文、藏文较多，而蒙文较少。

藏文的大藏经最为贵重，据说全世界仅有四部，哈佛独占其二！每册大书用黄色包袱裹着，自有一层神秘感。

满文小说和各种档册

清朝初年，由于满人多不识汉字，清太宗曾命人翻译了不少图书赐给大臣，如《四书》《三国志》等，还翻译了不少兵书、史书和小说。

哈佛燕京图书馆的满文图书有9个书架，共数百种。满文书写和满汉合璧的都有。像《易经》《春秋》《孙子兵法》《二体文鉴》《经文成语》，应有尽有。但引人注意的是小说，包括《西厢记》《聊斋》《水浒传》《三国演义》《东周列国志》及《金瓶梅》等。

《满汉合璧西厢记》有四个不同版本，二抄二刻。据说满汉合璧西厢的最早刻本为清康熙四十九年刻本，我未细看，不知两个刻本中何为康熙本。

《合璧聊斋志异》有两部刻本，道光年间所刻，哥伦比亚大学东亚图书馆也有一部。

《水浒传》为满汉文抄本，汉字为行书体，仅一册，内容为"赵员外重修文殊院，鲁智深大闹五台山"。

《三国演义》有两部，皆为满文抄本，抄得极精。一部六册，一部二册。大约都是不全之本。

《东周列国志》，计二十册，满文抄本。

《满汉合璧金瓶梅》，清初刻本，仅存二册，为第17至19回，第63至64回。此刻哥大东亚馆有全帙，为100回，40册，左满文，右汉字，四周单边单鱼尾。听说日本名古屋大学文学部东洋史学研究室也有一部，但不知道是否全帙。在国内约存七部（包括残本），主要收藏在北京和呼和浩特。

中国国内研究古代小说者甚多，对《金瓶梅》《西厢记》《水浒传》《聊斋》的内容、作者、方言、版本的研究都不乏其人。我以为许多研究者对此尚没有接触，可能是因为语言上的隔阂和不易见到此类版本的关系。

除小说以外，尚有涉及重要历史文献的图书也是相当好的。如《皇册存底》二册，一为满文，一为汉文，面封题"光绪三十二年四月二十三日咨行内阁世职"，内里有"云骑尉英秀之袭官家谱""骑都尉尉德海之袭官家谱"等，共30人，并有世袭表。好像研究家谱的专家尚未涉足于此。

又如《正白旗档册》，满文，一厚册。《大清雍正七政经纬度时宪书》满文，《正黄旗蒙古头甲各佐领档册》满文二十四册。又有《宗室王公章京世袭爵帙册》四卷、四册，黄色绸面，用黄色粗丝线装订，红格，书口上印有"黄档房"，自"肇祖原皇帝"至"宣宗成皇帝位下各门爵帙"，最为详细、正确。（我离开哈佛大学之前一天，又阅罗香林先生《中国族谱研究》内"哈佛燕京学社汉和图书馆所藏中国族谱目录"有《满洲宗室王公世职章京爵帙袭次全表》十卷，为工整楷书石印本，十册，光绪三十年候选知府牟其汶纂修进呈。书名卷数都不同，想可以互为补充。遗憾的是罗先生没有看到哈佛的满汉文的部分家谱，这里是值得学者耕耘的。）

这种属于宫中档案的文献，还有许多。不过，我想这些重要的图书如能编成书本目录，对于读者学人来说，真可谓有按图索骥之便。

满文图书除哈佛燕京图书馆外，美国国会图书馆、哥伦比亚大学东亚图书馆都有不少，哥大即有两书架。

纳西族象形文字

哈佛燕京图书馆还有不少纳西族象形文字图书，这是非常珍贵的。纳西族在中国滇西丽江，它的文字是一种以简单的笔画描绘物体和动作的代表语言的符号，这和人类最初创造象形文字是相同的。许多简单的笔画表达了人们在生活实践中所接触的事物的感觉。保存至今的纳西族象形文字，对人们今天研究文字的创始，以及与其他象形文字做比较研究则有很大的价值。1979 年 10 月，我受有关部门的委托，和上海图书馆的任光亮兄去四川、云南、贵州三省检查古籍善本的编目工作。在云南省图书馆和云南省博物馆见到不少纳西族的象形文字图书，尤以云图为多。据云图李孝友兄告知，此类图书在纳西族自治县现所存不少。他说"文革"初期，"造反派"威逼一位纳西族干部交出"四旧"（纳西族象形文字图书），而这位干部为了保护这批图书，情愿受批挨斗，吃了不少苦，终于设法转移保存了这批文物。我当时听了很受感动，若是这位干部一时贪生婢膝，那这些文物早就完了。

哈佛所存，据统计有600余册，大小不一，分装十余个大木盒中，那些图书看上去确实很"古老"，有一定年代了。有的不光是象形文字，更有类似图画的，如各种动物之头人之身的画面（牛头人身、蛇头人身），比例都很正确，线条粗犷。用纸也甚粗糙，但质地坚韧。如果有人研究并加以整理出来，我相信这里面一定有着许多动人的故事、美好的传说。

几部可以商榷的版本

在哈佛燕京所藏的善本中，我以为有几部图书似可以提出研究的。

一、孙可之文集二卷。原作明活字本。七行十五字左右双边白口单鱼尾。此书从纸张、字体看，都非明代所排印，最早不超过清代道光年间。

二、美人书四卷。原作明木活字印本。题"鸳湖烟水散人著"。十行二十五字四周单边白口单鱼尾。按此书断版甚多，从字体和纸张看，实为清代刻本。美国哥伦比亚大学东亚图书馆也有一部。

三、纬略十二卷。原作明万历木活字印本。宋高似孙辑。九行十八字左右双边白口单鱼尾，下刻字数。按此书非活字。书中间有断版，字体整齐划一。书口下刻字数有正书、行书二种。此当是明代万历间所刻。台湾"中央图书馆"藏有明万历白鹿山房活字印本。是书有"莫友芝图书印""莫彝孙印""莫绳武字仲武"印，原为莫友芝旧藏。又有"柳蓉春经眼印"。

此书不甚多，原序佚去，有抄配之曹学佺序。云："……有会稽高续古似孙所著曰经史子略，已行之世，曰纬略，未有刻本。以纬言者，似欲待其续有所得，汇之而成篇也，或以补乎经史子之所未备也。但经史子略，予亦未之见，及查纬略通考，多引用之而不传，何耶？金陵焦弱侯太史素爱此书，予从张以恒借其抄本，以恒另写一帙兼有补遗，如世说引用书目及李唐开科之类甚详，且原本多讹，太史复从续古所采诸书校之无害。予泊舟槜李，姚叔祥见过，问得异书不？余出纬略示之，授之梓而属余序。噫！是安得经史子略而并刻之。"此序虽为抄配，但提及刻此书事。

四、弇州山人读书后。原题明活字印本。题"琅琊王世贞元美撰、侄士骒校正、华亭陈继儒仲醇定、长洲许恭订"。八行十八字四周双边白口单鱼尾。扉页刻"弇州先生读书后，翻刻必究，江源阁菱花轩藏梓"。二册。全书皆用日本皮纸。封面亦日人装订。又钤有"宫十州书画印""宫本藏书""桂窗""西庄文库"，皆日人印。原为日人"樋口氏藏书"。按此书非明活字印本，实乃日本活字印本。

五、宋李忠定公奏议选十四卷。明左光先选。原题明末朝宗书室木活字本。六册。九行二十四字四周单边白口单鱼尾。书口下有"朝宗书室"四字。扉页有"朝宗书室聚珍"六字。前有崇祯己卯左光先序。

按：此非明末木活字印本，当为清代中晚期所印。"聚珍"二字始自乾隆时，清内府印《武英殿聚珍板丛书》134种，计2300多卷，书前有乾隆帝御制诗，定名为"聚珍版"自此始。清晚期某些书坊所用木活字摆印图书，扉页往往有"××堂（斋、阁）聚珍"等字样。

六、十竹斋画谱。原题明刻彩色套印本。按，此书非明刻，而似清代所翻刻，时间较晚。胡正言原本《画谱》极为难得。20多年中，笔者一直未能亲睹原本，所见乾隆、嘉庆以后各处书坊翻刻之本不下十数种，但多神韵尽失。直到前年，上海书画出版社计划出版此书，一日其副社长茅子良兄特将借来之南京周邨先生藏本见示，虽为原本，但似有别本拼配，前有傅抱石先生题画，极是精彩。后来书画社更商得北京图书馆同意，借得郑振铎先生藏原本为底本，费一年之力才得成功，持较原本几可乱真，非一般翻刻可比。此哈佛本图书于深浅浓淡之间，较为呆滞，小本装潢，清人翻刻本也。

七、歌林拾翠。原题明金陵奎璧斋刻本。按此书有书牌"岁在己亥吉月奎璧斋梓"。扉页又有"宝圣楼梓"字样。奎璧斋乃为明代金陵书肆,刻书多种,如《汇刻忠经孝经小学》十卷等,哈佛有《奎璧春秋》三十卷,并有"莆阳郑氏订本金陵奎璧斋梓"书牌。扉页又有"金陵郑元美梓行",的为明代郑氏金陵奎璧斋刻本。《歌林拾翠》从字体、纸张看,都非明刻。书前有图,也为清人所绘,无明人气息。如取《奎璧春秋》和《歌林拾翠》放在一起,泾渭分明。余疑为清代中期以后所梓。

八、盐铁论十卷。原题明弘治十四年张袤太玄书室刻本。每半页九行二十字,白口四周单边单鱼尾。书口上刻有"太玄书室"四字。前有弘治十四年都穆序,书后有傅增湘跋。傅跋云:"此书明刻各本均见过,所未睹者独兰雪堂活字及此本耳。承侗伯兄惠假,因取沈延铨本对勘一过,其佳处亦有出涂祯本之外者,是可宝贵,不特以罕见为珍也。沅叔附记。"并钤有"增湘私印"。傅跋已明说此非明弘治涂祯刻本,但编目人员疏忽此点,仍按都穆序年定此书版本,误也。

李致忠兄以为此书乃为明万历十四年张袤星聚堂刻本是对的。余按此书前原有万历十四年武林太玄逸史张袤序,序后有"万历十四年岁在丙戌十月望日星聚堂张氏重梓"一行,扉页又有"张氏星聚堂梓。徽郡新阳黄先生同校于祠部官舍",但序和扉页均佚去,疑估人(指当时的书贾)所为也。

但李兄以为此书傅增湘跋是估人伪作,且傅印也伪,书口上刻"太玄书室"四字也为后人所加。余则以为不然。余以为傅跋的确无疑,曩见上海图书馆藏傅氏手札颇多,仅傅氏致张元济(菊生)先生札就在数百通以上,傅字圆熟,自成一体,此不伪也。"太玄书室"和星聚堂都为张袤室名、堂名,张氏别号为太玄逸史,所以非后人妄加也。

傅增湘《藏园群书经眼录》卷七子部著录《盐铁论》多部,其中写太玄书室本则云:"余曾见黄荛翁藏本,盛称太玄书室本之佳,然其刻本乃殊罕觏。前年与郭侗伯太史谈及,适藏有是刻,乃假来一读,因取明季沈延铨本手勘一过,其文字往往有视涂本为佳者。第郭藏本失去前后序跋，封面签题即张袤校一行亦失去，遂不能改年代及刻书人名，于是遂有疑为正、嘉间本者。今于蟫青书室获观此册，首尾完具，乃知为武林张氏星聚堂太玄书室所刻，书目中所据以补入，积年疑虑，一旦涣然冰解，殊足喜也。沅叔附记。"由此跋看，哈佛此本当为郭伺伯藏本。余前阅《铁琴铜剑楼藏书题跋集录》，也见有顾广圻曾用明太玄书室刊本校过旧抄本的记载。可见嘉庆、道光年间黄丕烈、顾广圻都是用过太玄书室本的。所以致忠兄所谓"脱靴戴帽"的说法似欠妥当。此书国内尚存一部，藏北京图书馆。

一点感想

中国的古籍善本，是中国古代文化的结晶。目前保存在美国公共图书馆和一些大学图书馆（博物馆）的古籍善本很多，除私人收藏外（翁万戈先生的收藏最富、最精），估计约有一万部。主要集中在国会图书馆、哈佛燕京图书馆、普林斯顿大学葛思德东方图书馆、哥伦比亚大学东亚图书馆、芝加哥大学远东图书馆、加州柏克莱分校图书馆、耶鲁大学东亚馆及康奈尔大学华生图书馆，而且各具特色。

一万部，这个数字不算小。这些收藏中，不乏海内孤本、罕见秘籍。从宋、元、明、清刻本到版画、套印本，从唐人写经卷子到抄本、校本、稿本、明清人手札，至于碑帖拓片、少数民族文字中之藏、蒙、满文图书数量也很可观。此外，部分图书馆还有一些未曾编目的图书，内中也有不少善本，如国会图书馆就有近三百部，包括宋元刻佛经、明刻本等。这是一笔宏富的宝藏。

笔者希望一些藏有中国古籍善本的图书馆，都能编成善本书目。现在所知仅有王重民先生编《国会图书馆藏中国善本书录》，王重民、屈万里先生编《普林斯顿大学葛思德东方图书馆中文善本书志》及李直方先生编《华盛顿大学远东图书馆藏明板书录》三种。有的馆也可能已编成内部书本目录，限于刷印困难，一时无法供给读者使用，或者限于人力、经费，工作无法开展。

近年在报刊上时有文章介绍美国东亚图书馆所藏中文善本，引起国内部分学人、读者的向往，但是读了文章，只能获知一个大概。撰文者有些是访问团中人，访问期间，时间有限，座谈参观，走马看花，所以文中只能是罗列现象，数字统计。我以为像哈佛燕京这样的图书馆，如果能像国会图书馆、普林斯顿大学图书馆一样，编出哈佛燕京所藏中文善本书志一类的专书来，那是多么好呀，一来可以做个总结，二来也可以让读者知道有哪些孤籍秘本。当然，笔者非常赞同在美国的图书馆专家钱存训先生关于编制海外所藏中国古籍善本书目的倡议，此项工作不仅嘉惠于学林，也是对中国文化的一大贡献。

中国自1978年开始，根据已故周恩来总理的"要尽快地把古籍善本书目编出来"的指示，成立中国古籍善本书目编辑委员会，制订规划，统一了收录范围、著录条例和分类法。并培训骨干，组织人员进行各地的普查，编制卡片。到1980年组织专业人员集中到北京汇编，次年再分由北京、上海、南京三地复审，1984年在上海定稿。目前经部已经面世，史部已经发稿，子、集、丛尚待定稿。此一工作不仅量大，难度也不小。中国的二十九个省区市（除台湾外）近八百个单位的六万种善本藏书，包括了公共图书馆、大专院校图书馆、科学院系统图书馆，一直到县的文化馆、中学、寺庙庵观、博物馆、纪念馆的藏书，应该说漏下得不多了。有时为了一条款目的正确著录，工作人员都花去许多精力。笔者去年初赴美前，一直参加此项工作，个中苦乐，是只有参与者才能体会得到的。

我以为台湾地区的图书馆工作者做了一件好事，他们编成了《台湾地区公私善本书目》，使用极方便。而编制海外所藏中国古籍善本书目（美国部分）的事情应该引起有关部门的重视。只要有充足的经费，训练有素的图书馆工作者，统一的收采范围、著录条例和分类法，以及各有关图书馆、研究单位、博物馆等的通力协作，事在人为，这件事情是完全可以做得好的。

该结束了，写点什么呢？我想起哈佛燕京图书馆门口有两座威武的石狮，它们来自中国。石狮是中国特有的石雕，笔者每次去哈佛燕京图书馆，总要深情地多看它一眼，因为笔者以为在某种意义上，石狮代表了中华民族，一种亲切感油然而生。吴文津先生告诉我，原来石狮口中都含有元宝，来往路人，不分老幼都喜欢过去摸摸，以讨个吉利。但是在三年前的一天夜晚，有个"顽皮"的大人竟然用铁凿硬是凿掉了石狮口中的元宝。可怜的石狮，狮口也被殃及了，虽然不是"宝亡齿寒"，但至少也是略有破相。不过，这两座石狮仍然像以往一样，不分昼夜地"守护"着哈佛燕京大学。

我还想起了哈佛大学校园里的一座石刻，上书"美国哈佛大学三百年纪念记"，那是1936年9月哈佛大学中国留学生全体同人敬立的。有云："哈佛约翰先生于三百年前由英来美，讲学于波士顿市，嗣在剑桥建设大学，即以哈佛名之，规制崇闳，学科美备，因而人才辈出，为世界有名之学府，与美国之国运争荣。"我想在今天看来，哈佛不仅为美国做出了贡献，也为世界做出了贡献。

笔者通过石溪纽约州立大学美中文化教育交流基金委员会（委员会）接受利希慎基金会的奖金，在石溪工作时，曾得到世界高等宗教研究院沈家祯博士、伽尔德博士、黄立馆长的帮助；在哈佛期间，也受到冯彦才博士、吴文津馆长、胡嘉阳小姐和戴廉先生的帮助，在此一并向他们致谢。

"书中自有颜如玉"——也说女子抄书

历来都是"物以稀为贵",古籍版本中之抄本亦然。好的抄本定然是字体秀丽,纸墨莹洁,开卷即有悦目之感,至于精校影写,名家手笔,那价值更是不言而喻,故抄书中之风流文采,亦照映一时,后之学人,或未可及也。

明清两代,古人为学,多有以抄书为功者,顾炎武即自述其先祖之教云:"著书不如抄书,凡今人之学,必不及古人也,今人所见之书之博,必不及古人也。小子勉之,唯读书而已。"在现存的各种抄本中,似乎抄书者多都是藏书家本人、藏家家中所雇抄手、文人学者等,至于抄书故事,指不胜屈,而家贫力学,平生好古书,手抄数百卷藏于家者又多得去了。昔毛氏汲古阁有僮仆抄书,黄丕烈家门仆张泰善抄书,有"入门僮仆尽抄书"一印,大约是重要藏家之童奴青衣,亦能抄录。近人王欣夫先生为保文献不使湮灭,还身体力行,出资请人或自己动手抄录。如《水经注疏证》四十卷条下曰:"斥巨金录副,多传一本,庶几免于刀兵水火之厄。"

但要说女子抄书,那就比较新鲜,甚而变得稀奇起来。传世最早且最重要的女子抄书,当推唐女仙吴彩鸾了。据叶德辉《书林清话》"女子抄书"一节引各种图书,知彩鸾尝抄有《唐韵》《玉篇钞》《龙鳞楷韵》《佛本行经》六十卷、《法苑珠林》一百二十轴。彩鸾抄书乃为生活所迫，《宣和书谱》云："其书《唐韵》一部市五千钱，为糊口计。然不出一日间，能了十数万字，由是彩鸾《唐韵》世多得之。"所云每日能写十数万字，也为"神手""圣手"之夸大之词。

前人于吴氏书法多有溢美之词，元虞集尝见吴书《唐韵》三四本，有云："皆硬黄书之，纸素芳洁，界划整齐，结字遒丽，神气清朗，要皆人间之奇玩也。"又梁清标《蕉林清集》七言绝四有"舟中观吴彩鸾书《唐韵》"，云："蚕笺丹印彩鸾书，曾驾文狸上碧虚。谁向人间收拾得，琅函重出劫烧余。"

吴彩鸾写本当年或有不少流传，但千年之后，仅存《刊谬补缺切韵》了，那可是"国宝"级的藏品。我记得1980年，津在北京参与编辑《中国古籍善本书目》时，曾随主编顾师廷龙先生、副主编冀淑英先生，又沈燮元先生在某馆见过，当时还见有部分辽刻本。前几天，沈燮元先生电话中告诉我，说他还记得看《切韵》时的情景，那是用红细绳定住，只能看不能翻动。但他说的我已不复记忆，印象中则是楷书端庄，出于自然。

对于唐代吴彩鸾所抄《切韵》，实在是很难得见其庐山真面，不仅如此，津以为即使是清代红袖所抄之书也不多见。前读《郑振铎日记全编》1943年5月26日，记有清沈彩书事，云："予前岁尝从罗子经许，得沈彩手写《春雨楼集》一本，为杂文及词，即蟫隐庐影印之底本也。后子经又以残本《春雨楼诗》一本归予，亦彩手写。今获此集，乃得见全本面目矣。彩字虹屏，本吴兴故家女。年十三，归陆烜。烜妻彭玉嵌，授以唐诗，教以女诫，稍知文义。浏览书史，过目不忘。学右军书，终日凝坐，常至夜分。故书与诗皆能入格，小文亦有佳致。予所见彩书，于手写集外，有《斜川集》(今在平湖葛氏)及烜撰《尚书□□》(今在朱某许)。《尚书□□》凡□巨册，皆出彩手书，一笔不苟。""又得《春雨楼集》二本，乾隆四十七年刊本，尤罕见，卷一为赋，卷二至七为诗，卷八至九为采香词，卷十至十一为文，卷十二至十四为题跋，都为彩手书上板者。彩诗词多闺房戏谑语，盖以身既为绮罗香泽之人，故不能脱绮罗香泽之

习。诗根乎性情，彩固不欲故作苍老高古之调，以为怪诞也。"（《郑振铎日记全编》，120页）

津按：日记中"《尚书□□》"，"□□者，非二字，当是一"义"字，书名应为《尚书义》。又"朱某"者，即朱嘉宾。"凡□巨册"，应为十二册也。陆烜，应为陆烜。是书旧为刘氏嘉业堂所藏，后归朱嘉宾，再转入香港大学冯平山图书馆。

据《香港大学冯平山图书馆藏善本书录》，冯馆藏有《尚书义》五十八篇，为清陆烜撰，清乾隆五十二年（1787）沈彩抄本，十二册。陆序末署"大清乾隆五十一年平湖陆烜制、侍史沈彩书"。卷末题"平湖陆烜子章学""女史沈彩手书"。彩乾隆五十二年腊月跋云："彩受主人命，校誊《尚书义》。一日，玉嵌夫人谓曰：妇人之事，精五饭、幂酒浆、缝衣裳而已，今尔乃如此，虽属难得，终为废业。且煌煌大典，出簪裾膏沐手，毋乃近亵乎？彩因告主人，主人即呼夫人，谓曰：《关雎》化本，始于房中，尧舜大典，亦先厘降，道本夫妇与能也。天象紫微垣北极帝星后，即为尚书五星，其星主天下，道明则见，道不明则晦。《尚书》之名，圣人盖取义于此，非先有《书》而后有星也。至后代以'尚书'命官，则又在其后，皆以星为朔也。其尚书星左即为女史星，故今文二十八篇，亦以伏胜女传，若无今文，则古文亦无由考而传也。今誊校之役以授虹屏，是亦天道也。夫人诺之，因命彩书于后。时乾隆五十二年腊月廿四日，女史沈彩识。"下钤"沈彩""虹屏"二印。

据《书录》，知其为未刻稿，小楷娟秀，分篇不分卷，《尧典》后有题识云："主君作《书义》，皆命彩手抄，故尝赠彩诗有'传经可有粲花舌，诘屈聱牙记伏生'，又'妙笔簪花非玩物，藉传皇极答苍生'之句。此三易稿也，始写于乾隆丙午十二月十七日，为立春日，时连朝雨雪，江梅初包，天寒手颤，仅免呵冻云。胥山蚕妾沈彩识。"又每卷之末，彩皆有诗词系之，其《咸有一德》末为《望江南词》，有云："晨妆罢，端坐展瑶函，红日半帘风旖旎，紫藤一架燕呢喃，天色正蔚蓝。""书写毕，细校不辞三，笔误已知无一字，镌时应附我同参。聊识《望江南》。"丙午为乾隆五十一年，也即此书十二册抄了一年之久。

叶昌炽的《缘督庐日记》载《尚书义》十二册，称之为沈彩所书，"玉台佳话，镇库尤物"。此本每篇末多题"侍史沈彩书""沈彩缮写""沈彩书""女史沈彩虹屏抄""女史沈彩写""沈彩手书"等。彩于所书后皆有印，若"沈彩""沈采""虹屏""某谷掌书画史""虹屏翰墨""希卫""绣窗余暇"。又是书有"飘香手装"一印，"飘香"者，疑彩之侍女。彩有《跋未央宫瓦残字》，内"暇日偶用扑墨法拓成此纸，小妹飘香即取装成册"句。又《春雨楼书画目》末彩跋云："壬子之秋，主人以病疟瘵后，余与飘君日侍奇晋斋，进茗添香之次，日展法书名画为消遣。"

沈彩，字虹屏，号青要山人、胥山蚕妾、梅谷侍史、庆云侍史、芷汀散人，浙江长兴人。读书处曰春雨楼，盖乾隆三十一年，彩始笄，拜夫人彭贞隐（字玉嵌），夫人以释智永书《春雨帖》真迹为还贽者，彩遂易楼名为"春雨"。

沈彩的《春雨楼集》稿本，存世尚有二种，一为《春雨楼集》三卷，清罗庄辑诗附录并跋；一为《春雨楼诗集》五卷，存三卷，为卷三至五，有民国罗振常跋。二种俱藏中国国家图书馆。《春雨楼集》的刻本并附题词一卷，为乾隆间所刻十四卷本，国图、上海图书馆、复旦大学图书馆、华东师大图书馆、山西省文物局、江苏盐城市图书馆、泰州市图书馆等七馆入藏。此外，国图又藏另一部清乾隆刻本中有郑振铎跋，当为郑氏捐赠者。以上均见《中国古籍善本书目》著录。

2012年由黄山书社出版的《江南女性别集》三编的第一种即为沈彩的《春雨楼集》。据整理者彭国忠云："民国十三年（1924）罗振常辑《蟫隐庐丛书》，内有《春雨楼稿》抄本，据罗氏所言，乃据沈氏手稿影印，恐不可信。"惜彭先生未能说出"恐不可信"之依据。

历史上女史抄书之记载鲜有得见，津孤陋寡闻，只知袁寒云妻刘梅真也有抄书，不过她所抄乃为影写，这就更为难得。刘之影写本为南唐李建勋撰《李丞相诗集》二卷，一册，底本为宋临安陈宅书籍铺刻本（末页刊"临安府洪桥子南河西岸陈宅书籍铺印"一行），旧藏常熟瞿氏铁琴铜剑楼。寒云跋有"假得原本，属内子影写一过，苍茫斋主人摹钩诸印"。卷末有"己未二月，梅真影写宋本"一行，并钤"刘""梅真景写宋本小印""裁衣不值缎子价"。寒云另有题识云："甲子浴佛日，与无隅师拜读一过。克文。"刘梅真，即刘姗，梅真为其字，安徽贵池人，父原为盐商，因经销长芦盐有方而发迹，又花巨金捐班直隶候补道。梅真能诗善文，书法尤为时人所称道。无隅，即方尔谦，字地山，一字无隅，别号大方，寒云拜之为师。此本书品宽大，纸洁如玉，字画精细，几下原本一等，原为周叔弢先生珍藏，后赠于天津图书馆。该馆善本书目原著录为"清影抄宋临安陈宅书籍铺本"，不确。盖因"己未"为民国八年（1919），"甲子"为民国十三年（1924），影抄者为刘梅真，似应作"民国间刘梅真据宋临安陈宅书籍铺本影抄本"。津图于2007年为节庆事曾据之影印，以为赠品云。

如今，除了《尚书义》和藏在国图的《春雨楼集》稿本外，我们无法再能看到沈彩的手迹了，然而经沈氏手书上版的本子还有流传，津所见沈彩主君陆烜《梅谷集十种》（清乾隆刻本），中有《梦影词》三卷，即为彩手书上版者。卷三末有："乾隆丁亥浴佛前后日庆云侍史手写于春雨楼，重付剞劂，计增十阕，校正十一字。"彩工书，尝临写右军《乐毅论》《黄庭经》、钟繇书、虞世南《破邪论序》等。其尝有诗作《呵冻作书因题书后》，云："冻笔临书十指僵，熏炉暖手更添香。不成小字簪花格，淡墨欹斜有数行。"其楷书古雅娟秀，圆熟妍美，名远播，曾有日本僧人释湛如，闻彩能书，因踵门请书，彩"为书戴《记》明堂位、《周书》王会篇"，并作《有日本人索余书者戏作》，云："簪花妙格几曾悭，万里鲸波到海山。不似唐宫一片叶，只随沟水向人间。"又其主君陆烜藏书画处奇晋斋之额名，也出自彩笔。彩于书画鉴定，也有其说，尝撰《管仲姬书画考》，谓仲姬画，十之九出伪作，其愈工者愈伪，此论前人未道及也。

明清时，闺阁名媛中之书画家不乏其人，晋之卫夫人、唐之薛涛、宋之王英英、元之管道昇、明之叶小鸾、清之曹贞秀，皆以书名，然并无手抄之本传世。然而彩虽有书名，但非书法家，《书林藻鉴》及《书林纪事》里无彩一席之地，盖作者亦不知彩其人也。清蒋生沐《东湖丛录》，载沈彩《晏公类要》后跋一则，蒋以为研究闺阁版本者，始见于此。

缪荃孙的《云自在龛随笔》，有一则在叙述几位收藏家雇有西席为之抄书后，又有："友人叶鞠裳尝兴叹曰：安得沈虹屏、张秋月耶？荃窃笑，我辈寒儒，焉得有此艳福，但想得一张泰耳。"张秋月者，为清代学者、藏书家严元照之妾。元照，字修能，号久能，又号晦庵、蕙枕，浙江归安湖州人。秋月，安徽祁门人，年十九归于严。严以《十六观经》"戒香熏修"之义，字之曰香修，并为镌小印一，长笺短札、帖尾书头，往往用之。仁和宋茗香有一诗云："头衔合署校书郎，小印红矜助古香。从此流传增爱惜，美人亲手为评量。"张秋月虽为才女，却非抄书之女史。

还是罗振常对沈彩的评价最为中肯，他说："文人而得才媛为之偶，则倡随之乐，逾于常人。在昔如德甫、易安，尚矣。至近代藏书之家，每夫妇同攻铅椠，并钤印章，遗籍留传，资为佳话。且有以侍姬而司典籍者，则沈虹屏、张秋月，皆其伦也。虹屏以媵婢侍陆梅谷，身世与秋月同。然秋月无才名，虹屏则能文能诗能词。……文多游戏小品，而用笔犀利，词亦解用意，语复清新，与寻常闺秀纤弱肤浅之作不同，然后知其受宠于主君、见怜于大妇者，非偶然也。"

沈氏是闺秀，又与津同姓，盖"五百年前是一家"也。女史抄书极罕见，或亦可视为版本学上的"书中自有颜如玉"之另一种诠释吧。

2012 年 2 月 27 日

"灵隐书藏"与翁方纲《复初斋诗集》

　　中国很早就有将文物、文献资料存储于佛教圣地或石窟、或古塔、或菩萨塑像、或庙宇之史实。如著名的敦煌莫高窟藏经洞，所出经卷文书总数为五万卷左右，这些经卷的文字包括古汉文、古藏文、梵文、古于阗文、龟兹文、粟特文和古突厥文等。其内容则为人文科学、社会科学、自然科学和应用科学四大类。虽然藏经洞乃是西夏兵革时僧人所藏，壁外加以像饰，但实际上也可以了解当时在莫高窟内已收集了不少多方面的文献。1968年，在山东省莘县宋塔内发现北宋写本《陀罗尼经》一部，及北宋刻本《妙法莲华经》五部。1960年，浙江丽水县城西碧湖镇宋代砖塔损毁，也发现了一批宋代刻本佛经。至于1924年，杭州西湖雷峰塔倒塌，于砖孔中发现千卷左右的《宝箧印经》则是众所皆知的事。而"文化大革命"时，在山西应县佛宫寺木塔菩萨像身内发现的辽代三十件写经和六十一件雕板印刷品，更是印证了辽代刻书之史实。1962年，山西省曲沃县广福院正殿的一座高约两米多的佛像腹内，发现一批佛经，计十三卷。

　　隋代佛典的收藏，以寺院为主。当时隋代有寺3985所，僧尼23万众。《隋书·经籍志》云："开皇元年，高祖普诏天下，任听出家，仍令计口出钱，营造经像，而京师及并州、相州、洛州等诸大都邑之处，并官写一切经，置于寺内，而又别写，藏于秘阁。"唐代的佛寺，则在隋代的基础上有很大的进步。除了收藏佛经外，还广收其他内容的书籍，如庐山东林寺为东晋所建，译事累代不辍。《法苑珠林》卷一百云："纲维主持，一切诸经及以杂集，各造别藏，安置并足。知事守固，禁掌极牢。更相替代，传授领数，虑后法灭知教全焉。"可见寺院藏书都有人专司其职。

据元和七年（812）李肇"东林寺经藏碑铭"载，浮槎寺僧义彤整理东林寺的藏书，云该寺有书一万卷。又如龙门香山寺的藏书，乃由唐代大诗人白居易创建，凡5270卷，分作六藏，保管在寺西藏经堂，日间"启闭有时，出纳有籍"（白居易《香山寺新修经藏堂记》，见《全唐文》卷六九六）。白居易的文集，在东林寺、香山寺都有寄藏。此外，丹阳南牛头山佛窟寺，为刘宋初刘司空造，并建立经藏，贞观十九年（645）焚毁。该寺藏书除佛典外，还收藏道书、俗经史、医方、图符等（见《续高僧传》卷二六）。所以，寺院藏书对中国藏经等文献的保存，其功尤大。但是，类似以上的藏书史料所载不多，流传有限，故很少有人做专题研究。本文拟以手中资料，就清代中期浙江杭州灵隐寺的"灵隐书藏"以及第一部入藏的翁方纲《复初斋诗集》做一些探讨。

灵隐，仙灵隐居之处，坐落在杭州西北的丛山幽谷之中，历来被誉为"西湖第一名胜"。这里既有秀丽的山峦、清澈的溪流，以及岩洞、泉水等自然风景，又有寺院庙宇、石刻造像等古老建筑和文物古迹，因而每年四季，都有无数的游客竞相前去朝拜或观光。灵隐寺，则为禅宗五山之一，面对飞来峰，背靠北高峰，建筑雄伟，气势非凡，它不仅是西子湖畔最大的佛教寺院，也是中国著名的古刹。东晋咸和元年（326），印度高僧慧理创建的这座佛寺，至今已有一千六百多年的历史。现今的灵隐寺殿宇，则是清末重新修建的。

"灵隐书藏"之设，始于清嘉庆十四年（1809），时阮元巡抚浙江。阮元，字伯元，号云台，仪征人，乾隆五十四年（1789）进士，选庶常，散馆第一，授编修，逾年大考翰詹，高宗亲擢第一，超授少詹事，命直南书房。嘉庆、道光年间，历任户、兵、工部侍郎，浙江、福建、江西诸省巡抚，两广、云贵总督，体仁阁大学士，卒谥文达。阮元鉴于"好学之士，半属寒酸，购书既苦无力，借书又难。其人坐此孤陋寡闻、无所成就者不知凡几"的状况，为推广教思无穷之意，决定在杭州灵隐寺大悲阁后建立书藏，取名"灵隐书藏"。阮元云："嘉庆十四年，元在杭州立书藏于灵隐寺，且为之记。盖谓汉以后藏书之地曰观、曰阁，而不名藏。藏者，本于《周礼》宰夫所治，《史记》老子所守，至于《开元释藏》乃释家取儒家所未用之字，以示异也。又因史迁之书，藏之名山，白少傅藏集于东林诸寺，孙洙得《古文苑》于佛龛闲僻之地，能传久远，故仿之也。"（《揅经室集》卷二）

　　"灵隐书藏"设立后，各方均可将自己所著、所刊、所写、所藏之书赠予"书藏"，以供读者阅览。"灵隐书藏"藏书之橱的编号，取自唐人宋之问"灵隐寺"诗，诗云"鹫岭郁岧峣，龙宫锁寂寥。楼观沧海日，门对浙江潮。桂子月中落，天香云外飘。扪萝登塔远，刳木取泉遥。霜薄花更发，冰轻叶未凋。夙龄尚遐异，搜对涤烦嚣。待入天台路，看余度石桥"。总计预藏七十橱。为了不致图书遗失，落实专人管理，阮元又选云林寺（即灵隐寺，康熙时改名云林寺）和尚玉峰、偶然二僧人负簿录管钥之责。同时，又刻一铜章，遍钤其书。再大书阁匾，题为"灵隐书藏"。

　　"灵隐书藏"的条例共有九条：一、送书入藏者，寺僧转给一收到字票；二、书不分部，惟以次第分号，收满"鹫"字号橱，再收"岭"字号橱；三、印钤书面，暨书首页，每本皆然；四、每书或写书脑，或挂棉纸签，以便查检；五、守藏僧二人，由盐运司月给香灯银六两，其送书来者，或给以钱则积之，以为修书增橱之用，不给勿索；六、书既入藏，不许复出，纵有翻阅之人，但在阁中，毋出阁门，寺僧有鬻借霉乱者，外人有携窃涂损者，皆究之；七、印内及簿内部字之上，分经史子集填注之，疑者缺之；八、唐人诗内复"对""天"

二字，将来编为"后对""后天"二字；九、守藏僧如出缺，由方丈秉公举明静谨细、知文字之僧充补之。

以上九条，为阮元所拟，详细之至，言简意赅。从条例看，"灵隐书藏"已具备公共图书馆之性质，这在当时应该是很了不起的事情。以往，私人藏书楼很少向外人开放，至于明嘉靖年间宁波范钦天一阁，虽藏书雄视浙东，但明人无过而问者。其阁立法甚严，其书不借人，不出阁，子孙有志者就阁读之。范钦殁后，子孙相约为例，凡阁橱锁钥，分房掌之。禁以书下阁梯，非各房子孙齐至，不开锁。如子孙无故开门入阁者，罚不与祭三次；私领亲友入阁及擅开书橱者，罚不与祭一年；擅将书借出者，罚不与祭三年；因而典鬻者，逐不与祭。康熙初年，大儒黄宗羲始破例登阁阅书。继而昆山徐乾学也闻而去阁抄书。而一般文人士子则不得其门而入了。由于"灵隐书藏"条例行之有效，嘉庆十九年（1814），阮元又有"焦山书藏"之设，其撰"焦山书藏"云："属借庵簿录管钥之，复刻铜章、书楼扁、订条例，一如灵隐。"

"灵隐书藏"最先入藏的图书是翁方纲的《复初斋诗集》。翁方纲（1733—1818），字正三，号覃溪，晚号苏斋，直隶大兴人。乾隆十七年（1752）进士，曾任广东、江西、山东学政，官至内阁学士。精心汲古，宏览多闻，于金石、谱录、书画、词章之学，皆能摘抉精审，是乾嘉学派中之重要人物。嘉庆十四年（1809），在杭州刊刻的朱珪《知足斋文集》六卷、翁方纲《复初斋诗集》六十六卷、法式善《存素堂文集》四卷续集二卷将要完成，或刻已一半。翁方纲在得知"灵隐书藏"之事后，即致书于紫阳书院院长石韫玉（琢堂）云，《复初斋诗集》刻成，希望能为之置一部于灵隐。

对于收藏《复初斋诗集》，阮元等人是很慎重的。嘉庆十四年二月十九日，阮元召集顾宗泰（星桥）、陈廷庆（桂堂）、石韫玉（琢堂）、郭麟（频伽）、何元锡（梦华）、刘春桥、顾翰（简塘）、赵魏（晋斋）等同至灵隐，议及《复初斋诗集》欲藏灵隐之事。同年四月十日，阮元又召顾宗泰、陈廷庆、石韫玉、蒋诗、朱为弼、华瑞璜、项墉、王豫、何元锡、张鉴自望湖楼至灵隐，研商"灵隐书藏"事，张鉴当时有诗一首，载其《冬青馆集》中，诗云："白傅长庆集，昔置香山寺。平生四五写，具见无穷思。至宋李公择，亦复祖其意。少读匡庐峰，九千卷在笥。藏之白石庵，东坡为作记。寥寥千载心，不可得思议。吾师领湖山，望古有深契。维时知足斋，诗文始行世。无虑谓者乖，或恐守之替。会逢法与翁（谓时帆、覃溪两先生），诗具妙谛工。千里寄书来，谓宜遵古例。初刻印一编，禅林有法嗣。花竹满诸天，要与佛相媚。持书告同人，佥谋实不宜。山寺南屏深，府帖急送递。十笏既闲敞，架构妙初地。珠林一以开，蝉联复雁缀。一书立一券，有券必钤识。相与矑僧约，兼共山灵誓。是日天气新，练影晴云曳。胜引为落之，平湖泛兰枻。龟龄看经楼，风光转崇蕙。米汁罢午餐，笃言款松桂……"

阮元也有诗记此事，诗云："尚书末百篇，春秋疑断烂。列史志艺文，分卷本亿万。传之千百年，存世不及半。近代多书楼，难聚易分散。或者古名山，与俗隔崖岸。岧峣灵隐峰，琳宫敞楼观。共为藏书来，藏室特修建。学人苦著书，难杀竹青汗。若非见著录，何必弄柔翰。舟车易遗亡，水火为患难。子孙重田园，弃此等涂炭。朋友诺黄金，文字任失窜。或以经覆瓿，或以诗投溷。当年无副本，佚后每长叹。岂如香山寺，全集不散乱。名家勒巨帙，精神本注贯。逸民老田间，不见亦无闷。虽不待藏传，得藏亦所愿。我今立藏法，似定禅家案。诸友以书来，收藏持一券。他年七十厨，卷轴积无算。或有访书人，伏阁细披看。古人好事心，试共后人论。既泛西湖舟，旋饱蔬笋饭。出寺夕阳残，惊岭风泉涣。"（见《揅经室四集》卷八）

阮元此举，足可见贤人君子之用心，中国乃文明古国，远的不说，自汉至清，几千年的文化，官府、私家所藏图书不知凡几，然留于世者，却百不存一。对于收藏家来说，实在是鲜有百年长守之局。故阮元的出发点，乃为保存文献。其历官所至，以提倡学术自任，抚浙五年，多所建树，在浙设诂经精舍，在粤立学海堂，撰《十三经校勘记》，主编《经籍纂诂》，汇刻《皇清经解》。所以阮元的门生郭麟云："先生勋在竹帛，言成经典。"

方纲年八十六而卒，享年既高，著述也富。其性耽吟咏，随地随时，无不有诗。诗则不唐不宋，自成一家，以古人为师，以质厚为本。其有诗作，自诸经传疏以及史传之考订、金石文字之爬梳，皆贯彻洋溢于诗中。《复初斋诗集》最早的版本是乾隆刻本，为十卷之本，今武汉市图书馆有藏，该本又有柯逢时跋。继之则为六十六卷本，为方纲所自定，按年编次，始乾隆壬申（1752），终嘉庆甲戌（1814）。卷一课余存稿；卷二至九药洲集；卷十青棠书屋稿；卷十一至十四宝苏室小草；卷十五至二十二秘阁集；卷二十三石兰集；卷二十四枝轩集；卷二十五至二十六秘阁直庐集；卷二十七桑梓抡才集；卷二十八至三十二晋观稿；卷三十三至三十九谷园集、石墨书楼集；卷四十至四十二石墨书楼集、小石帆亭稿；卷四十三至四十四小石帆亭稿；卷四十五至五十二苏斋小草；卷五十三至五十五嵩缘草；卷五十六至五十七有邻研斋稿；卷五十八至六十六石画轩草。

六十六卷本《复初斋诗集》之刊刻，规模非同小可，没有一定的经济实力是无法进行的。翁方纲是一位京官，但仅靠清俸生活，平时也极节俭，如遇重大事故，多须门人、好友接济。其时，翁子树培染疾病故，经济更为困难，故刊刻诗集也并非翁氏所能担当。实际上，出资帮助翁方纲刊刻《复初斋诗集》的是阮元以及蒋攸铦。

在阮元任浙江巡抚时，他确实帮助了不少有才学而无力量刊刻自己著作的学者。据《雷塘庵主弟子记》载，嘉庆八年（1803），朱珪尝以诗寄元，元爱请于珪，得授《知足斋集》将刊之于板。珪复命元选订之。元乃与及门陈寿祺等共商删存。以癸亥年以前编写为二十卷并刻成。其他如钱大昕《三统术衍》《地球图说》、谢塘《食物百咏》、张惠言《虞氏易》《仪礼图》、汪中《述学》、钱塘《广文述古录》、刘嘉拱《刘端临先生遗书》、凌廷堪《礼经释例》、焦循《雕菰楼集》等不下数十种，都和阮元有关。而翁方纲的诗集刊刻，可以从阮元诗中看出端倪。

　　阮元有"得复初斋全集，邑中舟中读之，即寄野云山人"一首，诗云："我初闻苏斋（翁公方纲），是闻凌氏说（凌氏仲子，学于苏斋，乙巳、丙午间在扬州）。乃我入翰林，公秉学使节。山东我代公（大人授山东学政，接公任），石帆亭上别。居杭又数年，公诗自缉缀。寄来前数集，刊校始于浙。刊成庋灵隐，书藏由此设。两家诗卷中，言此颇亲切。我重入翰林，此事遂中辍。蒋氏来岭南，后集续刻锲（砺堂相国为公门生，又刻其后集）。六十有六卷，十七集舻列。暮年续一集，四卷李所撷（公小门生李彦章，又刻其后集）。去年洛阳纸，棕墨新印刷。于是复初斋，诗乃全无缺。书藏与朝鲜，寄去情勿竭。忆昔庚辛间，袂与野云挈。红尘足不到，常向苏斋谒。谈经兼论诗，金石缘亦结。石墨书楼中，摩挲遍碑碣。有时坐诗境，清言落玉屑。有时石墨轩，山云赠怡悦。东郊古寺游，拈花听僧偈。壬秋潞水诗，柳向亦园折。丙冬复相见，暖室畏寒雪。尔时公渐衰，则亦嗟大耋。公遽归峨嵋，遗集今悲阅。集中惠我诗，一一字不灭。十卷金石录，小印为我刻。钦州竟无书，诗笔从此绝（大人以宋椠金石录十卷寄公题识，公作诗并刻寄小印，且云钦州鱼山冯氏家有全帙，可借摹刻之。访于钦州，无此书。公此诗后只有铜尺诗一首，遂绝笔）。好古久同心，敢比老彭窃。蛮江春夜船，老眼一镫瞥。"（见《揅经室续集》卷七）

　　从阮诗可知，《复初斋诗集》前集为阮元所刻，但具体为若干卷，则未详。阮元于嘉庆十五年（1810）四月二十六日，奉旨补授翰林院侍讲。九月二十日，又奉旨充署日讲起居注官。自阮调任后，刊刻之事又由蒋攸铦续之而成六十六卷。蒋攸铦，字颖芳，号砺堂，辽阳人，隶汉军旗籍，乾隆四十九年（1784）进士，道光年间官至文渊阁大学士、两江总督。性聪强，为政明而不苛、清而不刻，所至有声绩，谥文勤。野云山人，为朱鹤年（1760—1834），字野云，江苏泰州人，善画，与阮元相好，曾为阮绘山水图，又作"梅石山茶图"。宋刻

《金石录》十卷，乃阮元属朱鹤年送翁方纲所题跋。是书今藏上海图书馆，余曾经眼。翁氏题跋，时在嘉庆二十二年（1817）十二月十六日，是月，翁又撰"重镌金石录十卷印歌"奉赠阮元，阮元是诗作于道光六年（1826），时翁方纲已归诸道山八年了。

十余年前，余尝在浙江图书馆获见清代名人手札《朋旧尺牍真迹》，中有翁方纲致石韫玉数札，皆为翁氏嘉庆十五年（1810），也即翁氏七十八岁时所作。石韫玉，字执如，号琢堂，吴县人，乾隆五十五年（1790）进士，廷试第一，授翰林院修撰，充福建乡试正考官，旋提督湖南学政。嘉庆初，充日讲起居注官，旋入直上书房，官至山东按察使。韫玉诗文颇有隽才，早掇巍科，有文名于当时，翁致石札有关于"灵隐书藏"者，从中也可得窥当年将《复初斋诗集》送藏之故实，兹录如下："昨接阮公札云，云林经藏，先以拙集为之缘起，此愚初想不到者，念拙诗得与香厨庋阁，曷胜惭悚，意欲将今岁所写《金刚经》一部，再求代送寺中，以忏悔劣诗之罪过。此部经写尚未讫，未知可俟阮公之便，托其箱箧奉上。是否如此，亦乞便中先道此惭悚不安之意。"

按，此札写于四月。《金刚经》，即《金刚般若波罗蜜经》，古人如苏轼、董其昌等多写此经，清代帝王如圣祖玄烨、高宗弘历都有写本传世。至于大臣如查慎行、张照等人之写本也都存于世。方纲晚年每年必写《金刚经》四部，每写此经一行，即细校一遍；每写完半扣，即细校一遍；写完一部，再细校一遍。写一部讫，即再写一部。他认为作字甚敬即此，可以养福，可以永年，功益无量，消灾积福，不能一言尽也。故方纲也建议钱保"如临池作字时，何不专写《金刚经》，如不写细楷，即装册作界格，随意或一寸内外之楷皆可，日写此经，即日诵此经。"（翁方纲致钱保札，藏北京图书馆）

四月二十五日，又有札致石氏："昨接阮芸台中丞札，云欲将所刻拙诗送于云林结构，书椟名曰书藏。阮公自为撰记，欲鄙人楷书镌石，因思此书藏记，阮公必将托此吴友上石矣。岂有能先借其北上一两月之暇乎？然此中又有商者，闻阮中丞今秋恭祝圣寿北来，则此镌勒云林寺书藏之记，或可稍俟中丞回杭办之，亦更有整暇耳。"吴友者，为其时杭州城名刻工，曾勒元赵子昂"寿春堂记"，极为传神。翁氏曾有请吴友镌刻《化度寺碑》之想。

五月六日札云："阮芸台于灵隐办书藏数十楪，觅愚写碑记寄杭，未知到否？拙集已刻之三十二卷，如陈桂堂年兄亦应寄之，而无力多刷，容俟再致。"陈桂堂即陈廷庆。《复初斋诗集》六十六卷本，刻成于嘉庆十九年（1814），是书虽在刊刻刷印中，但方纲晚年生活每况愈下，经济上多依靠旧日门生或朋友资助，故此札云"无力多刷"。

七月二十三日札云："接诵手札并刻拙诗，今才校对出前七卷（卅三至卅九），开一清单，凡四纸，俾工人照改之，仍将原开四纸遇便寄回，以便核对。此次刻拙诗，由我友精心督视，实胜从前所刻远甚，至为铭切，此后尚有数卷，更于费清神也。'灵隐书藏歌'，拙作七古已写交，阮公云欲刻石，未知刻否？今写一纸与砺堂年兄，可一观之也。承惠精心校刻拙集，亦拟作小书奉鉴。或有斋名之类，用多少尺寸，开来即书寄也。杭城虚白斋纸，有人至丈许者，未知能觅寄否？净白色者最佳……前所以寄写经数次到灵隐者，实因未到西湖，梦想其处，倘有好手画灵隐前后大局一幅见寄，庶不虚此诚耳。"

十二月二十八日，又有札云："前所欲寄拙集，庋于灵隐书藏者，像此新刻之板，秋杪始到京，而每片皆有讹误，校勘挖改，至冬月始竣，又一时无力多刷印。此时案头止剩四部，以一部送阮公，一部送老友，其一部送蒋砺堂，其一部装函者，仍奉托我友送庋于'灵隐书藏'。又将手写《金刚经》一函送寺，以忏悔拙集之陋劣。又自作'灵隐书藏歌'七言古诗一首，略道私里歉仄不敢即安之意。"

翁方纲的"灵隐书藏歌"，作于是年十二月二十二日，俱写实，清词丽句，允称佳作。诗云："灵隐书藏事孰始，始自杭刻朱翁诗。朱公未及藏记读，阮公索我书之碑。我诗已愧阮公刻，缘此议藏能毋嗤。同人去夏集湖上，石子镌我禅壁词。金曰一集未盈箧，盍仿曹氏书仓为。遂启佛阁厨七十，以备续度签装治。主以二僧编以例，匡庐白石宁闻兹。石子书来趣函寄，正我盥写金经时。古称大都与通邑，名山藏副于京师。名山名刹更增重，岂比家刻传其私。苟非悬之免指摘，或且倍甚来瑕疵。往者新城王叟集，青藜刘君隶写之。头藏嵩少果践否，林吉人楷名空驰。呜呼寸心千古事，甚于镜影公妍媸。念此彷徨汗浃背，头缄油素又屡迟。上有灵峰下湖水，鉴我朴拙心无欹。继有裹函来寺者，何以助我加箴规。写经微愿那足补，日日斋被勤三思。"

翁氏此诗"始自杭刻朱翁诗"只提朱珪和他自己的诗在杭州刊印，却不提法式善的诗集。翁和法式善两人私交甚好，但翁对法诗却有不恭之语，他反对将法之诗集入"灵隐书藏"。在致石札中有云："法时帆诗岂可入此？不知刻亦在杭否？是有几卷几册？便中一代访问之。时帆最相好，然此事不敢面斥之，亦无法代为忏悔，姑欲知之，不知可代为谋一忏悔消灾之法否？"于此也可见封建时代文人相轻之一斑。

石韫玉因翁方纲手写《金刚经》供养灵隐寺中，又以《复初斋诗集》寄贮经藏，并赋诗题壁，故也有诗奉和翁氏"云林寺题壁诗"，诗云："手写昙章付梵天，灵山结集旧因缘。护持法藏真如印，接引迷津大愿船。古德庄严千劫在，新诗微妙一灯传。他时同证菩提果，仍约皈依绛帐边。"石氏又有"观阮芸台中丞灵隐书藏赋"三首，其第三首云："覃溪夫子鲁灵光，手写金经贝叶香。学坐蒲团依绣佛，寄将诗卷到云门。著书同享名山寿，韫椟无烦汲冢藏。异日湖壖征故实，恍疑天禄睹琳琅。"（见《独学庐三稿》之《晚香楼集》卷一、卷二）

嘉庆十四年（1809）十二月，《复初斋诗稿》已刻成三十二卷，即先送至杭州灵隐书藏，但此集尚未刻前序目及第三十三卷，以后所刻之卷陆续再为续送（见台湾"中央图书馆"藏《复初斋文稿》手稿本第十五册，笔者所见为影印本）。《复初斋诗集》是清人别集中卷数多的"大部头"。据记载，在刊刻过程中，嘉庆刻本"复初斋四卷，约共字三万五千零，计写价纹银拾两零五钱。刻

二十一、二卷，约共字一万六千零，计刻价银五十一两零，板价在内"(同上，第十四册)。又据记载"《复初斋诗集》前十卷(乾隆刻本)，每一部计工价二钱四分"(同上，第十二册)。

翁之诗集稿本，今尚有所存，但分藏于各图书馆，如湖南省图书馆藏有十二卷本，有何绍基批注并叶启勋跋。台湾"中央图书馆"所藏最为大宗，计有《复初斋小本诗稿》，精装十六册，乃翁氏视学粤东八年所作之诗。又《复初斋诗稿》六十七卷，凡三十九巨册。又《复初斋诗集》十二卷(六册)。《复初斋诗集》残稿三十四卷(存卷一至二十二、二十四至二十六、二十八至三十六，十八册)。《翁覃溪诗》不分卷(钱载评，稿本，二十九册)。《翁苏斋手删诗稿》不分卷(二册)。北京图书馆藏有残稿三十四卷(卷一至二十二、二十四至二十六、二十八至三十六，二十二册)。又北京图书馆藏《苏斋存稿》五种之第一种，为《复初斋诗集》，存卷六十六至六十七，该馆又藏《苏斋遗稿》十一种，其第九种为《复初斋诗集》残稿三卷。又北图有残稿卷六十四；上海图书馆有残稿，为卷六十三。此外，北京图书馆还藏有《复初斋诗稿》不分卷(稿本、二册)、《翁覃溪诗》不分卷(钱载评，稿本，二十九册)、《翁苏斋手删诗稿》不分卷(稿本，二册)，北京中国科学院图书馆藏有《复初斋自钞诗》不分卷(稿本，一册)，北京中国社会科学院文学研究所图书馆藏有《翁覃溪先生芸窗改笔》不分卷(稿本，四册，有试帖诗及时文)。笔者1986年访美，在著名收藏家翁万戈先生的纽约寓所里也曾见到《复初斋诗稿》残稿二册，自癸巳正月至乙未八月，为何绍基旧藏。据以上之著录，翁方纲《复初斋诗集》的稿本当不止一部，应有初稿、二稿以及另稿等。翁氏晚年生活颇窘，殁后仅存一子，诸孙幼弱。其门人孙烺，休宁人，为安徽之巨商，侨居在杭，在京师与翁氏最善，赗以五千金，完厥葬事。然翁氏诗文杂著手稿等计四十巨册均为孙氏所得。后手稿等又归之魏稼孙绩语堂，再归之缪荃孙艺风堂。缪荃孙又据翁方纲手稿，搜得诗2151首，分为二十四卷，吴兴刘承幹刻入《嘉业堂丛书》，加上七十卷之诗，方纲所作已达7289首，在明清两代的学者中，其诗之创作量也可名列前茅了。

翁方纲的《复初斋诗集》，刻本传世不多，在当时即难得一见。清末常赞春《柞翰吟庵金石谈》云："覃溪诗集，近今已稀如星凤，曩岁游京，询诸书肆，惟谭笃生处有一部，及隆福寺文奎堂有一部，索值颇巨，且云都中书肆无第三部。不佞所藏本，则内缺桑梓抡才集、晋观稿二种，于是假诸罗氏振玉，录成完帙。罗氏本无首序，为缮足之；其后数册，虫蚀不完者，为修补之。惟其末集尚缺，不及不佞所藏之完足，亦可见集之可贵矣。"（见孙殿起《琉璃厂小志》，321页）夏孙桐《悔龛词》附文存补遗也云：七十卷本为足本，颇罕见，其友人如缪荃孙、邓邦述所藏皆六十六卷本，缪氏所藏有缺，曾借夏本抄配，而夏本也有缺页，则由缪本补抄，然夏藏本仍缺两页。

《诗集》之末四卷，为方纲门人侯官李彦章续刻，卷七十为墨缘集，今传本也稀。道光二十五年（1845）汉阳叶志诜又重刻于广东，其重刻本目录后刊自记云："是集原刻至六十六卷，后四卷侯官李观察曾经补刻，携板南归，今不知所在。道光乙巳秋，汉阳叶志诜重刊并记。"此本今也不多见。七十卷本总共古今体诗5138首。民国四年（1915）又有钱文卿石印本通行。翁方纲的《复初斋文集》三十五卷，也是李彦章所刻，海内学人共推奉之。

"灵隐书藏"的藏书来源多为私人捐献，并公开提供给读者阅读。这在当时来说，是很不容易的一件事。但是，那时交通并不发达，灵隐寺虽在西子湖畔不远，想来读书士子也是难得去一次的，书的流通量也不会大，则也是可以肯定的。陈文述（也是阮元门生）有"独游书藏，阒无人踪，有怀琅嬛师相"，诗云："等身著作问谁贤，何事年来久闭关。世以琅嬛为福地，人言宛委是名山。春阴高阁游踪少，斜日同廊老衲闲。应有千秋金鉴在，墨香春满五云间。"，可知游人不多，读书者更少。

但是，"灵隐书藏"的收藏究竟有多少，这对后人或许永远是一个谜。因为，书藏没有藏书目录传世。但是，可以估计，其时以阮元等人之倡导，翁方纲等著名学者又如此若此者，那后来捐藏者定不在少数。张大昌云："名流乐为资助，士夫群与输将，或捐撰述之瑰编，或纳雕镂之珍本。二千册鸠摩竺典，高庋莲灯；四十字鹫岭诗章，分排楠匦。慎严鸥借，惩萧翼之赚兰亭；禁戒鸦涂，免韦昭之污稿本。彼笺此楮，居然山不让尘；朝简暮函，俨同水之归壑。"（《重建灵隐书藏募书疏》）于此也可知当年书藏之盛。今仅知陈文述也将其诗集送至"灵隐书藏"，其有诗云："万古江河接混茫，雕虫小技悔猖狂。不知后世何人识，且付名山古佛藏。愧我声名压元白，羡公才力抵苏黄。一篇寄与东林去，依旧琅嬛礼瓣香。"

据《灵隐寺志》卷八《灵隐著述》，可知历年来，在灵隐的禅师多有著述刊刻。这些著述虽为佛藏经论、藏外论疏语录，但也应视作《书藏》之一部分，如《金光明忏仪》（释慈云撰）、《宗镜录》（释智觉撰）、《证宗论锻》《三教论》《十地歌》（俱释清觉撰）、《辅教编》《定祖论》《正宗记》《津集》（俱释契嵩撰）、《高僧传》《内典集》（俱释赞宁撰）、《正讹说》《弘宗说》（俱释弘礼撰）、《禅门炼说十三篇》《现果录》《佛法本草》（俱释戒显撰）。又如《天竺别集》《正观集》《灵苑集》《采道集》（俱释遵式撰）、《蒲室集》（释笑隐撰）、《梦观录》（释守仁撰）、《奏对录》（释慧远撰）、《奏对录》（释德光撰）、《外来集》（释赞宁撰）、《鹫峰集》（释戒显撰）等。以上所录仅是佛家之撰著，然也是管中窥豹，可见一斑也。

当时的灵隐寺，除了"灵隐书藏"外，还保存了不少珍贵器物，如宋孝宗所赐的直指堂印、范仲淹遗床、秦桧斋僧锅、沈周《飞来峰图》、北宋天圣八年（1030）赐"杭州灵隐山景德灵隐禅寺牒"等数十件文物。

"灵隐书藏"从嘉庆十四年（1809）始建，至咸丰九年（1859）止，共经历了五十年之久。但是，有关书藏之纪事却特别之少。凡书之聚，或文物之藏聚，必在承平之世，及其乱世，则又举昔日所聚者而尽散之。兵燹，以及水火之灾，都是书籍保护的最大敌人。水火等自然灾害，在突如其来的状况下，人们是不可抗拒的，但是战争对于图书文物典藏的破坏来说却是大之又大。范晔《后汉书》卷一○九"儒林传序"云："昔王莽更始之际，天下散乱，礼乐分崩，典文残落。"马端临《文献通考·经籍考》也云："王莽之乱，焚烧无遗。"都是论及公元24年长安之乱，灾及文献之事。

咸丰十年（1860）二月，太平军忠王李秀成部，自江西进陷杭州，因李秀成志不在浙，旋即弃去。清军江南大营既溃，李世贤等军长驱直入，复于咸丰十一年（1861）十一月再陷杭州，即所谓"庚辛之乱"。太平军攻入杭州城后，对于文献的焚毁，损失极大。当时除了存放《四库全书》的文澜阁外，诸如孙氏振绮堂、寿松堂等均遭厄运。八千卷楼主人丁申、丁丙兄弟即目睹惨剧。孙峻云："咸丰辛酉，杭垣再陷，两丈（丁氏兄弟）室家遭毁，其与身俱免者，隐者所熟玩之《周易本义》而已。孟仲既出罟罠，亟趣西溪，为观察公负土，见阁《文澜阁》书横弃道侧，俯拾即是，遂深夜潜身诣阁，负而藏之僻地，始避居海上，乱定归里，移庋郡庠尊经阁，依类编目，综一万余册。"在战争中，收藏《四库全书》的另二阁文宗及文汇则荡然无存。不少私家藏书全数散佚。在太平天国战争后，丁氏兄弟聚书，论斤而货，至有八百捆之多，言其多，正见受厄之惨、受厄之烈也。

对于灵隐寺来说，战火中仅存天王殿和罗汉堂。贯通和尚为住持后，又重建了联灯阁、库房等。光绪十五年至十六年（1889—1890），潘衍桐视学两浙，兴废举败，并以当年阮元有功于艺林之旧业为事，有心重建"灵隐书藏"，他"合浙之人士，搜录其诗，以续文达《辋轩录》之作，凡得诗若干首。节厂编修，翩然来游，赞吾修复灵隐之藏。丁君松生，婘雅好事，能成吾议，积书于故藏若干卷，以辋轩诗之余稿、郡人未领归者咸附藏焉"（潘衍桐《灵隐书藏后记》）。但是，潘衍桐等人所提倡的重建之事，并没有收到预期的效果。不久，又由出家凤林寺的昔征禅师接替灵隐寺住持，他锐意整顿扩建佛寺，后因得到盛宣怀的支持，于宣统二年（1910），重建了大雄宝殿。民国二十五年（1936）冬，罗汉堂不慎毁于火，前代所遗之文物，大多付之一炬，保留下来的宋代文物只有天王殿中木雕韦驮菩萨像而已。次年，日本侵略军进入杭州，难民麇集灵隐、天竺诸寺，一时成了难民收容所。客堂、伽蓝殿、东山门及焚香阁等，都因难民半夜失火而遭焚。

"藏诸名山，传之其人"，这句话出自汉司马迁《报任少卿书》，云："仆诚以著此书，藏诸名山，传之其人，通邑大都，则仆偿前辱之责。"如今的灵隐寺，面貌虽焕然一新，佛像也重新贴金，游人如织。然而，"灵隐书藏"它那短暂的历史，并未像当年阮元之所倡导的使其"藏诸名山，传之其人"，它在今后的历史上再也不会重现。那是因为，自清末维新变法后，改良教育已成为中国富强的因素之一，郑观应《盛世危言》中即大力鼓吹学校、藏书和报纸等，并于欧洲各国图书馆及藏书详加析介。当时设立的学堂，均注意了图书馆的建置，以启迪民智。随着时代的前进，新兴的各种图书馆早已取代了阮元的理想。最为可惜的是，由于兵燹之灾，"灵隐书藏"所积聚的图书竟然全数付之一炬，一部也没能流传下来。

1994年12月成稿于剑桥

藏书印及藏书印的鉴定 [1]

我们今天讲的是藏书印和藏书印的鉴定。上次俞主任（台湾"国家图书馆"特藏组主任俞小明）说，能不能讲讲藏书印和藏书印的作伪，我答应了。1974—1975年的时候，上海图书馆曾办过一个古籍训练班，参加的人有十多位，包括上图古籍组新来的小青年以及上海地区其他图书馆里的年轻人，当时的主旨是要训练他们，因为上图馆方觉得这方面的业务有点青黄不接，懂业务的老先生们年龄太大了，需要培养这方面的接班人。这个古籍训练班开办了一年，总共有十八讲吧，其中潘景郑先生上课最多，讲了六讲，我讲了五讲，顾廷龙先生和瞿凤起先生各讲一次，其他都是由我的一些同事如吴织、任光亮、陈秉仁承担。

我讲的五讲中有一讲是关于藏书印的，在古籍版本鉴定中，无非就是字体、纸张、藏书印、装帧等，都是辅助条件，相辅相成的。不是说这个藏书印是真的，就决定这部书怎么样，不是，你必须像中医一样要把各种因素加起来综合判断，缺一不可。我看过一些杂志报纸上发表的有关藏书印的文章，

---

[1] 这是笔者于 2011 年 11 月在台湾"国家图书馆"安排的五场专题讲座中的一部分。当时有一个讲稿，但在发言过程中并没有依据讲稿。后来，有关人员将录音整理后形成文字稿，笔者又在此基础上加以修订而成此模样。

但是很多只是讲藏书印的大致概况，很少涉及藏书印的鉴定。到台北之前，我也调阅了一些版本鉴定专家写的有关图书，翻了几本，结果发现真正讲藏书印鉴定的非常之少。比如说《古籍版本鉴定丛谈》，它举了一个例子，说《巴西文集》藏书印是假的。其他的什么《版本学概论》有"伪造名家藏书印"一节，不知道什么原因，竟然没有一例之证。《古书版本学概论》有提到伪造名家藏书印以抬高书本身的价值，但也没有举例说明。《古书版本鉴定》是作者照抄自己的《古书版本学概论》，也无例证。所以我觉得，如何鉴定藏书印，这是版本鉴定中不容忽视的问题，很可能是不容易讲，所以这几本书的作者采取的都是回避的态度。

我们在讲藏书印的鉴定之前，有必要先说说印章的事。印章有着悠久的历史，这是和我国文字的演变分不开的。殷墟发现的甲骨上的文字，都是用刀刻出来的，所谓"契文"。由此可知，很早以前，我们的祖先就掌握了"刻字"的技巧。

不要小看方寸的印章，那可是"取信于人"之物，桂馥《再续三十五举》中云："上古用印以昭信也。""印"的篆字为"𢑒"，或写成"𢑏"，意思是一个人用手持节（符节），以作凭证。古时称"钵"或"坼"，后作玺。玺，本为统称，秦以来专指皇帝的印。晋卫宏云："秦以前，民皆以金玉为印，唯其所好。秦始皇时，天子独以玉，号称玺，臣下莫敢用玺。"在古代，"印"即有官印和私印之分，官印又按级别职位的不同而定，有一套规格制度。

秦始皇统一中国之后，官印的制度就更加明确了。汉朝又以将军、太守所用的印称"章"，所以"章"也是印的一个别称。姜绍书《韵石斋笔谈》云："印章之制始于秦，而盛于汉，然只记姓名及官阶耳，至宋元始有斋名及别号。"唐朝太宗改天子之玺为"宝"，而官、私所用别有"记""朱记""图书""花押""关防"等名称，私印中又有斋、堂、阁、馆的收藏印，称为"图书"或"图记"。大约用张鲁盦的话来说最为通俗，他说："印分为二类，曰官印，曰私印。官印自帝王、公侯将相、军政职司、封建郡县以及边远少数民族、蛮夷土司。私印自宗教寺观、姓氏名号、斋堂馆阁、商店工厂皆有印记。"（《张鲁盦所藏印谱简目》后记）

清人陈克恕《篆刻针度》中就有"斋、堂、馆、阁，古无此印，考自唐相李泌，作端居室，白文玉印"的记载。先秦及秦汉的印，多作封发物件、简牍之用，把印钤在封泥之上，以防私拆，并作信验。后简牍发展为帛书，封泥之用渐渐废去，印章改用朱色钤盖，这除日常应用外，又多用于书画题识及所收藏的图书中。

在书籍上加盖印记，这在我国已有上千年的历史，相传宋朝宣和时的鉴赏印，除书画碑帖以外，已经通用于图书，可以说这是藏书印的先声。至于加盖私章，当然要更早于此了。将印章钤在书上、字画上都是十分郑重的事。书画家钤于作品之上，用以表示自己的创作；鉴赏家则用以表示自己的慎重鉴别。对于藏书家来说，在书上钤上自己的名印或收藏印记，表示曾为己有，当然另一层的说法就是"曾为我经眼"，有鉴定的意思。

书中最常见的是私印，在私印中又有很多类型，如名印、室名别号印、闲章及其他。印文姓名后或有"印""之印""印信""印章""私印"等。一个人除正名外，还有异名，最常见的是字和号，字号之外还有小名别号，还有室名，形形色色，名目繁多。而楼、斋、堂、馆、阁、轩、巢，或采及古语、诗句与夫家藏珍玩等记而应用，命字皆不拘。元明清时的文人用别号图章署在书画作品或书上已相率成风，清代更为突出。

藏书家的收藏印，在印文上多有"收藏""考藏""珍藏""鉴藏""所藏""藏书""家藏""珍玩""秘玩""珍秘""图书"等，也有"鉴赏""鉴定""审定""珍赏""清赏""心赏""阅过""曾阅""读过""曾读""过目""过眼""经眼""眼福"等。亦有引成语如"子孙永宝""宜尔子孙""子孙世昌""子子孙孙永保之"等。希望自己珍爱的图书能够传之子孙，永永久久。当然，尽管祖宗嘱之，但子孙鲜有永保之例。

明清两代的轩阁堂印很多，但有时根本没有轩堂楼阁而刻有轩堂楼阁印的，这大都出于虚拟，或出于文人雅兴所致而随意题署。文徵明就说过："我之书屋，多于印上起造。"如此可见一斑。斋号每出己意，如黄丕烈字号斋名，多达五十余个，斋名就有求古居、士礼居、太白楼、太白堂、见复斋、陶陶室、养恬轩、养恬书屋、小千顷堂、石泉古舍、冬蕙山房、小茭芦馆、百宋一廛、红椒山馆、学山海居、联吟西馆、读未见书斋、碧云群玉之居等，且各有掌故，颇见意趣。

这种室名别号，有些是藏书家在某种情况下所拟定的，如有的得了一部孤本以资纪念的，如黄丕烈得了宋本《仪礼》，就叫"士礼居"，近人潘宗周得了宋本《礼记正义》，就叫"宝礼堂"。此外，或夸耀藏书之富，或得了稀见之书，或从古书中取出一句话来名其藏书处的都有，如莫伯骥，藏书达五十万卷，即名之曰五十万卷楼。袁克文前后所收集宋本达二百种，因自署"皕宋书藏"。刘体智，其藏书处为远碧楼，即以柳宗元《永州新堂记》中之"迩延野绿，远混天碧"颜之。

周叔弢先生的藏书处命名，是自己的雅趣使然，但也有藏书印，如"自庄严堪"，则取《楞严经》中"佛庄严，我自庄严"句。"寒在堂"，则因1917年在天津收得南宋杭州刻本《寒山子诗集》而得名。"双南华馆"，因收得两部宋本《南华真经》。"东稼草堂"，因收得两部元本《东坡乐府》和《稼轩长短句》，各取书名第一字而得名。"孝经一卷人家"，因收得元相台岳氏刻本《孝经》一卷而得名。

私人藏印除姓名、字号在书上钤用外，还有的五花八门，应有尽有。如法式善的"诗龛居士存素堂图书印"，张廷济的"嘉兴张廷济字叔未行三乾隆戊子生嘉庆戊午科浙江乡试举第一"，梁章钜的"二十举乡三十登第四十出守五十还朝六十开府七十归田"，徐时栋的"鄞徐时栋柳泉氏甲子以来所得书画藏在城西草堂及水北阁中"，康有为的"维新百日出亡十六年三周大地游遍四洲经三十一国行六十万里"，冯登府的"嘉兴冯柳东氏著书处曰石经阁藏金石处曰羊金室填词处曰种芸仙馆蒔花处曰勺园"，叶德辉的"长沙叶氏郋园藏书处曰丽楼藏金石处曰周情孔思室藏泉处曰归货斋著书处曰观古堂"。还有某人借书一阅，亦打上一印，表示经眼。明末毛晋汲古阁藏书以甲乙为分，他所藏宋本，除钤上"宋本"椭圆印外，还持有"甲"字朱文小方印。除毛晋外，季振宜亦有"宋本"椭圆小印，以志善本。

藏书印有方有圆，有大有小，有椭圆，有扁方，有不规则者，也有鼎形、葫芦形、钟形等。

先民的著作，传至今天，大是不易。古人节衣缩食，竭力营求，雨夕风晨，手抄亦苦，故一重要的善本图书，有些打开就是钤印满页。四十年前，我在做《翁方纲年谱》时，曾将宋刻本《金石录》（存十卷）细细揣摩了一番，纸墨古朴，行式整齐，字大悦目，刊印精洁，朱痕满纸，动人心目，翁氏钤印具在。一般来说，在善本书上盖的藏书印要比普通线装书多得多，当然这和时代久远有关系。

我们可以看到在这些善本书流传过程中，经过哪些人的收藏，最早是在什么人的手上，最晚的又为谁所有，在什么时候。如将藏书印细细一排，则可以考出收藏者的时代和来龙去脉。如《新刊校定集注杜诗》三十六卷，宋宝庆元年（1255）广东漕司刻本，旧为长洲王世懋旧藏，钤有"敬美甫"印。后归毛晋次子褒，钤有"毛褒之印""年伯氏""毛褒字华伯号质庵""宋本""开卷一乐"等。书再归长洲汪士钟，有"汪印士钟""士钟""阆源父""三十五峰园主人"。汪氏藏书于道光中散出，此本又为常熟瞿氏铁琴铜剑楼所得，钤有"虞山瞿绍基藏书之印""菰里瞿氏""菰里瞿镛""铁琴铜剑楼""恬裕斋镜之氏珍藏""良士眼福""瞿启甲""良士""瞿润印"等印。书最后为沈仲涛庋藏，有"山阴沈仲涛珍藏秘笈"。所谓"流传有绪"就是指此。

您也别说，后人得之著名藏书家收藏之书也是视若珍本，这一点自古皆然，也是我们今天所说的"名人效应"。据记载，宋本《孔子家语》以有苏东坡折角玉印，而其书遂价值连城。叶德辉先祖菉竹堂藏书，每抄一书，钤以历官关防，至今收藏家能资以考证。这种效应是凡有名人的藏印，就像你收藏过的签名本一样，你一看这本书有谁的签名，那这本书一定比没有名家签名的书价格高。就拿现代的名人举例，不说党政军，就是重要文化人，如书上钤有鲁迅、茅盾、田汉、钱锺书等人，或者是某位名人的藏印，收藏家必定另眼相待，珍护有加。而今天在拍卖市场上见有黄裳藏印的小书，某些人也会举牌，不管是什么名目，必欲得之。可见有这一方印的话，就会在拍卖场上成为众多买家的宠儿，如果说它原来的价钱是100元，就很有可能卖150元，就是因为这方藏印。你看中的这部书，也可能是因为其中的图章。事实上，古籍版本在流传过程当中，凡有名人的藏书印记，那些古书一般价值都比较高。

既然藏家群中有"名人效应"，那我也相信其中有些人是盲目的"崇拜"，少数藏家甚或有炒作之嫌，由于不懂版本鉴定，也不易辨识别有用心的人伪造假印。对于书贾来说，贩书牟利，天经地义，但书贾也是良莠不齐，不良者为了牟取更高利润，不择手段，制造名人假印，钤在书上，蒙骗一些眼力不高的人，以售善价。

实际上，如果你在一个大的图书馆古籍部门参与第一线工作的话，那你一定会接触各种古书、各种版本，也就是说你在古籍整理、编目的过程中，一定会涉及版本鉴定。而藏书印时有见到，是真的，还是有假？所以这个是我们要进一步叙述的。

钤藏书印，必有法度。过去，一个藏书家的藏书印有数方之多，有大有小，有方有圆，形状各异，如傅增湘有"藏园秘笈孤本""江安傅增湘沅叔审定""傅印增湘""双鉴楼藏书印""江安傅增湘沅叔珍藏""双鉴楼""江安傅氏洗心室藏""藏园秘史""增湘""藏园"等。

上海图书馆的藏书印有好几种，大的、中的、小的、长方的、方形都有，没有圆的，你就看什么地方适合你盖印。书的开本是不一样的，有大本子，有小本子，大本用大印，小本用小印，如大本用小印，或小本用大印，都不适当。且印章宜用精巧者，最忌之事就是，在一本书上，姓名字印斋馆闲章之印累累然尽钤于上，实在是有伤大雅。

　　当然在善本书上钤印也很有讲究，一部书上，原来就有几方藏书印，而让你打的地方空间却很小，所以你就要考虑选择地方，要用多大的印章。有人说：有空档你打上去不就完了吗？不是这么回事，他想得太简单了。20世纪60年代初，上海图书馆新买的善本书上的馆藏印多是我钤的，美国哈佛大学哈佛燕京图书馆的印章，我也打过不少。这个印啊，要选一个比较恰当的地方，你要用心地打，不能乱来。当时打上海图书馆馆藏印的时候，顾廷龙先生就很鼓励我，他对我说：和线装书有关的任何事，你都应该做做，打藏书印也要试试。他提示我用印章蘸印泥时，应使印面上每一部位，均沾匀印泥。盖印时不要紧张，用力宜匀，不可偏重一方，如若用力过小，则印泥不足，所以用力之大小，应视印文之性质与大小而定。普通大印宜重，小印宜轻，圆朱文及满白文宜轻而匀，重则过肥或过瘦，都会失去应有的神采。当然还要看书的开本大小，以及书的行距空间，执印要轻轻放下，然后四角均衡用力，而印面则不离原位，钤出之印定能清晰可观。凡书流传愈久者，其藏书印也多，所谓朱紫纵横，几无细纸。所以，我必须移于书眉或他处钤印，或视原钤各印之大小间别钤之。

　　顾廷龙先生还说过：有的人盖印盖得不是地方，凡是盖得不是地方的时候，你也要注意，一般藏书家都是选择一个最好的地方，他绝对不会盖到什么角落里去的。他的意思是说，书贾作伪用印，是见空隙处就盖，但并不是最佳处，也是随意乱盖，甚至还有倒印，这也会留下破绽。正因为如此，先师会用苏州话说，"打的不是地方"。比如台湾大学图书馆藏清抄本《论语注疏解经》二十卷，五册，钤有四库全书总纂官纪昀"阅微草堂""纪昀私印""乙巳千叟之一"三印。"阅微草堂"印钤于每册书首空白页;"纪昀私印""乙巳千叟之一"则在各册之末,而不是钤在卷一第一页的位置上,地方都没有打对。

我还可以说一些其他钤印的例子。在哈佛大学的时候,有位波士顿大学艺术系的终身教授,叫白谦慎,他也是位书法家,字写得不错。他告诉我,他那时候帮翁万戈先生在翁藏字画上钤印的事,翁先生那时候已经七八十岁了,他收藏很多字画,但目力和手劲都逊于过去,所以他就请白谦慎打。白先生说:在字画上钤印和在书上钤印又不一样,你不可能打在当中,那是不可能的,只能钤在角落里的什么地方,我打的时候要凝视许久,才选准地方,然后执印徐徐而下,极为谨慎。我对白兄说的特别赞同。当然,打在书上的印,较之书画上要容易些,因为书的尺寸不大,纸质柔软,而书画多经装裱,较为厚实,不易着印,要多使些力气才行。

我再举另外一个例子。毛氏汲古阁,大家都知道,凡是毛晋汲古阁的藏书都好。"文化大革命"的时候,瞿凤起先生的家被抄,毕竟是常熟瞿氏铁琴铜剑楼的后人,他家的宋元本及精椠秘笈都捐给了北京图书馆,剩下的还有不少抄本及常熟地方文献。书后来全部集中到了上海图书馆,我全翻了一遍,其他什么书我都忘了,但就有一部毛晋的稿本《汲古阁集》我不会忘记。毛晋的藏书上有一方印就很不错啦,而且毛氏汲古阁抄本也很了不起,但这是毛晋的稿本,有点意思,所以我写了一篇小文章,讲的就是《汲古阁集》。"文革"后期,落实政策,瞿先生的书包括这部《汲古阁集》,全部退还给瞿先生了。后来我知道,这批书全部捐给了常熟市图书馆,因为瞿先生是江苏常熟人,他要把这批书全部回归常熟,他家的铁琴铜剑楼变成了一个纪念馆。后来我在《第二批国家珍贵古籍名录》里,又再次看到了《汲古阁集》,但是再次看到它的时候啊,又增加了一方藏书印,我一看就傻了,"常熟市图书馆藏"印打颠倒了。我不知道,这个钤印的人当时在想什么,可能想别的去了,思想不集中,一部那么好的一级藏品,它不是打歪了,而是整个颠倒了,你又不能把它剪掉,重新再来，不行嘛。这个书的遭遇啊，真的是一次重大的责任事故。不过，话说回来，人都会有走神的时候，即便是自称为"老眼"的黄丕烈也有过疏失，曾见某书上的"复翁"一印打反，又见某书"叶德辉鉴藏善本书籍"一印打反。

在古籍版本鉴定中，印章是重要的辅助条件之一。一个熟悉版本鉴定的专业工作者，对于藏书印，一开卷就知道此是某人藏书，如某书上钤有宗室"明善堂印""安乐堂印"者，那绝对是好书，盖怡府所藏多珍秘之本。如《山东省图书馆馆藏珍品图录》中有《嵇中散集》十卷，魏嵇康撰，明嘉靖四年（1525）黄省曾南星精舍刻本，有"明善堂览书画印记""安乐堂藏书记""怡府世宝"印。又《甫田集》三十六卷，明文徵明撰，明嘉靖刻本，有"明善堂览书画记""安乐堂藏书记""曹溶私印""洁躬"。又或是一看什么大藏书家大名人一个接一个，印色一律，就知道是假印。就像20世纪70年代某大学图书馆送来一部《史记》，请求鉴定，书中有脱脱、杨维桢、宋濂诸人印章，全为假印。这种本事若没有二三十年以上的专业训练，以及经眼至少数千种善本书者，绝无这般修养。

就像新旧字画一样，大凡名家的作品，都有后人仿冒。一样的道理，越是著名收藏家的印，越是有人要仿刻。那些所谓名人、重要藏书家的藏书印，都是书贾作假的对象。从元代的赵孟頫，到明代末年的毛晋汲古阁，再到清代的黄丕烈、鲍廷博、陈鳣，或者是劳格、劳权，这些人的藏书印啊，就是书贾们最中意翻刻作伪的。不仅在于成本低，而且制作容易，来去都快。

书贾制作假印，真是什么名人都敢做，我曾见过有好几种书上，都有元赵孟頫印，或钱谦益印，赵、钱二人都是大名家。80年代，我在香港看到明天顺四年（1460）贺沈、胡缙刻本的《晦庵先生朱文公文集》一百卷，《续集》十一卷，《别集》十卷。书上钤有"赵子昂印""赵氏子昂""赵文敏公书卷末云吾家业儒辛勤置书以遗子孙其志何如后人不读将至于鬻颓其家声不如禽犊若归他室当念斯言取非其有无宁舍旃""钱印谦益""牧斋"等印，篆工拙劣，印色暗红一律，差劲之极。又赵氏所钤印中，绝不可能自称"赵文敏公"，所以，书贾的文化水准不高，历史知识浅薄，也可见一斑。我还见过一部《唐宋白孔六帖》一百卷目录二卷，唐白居易、宋孔传辑，明刻本。钤印有"松雪斋图书印""赵氏子昂"，伪印也。按，今存之《白孔六帖》，有三种宋刻本，均为残本，为《新雕白氏六帖事类添注出经》《孔氏六帖》《唐宋白孔六帖》。元代无刻本，明代仅有一刻，即此明刻本。贾人钤以赵氏伪印，可蒙人以为赵氏所藏宋本。

浙江嘉兴的项元汴，是公认的明代大收藏家，字子京，号墨林。家有天籁阁，法书名画，储藏之丰，甲于江南，极一时之盛。假他藏画者多，伪其藏书者少。我曾见有《韵补》五卷，宋吴棫撰，明刻本，五册。此书钤印有"项墨林鉴赏章""天籁阁""子京父印""墨林秘玩""项元汴印"。此书五印均伪。你看，假印不仅是钤在画上，连书也被殃及了。

文嘉，是文徵明的次子，篆刻家。工书擅画，精于鉴赏，亦能诗。他的文字作品传世不多，我早年曾在上海图书馆见到《唐女郎鱼玄机诗》一卷，抄本，原题为"明嘉靖六年文嘉手抄本"，卷末有文嘉款及文嘉印，又有明吴宽、董其昌藏印。初看此书，即觉墨色甚新，无旧气，且图章不好，款也系后人所加。于是带着疑问去查书，谁知不查不知道，一查同题多多。按吴宽生于宣德十年，卒于弘治十七年，七十岁卒。而文嘉则生于弘治十四年，万历十一年卒，年八十三岁。文嘉三岁时，吴宽即卒去，所以书上有吴宽印章，当是后人作伪无疑，而董其昌印也假。

王士禛，即大名鼎鼎的渔洋山人，号阮亭，清初杰出诗人，精鉴别，博学好古。顾广圻为清代重要校勘学家、目录学家。书贾钤上王士禛及顾广圻的印章，以曾为名家收藏，来哄骗顾客。如哈佛燕京图书馆藏的《历朝应制诗选》十卷，清吴汶、吴英辑，清康熙吴门文汇堂刻本。此本钤"王印士禛""阮亭""顾印广圻"，三方均伪。我还见过一种《通志》二百卷，宋郑樵撰，元大德三山郡庠刻元明递修本。此书有王士禛印，伪。

又《四六汇编》，忘其版本，数十年前在上海图书馆所见，书中有孙星衍、翁方纲印，均伪。孙星衍，性嗜聚书及金石文字拓本，古鼎彝书画，无不考其源委。家有藏书楼"平津馆"，贮书极富，以校勘精审见称。翁方纲，也是精通金石、谱录、书画、词章之学，书法与刘墉、梁同书、王文治齐名。假翁方纲印的还见过《山东省图书馆馆藏珍品图录》中的二种，如《文致》不分卷，明刘士鏻辑，明闵无颇、闵昭明集评，明天启元年（1621）闵元衢刻朱墨套印本。有清黄叔琳、翁方纲跋。翁跋下钤"覃溪"印。黄叔琳、翁方纲跋文义不通，字亦非似，翁跋伪者无有如此糟糕者，盖作伪者随心所欲，胡编乱写，再钤上习翁的假印。又《汉碑三种》，清翁方纲书"胶东令王君断碑歌"并跋，并钤有"方纲"印，又"孔荭谷印"。按：翁书并跋及翁印、孔印均伪。字亦拙劣，无有此者。

明末毛晋的"汲古阁""汲古得修绠""毛晋"等，清黄丕烈的"士礼居""百宋一廛""荛圃""复翁"等印，也不知为书贾们摹刻多少次了。潘师景郑先生曾告诉我，他亲眼所见书商制作的伪印。潘先生是苏州人，他跟很多书店的老板都很熟。当然书商赚钱，天经地义，但赚钱要有道，没道不行，更不能走歪道。他说，他当时就看到苏州文学山房的主人一拉开抽屉，全是假印，都是有名的，你想要谁的就打谁的，你说要黄丕烈的，想要文徵明的，那书的价格立马就上去了。一抽屉的伪印，都是数十方以上，什么惠定宇、顾广圻、莫友芝等应有尽有，想用谁的就顺手钤上。还不光是这一家书店，好多家书店都这么做。

我看过周正举《印林散叶》（成都时代出版社，2008年）："解放前北京琉璃厂百年老字号'锐古斋'，由号称'韩小麻子'的韩博文经营过二十年，至1956年公私合营时，韩交出以前作假画时所刻的三百多方假印章，其中有米芾、董其昌、刘墉等人的名号印。"陈乃乾先生也回忆说，在上海设立古书流通处的陈立炎，亦伪刻藏书家卢文弨抱经楼等印章，且雇抄手三人，每日以旧皮纸传抄各书，并将假印钤上。这些都是一些不法书贾的欺骗手段而已。我们不是说吗，二十个人里，只要有一个人上当就行。很多年前，我到一个地方的古玩市场去看，那放旧家具的店面真是门可罗雀，没什么人的，那这个生意怎么做呢？像这种店啊，不是有句话吗，要么不开张，开张吃三年。他这个家具放在这里，今天没卖，半年还没卖，一年也没卖，但他只要卖掉了那就是个天价，他可以吃三年。

以伪汲古阁印来举例，中山大学图书馆藏《遵岩先生文集》四十一卷，清抄本，十二册。第一册上仅有"秀水庄氏兰味轩收藏印"一方，从第二册始，即卷四到四十一卷，每册都钤有"汲古阁"印，伪印也，甚粗糙。又见有《节孝先生文集》三十卷，宋徐积撰，明刻本。此本有"子晋""汲古主人"两印，皆伪。原著录为元大德十年修刻本。此本目录末之次页后，有割裂，补以他纸，割裂处应为牌记或记载此本刊刻之年之依据。还见过一部清抄本的《内阁藏书目录》八卷，上面的毛晋印也是假的。

像何焯那样的名家，我就见到在几种抄本上都有，如《梦观集》一册，清抄本，有"义门手抄"伪印。前些时在香港也看到一本题款何焯抄录的唐诗册页，何印也全伪。《山东省图书馆馆藏珍品图录》中有《笠泽丛书》四卷补遗一卷，唐陆龟蒙撰，清雍正九年（1731）陆钟辉水云渔屋刻本。此本藏印有"屺瞻""何焯私印""顾印千里""汪印士钟"。按何焯（1661—1722），卒年为康熙六十一年，此为雍正九年刻本，后印之本怎么会有已逝之人印呢？起死复生？又何氏两方印的先后位置不对，应先"何焯私印"，再"屺瞻"。又顾、汪之印也伪。

以我的经验，似乎书贾对于在抄本上钤上伪名家藏印的，较在刻本上要多，我在自己的笔记中选出了三个例子来做说明。

一是《周易守》一卷。佚名撰，清抄本。此本首页钤有"王守仁印"，末页有"彝尊私印"。守仁即王阳明，明嘉靖年间大名士，著名思想家，其学说世称"阳明学"。彝尊为朱彝尊，号竹垞，康熙间以布衣授翰林院检讨，曾参与纂修《明史》，为重要收藏家。此抄本"弘"字缺笔，避乾隆帝讳，从纸张看，也应在乾隆时，因此当作清乾隆年间抄本。而此本钤有明人和清初学者印章，岂不怪哉！

二是《好深湛思室诗存》。清孙义均撰，清抄本，四册。藏印有"章侯""戴熙之印"等。陈洪绶即陈老莲，字章侯，明代大画家。戴熙，为道光十一年（1831）进士，官至兵部侍郎，工诗书，善绘事，咸丰年间太平天国克杭州时死于兵乱。按，陈洪绶、戴熙等印均伪。此清抄本，字体纸张似在清道光年间，明末人的印钤在二百年后的书上，不是太奇怪了吗？印之劣，再加上书贾愚昧无知，才会出现这等怪事。这和前面的《周易守》是同一种类型。

三是元代邓文原的《巴西邓先生文集》。之前我对此书根本没在意，最初看的某图书馆的一部，发现这个印不好，鲍廷博的印全是假的，我就做了个记录。后来我在重庆某图书馆看书，哎，一看这不是《巴西文集》么？怎么又跑出来一部啦？鲍廷博的印也是假的。1980年在北京，我又在两个图书馆发现也有《巴西文集》，长的面孔都一样的。于是我懂了，那是有人专门做的，做之前，他有个底本，他就依据这个底本做了若干本，就算他十本二十本，纸张呢，也是定制了一批，一模一样的白皮纸黑格。书贾请专门的人来抄，并特意制作了鲍廷博"知不足斋抄书""遗稿天留""知不足斋钞传秘册"等伪印钤于书上，变新抄本为清代鲍氏知不足斋抄本来欺瞒顾客。

是啊，这家图书馆的采购人员来了，一看，不错，鲍抄好啊，就买下来了。书店老板他不会一下子把全部的伪鲍抄拿出来的，卖掉一部，再拿出第二部，于是另一个图书馆的采购人员来了，要，再拿一部，全上当的。1977年至1990年中，我曾在北京、上海、南京、浙江、四川、云南、广东等地的图书馆里看到这种伪造的鲍抄本上海二部，有七八部之多，且不少馆的著录都是作"清鲍氏知不足斋抄本"。所以，书贾作伪钤上假印的抄本，流传各地，并使不少专业人员上当受骗。有的馆还当假鲍抄为等级藏品呢。如果你把这七八部伪鲍抄本全部放在一起，那所有见到的人就永远不会忘记，当然这是不可能办到的事情。不过，话说回来，书贾得一秘本，不奇货可居，而是化身数十，这应是传布古书延其一脉之大好事，但书贾传抄复制的同时，钤上伪印，性质上就变了味。

《巴西邓先生文集》仅一卷，存世最早的本子为明抄本（藏北京中国国家图书馆，有明杨循吉跋），另有清嘉庆鲍氏知不足斋抄本（藏上海图书馆，有补遗一卷，清鲍廷博校），都是珍稀的罕本。1979年中国古籍善本书目编委会在广州召开"全国古籍善本书版本鉴定及著录工作座谈会"，我受编委会的委托，专门做了"关于版本鉴定的几个问题"的叙述，其中谈到了藏书印的鉴定，此《巴西邓先生文集》即是其中一例。

实际上这个《巴西文集》真的很典型。为什么呢？后来我知道陈乃乾先生在他的文集里面讲到了这个事情，是我前几年翻书的时候看到的。他说这是上海还是北京的书商，因为邓文原是元代很有名的一个学者，文集特少，所以得到《巴西文集》后，就开始了复制。他们专门去印纸，设定黑格，又雇人，像个作坊一样，抄啊抄，天天抄，再打上假鲍廷博的印，居然都能卖到善价。这个藏书印的作用就在这里啊！你看他就能凭这个假印来骗人赚钱。

详细记载书贾制作假印的例子很少，但是在书林中却有一流传很典型的例子，说明藏书印确实非常重要。藏书印虽然不是决定因素，但它可以影响这部书的价钱。一位重要学者的名字，从不知道到被书贾所接受，再到伪造、售卖出去有一个过程。在咸丰、同治年间，浙江的塘栖（这个地方很小，在杭州附近，与湖州市的德清县接壤），有非常有名的两兄弟，那就是劳权、劳格，他们在自己居住的地方孜孜不倦地读书、校勘，读书的地方叫丹铅精舍。凡是他们所校勘的书都好，在版本学的概念当中，我们称之为"劳抄劳校"。因为他们是名人，所以也有人造假，我过去就曾经花了一点时间去作对比，把上海图书馆藏的劳权、劳格抄校的书，都调来细细地比较，包括他们的藏印。劳权是什么样的字，劳格是什么样的字，四四方方的伪宋体，和那种整整规规的楷书怎么区分。劳氏家道败落，弟兄相继去世，权卒年不详，格卒于同治三年（1864）。他们的子孙不能世守前人辛苦蓄积的藏书，也不能说他们不孝，因为对于藏书家来说，鲜有世守之局，所以就把劳氏藏书陆续给卖了。其家所藏散于光绪年间，至宣统元年始尽。

卖书的事发生在光绪末年，杭州文元堂主人杨耀松，当时以六十元收进两篓劳氏兄弟的藏书，每册皆有蝇头小字批注满幅，均为劳氏兄弟所批校。但杨耀松却不知劳氏兄弟的学术成就，以每册十元售于北京的书贾。北京方面的人较杨氏棋高一着，他们知道劳氏兄弟批校本的价值，所以挑书时也不声张。两月之间，杨氏所得劳校销售一空，获利多多，杨氏以此起家。过了一段时间，北京又有人到文元堂，指定要劳氏的藏书，而且是有多少要多少。这个时候在北京的大藏书家傅增湘也得到了消息，并买到了一部分，还打听到了是从杭州散出来的，于是傅先生马上派人赶到杭州找到这个姓杨的书商，问还有没有劳氏的藏书。杨姓书商想这个好玩啊，你们都来要，说明这个书有价值，但他手里剩下的全部卖掉了。世上没有不透风的墙，书贾之间的交流，让杨氏大为悔恨：如将劳书持至京沪，每册当值百元以上。后来他就听说了北京书贾从他那里买去的书到了北京，加价不止两成，而是翻了几个跟头。他只赚了一点点。后来杨氏再去找劳氏后人买的时候，已经没什么书了，他后悔极了。

杨耀松心理不平衡了，他要设法在劳氏兄弟身上做文章，再要从他们身上赚回点钱来。于是他就找人伪造了劳权、劳格的印，把他店里有些稍有模样的书，不管三七二十一，都打上了他们的印。有人会上当啊，一看，劳权、劳格的书，我要啊！有劳权、劳格伪印的书流落到很多地方，所以你看到有劳氏兄弟的印，就要利用你的慧眼了，它确实是真的，那当然好，如果是假的就是另外一回事了。这位姓杨的书商开始不理解，等到他理解的时候已经晚了，他采取挽救的办法就是伪造图章，所以那个假印较多。我见过几种假的劳权、劳格钤印的书，有的一看就是假的，太过拙劣。如一部《恬裕斋藏书记》，抄本，十二册，作劳格校，有"劳格""季言"朱文小印，字印都是假的。又如明正德刻本《南行稿》一卷、《北上录》一卷，以及明崇祯十三年秦氏求古斋刻本《九经》五十卷上所钤的劳权印，也全是假印。记得1978年5月，我曾陪侍顾廷龙先生在杭州某图书馆看书，见一明崇祯刻本《易经纂注》，八册，有劳权钤印数方，如"劳权之印""丹铅精舍"。原著录作"清劳权校"。但细审之下，均为伪作。

附带说一句，杨耀松的小徒，即为后来名气很大的杭州抱经堂主人朱遂翔。朱是另一种类型的"名师出高徒"，他继承杨之衣钵，也是伪造假印的拙手。

在清代学者中，做陈鳣（仲鱼）假印的较多，我碰到的就有好多次。陈鳣是嘉庆年间非常重要的校勘学家，学问很大，前人说他是"于经史百家靡不综览"，"浙西诸生中经学最深者"。而且他和当时重要藏书家黄丕烈、吴骞等往来极密。在各种线装书中，凡是有陈鳣字或印的书，价钱一定都高。为什么？就因为他对校勘学的贡献非常大。陈鳣的藏书印有多方，如"海宁陈鳣观""得此书费辛苦后之人其鉴我""仲鱼过目""陈鳣""仲鱼图象""陈仲鱼家图书秘册"等。其中，有一方印非常典型，就是他的一张小像，面容端庄凝神，头戴斗笠，胡子紧密而不乱，下面刻着"仲鱼图象"四字。这方"仲鱼图象"，数十年间我曾见过有六种翻刻的不同伪印，有的竟将老者陈鳣刻成眉清目秀的模样。20世纪70年代中，我在上海古籍书店选书时，在一本近人的印谱中还见到一方，图像中陈鳣的胡子稀疏可数，更是近人翻刻的。这种克隆的伪印多是木制的，仿刻的技巧也很拙劣，和真印相比，大相径庭，其赝立马能辨。早年，我还见有清陈贻毂撰稿本《左传嘉集》四卷，以及清抄本《绥寇纪略》，上面亦有伪造的陈鳣藏书印。

我们刚刚讲到书贾伪造一些名人的藏书印记，当然能说明这些书贾的胆子也够大。他们知道，这些名人的后裔从未想过要保护先人名誉，不会说你冒用我先祖的名讳，伪造他们的藏印，而去诉诸法律，打一场官司，所以书贾可以放手去做。我还发现有的书贾，不仅是伪造名人的印记，他们还发展到伪造官府的印记，那当然是向前代的官府"挑战"。

大家都知道，清代乾隆三十八年，在编纂《四库全书》过程中，朝廷向民间大肆征书，有些书后来不能进入《四库》，就退了回去。退回去的时候，四库馆官员都会在封面上钤上一个大的木记。这个木记上面有红色的印文，上面有乾隆多少年，什么地方官员进呈的什么书多少册。这种书的版本，即为四库退还本，我见过数十部，但有一部是假的，书名是《鲁诗世学》，四卷，明丰坊撰，清抄本。此书钤有"商邱宋筠兰挥氏""翰林院印""乾隆三十八年七月两淮盐政李质颖送到鲁诗世学计书四本"木记，内里"七""鲁诗世学""四"字系朱笔手写。宋筠，是宋荦之子，河南商丘人。康熙四十八年进士，官至奉天府尹，清代藏书家。这三方印皆伪。四库退还本中假的不多，但见到假四库退还本木记的也是"眼福"。

送到四库馆的那些书，都会钤上一方"翰林院印"，汉文满文分开的，所以我们说是满汉文大方印。过去有一种不成文的说法，那就是凡是书上有"翰林院印"大方印的书很难得，因为这个书毕竟到过四库全书馆。我记得在上海图书馆的时候，瞿凤起先生就说，凡是有翰林院大方印的都应该入二级藏品。后来这个说法被否定了。但是"翰林院印"有假，1986至1987年的时候，我在美国普林斯顿大学葛思德东方图书馆看书，就发现"翰林院印"也有假的，是有人伪造。真印、假印，你必须放在一起比对，才能看出在印制、尺寸上面有不同。这个"翰林院印"是官印，它是有定制的，你不能乱来，不能超越它的规矩。所以那个假印啊，稍微大一点点，那个尺寸我都具体量了做比对。而且印泥的颜色，假的就是不好，时间长了都暗红了，不像是那种自然的红色。

比如说葛思德东方图书馆所藏的《墨池编》六卷，是明万历八年扬州知府虞德烨刻本，原著录用"四库全书底本"，钤有毛晋"子晋""汲古主人"、毛扆"毛扆之印""斧季"印，又钤有"翰林院印"。五方印记均赝作。按，真"翰林院印"，印色自然，此印色偏暗红。由于伪印系翻刻，故笔画线条较真印为粗。我曾以该馆所藏明嘉靖刻本《袖珍小儿方》中所钤"翰林院印"相较，真印长宽各为10.3厘米，伪印则长10.8厘米，宽10.7厘米。

翰林院的印都可以假，还不算稀奇，清宫中的藏书如"天禄琳琅"诸印等也多有伪作，如宋刻元明递修本《古史》六十卷，"天禄琳琅"诸印均伪。另外，皇帝的印也都敢伪造。我曾在上海图书馆看到过一部很普通的一个明末杨九经刻本，是坊间所刻，是部读本，书名是《新锲郑孩如先生精选战国策旁训便读》，那就是给读书士子看的，这种书只能是坊间印本，官家不会刻印的，私家除非是家塾教育子弟用的，但那也不可能，那种装帧也小家子气。那部书我打开来一看，里边竟然还有"乾隆御览之宝"之玺印，一看就是假印。

我去台北"故宫博物院"看过地下书库，也参观了他们的善本图籍展览，好几种书上都钤有"乾隆御览之宝""五福五代堂宝"等玺印，你看，刚才我们举例说的《战国策旁训便读》，乾隆皇帝的印都敢伪造，当然书贾他也知道这个不会犯罪杀头，也不会判刑。所以当时我一看，就觉得一部民间刻印的书，能够进入宫廷，而且被皇帝阅读，那一定多是正经正史，哪有这种什么"旁训""便读"的书啊？此种民间坊刻本，只是供读书士子所用，而臣工如将此等小书让帝王经眼，那还要斗胆引进，恐是永不可能之事。当然，小民之读本也是进不了《四库全书》之门的。对于书贾来说，他不管你是谁，皇帝老子我都不怕，还怕大名士，至于想伪造谁，都是片刻工夫，唾手可得的，只要能让别人口袋里的钱换到自己的腰包就行。

清内府钤在书上的"乾隆御览之宝"（椭圆印）、"五福五代堂宝""古稀天子之宝"和"八徵耄念之宝"等玺印，都有严格的格式，不是随意由词臣钤盖的，它们的位置在大多数情况下是固定的，这在《石渠宝笈续编》的凡例上即有明确说明。胡虔《柿叶轩笔记》亦云："文澜阁《四库全书》，书皆钞本，每叶十六行，行二十一字，长六寸，宽三寸七分。每本用宝二，前曰'古稀天子之宝'，后曰'乾隆御览之宝'。"当然，对于书贾来说，他也不会专门拥有一位名人的假印，他往往会有数人、数十人的伪印，但他们使用的印泥却只有一盒，所以钤印时，印色一律。

还有一种情况，涉及对残本的处理，即钤上伪印以残充全。如哈佛燕京馆藏的《殿阁词林记》二十二卷，明廖道南撰，明嘉靖刻本。此书残存卷三至四、六至十二。书贾割裂首行书名，并钤"子晋汲古""王印士禛""阮亭""茋圃""汪印士钟""小玲珑山馆珍藏图记""善本"等伪印，又伪撰叶德辉跋于后。这几方伪印是假毛晋、王士禛、黄丕烈、汪士钟、马曰琯的，五个人都是名家，时间从明末到清道光年间，这之后就没有人递藏了。这几方印印色全同，当为书贾同时所钤，钤上名人印记，无非图个善价。

伪印的另一作用，还涉及变换版本。曾见明嘉靖四年（1525）汪谅刻本《史记》一百三十卷，卷一第一页"莆田柯维熊校正"一行割去，钤上"语古""耆德""华阳仙史"三印，做工精细，初看不易发觉，但是透光一照就"原形毕露"。作伪者实际上是将此汪谅本通过割去"莆田柯维熊校正"一行，而化身另一不同版本。

早年，曾读一知"古书作伪种种"，有云："南北市肆作伪之本领通天者，当首推吴下之文学山房。估人颇知版本，熟读目录及藏书家故实，常以残书改头换面而为完帙，受愚者不少。余箧中亦有两种。……此肆尚有吴中著名藏书家伪印不少，往往得旧本钤印其上。常见者为袁寿阶五砚楼印，然印甚劣而印泥亦不佳，一见即可见其伪，不足道矣。"这里说的袁寿阶，即袁廷梼，寿阶是他的字，五砚楼是他的藏书处，江苏吴县人，生于乾隆二十七年，卒于嘉庆十四年，年仅四十八岁，性好藏书，达万卷之多。

一般的明清刻本、清抄本钤有伪印并不奇怪，但是有些很重要的版本也有伪印，这很特殊，也要引起注意。即书好跋真，但藏印却伪。我曾见有一部《两汉诏令》，封面题"宋板两汉诏令"，有清姚畹真、方若蘅跋，并刘世珩跋。《两汉诏令》是没有宋本传世的，元代仅有元至正九年苏天爵刻本。此本钤有"停云""毛晋秘箧""汲古阁"印，此外又有张蓉镜钤印。按"停云"为明文徵明印，后二方为毛晋印，三印均伪。潘师景郑先生告我，伪印乃张蓉镜所为，当时听过也就过去了，没有细问究竟。张蓉镜为藏书家，道光年间人。此本应为元至正九年苏天爵刻本，较他馆所藏为好，盖因他馆卷二第一页皆缺。潘师景郑先生还曾告诉我，明万历年间姚宗仪纂修的《常熟私志》二十八卷，稿本，存卷一至五，书上钤有项元汴、毛晋的伪印。又如明初刻本《寿亲养老新书》四卷，有黄丕烈跋，但书中的黄氏印却是伪印。再如哈佛燕京图书馆藏旧抄本《广成集》十二卷，书中有佚名录清黄丕烈跋，黄跋后钤有"荛夫"小印，又有"汲古阁收藏"，皆伪印也。此书另有张氏"曾藏张蓉镜家""小琅嬛福地秘装"等印。三种书上的伪印，皆为张蓉镜所钤。究其原因，是由于书贾或个别藏家处有前代著名藏书家的各种伪印，却又生怕别人不知道某书之珍贵，于是在所得的珍本上遍钤名家伪印。记得十多年前，我在台北的某大学图书馆善本书库参观时，看见一张玻璃柜，里面有几种善本书，陪同者告诉我说，这是前几天展览后撤下来的。我看到其中一部抄本，藏书印是张蓉镜的，而且是假的，看来张氏的假印亦不少。

在图书上钤上伪造的名人印章，是书贾惯用伎俩，尤其是钤在善本书上，不啻有佛头着粪之感。因为一部很好的版本，却恶刻伪印，钤满通卷，则有如美人黥面。所以，叶德辉曾恨恨地斥之云：此岂白璧之微瑕，实为秦火之余厄。看，都比之于焚书了，也可见叶氏之恨之入骨了。但从另一方面说，书贾的无知作伪虽会带给善良的人们一点困惑，但也提醒专业人员细加比对，多查多问，才会减少鉴定上的失误。

我对于藏书印真伪鉴定的看法是：既想知真，必须知假；不能知假，焉能辨真。任何文物,真有真的规律,假有假的规律。伪印往往是画蛇添足,露出破绽。总之,有一条,就是必须有大量的实践,实践再实践,您就会得到真知。也即真的假的都要看,有的假印要多看多比对,因为你一比啊,就大相径庭,你就会得出一个结论,这方印为什么是假的,那方印为什么是真的,就能找出规律来。当然,伪印也有仿刻得逼真的,像明末清初常熟毛晋汲古阁的印章,有一方为"汲古主人",真印和伪印相比,仅"人"字的末笔稍有区别,如果不多看真印,不多加比对,是极易上当的。一般来说,假印是据真印所翻刻,因此较粗,要肥一些,如劳格的印,真印"格"字细朱文,假的"格"字就肥。劳格的伪印是木刻的,印质不同,这也使印文笔画的效果发生了变化。

还有印章钤在书上的颜色,都是红色的,至今多焕耀鲜明,是啊,百分之九十九都是红色的,那是用红色印泥钤之,所以也叫朱记,朱的意思是红。但这红要红得自然,不能红得暗黑。附带多说一句,即有时你还会看见钤印是黑色的,那不奇怪,这表示藏家遇有丧事,或表示父母去世,后辈在一定的时期之内用黑色,以履行封建时代的丧服制度。我见到《新刊增入诸儒议论杜氏通典详节》,明刻本,钤有"秦纶均字鹏书号伊山",就是黑色的。《汉隽》十卷,宋淳熙五年(1178)滁阳郡斋刻本,有"振宜之印""扬州季氏""沧苇"三印,俱黑色。又如《元丰类稿》五十卷,元大德八年(1304)丁思敬刻本,有"季振宜字诜兮号沧苇"印,亦黑色。还有不用印泥而用钢印者,此绝不多见。尝见上图藏《东观余论》二卷,明万历十二年(1584)嘉禾项氏笃寿万卷堂覆宋刻本。此本有铜印,为"沈能毅收藏印",那当然是现代人所为。

我们可以看到,自古以来流传于世的善本古书,印章必求精雅,泥色务求鲜洁,能如是者,则书亦可借此增重;不然的话,则印章欠精,适足为白璧之瑕,不足传世。记得周叔弢对善本书有一个五好标准,其中第四条即是"收藏图记好",他认为收藏印"宛如美人薄施脂粉"。印章如无印泥彰现,则无法凸显其"英雄"本色。泥色就是印泥,清陈克恕《篆刻针度》中说:"宣和内府印色，纯用珊瑚屑，鲜如朝日，历久不变。"足见远在八百多年前印泥已广泛使用。其后在制作过程中积累前人的经验，不断改进，至清中叶而后，印泥的制作技巧更臻精善。

由于假印都是书贾请人仿刻的，他用的印泥也不是最好的。这个印泥有讲究，过去上海图书馆藏善本书打的馆藏章，用的是最好的印泥。我为什么会知道呢？那时我还很年轻。顾廷龙先生对我说：沈津啊，你到河南中路靠近上海博物馆的一家笔墨庄（是"胡开文"还是"杨振华"，我不记得了）去买印泥，你要买最贵的一种。那是1961年的时候，24元一两，很贵的。那种颜色是朱红，不是鲜红，鲜红不好看的，一定要是那种朱红色的，打上去让人看起来很舒服的感觉。但书贾用的印泥，可能是一个印盒倒点印油，还不是印泥，啪的一盖，凡是不好的印泥它必定渗油，书贾也要节约成本。表面上看，打上去是红的，时间久它就变成暗红了，所以你在看印章的时候，凡是暗红的颜色啊，你注点意，很可能打的是假印。

印章离不开印泥，制印泥的原料由油（有茶油、蓖麻油、胡麻油、菜籽油之别，四种油中以茶油为最，蓖麻油次之）、艾绒（艾是植物，出产最好的是湖北蕲州的蕲艾、河南汤阴的北艾、浙江宁波的海艾）、朱砂（朱砂本是矿物质，必须碾成极细方可使用）搅和而成，色调朱红醒目。所谓的"八宝印泥""秘制珍品"，就是以金箔、珍珠、琥珀、珊瑚、玛瑙、宝石、云母、砒等粉末，细调而成。好的印泥夏不吐油，冬不凝冻，永不褪色。钤印的颜色有新旧之分，旧的印色没有火爆气，新的印色则有油光，朱色耀目。好的印色，时间再长，至今犹焕耀鲜明，而钤在书上的伪印印色都较差，不像当时所特钤，印色较新，就像浮在上面似的。

我在五十多年的工作实践中，所见各种善本凡两万部，无论刻本、稿本、抄本，都有钤伪印例，拙著《中国珍稀古籍善本书录》，以及我主编的《美国哈佛大学哈佛燕京图书馆藏中文善本书志》中有数十例均可参考。

有些印章的基本常识要有所了解。如官印，明代的官印篆法方正，亦有楷书的，如"礼部官书"朱文大长印，印高三寸八分，阔一寸六分（见傅增湘《宋眉山本南齐书跋》）。清代官印，大都是一半篆文，一半满文，满文的书法，也会参酌篆文的形式，在印面上寻求统一，如"翰林院印"。一般善本书上不多见清代官印，但若在清代嘉庆、道光、咸丰或以后的地方志书中寻觅，有时当可得见。如清末台湾兵备道黎兆棠刊本《小学集注》上的印记，为"台湾府分驻鹿仔港理番同知关防"（见《台湾藏书票史话》第22页）。

一般来说，藏书家所用的印章，和不是藏书家用印大有不同。我见过陈寅恪先生的十来方印，都不考究，其中一方是木制的，是他用来收取挂号信用的。陈先生是大学者，但对印石没什么讲究。有的人嫌麻烦，会找路边小摊或刻字店刻个名章什么的。而藏书家尤其是名藏书家，他一定是找知名篆刻家来镌刻的，用的印材也必定是田黄、象牙，或者是好的福建寿山石、浙江青田石等，绝对是不惜工本的。他毕竟买得起宋元刻本，买得起好的稿本抄本，所以他在印章上是用心的。藏书印的镌刻，用王福庵的话来说，是"寒松老人云：藏书籍书画印宜作朱文，藏金石碑帖印宜作白文。余谓藏书印不但且作朱文，其印式更宜窄而长，庶不致将印文压入书行"。（王福庵刻《麋研斋藏书记》之边款）而王大炘亦云：藏书印"宜从秀整中求流丽之态，始毋夺真品精彩，如摹苍古一种，得粗浮之气，譬之野叟山僧，置诸绣户绮窗之下，见之者，未有不掩口胡卢耳"。（王大炘刻《心岫审定书画真迹》之边款）这是两位篆刻家对于刻藏书印的心得之语。

我相信，为藏书家及收藏单位刻印最多的应推王褆（福庵）了。他是西泠印社的创始人之一，平生治印三万数千方。他治印也有元朱文，刀法恬雅自如，难以言传其妙，所以深得藏书家之喜爱。1949年以前的南京国立中央图书馆"国立中央图书馆印""玄览堂藏书"，即为王氏为之奏刀。抗日战争期间，郑振铎、徐森玉、张寿镛等在沪为国家、为民族所购的善本书中不少都钤有"中枢玄览"印。"中枢玄览"，寓有中央政府典藏之意。这方印是徐森玉先生委托王福庵篆的。

又如曾任上海中央银行稽核处长的陈清华（澄中），他的藏书也非常了得，昔年存于沪者，我曾在20世纪60年代中全部经眼。他的藏印有十八方，其中多方如"郇斋"印，即为王福庵所刻（田黄印）。王绶珊"九峰旧庐珍藏书画之记"、郭辅庭"潮阳郭氏双百鹿斋辅庭藏书"等也是王福庵的铁笔。王福庵《福庵藏印》六集二十四册、《麋研斋印存》不分卷二十册的稿本今存美国哈佛燕京图书馆，我曾写有书志，里面即有不少藏家的印。

大藏书家傅增湘的收藏印，也是请名家操刀，其中就有数方是王福庵篆刻的。我曾见有傅增湘写给陈汉第的信，说的是：他过去用的藏书印章都不怎么样，拟由荣宝（斋）寄请王福庵为治数印，印章及文字由荣宝（斋）送去。他藏宋本千余卷，专待王福庵之章已十余年了。并王今年垂七十，刻印之事不可再缓。另一信也有说：拟再求王福庵治印数方，"以为加钤宋元本书之用。历年所刻不下数十方，合意者殊少，将来选定佳石，各得款项，祈公便中代致。""各印均请公转恳福庵先生篆刻。各印分包，皆详注明所刻文字，有专要朱文者亦标记，其未标朱、白则请其随意刻之。闻润格昨年曾经改定，每字大约八元，今以字数稍多，须用巨款，不知可以稍予折扣否，乞公便为探询，如涉勉强，即可不必也。兹先奉寄支票伍百元，烦公取出先行致送，不足之数，更先赐示，以便补呈。北方刻印绝少名手，且福庵年龄渐高，趁其精力尚强，故多求数方，如此人才，此后亦正未易得也。"仔细读读，真可以读出点意思来——看来傅先生年岁大了，有点迫不及待之感，而且他的藏书，似乎只有宋元本才有资格享用王印。王印也不是那么容易求的，更何况润酬较高。

再如周叔弢，现代最为重要的藏书大家，他的藏书印约有三十余方，都是有来历的，他自己讲得很清楚，《周叔弢藏书年谱》有详细记录。印多为童大年、王福庵、周锦、刘希淹、唐源邺等人所篆，也有数方为吴昌硕、陈衡恪、许保之、齐白石所治。如童大年早年为周氏刻"周暹""曾在周叔弢处""建德周氏藏书"及"自庄严堪"等印。唐源邺，曾为周氏刻"寒在堂"及"孝经一卷人家"。王福庵为周刻有"周暹""弢翁珍秘"等。

还有一位大学者罗振玉，也是篆刻好手，只不过他对学术界的贡献太大，而此种雕虫小技就不大会提了。我知道的如杨守敬的藏书印"邻苏室"，即为罗1892年所篆。董康的"董康宣统建元以后所得"，又王国维"王国维印""静安"亦罗氏所为。罗振玉自己的"大云精舍""殷礼在斯堂""雪堂珍秘""藏之名山传之其人"，即是其早年之作品。而罗氏的部分印章也为友朋所篆，如赵叔孺刻"罗振玉印""罗叔言""臣振玉"，张樾丞刻"贞松老人""罗振玉""上虞罗振玉定海方若武进董康陶湘陶洙同审定"，容庚刻"罗振玉叔言印信长寿"。

细读钤在善本图书上的藏书印，不单单就是几个字而已，而是随书垂之久远的。而且这些篆刻都经过了几十年中国传统文化的熏陶和濡养，正因为有了长期的理论与实践的积淀，其作品方能达此印风与境界。

各种各样的藏书印中，印体有大小之殊，字数有多少之别，命字有应用之界，印文有阴阳之分，这些都是印章之体例。收藏家的印文不仅是自己的姓名，有些文字很有意思。比如表达藏书家对图书爱护的，在宋刻本《编年通载》卷端上的木印云："《颜氏家训》曰：借人典籍，皆须爱护，先有阙坏，就为补治，此亦士大夫百行之一也。或有狼藉几案，分散部帙，童幼婢妾所点污，风雨虫鼠所毁伤，实为累德。南昌袁氏志。"又一则，见于宋刻本《通鉴纪事本末》上，云："先人遗嘱：凡书决不可借人，及私取回家，以致散失，违者以不孝论。此我高祖云山府君书楼遗嘱也。大父六松府君，表而出之，子孙常世守勿失也。孙男见荣熏沐百拜识。"按明黄楼，号云山，富收藏，构书楼于宅旁望云山。(见《兰溪县志》)又一则见于明嘉靖十八年至二十年（1539—1541）顾氏大石山房刻本《顾氏明朝四十家小说》四十种，印文为："石华藏书，子孙永宝。鬻及借人，是皆不孝。"(《苏州博物馆藏古籍善本》，文物出版社，2012)

这类印记中印文最长的，当推杨继振的藏印了。继振，字幼云，家有星凤堂，富藏书，有书数十万卷。其书除钤"杨"字圆印、"石筝馆猗欤又云"印，卷首有长方巨印，其文曰："予席先世之泽，有田可耕，有书可读，自少及长，嗜之弥笃。积岁所得，益以青箱旧蓄，插架充栋，无虑数十万卷。暇日静念，差足自豪。顾书难聚而易散，即偶聚于所好，越一二传，其不散佚始尽者亦鲜矣。昔赵文敏有云：'聚书藏书，良非易事。善观书者，澄神端虑，净几焚香，勿卷脑，勿折角，勿以爪侵字，勿以唾揭幅，勿以作枕，勿以夹刺。'予谓吴兴数语，爱惜臻至，可云笃矣。而未能推而计之于其终，请更衍曰：'勿以鬻钱，勿以借人，勿以贻不肖子孙。'星凤堂主人杨继振手识，并以告后之得是书而能爱而守之者。"

在有些官府藏书上，偶尔也可见这类印章。如宋刻残本《册府元龟》上，有"借读者必须爱护损坏缺失典掌者不得收受"，书曾藏国子监崇文阁，有"国子监崇文阁官书"印。台湾总督府图书馆藏印有一方是："勿折角，勿卷脑，勿以墨污，勿令鼠咬，勿唾揭幅。"

又尝见有墨印木记云："卖衣买书志亦迂，爱护不异随侯珠。有假不还遭神诛，子孙鬻之何其愚。"爱书之心，可谓至也。但是，从古至今，藏书家其能不出于鬻者又有几人？如能卖给真正藏书、读书之人，这类学者博雅多闻，独于书斤斤护惜，古人所谓读书种子习气之人，那么昔人之藏书，又可得到利用。

叶启勋是叶德辉三弟德炯之次子，他家有拾经楼，书橱有铭曰："得此书，良不易。拾残编，配缺帙。虫鼠伤，手补葺。日孜孜，匪朝夕。韫椟藏，勤诵习。告后人，守勿替。余家先世本好藏书，至大伯父考功君而益富。启勋幼承家学，寝馈于中者有年，每获奇书，把玩竟日。明知玩物丧志，昔贤所讥，然以迩来沧海横流，斯文将丧，读者日见其少，知者愈觉其希，祸肇秦坑，灾罹五厄。余为此惧，勉力收藏，计历年所获约三万卷有奇，敢希柱史之典藏，聊待楹书之世守云耳。岁在柔兆，摄提格涂月。定侯叶启勋识。"此为木记。柔兆摄提格涂月，柔兆为丙，摄提格为寅，涂月为十二月，此丙寅即为1926年。

《金石萃编》《春融堂诗文集》的作者王昶是上海青浦人，他的藏书印有数方，其中一方是木记，是用来教诫子孙的，云："二万卷，书可贵。一千通，金石备。购且藏，剧劳勋。愿后人，勤讲肄。好文章，明义理。习典故，兼游艺。时整齐，忽废坠。如不材，敢卖弃。是非人犬豕类。屏出族，加鞭捶。述庵传戒。"

木记中还有一种形式，是表达收藏家之心愿的，宋刊元明递修本《临川先生文集》一百卷，为明襄陵县学官书，此本木记云："此国子祭酒邑人邢让所置者，让为诸生时，苦无书读，及入官，得书寖多，又苦不能读矣。敷书乃二十余年，交游馈遗，及俸赀购求者，乡邦后进能及时致力其间，斯不苦让之苦也。披录肄习，时加爱护，遇有缺坏，即为修补，此士君子高致也。其或据于势家，掩为己有，均为盛德之累，百尔君子，宜留心焉。成化己丑夏五月，让谨白。"

江标为叶昌炽密友，藏书甚多，著有《宋元行格表》等，除了"灵鹣藏书""元和江建霞收藏之记"等，还有"大清光绪十二年十二月朔三十日，书窟弟子江标敬造长思像一区，愿鼠不敢啮，蠹鱼不生，永充供养"。此印中为佛像，四周楷书，长方印。这种造像印还有如"中华民国三年五月汉阳周贞亮率男成侃敬造佛像一区愿一切图书永无灾厄"。这是祈佛佑书之一证。

裴景福，字伯谦、睫闇，安徽霍邱人，工诗词，精鉴赏，收藏字画、金石、碑帖极富，是我国著名的近代收藏家，有《壮陶阁书画录》。他的收藏印有"伯谦宝此过于明珠骏马"及"睫闇宝此过于明珠骏马"。由此也可见裴氏对于珍迹宝玩之性情。

夫唱妇随，也有见于印章者。如张春水、陆璞卿夫妇有印曰"文章知己患难夫妻"。如松江韩氏"松江读有用书斋金山守山阁两后人韩德均钱润文夫妇之印""甲子丙寅韩德均钱润文夫妇两度携书避难记"。藏书家张芙川姚芙初夫妇有"双芙阁"印。江标有"灵鹣阁夫妇所藏书画""江标汪鸣琼夫妇同买藏书记"。近人陈乃乾有"共读楼"印，又刘明阳有"刘明阳王静宜夫妇读书之印"，其读书处名"双静阁"，取刘字"静远"和夫人王静宜之名。又见《钦明大狱录》二卷（明蓝格抄本）中有"浣红楼夫妇读书记"。王重民《中国善本书提要》中著录《历代钟鼎彝器款识法帖》二十卷（明崇祯间刻本），中有"鸿隐楼夫妇鉴赏"印。

吴昌绶是版本目录学家，尤喜刻书，有"仁和吴昌绶伯宛父印"，又有一印为"双照楼夫妇珍玩"。（见《西域见闻录》清抄本）又"铁夫墨琴夫妇印记"，则为王芑孙之印记。芑孙号惕夫，一号铁夫，藏书处为渊雅堂、沤波舫。刘世珩就是玉海楼主人，以藏唐代大小两忽雷琵琶闻名，《暖红室汇刻传奇》即为他所刻，他有"贵池刘世珩江宁傅春媄江宁傅春珊夫妇鉴赏印"一方。傅春媄，号小凤，为刘氏元配；傅春珊，号小红，为刘氏继配。

董康是嗜古耽书、博通流略的文献学家、刻书家，也是被胡适称为"近几十年搜罗民间文学最有功的人"。董氏经常钤的印是"毗陵董康审定"，但他有时也钤上"董康暨侍姬玉奴珍藏书籍记"。

被缪荃孙赞为"学问淹雅，收藏富有，冠冕皖南"的安徽南陵人徐乃昌，收藏金石图籍甚富，他的藏书处为积学斋，藏书印也多，如"南陵徐氏""南陵徐乃昌审定善本""南陵徐乃昌校勘经籍记"等，又有"徐乃昌马韵芬读书小记""徐乃昌马韵芬夫妇印"。

更妙的是有些并非藏书印也盖在善本书上，请看："此书是湖南文物管理委员会在造纸厂收购的大批造纸原料旧书中抢救出来的"。这是在湖南省图书馆藏明刻本《书传大全》十卷《纲领》一卷《图》一卷中的一方印记（《第一批国家珍贵古籍名录图录》第五册，第145页），宋体字，长方三行木印。这也算是藏书印？能想出此印文并指示镌之于木记者，也真"绝"了！

还有不是藏书印，而堂而皇之钤于书上的，是私家捐图书馆者，如湖南师范大学图书馆有些书是陈裕新先生所赠，书上即钤有"陈裕新的书赠予湖南大学校公阅"。再有就是修复古书的技师在已修复的古籍书上加盖印章，如"鹅湖华开荣修复古籍印"，但这种情况很少见。

"文革"期间，上海某新闻单位抄了某位颇有名气的文人（已去世，姑隐其名）家后，将不少书移交上海图书馆，其中有一部叶昌炽《藏书纪事诗》，很普通的线装本，但是打开一看，却是极为令人诧异，原来有些页面的天头上粘贴了一些清代藏书家的藏印，如□□□条，那就有一至二方□□□的藏印，都是将各种原书上的钤印割下，再移至《藏书纪事诗》中。这实在是一种恶劣的破坏行为，可以想见不少明清刻本或抄本经过某人之手，多被开了"天窗"。

藏书家印鉴、画家印鉴一类的工具书，是学者们朝夕勤奋，暑寒无间，不辞劳瘁，广搜约选，研考精评，虽一印之微，务求于必信而后已的辑录。这类藏书家、画家的印鉴专书，对于鉴赏、真赝、研究等非常有用。林申清的《明清著名藏书家·藏书印》是一部有关藏书家事迹、藏书史料以及藏书印的资料汇编。共收明清两代近六十位著名藏书家传记及藏书印鉴数百方，双色套印，朱墨灿然，学术性、资料性、可读性、鉴赏性四美并具。可惜的是，由于是从前代私家所印图录翻拍，故图像多有失真，在鉴定印章的真伪比对上有欠妥之处。

专门将藏书印汇集成书的有中国国家图书馆分馆普通古籍组编《中国国家图书馆古籍藏书印选编》，一套十册，然而翻开一看，却是线装书的"书影""图录"。《选编》是从国家图书馆分馆所藏一百七十多万册普通古籍中"精心遴选一千八百四十三种书，二千六百七十一页书影，近六千方印章"，是集中国、外国的藏书印于一编，而且是名家、市井小民，不管是谁，只要书上有印者，一网打尽。这和前言中所说"大部分是明以来著名藏书家的藏书印，就以清末民国时期的印鉴特色显著"之说大相径庭。书中释文错误多多，这套书我只翻了三本，大约每本二十五个错误以上，十本加起来约在二百五十个。其他错误（手民排错的不算）包括版本著录错误，很多都是硬伤，如稿本却被当作抄本，或被当成抄校本。作者错误，书名不符，丛书零种当作单刻也时而可见。又伪印当成真印，如《中兴以来绝妙好词选》中的季沧苇、高士奇、项子京、蒋廷锡印全是赝印。其他书中钱谦益"牧斋"、项元汴"墨林"、唐寅"六如居士"等也皆伪。

相对来说，日本学者编的藏书家印谱，就严格得多了，在收录范围上，或只收日本的藏书家，或只收中国的藏书家，而绝不会汉和混淆。您看《新编藏书印谱》，都是日本藏家之印，一人一家，所有藏印都齐聚一页或数页，清清楚楚，看了顺眼。

台北"中央图书馆"特藏组1988年编了一本《善本藏书印章选粹》，内有该馆馆长王振鹄序，云："官私以印章加之图书，则在唐代以降，及宋而寝盛。现存官书之印，见于记载者，首数赵宋。金天会十三年，得书即有'宋内府图书之印'（清桂馥《续三十五举》，录朱必信语）。私家刊书记忆体印，所知较早者，应为宋代吕氏族谱，卷首题曰山谷老人书，下有印曰'学士之章'，附苏辙、魏了翁、虞允文、文天祥、文与可诸贤题字及印文（节自清刘体仁《七颂堂识小录》）。其后，各创斋堂馆阁之印记，杂镌诗句隽语之闲章，自出新意，竟逾古法。……本馆珍藏宋、元、明、清各代善本，多达一万二千三百余部，一十二万五千余册，历来递经公私储弆，书页之内收藏印章，不乏名家之作，举凡真赏、精鉴、校勘、审定、借观、读过、经眼、书尾，以至传诫、述志、寄情、题跋，莫不印以志之。其文则钟鼎篆籀纷陈，其色则丹黄朱蓝相参，其形则方圆长阔与葫芦连珠并见，朱痕满纸，动人心目。不仅借可考镜图书授受之源流，亦足供金石方家之俊赏。"其书印主略依姓氏或字形大小笔画繁简为序排列。印主之字形大小、别名、斋馆诸印与闲章，以即时选取编入，不及求其全。

20世纪70年代后期，我曾有编纂《明清藏书家印鉴》的想法，那时因为《中国古籍善本书目》前期的准备工作，上海图书馆开始了重新审核馆藏善本。因为机会难得，我设计了一张表格，为将来编辑藏书印图录做准备，要求参与人员在审核馆藏善本时，将钤有大小藏家印章书的号码、书名、版本、各家藏印全都填入表格，交专人送摄制部门按原样大小摄下，再按藏家姓名的四角号码排列。时间一长，竟有数本之多，包括各种伪印，如陈鳣的长胡子的"仲鱼图象"全在。你一看就知道，至少有五种是伪印，有一个是真的，也就是说至少有五个书贾知道陈仲鱼值钱，才伪造他的藏印。陈仲鱼的印能搜集到五种，太不易了，因为你平常看不到的，你只有在做大的工程的时候，很多印章都碰在一起，才会发现问题。当然现在这件事不可能做了，我一走，茶也就凉了。如今，三十年过去，事过境迁，藏书印图录稿本也不知安在否？所以我一直觉得这藏书印非常有意思，如果从鉴定的角度，真的和假的放在一起那就可以比对，那是有意义的事，可惜很多事情很难做起来。

2012 年 11 月 30 日

再说古书残本残页

前几年写过一篇《古书残页——从〈京本忠义传〉谈起》(见《书城风弦录》),说的是对于古书残本、残页不可小看,如若碰巧,并经过查证,或许您见到的竟为从不被知晓的本子也未可知。我举的例子主要是在20世纪70年代和80年代我所发现的《京本忠义传》(水浒)和《三国演义》残页。这两种书的残页后来都被研究明清小说的学者专家所重视。比如说刘世德先生的《刘世德学术演讲录》,有"《三国演义》的版本"一章,专门谈到了《三国演义》残页,文末写道:"最早发现残页的沈津是一位图书馆学专家、版本学专家。他认为,残页为成化、弘治年间刻本。我同意他的判断。"

邹存淦《客居所居堂稿》(台北"国家馆"藏本,《百种稿本丛刊》第73册内)有诗"有以残书求售者,以贱值易置草堂中,因作是诗解嘲"一首,云:"或人喜藏书,动必求其全。我则异于是,不论残与完。一卷亦可取,一篇亦可观。汗牛与充栋,守者未必贤。何如草堂中,置此四五端。读之殊有益,卖之不值钱。咀嚼来三昧,其昧清且涟。颇亦资考据,不为流俗怜。譬彼管中豹,自诩得其偏。用质当世士,此言或未然。"邹存淦,字俪笙,浙江海宁人。喜藏书,遭世多艰,流离失所,郁郁不得志。此诗也正可反映穷愁潦倒的读书人对于残本残页的达观心态，即如书之残与完，一卷或一篇，他都认为既可取亦可观。因此，抱残守缺也没什么不好。

何悼跋宋本《增广注释音辩唐柳先生集》云："今人得残经，往往裁截装书，目为宋笺，不知此即唐时硬黄纸也。安溪先生偶于故书帙得数页，其后有一行款识云'唐天祐四年七月住持僧师觉佥检得添入善权寺藏'。其结字不甚工，而用笔特有唐人真传，识之以广见闻。后人遇此，所当宝惜，真迹愈少，石刻渐坏，赖此可窥寻古法耳。"这是义门先生的真知灼见。

有一段笔记记载的是纪昀尝见媒媪携玉佩数事至其家，云某家求售，外裹残纸，乃北宋椠《公羊传》四页也，于是纪氏为惆怅者久之。这种事当然是晓岚学士洵非意料所及者。

实际上，民国年间的不少学者早已对残本残页的价值表示了认同。昔内阁大库藏书，向称珍秘，清宣统元年，准张之洞请，出其所藏全数移交学部，并设京师图书馆，其书后存北平图书馆。但故宫博物院图书馆整理内阁大库档案时，时有发见书之断简残篇，并宋元以来旧椠及明清写本残书散帙，其中多世所罕觏者。后故宫博物院曾辑印《重整内阁大库残本书影》，计37种（宋刻本7、金刻本1、元刻本4、明刻本14、清刻本2、明内府写本8、清写本1），都57页，其书之行世，当为研究版本者一助也。

在《北平故宫博物院十周年纪念文献特刊》上有"附陈大库残本书影五页"，为宋刻本《礼书》一页、金刻本《云笈七签》一页、元刻本《春秋或问》一页、明洪武刻本《平阳府志》一页、明内府写本兴国王《含春堂稿》一页。此五页即为从《重整内阁大库残本书影》中抽选。即以《平阳府志》来说，今存山西平阳志，最早者为明正德间所修，后又有万历志，而洪武本则早于正德本几近140年之久。而《含春堂稿》则早已湮没不存。

说到残页，好的重要的残页不易得，即使如藏书家，搜讨庋藏数十年，也不一定有机会觅得一页各种公私书目所未著录的具重要文献价值者。珍贵残页，如《蒙求》三卷，唐李瀚撰，辽刻本，存七页，藏山西省应县木塔文物管理所。再如《龙龛法宝大藏》残页，元释完吉祥译，元大德二年（1298）刻本，存一页（两折），藏山西省图书馆。这两种书都是靠残页而知晓它们的价值。又如南京图书馆有《永乐大典》残页一页，有玄览堂藏印（见《南京图书馆珍本图录》，江苏人民出版社，2007年），那就和过去20世纪60年代时，上海图书馆也有一张残页的《永乐大典》相媲美了。

也正因为此种原因，残页有时还会被当成贵重礼品呢。叶景葵曾为浙江兴业银行上海总行董事长、中兴煤矿公司董事长，晚年推却庶务，专心搜罗文献，与张元济等创办上海合众图书馆。1943年8月13日，叶先生七十寿辰，友朋多人燕贺。其中徐森玉以内阁大库宋元本散页为寿礼。叶先生是现代重要藏书家之一，徐赠以"宋元本散页"，也是投叶之所好。

在叶景葵的《卷盦札记》里，第一条记录的就是叶先生的癸卯同年刘翰臣命其子访叶之事，云：其子来访，"携示大德刊《说苑》残页、天圣明道本《文选》残页、元刊《通典》残页，前有元朝公牍作副页，又有元国子监图记，均佳"。

十多年前，美国麻省理工学院的郑洪院士在波士顿的"五月花"请我吃饭，饭局结束前，他拿出了一张残页，嘱我看看是什么版本。原来是一张史部图书的残页，具体书名却记不清了。我看了一眼，就说：好，真的，宋刻宋印，没有递修。听到这个结论，郑教授特高兴，他说：这是一位朋友过去送他的，也不知是真是假，这下放心了。郑在物理学上有特殊贡献，他在美国加州理工学院读书，不可思议的是，他以两年的时间，于23岁时获得物理、化学双料博士学位。后执教麻省理工学院，27岁升任终身教授。1978年当选台湾"中央研究院"院士，为当时最年轻之院士，也曾为诺贝尔物理学奖委员会所提名。郑曾写有一本小说《红尘里的黑尊》，他送了我一本。他也喜好中国传统文化，收集了一些历史文物，我在他家里看过一些。

我曾见宋绍兴江南东路转运司刻本《后汉书》的残页，仅存志卷二十二之第十五页，裱为一轴，有王国维跋。跋云："宋刊九行本三史，余所见有归安刘氏、南海潘氏所藏《史记》，每半叶九行，行十九字。其列传二十七后有'左迪功郎充无为军军学教授潘旦校对、右承直郎充淮南转运司干办公事石蒙正监雕'二行，是南渡初淮南漕司刻本。此残页半叶九行，行十六字，与《史记》行款略同。考洪氏《容斋续笔》云：前绍兴中，分命两淮、江东转运刻三史板，其两《汉书》内，凡钦宗讳，并小书四字曰'渊圣御名'，或径易为'威'字，而他庙讳皆只阙画。愚而自用，为可笑也。云云。是当时三史，由两淮、江东漕司分刊，《史记》既刊于淮南，则两《汉书》当是江东刊本矣。此九行本《后汉书》，藏书家从未著录，与淮南刊《史记》行款略同，殆即两淮、江东转运司分刊本。南林蒋氏藏明装明抄本《成祖实录》，其面叶以此残叶作衬，因乞得之，装成此轴。因考其刊刻时地，并记其由出如此。辛酉冬十二月十一日，国维记于永观堂西庑。"津按，此宋绍兴江南东路转运司本《后汉书》全帙，津曾见二部（其一目录、卷一抄配），藏上海图书馆。

　　上述王国维所见明抄本《成祖实录》之面页以宋本残页作衬事，津也见有元本残页作衬事，查"哈佛燕京"藏《小窗幽纪》十二卷，题明陈继儒辑。清乾隆三十五年（1770）崔维东刻本。四册。此为子部杂家类的书。书衣衬纸为元刻本《资治通鉴》零页八纸。零页半页十行二十字，黑口，四周双边，版心上刻大小字数，下有刻工姓名，兴宗、杞宗、君亮等。兴宗刻过宋刻《资治通鉴》(宋鄂州孟太师府三安抚位鹄山书院刻本)、《五代史记》，君亮刻过元刻《胡注资治通鉴》。又查：有范兴宗，刻过元刻本《资治通鉴》。王兴宗，刻过宋刻大字本《通鉴纪事本末》。由此可证：清代乾隆间，元刻残本，尤其是大部头的史部类书，多不被重视，书坊得诸旧家，往往付之贱值，就像今日之论斤称也。故残本多被废物利用，作封面衬页者有之，或作书页内里之衬纸。

　　如今，《金瓶梅词话》已不是什么稀奇书了，过去视作"珍秘"，想翻看一下"洁本"也非易事，现在什么书都可在互联网上下载阅读，禁书早已不罕了。但在七八十年前，《金瓶梅词话》还没在山西发现时，中国的学者却见到了《词话》的残页。胡适先生在1961年6月12日的一次谈话中说到了这件事。他说："这一部《古本金瓶梅词话》，你们是不知道的。日本图书馆在重裱中国古书时，发现古书内的衬纸有《金瓶梅》的书页，共有八页，日本人不知道这八页是什么本子的《金》，于是照大小照相下来寄到中国来，问问徐鸿宝、马廉和我几个人。我们几个人都不知道是个什么版本，都不曾看过，恰巧在这个时候，北平书商向山西收购的大批小说运到北平，其中有一部大字本的《金》，全部二十册，就是日本发现作衬纸用的《金》。"（见《胡适先生晚年谈话录》198页）

津按：徐鸿宝，即徐森玉，是周恩来、郑振铎誉为"国宝"的人物。马廉是专收明清小说的学者，家有"不登大雅之堂"，藏书今存北京大学图书馆。1980年我在北京想看他的藏书，但北大馆告诉我，马的书还未整理，一句托词，就把我拒之门外了。明刻本《金瓶梅词话》是1932年在山西发现的，次年即由北平古佚小说刊行会据之影印了100部。有意思的是，过去我在上海图书馆里发现的《京本忠义传》（即《水浒》）及《三国演义》都是残页，也都作为封面衬页，而日本的《金瓶梅》残页或许也是封面衬页。这三种书都是小说，又都是早期版本。

还有一种情况较为特殊，即是用宋刻本之残本废物利用来抄书的。四十多年前，我看到《金匮要略方》三卷，汉张机撰、晋王叔和集、宋林亿诠次，明洪武二十八年（1395）吴迁抄本。是书乃用旧书之背面抄录而成，旧书为《中庸五十义》《大学会要》两种，按两书为宋刻本，皆不见《中国古籍善本书目》《台湾公藏善本书目》著录。清朱彝尊《经义考》及《艺文志二十二种引得》也未采用。《中庸五十义》题"平湖陈尧道敬之撰"，半页十行十六字，左右双边，白口，双鱼尾，下有刻工，避讳至"让"字。此两书仅知书名，卷数不详，又因装订之故，无法知其页数。此种情况极少见，更不易得，譬之残圭断璧，弥足珍贵。

安徽省博物馆藏《春秋左传详节句解》三十五卷，宋朱申撰，明顾梧芳校正。明刻本。四册。封面、封底用纸，均以隆庆六年察院宪票装裱（宪票主要内容：为广积贮，以杜吏弊，以裨国计事，对大梁道仪封县呈报人犯处理意见）。

至于清刻本中之衬页我也见过，但不多，几种而已，如《增补四书精绣图像人物备考》十二卷，明陈仁锡撰，清乾隆三十九年（1774）三多斋刻本，十二册。此本的衬页均是（光绪）《续修庐州府志》。日本刻本也有用废旧图书拆开作为衬页的，我见到过几部，其一为王阳明的《传习录》，四卷附录一卷，日本浪华中川明善堂印本，四册。衬页是用日本史部类《唐书》的书拆开析入的。

对于古籍图书来说，一部书若干册，当然是全的好，这是毫无疑问的。但是如全帙缺去一册，想补全也非易事，总是有点遗憾。残本虽残，也并不是说没有什么用处了，一般来说，宋元本年代久远，流传至今，较为难得，所以即使是残本，得者也是如获至宝，绝不会轻易放手。但若想进一步了解所得残本内容是否有价值，那您就必须去认真细细查核了。

去年夏天，某拍卖公司所拍苏州顾氏过云楼部分藏书，其中一部被宣传为"国宝""国宝中之国宝"的宋本《锦绣万花谷》，即是一部不全的本子，仅存前集四十卷后集四十卷，佚去《续集》四十卷，也就是缺掉了三分之一，不仅如此，这部残宋本中又残去若干卷，配了其他明刻本及清抄本。虽然此本不是宋刻宋印，而且原本有点残缺，但收藏者还是尽可能地予以配补。当然此残宋本的文字价值如何，还需和北京国图及他馆所藏的另种宋刻残本相较比勘才能得出结论。但拿个残宋本当"国宝"，还拍出了个"天价"，这真是个大笑话！

再举几个残宋本的例子，即可知其残宋本的文献价值。

宋蜀刻大字本宋苏辙的《苏文定公后集》二十四卷，存四卷，原藏内阁大库，后为宝应刘翰臣（启瑞）所得，刘氏原拟拆页售之，故逐页均钤"宝应刘氏食旧德斋藏"印记。但傅增湘见之，以为乡贤遗文、乡邦旧梓，虽残污已甚，亦足珍重。

宋欧阳修的《居士集》五十卷，为宋衢州刻本，存四十二卷，宋代蝶装，黄绫书衣，封面明人签题，亦内阁大库遗书，每卷后有"太平路总管李亚中进到官书，至治元年儒学教授梅奕芳识"朱文木记，为宋元明三朝内府递藏的传世欧集第一刻。

《水经注》四十卷，宋刻本，残损已甚，霉湿薰染，纸册胶凝如饼，坚实如板，序跋俱佚，且文字断烂，求一页之完者已不可得，存十二卷，视全书曾不及三之一。曾为曹君直、刘翰臣掇拾于大库故纸堆中，为传世郦道元书宋刻尽于此者。杨守敬撰《水经注疏》，曾言研治此书历四十年，穷搜各本，以供参证，独以未睹宋本，为毕生憾事。

明刻本中的残本，过去旧书贾一般都不大重视，对他们来说，配也配不齐，顾客甚少问津，属滞销商品，所以往往堆之角落，有的则在旧书店的旧书目里编入最后，价也不贵，如能卖出若干，或为其他顾客配补，那就是大好事了。而清代的本子属于残本的话，就会因为时间较近，更难售出，所以待遇就更次了，有的书则沦为他书之衬纸，或衬入厚纸，真有粉身碎骨之感。近年清代残本似乎仅有《古今图书集成》(清雍正铜活字印本)的单册，还能在拍卖场上与别的清代刻本全帙一争高下。

对于抄本中的残帙，则应特别注意。有时遇到较冷的书名，千万不要放过，更要细加核查。傅增湘是近现代的版本大家，他鉴别版本经验丰富，识见广博，在他的典藏生涯中，曾见无数抄校稿本，由于他的慧眼，一些不被他人重视的残抄本，重现文献价值。如宋王质《雪山集》十二卷，旧抄本，二册，存卷五至十二。此本从《永乐大典》中辑出，有《武英殿聚珍版书》本，为十六卷。但若以旧抄本较之聚本，不仅编次不同，且有文如杂著中"天申节开启疏"等十一首为聚本所无。又如元贡师泰《贡玩斋文集》十卷，旧抄本，有清吴骞跋，存九、十两卷,《诗文拾遗》一卷。是书有清乾隆四十年南湖书塾刻本。但两本核校,旧抄本卷十自"处土夏浚墓志铭"以下凡二十一首,刻本皆不载。抄本《诗文拾遗》,又较刻本增出七律六首。可见寥寥残卷,订遗补缺竟达数十首之多。再如元王实《听雪先生集》十五卷,存卷五、六、十一至十五,计七卷。此书极难得,不见《千顷堂书目》及各家书目著录。当年顾嗣立辑《元诗选》及二集、三集所录至三百家,癸集所补又两千余家,但王实此集不在其中,以顾氏之博揽穷搜,也未见此集,也可知传世稀有。

残本有时也有机会配补而成全帙,不过,这也要看运气了。傅增湘曾得宋庐陵书堂刊本《王状元集诸家注分类东坡先生诗》,此书旧题王十朋注,二十五卷,字体秀丽,锋棱峭露,为建本之致精者。惜只存卷一至十四。后来傅又得残卷。自卷十五起至二十五止,正足补完,这也使傅先生喜出望外。补得之本其十五至十八为元代刘须溪评点之本,十九至二十五为宋虞氏书堂增刊校正之本,未免为白璧之微颣。经傅的考证,"元本实出宋刊,虞氏本行款又与万卷堂本契合,溯委穷源,要是一家眷属,其契合亦云巧矣"。傅云:"余尝谓古书名翰,数百年来历劫仅存者,其光气必腾溢于天壤,后人宝爱摩挲,其意志专诚,上与古人之精神阴为契合,而冥漠中似更有神物以护持其间,必不任其磨灭销沉,随水火尘埃以俱逝。故余生平所获残籍,苟其珍奇罕觏者,往往穷搜博访,不旋踵而离者使复合,缺者乃更全,彼其相值之巧,若有鬼神来相诏语。如宋本《论语纂疏》、宋本《苏老泉文集》、弘治本《元遗山集》、影元本《六经奥论》、明抄本《诗话总龟》,或劣存半编,或中缺数卷,或正佚首册,且皆分携千里,离析累世,而一旦卒假余手以完成之。"(《藏园群题记》,206页)

再举个运气好的例子。郁礼,为钱塘诸生,家世素封,储书充牣,其家去厉樊榭之樊榭山房不一里,传录其家秘册尤多。樊榭殁,其家出所著《辽史拾遗》手稿,郁以四十金购之。但中缺五十纸,百计求之不得。一日,鲍廷博至青云街，见拾字僧肩废纸两巨篓，检视之，皆是樊榭所弃，其平日所录《辽史拾遗》亦在。亟市以归，纷如乱丝，一一为之整理，适符所缺之数。您说巧不巧？

也有人专收残书的，盖残书价廉也。明陆深《江东藏书目录》自序云："余家喜收书，然觊觊屑屑不能举群有也。壮游两都，见载籍，然限于力，不能举群聚也。间有残本不售者，往往廉收之。故余之书多断缺，缺少者或手自补缀，多者幸他日之偶完。"不过，真要是乐昌镜圆，合浦珠还，亦可弥藏家之缺憾，这也可为书林留一佳话。

还有一则故事也颇有意思，说的是早年北京内城隆福等寺，遇会期，多有卖书者，谓之赶庙。散帙满地，往往不全，而价值甚廉。有朱豫堂者，日使子弟物色之，积数十年，蓄数十万卷，皆由不全而至于全。盖不全者，多系人家奴婢窃出之物，其全者固在，日日待之而自至矣。

对于藏书家来说，即使是残本他也是收的，吴引孙的《有福读书堂书目》之第十一类即有"旧书每多残缺，岂易尽获全璧。凡有难得之书，不以缺少数卷而弃置者，特另编缺类附之，以俟异时购配"。可见吴氏于残本并不弃之，而是置于卷末，再等机会补配。

当然，一纸残页，即使是宋本，如果原本流传较多，那也没有什么文献价值。如史部的《通鉴纪事本末》，宋宝祐五年（1257）赵与𥳑刻元明递修本，本身即非秘本，传世亦多，留个残本残页，无非看个样子。

由于一般的残书本或残页的利用价值很低，即使是贱值售卖也较困难，于是有聪明的有心者想出了一个绝妙的法子，即将数十种乃至百余种不同版本的残本汇集起来，每种一页，无论宋、元、明，那它的价值就大不一样。这种事，多是书贾所为，以民国间苏州文学山房为例，1953年，文学山房的主持人江静澜、澄波父子就将卖不掉的明刻残本160种拆开，辑成《文学山房明刻集锦初编》，取明刻本每书一页，皆配有说明，总共配了三十余部，每部四册。不多时，消息传出，各家争藏而全部售罄。这部《集锦初编》请了也是苏州人的大学者顾颉刚先生作序，序云："苏州文学山房凤为书林翘楚，江君静澜及其文郎澄波，积累代所学，数列朝缥缃如家珍，每有所见，随事寻求，不使古籍有几微之屈抑。近年故家所藏，大量论斤散出，江君所获之本，屡有残篇，积以岁月，得明刻百六十种，存之则不完，弃之则大可惜。爱师观海堂杨氏《留真谱》之意，分别部居，装成三十余帙，俾研究版本学者得实物之考镜，不第刻式具呈，即纸张墨色，亦复一目了然。其于省识古文献之用，远出《留真谱》复制之上，洵为目录学别开生面之新编。得是书者，合版本图录而观之，有明一代刻书源流，如指诸掌矣。"

周越然言言斋曾藏有宋金元残页四巨册，约200页，那是他在20世纪40年代初出重价购得，周先生非常看重这套残页巨册，认为"实为研究古本最妙的工具"。

我经眼的残页集锦仅有几种，最早是在20世纪60年代初，上海图书馆藏的一套《宋元精椠粹编》，为近人俞诚之所辑，计50页。另一种为陶湘辑《宋元明本书影》，有107页之多。20世纪70年代中，我陪顾师廷龙先生去宁波、杭州，在浙江图书馆见《小百宋一廛藏宋元刻集锦》，一册，计101页。20世纪60年代"文革"中，某人的藏书也被送到了上海图书馆，藏书中也有七册书影集锦，都是宋、元、明刻本的残页汇集而成的。记得宋元为一册，其他明代的分成明初、明成化弘治、明正嘉间、隆万间、启祯间，有数册之多。70年代中，我在为上海图书馆举办的古籍训练班授课时，曾经以此为教材，指导听课的学生。

又《郑振铎日记》1943年4月16日所记，他那天去徐紫东处购得宋元本残页七八页，又有他书若干种，共500元，可惜没有记下是什么名目。此外，1955年5月，徐森玉先生将自藏的宋元善本书影872张捐赠给了北京图书馆。我知道北京大学图书馆也藏有两部类似集锦的本子，可惜没有机会去目睹，以增长见识。

　　1986年，我在美国做图书馆学研究时，曾在美国纽约市立公共图书馆见到一函《宋元刻本集锦》，有20页，但不知为谁人所辑，询之东亚部的一位老先生（杭州人），也不知何时入馆，更不知来源为何了。那时，我在哥伦比亚大学东亚图书馆的善本书库中，见到了傅增湘当年售与美国人的书数种，为：《会通馆校正音释诗经》二本，明弘治锡山华氏会通馆铜活字印本，100元；《唐书详节》一本，宋残本，30元；《左传》一本，宋残本，40元；《宋诸臣奏议》一本，明活字本，10元；《栾城集》一本，明活字本，6元；《思玄集》一本，明活字本，6元。共计192元；除"共计"外，上面的字皆为傅增湘手书，当为傅氏售出时所写。还有一册题为《零玑断璧》，为宋刻残页，当年售价100元。此册我做了记录，计11种，为：

　　1.《苏文定公集》，宋刻本，皮纸，存卷七第三页，九行十五字，左右双边，白口，单鱼尾。

　　2.《五代史记》，宋刻本，皮纸，存卷三十九第十页，十行十八字，左右双边，白口，双鱼尾，上刻字数，下有刻工"子明"，有耳题"罗绍威"，"贞"避讳。

　　3.《文选》半页，宋刻本，皮纸，十行十八字，左右双边，线黑口，双鱼尾，"敬"不避讳。

　　4.《乐书》，宋刻本，皮纸，存卷五十第二页，十三行二十一字，左右双边，白口，双鱼尾。

　　5.《杜工部诗集》，原题宋刻本，实明刻本，十行二十字，左右双边，线黑口，下白口，双鱼尾，下刻字数。

　　6.《通鉴纪事本末》，宋刻本，皮纸，存卷二第三十页，十三行二十四字，左右双边，白口，双鱼尾，下有刻工。

　　7.《史记》，原题宋刻本，当为明刻本，存第十二册世家二十二，第十页，十四行二十六字，左右双边，白口，书口当中有"第十二册，世家，二十一"。

8.《刘后村集》，原题宋刻本，当为明刻本，存卷十九第十七、十八页，十行二十一字，左右双边，线黑口，双鱼尾，"敬"不缺笔。

9.《南齐书》，宋刻本，存传二十五第七页，九行十八字，左右双边，线黑口，无鱼尾，上刻字数，下有刻工"陈用"。

10.《晦庵文集》，宋刻本，皮纸，存卷六十一第五十一页，十行十九字，左右双边，白口，单鱼尾，下有刻工"黄劼"。

11.《穀梁注疏》，宋刻本，存卷九，十行十七字，左右双边，上黑口，上鱼尾，下面残缺，"敦"不缺笔。

这种"集锦"对习版本鉴定者是最好的教材。我以为这类书影集锦好就好在是实物，各个不同时期的刻本，字体纸张都看得清清楚楚，什么纸幅尺寸、墨彩浓淡；什么棉纸莹洁、皮纸坚韧；什么大黑口、黑口、线黑口；什么手写体、结体方严、字抚颜柳。而原本大小，一目了然。我的体会就是看得多了，再记下特征，不断总结，那种版刻终始递嬗之面目自然难忘，也就会形成挥之不去的定格，这对鉴定版本大有裨益。不像近些年影印的图录，缩印加上颜色失真，纸张也看不清，所以相比之下，真是大相径庭。

宋元残本、残页难得。然而，有人说什么目前存世的宋刻本，哪怕是残本、残页，都属于国家一级文物。这种说法不知有何依据，或是想当然而已，且必会误导读者以及喜好古籍版本的收藏者。

2009年8月30日初稿

2013年3月6日修改

古籍书志及书志的写作

今天是中山大学图书馆的"古籍书志及书志的写作"训练班的开始之日。我觉得这有一点意义，即我们是在做前人没有办过的训练班，没有经验、教材，我们时间有限，各人手上事多。我们很早就讲过要办这个班，一直拖到今天，今天不办，就又要待到下学期了，所以先做起来，以后再不断完善。

我们今天要讲的是书志的历史、现状、意义、写作之方法。但是历史和旧时藏书志的评价，我们讲得少一些，因为我们可以自己看，我们主要围绕在现状、意义、写作之方法以及《哈佛燕京善本书志》上。

中国目录之学，肇自汉代刘向、刘歆父子。《汉书·艺文志》云："至成帝时，以书颇散亡，使谒者陈农求遗书于天下。诏光禄大夫刘向校经传、诸子、诗赋，步兵校尉任宏校兵书，太史令尹咸校数术，侍医李柱国校方技。每一书已，向辄条其篇目，撮其指意，录而奏之。会向卒，哀帝复使向子侍中奉车都尉歆卒父业。"二刘所撰书录仅存《战国策》《管子》《晏子》《列子》《邓析子》《孙卿书》《说苑》《山海经》八篇，考作者之行事、时代、学术，略于叙述书之本身评论，这应是中国最早的解题之作。宋代晁公武《郡斋读书志》、陈振孙《直斋书录解题》等。明代高儒《百川书志》等始标注旧椠，枚举同异，遂为清代藏书家重版本之滥觞，而学者亦多借重稽考。

在中国传统目录学、版本学的著述中，书志、读书志、藏书志、访书记、提要、书录、叙录、经眼录、题跋记等，都是介绍古籍图书的写作形式。应该说书志是在书目的基础上发展起来的。当然这个书目无非是注入了一部书的书名、卷数、作者和版本，因为限于它的条款，无法著录得非常详细——没有办法，但只有书志这种形式可以自由来发挥，可以尽可能地把书当中有一些很重要的出版方面的信息——作者的信息、卷数的信息全部钩稽出来，就能够比较详细地介绍撰写，可以供其他学者、读者来利用。

提要：唐韩愈《进学解》即有"记事者必提其要，纂言者必钩其玄"的话。其《王公神道碑铭》又云"维德维绩，志于斯石，日远弥高"。盖志者，有记载之意。

叙录：如同提要，记载之意。《三国志·薛莹传》云："臣闻五帝三王皆立史官，叙录功美，垂之无穷。"汉成帝时，命光禄大夫刘向校中藏经传诸子诗赋，每一书成，向皆条列篇目，撮其指意，录而奏之，谓之"叙录"。如《战国策叙录》《清人诗集叙录》等。

解题：姚名达《中国目录学史》认为解题"不同于一般的目录摘要，不仅记录书名、卷数、作者、成书时间，更重要的是叙述了学术渊源，介绍了书的内容，有的还做出简要的评价。此外，还著录了版本类别、款式、版刻特点、得书经过等内容"。最早以解题作书名者，为南宋陈振孙的《直斋书录解题》。

又邓之诚《桑园读书记》（生活、读书、新知三联书店1955年）云："解题之作，始于晁陈，至《四库提要》，辨体例，纠谬误，而愈精矣。其荟萃事目，以备遗忘者，则为类事。二者各有藩篱，若不可合，妄意以为若为叙录，当撮其内容，使未读是书者，稍明涂径，且知某事见某书，为较切实用也。辛巳之冬，太平洋战起，横被陷阱，及其释系，已历半载，遂卜居成府村，闭门忍饥，不与人事。日以读书自遣，虽不免庞杂，而一书必贯彻首尾，有足参稽者，间附己见，恒题于书眉，或别纸书之，不忍捐弃。暇日择录为一卷，盖几几乎合提要、札记而为一矣。有人每得一事出处，自诩发明，而薄之者，则谓固在书中，俯拾即是，皆不免过甚。"

书志：周叔迦认为："盖书志者，乃辨版刻之朝代，订钞校之精粗。更详按诸书之版式内容，择录其序跋印鉴，考定其刊本年代，备著于册，虽未竟全豹，间有舛失，而穷搜冥撢，赴以勤谨，亦足以备书录而质同好矣。若海内大雅，不弃余之寡陋，指示舛讹，企踵望之。"（《释家艺文提要》，周叔迦著，北京古籍出版社，2004年4月）

无论何种写作形式，其对书的客观描述，却是有简有详。详者则对书名、卷数、作者、版本、行款、版式，以及著者简历、内容、牌记、序跋、题识、刻工、讳字、流传著录、藏印等详细备载。而一般的经眼录、题跋记、访书记等都较简，记录则各取所需。

流传至今的各种书志，不外乎四种类型：一为政府（或公家）出面所编，如《钦定天禄琳琅书目》《四库全书总目提要》等；一为私家所编，如陆心源《皕宋楼藏书志》、叶德辉《郋园读书志》、傅增湘《藏园群书题记》、潘宗周《宝礼堂宋本书录》等；一为坊贾所编，如王文进《文禄堂访书记》、严宝善《贩书经眼录》等；一为学者读书所得，如张舜徽《清人文集别录》、袁行云《清人诗集叙录》等。

公家藏书志较少。中国书籍解题之作虽然较早，但成规模的提要写作却迟至乾隆中期。乾隆以前的书目，有解题者寥寥，即如现存载录明代书籍最为全面的《千顷堂书目》，亦多只有书名、作者，有时有卷数，偶尔有三言两语的解题。直到乾隆三十八年（1773），成立四库馆，开始编纂《四库全书》，其后不久，才又对每部著录书与存目书都写了简明的提要，至四十七年（1782）完成提要初稿，又过七年，方才将提要定稿。

有清一代，稽古右文，其金匮石室之藏，搜罗秘籍，大率分为二类，一则精钞旧椠，如天禄琳琅；一则提要钩玄，如《四库全书总目》。自两书出，海内学子咸获指归，而涉足艺林，乃不迷于所往。如《钦定天禄琳琅书目》十卷，清于敏中等奉敕编，所收属皇家所藏，皆秘籍珍函、宛委丛编、琅嬛坠简，是弘历于乾隆九年命内直诸臣检阅秘府藏书，择其善本进呈御览，于昭仁殿列架庋置，并赐名曰"天禄琳琅"。《书目》所收429种图书，皆每种考其时代爵里，并着授受源流。《书目》前提要云："乾隆四十年，内直诸臣奉敕编校。卷首冠以丁卯岁《御制题昭仁殿诗》及乙未重华宫茶宴用'天禄琳琅'联句诗。自乾隆甲子年裒集内府储藏群籍中善本列架庋藏于昭仁殿，赐名天禄琳琅，迄今三十余年，珍储愈广，因重加整比，辑为总目。其次序，则宋金元明版各从其代，仍以经史子集分类，其明影宋钞之精者，亦皆选入。或一书而两刊皆工，一刻而两印皆妙者，则并登之。每种详其锓刻年月及收藏家题跋印记。其经御制题识者，则录于鉴藏之首，以昭艺林荣遇。盖自来藏书谱录，未有美富精详若斯之甚者也。"《钦定天禄琳琅书目后编》二十卷，清彭元瑞等奉敕编，所收664部，体例一依前目，每书举篇目、详考证、订鉴赏、舻补缺，前人题跋印记亦为附录。此《天禄琳琅书目》，当为清代宫中所藏善本书志，它和《四库全书总目提要》最大的不同，就在于它是典型的以版本为著录的"书目"。王先谦跋《后编》云："复命辑后编二十卷，书都一千六十三部，自宋迄明，五朝旧籍咸备，旁罗远绍，既大极无外。而于刊印流传之时地，鉴赏采择之源流，并收藏家生平事略，图记真伪，研讨弗遗，尤细破无内。于版本严择广收，而明代影宋钞本并从甄录。"

各种藏书志中，以私家藏书志最多。中国历代藏书家不知凡几，一本《历代藏书家辞典》（梁战、郭群一编，陕西人民出版社，1991），竟收录3400人，而以清代为最。但清代重要藏书家多有自己的藏书志。如海昌耆宿吴骞，耽道学古，居浙江海宁新仓里，于小桐溪畔筑拜经楼，藏书五万卷，多善本。晨夕坐楼中，展诵摩挲，成《拜经楼题跋记》。私家藏书志非其所藏不录，且大大小小几近百种，重要者流传也最广。私家藏书志中最重要者首推《读书敏求记》四卷，收录钱曾所藏宋元精刻634种，在图书版本的著录与鉴定上，从版式、行款、字体、刀刻、纸张、墨色、装帧以及序跋、印章等方面确定雕版年代，或从初印、重印，甚或是原本，抑或翻刻来审酌一书版本之优劣，这就使图书的著录远非早时的仅为书名卷数作者版本册数而已。《四库全书总目》将之入存目，《提要》谓其"述授受之源流，究缮刻之异同，见闻既博，辨别尤精，但以版本而论，亦可谓之赏鉴家矣"。但讥其分门别类，不甚可解，考证亦多谬。其他如黄丕烈《荛圃藏书题识》(又有续录、再续录、补录)、顾广圻《思适斋书跋》等为最重要。

《宝礼堂宋本书录》，是张元济所撰，计经部二十一种，史部二十三种，子部二十一种，集部三十八种。附元本六种。总共一百零九种。详记作者、卷数、册数、牌记、前人跋文、考证、版式、刻工姓名、宋讳、藏印。极有参考价值。《郑振铎日记全编》128页，1943年9月18日，记《宝礼堂宋本书录》，"宗周字明训，以贾致富。其友甘翰臣，偶得蜀刻《史记集解》半部，持以相视。潘氏见其精美夺目，入手不忍释，于是慨然有收书之志。复交杨惺吾、王雪澂、袁寒云诸人。寒云以宋黄唐刊本《礼记正义》售之，遂颜其新居曰宝礼堂，并募工刻之，以公诸世。于是远近书贾，闻风而至，寒云所储后百宋一廛之物，归之者亦什之六七。宗周则非天水佳椠，概从屏斥。时海源阁及读有用书斋所藏散出，亦多为其所得。二十年来，凡收得宋刻本一百又七部，又元刻本六部。即此目所载者是。此目编述谨严，于藏印、宋讳外，又录刻工姓名，是为创例。而辨别真伪、旁征类引，决非以专收天水佳椠者自豪之宗周所能办，盖实出张元济菊生先生手也。"

藏书家有书志的不多。作为藏书家来说，自古至今，早期有记载的不算，宋元明三代也不计，单就清代、现代，那藏书家也多得去了。以叶昌炽的《藏书纪事诗》来说，《纪事诗》记载了739人，其中清329人。而《续补藏书纪事诗》补清至近代，360人。《广东藏书纪事诗》，收明代而后广东地区藏书家50余人。《近代上海藏书纪事诗》，录清末以来上海地区藏书家亦五六十人。郑伟章的《文献家通考》中的清代至现代，载清初以来文献家1500余人。当然，虽作为藏书家，也有大有小，有著名者也有小名家。但完成书志的又有几家？

封建时代的一些藏书家，他们都有自己的善本书志，像黄丕烈的"荛圃"、吴骞的"拜经楼"等等，我过去在文章中也曾经推崇过傅增湘的《藏园群书题记》及叶德辉的《郎园读书志》等，觉得他们写得非常好，因为他们都消化了自己的藏书。毕竟是自己买来的书，哪些书比较好，好在什么地方，哪些书版本较差，差在何处，都记得非常清楚，这对后人大有好处。当然他们写的和《四库全书总目提要》有一些不同，出发点也不一样，而我比较喜欢傅增湘写的那一路。所以我想，私人藏书家都能写，而对于公家图书馆，其收藏远比私人多得多，私人收藏由于经济上的原因，会有很多局限，而公家图书馆不同，可以有国家经费支持来采购图书，甚或接受捐赠，所以其局限比私人藏家要小得多。

坊贾所编之书，其所见古籍俱为"临时"，具流动性，有经眼录之性质。王文进《文禄堂访书记》中董康序云："综其所列四部书，都七百五十余种，去取精慎，考核翔实，一书之官私刊本、雕造区域，及名人钞校，流传源委，皆记其跋语与收藏图记，细如行格字数、刊工姓氏，靡弗备纪，其用力可谓勤矣。"王氏以一贩鬻之书友，积三十年之力，勤苦搜访，发潜阐幽，斠订同异，津逮学林，不仅较乾嘉间钱听默、陶五柳而过之，实亦可与清代重要藏书家相媲美。

近现代学者中将读书心得写成专书者，最重要者当推袁行云《清人诗集叙录》，计80卷，近二百万言，著录清人诗集2511种，皆作者半生精力所经眼者。《叙录》缜密细致，实事求是，不仅吸收前辈考据家之长，又能化古求新，网罗清人诸集，注此存彼，爬梳抉剔，纠谬补阙，辑佚钩玄，考证辨误，纵论时风，发微抉隐，融会贯通，卓见其功力之深。此《叙录》当可视为清人诗集总目提要之一部分。此外如清周中孚的《郑堂读书记》，就其所见古今各书，将内容写成提要，详其得失，间附己见，共收录四千余种。清耿文光《万卷精华楼藏书记》，著录书籍两千余种。创始于光绪五年(1879)，完成于十四年(1888)，共九寒暑，稿四易。其式为先撰人、次版本、次解题、次录序跋、次采本书要语、次集诸家论说。或书所见、记所得。征引诸书。每书各著提要，俾览者得以考见本末，至文字异同、篇帙分合，亦必详为辨订，巨细不遗。原有序跋，取其有关宏旨者节录概略，亦留心文献者所共许。作者略叙生平及其仕履亦多方考得，揭其概要有所凭借。又如清顾家相《勴堂读书记》，徐乃昌序云："勴堂观察于光绪朝捷南宫转外职，学优则仕，仕优则学。辛亥退隐青门，就家有藏书，遵四库总目，分别部居；仿天禄琳琅，辨正臧否。虽私家撰纂，范围广狭，未易颉颃内府，然判抉异同，考订得失，迹其致功颛竺，则固公武敏求之流亚尔。"刘肇隅序叶德辉《郎园读书志》云："吾师尝进肇隅教之曰：'凡读一书，必知作者意旨之所在。既知其意旨所在矣，如日久未之温习，则必依稀惝恍，日知而月忘。故余于所读之书，必于余幅笔记数语，或论本书之得失，或辨两刻之异同，故能刻骨铭心，对客澜翻不竭。宋晁公武《郡斋读书志》、陈振孙《直斋书录解题》，异日吾子为余汇辑成书，即可援其例也。'"

　　撰写各种藏书志的学者，都是学有专长的专家、目录学家、版本学家。过去写提要的，如四库纂修官翁方纲、周永年、姚鼐、邵晋涵等，封建时代的文人藏书家学者，吴骞、黄丕烈、鲍廷博、顾千里等，后来的缪荃孙等都是一时俊彦。如刘承幹《嘉业堂藏书志》，就由缪荃孙、吴昌绶、董康等赓续修撰而成。王文进《文禄堂访书记》，实为顾廷龙、潘景郑先生在王氏的"舛误触目、凌乱无序"的稿本上全面修订而成。

目前的状况

中国图书馆建设，始于清宣统元年（1909）前后，不少地方大吏纷纷上表奏章，请求创设省图书馆，这在当时成为一种风气。光绪三十四年（1908），端方在南京奏准清廷创设江南图书馆（南京图书馆前身）。1910年，京师图书馆（中国国家图书馆前身）正式成立。1913年，浙江图书馆（前身为浙江藏书楼）开幕。1928年，中央图书馆在南京筹设。1949年以后，在中国的大地上，每个省市都在原有的基础上加强了公共图书馆和大学图书馆的藏书设施和建设，这当中也创设了一些新图书馆，如上海图书馆。可以说，在这些图书馆中收藏的古籍图书几乎占了全国数量的百分之九十左右。这些古籍图书是先民们传世的著作，是中华民族的文化遗产，其中存有大量珍贵文献，是各个领域的研究者据以了解历史的昨天，所不可或缺的佐证。

然而，这些收藏在图书馆中的古籍藏书和珍贵文献，只有通过图书馆工作者的辛勤劳动，将之整理、编目、鉴定，读者方可利用。最初用卡片的形式，进而编成书本目录、索引，今天又可通过计算机检索，加以揭示。对于图书馆员的这些辛勤劳动，却给研究者提供了很大的方便，当然，他们必须从有限的记录中去获取各种线索，并从书本中摄取他们需要的材料。

因为"文化大革命"，图书馆内的许多工作都无法展开。直至21世纪初，上海图书馆就曾有写作馆藏善本书志的尝试，组织了几个人去写，由于没有详尽的计划，估计的工作量不足，在质量上无法保证，每篇200至300字，无法钩稽原书的讯息，所以没多久就停了。国家图书馆也曾有具体的写作计划，但工作量太大，写得追求完美，每月仅能完成三四篇，质与量无法平衡，进度难以保证，又因上面交代任务繁重，因此只能搁置写作计划。当然，现在或许又会提到议事日程上来了。

中国是收藏中文古籍最多的地方，虽然古籍整理在20世纪的50年代至"文革"以前做了不少工作，80年代以后乃至现今，又陆续出版了一些有关书目、书影或提要等专著，其中影响最大的当推王重民著《中国善本书提要》、吴格整理《嘉业堂藏书志》、杜泽逊编著《四库存目标注》、袁行云著《清人诗集叙录》等。从1950年至2008年，近六十年来，出版了不少专类的提要，包括戏曲小说、诗文集、医家释道等等，而以图书馆之善本藏书撰成书志者不多见。

津孤陋寡闻，只见有1948年岁末出版的《北京大学图书馆善本书录》，那是北大五十周年纪念会展览的馆藏精品，包括宋元明清刻本、抄本、稿本，日本及朝鲜刻本计499种，极简略。

大有大的难处，家大业盛，资源丰富，人丁兴旺，门面大，应付的场面也大不一样，当然贡献也大。不少图书馆存有没有整理编目的古籍还不少，加上派下的各种任务，搞展览，做普查，报规划，等等，本来人没几个，再抽人手，矛盾多多。

在中国台湾，"国家图书馆"于1994年开始"第二阶段古籍整编计划"，组织了13人撰写该馆所藏善本书志，从1996年出版《"国家图书馆"善本书志初稿》经部始，到2000年出版丛部止，共12册，著录12369部，约400万字。

在中国香港，1970年即出版饶宗颐编著的《香港大学冯平山图书馆藏善本书录》，著录229部，约6万字。2003年又重编著《香港大学冯平山图书馆藏善本书录》，著录704部，约25万字。香港中文大学图书馆也于1999年出版了《香港中文大学图书馆藏中文善本书录》，著录848部，约30万字。

在美国，除美国国会图书馆外，一些重要大学如哈佛大学、普林斯顿大学、芝加哥大学、哥伦比亚大学、耶鲁大学、加州柏克莱大学的东亚图书馆也都收藏了不少中国古籍版本，且有不少善本图书是中国大陆如今所不存。中国大陆的许多图书馆对于馆藏古籍图书、旧书旧报旧刊、文献资料等管理，多设有特藏部、古籍部、历史文献部等职能部门，并有一些专家和工作人员的配备。美国的东亚图书馆则不然，很少有专门人员负责。当然，东亚馆的珍藏及资源都是公开的，只要研究者需要，经过一定手续后，即可阅览。因此，要在东亚图书馆内寻找当地的专家来撰写善本书志，是几乎不可能的事。也正因为事属不易，所以东亚图书馆想做成此事，只能借助中国大陆的专家学者。

所以在北美地区，则有王重民著、袁同礼修订《美国国会图书馆中文善本书录》（该馆印，1957年），著录1775部，约10万字。王重民著、屈万里校订《普林斯顿大学葛思德东方图书馆中文善本书志》（台北艺文印书馆，1975年），著录1136部，约8万字。李直方著《华盛顿大学远东图书馆藏明板书录》（该馆印，1975年），著录138部，约1万字。沈津著《美国哈佛大学哈佛燕京图书馆中文古籍善本书志》（上海辞书出版社，1999年），著录1450部，约152万字。柏克莱加州大学东亚图书馆编《柏克莱加州大学东亚图书馆中文古籍善本书志》（上海古籍出版社，2005年），著录768部，计98万字。此外，加拿大多伦多大学的《加拿大多伦多大学东亚图书馆藏中文古籍善本提要》也已出版。还有《美国斯坦福大学图书馆藏中文古籍善本书志》也已出版。

这些中国港台、美国的善本书志，有的较简单，如香港二馆、美国国会图书馆、葛思德馆、华大远东馆，很少揭示书之内涵，所以信息量较少。最为可惜的是台北的书志采用传统的方式，就书客观著录，馆藏特色难以反映。

实际上，对善本书的揭示上，许多国家的学者都是非常重视的，如日本的书志学研究，日本有《书志学》的杂志，说明日本的研究一直不断，很重视。后来又催生了《图书寮典籍解题》《国立国会图书馆所藏贵重书解题》《庆应义塾图书馆藏和汉书善本解题》等书的出版。

为什么重要的图书馆要把撰写善本书志作为长期奋斗的目标，视为一件很重要的事情呢？（张志清的信，詹福端也想做——在我办公室说）但是五十年来，国内没有一个重要图书馆出版过自己的善本书志。北京中国国家图书馆——中国资源最大的，没有善本书志。接下来就是上海图书馆、南京图书馆、浙江图书馆，其他一般的省市图书馆不用算，都没有。至于其他大学馆，中国最大最好的大学图书馆，北大没有，复旦还没计划，至于其他的一些大学也还没有"动静"。

我一直以为这个世纪是一个新的世纪，不是20世纪，这个世纪是一个信息世纪。我们都是在图书馆工作的，我觉得现在提供给别人的就是为他人作嫁衣裳。所以多花一点时间，无非是办公室内外、楼上楼下，但提供给别人的信息那是很大的，别人可能是查不到，但你查到了，因为查到的这些信息很可能是某工具书某参考书里的，也可能这些工具书、参考书是其他单位没有的而被你查到了。

那么写作善本书志有什么重要性呢？

1.每一个重要的图书馆，其收藏都是经过几代人的努力搜集，是非常不容易的，收藏古籍图书较为丰富的大型图书馆中，既有为之傲人的"镇库之宝"，也有视若枕秘的孤椠秘本。但若馆藏珍本多多，却严锢深扃，既不与研究者利用共赏，又不传播流布，而只是"养在深闺人不识"地待字闺中，那就真是一种无意义的资源浪费。因而，对于鲜为人知、少见世面的珍本，如能让馆内专家予以揭示，广为众晓，那也算是一种"功德"。因此，大型图书馆编著善本书志，是馆藏古籍善本文献的详细记录，使家底清楚，故善本书志的编著，或许也是一些重要收藏单位在若干年后，必定会编订计划，配备班子来进行的重要工作，当然，这种目录学版本学的实践，必定是一项长期而艰巨的工程。

图书馆会编一些索引、专题书目，去揭示馆藏，但写作善本志，则是更深层次的具有学术成果的大事。任何一个主持人，如果他对自己的馆藏比较了解，并且认识到它的重要性的话，他都会想要做成一部善本书志。很多大馆馆藏数字，都是虚的，因为尚有不少尚待整理编目。书志完成，可以知道大概是有多少，数千部，多少万册。予以总结，将一馆几代人所搜集的精华，库中所藏之最重要的图书予以揭示，发现新的有价值的书，这远比馆藏目录、图录、索引等更具学术性，书志集目录、索书号于一身，这是一种升华，是一种自信，是一个重要图书馆最重要资源的全面揭示。除此之外，没有什么工作比写作书志更难为的了（目录的编制索引拼音笔画四角号码计算机可以检索）。

2. 培养接班人，训练新生力量。接触图书，加强实践。你在那里工作十年也不一定能翻到数百部，你通过实践，不仅可以知道这里面的特点是什么，也可以知道最重要的典藏是什么。可以掌握书志写作的方法，可以熟练地使用工具书参考书，对你将来的写作必定有提高、进步。我曾跟潘建国——北京大学中文系的教授聊天，他说我就羡慕你们那些在图书馆里工作的人，能够进入书库那是多大的乐趣啊，幸福死了！得能够进入书库，可以任意地翻书，他想象的幸福是这样。当然在图书馆工作很多人也是"身在福中不知福"的，如果不做研究，可以碌碌无为，潘教授想这也是一种幸福，只要在图书馆就是幸福的。前人哪有这样的福分，更不要说计算机、手机的使用了。

"眼福说"。封建时代以及近时的藏书家，尽一生之辛苦劳累积聚了许多图书，保存了祖国的文化财富，但他们所见有限，我们在图书馆工作的人"近水楼台先得月"，和这么多的善本书打交道，保管整理，给无缘见到善本书的人一种信息。前人论学，强调潜移默化，心领神会，所谓"操千曲而后晓声，观千剑而后识器"。

3. 为他人作嫁衣裳。对现代的学者研究者来说，希望图书馆有一本书志详列目录版本及其内涵的，重要资源全部予以揭示，他们不必再花时间去查别的工具书了。他们最希望从中得到各种资讯、大量信息，目录学、版本学、文献学以及其他学科的人都要用，所以社会上的需求也达到了。

4. 对图书馆的同行来说，可以提供借鉴。因为书志上有各种数据、依据，可以比对。必然会对其他馆起一个示范作用。而他馆所写，不仅是参考，而且是有一个指导的模式。为图书馆编目人员核对版本提供依据。从另外一个角度来说，也训练了干部，培养了人才。

5. 重要图书一览无遗，即使提供影印出版，也有据可依。也可从中得到许多的副产品，那种副产品既可以做善本书的图录，藏书印记也可以编成一种图录，也可以把收藏的那么多刻工拼起来写成文章——可以形成很多题目。如果把"书志"看成是开发古籍文献，实现资源共享的必要手段，也未尝不可。

这个书志的写作也确实是一件非常不容易的事情，因为如果容易的话，很多图书馆早就把它做出来了。很多都做出来了，谁不想做啊？谁都想做。公家想做，私人也想做。

从20世纪40年代至今，在图书馆系统中，并不是没有人想到书志的重要和撰写，我所接触到的或知道的就有：

我过去在写《顾廷龙年谱》的时候，看了顾先生的日记，他的日记我全部看了一遍，有用的全部录入到电脑里面去，那时候每天晚上都在干这件事情。其中有一条记录我觉得非常有意思，那就是说顾廷龙先生他曾经看过缪荃孙写的书志，他觉得不满意。他说如果将来我有条件的话，我来写那种善本书志，我要力压众编。我以为这所谓"力压众编"，当然是雄心壮志，就是详细揭示书之内涵及版本源流，这在20世纪30年代顾先生编的《章氏四当斋藏书目》四卷中，可见一斑。后来顾先生没有做到，因为要付诸实施，要看时间的安排，要看行政方面的工作等的条件。外面的原因、内在的原因，主观上的、客观上的都要考虑到。

50年代，赵万里先生在完成了《中国版刻图录》后，拟将北京图书馆藏古籍善本写成善本书志，但因当时的形势，致使工作无法开展。国家图书馆资深研究馆员冀叔英先生曾于1999年7月15日致笔者信，有云："回首三四十年前，北图亦曾设想待入藏之书编目告竣之时，当写成书志，以记录一代典籍所存，今则已矣，思之慨然。"2001年的另一封致笔者信又云：1958年，在赵万里先生的主持下，《中国版刻图录》完成后，北图善本部就想将写作馆藏善本书志列入工作计划。遗憾的是，这之后政治运动不断，写作的气候不复存在。"天气"变化是从1960年开始的，那个形势就完全不对了，要抓阶级斗争了——那时候要批判"右倾"了，反"右倾"了，很多事情不是今天的你所想象的——"气候"不对，要做的事情也不那么顺心了，尽管赵先生是善本部的主任，想做也不是那么得心应手的。这个事情就一拖再拖，到后来就"文化大革命"了，更不能谈了，到最后人都走了——受迫害，那也没办法。所以冀大姐非常伤感、不无感慨地在信中说：北图今后再也不会有自己的馆藏善本书志了。因为大家都知道北京图书馆那么多年下来所编出来的最好的一部图书就是《中国版刻图录》，一直到今天为止，它一直有历史地位，是不过时的，一直站在那里。不光是你拿到手里分量重，是它里面的含金量重。如今改革开放已三十年，图书馆领域也发生了显著变化，津以为国图人才济济，专家多多，又有明智者执掌帅印，若假以时日，何愁国图善本书志不成？昔年，北图以《中国版刻图录》，在业界获掌声数十载；今朝，国图若将《国图善本书志》竣事，到那时，模式高悬，嘉惠学林，则不以时间计矣。

60年代，"文化大革命"之前，有《浙江省图书馆善本书志》(初稿油印本)，可惜未成书，大约有××篇。油印本中有："本书为浙江省立图书馆历年所藏善本中之宋元明刻本之题识，分别著其书之卷数、撰人、版本之年代刊者，与其他之考证，有印鉴者寻其……"

图书馆学者卢震京有《中国古籍书目解题》，为其遗稿，未出版。历时二十年编成，收录数千种中国古书提要，内容包括自汉至1962年8月底前已刊、未刊的古籍书目以及民国以后期刊所载有关古籍书目的重要论著，分为综合书目、艺文书目、藏书书目、著述书目、特编书目、专科书目六大类。其中私藏书目(私家藏书楼书目、私立图书馆书目、个人藏书书目、藏书题记、外国人所藏汉籍书目)、学院学派著作书目、妇女著作书目、个人著作书目、外国人汉籍著作书目、征阙书目、译书书目、考订书目、禁书书目，以及传记书目、金石考古书目、敦煌书目、宗教书目和科学书目(古历算书目、中医书目、古农书目、古河工水利书目)等，颇富特色。(见山东省图书馆学刊119期，2010，3)

1963年时，上海图书馆善本组在顾师廷龙先生的指导下，开始了尝试写作善本书志，那时候上海图书馆正在编上海图书馆藏的善本书目，他就抽了一点时间跟潘景郑先生，还有沈文倬——后来到了杭州大学，当然现在九十多岁了，在不在我不知道，就请他们这些人写一些善本书志的样子出来。一共大概是写了二十多篇，这些东西现在还在不在我就不敢说了，因为1990年我离开以后几经变动，一个搬家以后那个善本书志的提要找都找不到了。但是我手里有他们过去所写的亲笔的样章，我留了几张下来，带到美国，后来又带到广州去了，从那可以看一个样子出来。但因当时的工作中心是编制馆藏古籍善本书目，所以写了十数篇即告停止。津手中保存了当年顾、潘写的样稿。

　　除了图书馆外，私人也有写书志的计划，王重民先生的《中国善本书提要》，总共4400种。

　　如70年代，黄永年曾致顾颉刚一札，云："受业昔年尝有志写一《旧书识小录》，取寒舍所藏旧本书及所见旧本，略记出版本或内容，稍事考释，已成数十篇，劳动后暂中止。近又思写一《前尘梦影录》式之笔记，记所藏、所见、所闻之旧本书，日来在医院中已写了数千字。此等事自知无当大雅，然存之脑中，数十年后终于澌灭，则不若笔之于书，为后人留此参考资料耳。"顾得信后写道："近年能从事此道者已不多，甚盼其欲撰之书早成，为读古籍之工具也。"这本《识小录》应也属书志的范畴。可惜的是，我们没有看到黄先生的稿本。

　　80年代，黄裳先生将自己过去写在藏书中的跋集中起来，编成了《来燕榭书跋》等，这是私家为个人藏品写志。惜书太少。

　　90年代，有杭州严庆善的《贩书经眼录》。之后又有苏州江澄波文学山房的《名抄古刻经眼录》等。这是经营旧书及古籍的坊间人士将几十年来所经眼的善本书写成的书志类的著作，也是继四十年代王文进《文禄堂访书记》后的贾人作品。

　　大馆大，资源丰厚，工作性质也多样，"婆婆"多，有督导，开工后就不能停，所以谨慎之极。但是小馆却没有这么多的限制，我一直为武汉市图书馆摇旗呐喊——我曾经写过一篇小文章为它击掌，那是什么原因呢？你看武汉市在湖北省，湖北省的最大馆就是湖北省图书馆，武汉馆只不过是小馆——在中国大陆市一级的馆中算不上什么。居然这个小馆能够出它自己的善本书志，我当年那一次是在亚洲学会图书馆年会开会——在芝加哥还是华盛顿想不起来了，因为那种年会，很多的中国大陆的出版单位会到那里去"摆摊"，台北"国家图书馆"、故宫也有个摊位。那些单位把新出的那些书放在那里——当然也是做生意，我当时一看，这个武汉图书馆的善本书志，一本，大三十二开，我心想这个很有意思，拿在手上翻一下。我马上就跟那个工作人员说：这本书保留，我让哈佛燕京图书馆采购部门的人过来买，我希望能尽快地看到它。

一种是《武汉市图书馆古籍善本书志》(经部，119种，28万字，三人撰写，2004年，湖北人民出版社)，再一种是《浙江省图书馆善本检记初稿》(夏定域著，140种，6万字，油印本，未出版)。以武汉市图书馆为例，该馆并不大，善本藏书也不多，古籍约21万册，和湖北省馆相比，是小巫见大巫，和其他省市一级的大图书馆相较，那更是不能望其项背。然而，小馆也可以做大事，可以做大馆一时半会所做不到的事。那就是他们有意将数量有限的馆藏善本逐步写成善本书志，而且已经出版了经部(第一辑)。书志包括了原书各种记录及刻工、钤印等，哪怕是一种不怎么样的丛书零种，也引用资料，还以图表的形式，加上自己的见解，有图有文，图文并茂。就写善本书志来说，武图的负责人是这么看的："前人积攒了这样一份宝贵的财富，我们不能只将它们好好地保存起来，让它们不再受到人为的或自然的损毁。我们更要将它们展示和提供出来，让它们被更多的人认识、利用。传统文化的继承和传播，前辈曾经努力的足迹和敬业的精神，公共图书馆有着责无旁贷进行宣扬和传承的义务，这本书志可以说算是我们践履义务的一份答卷吧。"武汉市馆敢于向湖北省馆叫板，敢于向国内的省市一级的大图书馆挑战，那是应该为之喝彩叫好的。叫板、挑战，不是骄傲，是表明自信、实力，是相互间的促进，是好事。

后来我看后，就有一种感触，它的内容写得也不错，是三个人做的。这三个人你说他们有名气没名气？真的不知道这三个人，你也查不到的。但就是这三个人啊，居然写成了一部"经"部的善本书志，是啊，它是按"经史子集"来排的，先出版的就是"经"部，有了第一部"经"部，那以后必定有"史""子""集"，我当时看了以后就觉得真好，大图书馆都没出善本书志，小馆倒出善本书志了。这说明什么问题呢？这个小馆别看小，小馆向大馆挑战，首先向湖北省馆挑战——我是小鸟你是大鸟，小鸟是笨鸟——笨鸟先飞，我做得如何，白纸黑字，你都可以看，写得好写得不好，大家都可以看。这部书志做得很尽力，做得非常认真，认真在什么地方呢？我举个例子：我之前写那个《哈佛燕京善本书志》，第一版是上海辞书出版社出版的，有一百五十二万字，里面有一种书武汉馆也有，谁知道我粗心大意把里面的一个什么地方写错了。武汉馆仔细去查了，我很感动。是啊，小馆向大馆挑战，居然就出了善本书志。

但使我不开心的是什么呢？出版了第一本以后，我写文章为它叫好，能做出来，必定是馆长在背后支持的，因为没有上司的支持是做不起来的。后来我就打越洋电话给武汉馆找到了其中写作的三人中之一个，当时不是三个人吗，我再一问呢？妙了，三个人变成一个人了，还有两个人哪去了呢？离开了。我听了心里真的很惋惜，那两个人做得好好的为什么就离开武汉馆呢？跑到另外一个学院图书馆去了。班子拆掉了——舞台没了，戏唱不成功了。我问那个女孩子，说你现在在干吗，她说接待读者啊什么的，我说那以后"史部""子部""集部"怎么办呢？她说："我不知道，现在领导根本就不过问了。"所以本来那个文章中我还写这个领导好，现在我对那个领导就存有疑问了，那么好的一件事情应该继续啊。干吗要拆掉呢？那就没话说了。所以自从第一本"经部"出版以后又过了若干年了，又是泥牛入海无消息——没戏了，太可惜了。

小馆真能做事情，除了武汉馆，还有苏州馆。苏州馆你知道什么名胜古迹、狮子林都可以说，这个苏州馆也做了它自己苏州市图书馆的善本书志《苏州市图书馆藏古籍善本提要》（经部，172种，9万字，11人撰写，2004年，凤凰出版社）。这个"经部"我原来在"哈佛"就看了——我也看看写得怎么样，为什么这样写，用什么样的模式。几年前的3月份，我到苏州去看沈燮元先生，他陪我去苏州馆，就看到"史部"也出来了，那也很好，那说明这个"机器"在运作，"史部"出来了，无非就还有"子"和"集"。"集"最多，那就慢慢写。所以顾廷龙先生有句话我说它是真理，是非常简单的真理，他说："火车只要开，总归要到站的。"只要开不要停，慢慢来就行。

如何写作书志

私人收藏家都有心写自己的藏书志，为何公家不能为呢？中国的古代典籍浩繁，古人皓首穷经亦只得其万一。

有道是"天下文章一大抄"，但是"抄"，要抄得有水平，间中加入自己的观点、看法。写一篇书志，要去查找相关的材料去印证，要了解什么样的工具书、参考书中可以去查到你想了解的材料。查到后，如何去摘取有用的文字，然后拼组成一篇属于自己的文字。

所谓"看人挑担不吃力"，不少人看了我们写的书志，总觉得很容易，不难。是的，确实不难。但是，每天写一篇，面对不同的书、不同的作者、不同的版本，都要去查寻有关的材料，时间一长，就会有一种厌倦情绪。如果没有"拼"的精神，没有一种压力，就不会做好。而且要一次成篇，容易不容易，可以试试。担子有轻有重，分量不一，挑担的技巧，走的路远近，耐力，不是担得起就胜任，要走很长的一段路，还有各方面广博的辅佐知识。许多作者在完成自己的"大作"，在写序或后记时往往会写到"甘苦自知"，就是这个道理。

写作善本书志，不是一件容易之事，甚至是苦差事，如若易办，那先人前辈早就着手上马，而不用等到今天。无论是哪一个图书馆，书志的写作，都取决于一个模式，或为简志，或为繁志。简志者，如20世纪30年代出版之《浙江省立图书馆善本书目题识》《岭南大学图书馆馆藏善本图书题识》，及20世纪40年代的《北京大学图书馆善本书录》等，每书之介绍，仅限于书名、卷数、作者、版本及序跋、稽核项，如此而已。繁志者，即是在简志的基础上，揭示出版本之认定依据、全书之内容、因何而撰、序跋之摘录、他处入藏情况、书之特点及钤印等。

每个大型图书馆，所藏善本数量不同，人员的训练及质素亦不同，完成的时间自然亦不一样。然而，一个大的工程，从开始到竣工，绝不可能一帆风顺，三五年、十数年，或更长的时间。写开头了，必有各种各样的困难矛盾出现，但此时已是"开弓便无回头箭"，没有退路可走，只能是小卒子过河，勇往直前。从另一方面说，这种写作善本书志的机会却是百年难逢，您能参与，就是幸运。当然，也只有这么一次机会，就看如何把握了。

书志的写作，无非是简单和详细。笔者以为今天的学者在善本书志的撰写中，不仅仅将群书部次甲乙，条别异同，推阐大义，疏通伦类，更应建立在既借以辨章学术，考镜源流，亦可搜讨佚亡，而备后人之征考。前人于书志写作有云：应"辨版刻之时代，订抄校之精粗，改卷数之多寡，别新旧之异同，以及藏书印记、先辈佚闻"等，所以在前人的基础上更加详细地去揭示书之内容版本，尽可能使之精审确凿，而不是一张图书馆藏书卡片的放大。这样的书志就具有一定的学术价值。因此，《哈佛燕京善本书志》的写作，是将原书之书名、卷数、行款、板框宽广、题名、序跋先作揭示，再作者之简历、各卷之内容、撰著之缘由、序跋之摘录、版本认定之依据、其书之特点、讳字刻工写工绘工印工出版者、他处之入藏以及收藏钤记等，尽可能地将书中得到的不同信息详细钩稽，依次排比，供研究者参考利用。研究者如能透过善本书志，找到对他有用的信息并加以利用，这样的写作方式，我们称之为"哈佛模式"。

我曾有一份1993年北京方面编的撰写《中国古籍总目提要》的手册，其中的凡例、范例很好，很详细，也很重要。但不易做到，主要是各地图书馆的专业人员参加撰写，但直到今天都没有出版的消息。我们今天所写的书志，应该比前人写得更详细，前人的古文功底学问，是我们无法比拟的，但今天的社会是一个信息化的社会，你在图书馆里见到的书比古人、前人要多，见到的工具书、参考书更多，至于版本的图录书影，可以比较核对。

如果一篇书志，没有作者的小传、没有内容、没有自己的见解，那或许著录的就是某书的基本著录，也即卡片式的书名、卷数、作者、版本、稽核项等而已。所以书志不是卡片，也不是卡片的放大。

写善本书志要有压力，要有指标，循序渐进，是集体的成果，它不是旧式藏书家的。但是哈佛燕京书志也并不是十全十美的，它也有错误，金无足赤，人无完人。有一硕士生的论文就是说哈佛书志的体例的，这也不是那也不好，总之有错误被揭示是好事，如某书的作者他查到了，某句的标点错了，某书的版本可商榷等等。我是欢迎的，总比一味说好要好。

这个世纪的专业人员，今天回过头来再看那逝去的前一世纪，我们是站在前人的肩膀上，应该看得更远，做事也应做得更好。前人的经验是我们可以利用的财富，所以用今天的眼光去看前人写的书志，那我们也应该写得更好。

模式的构成：

第一段为书名、卷数、作者、版本、稽核项、附注项。

书名：以卷一第一页第一行的著录。

作者：选取卷一第一页第二行的著录，如没有，则看书的封面页，或查别的目录上的著录。

版本：出版年及出版者、出版地，请依据牌记、扉页上的文字定夺；细读序跋，如确为此年刊刻，则用。如没有注明，则作明刻本、清刻本。抄本则细验字体纸张，作明抄本、明红格抄本、明黑格抄本、明蓝格抄本；清抄本、清初抄本、清乾隆抄本等。

册数。行款字数。边框的宽高尺寸。书口中的鱼尾（单、双、三、四、五、六）、书口上下的文字录出，有刻工或有写工。出版者如某斋、阁、堂、楼、轩、庐、山房、书院、别业等皆须录出（抄本书口亦如前）。某年某人序、跋亦请录出。凡例几则。

第二段为作者简历。各种工具书参考书地方志等互查，综合各书反映出的信息资料，重新组织文字，简练、清楚，并注明资料来源出处，如《明史稿》列传。如作者名头太小，无资料可寻，则写"作者无考"。

第三段为书的内容。此指各卷之内容，如某文集、诗集多少卷，请录出卷一赋多少首、篇；诗之五言六言七言多少首；或序多少篇、寿序多少篇、书跋多少篇、墓志铭多少篇、札多少通，等等。首一卷及末一卷的内容亦要录出。

第四段为作者写书之缘起。作者为什么要写此书，请细读作者的序以及友朋序、跋，凡例亦要看，尤其是第一、二则。文字摘出时，要有针对性，前因后果、甜酸苦辣的心情皆要。文字的标点符号要注意。

第五段为此书内容及版本之特点。此段写别人对此书的评价，友朋（序跋中）、后人（专著或其他材料），或工具书参考书，如《四库全书总目提要》《续修四库全书总目提要》以及各种前人著作等。如为重要抄本，要尽可能写出与刻本之比较，也即其价值所在。如有补抄之卷数，也应写出。

第六段为此书版本之依据。有无扉页、牌记，内里的文字全数录出。扉页上的文字，先书名、作者、出版年、出版者，包括藏版处、扉页上的木记或钤印（刻板或钤要分清）。序跋中之具体刻书时间等文字要录出。这点尤重要，因为这在其他目录及一般的书内反映不出，别馆之书或无扉页牌记者。抄本之讳字。

第七段为此书版本之流传情况。充分利用各种工具书及各种书目，特别是《中国古籍善本书目》，以及各种联合目录、台北的出版物等。查核此书在流传过程中，产生过什么版本，最早的、之后的，印过与否，或在何丛书中。他馆有否收藏，藏于何处（大陆、中国港台地区的何处，美国、日本的何处）。有些书目我们查了，就可以了解某书藏于某图书馆，或者是流传多的就在北京、上海、南京等数十个或几个图书馆有，但不必标出一大串，只需写出某馆、某馆、某馆等皆有入藏。至少有一条可以看出这本书现在流传多少、在什么地方，这个资讯要告诉别人。

第八段为此书之收藏印。这本书的收藏，有谁的藏书印、这个印是真的还是假的、什么内容要写下来。注意：印有新旧之分，先写旧藏者，再新藏者。如知道多方钤印中有二至三家者，尽可能一家之印集中，以区别他家。又序跋后的印不是收藏印，不录。如系伪印，也要在括号内注明"伪"。

至于版本之考证，一定要重要版本，一般本子不必去做。清人著作，版本上没有什么考证的，只要依书去客观表述即可。著录一定要准确，这是最基本的原则，尤其是版本项。故书志着重在目录学、版本学上下功夫，不必限制字数，如引用前人之文字，有的可以消化而形成自己的语言，写作要活，不要全抄，在于理解，写清楚即可。

我可以告诉各位，我原来在"哈佛"的办公室有两排书架，那都是工具书、参考书，很多人来了以后都很羡慕我，说你这些东西真好，我们那里没有，包括有些日本的、内阁文库的、静嘉堂、尊经阁、东京大学、京都大学和其他很多大学的善本书目，也确实，这在中国国内的一些图书馆很少见，国内的一些出版物呢，我尽可能都调上来。但地方有限，有的我就到楼下参考工具书阅览室去取，我让我的同事所有参与的都这样做。

我曾经也做过比对，把香港某大学某图书馆的善本书录拿出来对比，它也是第一种的，去掉子目有两百字，我们的去掉子目有五千字——你说哪一个有用？所以我们很清楚，我们的宗旨就是要提供大量的信息告诉看这部《书志》的读者。

书志的写作，代表了写作者本身的水平，也代表了该馆的学术水平。曾见上图过去写的书志，每种书仅200字左右，包括书名卷数作者版本等，这样的模式写不出（钩稽）书之特点，有何价值？我看了，以为这不符合一个重要的大馆学术水平，没多久，这项写作即停止了。又如台北"国图"的善本书志，它的模式太简，每篇基本上在300字上下，文字内容上有不少限制。如中国现存最早的套印本，元至正元年（1341）刘觉广江陵刊经所刻朱墨套印本《金刚般若波罗蜜经》，国内所有文献学、版本学、美术史、印刷史的著作，没有一部不提到此书之重要，而且国内的学者见到此书原件者仅数人而已。这样一部重要图书，却在《"国家图书馆"善本书志》中的表述仅150字，但书志从书名到钤印，仅有100余字的简单记录，由于吝于文字，又无人把关，没有半句提及此书之重要，其书文献价值不得彰显，而似作为一部普通图书去描述。台北书志每一篇的写作者是两人，一博士一硕士，每天两篇左右。

你写得如何？必须放在社会实践中去检验，要接受学术界、学者教授的检验。《中国地方志总目提要》前言上也用"提要钩玄"一类的话，但实际上却没有这样的水平，而且错误很多，前言属美化吹捧的文字，言而不实。"哈佛燕京"的书志就在于将一种书的情况大致上写得清楚，即学者不必到馆查书目，即可以知道这种书对他有没有用，这种书是不是他所需要的，他得到的资讯一定比其他的书志要多。

图书馆里的专家撰写善本书志为什么比外面的专家学者要好（我是指大多数），那是因为图书馆里的专家看的书多，经眼的版本多，眼光比较广博，而社会上的学者往往做研究只找一个自己研究的专题，在某一专题上有专长，但他不了解版本的鉴定，因此提供的应是版本的认定依据。

我们做的事看似简单，可以不是大事，但却是有意义的事，是对中大有益的事，是进一步揭示中大馆藏的长远目标实施的一个部分，而要达到目标，只有团队的人志同，道亦同，即志同道合的人才能去做事。

要达到这个目标，需要什么条件呢？

1. 主编。即使不懂具体业务，不参与写作，但其有志为馆做事，在其任内，鼎力支持工程的运作，解决具体工作中之困难，包括人员的调配、书籍的补充等。

2. 领军的人物很重要，必须是版本鉴定的专家、懂行的学者，因为他要做出决定。包括什么样的书收，什么书不收，他要决定写作的模式。最后还要把关审核。

3. 人员。有一定的版本学、目录学、文献学的背景和专门知识储备。现在的资讯条件优势明显，得天独厚，不断补充新的资料，掌握学术界的最新动态，对学术界其他学者的研究了如指掌，具较高的判断能力。可以调教训练，张丽娟曾参与港大冯平山馆善本书志的撰写。

4. 参考工具书要齐全，不断地补充新品种。包括日本的各种书目及工具书。一般的单位没有入藏，但要想办法去采购补充。

书志的风格，代表一个时代痕迹。它把我们多年的经验积累以及在大学时代、研究生时期所获得的知识，全部通过自己的双手和智慧，化为计算机文字，供给普天下研究汉学的学者使用。谁先写馆藏书志，而且成功，不仅对其他馆起一个示范作用，而他馆再写此书之书志，不仅是参考，而且在文字上必是会有重复，除非后来者所写更有特点、更为详细，否则很麻烦，会不知所措。应该看到，大部分的善本书都是别馆已有的，自己有入藏而别馆没有的在数量上不一定多，当然稿本、抄本，尤其是前者别馆是没有的，更可以去写得详细，还有一种情况是没有刻本的抄本。

当然我觉得很多事是"事在人为"，现在这几年可能不会写——或可以视作时机还没有成熟，或许再过若干年中国国家图书馆也会把它的资源变成善本书志推出来。十多年前我和张志清先生谈过这件事情——那时候他还不是副馆长，只是善本部副主任，后来他升为善本部主任的时候我们又议论过，后来他变成副馆长的时候我们也聊过。他很想做这件事情，他很想把中国国家图书馆的善本书志的工程启动起来。当然做任何一件大事都不是一帆风顺的，都有困难。

大馆写作善本书志，是一项工程，并不是一年两年几年十年就可以完成的。它不是阶段性的，它是长期抗战——抗日战争，跟日本人打，就是十四年呐。这工程很可能是十年，也很可能是十五年。工程的完成是一项成就，就像一座标志性的建筑，是处于永久的坐标，永存天壤的。它在学术上的影响、价值，不是得不得奖或得什么奖的问题，它可能影响几代人，也可以催生、培养出一小批自己的专家，而社会上也有这个领域的学者，它的出版意义不必我们去说，或者由后人去做出评价。然而大有大的难处，大馆的特藏资源丰厚，人员也是兵强马壮，虽然有优势，但也有外在的各种各样的因素在干扰。"婆婆"多，展览多，以及参与各项必要的政治活动。所以我对志清说：你那个"困难"就是"婆婆"太多了——管着你，所以他考虑的事又多，没有时间；而人也有问题，人是最重要的决定因素，但搞来搞去就是这几个"中流砥柱"。

我们过去做《哈佛燕京善本书志》的时候，我请了几个人。最初的时候我的信念是这样的：我拟了一个计划，要从大陆请人，前提是：第一，二十年的专业训练；第二，要有非常强的写作能力；第三，要非常熟练地运用工具书和参考书。后来我找到严佐之——曾任华东师范大学古籍研究所所长、博导，他和我比较熟悉，我相信他，请他来做一年的访问学者；第二位是谷辉之，辉之是浙江图书馆的研究馆员、古籍部的主任、浙江大学博士，我请她来是因为她当年参加了《中国古籍善本书志》的编纂，她1973年的时候进入这个领域。

到后来不行了，不行的原因，是因为我再找这个"二十年专业训练"，这个条件太苛刻了——我就改找那种有"潜力"的、可以训练的人来做我的助手，来培养来训练。我找了两个，一个是清华大学的刘蔷博士，是跟安平秋教授的。还有一位是张丽娟博士，她是北京大学孙钦善教授的博士。刘蔷做的是清代的"史部"，张丽娟做的是清代的"子部"。我的要求很简单，必须按照我所拟定的"哈佛"模式去写，每天写一篇，字数800至1500字左右。我所要求的无非就是将书的内涵比较清楚地描述出来。我为什么要要求这一点呢，是因为你多花了十分钟，别人就少花十分钟，你去查了别人就不用去查了，别人可以节省时间。

刘蔷一年后回到清华，她说："沈先生，在哈佛的这一年我真是有很多所谓的进步，我回到清华后，就觉得有一种失落感。我每天写一千字的书志，一个星期五个工作日，一年三百六十五天是两百个工作日左右，去掉星期六和星期天、去掉国庆假日（7月4号，美国的国庆）或者圣诞、感恩节，（我）天天写，居然两百天下来，写了20万字。20万字对一个在国内图书馆中的工作人员来说，很难做到。"我相信她过去在清华馆的那段时间里是做不出来的。对我来说，我是"赶着鸭子上架"。对他们来说，那是一种压力——这种压力也就是说"我必须做出来"。这是一种机会，也是一种缘分。他们成功了，他们四个人都成功了，书也印出来了。所以他们自己说：看到这六本书我们自己也有一种成就感。是啊，你可以有你自己的著作，也可以有和几个人合作写出来的著作，所以我说这是我们共同的成果。

一般来说，书志是一部书的客观记录和自己的主观意见的结合。资料性和学术性的结合，使它蕴含更多的信息量，这比以往的叙录解题更符合书目揭示图书形式和内容特征的本质要求。比较好的书志，即是有内容、有分析、文字不枯燥的书志，要站在读者、学者、教授的层面上去写作，从目录学、版本学的角度去提供资讯。我们的书志和别人最大的不同，就是具有学术性，不能是卡片式的，或是卡片的放大，即使是汤，汤里也要有内容。

关于《哈佛燕京善本书志》

2009年，美国哈佛大学又获世界最佳大学第一的金榜题名，这已是连续数年之佳绩。很多人也想知道，哈佛大学的哈佛燕京图书馆又是怎么一回事呢？趁此机会，我再将哈佛燕京图书馆中文善本书志写作做一提示。

美国哈佛大学创立于1636年（时我国为明崇祯九年），大学图书馆下属96个分馆，哈佛燕京图书馆是其中之一。"哈佛燕京"是欧美地区研究中国传统文化的重镇，收藏中日韩越出版物约120万册，以及用英文撰写的有关东亚研究的论文、专著等（不含复本）。中文线装图书，大部分是1928年至1949年间，在北京等地区的旧书店里购买，或委托在京人员选购，数量在两万余部，包括2800种地方志和1000种左右的丛书。20世纪50至60年代又从中国台湾得到一些，如齐如山藏戏曲小说。其善本藏书约9200部，含中国善本书4000部、日本善本书2700部、韩国善本书2500部。中国善本书中包括宋元明清刻本、稿本、抄本、活字本、套印本、版画等，其中明代（1368—1644）刻本1500部，清初至乾隆（1644—1795）刻本约2500部。明代刻本中有188部是中国（包括台湾地区、香港特区）、日本、韩国、美国等地所未有的名目或版本，又有百余部是见于著录的清代禁毁图书。可以说，"哈佛燕京"的中文善本收藏的数量和质量，在欧美地区来说，足可与美国国会图书馆相抗衡，在国内，也可与一般的省市图书馆相颉颃。当然，对于国内的几个大型图书馆，那就不可企及、相形见绌了。该馆能有如此较为丰富的馆藏，那应该是"哈佛燕京"首任馆长裘开明先生的不遗余力所达成。

然而，"哈佛燕京"虽将所有善本图书全部编目入库，也有卡片目录供查阅，但却没有自己的善本书目。责任者想的是，等待时机，聘得专业人员直接将善本书写成书志，并列出索书号，一步到位。"哈佛燕京"中文善本书志的撰写，始于1992年5月，按照馆方的要求，先写宋元明代的刻本，之所以如此，是因为"哈佛燕京"善本书库的排架是以宋元刻本、明刻本、清刻本以及抄稿本排列的。至1994年4月,宋元明代的刻本1443部先行完成,并于1999年由上海辞书出版社出版。1995年至2008年,又完成了1700余种清刻本以及抄稿本书志的撰写。

2011年4月,广西师范大学出版社出版了《美国哈佛大学哈佛燕京图书馆藏中文善本书志》(以下简称《哈佛书志》),洋洋6巨册,400万字,将哈佛燕京图书馆除方志之外所有中文古籍善本悉数囊括,总计3098种。这是一个浩大的工程,在中国及海外所有收藏中文古籍著名的各类图书馆中,能完成这样完整的书志编纂,以字数规模计,大概仅台北"国家图书馆"之《"国家图书馆"善本书志初稿》(著录馆藏善本12369部,约400万字)可与之埒名。有人说:若以"辨章学术、考镜源流",为学界同行提供研究所需各种信息方便论之,《哈佛书志》的编纂可谓"极致",我们不妨称其为"哈佛模式"。目前在中国大陆各大公共图书馆中,编成完整馆藏善本书志的并不多,这其中或许有各种各样的原因。正因如此,《哈佛书志》的撰成、出版,不仅向世界上所有收藏有中国古籍的公私机构敞开"心扉",亮出家底,让所有想了解哈佛燕京馆藏、了解哈佛燕京藏中文古籍善本具体信息的读者,以最便捷的方式获取到尽可能全面的答案;让远在各国各地图书馆的同行们,足不出户即可将手中的善本与哈佛藏本两相对照,核定版本;为那些计划或正在编纂自己的善本书志的图书馆提供一种可资参考、借鉴的方法和样本。

"哈佛燕京"馆藏,有很多是中国大陆已经没有的古籍。所以《哈佛书志》的出版,对大陆学术界来说,它可以提供一些信息,就是几十年来,流落到美国,或者说欧美地区重要的汉学重镇图书馆中的中文古籍到底是怎么回事,有多少数量,哪些是非常珍贵的、大陆所没有的,包括没有这部书或者没有这个版本,通过这部书志可以钩稽出来。

我是很相信缘分的,这和说到"机遇"这个词在某种方面有点相像。我以为我的缘分与别人是不同的，因我在上海图书馆工作了整整三十年。这三十年中，我的导师顾廷龙先生、潘景郑先生和瞿凤起先生，是他们把我从一个什么都不懂的小青年，培养成一个对古籍版本学、目录学有一些认识的学者，我觉得这样的缘分是中国图书馆学界这几十年中几乎没有人能得到的。所以我有时和朋友谈到版本学的师承的问题，我就会很感谢我的导师，也感谢上海图书馆给了我这样的机遇。另一次的缘分是在"哈佛燕京"，我能有这样的机遇去写"哈佛燕京"的善本书志，这也是有些图书馆专家不可能得到的。"哈佛燕京"的第一任馆长裘开明先生收集了那么多善本书，他一直想写一部善本书志，向世人揭示"哈佛燕京"的馆藏，但他心有余而力不足。裘先生退休后，吴文津先生接任，吴先生很想秉持裘先生的意愿，完成这部善本书志。他一直在寻找机会，直到他遇见我。

有些人或许知道，我曾于1986年至1987年在美国做了20个月的访问学者。那个年代在国外做访问学者的人很少，而我则在美国很多东亚图书馆访书，比如国会图书馆、哈佛燕京、芝加哥、哥伦比亚大学，以及耶鲁大学、普林斯顿大学等，我都去看过，也结识了不少东亚馆的馆长。这些访书经历使我认识到，在美国的很多地方，收藏有大量中国古籍，包括善本，这些善本书的情况都是大陆学者不太清楚的。我当时就想，如果有人能好好揭示这些馆藏，那将对研究东亚、研究中国传统文化是一个极大的贡献。

这个机会终于来临。1991年，我在香港中文大学图书馆工作。有一天，在没有任何预知的情况下，吴文津先生来到我工作的地方，我抬头一看是吴先生，便起身迎向他。吴文津先生这时也看到了我，他惊讶地说："咦，沈先生，你怎么会在这里？"我回答说："我已经定居香港。"吴先生第二句话就说："这下我们请你就容易了。"当天晚上吃饭时，吴先生向我提出，正式邀请我去哈佛燕京图书馆写善本书志。他说，他回去后一定会向韩南教授主持的哈佛燕京学社申请一笔经费，邀请我去写书志。所以我觉得这真是一种缘分，因为如果吴文津不到香港中大，没有遇见我，他就不会邀请我去美国；我如果没有遇到吴文津，也就没有机会写《哈佛书志》。这完全是一种缘分。

《哈佛书志》的写作，始于1992年5月1日，那是我自香港飞美后的第三天。刚开始，吴文津先生就对我说，你只要写成像王重民先生的《中国善本书提要》那样就可以了。我试着写了几条后，觉得王重民的《提要》写得太简单，不少是卡片内容的扩大，没有钩稽出原书的内涵和版本依据。于是提出可否写得详细些。当时的念头是，这些善本书到你手里同样是翻一次，那么所有书名、作者、版本、卷数，包括其他稽核项，尤其是作者小传、书的内容是什么，比如它有十卷，每卷又说什么，作者为什么要写这部书，这些问题的答案大都在序或跋里可以呈现出来。这部书有什么特点，在书坊印书时有没有扉页，或其他类似版权的像牌记之类的东西，包括藏书印等信息，我觉得都应该予以反映。至于这部书现在流传的情况，藏在什么地方，则更应该反映。因为过去的善本书志从来没有这样的信息，既然机会只有一次，无非你多花些时间，就可以为别人省下很多精力，而我愿意多付出些力气，为别人提供一些方便。对于这样的设想，吴先生同意了。

我过去在上海图书馆时，受过目录版本学的训练，也读过不少相关图书，包括《四库全书总目提要》《荛圃藏书题识》等，也包括其他像唐弢的《晦庵书话》、郑振铎先生的《劫中得书记》。我在80年代也写过数十篇较详细的书志，有过一些实践，所以写起来不怎么费劲。

最初这个书志，写的是宋元明刻本，因为吴文津先生请我去哈佛两年，时间很有限，而且这两年不是以每年365天计算的，而是每年200多天算的，一共才500天，除了我回国休假外，所有时间全扑在这上面了。当时没有电脑，全部手写在稿纸上。我是一部书放在左面，右面是稿纸，稿纸都是我从香港带来的，把书名、作者、卷数等信息，按脑子里想好的模式，一股脑儿写下来，这就是以后的所谓"哈佛模式"。至1994年的4月底，全数写竣，共1450部150

万字。

1999年辞书版《书志》收录的是宋元明刻本，而广西师大版《哈佛书志》是囊括了哈佛燕京藏所有宋元明清善本，包括了稿本、抄本、活字本、套印本版画（不含方志）。一个是宋元明部分，一个是全部，当然宋元明部分这次也做了修改、补充。另外，两者书名略有差异，辞书版书名中，没有"藏"字，广西版多了一个"藏"字。

"哈佛模式"是我们给自己写的书志定的模式，就是比较详细地揭示书的内涵。一部古书出版后，经过几百年或上千年，经过了无数自然灾害、兵燹或人为的政治因素，能保存至今，确是不易之事。古代多少藏书家费尽心思、积几代人的收藏，往往经过一场灾难都化为乌有了，像钱氏绛云楼、鲍氏知不足斋，他们的藏书都受到祝融的"光临"。尤其是清代乾隆时，编《四库全书》，又禁毁了大量图书。至于太平天国时期，也销毁了很多儒家著作，后来的"文革"时期就不说了。大量图书被毁，或是政治的原因，或是自然灾害，但有些既然流传下来了，我们就应该给它们一定的待遇，给它们比较好的保存条件，从图书馆的角度来说，要善待它们，揭示它们的内容，以便更好地利用，不然这些图书保存下来，你不知道它们，不能利用它们，那又有什么意义呢？现在已经进入21世纪，这是一个信息时代，我们也要与时俱进。

写好书志确实是一门学问，应在前人的基础上更加详细地揭示书的内容版本，尽可能精审确凿，而不仅仅是一张图书馆卡片的放大，这样的书志才会对读者更加适用。因此，《哈佛书志》是将书名、卷数、行款、板框、题名、序跋先做揭示，再著录作者简历、各卷内容、撰著缘由及序跋、版本依据、全书特点，甚至讳字、刻工、写工、绘工、印工、出版者、其他馆藏、收藏钤记等，尽可能地将这些信息一一记录，供研究者参考利用。您知道，这些古籍善本流传到今天，收藏在各个地方，有些善本北京有，但上海没有，也有些是上海有而北京没有，除非将这些善本统统影印出来，否则很多藏本的内涵你无法了解。比如"燕京"书志中很重要的一条，就是版本项的认定，即这部书刻在什么年代，是谁刻的，也就是出版年、出版地、出版者的考订。对于其他研究中国传统文化的学者来说，尽管他们在各自领域有很深的造诣，但对版本鉴定可能是他们的薄弱之处，所以，那就应该由收藏这些善本的图书馆里的专家去揭示它的内涵。我们提供给读者的信息都是从书中得来的，哪怕是同样的书，不同的版本，我们也都认真地加以比较。所以我们的书志可能比别人更详细，因为我们吸取了过去学者专家一些好的成就和经验。

秉持"学术乃天下之公器"之理念，是当时"哈佛燕京学社"社长杜维明教授和我们在一起时谈到的问题。"哈佛燕京"所收藏的东西，虽然是在北美地区的一所私立大学的图书馆里，但都是"公器"。我们认为，这些东西是中国的传统文化的一部分，它虽然流落到美东地区，但只是收藏地不同。对于在海外图书馆工作的中国人来说，我们很愿意将这些中国传统的东西用另外一种特殊的方式回归中国，这是很有意义的一件事。比如将收藏在美国的一些难得的珍本影印出来，这就是另一种意义上的回归。另一种回归是通过善本书志这种方式，通过我们揭示的内容，让人们知道，"哈佛燕京"有这样一些东西，其中有一些是非常难得的，比如《永乐大典》、明代尺牍，或其他一些稿本、抄本，或者没有影印的，或者是非常有价值的，至少可以提供很多信息给那些学者。所以我觉得这些都是"公器"，大家都可以用，不应该视若珍秘，藏之深阁。

您知道，在国内要编这样一部大型的馆藏书志，是需要许多人的参与的，要有主编、副主编和编委，还有方方面面的许多工作人员。而在美国，这是不可能的，它只能有一个人来做，最多再邀请数名国内的访问学者一起做。而访问学者每个人只有一年时间，这一年对他们、对我个人来说，都是非常紧张的。因为我不可能指导他们说，你如何如何来写，事实上，他们来哈佛之前，都已经熟读了上海辞书版那本《书志》，对"哈佛模式"已经比较了解，每部书该怎么著录或怎么来写，就很清楚。所以说，这项工作实际上是好几个人共同努力的成果，包括像上海华东师范大学古籍所严佐之教授、浙江图书馆古籍部主任谷辉之研究员、清华大学图书馆的刘蔷博士和北京大学图书馆的张丽娟博士。这是我们五个人的合作成果，他们也都完成了自己的既定目标。

由于最初计划是两年时间，而宋元明刻本有1400种，所以我给自己的目标是每天写三篇，这个指标短期可以，但整整两年，每天三千字，真的很累，现在老了，不可能做到了。后来严佐之、刘蔷他们来哈佛时，都是每天一篇，我也是一篇，所以最初写时很艰苦。那时候，每天从书库里调出三四部书来，就这么写写写，没有开会等一切杂事，也不必接待读者。上海辞书版《书志》最后那篇后记，真实地记录了当时我的情况，那时我每天走在路上，冬天有时候回家月亮都要出来了，一路上脑子里就是考虑怎么去写、还有多少，除了这个，其他什么都不会去想。写《哈佛书志》确实需要一种毅力，你不可以打退堂鼓，认准了前面的目标，就必须走下去，就像胡适先生说的，既做过河卒子，只能努力向前，不能后退。当时，在"哈佛燕京"工作的戴廉先生，英文非常好，他会作诗，也会写词，他曾写了一首词给我，录在辞书版《书志》的"后记"中，那就是我当年工作的写照，非常真实。

这部书虽然有其他几位作者共同完成，但书稿送到出版社后，在整整一年审稿过程中，责任编辑总共提出了近千条咨询问题，这些问题只能全部由我一人负责回复，每天要入库核查原书、回邮件，联络的越洋电话就多达数十小时。至于《哈佛书志》中收的近千幅图片，扫描工作开始是我在做，后期才有助手帮忙完成。哈佛和出版社有合同，必须按时出版，所以出书前那一年，我一直处于忙碌中。

《哈佛书志》，对个人有什么意义？当年是吴文津先生请我去"哈佛燕京"写书志，经过18年，我完成了，我也不想恋栈，还有其他事情要做。我觉得应该"见好就收"吧。能够完成《哈佛书志》，这确实是件很有意义的事，是难得的机遇，并不是每个人都能遇到的。有的时候，你想得很好，但机会不一定给你，在这方面，我也许比较幸运，机会给了我，所以我很知足。一个人一生能做几件有意义的事？有些人碌碌无为就这么过了一生也都可能。对我来说，过去在上海图书馆受到了三十年的专业训练，我所学到、看到的东西，很多是书本上没有的，或是别人得不到的，我的所谓学识和进步，都应该贡献出来，让别人有所参考。如果能够把自己学到的东西用在撰写世界上最著名的学术殿堂——哈佛的善本书志上，或做成一二件有意义的事，这对我来说，既是一种义务，也是一种欣慰。

我这一生，写了大约800万字，其中400万字是善本书志，约3000多篇。之前，王重民先生写得最多，约200万字。当然，我的体例、模式和他的不同，毕竟时代也不同了。清代以来，去海外访书的学者，最早是杨守敬，他是作为驻日公使黎庶昌的随员到日本。在日期间，他留意收集流落到日本的中国古籍，出版了《留真谱》和《日本访书志》。后来张元济、傅增湘以及前些年严绍璗等人都去日本做过访书工作。在北美，就是王重民、袁同礼、田涛诸先生了。总之，这项工作总得有人去做，而我也是参与其中做了一些事吧。

津虽草芥小民，人微言轻，但这些年来，却一直鼓吹善本书志的写作，在山东大学举办的"古籍整理研究与中国古典文献学学科建设国际学术研讨会"上，我提供的论文也是讲善本书志的。我把前些年出版的拙著书志看作提供一种模式，并作为一块小石子，盼望并引出国内的重要图书馆将拥有的傲人资源逐步予以揭示，并供学界利用及研究。

2014年6月2日初稿

　　《深柳堂汇辑书经大全正解》十二卷《图》一卷《深柳堂禹贡增删集注正解读本》一卷，清吴荃撰。清康熙二十九年（1690）孝友堂、赠言堂刻本。十二册。半页十二行三十字，四周单边，白口，单鱼尾。版心下刻"深柳堂"。无栏线，行间刻圈点。框高20.2厘米，宽13厘米。题"三晋冯懿生、秀州朱锡邕、九河刘训夫、安昌高紫虹四先生鉴定；丹阳吴荃荪右汇辑"。前有康熙二十七年（1688）刘梅序、康熙二十九年吴荃自序。凡例九则。书经正解类题辨异。参阅同人姓氏。

　　吴荃，字荪右，号江篱，江苏丹阳人。康熙三十九年进士。授新建令三载，多德政。戊子分校阅卷，过劳成疾，病革时阖邑士民为设醮祈祷。病殁，缟素七日，建祠祀之。（光绪）《丹阳县志》卷十九有传。

　　是编荟萃诸家《尚书》讲义，并为之解。全书按古文《尚书》五十八篇分卷，卷一至二虞书，卷三夏书，卷四至五商书，卷六至十二周书。其例于篇首曰"全旨"，揭示全篇要旨；又于各章节句读训诂之后，复列"合参""析讲"二项，"合参"悉遵蔡传，"析讲"间采先儒时贤精论。解说经义，兼及文章，凡例云："各节肯綮分缀于串讲之后，复于上下承递处、语意归重处、首尾照应处、字句关会处，毫不敢混，学者潜心体玩之，不特《书》意瞭然，行文亦思过半矣。"

　　附图一卷，以为释意之助。凡例云："《尚书》所载历象玑衡、星躔分野、律吕损益、水道出入、日月之行、河洛之数、测景之法、弼服之规，固有语焉不详、披图如睹者。是编参考异同，择其至当无讹者，绘图列于卷首，一览了然。"

　　附类题辨异，盖举《尚书》中异篇同句或句异一二字者，比而列之，使作文者不致误认经题。此亦为举业家计也。

附卷禹贡增删集注正解读本，与《书经大全正解》中（禹贡）篇释义或异。凡例述其由来曰："余童时所习（禹贡）善本，得自金沙冯氏家传，较集内增删蔡注，更为简明精当。然欲刊落蔡《传》，易以手抄，窃所未敢。故另梓一集，附于卷末，俾学者便于记诵。"

是编纂集之由，参见吴荃自序，曰："他经多主于天人性命之微，而《书》则专道政事。盖凭虚者易诠，而跖实者难洽也，岂戈戈厄辞曲说所能通其条贯哉！今之说是经者多矣，惟申文定《会编》一书，学者奉为指南。"《会编》纲举目张，犁然若拨云雾，而于诸家辨异参同、析疑订难之说，多略而不收。揆之泰山不让土壤，江海不择细流之义，似有未合者。余用是不揣固陋，旁搜荟萃，辑为《正解》一编，寒暑矻矻，两阅岁而后告成事焉。虽不敢上拟诸贤宸告之韵，而示及门，以质同志，为举业之荟蹄者，亦庶乎无督所趋矣。"

又凡例第一则载是书刊印始末，曰："余年来键关萧寺，授徒糊口，诸生各占一经，课读之余，仅得指陈大略。惟璧经为余专业，钩纂讨论，颇具苦心。坊客因《四书》一刻，谬为同人许可，力请是编问世。辞之不获，遂录付欹厥，仍颜曰《尚书正解》，从其旧也。"

此本自卷二以下各卷卷端题名作"秀州朱锡鬯、三晋冯懿生、安昌高紫虹、新会黄绹斋四先生鉴定；丹阳吴荃荪右汇辑"。目录页卷五漏刻《微子》篇名。扉页刻"尚书正解。丹阳吴荃荪右先生汇辑。冯、朱两太史鉴定。《尚书》讲义，坊刻虽多，佳编绝少，本坊敦请先生参详同异，斟酌简繁，如集腋以为裘，似炼花而成蜜，通材见此，当令神智倍增，初学读之，不患疑团未释，诚说经之宝鉴，亦制义之金针也，识者鉴诸。金阊孝友、赠言堂梓行"。又钤朱文印"翻刻千里必究"。是本出自坊间，吴荃于凡例中已言明，故版心下刻有吴氏室名"深柳堂"，仍不取用为版本依据，今依扉页所刻定其出版者。

按，是书凡例第九则言涉书坊盗版事，于古代书史研究不无小补，今录如下："制义名选，如《录真》《文征》《韩选》诸书，真足主持风气，为一代指南。

余自安固陋，退舍已久，而坊刻仍厕贼讳，真赝不辨自明。独《正解》一刻，遭翻板之劫，亥豕鲁鱼，贻误非浅。苦绵力不能追论，实用心瘠，兹编校雠既正，梨枣复工，倘利贾仍行盗翻，定当纠合同志，共剪蟊蠹，幸无更蹈覆辙。"

《续修四库全书总目提要》入经部书类。《中国古籍善本书目》不著录。中国科学院图书馆也有收藏。

钤印有"绿猗堂藏书记""山下氏藏弄记""北岛千钟房章"，俱日人印。

以上书志约1800字，读者诸公或可得悉书中各种信息，乃至书坊盗版事也有揭示。至于其他书中若有关书之印数、当时之书价、翻刻之根据等，凡涉及出版史、印刷史、文献学史有参考价值者皆有录入。

扉页上的文字往往对书的出版年可以提供确切的依据。然国内的有些图书佚去扉页和牌记，或已残缺不全，只能笼统定为"明刻本"。现今有了确证，书之版本项著录也相对准确。试举三例如下：

《新板全补天下便用文林妙锦万宝全书》三十八卷，明刘双松辑。《书目》作"明刻本"，北京中国国家图书馆入藏，存十二卷，为卷八至十四、二十二至二十六。按：此本应作"明万历四十年书林安正堂刘双松刻本"。"燕京"本首尾俱全，前有扉页，刻"全补文林妙锦万宝全书。兹书本堂原有编刻，已经大行。近因二刻板朦，不便命工绣梓，乃恳双松刘君删旧补新，摘粹拔尤，海内识者，靡不称羡。迩来嗜利棍徒，假票混卖，翻刻不备，不惟观者无益，且令用者有误。于是三刻真本，中刻名真万宝全书，票用双松印记，买者查有姓号，方不误认谨白。书林安正堂刘双松重梓"。后有牌记，"刊《万宝全书》一册，本堂已经编刻，大行天下。近因板朦，仍恳名家删繁补新，命工重梓，命阅是书，匪惟令观者醒心，抑且大有裨于便用耳。本堂因被棍徒翻刻删削，不便假票包封，真伪难明，于是中刻真万宝全书，名字首用葫芦书为记，海内君子宜留心鉴焉。大明万历岁次壬子孟冬之吉，书林安正堂刘氏双松谨识"。国图藏本因是残本，无头缺尾，故无法得知原书卷数、辑者和版本。

《史记题评》一百三十卷，明杨慎、李元阳辑。《书目》作"明嘉靖十六年胡有恒、胡瑞敦刻本"。北京中国国家图书馆、上海图书馆等十四馆入藏。王重民《中国善本书提要》、美国《普林斯顿大学图书馆葛思德东方图书馆中文善本书志》、日本《内阁文库汉籍目录》、傅增湘《藏园群书经眼录》等著录也如是。

按：此书应作"明嘉靖十六年（1537）胡有恒、胡瑞刻本"。卷一百三十末页有"嘉靖十六年丁酉福州府知府胡有恒、同知胡瑞敦雕"一行。胡瑞，江西新喻人，举人，嘉靖间任福建同知。同治《福建通志》卷一百三十一明宦绩有传。"敦雕"者，意即敦促雕版也，有督刻、监督雕刻之意。故胡瑞敦者，应为胡瑞也。

《隆平集》二十卷，宋曾巩撰。《书目》著录明代有两个版本，一为"明董氏万卷堂刻本"，上海图书馆、北京大学图书馆等五馆入藏。一为"明曾敏贤等刻本"，北京中国国家图书馆入藏。此书赵伯伟序后有篆文木记"董氏万卷堂本"（赵为宋人，董氏万卷堂或在宋代）。卷一第一页题"南丰曾巩集；裔孙宜校刊"，卷五、十至十二题"裔孙祉昂等校刊"，卷七至九题"裔孙国珍、登龙校刊"，卷十三至十五题"裔孙敏贤校刊"，卷十八题"裔孙敏才国祚校正刊"，卷十九至二十题"裔孙敏道国成华钧校刊"。上图等馆以"董氏万卷堂本"、北京国图以卷十三至十五所题各作版本依据，似为各取所需。

按：此两种版本行款和"燕京"本相同，应为同一版本，该书有万历二十六年裔孙曾思孔序，虽未云具体何年所刻，但序中云："会查溪宗庠敏才行道彦祚等，先生裔也，方刻先生全集……"据此，此书应著录为"明万历曾敏才等刻本"。

附：中山大学图书馆古籍书志及书志的写作训练班操作方案（2014年）。

第一种方案

6月3日星期二上午：津讲书志之历史、意义、写作之方法。

6月3日星期二下午：各人一套有关书志的参考资料，自己细读。

6月4日星期三上午：研讨各种书志之详简、得失，定出自己的模式。

6月4日星期三下午：每人写一篇善本书志，经史子集八种。

6月5日星期四上午：继续查书写作，尽可能详细，每人每篇复印十份。

6月5日星期四下午：每人手上都有八份书志，对照书来讲评，己说众评。

6月6日星期五上午：继续己说众评。

6月6日星期五下午：体会、小结。

第二种方案

6月3日星期二上午：津讲书志之历史、意义、写作之方法。

6月3日星期二下午：继续。

6月4日星期三上午：各人一套有关书志的参考资料，自己细读。

6月4日星期三下午：继续。

6月5日星期四上午：研讨各种书志之详简、得失，定出自己的模式。

6月5日星期四下午：每人写一篇善本书志，经史子集八种。

6月6日星期五上午：继续查书写作，尽可能详细，每人每篇复印十份。

6月6日星期五下午：每人手上都有八份书志，对照书来讲评，己说众评。

6月9日星期一上午：继续己说众评。

6月9日星期一下午：体会、小结。

《翁方纲年谱》序

有清一代，学术文章之盛，莫如乾嘉。这个时期，人才辈出，涉及各领域的重要学者不知凡几，诸如戴震的经学、赵翼的史学、段玉裁的文字学、王念孙父子的训诂学、钱大昕的金石学等，都是屈指可数的大家。而其他深究经史小学、旁及诸子百家，遂于考据校雠者也可举出不少。然高寿在85岁以上的重要学者，仅有钱载、翁方纲、阮元（皆86），鲍廷博（87），赵翼（88），王念孙（89），程瑶田（90），梁同书（93）八人而已。

翁方纲，这位乾嘉时期极为突出的学者，在经学、诗学、书志学、金石考据学以及书法艺术等方面都有很多贡献。但是，近百年来的学术界中却很少有专门的论文去对他做一个深入的评价。即使有，也仅仅局限在他的"诗论"上，实际上，翁氏著作等身，他留下的著作，包括他的文集、诗集以及散存各处的题跋、序文、笔记、提要、手札等都较明清两代任何一位其他学者为多，他的一生和贡献都很值得研究。

方纲精心积学，宏览多闻，故乾隆帝尝说翁氏学问甚好。盖翁氏学问，皆有根底，其以古人为师，以质厚为本，而又自成一家。法式善云："予于并世士大夫中所见读书好古无片时自暇者，先生一人而已。"（《跋覃溪先生临文待诏书》）方纲于乾隆十二年举乡试，年仅十五，十七年成进士，改庶吉士、散馆、授编修，曾一任江西副考官，一任江西督学，三任广东督学，一任山东督学。在山东任内，因得罪权相和珅同党，未满任即调京供职。所历官，中经降革，嘉庆九年，以鸿胪寺卿原品休致。十二年，重与鹿鸣宴，赐加三品衔，十九年，又重与琼林宴。

乾隆间，京师学者多以宏奖风流为己任，此中重要人物首推朱珪、阮元，而翁方纲则鼎峙其间，几欲狎主齐盟，互执牛耳。翁氏耽吟咏，随地随时，无不有诗，其诗宗江西派，出入黄庭坚、杨万里之间。论诗又以杜、韩、苏、黄、元遗山、虞道园六家为宗。其谓王士祯拈"神韵"二字，固为超妙，但其弊恐流为空调，故特拈"肌理"二字，盖欲以实救虚。又纯乎以学者为诗，自诸经传疏以及史传之考订，金石文字之爬梳，皆贯彻洋溢其中。清张维屏《听松庐文钞》云："复初斋集中诗，几于言言征实，使阅者如入宝山，心摇目眩，盖必有先生之学，然后有先生之诗。世有空疏白腹之人，于先生之学曾未窥及涯涘，而轻诋先生之诗，是则妄矣。"近人袁行云又云："其诗虽有近文之弊，为姚鼐、洪亮吉所讥，然深厚有得，语不袭人，究为清中叶一大宗。"其"生平为诗，几与乾嘉考据学派相始终，同时及后世以填实为诗者，无不效之"。

翁氏的《复初斋诗集》六十六卷，为门弟子吴嵩梁等校订，又有《诗后》四卷，门人李彦章补刻，共古今体诗5138首。近人刘承幹又刻其《集外诗》二十四卷，为缪荃孙从稿本中抄出，又得2100余首。此外又有不少佚诗。故清人诗作所存之多，或非翁方纲莫属。方纲之文词采精洁，才学富赡，其学术文章，力崇程、朱。《复初斋文集》三十五卷，为序、记、论、说、书札、赠序、传、赞、铭、志、祭文、杂考等，余皆跋书籍、碑帖字画之文。李慈铭说翁氏之文"颇有真意，议论亦有佳者。惟于经学甚浅，而好诋诃，往往谬妄"，此仅为一家之言。《文集》是在翁氏殁后由其门下士于道光间始为开雕。

从乾隆三十八年开始编纂《四库全书》，到四十六年《四库全书总目提要》

完成，翁方纲始终是重要参与者，"四库全书馆"当时数十位纂修官中如戴震、邵晋涵、周永年、姚鼐等人均为海内积学之士，而翁氏的具体职务是校办各省送到遗书纂修官。在那样的环境下，翁氏和鸿才硕学们在一起切磋学问，真可说是贤俊蔚兴，人文郁茂。这也推动了清代乾嘉间的学术研究风气。当年的"提要"，现今流传下来的仅有邵晋涵《南江文抄·四库全书提要分纂稿》、姚鼐《惜抱轩书录》、余集《秋室学古录》以及翁方纲的《四库全书总目提要稿》。其中邵氏仅存37篇、姚氏存88篇、余氏仅有7篇，而翁氏所存竟达996篇之多。这一点我们可以从《钦定四库全书总目提要》（稿本，藏上海图书馆）、《四库全书总目提要稿》（翁方纲手稿本，藏澳门何东图书馆，原为150册，后析为241册）、《苏斋纂校四库全书事略》（稿本，藏南京图书馆）中得到证明。

可惜的是，过去从20世纪40年代到90年代的几本重要的关于《四库全书》的著作，如《四库全书纂修考》《四库全书纂修研究》等都没有见到翁氏参与编纂四库的第一手材料，而仅以"直隶大兴翁方纲之擅长经学、金石学"一言略及之。现在，澳门所藏《四库全书总目提要稿》已经由上海科学技术文献出版社影印出版，足以使人们看到翁方纲在编纂《四库全书总目提要》的大型工程中所起到的重要作用和贡献。

方纲乃金石学中之正轨，其嗜古成癖，学识兼到，而又不惮烦劳，使节所至，残幢断碣，必多方物色，摹拓以归。后代学者多将翁氏列入金石家之列，盖其有关金石学著作甚多，诸如《两汉金石记》《焦山鼎铭考》《孔子庙堂碑唐本存字考》《化度寺碑考》《汉刘熊碑考释》《题嵩洛访碑图记》《苏米斋兰亭考》《瘗鹤铭考补》《九曜石考》《汉石经残字考》《粤东金石略》《海东金石文字记》等。这些著作考证金石碑版甚多，或究其源，或正其失，言简而赅，皆于本文互相发明。至金石诸文，订讹辨异，尤足以资经史参证。

清代书法家代不乏人，然人称则谓之翁（方纲）、刘（墉）、梁（同书）、王（文治）四大家。翁方纲书法初学颜平原，继学欧阳率更，于《化度寺碑》尤所得力。隶法则得古钟鼎款识及以《史晨》《韩敕》诸碑之法，行书也得《兰亭》神韵。其书法临碑，不尽求形似，而含蓄顿挫，宁敛毋纵，直令观者不得不凝神静气也。其金石碑版外，酷爱苏东坡书，凡力所能购者储之于斋，而名之曰苏斋。其不能致者，则假而临之摹之，钩而拓之，自唐以后响拓之法绝，而方纲复为之。津尝见翁氏《宋拓化度寺碑响拓真本》，点画之间，一丝不苟，真正之绝艺也。方纲短视，一切皆须借助眼镜，惟作书则去之，且能作蝇头细楷，尝为人作《兰亭序》，纸不盈寸，而笔画锋芒，备极其致，其八十岁时，犹能作小正书，细如菽米，点画皆备，此也可见其禀赋厚且功力之深。刘承幹序《复初斋诗集》序有云："大兴覃溪翁先生，以碑版题跋之学震烁当世，藻鉴家倚为斗极，今尚流风未沫也。工书法，尤足奔走海内，虽诸城之雄厚，丹徒之华润，钱塘之秀挺，艺林次其高下，称翁、刘、王、梁，翕然无歧声。"

虽然这仅仅是一本《年谱》，但是，为了这本书，从开始运作直到今天，前前后后竟然费了整整40年之久，这是我原来怎么也想不到的。所以，回首往事，细说从头，也算是一个交代。那是1960年的冬天，我从上海图书馆馆长顾廷龙先生研习流略之学。顾师是一位著名的目录版本学家，也是书法家（20世纪60年代初，他是中国书法家第一次访日四人代表团的成员），工作之余，每个星期天的上午，他都会像平常上班一样到上海图书馆长乐路书库去看书。这个书库过去是合众图书馆，1952年改名历史文献图书馆，1958年并入上海图书馆。而在1939年时顾师即为合众图书馆的总干事，所以他对那个地方有着很深厚的感情。我在征得他的同意后，也在星期天的上午去那儿，整理他的藏书，听他讲目录学的源流、版本的鉴定，以及清末及民国老辈学者们的掌故。总之，无拘无束，话题很多。

有一次，他很慎重地对我说："你每天都和古籍版本接触，这可以在工作中提高你的业务能力，但是你应该做一个题目，以后还应该做一些研究，不能把自己框在一个圈子里。"他又说："有一个人很值得研究，那就是翁方纲。翁方纲，是乾隆、嘉庆时期很重要的一个学者，又是书法家，很多有名的碑帖都经过他的鉴定，他的题跋在文集里有一些，但大多数都没有收入。你可以细查馆藏的各种善本、普通古籍以及金石拓本、尺牍，将有关翁方纲的题跋和尺牍抄录下来，数量一定很可观，将来有条件，再写一本《翁方纲年谱》。为翁方纲作谱是值得的，而且有关翁氏的背景、时代、他所涉及的上司、同僚、友朋等你可以了解，这对你的工作也有帮助。"

方纲曾撰有《翁氏家事略记》一卷，于道光十六年（1836）时，由英和为之刊刻。英和《恩福堂年谱》"六十六岁"记有"是年，得翁覃溪先生自记家事，为之刊行"。这本《略记》约三万字，叙其先祖由福建莆田入籍顺天大兴以来之家事，按年记事，大略用年谱形式分年提行，而不名年谱。前半多追记先祖遗事，后半则着重录其仕履、治学之事。然而，不知是什么原因，多年来竟没有人为翁氏编写年谱，甚至连他的墓志铭或碑传都没有传下来。

"年谱之作，或出于后学之景仰前贤，或出于子孙之追念先辈。夫前贤之足使后学仰慕者，尤必有其特立独行之操，历百世而尊崇不替者。"这是顾师序《文徵明年谱》中的一段话。有清270余年，据后人约略统计，自撰或后人所编年谱者，或在近900种左右。而乾嘉时期的著名学者，有年谱者也仅三四十种而已。这在比例上是很少的。这只要从来新夏《近三百年人物年谱知见录》和谢巍《中国历代人物年谱考录》、黄秀文《中国年谱辞典》中就可了解。

胡适先生早年曾写了一本《章实斋先生年谱》，他得出的结论是："此书是我的一种玩意儿，但这也可见对于一个人做详细研究的不容易。我费了半年的闲空工夫，方才真正了解一个章学诚。作学史真不容易。"确实，年谱之难作，就难于资料之收集。大凡功业盛者、著述富者、艺事丰者，均必点滴积累而成，绝非一蹴即就之业。我非常赞同何炳松先生所说的："替古人做年谱，完全是一种论世知人的工作，表面看去好像不过一种以事系时的功夫，并不很难，仔细一想，实在很不容易。我们要替一个学者做一本年谱，尤其如此。因为我们不但对于他的一生境遇和全部著作要有细密考证，和心知其意的功夫，而且对于和他有特殊关系的学者亦要有相当的研究，对于他当时一般社会的环境和学术界的空气亦必须要有一种鸟瞰的观察和正确的了解，我们才能估计他的学问的真价值和他在学术史中的真地位。所以做年谱的工作比较单是研究一个人的学说不知道要困难到好几倍。这种困难就是章实斋所说做'中有苦心而不能显'和'中有调剂而人不知'，只有做书的人自己明白。"

自那之后，我就在业余时间里开始抄录各种影印本、石印本碑帖中的翁跋，继而又扩展到拓本，包括宋拓本、明拓本，以及各种尺牍，只要看见就抄。直至"文化大革命"前夕，我抄录了二百多篇。并把能反映具体年月日或大体时间的事情做了记录。十年"文革"，虽然慑于"破四旧"形势，但我还是将抄件和资料大部分保存了下来，没有"处理"掉。然几经搬迁，当年做的笔记和少些资料，却再也找不到了。"文革"后期，此项工作又得以继续进行下去，潘师景郑先生为了鼓励我继续此一工作，送了一首词给我，那是调寄"赞成功"。词云："盛年奋志，点检琳琅，书城长护做梯航。廿龄精业，明眼丹黄。几多锦字，纷留篇章。徙倚图府，晨夕相商，多君才智证高翔。苏斋碎墨，收拾珍囊。摩挲老眼，欣看腾芳。"

尤其是20世纪80年代前后，我利用去北京、南京、杭州等地出差的机会，又搜集到一部分。而国家图书馆珍藏的《复初斋文稿》二十卷、《诗稿》六十七卷、《笔记稿》十五卷、《札记稿》不分卷（台北文海出版社影印本），都是极为重要的手稿，也是研究翁方纲生平、写作、著述以及编纂《翁方纲年谱》时不可或缺的著作。手稿中的许多手札、序跋、记事等多为《复初斋文集》和《复初斋集外文》所失收。多年来，由于原稿字小且密，又多行草，不易辨认，故从中探索者多望而却步，而整理引用者鲜见其有。我在阅读并作抄录时，耗在辨字读句上的时间实在是很多的，有很长一段时间，差不多每天晚上和休息日都用在这上面。直到1990年，基本上告一段落。

翁氏为有清一代金石大家，其致力校订金石文字，博证详稽，确然有据。凡金石碑版，苟具点画，到眼即知时代，故海内孤本名刻，藏家不远千里，皆欲登其门而求其鉴定。方纲复于所醉心者一题再题，而心犹未已，嗜好笃而发为性灵。翁氏所撰题跋之多，在宋元明清众多学者中推为第一，没有任何学者可以与其抗衡。翁氏的《复初斋文集》《复初斋集外文》，所收题跋450篇，遗漏甚多。近代以来，也有学者进行辑补，但所得有限，且为稿本，不能广为流传。如张廷济辑《复初斋文》一卷，民国间杨宝镛辑《龙渊炉斋金石丛书》中有《复初斋文集补遗》一卷，潘师景郑辑《题跋汇抄》一卷，佚名辑《苏斋题跋》二卷等。此《翁方纲题跋手札集录》所辑，乃于一般人不易得见的各种稀见善本、珍贵拓本、作者稿本以及字画碑帖的影印本中进行搜求。历年所得九百余篇，较原来刻本多出二倍，其中部分为第一次公开，总共1300余篇，约100余万字。这是已刊行的翁氏著作之外最重要的辑佚，也是翁氏题跋之集大成者。这些题跋之价值，不仅对于今人从事文物鉴定、考证字画源流以及古籍整理等均可提供重要佐证，而且对于已湮没不存之文物，研究者也可借此以窥原物之一斑。这批题跋中凡能考知年月日者，《年谱》中均可查知，但未录原文。研究者如欲做进一步的检索，可以参阅《集录》。

翁氏数十年间，轺车频出，胜友如云，来往之学者不可悉数，且又一生勤奋，故所书手札甚多。我从辑得的翁氏致黄易、阮元、石韫玉、程瑶田、张廷济等数十人之540通书信中，凡能得知年月日者，多入之于谱中。盖因翁氏手札涉及乾隆、嘉庆之际社会生活、历史文化、艺术品鉴以及学术活动等，是第一手文献资料。诸如翁氏在《四库全书》之活动，其子树培（清代重要钱币学家）患病乃至去世之详情等，尤其是翁氏60岁以后之书札，更是研究京官晚年生活的重要史料。至于他和韩国学者的交流，更是传为中韩文坛佳话。手札多为原件，为北京图书馆、上海图书馆、浙江图书馆等馆之珍藏，向未对外披露，研究乾嘉学派的学者，过去很少利用书札，盖因不易得见，若能为研究者所利用，则此书可以提供不少鲜为人知之史实，以利学术研究。

我在搜集、整理这些资料时，总是希望尽可能地多反映翁氏学术生涯的一点一滴，所以一些有具体月日的资料我都予以保留。这在同好者见之，或能称赏，但在不事考证者看来，往往以为烦琐。有一位学者建议我将《年谱》中《翁氏家事略记》里的内容删去一些，但是，我无法下手。因为我直到今天也没有查到《大兴翁氏家谱》或《家乘》之类的书，翁氏早年的家事渊源等只能从《翁氏家事略记》中得知一二。如果贸然删去，那有些事就更不清楚了。对于翁方纲，我觉得他是绝对可以研究的一位学者，因为有不少题目可以做。这本《年谱》的写作，虽然告一段落了，但有些清人文集、诗集中虽有涉及翁氏的文字，但因无法考知年份，也只能割爱了。而且，谱中翁氏友朋有的还仅有字号，而未能查知其名。盖因心思所未及，耳目所未周，挂漏讹误，在所难免，至祈海内外博雅之君，有以教之，是又不仅余一人之幸也。

如今《年谱》即将出版（《翁方纲题跋手札集录》将由广西师范大学出版社出版），我不能免俗，还是要说一点我的心里话。首先，我要特别感谢我的导师顾廷龙先生，四十年前是他引导我进入目录学、版本学领域，没有他的悉心指导，我是不可能在这个领域中有所成长的，更不要说能在美国哈佛大学这座殿堂内做进一步的研究了。如今，顾师已经御鹤西归，他再也看不到这本《年谱》和《集录》了。然而我相信，顾师九泉有知，他也会击节快赏的。我也要感谢我的内人赵宏梅女士，30年来，她始终如一地支持我在上海、香港、美国图书馆工作时所做的各种研究。我也谢谢"中央研究院"中国文哲研究所和林庆彰先生，他们毅然决定出版这本《年谱》，这是我所感激不尽的。

2001年8月于美国波士顿之宏烨斋

《顾廷龙年谱》前言

　　辞旧迎新，年年如此。当2004年新年的钟声悠扬响起的时候，我的耳旁似乎听见了纽约时代广场百万人的欢呼，同时还夹杂着波士顿查尔斯河畔人群的互相祝福声。当然，我仿佛也看到了北京、上海竞放的那映亮天际的五彩缤纷的烟花以及那载歌载舞欢庆喜悦的情景。这个时刻，我的心情也并不平静，我仍然在为这篇前言做最后的文字润饰。有道是，有一分耕耘，就有一分收获。回首那一年又四个月已逝去的业余时间，我实在是把几乎全部的心力投入到这本《年谱》的写作上去了。无论是编例、本谱，还是人物索引、书题留影，这其中的许多内容，都是从书桌旁堆叠至桌面的各种有关资料的复印件而来，那千万字的资料已被阅读并被浓缩成了这百万字的《年谱》。看到已输入到电脑中的每个字符、每个句子、每个段落，我都会有一种亲切的感触，因为正是这一条条、一段段的累积，才逐步使全书成了有条理的谱文。在即将寄出《年谱》的光碟之前，我还是想对自己说，我做了一件十分有意义的事情，因为我以为这本《年谱》或许是我一生中写作的最重要的一本书。它和我写的其他几本书最大的不同，就在于这本书是带着我对先师的感情去写的。

　　20世纪初，我国的公立、私立图书馆相继建立。百年来，在中国图书馆学界里，出了不少知名的专家、学者、教授，如缪荃孙、柳诒徵、沈祖荣、袁同礼、蒋复璁、刘国钧、皮高品、汪长炳、李小缘、姚名达、王献唐、王重民、赵万里、屈万里、顾廷龙等，他们在分类法、目录学、版本学以及图书馆的管理上都做出了非凡的、重要的贡献。有的学者虽然没有专著出版，但他们默默无闻地用图书馆的专业知识提供给研究者许多讯息和便利，或编出了各种专题目录、索引。他们为他人作嫁衣裳的工作是值得人们赞赏的。可是，在这些有贡献的专家、学者、教授去世后，后人虽会记得他们，但是几十年来为这些学者树碑立传，或有关研究他们的专著却少有出版，至于写出年谱更鲜见其有。

这本书的写作原先是我的朋友吴格兄所做的。两年前，他曾写信给我，希望我能支持此事。当然，我毫不犹豫地答应了。后来我才知道，吴兄作为博士生导师，再加上本身的业务工作，自己手里的几个大项目都压在他的肩上而分身不开。由于2004年是先师100周年诞辰纪念，所以《年谱》要赶在其时出版恐怕有些困难。

2002年7月下旬，上海图书馆迎来了50周年庆典，我被邀作为嘉宾而自美飞沪，而先师哲嗣顾诵芬院士与夫人也由北京莅临上海出席盛会。在庆典的最后一天中午，上图的缪国琴书记、吴建中馆长宴请诵芬夫妇，我也叨陪末座。席间谈及先师100周年诞辰纪念之事，也议论了先师未出版的文稿以及为先师编写年谱一事。诵芬先生非常清楚年谱的写作不易，且也知吴教授的困难所在。我作为先师的学生，理解并明了家属和领导们的心情。这天晚上，我想了很多，并和内子赵宏梅在越洋电话里谈了此事，并表达了我想接手此年谱的写作意愿。次日下午，我将返美，在上海浦东机场候机厅内打了几个电话给上图旧日的同事和朋友，征求他们对写作先师年谱的看法。承蒙他们的鼓励，并应允将先师手札等予以提供，这对我来说，更增添了写作的信心。

返美后的第二天晚上，我即开始了《年谱》的写作。一周后，我将写出的样式约十余张稿子以及我为什么想写先师年谱的信寄给顾诵芬。不多久，诵芬即有回信，表示支持此一写作，并愿意提供先师的日记原件复印件，以及先师和顾颉刚先生的互通信件等。在此期间，我也打电话询问吴格兄，如果他愿意继续此年谱的写作，我愿支持，如若有无法分身及时间上的问题，我可否接此题目。吴兄很爽快地说，希望我能撰写此一年谱。2003年1月，吴兄即把他写的约两万字的初稿全部用计算机传给了我。这是我非常感谢他的。

截至2002年10月底，根据我手头上的材料，两个月内我写就了大约12万字。其间我和诵芬通过几次电话，也寄了碟片给他，请他就写作上的事提出意见。11月初我利用休假，去了香港、北京、济南、南京、上海，除了探望我父母外，主要就是收集有关先师的材料。在北京，诵芬、江泽菲已为我准备好了先师的日记、与顾颉刚互通信件以及有关家世的资料（均为影印件）。我也将先师遗留的小记事本全数翻阅一过，并将有资于年谱写作的线索或可提供时间考证之处全部复印。这十来斤重的复印件在我返沪和返美之时，均刻不离身，因为它们对我的写作来说实在太重要了。

2003年10月底，《年谱》的初稿已大体就绪，写了近80万字。11月中旬，我再次抽暇返国，在上海、苏州、广州继续收集材料。诵芬为配合我的写作，在百忙之中，亦如约飞沪。在先师上海的寓所内，诵芬和我翻阅了大约数千通先师友人的来往信件及其他材料，并选出部分有价值者，在上海图书馆的帮助下全部复印了下来。然而我却再也挤不出时间到上图去核查原合众图书馆及历史文献图书馆的档案材料了。当然，我也无法再飞北京翻看在北苑所存的部分友人来信了，这是十分遗憾的。

年谱之作，昉于宋，盛于清，是以人为主，并系以年月之人物编年史。盖以一人之道德文章、学问事业关系史学甚巨，而其焜耀史册秩然不紊者，则有赖于年谱表而出之。津早年尝读年谱十数本，有自订年谱，也有子孙为其先人所作，也有门生为其师尊所著，又有后人因叹服谱主在学术上造诣之深，而搜辑行实作谱者。究其目的，均在表彰前人之学问事业。所以说年谱的重要，是因为那是为历史存真、为历史作证的学术著作。年谱的难作，在搜集材料的不易，许多资料都必须点滴积累，而绝非立马得来，一蹴而成。即使得到了资料，也需要时间去思考、研究，甚或考证。因此，近几十年来，出版的自然科学、社会科学方面重要学者的年谱很少。津曾对1980年至1999年出版的《全国总书目》做了一次统计，即20世纪中的哲学、政治、军事、经济、文化、教育、体育、语言、文学、艺术、历史、地理、科技、卫生、农业、林业等领域方面名人的传记很多，但是年谱却出版了不足百种。由此可见，年谱的编著有一定的难度。

由于年谱叙事详明，并可循是以求其时代背景，以及其在社会上之地位与所留给后人之影响，故先师对于年谱的撰著极为重视。1949年时，他曾自告奋勇，欲为张元济、叶景葵编撰年谱，但"因循坐误，至今引为憾事"。先生所著《吴愙斋年谱》，其始辑苦事迹多湮，搜访不易。及读其家书并致汪鸣銮手札，所获稍多，事无公私巨细，往往详悉。而后来所编的《严久能年谱》则迟迟不能定稿，盖材料仍不足也。

日记是写作年谱的重要依据。我始终认为，日记虽非系统而详细的叙述，但却是片段的真实史料。先生的日记内载有其个人读书、友朋交往、其时之学术动态、清末民初文史掌故、遗闻逸事，以及版本书画鉴赏等。我在边阅读边输入的情况下，仿佛也在陪侍先生，感觉进入了那段我尚未出生或在童年时的时空。因此，这本年谱的40年代所载，多以日记为基础，然而，《日记》也并非完整。最初存有1937年的，但是断断续续，直到1939年下半年始，方始为每日功课。这样完整的日记延续到1945年，以后直至60年代则所记寥寥了。日记都是写在印有"合众图书馆"的格纸上的，先生的书法在40年代即小有名气，日记上所书多为行书，偶作楷法。40年代的日记最长的为1942年，大约有四万余字。

先生尝谓，近三百年来先贤年谱，其材料得自尺牍中者最为亲切，故余亦甚留意于此。也正是如此，先生昔日多次告我，整理、鉴定、运用尺牍的重要性。因此，在写作这本《年谱》时，我尽我之所能将收集到的先师书信及友朋手札，多选取有用的内容编入年谱。我以为如果我也像某些年谱那般，仅仅写上某月某日致某人信，那别人就不知所云为何，也不知从何处去进一步核查，它的价值也就无从体现。

我清楚地记得1996年上图新馆开馆庆典前，我先飞去北京探望先师的情景。大约有一年多没有见面了，所以老人家见了我表现得很兴奋。我告诉他，我们师生两人实在是有缘分的，因为六十年前他在北平燕京大学图书馆任中文采访主任，后又兼美国哈佛大学哈佛燕京图书馆驻平采访处主任，为"哈佛燕京"选购图书。而一个甲子后的今天，我却在"哈佛燕京"司善本书管理之职。这难道是巧合吗，抑或"命中注定"？先师笑而不答，却与我谈起了他和"哈佛燕京"的裘开明馆长的交往。美国哈佛大学是世界上最重要的大学之一，近百年来，国内的莘莘学子和有志青年都希望进入哈佛攻读，20世纪30年代的先生也不例外。

实际上，先师和"哈佛燕京"是有关系的。先生的《吴愙斋先生年谱》和《古锦囊文目录》，就是得到"哈佛燕京学社"的资助而出版。30年代末的哈佛燕京图书馆的分类法、40年代初的《哈佛燕京图书馆中文藏书目录》在出版前，就是美方寄去北平，或转往上海请先生审定修改的。而该目录的封面最早也是先生所题。我在采集资料的过程中，在先师的《日记》中看到了当年"哈佛燕京"欲聘先生去"燕京"就任中文编目主任的记载。而程焕文教授竟在"哈佛燕京"的旧存档案里意外地发现裘开明和先生的通信，其中也透露了美方想请先生去耶鲁大学、加州柏克莱大学、哈佛大学图书馆工作的设想。但是，由于种种原因，先师放弃了出国的机会。如若先生去了美国，那么历史又会重写。

这本《年谱》希能表彰先生劬学之点滴，故片纸只字，只要以详渊源者，靡不备录，先生一生事迹，要尽于是。昔赵瓯北诗云："江山代有才人出，各领风骚数百年。"我有时会想，如果要在国内省市一级的公共图书馆、大专院校图书馆中再找一位真正懂得校勘学、目录学、版本学、古文字学、图书馆学、历史学、文献学和对中国书法艺术有精深造诣的学者，那实在是难乎其难的了。这本《年谱》或许也可以反映出一位知识分子在时代的变化和发展过程中的事业、著述、艺事、思想等。甚或也可窥见一所在大上海十里洋场中并不起眼也不挂牌的小图书馆，是如何从无到有、从小到大，直至为国家、为民族、为社会保存了许多重要传统文化典籍的发展历程。这一些，或许能对后来之人有所启迪。

《年谱》中"文革"前后的一段时间，材料是十分稀少的。我虽和先生同在上图，但当时知道的一些事，却随着时光的流逝，逐渐淡忘。三十多年前的往事，依稀地有些许印象，而当我再转而询及当年的同事时，他们也和我一样，在具体的年月上却很难再回忆或写得准确了。《年谱》中有些材料的补充多是靠电话、信件、传真及电子邮件的联络进行的。近十多年来，先生又曾为国内一些重要名胜古迹题有匾额、对联等，但收集颇为不易。而数十年来，先生为喜爱其书法者所写条幅等那更是难以数计。在我收集到的各种资料中，尚有极少数的信及材料，因为考不出年月，而只得割爱。先生生前的愿望之一，即是想把自己为各种书籍出版的题签编辑成集。津历年来仅收集了三百数十种，加上友人补充者，或当倍之。津拟暇时，当专门编一本先生的《书题留影》，以了先师遗愿。

先生是长寿的一族，在他的晚年，仍是律己甚严，绩学不倦。他不顾高龄，还主持了规模宏大的《中国古籍善本书目》和《续修四库全书》的工程。他实在是做到了鞠躬尽瘁，把自己的一生都献给了中国的图书馆事业。先生功在学术，不可没也。津追随杖履整整三十年，有十多年我们师生两人的办公桌面对面，而先生对我语重心长的教诲和悉心的指导就是在这样的环境下进行的，这使我获得了受益终身的启迪。我有时会想到，我能从一个走出校门的对图书馆业务毫无所知的学生，逐步成长为80年代后期中国图书馆学界最年轻的研究馆员，这一路走来，凝聚着先师不少心血以及当时上海图书馆领导的精心培育。如果说，我能在美国哈佛大学这一世界上最重要的学术殿堂里，为图书馆学、目录版本学做出一些微薄贡献的话，那是先师的提携，是当年潘景郑、瞿凤起先生协助先师对我训练的结果。

在我写作的几本著作中，有两本是属于年谱类的。第一本是《翁方纲年谱》，题目是先师在60年代初期出的，写作时间也最长，虽然仅有五十万字，但前后相加直至出版面世竟用了四十年，这也是我原先所没有想到的，因为这几乎占去了一个人的大半生。第二本即是此《年谱》，从时间上来说，整整用了一年又四个月的业余时间。这本《年谱》和我写的《美国哈佛大学哈佛燕京图书馆中文善本书志》一样，实在也是"急就"之作，盖《书志》是在工作时间所写，用了整整两年，写了一百五十万字；而《年谱》则是爬梳耕耘，奋力而为。其辛苦、急切、困难、快慰、愉欣，也非他人所能想象。一年一度的感恩节、圣诞节及各种节假日，连同星期六星期日，这对我的写作来说，实在是非常重要的，因为我可以每天工作十二至十四小时，而平日的清晨及晚间则不敢有任何懈怠。为了保证《年谱》以及"著述年表""师友小传""人名索引""书题留影""引用书目""附录"的顺利进行，故除了为中国台北《书目季刊》写的连载《云烟过眼新录》我不能中断外（每期约一万四千字），我推迟了原来一些题目的写作，有的虽已开始，但为了"大局"而必须暂时放弃。

这本《年谱》的完成，实际上是许多人合作的成果，我只不过是做了一些综合的工作而已。如果没有顾诵芬、江泽菲夫妇的鼎力支持和提供多方面的协助，这本《年谱》是写不成的。钱存训、吴织、任光亮、周贤基、方虹、林公武、徐小蛮、水赉佑、王诚贤、陈石铭、周玉琴、吴建明、孙慧娥、王翠兰、周秋芳、白莉蓉、李国庆、宫爱东、沈燮元、骆伟、高桥智、杜泽逊、程焕文、佘昌义、盛巽昌、姚伯岳、吴铭能、宋小惠、杨光辉、眭骏、王宏等都为本书的写作提供了宝贵的资料。我也要谢谢缪国琴、吴建中、缪其浩，以及上海古籍出版社的王兴康、魏同贤，他们不仅支持本书的写作，还安排此书尽快出版。责任编辑吴旭民、姜俊俊为此书花费了不少劳动。饶宗颐先生挥毫为本书题签，使之顿然生色。九十高龄的王钟翰先生，早年即是哈佛的毕业生，和先生是多年的朋友；王煦华研究员曾是"合众"的老馆员，又是颉刚先生的高足，他们慨然为《年谱》赐序，这是我非常感激的。我也要感谢哈佛大学哈佛燕京学社社长杜维明教授、副社长艾贝克（Mr. Edward Baker）先生以及苏珊（Ms. Susan Albert）小姐，他们因为感念先生早年对"哈佛燕京"的贡献，并为这本《年谱》的写作提供去北京、上海等地收集资料的经费。我还要感谢哈佛燕京图书馆，它的丰富馆藏和使用便利，一直为我所心折。说句心里话，如果我仍在上海或他处写作这本《年谱》，那是不可能在较短的时间内完成的。内子赵宏梅，她和我一样，对于先师充满着敬仰和爱戴，所以她一直是本书写作的督导者和支持者。《年谱》虽然写就，但以我闻见狭陋，挂漏必定良多，尚请专家学者、大雅宏达不吝教益，此实津所企望也。

今年为先生一百周年诞辰纪念，当我完成这本年谱的写作时，我深深地怀念先师。我以为，做先生的学生是我的缘分，和先生相处又是我的福分。三十年来，津受业门墙最久，相知最深，屡承余论，备受启迪，获益良多。津离国后，先生也定居北京，安享天伦之乐。师生两人，虽然大洋相隔，但心确是相通的。先生骑鲸西去，实是中国图书馆界之莫大损失，为纪念先师，我愿将这本记录先师一生的《年谱》，作为一瓣散发幽幽清香的花片、一盆茂密而勃勃生机的文竹献给先师。

2004年元日凌晨于美国波士顿之宏烨斋

沈津自选集

《中国大陆古籍存藏概况》绪论

中国是一个有五千年悠久历史、版图广袤的文明古国，我们的祖辈繁衍生息在这片土地上。先民们以其勤劳、智慧和才华，胼手胝足，世代相传，创造了灿烂卓越的华夏文明，也造就了一大批杰出的政治家、军事家、科学家和许多优秀人物。

文化，是人类物质生产活动和社会生活在观念意识上的反映。文化的传播以及交流，都是文化的特质之一，而作为文化的重要载体——图书，决定了一个民族或区域文化发展的水准。从有确切可考的文字记载的商代算起，已有三千余年。但是，从中国的纸张和印刷术发明以来，中国的古籍如今存于世者到底有多少？现代的学者各人说法不一。

1946年，杨家骆先生曾统计先秦以至清末存佚图书共181700余种，流传至今者仅七八万种。（参见傅振伦《漫谈整理我国古籍问题》，载《古籍整理研究学刊》1985年3期）但是，根据山东大学教授王绍曾先生的推断，传存量至少在12万种左右。他的根据是：收入《中国丛书综录》的即达38891种（包括《四库全书总目》著录的3461种，不包括存目的6793种）；全国地方志约8200余种；

《清史稿·艺文志》及《补编》著录20071种；王绍曾主编的《清史稿艺文志拾遗》，又增补了54880种，合起来就在12万种以上。如除去重复，补上部分遗漏估计12万种应该是可靠的。（参见《关于编纂〈中国古籍总目提要〉的若干意见》，载《古籍整理出版情况简报》1994年3期）如果没有历代的兵燹战乱、自然灾害以及文字狱等等，那先民们传世的著作，种数将更为可观。

中国近代史的开端，是在清道光二十年（1840）。英国向中国发动了第一次鸦片战争，它打开了中国"闭关自守"的大门。西方的文化，伴随着帝国主义的炮火，冲击着有两千多年历史的文化。从清同治到光绪年间，少数的私人藏书楼从不公开对外阅览而逐步转变成为大众服务。这是一种进步，是一种改革，是由封闭式的藏书楼转变而为以后的公共图书馆的雏形。

清同治十一年（1872），浙江瑞安人许拙学创办了心兰书社，"定议之初，人约二十家，家先出钱十五千，合三百千，购置书籍……于是乡里皆知有书社。长江以南，渐有仿行者"。清光绪二年（1876），国英即构藏书楼五楹，取名"共读楼"，邀各方嗜古者，暇辄往观。国英，字鼎臣，吉林人，为满洲世胄，敏而好学，曾为粤东差使，治绩卓著。公余辄搜罗书籍，凡二十余年。据光绪六年（1880）所刻《共读楼书目》国英自序："时值发捻回各逆滋扰，半天下版籍多毁于火，书价大昂，藏书家秘不示人，而寒儒又苦无书可读。余早有购藏书籍之志。同治甲子，劝同志诸君子共立崇正义塾，嗣屡蒙恩擢，廉俸所余，独以购书。光绪丙子，于家塾构藏书楼五楹，颜曰共读。其所以不自秘者，诚念子孙未必能读，即使能读，亦何妨与人共读，成己成人无二道也。"《书目》末附条规引曰："予今竭廿余年之心力搜罗积聚，始克有此数篋书，唯望后世永不乱所定规条，或可少保久远。倘有不肖子孙擅将书私携出楼，则散亡必速，汝等亦当体吾聚藏之艰难耳。"共读楼藏书总计3200余种、25000余卷，法帖430余册。这样的藏书楼实际上已成为私人所筹办的公共图书馆性质，它的作用在于保存国粹，增进文明，辅助教育之进行，启迪人民以知识。

从这之后，不少有见识的学者在迷惘和倾慕中觉醒了，他们要求仿效东西洋文化，变法维新。其中的一些人撰文阐述公家设立书院、藏书院、书籍馆之事。如郑观应撰《藏书》、马建忠撰《拟设翻译书院议》，康有为《上清帝请大开便殿、广陈图书折》，孙家鼐奏请官办书局、清刑部左侍郎李瑞棻奏请推广学校折等。王韬《征设香海藏书楼序》中说："夫藏于私家，固不如藏于公所。私家之书，积自一人，公所之书，积自众人。私家之书辛苦积于一人，而或子孙不能守，每叹聚之难，散之易。惟能萃于公，则日见其多，无虑其散矣。"

　　清光绪二十三年（1897），北京通艺学堂设图书馆，并制定了会章十二条。这是中国有据可查的最早使用"图书馆"这个专用名称和制定章程的图书馆。

　　而在清末，影响最大的而又备受后人推崇的是古越藏书楼。此楼为徐树兰建于绍兴，为地方劝学起见，故名古越藏书楼。徐树兰，字检庵，浙江山阴人，生于1837年，曾为兵部郎中，曾为一品封盐运使衔补用道候选知府，后因母病，不再为官，回返故里。他和其弟友兰，都是清末具有维新思想的人物。1887年，徐树兰垫费四千元，创办绍兴府中西学堂，延访中西教习，聘请督课生徒，兼及译学、算学、化学，成效渐著，为地方培养了不少有用人才。但因受到入学人数的限制，又参考"泰西各国讲求教育，辄以藏书楼与学堂相辅而行"，于是乃萌生兴建藏书楼之想法。清光绪二十六年（1900），徐树兰捐银八千六百余两，购郡城西地一亩六分，议办"古越藏书楼"，并于光绪二十九年（1903）告成，次年即对社会开放。

　　旧时一般藏书家，往往得一善本，沾沾自喜，秘不使人知之，以私其子孙。徐树兰是一个在当时社会中具有较为先进思想的郡绅，他独捐世舍，不以所藏私子孙，而推惠于乡人。他认为"人才之兴，必由学问；学问之益，端赖读书。盖闻见广，斯智巧出；服习久，斯研究精也……近数十年来，环球各国，市舶云集，聘使交通，采风问俗，遍及海外。探知五大洲万国盛衰强弱之由，罔不视文教之兴废以为准。益恍然于圣祖神宗所以树国家万年不拔之基者，深识远虑，固非海岛群雄所能外此而别图远略也。所可惜者，沿历日久。渐成具文，海外列邦，转熟审天演物竞、优胜劣败之故，各出其全力相争，莫肯相下。法国巴黎书楼，藏书至二百零七万二千卷；英国伦敦博物院书楼，藏书一百一十二万卷；俄国彼德堡书楼，藏书一百零四万五千卷，德国麻尼希城书楼，藏书八十一万卷。而奥国维也纳书楼、丹国哥本海书楼、美国华盛顿书楼、比国勃罗塞尔书楼，藏书亦皆数十万卷。且闻法国巴黎书楼，书架积长18英里；英国博物院书楼，书架积长32英里，岁入楼观书者约和九万一千人。日本明治维新，仿效西政，亦不遗余力，其旧幕府之红叶山文库、昌平学文库，初移为浅草文库，后集诸藩学校书，网罗内外物品，皆移储上野公园，称图书馆，藏书亦数十万卷，岁入楼观书者亦不下数万人。文学蒸蒸日上，其获与欧美列强并峙也，岂无故哉？方今朝廷孜孜求治，迭奉谕旨，广兴学校，东南诸行省集资建藏书楼者，已接踵而起。树兰自维绵薄，平日购藏书籍虽仅七万余卷，窃愿公诸同好，于郡城西偏购地建楼，为藏书观书之所，并酌拟章程。岁需经费，亦由自捐。请诸疆吏，上闻于朝，以垂永久。明知蹄涔之水，不足慰望洋之叹；区区此志，犹望后之君子匡其不逮。或由此扩充，则为山九仞，亦一篑之基也"。这种捐建藏书楼，以开社会风气，造就人才，功在艺林的社会人士是值得表彰的。徐树兰由于建楼，心力交瘁，楼成即逝去。遗憾的是，在不少有关浙江或绍兴的名人录中，都无徐树兰的一席之地。

张謇撰《古越藏书楼记》云："会稽徐氏，世多贤者，藏书亦有名于时。吾友显民察使之太翁仲凡先生，乃举其累世之藏书楼以庋之，公于一郡。凡其书，一若郡人之书也者。其事集议于庚子，告成于癸卯。凡庋古今及域外之书，总七万余千卷，图器悉具。"在清末的藏书楼中，古越藏书楼也算有一定的规模，屋凡四层，前三层皆系高楼，分藏书籍，以中层之厅事为阅览室。徐树兰即参酌东西各国藏书楼规制，拟议章程，并以家中所藏经、史大部及一切有用之书七万余卷悉数捐入。并延聘专人将其分类排比，所有当时的译本新书，以及图书标本、雅驯报章，亦皆购备。

古越藏书楼与中国历代封建藏书楼之最大区别，就是向社会公众开放。这不仅裨益绍郡地方士子，其在江浙两省也为首倡，其功在艺林，自不必说，然其重要意义，乃标志着中国私人藏书楼开始向公共图书馆迈出了一大步，它直接推动了中国近代公共图书馆事业的发展。

除了古越藏书楼外，清光绪二十九年（1903）冬，在杭州东城的杭州藏书楼，改名为浙江藏书楼，并移建于大方伯里。浙江藏书楼有书目，分甲、乙二编。甲编计4492种、67360余卷；乙编计1077种、2570余册。书目按经、史、子、集四部分类，新译各书以类相从，间有无类可归者，酌增子目附编于后。该藏书楼之设，旨在广开民智，造就人才。故其"阅书借书章程"有"无论进士举人、贡监生童，但志在通知古今中外者，均准入楼阅书借书"。

清宣统元年（1909）前后，有不少地方大吏纷纷上奏，请求创设省图书馆，这似乎成了一种风气。如山东巡抚袁树勋奏请山东省创设图书馆，山西巡抚宝棻奏山西省建设图书馆、浙江巡抚增韫奏创建浙江省图书馆，湖南巡抚庞鸿书奏建设湖南图书馆，云南提学司叶尔恺奏设云南图书馆，广西巡抚张鸣岐奏广西建设图书馆，奉天总督徐世昌等奏建设黑龙江图书馆，安徽巡抚冯煦奏采访皖省遗书以存国粹并设图书馆。此外，又有直隶总督陈夔龙奏为前署提学使卢靖捐建图书馆请奖。当然，地方大吏所上奏折中最重要的还是张之洞的请求设立京师图书馆折。

京师图书馆成立后，民国五年（1916）3月，教育部通令，谓"凡国内出版书籍，均应依据出版法，报部立案，而立案之图书，均应以一部送京师图书馆庋藏，以重典策，而光文治"。此当依据欧美各国图书馆之收集图书办法，于国家图书馆之藏书大有裨益。这一年的11月，教育部通咨各省、县图书馆，于搜藏中外图籍之外，尤宜注意于本地人士之著述，以保存乡土艺文。民国九年（1920），内务部通饬各县立图书馆，谓"各县立图书馆，应将公私藏书及旧刻板片、印刷器物，一律切实蒐求，以保存之"。

民国十五年（1926），教育部训令各县，凡商店出版及私人著述图书，应以四部送各省教育厅署，由厅分配。以一部呈部，转发国立京师图书馆，一部径寄国立编译馆，二部分存各省立图书馆，及各该地方图书馆。又中华教育改进社，为中国最大之教育会社，社内设有图书馆教育组，成员为中国有名之图书馆专家。其第二届年会议决案指出：省立图书馆，应征集各省县志及善本书籍。请中华教育改进社，转请全国各公立图书馆，将所藏善本及一切书籍，严加整理布置，酌量开放，免除收费。其第四届年会议决案又有"请教育部，并函达各省区，搜集古籍，以保存国粹"。

从近代至现代，中国的图书馆始终存在着一种极其明显的格局，即华东、华北、华南三大区域是图书馆事业较为发达的地方。中华图书馆协会发表的全国图书馆调查表显示：1925年，整个西北五省区，仅有图书馆7所，1928年33所，1930年129所，虽至1931年增加到134所，但这个数字不到当年全国图书馆总数1527所的8%，而其省份占所统计的省份总数的10%。相比之下，1933年仅江浙两省的图书馆总数就达422所，占全国图书馆总数的27%，而其省份却只占总数的1%。由此可以知道，图书馆越多，该省的文化则越呈繁荣。从古籍的保存来说，也是如此。实际上，藏书的历史，也是中国文化史发展过程中的重要组成部分。自宋至清，从国家到地方，从公家到私人，各代的藏书家、藏书史，多有研究者的文章、专著加以阐述，这丰富了中国文化史的内容。而对近代以来，尤其是处在历史的转折点，也即从清末至民国这个阶段，较少有学者去进行有系统的开拓。本文概括地介绍自1900年至1949年北平图书馆、南京国立"中央图书馆"以及部分省市图书馆，重要的私立图书馆和大学图书馆，私家对古籍图书的收集、整理、保存的情况，探讨旧书店保存古籍和图书馆的关系，以及近代以来公私藏书的损失等。

一、公家图书馆对于古籍的搜集与整理

（一）国立北平图书馆

它的前身是京师图书馆。宣统元年（1909），清政府废除科举制度，推行新政。张之洞以大学士分管学部之名奏请设立京师图书馆。其《学部奏筹建京师图书馆折》云："伏查本年闰二月，臣部奏陈预备立宪分年筹备事宜，本年应行筹备者，有在京师开设图书馆一条，奏蒙允准，钦遵在案。自应即时修建馆舍，搜求图书，俾承学之士，得以观览。惟是图书馆为学术之渊薮，京师尤系天下观听，规模必求宏远，搜罗必极精详，庶足以供多士之研求，昭同文之盛治。""近年各省疆臣，间有创建图书馆，购求遗帙，以供众览者。江宁省城经调任督臣端方首创盛举，不惜巨款，购置杭州丁氏八千卷楼藏书，存储其中。卷帙既为宏富，其中尤多善本。并购得湖州姚氏、扬州徐氏藏书数千卷，运寄京师，以供学部储藏。并允仍向外省广为劝导搜采。兹者京师创建图书馆，实为全国儒林冠冕，尤当旁搜博采，以保国粹而惠士林。无如近来经籍散佚，征取良难，部款支绌，搜求不易。目士子近时风尚，率趋捷径，罕重国文，于是秘籍善本，多为海外重价钩致，捆载以去。若不设法搜罗保存，数年之后，中国将求一刊本经史子集而不可得，驯至道丧文敝，患气潜滋。此则臣等所惴惴汲汲，日夜忧惧而必思所以挽救之者也。"（《中国古代藏书与近代图书馆史料》，李希泌、张椒华编，北京中华书局，1982）

1910年，京师图书馆正式成立。当时馆址在什刹海后海北岸的广化寺。委缪荃孙为正监督、徐梧生为副监督。由于京师图书馆是在继承了宋、元、明、清四代皇家部分藏书的基础上建立的，当初创办时，学部即奏请内阁翰林院将所藏《永乐大典》数十百册，以及内阁大库"断烂丛残，不能成册，难于编目者，亦间有宋元旧刻，拟请饬下内阁翰林院，将前项书籍，无论完阙破碎，一

并移送臣部，发交图书馆妥慎储藏。"（见《学部官报》第100期）同时购买了归安姚觐元"咫进斋"和南陵徐乃昌"积学斋"的私人藏书，以及甘肃省藩司采进敦煌石室唐人写经18箱8000卷。当时藏书量达十万册以上。辛亥革命后由北京政府教育部接管，并调江瀚为馆长。江到任后，首先查点旧有典籍，又先后调取天津、沈阳、吉林、黑龙江、河南、山西、广东、山东、江苏、江西、四川、浙江、福建、湖北、云南等省的官书。1912年8月27日正式开馆接待读者。1915年8月，夏曾佑任馆长后，根据前请奏案，由教育部咨行内务部，调运前热河避暑山庄所藏文津阁《四库全书》充实馆藏，并通令各省检送方志及金石拓本。

1925年6月3日，中华教育文化基金董事会（该会为保管及处置美国第二次退还庚款之机关）第一次年会，议决文化事业暂从图书馆入手，报告称："北京为人文荟萃之地，宜有规模宏大的图书馆，以广效用，又以教育部原有之京师图书馆所藏中文书籍甚善，其中且多善本，徒以地址偏僻，馆舍亦复简陋，致阅览者多感不便。如能两方合办并择适宜之地建筑新馆，则旧馆书籍既得善藏之所，而新馆亦可腾出一部分经费为购置他种图书之用。爰于十月间与教育部拟定合办国立京师图书馆。"该年11月，依约成立国立京师图书馆委员会，馆长为梁启超，副馆长为李四光。由于政局之故，图书馆由董事会暂时经营，并于1926年3月1日改名为北京图书馆，后易名为北平北海图书馆。1928年7月，改京师图书馆为国立北平图书馆，馆址在文津街。年底又迁至中南海居仁堂。

该馆藏书来源甚广，有得自文津阁《四库全书》，以及前北海图书馆者（有西文整套学术期刊及各项中西文书籍）、移存旧教育部图书室者、历年购存中外新旧图书、受赠图书、接受呈缴图书、征购之中外舆图、征购之金石拓片、接收平津区图书处理委员会委托保管之书。计藏中文书约60余万册，西文书约15万册，日文书约40万册。在40年代后期，中文书购入者，有聊城杨氏海源阁旧藏宋元刊本，包括驰名宇内之四经四史以及罕见古籍。此外，零星采购之善本书约200种。普通书则以东莞伦氏续书堂藏书最为重要，约1800余种，又零星采购600种。受赠善本书56种、普通书百种。

京师图书馆的旨趣在辅助科学之研究，故对于各学术资料尤予以充分注意。1926年4月，又发函世界各重要团体与国内各学会及藏书家，征求出版品。以古籍图书来说，刘翰怡即赠以《嘉业堂丛书》49种、《求恕斋丛书》12种、《留余章堂丛书》8种，另有《旧五代史》《郑堂读书记》《毛诗正义》《台学统》《中兴典故汇记》《柔桥文钞》等书。为了扩大馆藏，北平馆还设法征求各种图书文献，家谱即是其一。据该馆编《北京图书馆月刊》第一卷一号，载有《征求家谱启事》："家乘世系，历代所尊，凡在清门，罔不崇宝，旷观寰宇，莫与比伦，实我民族精神之所寄焉。顾曩或藏之宗庙，遂罕流传，亦或散衍四方，时难修订，则有追源溯本而间缺无征者，亦有异地同修，而彼此相失者。至于僻俗甚或托付缁流而代远，竟莫之能究者，是皆未谋传布有以致之。本馆不自量度，窃拟荟萃万宗，庋为专藏，用启后昆景仰之思，亦著先哲行言之识，意必于史迹多资考镜，学术有所发明，海内名家其亦许之乎？倘蒙玉牒颁存，则馆藏增光荣幸靡既，不胜翘盼之至，兹用虔敬征求，敢待明教。北京图书馆谨启。"此启事一出，不少人将家藏珍贵族谱、家谱、系谱、支谱等捐给了北京图书馆，这在北京图书馆早期的年度报告中所列私人、机关捐赠图书目录中即可一览无遗。

早在1919年元月，京师图书馆即就采购图书提交《呈教育部谨拟征集图书简章文》，其文曰："窃维中国书籍自清初建设四库搜采之后，迄今二三百年，公家久未征求，散佚之虞，匪可缕举。私家为图书建筑馆宇者，实属寥寥。一遇刀兵水火之灾，无力保全，最易毁灭。绛云之祸，前车不远，一也。私家藏书最久者，海内独推宁波范氏，然天一阁之书今亦散佚，盖子孙不能世世保守勿失，二也。海通以来，外人搜求中国善本孤本之书，日盛一日，售主迫于饥寒，书贾但图厚利，数年之后，势必珍篇秘籍尽归海外书楼，中国学者副本亦难寓目，三也。名人著作及校本未刊行者，指不胜屈，亦有子孙无力刊行尚知保守者，但数传之后或渐陵夷，心血一生，空箱饱蠹，四也。且当四库搜采之时，佚书尚多，加以二百年来名臣学士项背相望，著述之多，尤当及时征集。敝馆虽限于经费不能放手购求，但抄录校雠，或者尚易为力。况热心之士苟知公家保存可以长久，或且乐意捐助，亦未可知。总之，在馆中能多一册书即学术上多受一分利益，倘或再稽时日，窃恐异时征求更属不易。"

基于此，该馆当时广购古籍善本，而以明刻本为多。其中稀见者如明嘉靖刻本《皇明太学志》《方山全集》，明刻黑口本《历代名臣奏议》，万历刻本《国朝典汇》等。明抄本如《明名人传》《金小史》，明蓝格抄本《密谕录》《阁论录》《拟礼志》《明英宗实录》、《永乐大典》(6册)等。旧抄本如《明史》《左司笔记》，明末毛氏汲古阁抄本《切韵指掌图》，明内府抄本《宋遗民录》等。稿本如孙承宗《督师奏疏》、焦循《里堂书品》等。批校本如鲍廷博校《颜氏家训》、黄丕烈校《芦浦笔记》、孙星衍校《孙子》、莫友芝校《封氏见闻记》等。

1927年，这一年中北京书市颇见萧条，时局不宁，私家藏书多不能守。京师图书馆限于经费，故购入普通古籍较多。善本中购有宋刻本5种，如南宋刻本《周礼》《册府元龟》《国朝诸臣奏议》《李太白集》。元刻本6种，有《事文类聚》《四书章图》及《师子林天如和尚剩语集》等。而整批购入者有李慈铭越缦堂藏书，凡为书9000余册，内有李氏批校之书约2000余册，尤以史部书为多。1929年3月，王国维去世后，他的藏书中有190余种、约700余册，为该馆购入，这批书数量虽不多，但皆为王氏手批手校之书。王氏生平遇有善本，必移录其佳处或异同，间有发明，则别作识语，故颇有学术价值。

从30年代以来，北平图书馆(1928年7月，由京师图书馆改为北平图书馆)每年均有不小的收获，这促使它的馆藏古籍及善本书增幅极快。如1930年7月至1931年6月这一年中，北平馆采入的中文善本书，其丰美直开以前未有之记录，以词曲小说举例，该馆过去收藏此类图书不少，但罕见本不多，此年购得武进董氏藏戏曲之半，始蔚为大观。其中如息机子辑《古今杂剧》25种、邹式《金杂剧》三集残本10种，明刻本传奇《樱桃梦》《题红记》《玉环记》《浣纱记》等。此外在北平还购到如《绣刻演剧》52种，内有富春堂刻本凡十余种，又收得明刻本《灵宝刀》，凌氏刻《绣襦记》《拜月记》《红梨记》三种。综合多年所收明刻本戏曲共约160种，合之清刻本，总数在300种以上，而不算寻常之本。1932年7月至1933年6月除了收进宁波天一阁的旧藏多种外，又购得贵阳陈田诗听阁所藏明代别集600种，其中约五之三不见四库总目著录，五之一不见《千顷堂书目》载入。又海盐朱希祖家藏戏曲书籍中抄本居半为清升平署旧物，大小名剧凡500余种有关近代戏曲史之重要史料。其他明清刻本有《祝发记》《白蛇记》《南北乐府》《绾春园》《时调青昆》等，而小说有明万历刻本《金瓶梅词话》《三国志演义》《西游记》等。

又如1934年7月至1935年6月购入元大德九路本《后汉书》及闽刻《续宋中兴编年资治通鉴》《宋季三朝政要》，皆内阁大库旧物，可配补该馆之缺。又《无冤录》一书，乃清初李振宜旧藏，后附宋传霖《刑统赋》一卷，亦难得之秘籍。而明刻本中名目繁多，美不胜指，有王士琦之《三云筹俎考》、张元汴之《馆阁漫录》、叶盛之《西垣奏草》、张瓒之《安南奏议》、赵世卿之《司农奏议》、潘埙之《淮郡文献志》等。戏曲中则以屠隆校刻之王董《西厢》为最名贵。章回小说则有《东西汉志传》《三国志传》可与通行本校勘。此外抄校本也多罕传之帙，如刘振撰《识大录》52巨册，以纪传体载明初至隆庆间史事。又李文田手校明抄《国朝典故》30册，也较其他抄本为完善。另收得历朝方志甚多，其最罕见为《（嘉靖）山海关志》《（万历）应天府志》《（万历）严州府志》《（顺治）太湖县志》《（康熙）云南通志》《（康熙）平阳府志》《（康熙）安州志》《（康熙）凤阳府志》《（康熙）兴国府志》《（雍正）广西通志》等，足使该馆生色不少。

早期，北平馆的善本（指刻本书）与抄本均各另室另橱庋藏，并用锁闭置，非取阅不开，以示郑重。而在1933年7月至1933年6月之间，该馆认为有清一代刻书之精,超越前古,其精刊精印之本价值渐与宋元版相埒,又以名著稿本发见日富,亦宜及时藏购,于是有善本乙库之筹设。其明本以上之书仍储之旧善本室,名曰甲库。自清初以来精刊精印、孤本稿本、批校及罕传之书皆藏乙库,如内阁大库所存清初方志,清代赋役全书,升平署剧本及档案,名著稿本,名人批校本,清代殿本书,精刊精印各书。《浙江省立图书馆月刊》1卷2期有《国立图书馆概况撷要》,其中对北平馆库藏做了较为详细的统计:宋刻本129部、2116册;宋写本2部、51册;翻宋本13部、103册;仿宋本2部、34册;影宋本15部、93册;校宋本50部、313册。金刊本2部,文津阁藏本,完全无缺。计经史子集四部103架、6144函、36300册。另有分架图书4函、4册,殿本《四库全书总目提要》20函、124册,唐人写经8561卷,以及舆图、拓片等甚多。

除了购买古籍图书之外,也有不少著名学者、藏书家或他们的后裔,将家藏古籍寄存、捐赠给北平图书馆,以作典藏。据1929年7月至1934年6月的统计,先后在该馆寄存和赠送的有前馆长梁启超遗族根据梁氏口头遗嘱,将梁氏生平所藏全部图书送馆寄存,共2831种、41474册(不包括新书),并有梁氏墨迹、未刻稿本、私人信札等。福建人叶可立(于沅)收藏其闽中旧族藏书甚富,将存放在北平的琴趣楼藏书全数寄存该馆。深泽(今属河北石家庄)王勤(孝箴)将其洗心精舍旧藏800余种寄存。后王氏以所藏让与范阳望族蒋秀武,蒋又赠予北平馆。1935年,又接受瞿宣颖寄存之补书堂藏书,共1811种、59769卷(外422种为不分卷)。

"八一三事变"后,国民政府即决定将北平馆善本书和故宫古物一起南迁,移存上海,以确保安全。当时送往上海的部分,除善本书籍甲乙库约5000余种、6万余册外,尚有敦煌写经9000余卷、金石碑帖数百件(如汉熹平石经残石、周鼎、楚器、铜镜、古钱及梁启超家属寄存碑帖等),均存放公共租界仓库。当时在上海主持北平馆驻沪办事处工作的钱存训先生,曾有回忆其时设法将北平图书馆善本书运美经过的文章。据钱先生的文章,太平洋战争发生以前,国际形势及上海租界内的情形日趋紧张，有关方面深恐存书也遭不幸，于是该馆又奉当局密令将这批珍籍运往美国国会图书馆存藏。北平图书馆馆长袁同礼先生曾向美国驻华代表磋商，并由当时驻美大使胡适先生通过美国国会图书馆的关系，拟将存沪的善本书再度迁移，运美保管，等战争结束，再物归原主。当时还决定，此批善本并在美拍成缩微胶片，以便留得副本。但是，当时上海存库善本太多，无法全运。于是在1941年初，袁同礼先生冒险亲自到沪布置一切，并由当时在美国国会图书馆做研究的王重民先生回沪，协同徐森玉先生挑选出一部分较重要的资料，装成102箱，箱内用铁皮密封，以防潮湿。这102箱善本书，总共2800余种、约21000册。有宋版书75种、金版4种、元版131种、明版近2000种、抄本531种，其余则为清代及朝鲜、日本刻木活字本。宋版书中有《册府元龟》《三松集》，还有著名的宋刻南北朝七史。元版如张伯颜刻本《文选》等。明版中，有地方志380种；乡试录、登科录48种；明代文集近500种；而词曲杂剧部分则有顾曲斋《元人杂剧选》《盛明杂剧》《玉夏斋传奇》《墨憨斋新曲》等。抄本中最著名的为《永乐大典》和明代历朝实录。《永乐大典》有62册，为清代翰林院所藏之劫余，后来拨归学部图书馆的。这些善本可以说是当时北平图书馆馆藏的精华了。

这批善本如何运美，当时拟订了两套方案。一为通过上海海关丁某帮忙，由商船运美；二为由美国派遣军舰到沪接运。但是，两套方案都遇到困难。后由钱存训先生通过海关张君，将这102箱书化整为零，分成十批交商船运送。每批约十箱，用一中国书报社的名义，开具发票报关，作为代国会图书馆购买的新书。发单上开明的都是《四部丛刊》《图书集成》等大部头新书，但箱内所藏，却全是善本。送到海关后，箱子并不开启，即由张君签字放行。这样，从1941年10月开始，每隔几天，当张君值班时，便送一批去海关报关。前后经过两个月的时间，最后一批便于1941年12月5日由上海驶美的"哈里逊总统号"（S·S.President Harrison）装运出口。据钱存训先生回忆，如此紧张的工作，刚刚结束，突然12月7日珍珠港事变发生，日美正式宣战，同时日军进驻租界，接着攻占香港、越南、新加坡和菲律宾。不久见报载"哈里逊总统号"已在去马尼拉的途中被截，当时以为这最后一批善本，如非失落，必被日军俘获。后来到了1942年6月初，忽然上海方面的报刊刊登了一则由里斯本转发的德国海通社电报，谓美国国会图书馆在华盛顿宣布，北平图书馆的善本书籍102箱已全部到达华盛顿，即将开始摄制显微书影云云。但是，这最后一批书籍是如何到达美国的，至今仍是一个谜。

1947年春天，钱存训先生奉教育部之委派，赴美接运这批战时存美的102箱善本书回国，一切手续都已办妥，可是上海仓库拥挤，没有地方存放，后来又因平沪之间交通断绝，即使接运到沪，也无法运返总馆，因此，又奉命从缓。1965年11月17日，这批善本书由美国运回至台湾基隆，后由"中央图书馆"保存，暂时结束了这一段善本书流落海外的公案。

在抗日战争期间，北平馆曾一度停止馆务，后为华北政务委员会教育总署派人接收。在北平沦陷后，该馆奉教育部令暂在长沙设办事处。1938年奉令迁昆明。1945年胜利复员，原留北平馆图书公物幸无损失，即前存美存港之善本书，亦已次第运回，得复旧观。抗战胜利后，该馆请得专款，从天津存海学社新记购入杨氏海源阁藏书92种、1207册，并建立专室收藏。

《国立北平图书馆馆务报告》(1929.7—1930.6)，该馆之"政策"指出，"本馆为行政机关而非研究机关，其性质与科学研究院迥不相同，故其事业不在研究本身，而在如何供给研究者之便利。本年度中举办之事业如：1.各种索引之编制；2.孤本书籍之翻印；3.《宋史》之校勘；4.李慈铭遗书之整理；5.专门目录之编制；6.北平各图书馆西文书总目录之编制等等，其宗旨均不外此。惟本馆事实上既为中国最大之图书馆，关于目录校勘、版本考订诸问题，各方面前来咨询者颇不乏人，爰就所知或研究所得，藉各种出版物发表之，以供社会参考。"常年的北平图书馆，出版有《李慈铭读史札记》、《越缦堂文集》、《宋会要稿》、

《珍本丛书》6种、《善本丛书》初集12种和二集12种、《越缦堂日记补》、《孙渊如外集》、《楚器图释》等；影印珍本有《全边略地》12卷、《通制条格》30卷、《埋亭传奇》2卷、《郁冈斋笔尘》4卷、《平寇志》12卷、《鸦片事略》2卷等；参考工具书则有《国学论文索引》一至四编、《文学论文索引》一至三编、《清代文集篇目索引》、《中国边防图籍录》、《丛书子目类编》、《清代文史笔记索引》、《汉满蒙回藏五体清文鉴索引》等。

（二）南京国学图书馆

南京国学图书馆是中国最早的具有一定规模的公共图书馆。清光绪末年，苏抚端方赴欧考察归来，盛道泰西之文明首在图书馆之美备。光绪三十四年（1908），端方任两江总督，在南京奏准清廷创设江南图书馆，馆址在南京龙蟠里的惜阴书院旧址。其创建图书馆折云："窃维强国利民，莫先于教育，而图书实为教育之母。近百年来，欧美大邦兴学称盛，凡各都巨埠皆有官建图书馆，闳博辉丽，观书者日千百人，近以开益神智，增进文明，意至善也。臣奉使所至，览其藏书之盛，叹为巨观。回华后，敬陈各国导民善法四端，奏恳次第举办而以建筑图书馆为善法之首。""江浙地方建立文宗、文汇、文澜三阁，尽出四库之藏，以惠东南人士，而扬州、镇江得其二，由是江左学风冠冕全国。江宁为省会重地，自经粤乱，官府以逮晋绅之家，藏书荡然，承学之士将欲研求国粹，扬榷古今，辄苦无所藉手，爰建议于城内创立图书馆。旧时扬、镇两阁恩赐秘籍，久罹兵燹，拟即设法传抄，次则四库未收之书以及旧椠精抄之本，兼罗并蓄，不厌求详，至于各国图书义资参考，举凡专门之艺术，哲学之微言，将求转益多师，宜广征书之路，惟是购书经费所需较巨，亟应先立基础，徐议扩充。适有浙中旧家藏书六十万卷出售，已筹款七万余元，悉数购致。此外仍当陆续采购，务臻美备。并由臣延聘四品卿衔翰林院编修缪荃孙为图书馆总办，檄委前江浦县教谕陈庆年为坐办，候补同知琦珊为提调，其司书编校各员均经分别委派。"（见《国立中央大学国学图书馆小史》，1929年）端方折中所谓"浙中旧家"，即丁氏嘉惠堂和八千卷楼。清光绪间，海内数收藏之富称瞿、杨、丁、陆四大家，而丁氏奋起诸生，搜罗古籍，影响于江浙两省，其藏书悉为江南图书馆购藏。馆储丁氏之书，宋刻本有40部，元刻本98部，明刻本1120部、旧抄本84部，四库底本36部、稿本14部，日本刻本34部，高丽刻本9部，合计2000余种。从此，私家藏书归为公有。辛亥革命以后，该馆曾多次易名，1912年2月更名为江南图书局，7月改名江苏省立图书馆；1919年改称江苏省立第一图书馆；1927年6月改名为第四中山大学图书馆；1928年2月改称江苏大学国学图书馆，5月改名中央大学区立国学图书馆；1929年10月4日，始更立馆名称江苏省立国学图书馆。1952年，国学图书馆并入南京图书馆。

丁氏书外，又有武昌范月槎藏书4557种。范氏在同治、光绪间有诗名，然仕宦偃蹇不得志。所藏以集部为多，其后以负公帑，举书以偿。又有宋教仁（渔父）遗书。宋曾助孙中山，为法制院院长、北京政府的农林总长，后主持党务，联合五政党改组国民党，助赵秉钧组阁，调和南北意见。宋卒后，以其身后无所归，由江苏省署发交该馆储藏，所藏多为普通习见之本。当时馆中善本，分藏甲、乙、丙三库，甲库所贮，均丁氏八千卷楼珍藏善本，每书有丁丙手写签语。乙、丙二库，亦泰半为丁氏书，木樨轩馆范氏藏书居十之二三。1920年江苏省署拨款2000元收购山阴薛一鹗家藏清代名人手札76册。

1922年至1923年以后，该馆经费支绌，增购书籍寥寥可数。据统计，自开办至1930年止，国学图书馆藏书凡24151部、450692卷、173978册（内不分卷2554部）。其中宋版经部8部、183卷、161册，史部14部、207卷、405册，子部7部、155卷、78册，集部11部、225卷、94册。元版经部26部、630卷、212册，史部26部、1908卷、703册，子部25部、779卷、354册，集部28部、78卷、249册。明版经部229部、4166卷、1922册，史部416部、2232卷、7430册，子部 856 部、20148 卷、6086 册，集部 1023 部、28075 卷、7988 册。丛书 35 部、4030 卷、1142 册。地方志 22 部、226 卷、130 册。四库底本 16 部、120 卷、46 册。名人稿本 13 部、75 卷、53 册。1928 年以前所藏善本为 2603 部、60828 卷、18785 册。但从 1928 年始，至 1936 年止，该馆善本书的补充非常之少，每年新购入善本多在数种、十数种左右，从未有超过 20 种者。该馆的善本来源还有各方的捐赠、本馆的传抄以及影印本。而普通线装书，在 1928 年以前为 13259 部、267995 卷、97180 册。而 1935 年的统计，则增为 20789 部、336205 卷、130762 册。

国学图书馆曾设有传抄部，成立于 1927 年，以供外界人士传抄馆藏善本、孤本书籍，或向馆外接洽传抄馆内未藏之珍本秘籍，增入馆藏。传抄中之巨著，如向北京图书馆传抄之《永乐大典》，向刘氏嘉业堂传抄《明实录》等。在当时的条件下，于传播、流通古籍方面起了积极作用。

1937 年七七事变后，南京屡遭日机轰炸，在警报声中，该馆员工不分日夜，将馆藏丁氏善本书全部、武昌范氏精本，其他抄本、稿本、校本以及罕见刻本等 2 万余册，装就 110 箱，寄存故宫博物院南京分院地库。后形势险恶，又装运书籍 57 箱，约 3 万余册，运存兴化西仓。1940 年，兴化沦陷，江苏省立图书馆馆务停顿，寄存兴化北门外观音阁之书 6808 册多系木刻丛书及各省方志，亦被焚于火。其寄存北安丰中罗汉寺者，亦为日寇劫去。清季江南各公署档案 6488 宗及尚未清理者 60 余大篓，悉数被敌运去，闻多做旧纸售卖或遭焚毁。逐年印布，及存售各局印刻之书，更被掠之一空，直至胜利后，才先后将散失各处馆书，陆续装运回馆。

国学图书馆善本书目，最早有《江南图书馆善本书目》1 册，所录皆为丁氏八千卷楼藏书归入该馆者，较之丁氏原有书目微有出入。1919 年又编印《江苏第一图书馆覆校善本书目》4 册。馆中写本目录有两种，一为《续提善本书目》凡 5 册，一为《阅览室书目》凡 15 册，均按经、史、子、集、志、丛六类编次。

三、国立中央图书馆

1928年5月15日，大学院在南京召开全国教育会议，通过王云五、韩安的提议，决议在南京筹设国立中央图书馆，由大学院计划进行。1933年，教育部令派蒋复璁为筹备委员，旋又派为筹备处主任，租用沙塘园七号民房办公。是年9月，经中央政治会议核定，筹备概算后，复添租双井巷房屋一所。1935年，购中央研究院成贤街总办事处房屋。1936年2月迁入。1937年七七事变发生，11月18日筹备处奉令西迁，次年2月中旬抵达重庆。1940年8月，奉令结束筹备事宜，正式成立中央图书馆。

在抗日战争之前，馆藏线装古籍以及善本书极少，这是因为该馆自奉令筹设后，国内外的局势一直处于动荡不安之中，经费、人员、房舍等都显贫乏。当时央馆筹备处在京的经费每月仅四千元，抗战之初，曾减为一千元。在陈立夫任教育部长后，逐渐恢复原数。1940年成立后，始定为每月一万元，然仅供办公之用，实无余款采购善本图书。早期，教育部拨交北平旧教育部档案保管处收藏的图书46000余册，以及清顺治至光绪间殿试策千余册，由此作为藏书基础。但是这批书中，仅有《仁孝皇后劝善书》为明初内府刻本。后虽接收南京国学书局（它的前身即是金陵书局，后称江南官书局）的藏书，但被认作善本书的却不多。此外零星购得少量善本，如明嘉靖刻本《龙江船厂志》、太平天国刻本《英杰归真》等。1940年教育部向吴兴许博明家购得善本书70余种，拨归中央图书馆收藏。

国立中央图书馆于战事发生后，选择重要图书封存263箱，以事急时促，仅带出130箱。所有国学书局版图书150种亦均遗失。中央图书馆的善本书收藏直线遽增的时期是在抗日战争期间，即从1940年1月10日起，至太平洋战争爆发止。抗战初期，上海成为孤岛，不少地方故家旧族收藏的古籍图书以及文献等，多遭敌骑洗掠，很难保其所有。大江南北文物，多沦煨炉，诸多宋元旧槧、珍本名抄，陆续散佚流出，且大多聚诸沪上书肆及旧书摊上。上海的古书市场较之战前更为活跃，北方书贾纷纷南下收购，美日诸国也在抢购。在这种形势下，留在上海的张元济、张寿镛、何炳松、郑振铎、张凤举等人目睹此一危机，莫不忧心忡忡，他们决定组织起来，为国家抢救古书文献。在国民政府教育部陈立夫及中英庚款董事会朱家骅的指导、关心和支持下，运用中英庚款董事会中存有中央图书馆的建筑费用作为购书经费，并由当时中央图书馆筹备处主任蒋复璁居间联络，组成"文献保存同志会"。经过两年艰苦的工作，克服了重重困难，为国家、为民族、为中央图书馆抢救、收购了古籍善本共3800余种，其中宋、元版本300余种。在抗战中，江南不少藏书家，如常熟瞿氏铁琴铜剑楼、赵氏旧山楼、南浔张氏韫辉斋、刘氏嘉业堂、张氏适园、苏州潘氏滂喜斋等家的图书，凡有散出者，大都归为国有，成绩极为可观。在这些善本书中，经部图书最少，子部图书颇为可观，而史部及集部图书则是精华所聚。当时的北平图书馆收藏的善本书共3900种，而郑振铎、张寿镛、徐森玉等人在上海所购善本书的数字差不多相当于北平图书馆数十年之积累，使得中央图书馆有如贫儿暴富，令人刮目相看。故郑振铎说：所购古书"不仅足傲视近来一切藏书家，且亦足以匹敌北平图书馆矣！"（郑振铎致张寿镛1940年9月21日信）除了在上海的抢救工作外，在香港由叶恭绰主持，负责购买自广东散出之书，所获也有相当数量。

抗战胜利后，教育部奉行政院令，将汪伪政府内政部长陈群泽存书库的藏书拨交中央图书馆。陈曾任北伐东路军前敌总指挥部政治部主任，后投靠汪伪。他在内政部长任内大肆购藏线装书，包括善本书。泽存书库在南京颐和路（后为中央图书馆北城阅览室，1949年后为南京图书馆古籍部所在地），藏新旧图书达40余万册，其中善本书计4400余部、45000余册，以明刻本为主，宋元刻本及抄本、校本、稿本也占一定比例。重要者如宋刻本《大易粹言》《尚书》《隋书》《五代史记》《晦庵朱文公文集》《临川先生文集》等，稿本如清赵烈文《能静居日记》等。

1948年，徐蚌会战后，江南情势紧张，中央图书馆奉令，自该年12月至次年2月，由徐森玉鉴定，将馆藏善本图书分四批运往台湾（第四批未运出）。第一批60箱由海军押送；第二批398箱（包括文物），由招商局负责运送；第三批为普通书186箱。据蒋复璁《国立中央图书馆当前的问题》（载《珍帚斋文集》，台湾商务印书馆，1985年9月）一文所载，所运善本为宋刻本201部、3079册，金刻本5部、16册，元刻本230部、3777册，明刻本6129部、78606册，清刻本344部、3076册，稿本483部、4337册，批校本446部、2415册，抄本2586部、15203册，嘉兴藏1部、2241册，高丽刻本273部、1494册，日本刻本230部、2281册，安南刻本2部、5册。此外还有名贤手札、汉简、金石拓片等。

1934年，中央图书馆曾影印《四库全书珍本初集》220种、1960册，并照四库原样影印经史子集各1种6册，由商务印书馆承印。1942年，又将所藏善本图书，选其珍秘而切于实用者，影印为《玄览堂丛书》第一集120册。计有：1.张道宗著《纪古滇说集》一卷；2.许纶等编《九边图说》不分卷；3.王在晋著《都督将军传》一卷；4.张乃鼎著《辽筹》二卷；5.欧阳重著《交黎抚剿事略》四卷；6.上愚公著《考略》不分卷；7.佚名著《安南辑略》三卷；8.滇时宁著《三镇图说》三卷；9.梁锡天编《安南来威图》三卷；10.杨一蔡著《裔乘》八卷。1947年，又影印第二集120册，计有：1.《皇明本纪》不分卷；2.明孙宜撰《洞庭》四卷；3.明何崇祖撰《庐江何氏家记》不分卷；4.明戴笠、吴殳撰《怀陵流寇始终录》十八卷、《附录》二卷；5.明周文郁撰《边事小纪》四卷；6.《倭志》不分卷；7.明谢杰撰《虔台倭纂》二卷；8.明钟徽撰《倭奴遗事》一卷；9.明王一鹗撰《总督四镇奏议》十卷；10.元孛兰肹等撰《大元一统志》存三五卷；11.明陈循等撰《寰宇通志》一二九卷；12.明郭棐撰《炎徼琐言》二卷；13.明王临亨撰《粤剑编》四卷；14.《荒徼通考》不分卷；15.明慎懋赏撰《四夷广记》不分卷；16.明黄正宾撰《国朝当机录》三卷；17.《嘉隆新例》

三卷；18.明何士晋著《工部厂库须知》十二卷；19.明李昭祥撰《龙江船厂志》八卷；20.明郑成功等撰《延平二王遗集》不分卷。

（四）浙江图书馆

1949年以前，浙江公共图书馆只有两所，一为浙江省立图书馆，一为温州籀园图书馆（初名温属公立图书馆）。清光绪二十八年（1902），学政张亨嘉建浙江藏书楼于大方伯里，订有阅借章程。然名为藏书楼，则实重藏不重阅。宣统元年春，巡抚增韫奏请建设图书馆，将藏书楼与官书局归并扩充。次年夏，增韫又请给文澜阁旁空地为馆址，第二年夏兴工，于民国元年落成，于是移文澜阁书于其中。可以说，乾隆时文澜阁的建置，实为浙江图书馆藏书之渊源。1913年3月25日开幕，而改藏书楼为分馆，其名称则初为浙江图书馆，藏书凡7万卷，继而在1916年1月更名浙江公立图书馆，直至1927年再改为浙江省立图书馆。

浙江图书馆的藏书，早期分保存、通用二类。据1932年的统计，保存者为文澜阁本《四库全书》36278册，宋元明刻本、精抄名校本等，共13178册。通用类者为普通图书、杂志，其中线装书为103496册。宋元明刻本的来源有购入者，有捐赠者，有前浙江高等学校移藏者，大率购入者居多。由于经费有限，未能多购，据《浙江省立图书馆月刊》一卷二期所载，1933年全年购书经费每月700元，其中购线装书费用仅为20%，也即140元而已。

因为经费不足，该馆对于善本书籍鲜有续购。1931年，购入单不庵先生遗书，其中有明刻本若干部。又于古本、精抄本价不甚昂者也略有所购。浙馆藏宋元版甚少，宋版仅有《周礼注疏》《礼记注疏》《春秋左传注疏》3部，即嘉靖以前刻本也不多。据统计，该馆明万历以前刻本有79部、万历至崇祯间刻本为316部。1932年，该馆曾有续征省县方志及乡贤遗著之计划，但经费、人力有限，所得甚鲜。1933年10月，浙馆以3000元巨款购入孙氏寿松堂旧藏宋刻本《新刊名臣碑传琬琰集》107卷，共32册，以为镇库之宝。1934年春，又以低价购到国内著名算学家裘冲曼先生双啸室藏算学图书，计300余种、1298册。其中多年罕见之本，有明刻本2种、稿本2种、抄本8种，清刻本尤多。

对于浙江图书馆来说，文澜阁本《四库全书》是他们的骄傲。据《两浙盐法志》，文澜阁本《四库全书》凡35990册，太平天国战争中，阁毁书散，丁申、丁丙兄弟两人于流离转徙中搜购凡9062册（同治十三年止），其后百计补抄，自光绪八年至十二年冬，成书2800种，合前共得28000册。全书虽大部补得，而待访尤多。之后又有两次大的补抄工程，一为乙卯（1915）补抄，前馆长钱恂发起以集款补抄，筹得公款及私人捐赠合6200余元，补抄缺书缺卷，计33种，共268卷，又购回已有丁抄之旧抄残本182种。一为癸亥（1923）补抄，由于张宗祥长浙江教育厅，倡议续前人未竟之续，募集捐款从事补抄，浙督卢永祥捐银4000元，张元济、刘翰怡、周庆云等46人又集款12200元，先就杭州所有者补之，继而赴北京借文津阁本抄其缺者，补其漏者，并逐册详校，费时二年，竭写生200余人之力，凡补抄缺卷缺书共211种、4497卷、2416册。至是文澜阁本《四库全书》除略有缺卷外，已得复其全璧。自丁氏拾残之始，迄抄补完成凡六十二年，而阁书得全。至1926年7月，文澜阁本《四库全书》实存3459种、36278册。

1937年冬，日寇攻陷杭州，浙馆于事先仓皇撤退，因交通困难，图书分批搬运。《四库全书》初移富阳，再移龙泉，三移贵州，四移重庆；其他善本，则移龙泉后，又移庆元；较普通之书，则随馆一迁丽水，再迁青田之南田。其不及搬出分藏杭州民家者，被敌伪查得劫收，设立伪图书馆。战争中浙江省立图书馆总馆书库四层及钢骨书架全毁，馆藏之石印《古今图书集成》与《四部丛刊》《四部备要》《万有文库》以及其他各种中外图书、杂志、日报合订本，损失约10万册。印刷所已印成之国学图书数千部完全损失。馆藏之《张氏医通》

《算法大成》《大学衍义》《檇李丛书》《近思录》《洗冤录》《入幕须知》《素问直解》《素问集注》《先后遗规》《聂氏重编家政学》《善本书室藏书志》等木刻书版，共计缺少2000块。《淳化阁石刻帖》石，损失163块。1945年，抗战胜利，全馆返杭，《四库全书》及善本先后运回，并接收伪图书馆劫余图书。经此浩劫，损失图书10万余册。

后来的浙江图书馆陆续搜集图书达20万册以上，卷帙繁富。浙江馆编辑出版之书目、专刊、专著甚多，近20种。除《壬子文澜阁所存之书目》5卷（钱恂编）、《浙江省立图书馆通常类书目》（章篯编，收1924年以前该馆藏非善本之线装书）、《丛书子目索引》（金天游编，收馆藏丛书凡390余种、子目12000余条）、《别集索引》（收该馆1930年以前所藏诗文别集）、《文澜阁书目索引》（杨立诚编）。其善本书则编有《浙江省立图书馆保存类图书目录》（章篯编，收1921年以前该馆所收的善本书），此外又有《善本书目续编》，自明刻本外，亦及清季焚毁诸书及抄本、稿本，所收较泛，为1922年至1930年该馆续收善本之目。《善本书目题识》（陆祖谷编），1932年出版，为该馆历年所藏善本中之宋元明刻本。所谓题识，乃"分别著其书之卷数、撰人、版本之年代刊者与其他考证，有印鉴者录其印文，有圈注者明其手笔，唯于书之内容，无论通行本与否，皆不叙及，与提要例不同，故曰题识"。书分4卷，卷一计宋元本22种；卷二为明本甲，收明嘉靖、隆庆以前刻本，凡书73种；卷三、四为明本乙，著明万历、天启、崇祯刻本，其中卷三为经史之属，凡96种；卷四为子集及丛书之属，凡104种。又编有《浙江图书馆馆刊》双月刊，原名《浙江图书馆月刊》），1932年3月创刊，以提倡学术、介绍书报、传达图书文化消息、促进图书馆事业为宗旨。内容有评坛、论文、提要、消息、书目等栏。1933年改名为馆刊。《文澜学报》，1933年创刊，为年刊。以阐扬浙省学术，导扬学风为主旨。内容多载专著，亦列文苑、书评等，唯不载馆务杂稿。

浙江图书馆收藏古书之旧板片也多。当时，杭州汪氏振绮堂后裔捐入先世刊版32种、5761块，丁氏八千卷楼全部刊书板片18400余块，永康胡氏退补斋家刊《金华丛书》《续金华丛书》板片数千块，以及寿春孙氏小墨妙亭、富阳夏氏灵峰精舍、慈溪冯氏、山阴樊氏等先后捐存或寄托者，总共23万余片。这在全国来说，实无出其右者。

（五）其他公共图书馆

一般来说，许多公共图书馆成立后，它们的藏书基础多是以私人藏书家所藏为主，而后再广收博求。如浙江宁波，民国成立后，废除道府，改为六邑公会（六邑为鄞县、慈溪、镇海、奉化、象山、定海），为纪念薛福成，名为薛楼，将薛福成、吴引荪（有福读书堂）二氏所赠古籍全部庋藏于此。这是宁波有公共图书馆的开端。此后，又接受当地士绅张美翊的部分藏书。至1927年时，藏书已有八九万卷。籀园图书馆创立于1919年，是为纪念瑞安孙诒让（字仲容，号籀廎），而由地方人士发起成立。经过历任馆长的多年搜集，温州地区自唐宋以迄民国的诸家存世论著，基本上得以保存。古籍图书主要以瑞安孙氏玉海楼、永嘉潘鉴宗养心寄庐、永嘉黄溯初敬乡楼、永嘉梅氏劲风阁的旧藏为基础，由1942年的43000册增为1949年的10万余册。

民国肇建以前，江西并没有图书馆。有宜丰胡思敬者，历官御史三年，积书盈屋，宣统三年（1911）辞官南下，将书尽行携归南昌，筑问影楼于东湖东岸，藏书其中，题额为"退庐图书馆"。累年又复添购，凡有书40万卷，许人入内阅览。民国以后，胡思敬将其个人藏书，全部移作公共图书馆藏，供大众阅览，嘉惠士林。到了民国九年（1920）12月，江西省教育厅厅长许寿裳，有鉴于此，于是筹备设立公立及通俗二图书馆于南昌。民国十一年（1922）正式成立。至民国十六年（1927）欧阳祖经任馆长后，力谋发展。并以市中心百花洲为江西省图书馆馆址，次年营造新馆，并以四楼庋存线装古籍。欧阳祖经十分重视访求古籍，搜得不少明、清及近代精印本，对于江西地方文献，更是千方百计访求，在他馆长任内，江西省、府、县志几乎齐全，仅缺瑞金、石城、浮梁三县，后请人补抄得全。欧阳馆长又收集江西历史人物著作，嘱人编成《馆藏乡贤著作目录》。此外，他对于江西所刻的各种古籍板片，也予以设法保存，先后所得嘉庆年间南昌府学所刻阮元所校《十三经注疏》，同治、光绪年间江西书局所刻《江西通志》《五种纪事本末》《武英殿聚珍版丛书》《黄山谷全书》等82种。至于胡思敬辑刻《豫章丛书》104种的板片也收集齐全。后又购得南城李之鼎《书目举要》以及《通鉴辑要》《彭城集》《公是集》等109种。

1915年，江苏省无锡县立图书馆、常熟县立图书馆先后成立。据1926年严尧钦编《无锡县立图书馆藏书目录》，其中线装古籍经部书724种、2249册，史部书1233种、10795册，子部书2741种、5057册，集部书1375种、7114册，丛书11450种、4800册。(《无锡文史资料》，陶宝庆《无锡近代图书馆史存》)古籍图书的来源，率多由本邑学者名流和私人藏书家捐赠，而其中乡贤著作、地方文献较多，为其特色。1920年刘书勋从当时16000余种馆藏中，检出乡贤著作900余种，凡七十姓，编成《无锡县立图书馆乡贤书目》。1929年秦毓钧又编印了《无锡县图书馆善本书目》。常熟县立图书馆在筹馆之初，为丰富馆藏，印有"图书馆征书启"。文谓："……大雅宏达之彦，有愿出其藏家秘书珍笈公之于世者，当题名于壁，以志勿谖。或寄存善本，以供阅者之寻绎者，亦当什袭宝藏，以尽职守。他日聚书既多能，收昌明国学启发新知之效，功施一州一邑而其泽广被天下，则诸君子之所以嘉惠多士者，良非鲜也。"首任馆长铁琴铜剑楼主人瞿启甲率先捐出部分藏书400余册，邑中丁芝孙、邵伯英诸家也纷纷将家藏图书捐出，成为该馆馆藏重要基础。开馆一年后，藏书达2400种、23227册。至1927年，藏书已达5万余册。

有的公共图书馆的前身属于书院的藏书楼，如云南省图书馆，就是在经正书院藏书楼以及五华、育材书院藏书的基础上发展起来的。经正书院藏书楼开办于清光绪十七年至二十八年（1891—1902），是清代云南最后一个书院，藏书不多，但趋于实用。当时，浙江图书馆袁嘉谷先生曾将浙江书局刻板归浙江馆印刷的书送给云南馆一套，如浙刻《九通》《绎史》《二十二子》等数十种。云南地处边疆，交通不便，故采购图书较为困难。当时昆明市内的一些旧书店受该馆委托，凡收到该省方志、稿本、抄本等，都优先供给该馆。昆明书贾华世尧（允三）琴砚斋结束营业后，遗书也全部为云南馆购入，包括许多云南旧刻本。民国初年，从鸡足山放光寺移送该馆收藏的刻本藏经中，就有宋代《思溪圆觉藏》《碛砂延圣藏》，元代杭州《普宁藏》，明代南京刻《南藏》，北京刻《北藏》以及明末嘉兴刻《径山藏》等。至1938年时，该馆善本及重要图书约有5万余册。云南馆对于地方文献收集甚多，并辑刻《云南丛书》，计初编152种、1148卷，二编53种、254卷，书版总计6万余片。此外又收藏了不少其他书籍的板片。

新疆的公共图书馆成立较晚。辛亥革命后，民国督军杨增新为顺应时代，于1912年撤销提学使，设置教育司（1918年改为教育厅）。于1913年4月，在乌鲁木齐筹设了通俗图书馆，并以现洋八百元从内地购来"新学派"图书1200册，公开供人阅览。1926年，新疆发生"七七政变"，军务厅厅长樊耀南刺杀了杨增新。金树仁又镇压了樊耀南，没收了樊耀南的藏书，并利用某官僚的住宅，设立新疆省立图书馆。其中有樊耀南私人藏书及原通俗图书馆藏书，还有社会各界捐赠的书籍，共计5000多册(部)。1938年10月，迪化民众教育馆成立，并附设图书阅览室，除接收了原省立图书馆藏书外，并收缴桂芬"逆产"古籍2000余册。抗日战争时期，乌鲁木齐市各机关、学校都设立图书馆，但对古籍图书不予重视。1940年，教育厅清理书库，竟将一批储藏多年的《新疆图志》《补过斋文牍》，甚至《资治通鉴》《太平御览》等古籍都当作废纸处理了。

二、私立公共图书馆对于古籍的搜集与整理

私立公共图书馆中，最重要的首推合众图书馆。合众图书馆筹设于1939年抗日之际，旨在保存国粹，联合气谊相投之友，各出所藏，以期集腋成裘。那时，在日军占领下的上海，租界形成"孤岛"，当时在这里的文化学术界知名人士张元济、叶景葵、陈陶遗、陈叔通、李宣龚等深忧图籍的散亡，于是发起创办图书馆。张元济特请正在燕京大学工作的顾廷龙辞职南下负责建馆事宜。同年8月由叶景葵、张元济、陈陶遗三人主持成立筹备处并组织董事会。在陈叔通拟定的图书馆组织大纲及董事会办事规程中，明确该馆创办的目的是搜集各时代各地方的文献材料，供研究中国及东方历史者参考，曾宣称是为保存中国固有文化而设的专门国学图书馆。这是因为处在那时特定环境下，想使日本侵略者不加注意，免遭嫉忌而被摧残。又由于图书馆的创办，首先是通过征集各私家藏书而成事，因取众擎易举之义，命名"合众"。它的藏书基础，首先是几位发起创办人所捐赠的家藏，他们将数十年甚至毕生搜集的珍藏无条件献出，并且各具特色。如叶景葵，家藏全部宋、元、明、清各代的刻、钞、校、稿本，尤以未刻稿本为多。张元济，数十年收藏的善本以及旧嘉兴府文人著述476部、1822册，海盐先哲著作355部、1115册。蒋抑卮，原钱塘汪氏万宜楼藏书，一般印本较早的常用参考用书均齐备。李宣龚，近代学者的诗文别集和师友手札。陈叔通，家藏名人手札（其中有《冬暄草堂师友手札》），以及清末新学书刊。叶恭绰，山水寺庙专志及亲朋手札。胡朴安，本人钻研积累的经学、文字学、佛学的图书及书札。冯雄，旅蜀时收集的四川文献。顾颉刚，近代史料及其他书籍、拓片。潘景郑，有关清人传记、大宗金石拓片、清代科举考试朱卷。此外，不少学者本人或其后人捐赠的手稿也有很多，使得该馆的收藏中如地方志即达三千种，大宗的家谱及附有履历的朱卷约一万份。附小传的总集、行状、讣闻、同官录、缙绅录及名人日记等。佛教史料相当丰富，影印

的各种藏经基本齐全。戏曲文献如清末以来的戏单、清内府的唱本。石刻拓本有三千余种，其中河朔的石刻最为完备。经济史料两千种，其中有清末民初的企业章程和报告等。该馆并不公开阅览，而是采取只要董事会董事介绍，读者即可入内。读者大多是专家和大专师生。

此外又有商务印书馆，商务印书馆是中国近代出版事业中历史最久的出版机构。在继承文化和介绍新知以及促进文化教育事业的发展方面，都有极重要的贡献。东方图书馆是从商务编译所的资料室演变而来，是张元济先生一手创立的。它的命名，是为了"聊示与西方并驾，发扬我国固有精神"（王云五《涵芬楼书目序》）。编译所的宝山路新屋落成时，编译所内置备的各种参考图书已有相当规模。1909年，乃于编译所三楼，设立了"涵芬楼"，继续搜藏古今中外图书，供编译所人员参考。经过不断搜集，藏书益丰，蔚为大观，扩充为东方图书馆。

东方图书馆被毁前，藏书的种类、数量，凡中外古今、各科学术上必需参考书籍大致粗备。涵芬楼所藏善本，主要在1906年至1924年9月购入。张元济先生为访求善本，在报上刊登广告征求图书，应者接踵而来。善本古籍3745种、35083册。其中经部354种、2973册，史部1117种、11820册，子部1000种、9555册，集部1274种、10735册。就版本而言，计宋版129种、2514册，元版179种、3124册，明版1449种、15833册，清版138种、3037册，抄本1460种、7712册，批校本288种、2126册，稿本71种、354册，杂本31种、383册。这些四部旧籍，原为国内各著名藏书家，如会稽徐氏熔经铸史斋、长洲蒋氏秦汉十印斋、太仓顾氏谀闻斋、丰顺丁氏持静斋、江阴缪氏艺风堂、盛氏意园等旧藏。各家藏书陆续流出，商务印书馆以重金购入。

该馆收集到的全国地方志有2600多种、15000多册。其中直隶省230种、1798册，盛京27种、160册，吉林省3种、58册，黑龙江省3种、16册，山东省194种、1597册，江苏省160种、1268册，山西省192种、1408册，河南省

172种、2084册，安徽省115种、1421册，江西省221种、2622册，福建省95种、1198册，浙江省188种、2466册，湖北省122种、1468册，湖南省119种、1524册，陕西省133种、776册，甘肃省77种、451册，新疆省1种、30册，四川省222种、1754册，广东省159种、1481册，广西省67种、576册，云南省91种、1010册，贵州省50种、516册。总共二十二省，方志共2641种、25682册。中有元版2种、明版139种。各省之志搜罗赅备，蔚成巨观，国内殆无伦匹。东方图书馆的地方志收集，始于1915年以后。在此之前，仅有50多种。1915年《辞源》出版之后，着手编辑各专科辞典。其中《中国古今地名大辞典》和《中国人名大辞典》要从方志上查找材料。当时不仅就地在上海收购，各地商务印书馆分馆在当地也辗转求觅。那时涵芬楼常年聘有两人专门抄录借来的罕传方志。

三、大学图书馆对于古籍的搜集与整理

民国初年的北京，仅有五所大学，到1925年公私立大学等已达17所，占全国47所大学的36%。自20世纪20年代末开始，全国的文化中心已向南方转移，到1948年，北京的高等院校数有13所，占全国的第五位，少于上海（36所）、四川（25所）、江苏（22所）、广东（15所）。其中公立大学为北京大学、清华大学、北平师范大学、北平铁道管理学院、北平艺术专科大学、北平体育专科学校。私立大学为中法大学、朝阳大学、中国学院、华北文法学院。教会大学为燕京大学、辅仁大学、协和医学院。而图书馆则以北京大学、燕京大学为最。

北京大学，前身是京师大学堂，建于1898年，初成立的时候，并入京师同文馆及官书局、译书局等机构。当时并没有图书馆的设备，到了清光绪二十八年（1902），才调取江西、湖南、江苏、广东各省官书局所刻行的书籍，康有为强学会的藏书，并采购中外新旧典籍，而创建藏书楼。大学堂收藏善本书的基础，是光绪三十年（1904），接受巴陵方氏碧琳琅馆的后人方大登捐赠的大宗藏

书，计值银12190余两，其中有从日本佐伯文库收回的珍本。1912年，京师大学堂改称北京大学，文史课程主要由桐城派以及注重考据训诂的旧学者担任，校长为严复。

1917年起，蔡元培任校长，经过一系列的整顿和改革，确定了以文、理二科为主的办学目标。在蔡的"造诣为主""兼容并包"的方针下，提倡学术自由、科学民主，北京大学吸收了各种不同思想的教员，以刘师培、辜鸿铭、梁漱溟等主张宣扬国故，而陈独秀、胡适、钱玄同、刘复等又形成了反对封建文化的"新派"。据1918年的统计，北京大学的教员共217人（其中教授90人）、学生总数1980人（其中研究生148人），在当时是全国规模最大的大学。校中供给师生书籍的机构，改称图书部。直至1931年，图书部才改称图书馆。1937年，购入马廉（隅卿）先生收藏的小说戏曲书5389册，中多秘本。1939年，北平伪临时政府价购德化李氏木犀轩藏书58419册，拨交北大保管，藏书中以宋元刊本、精抄及明清善本居多。1949年时，全部藏书已达724894册。北京大学图书馆出版物甚多，其中关于古籍书目的有《国立北京大学图书馆贵重书目》（1922年）、《国立北京大学图书馆善本草目》（1932年）、《国立北京大学图书馆方志目》（1933年）、《北京大学图书馆善本书录》（1948年）等。

马廉原为北京大学教授，讲授中国小说史。其藏书斋名为"不登大雅之堂"（或称"不登大雅文库"），后因收得明刻本《三遂平妖传》，又称"平妖堂"。马廉藏书共928种、5386册。其中小说372种、戏曲364种，此外还有笑话、谜语等文学类书籍。藏书中善本书计188种，占藏书总量的20%。小说中以长篇章回小说为最多，计305种；短篇白话小说67种。其中重要者如《新刊校正古本大字音释三国志通俗演义》（明万历周曰校刻本）、《李卓吾先生批评三国志》（明建阳吴观刻本）、《忠义水浒传》（明三多斋刻本）、《忠义水浒全传》（明万历刻本）、《新刻绣像批评金瓶梅》（明崇祯刻本）、《峥霄馆评定出像通俗演义魏忠贤小说斥奸书》（明崇祯刻本）、《红楼梦》（清乾隆五十六年木活字印本、清乾隆五十七年萃文书屋活字印本)。在戏曲中有明刻本67种、清初刻本16种、稿本2种。难得者如《新刻重订出像附释标注香囊记》(明唐氏世德堂刻本)、《新刻重订出像附释标注裴度香山还带记》(明世德堂刻本)、《重校埋剑记》(明继志斋刻本)、《重校义侠记》(明文林阁刻本)等。

除北京大学图书馆外，又如燕京大学图书馆，所藏线装书达30万册，采购经费99%是靠美国哈佛燕京学社的书款。该馆对于古籍中凡有价值的版本，皆广事罗致，如遇孤本则借抄以藏之。至于古刻珍本，亦量力而求。在所藏善本中，明、清刻本及抄本居多，宋、元版本也不算少。1937年，章钰四当斋藏书20000余卷分别赠予和寄存该馆，以供读者借阅。1952年前，燕大馆善本书达3578种、37484册。岭南大学图书馆，历年来得校外人士如徐甘棠、潘明训、徐固卿、甘翰臣诸先生之热心捐赠珍藏善本，为数不少。又得顺德温氏旧藏曾钊藏善本百余种，全部善本近200种。国立中山大学，1927年时，图书馆增购11万余册图书，其中以中文古书为多，1927年计藏中文古书45000余册，1930年时即达167000余册，1935年为18万余册。至1949年，善本书共13600册，其中明刊本约500种、6600册；地方志1150种、13700册。国立湖南大学，始为岳麓书院，1924年，湖南省政府就省立之工、商、法三专门学校，改组为省立大学，1926年改今名。图书馆有线装书3186部、41891册。国立武汉大学，1928年10月，在原有之武昌中山大学基础上改建。图书馆藏中文线装书约10万册，善本书5467册。福建协和大学图书馆，设有陈氏书库，为螺江陈弢庵先生及其哲嗣几士先生之贻赠，全库计21800余册、3000余部、都80000卷，其中不乏佳本秘籍，缥缃琳琅，而又尤以福建乡贤遗著为多。盖陈氏本闽中望族，世代簪缨，积书之富，甲于全闽。兹以其一家之藏不如举而公诸同好，乃于1933年秋，全数移储该校，俾得永久保存。

大学图书馆外，上海的南洋中学图书馆可说是别具一格者。南洋中学图书馆的藏书，为王培孙先生四十年精力之所萃。王培孙（1871—1952），名植善，培孙为其字，晚岁以字行。系出太原，为上海故家。王氏幼居南翔，鞠于大母，髫龄颖异，资性敦厚。十七岁时，习八股业，光绪十九年（1893）以第二名游邑庠。其献身教育事业，乃在毕业于南洋公学后，接替其家所办育材书塾。光绪三十年（1904），改育材书塾为南洋中学，盖其时南洋公学改为邮传部高等学堂，王氏取以示饮水思源之义者。王氏长南洋中学凡五十三年，受其教诲者遍中国，遗爱在人间。清末，王氏赁居于上海织呢厂街，广收各省地方志及山川志。那时，地方志乘，尚未为人注意，售价甚廉。每逢各省大埠书贾贩书来沪，临走时，必将剩余之大批方志，载至王氏寓所，按本计值，每册仅一二角钱。故南洋中学图书馆藏方志独多，盖由于此。其所藏图书，部分为王氏家传，部分为友好之赠予，而大部分则为他开设的利川书店，趸购故家藏书，售去宋元刻本与旧抄本，所留有关文献之图籍。盖因宋元旧椠在中学图书馆内并无搜藏之必要。

王培孙尝语陈乃乾曰："我力薄不能得古椠，顾志愿所在，期于多得有用书，历史记往，事镜将来。历代官书，专制君主之所为，一面之辞，率不足据，其遗闻逸事，可以考证当时事实及表见社会风俗者，莫如野史，我收罗当力；集部汗牛充栋，望洋兴叹，而明末忠节诸臣以及遗民，其忠义悲愤，往往发见于诗文，读之懔懔有生气，我爱之重之，亦力致之。"又曰："吾家本略有藏书，散亡者半，十年以来穷搜极索，合诸旧所存者，幸得若干万卷。吾当再费十年之力，以购西书。吾无家可藏，举以公之校，且将求于有力者醵金建厦以贮之，上海为交通之区，使学者得参观之便。"1919年，王氏右目失明，顿悟人生无常，遂淡然置之，所营书店，因以收歇。从此游心法界，广罗佛典，积年所聚，远过于丛林巨刹。其中除初印《大正藏》及续藏之外，复集古今中日方册本，成《百衲大藏》一部，尤为罕有之法宝。王培孙除地方志外，对于明清之际隐逸著述、方外语录，搜罗尤切，旁及词曲杂剧，所储日富，遂议筑室以藏之。1926年5月，图书馆落成，而王氏保存文献之愿乃偿。壬辰（1952冬），王氏因病，自知不起，适南洋中学主事者，议以图书馆改充校舍，先生遂举所藏佛典、方志、史乘、词曲等珍籍76600余册，捐之于上海合众图书馆。

四、私家藏书对于古籍的搜集与整理

私家藏书，是一种有别于公家、学校、寺庙藏书的私人收藏。根据史料考证，中国的私家藏书起源于公元前770至前221年的春秋战国时期，比古希腊的私家藏书早一百年左右，又比古罗马的私家藏书早五百年左右。《庄子·天下篇》即有"惠施多方，其书五车"之记载。

人各有嗜好，有些人为陶情养性之举，意在收集各式各样的艺术品，因为可以涵濡其情性。也有人所嗜在诗书文学之伦，则意在典章文献，以修养其身心。收藏图书，和广搜古董一样，都是一种高尚嗜好。私家藏书是中国社会藏书事业的主流，它是在一定的历史和经济条件下，社会文化及文明的积累、保藏和传播的重要一环。不论是从藏家数量、藏书数量，还是从社会作用和影响来看，私家藏书都远超过公家藏书。中国从宋元至近代，大大小小的私人藏书家各省都有。于是出现了一些专门叙述藏书家的专著，如清代郑元庆著有《吴兴藏书录》、丁申著有《武林藏书录》。民国叶昌炽的《藏书纪事诗》，伦明的《续藏书纪事诗》《辛亥以来藏书纪事诗》，王佩净的《续补藏书纪事诗》。直到洪有丰的《清代藏书家考略》，杨立诚、金步瀛的《中国藏书家考略》（俞运之校补），近人吴晗根据江苏、浙江两省的方志以及其他的一些资料，编有《江浙藏书家史略》。另有郑伟章、李万健的《中国著名藏书家考略》，苏精的《近代藏书三十家》，李玉安、陈传艺的《中国藏书家辞典》等。从宋元到民国，全部相加，藏书家人数几达一千二百人之多。

《魏书》卷90《李谧传》有云："丈夫拥书万卷，何假南面百城。"南面者，指地位之崇高；百城者，指土地之广大。此用以喻藏书家藏书之多。从历史上

看，凡藏书家集中的地方，多是文化昌盛、人文荟萃、交通发达（不管是水路或陆路）的富庶地区。大凡地方愈富，教育就愈振兴，所出人物愈多。江浙两省，自南宋以后，一跃而为中国文化之中心，与两省之经济有绝大的关系，这也必定孕育出藏书世家。有人做过统计，据说清代的私人藏书楼有五百余座，其中半数以上位于江浙两省。

确实，江南地区因经济文化的繁荣而人才辈出。科举是当时的读书人通过科举考试进入仕途的必要途径，也是古代行政人才的主要来源。据统计，明代自洪武四年（1371）至万历四十四年（1616）的245年间，每科的状元、榜眼、探花和会元共244人；江南地区的人士有215人，占88%。清乾隆元年（1736）诏举博学鸿词，先后被举荐者267人，南方地区人士为201人，占75%，而江浙两省竟有146人，超过全国的半数。如果再据《明史》中的宰辅年表，可得189人，其中南方占了三分之二强。学而优则仕，读书人离不开书，而江浙两省的藏书也是这些榜上有名者成功的必要条件之一。以浙江来说，浙地山川清丽，地灵人杰，久为文化之邦。藏书之士，栉比相望，元明以来，浙中大儒、藏书旧家，亦连延不绝。而浙之学风，在顾炎武、黄宗羲等大儒的倡导下，求是返古，崇尚汉学，因之士大夫有志于学者，多以广储书籍为务。又如浙江之湖州，历史悠久，山水清远，人文荟萃，素以"鱼米之乡、丝绸之府、文化之邦"著称，清代至民国，出了好几位重要的藏书家。

作为藏书家，不仅要花费大量的精力，也要有足够的财力做保证，尤其是需要后者。刘承幹（1881—1963），字贞一，号翰怡。湖州南浔人。当地老百姓有"刘家的银子，顾家的房子，张家的才子，庞家的面子"之说。他的父亲刘锦藻，为清光绪甲午进士，因家拥巨资，不乐仕宦。承乾博学能文，于光绪三十一年（1905）考得秀才，后因废科举，故未得功名。他曾投资于实业，用赚得之钱大买古书，并筑嘉业堂以藏之。其最盛时，共费银30万两，购书60万卷。计藏有宋刻本77种、元刻本78种、地方志书1200种、丛书220余种，并有大量明刻本、抄本、稿本。是东南地区的著名藏书家。

近代以来的几位大藏书家几乎都是以从商起家，或继承祖上遗书再在原有基础上大加发展的。李盛铎的木犀轩藏书，部分是从他父亲手上承接下来的，部分为他随父官湖南时购买袁芳瑛卧雪庐的藏书，大部分则是他自己几十年来收集起来的。清末的四大藏书家瞿氏铁琴铜剑楼、杨氏海源阁、陆氏皕宋楼、丁氏八千卷楼，都是靠自己的力量，且是数代人所精心积聚的。如陆心源（1834—1894），字子稼，一字刚父，号存斋，晚号潜园老人，浙江湖州人。自幼聪慧好学，被誉为"苕上七才子"之一。咸丰九年（1859）中举，曾以知府衔任职广东，后为南韶兵备道、福建盐法道等。因故告官隐退，回乡养息。陆氏学识渊博，酷嗜藏书，其购书始在广东、直隶为官时，所得俸金，大量购书。值丁父忧，由京城归里时，所携物中有书百匮。同治十一年，其到福建任职，又去各书坊选购。辞官后，求书之志更勤，经过几十年的辛勤搜集，到光绪八年，不计普通坊刻本，已达15万多卷，其后又不断收集，遂达20万卷，约4万余册。

陆氏的藏书，主要购自上海郁松年宜稼堂、归安严元照芳椒堂、河南周星诒勉熹堂、福建陈征芝带经堂、杨浚雪沧冠悔堂、乌程刘桐暝琴山馆等。所藏多宋元旧版。据说宋元版本在二百部左右，故有"皕宋"之称。他的藏书楼"皕宋楼"专藏宋元刻本，而"十万卷楼"则藏明刻本以及精抄、精校本。二楼均在湖州月河街陆氏居室的楼上。此外又有"守先阁"，专藏普通线装书。陆心源的祖父和父亲虽为国学生，但藏书有限。但陆的曾祖景熙在湖州经商，开陆集成烟店，生意颇好。陆氏本人在上海开办了缫丝厂，并经营钱庄、当铺。其家的当铺，最盛时，曾发展至六家。其藏书不似有些藏书家那样，视为秘藏不供借阅，他将守先阁的藏书先向公众开放，并向湖州府提出申请立案，其目的在让更多的学子充分利用藏书。而善本书也有目录，亲朋好友故旧等也可开单借阅。

藏书家有两种，一种是专收宋元本以及佳椠精抄，这主要是从收藏文物的角度去搜集的，另一种是藏书求备而不求精，与世之专尚版本者不同。前一种如潘宗周（1856—1939），字明训，广东南海人。幼入私塾，读四书五经，十八岁赴沪经商，与张元济、徐森玉、朱彊村诸人结交，耳濡目染，渐有收藏古籍善本之念。其藏书先是得自袁克文（寒云）。袁克文藏书美富，自号后百宋一厘廛，其藏宋刻《礼记正义》《公羊经传解诂》《韦苏州集》《曾南丰先生文粹》《六臣注文选》等，皆为清宫中之珍本秘籍。20世纪20年代初，袁克文由北京南下，卜居上海，以日用不继，急以所藏善本求售。潘宗周不计高价，悉予收购。潘氏藏书处曰宝礼堂，盖因所得《礼记正义》为宋绍熙三年（1192）两浙东路茶盐司刻本，该书原藏曲阜孔府，为海内孤本，日人欲图谋购之，后为潘氏以巨资购得。潘氏欢欣之余，即以"宝礼"名之。十余年中，潘氏旁搜博采，共得宋本111种、元刻6种，共计1088册。张元济先生为之编有《宝礼堂宋本书录》，举凡各书卷帙分合、版本源流、文字异同、版式行款、刻工姓名、各家题跋以及收藏印章等，无不详加著录。张元济《宝礼堂宋本书录序》云："每估人挟书登门求沽，辄就余考其真赝，评其高下，苟为善本，重值勿吝，但非宋刻，则不屑措意。十余年来，旁搜博采，与北杨南瞿相颉颃。"1951年，潘氏所藏悉数捐献北京图书馆庋藏。

后一种如吴引孙测海楼藏书。吴引孙序《测海楼旧本书目》云："余不敏，窃谓古书自赭寇乱后，散佚几尽，宋元以前奇编异帙为希世宝，悬价购求，所遇辄鲜，即明以后精刊旧椠暨国朝殿版各书，亦复昂值居奇，艰于购致。余惟视力量所及，耳目所周，不拘一格，凡元明刊本、旧家善本、寻常坊本、殿刻局刊各本，随时购觅，意在取其完备，不必精益求精。"吴氏自宦游浙粤十余年中，广购储藏，共得8020种、计247759卷。又如王孝籛序《博野蒋氏寄存书目》云："往者，吾祖与诸祖析居，所得书籍不过千百卷，洎先父潜心著述，搜罗购置，不遗余力，日渐月累，为数滋多。先祖旧有洗心精舍，先父遂承之辟为藏书之馆，且曰，购书为便读也，非直为收藏而已，宋元珍本价恒千百，吾力有所不逮，节吾之力，多有所聚，子孙获益良多。更尝示孝箴等曰，余所购书，皆读书人不可须臾或缺者，子子孙孙世守不失，则祖业可从不坠。"又如徐恕（字行可），武昌人。其所储皆实用书，大多稿本、精校本。南北诸书店，每得一善本，必争致之。暇则出游，志不在山水名胜，而在访书，闻某家有未见书，必辗转录得其副本而后已。一切仕宦声利，悉谢不顾，日汲汲于故纸，版不问宋元，人不问远近，一扫向来藏书家旧习，其以清代学术著作为多，明刻本也收藏不少。

藏书家中不少人本身就是读书人，如甘鹏云，自幼别无嗜好，惟好书，朝斯夕斯，非书莫适。其少时，有以《史记》求售者，值仅二缗，然甘氏囊中空无有，"谋之先太夫人，以衣物付质库乃得之，其艰如此"。顾其家贫，不可必得。每阅市，辄流连不忍去，如闻人有秘籍，即辗转假抄，刻期归还无爽以为常。中年后，嗜书之癖更甚，凡足以辅德业、资治理、广知识、备参考者，必审其缓急后先，次第搜集之。自清光绪十四年（1888）至二十八年（1902），凡十五年，计得书10万卷，藏于潜江将庐。自光绪二十九年（1903）至民国六年（1917），又十五年，再积书20万卷，藏诸北平息园，盖四部要籍略备。对于甘氏来说，"以书求己，以书养心。处境之困，以书慰穷愁；拂逆之来，以书祛烦恼；恨古人之不可作也，以书为师友；欲周览四海九州之大也，以书当卧游。守官以书经世务，垂老以书娱暮年，盖终其身不废书册，无一日不与书为缘焉"。

再如四川藏书家严谷孙（1889—1976），祖籍陕西渭南，累世侨居成都。其嗜书成癖，酷爱收藏，擅鉴别，对金石、书画、古籍版本颇有研究。他毕生致力于搜藏古籍，整理精刻善本，旁及金石书画，家有"贲园书库"，所藏甚丰，经、史、子、集，四部皆备，以奇书、精刻善本、孤本驰名。全部藏书，于1949年以后全部捐献，共计30万卷（善本书约5万卷，藏书总数较其父原藏11

万卷多出2倍）。自刻木板3万多片，珍贵书画碑帖文物多件。严谷孙父岳莲先生，购置书籍5万卷，并开设书坊"镐乐堂"，晚年志在兴学建祠、校勘古籍。谷孙辑有《渭南严氏孝义家塾丛书》《音韵学丛书》。严氏藏书，经传版本最丰，史部类多而杂，医书较为整齐集中。又其收集的地方志约有2000余种，大凡各地之著名县志，贲园均有收藏。清顾炎武《肇域志》抄本，云南、上海、四川各一，以贲园所藏为最完整。其收集古籍、地方志的渠道，除由他经营的镐乐堂书坊外，还四处托人搜罗。另又藏历代碑帖拓片十大箱，又整理古籍约百余种、500多卷，雕版3万多片。于右任曾为贲园写下谷孙先人自撰书库楹联一副云："无爵自尊，不官亦贵；异书满室，其富莫京。"

藏书家和图书馆不同，在选择图书时，可以顾到自己的癖好，不旁掠，不杂取，不兼收并蓄。其中有一些是专心致力于某一个专题的，如地方志、医书、小说、戏曲、佛经等等。地方志的收藏家中在民国年间最著名的有王绶珊九峰旧庐、刘承幹嘉业堂以及张国淦、任凤苞等。任凤苞，字振采，江苏宜兴人，银行家。家有天春园，为其藏书之所。后因获抄本《大清一统志》、武英殿本《方舆路程考略》《皇舆全览》三书残本，又题其室为"三残书屋"。任氏雅好文史，嗜书成癖，尤致力于收集各代地方志书，闻有异椠珍籍，必百方购致而后快，瘁其心力，共积至2500余种。如明弘治刻本《八闽通志》，明嘉靖刻本《南畿志》，明隆庆刻本《云南通志》，明万历刻本《镇江府志》《徐州志》等等，从而成为北方地区藏地方志之巨擘。谢国桢序《天春园方志目》云："舟车所至，通都名衢，荒江冷肆，探奇览胜，恣意搜寻。宋元佳椠，固所必收，而零圭断羽亦所不弃。"任凤苞序瞿宣颖《方志考稿》中对他刻意收藏方志做了叙述："凤苞少小粗解文字，即好聚书。长随宦辙，获奉教于当世贤达，始稍窥学问之藩，而频岁奔走，学业渐荒，将欲收视返听稍寻坠绪，则岁月侵寻，已邻炳烛之境。窃念方志一门，为国史初基。典章制度之恢闳，风俗土宜之纤悉，于是焉备……迩年谢事，杜门却扫，发箧中所藏诸志先为编目。所未见者，百计访求。

友朋驰讯，必以相属。北极穷边，南届海澨，邮裹络绎，寖以日多。生平所见，已公布之志目，学部图书馆所藏倬乎不可及矣。"

再如收藏戏曲的藏书家，近代以来以齐如山、周明泰为最。齐如山，是戏剧界大师，众所周知。而周明泰，为安徽东至县人。东至县系东流和至德两县合并而成，是明末徽池雅调盛行之地，也是清代徽班的摇篮。周氏出生在官宦世家。幼年随宦居京师，中年入仕，久官部曹，暇辄去市廛听戏，癖之既久，习闻掌故亦多。他在北平时的书斋为几礼居。历年搜罗的梨园载籍甚富，精本颇多，如最难得的版本有明刻本《昔昔盐》《怡春锦》《夹竹桃挂枝儿合刻》。而明刻本《宝晋斋明珠记》、明师俭堂刻本《鹦鹉洲》、明继志斋刻本《重校红拂记》、明倘湖小筑刻本《两纱》、明刻本《僧尼共犯》（与《不伏老》合册）等也不多见。又有大量的清代南府和升平署的抄本和精抄本。其中有较大一部分系周向合肥方氏出重价收得，方氏先人曾供奉内廷，故所得颇有精品。此外各种特藏资料也多，如从清光绪三十三年至民国三十六年止，每年都有各种戏班的戏单（包括北京、天津、上海，以及堂会的戏单、民初北京各戏园海报）等，共2861张。周氏的收藏是中国戏剧史料的一大宝库，总共为2876册、3983张，其中杂剧、传奇、单出抄本50余册；单出昆弋谱一百数十册；抄本戏词总讲280种；内廷戏曲之类、昆弋乱弹的承应戏、灯戏、寿戏、诞生承应、月令承应、开场戏、戏曲提纲等500余种，都是很珍贵难得的本子，后来都捐赠上海合众图书馆保存（今在上海图书馆）。周氏中年居天津、上海、香港，后移居美国加州，悉心著述。他的著作颇多，如《几礼居杂著》、《读曲类稿》、《明本传奇杂录》、《续剧说》、《几礼居随笔》、《枕流答问》、《几礼居戏曲丛书》6种（《都门纪略中之戏曲史料》《道咸以来梨园系年小录》《五十年来北平戏剧史料》《清升平署存档事例漫抄》《近百年的京剧》《杨小楼评传》）等。

再如傅惜华，字仲涵，原名宝泉，别字涵庐、曲庵，满族富察氏。曾为国剧学会编纂主任、华北国剧学会理事长，平生喜研古典文学，尤嗜藏书，着重于戏曲小说的搜访，数十年中从未间断，其兄芸子（原名宝珍）由日本所收善本也归其收藏，所藏戏曲小说多罕见之本。如明万历刻本《荆钗记》《红梨记》《千金记》；明继志斋刻本《旗亭记》《义侠记》；明金陵唐振吾刻本《七胜记》；明天启刻本《博笑记》；明崇祯刻本《花筵赚》《四大痴传奇》等。傅氏曾编《西厢记说唱集》，内中曲类繁多，约140余种，版本皆其所藏明、清刻本，或珍贵抄本。

藏书家中也不乏专收乡邦文献者，如无锡人孙道始，精通法律，见善勇为，劬学不倦，其笃好乡贤遗著，历时十数年，费赀万余金，各方搜罗，近600种。其中孤本、稿本与不经流传之本约百种，曾编成《无锡先哲遗书目》。民国初年，无锡县图书馆由邑人创办，其时即以搜藏乡贤著作为职志。侯鸿鉴序《无锡先哲遗书目》曰："避难来沪，晤孙君于玉鉴堂，左图右史，满目琳琅。其尤可敬佩者，乡贤遗籍竟搜罗至590余种，与邑图书馆藏本重复者220余种，不同者370种，内有稿本、抄本及罕见印本百余种。此孙君以个人之嗜好及表扬先哲广传遗籍之意，殊为乡人中不可多得之士也。"又如柳亚子，为江苏吴江人，吴江自古以来就是文学渊薮，人才辈出的地方。清末民初，吴江有识之士即致力于收集吴江乡邦文献。柳树芳辑有《分湖诗苑》《笠泽竹枝词》，陈巢南有《松陵文集初编》等，但仅收辑了吴江文人的少量作品。柳亚子大力购求吴江文献是在1917年间，他发狂地收买旧书，凡是吴江人的著作，从古代到近代，不论精粗好歹，一律收藏。柳亚子序《灵兰精舍诗选》云："弃疾复以狂胪乡邦文献，尽耗其金。"一年后，他收集的吴江文献已达650余种。其中部分是从友人处借抄，或友人馈赠。附近书贾如得吴江文人著作，即托人送至柳处。由于柳亚子的刻意收集，"保存其故有，而更搜求其未有"，并着眼于"一家一卷一首之丛残，吉光片羽亦当掇拾收藏，俾无放失"，使得许多有价值的重要文献得以保存。

私人藏书家的藏书不少都是流传有绪的。宁波李氏萱荫楼藏书有宋元刻本

26种、680册，明刻本556种，抄本189种，清刻本2109种，藏书总共2945种、30494册。萱荫楼藏书主要得自蔡鸿鉴（字菉卿）墨海楼，其家有书十万卷。而墨海楼藏书大部分得之于镇海姚燮（字梅伯）之大梅山馆及卢址（字青崖）之抱经楼，卢氏书中又多全祖望（字谢山）之双韭山房藏书。又如冯贞群（1886—1962），号孟颛，一字曼孺，号伏跗居士，晚号妙有子，浙江慈溪人，后迁居宁波。年轻时，继承祖先遗业经营钱业，生平好读书，精于目录版本之学，1932—1941年间，曾任鄞县文献委员会委员长。其父有"求恒斋"，遗书2000册。贞群苦于藏书不足，即摒弃嗜欲，节衣缩食，搜访古籍。其时为民国初年，军阀混战，政局动乱，又因废科举、兴学校，社会上不少人认为古书用处不大，致使一些故家藏书流散，如赵氏种芸仙馆、董氏六一山房、柯氏近圣居、徐氏烟屿楼、赵氏贻谷堂、陈氏文则楼等。冯氏深以国家文物古籍毁失为虑，出资专收有用之书。经过六十年之积累，所藏古籍已达十万余卷、碑刻400余种。其藏书处曰"伏跗"，出自《文选》王延寿《鲁灵光殿赋》，有"伏处乡里不求显，而致力于学"之意。其藏书中重要者有宋刻本《名臣碑传琬琰之集》，元刻本《春秋属辞》《乐府诗集》，明刻本《刘随州诗集》等，而名人手稿尤多。

私家藏书，多有书目传世，然详简不一。曾见《粹芬阁珍藏善本书目》，目录前有经、史、子、集、丛五类版本详细统计表，最后再制作"全部统计表"，自"宋绍兴"至"清光绪"，计书数、卷数、册数皆有统计。更有甚者，对于藏书之用纸也做了详细的统计，如白棉纸、桃花纸、白纸、太史纸、东洋纸、竹纸、抄本纸等。粹芬阁主人姓沈，名知方，早岁治商，后致力于出版事业。生平无他癖，唯雅好藏书，于孤本精刊尤为神往，访觅搜罗，不遗余力。其先世沈复粲鸣野山房所藏在清嘉庆、道光间已声播东南，而复粲后人藏书亦富。粹芬阁所藏不在繁浩，但求精雅，首重书品宽大，精刊初印；次则楮色古雅，如白棉、桃花诸纸，亦时入选，否则均摒弃不顾。自民国初年至20世纪30年代初，搜罗甚富，较著者为秀水王氏信芳阁、会稽徐氏铸学斋的旧藏，多世所罕见之珍本。

藏书家们不仅仅是藏书、收集，而且校书、刊书，对于传播文化起到了极大的促进作用。如董康之《诵芬室丛刊》、刘承幹之《吴兴丛书》、张寿镛之《四明丛书》、刘祝群之《括苍丛书》、黄溯初之《敬乡楼丛书》，等等。

清黄梨洲有言，藏书难，藏之久而不散则尤难。湖北崇雅堂主人甘鹏云于此而有感，其云："予每诵其言而悲之，古今书籍之厄，盖悉数之而不能终矣。但就予所知者言之，归安陆氏皕宋楼、聊城杨氏海源阁，藏弆至有名，一流入东瀛，一为驻军席卷而去。常熟瞿氏、钱唐丁氏，亦藏书家表表者，闻其后人亦不能守也。潘吴县、翁常熟两相国，王廉生、盛伯羲两祭酒，在光绪初，亦侈谈收藏，身后楹书皆散如云烟不可问。江阴缪筱珊、武昌柯逊庵、长沙叶焕彬，皆富藏书，身没以后，散落厂肆殆尽矣。宜都杨惺吾，藏宋元本极多，其后人以七万元属之他氏矣。黄冈王洪甫、汉阳周退舟、江宁邓孝先，所藏颇不寂寞，乃及身而售之。黄陂陈士可，精于鉴别，颇多海内孤本，其后人以贱价售之厂估，并不问箧内何书也。然则梨洲所云久而不散之难，岂不信然也耶？"

古往今来的藏书家，有不少人怕身后藏书散佚，往往在给子孙的训诫或是遗书中，都要约定如何保管图书。明代山阴人祁承业淡生堂藏书逾十万卷，他写有《淡生堂藏书约》，要求子孙们永远珍惜藏书，不将藏书瓜分变卖。名扬四海的宁波天一阁，垂世四百年之久，它的主人范钦，立下家规，书不借人、不出阁，凡阁橱钥匙，分房掌管，不是各房子孙集齐不得开锁，家规甚严。正由于范氏后裔恪守范钦遗训，天一阁藏书竟历四百年而将大部分的图书保存了下来。但是，藏书家中鲜有百年长守之局，能把书籍保存到第二代、第三代的罕之又罕。清查慎行《人海记》："义乌虞氏，藏书万卷，署曰，楼不延客，书不借人。迨虞氏父子殁后，胡应麟以贱直得之。然胡氏之书，旋亦散佚。"一般说来，私人收藏，多在身后为儿孙所流散。明杨循吉既老，即散书与亲故，曰："令荡子炊妇无复着手。"

藏书家精心所聚之书，不能传之久远，也是有多种原因的。就以清末四大藏书楼来说，浙江陆氏皕宋楼因后人经济不支，变卖藏书，而后竟为日人全部捆载而去，这是国人最为引以为耻的。丁氏八千卷楼后人也因经商失败而破产，全部藏书卖给当时正在筹设的江南图书馆。20世纪20年代末、30年代初，山东一股匪患占据聊城，杨氏海源阁藏书因此遭到洗掠，匪乱之后，海源阁第四代传人杨敬夫将精善本装了十几箱带到天津。由于杨敬夫挥金如土，在天津住了不到十年，就把这些古籍出售换钱了。再如王绶珊是一个具有才识的藏书家，但他去世后，他的哲嗣不善保存遗书，陆续予以出售，致使藏书全部散出。朱遂翔曾说，王氏购买旧书从普通书而能识宋元版，才识聪明，曾不可及。但他的儿子均未深受教育，这是他的短处。当时虽在盐务场所挂名，月可支薪，眼光不远，只度日前，故后人无一技之长，坐守家园，百无聊赖，生活维艰，不及商人、工人有一技之长，能敷衍度日。王氏聚财共有七百万元，抗战之前该财何等值钱。王瞑目后，财产均为儿女瓜分，所购之书原付值四十万元，皆陆续分散出售，实为可惜。朱遂翔于此而慨叹说："故子孙贤，要财何用？子孙不贤，要财何用？余阅世太深，故有此感慨耶！"

为了不使书籍遭受到流失损坏的命运，并且让它们发挥更大的作用，国家收藏就比私人收藏要好得多。实际上，不少开明的藏书家早就看出了这一点，并为之做了实践。20世纪30年代初，王孝箴家故居为军士所驻，遂将其家洗心精舍藏书870余种，移庋北平图书馆保存。促使他做出这样的决定还因为：清末之际，"先父弃养，国家愈益多故。鼎革之后，世变频仍，新学聿兴，旧业都废，孙曾多负籍京津，从事于所谓科学者。圣贤坟典，反视同刍狗糟粕，莫或考究。内忧外患，更迭覆起，颠沛流离，讫无宁岁。于是洗心精舍诸书，求其如石鼓之自闲于兴亡百变之间，而为鬼神所护守，盖不可得矣。嗣后，变端日逼，浸假而波及吾县，洗心精舍亦一变而为万灶貔貅之所，残毁盗卖之端见矣。余闻而忿焉伤怀，以为累世之泽不应自我而斩。乃遂谋之国立北平图书馆馆长袁君，将尽我所有移存斯馆，既获保存，又与社会人士同其用焉"。

私家藏书委托公共图书馆代为保存，这在欧美各国并不鲜见，但在中国最早者当为梁启超之饮冰室藏书，梁氏遗嘱中即有将藏书永远寄存北平图书馆之说。后继者又有紫江朱氏、善化瞿氏、深泽王氏等。在北方，和李盛铎、傅增湘齐名的是周叔弢。周叔弢（1891—1984），名暹，以字行，号弢翁。原籍安徽省东至县，出生在一个书香门第的仕宦家庭。1914年移居天津，幼年在私塾念书，一生学问全凭自学。他立志创办实业，振兴中华，是北方民族工商业的代表人物。周氏是一位精敏通达、博学多才的人，他博览群书，涉猎佛典，精于版本，以收藏宋、元、明三代的经、史、子、集善本书名扬海内外。他为收藏中国古籍，几乎花了一生心血，经营企业所得，大部分用来购买图书，其中不少善本，都是无价之宝。周氏历年来收得海源阁杨氏书凡55种，其见于《楹书隅录》及《海源阁书目》者，凡50种，目外者5种。他收得的第一部书即是宋刻本《南华真经》，于1931年以前从文在堂魏子敏处购得。周氏藏书斋名为"自庄严堪"，取《楞严经》"佛庄严，我自庄严"之意。周氏又藏敦煌写经250余卷，这在私人收藏中也是少见的。这批藏经大多是从方地山（名尔谦，别号大方）手上购得。而且，在他晚年又收集了400余种清代活字本。1952年，周叔弢把自己多年所积宋、元、明代的刻本、抄本、校本715种、2672册，全部捐给北京图书馆保存。1954年，又赠给天津南开大学中外图书3000余册。1955年及1972年，又两次赠予天津图书馆清代善本书11000册。

有盛就有衰，有聚就有散，这是一切事物都难以逃脱的规律。对于藏书家来说，他们的所作所为，我们应该充分肯定。许多藏书家节衣缩食，倾囊购书，或四方搜访，借抄不辍，不论是为读书治学，或是赏鉴把玩，没有他们的刻意保存，设法流通，许多珍贵的历史文献就难以流传后世。即使有极少数人藏书是为了借此炫耀、标榜和附庸风雅，在客观上也起到了保存文献的作用。因此，藏书家最大的贡献莫过于对古代历史文献的保存，这种对于中国文化传统的延续，使我们的祖先对人类文明的遗产能借藏书家的力量而传至今日。但是，由于历史的演进，从 .40 年代以至 60 年代，中国大陆的社会变革和历次的政治运动，尤其是"文化大革命"的荡涤，私人收藏古书者百分之九十九都受到无情的冲击。其中的小部分甚至连进入造纸厂的机会都没有，就被红卫兵付诸祝融了。1967 年初，笔者曾参与上海地区文物图书清理小组的筹备工作，故对"文革"间的抄家图书略有所知。实事求是地说，大部分的被抄图书都为图书馆或旧书店的有关人员集中清理，而最后分别归诸这些单位。我们可以说，"文革"之后，私人藏书家就再也呈现不出 1949 年以前的情势了，他们辛苦收集的古旧藏书基本上都进入了国家收藏单位或流通单位，就是"文革"后期落实政策而退还的部分图书，也由于后人的爱好或专业不同，以及住屋的陋小而不能收藏，故而转让于各地的图书馆或旧书店了。而如今在中国大陆，新出现的能称得上古书收藏家的，也仅北京、上海地区的数人而已。以藏书规模和藏书质量来说，那和过去 20 世纪 30 年代的藏书家相比，实在是小巫见大巫，不可以道里计了。

五、近代以来的旧书店和图书馆的关系

地区的富庶，交通的发达，必定带动经济的发展。而经济的发展又带动各行各业，其中也包括文化和出版业。三百六十行，贩书也其一。书贾贩书，主要目的在于图利，但是，古旧图书在流通的过程中，也赖他们而得以暂时保存。而旧书业的从业人员多半与其他行业有所不同，他们虽然文化程度不高，没有进过高等学校，有的仅有小学的学历，但他们却多有一种特殊的素养。

由于政治上和社会上的各种变革，藏书的聚散逐渐由乡村向城市集中。随着城镇商品经济的发展，部分乡村地主由于家道中落，或官僚大户的宦途失意，使得故家旧族世代厮守的藏书，逐渐成为大城市里新兴的资本家（包括实业家、买办）、官员以及学者们的书斋之物。图书馆以及藏书家或学者们的收书，都

离不开书店。清末民初一些重要的书局、书肆主要集中在北方、南方的几个大城市中。不可否认的是，清末民初的旧书业，在文化传统的继承和传播上，起到了极其重要的作用，如北京琉璃厂、上海棋盘街、福州路文化街等等。

北京是一座历史悠久的文化名城，有三千多年的建城史，辽、金、元、明、清以至民国初期，封建帝王和北洋政府都在这里建都，溯历数朝之已往，故典章文物、宫殿街衢以及种种古迹，斐然成为大观。它留下了众多代表中华文明的珍贵文物，使之在华夏文明的发展史上，占有特殊的地位，也堪称世界上最雄伟壮丽的大城市之一。

北京既是全国的文化中心，故书籍的流通量也极大。清代北京书肆分布较广，但较为集中在琉璃厂、慈仁寺、隆福寺。以琉璃厂来说，清初以来一直是文物、图书、字画、文房流通的聚散地。清末民初，书肆在社会动荡中曲折发展，十余年间，仅琉璃厂一带开过字号并陆续更替的书肆，前后约220多家。民国年间，隆福寺的书肆有数十家之多，重要者如东雅堂、修文堂、修绠堂、粹雅堂、文殿阁、鸿文阁、稽古阁、三友堂、观古堂、宝绘斋、文奎堂、带经堂、文讲阁、大雅堂、信义书店等。此外又有不少专门收购流散书籍的行商，他们走街串户收购流散于民间的王府名宦家藏，也到外地收购古籍善本，运回北京出售。据1931年成立的北平市书业同业公会统计，琉璃厂古旧书店将近四十户，行家聚集，历史悠久，资本雄厚者甚多：打磨厂处书店有十六户，隆福寺书店有十八户，东安市场有书店、书摊三十户左右，西单商场有书店、书摊四十户左右。不少大店进销渠道较广，其图书来源于名人学者以及官宦人家。书店经常派人前往各省收购，尤其是江南一带，文风较甚，不乏家藏万卷的"书香门第"。而其读者对象，则是较高层次的文人、学者、专家、教授以及图书馆员。1936年田蕴瑾编著的《北平市指南》（自强书局出版）记载，分布在东安市场、隆福寺街、杨梅竹斜街、琉璃厂等处的书店共七十七家，而以琉璃厂为旧书业的一大荟萃地。而至1949年下半年的统计，北京共有古旧书店

（排）一百五十一家。

那时，旧书业颇重旧刻，如宋元版本、名家批校及孤本秘籍，价值甚高，业者把这些书称作"善本"。其他一般书籍，如近现代人的诗文集及笔记小说等，则称为"用功的书"。百多年来，书店多为江西人经营，清末废除科举制度后，其故乡子弟因路途较远，交通不便，来京讨生活者寥寥无几，故书店老板所收学徒以河北人为多，以后彼此引荐子侄，多为由乡间入京。民国以来，河北冀县、深县、枣强县、衡水县、东鹿县、任丘县人在北京开设大小书铺的，已达七八十家之多。这几处地方来的人多能吃苦耐劳，勤恳好学，虽然文化程度并不高，大多是小学毕业，但自学成才者不少，如北京通学斋孙殿起（冀县人）、文禄堂王文进（任丘人）都是旧书业中的佼佼者。琉璃厂旧书业中还有如谭锡庆、魏占良、孙锡龄、魏金水、孙殿荣、孙实君、李建吉等。这些人对于各朝刻本、著者、刻者，历历如数家珍，这些实践经验都非一般士大夫所能及。以谭锡庆为例，伦明《辛亥以来藏书纪事诗》云："五载春明熟老谭，偶谈录略亦能谙。颇传照乘多鱼目，黄袠宸章出内监。"注云："正文斋谭笃生熟版本，光宣间执书业之牛耳。惟好以赝本欺人，又内监时盗内府书出售于谭，因以起家。"邓邦述《寒瘦山房鬻存善本书目》云："余与笃生交六七年，笃生拾伯羲祭酒绪余，颇能鉴别古籍，谈娓娓不倦，虽论价倍于常贾，而为余致毛钞《宋人小集》五十册，间关奔走，力劝收藏，其谊实不可忘。笃生死后，厂肆识古书者又弱一个，是为商量旧学者加痛惜也。"

旧书业的业主中，不少人精通目录版本之学，赵万里曾称书店中能鉴别宋元本者有王文进、王雨、孙助廉、裴子英属于一把手，其他皆属二三流。三四十年代，不少北方书商深入穷乡僻壤，注意力所及，虽烂纸破书，亦无不搜罗及之，不少罕见秘籍、佳刻孤本都被他们发掘出来。山西各县是小说、戏曲图书的集散地。清代以来，山西商人多经营钱庄，富于财，购书也多珍本，但其后人多败落，子孙不能世守，故藏书时有散出。如1932年，琉璃厂的张修德，以廉值购得明万历四十五年（1617）刻本《金瓶梅词话》20册，张又以500元售归魏文传（笙甫）文友堂。文友堂奇货可居，后以高价售于北平图书馆，当时由于筹款困难，乃由徐森玉、袁同礼、赵万里诸先生以"古佚小说刊行社"的名义将此书影印出来，每部定价100元，以所得利润补偿书价。又如郑振铎所藏的明清戏曲多是从北平、上海两地书店购得。

在北京旧书业中最著者首推来薰阁，店主陈杭（济川）为陈连彬之侄，颇善经营，对目录版本也有研究，常往山东、山西、江浙一带收书，故业务发展甚快，从原先只有几个人的小店变为琉璃厂书业中屈指可数的大店之一。1938年，曾购得天津李善人家古书两卡车，中有宋、元版数种。抗战时，又购得上海孙毓修藏书一批，后又与修绠堂合购嘉兴沈氏爱日庐藏书。30年代，陈氏从北京到上海收书，得南浔张钧衡的《适园藏书》《择是居丛书》及南浔刘承幹嘉业堂、庐江刘氏的部分藏书，就在上海择址开设来薰阁分店。他广交学者，与徐森玉、郑振铎等人往来密切。又有来青阁，店主杨寿祺，苏州人，颇精目录版本学，他一方面搜集老藏书家遇变故后散出的古书，又派人去江浙等地收购旧书，同时也在店中零星收进图书文物。由于书的种类多，所以图书馆和新藏书家都喜欢和他来往。

此外又如河北深县人王雨（字子霖），在琉璃厂开设蕴玉堂，其人颇能辨识版本，收售多古本、精抄、家刻之书。常往来于饮冰室，为梁启超先生收书。曾在天津收得宋刻本唐陆德明撰《经典释文》6册，以为奇遇，后售北京图书馆。此书共24册，凡四函，原为清宫旧藏，溥仪出宫时携出，后流落东北，王雨所得仅为四分之一，后王遂致力为北京图书馆配全。冀县人魏广洲开多文阁，其与藏书家多有交往，收售珍本图书，曾与文渊阁、修文堂、来薰阁合资购傅忠谟家藏书一批，有宋刻本《苏诗》等。河北衡水人刘盛誉的松筠阁，曾于1925年秋在打鼓摊上购得清末车王府抄曲本1400余种。河北人孙殿起的通学斋，长于版本鉴定，对版刻优劣、收藏去处了如指掌，所收善本颇多，如旧抄本《续精忠记》、清康熙刻本《东林列传》等。河北冀县人李建吉的宝铭堂，常往南方各省收书，曾收到宋刻本《二程遗书》、元刻本《层澜文选》、明末毛氏汲古阁抄本《九僧诗》等。河北任丘县人王文进的文禄堂，1941年曾收得宋刻本《庄子南华真经》。王著有《文禄堂访书记》，辑有《文禄堂书影》等。而孙助廉的修绠堂曾陆续收入北京昌平县王萱龄家藏书，今王氏藏书佳者大多皆为孙氏售于北京图书馆收藏。又购得天津李国松集虚草堂藏书计三间书屋及定州王灏、苏州王颂蔚、蒯若木、郭世五家藏书等，均数量大，甚多善本书。此外，还分批购到李木斋、郭则沄、徐世昌、张燕卿家的藏书。

上海虽然是一个大的商业城市，但是经营古旧图书的店铺，却多是北方人所开，也有的是江苏人所为。如郭石麒、陈乃乾的中国书店：李紫东、黄廷斌、袁西江合伙的忠厚书庄；罗振常的蟫隐庐、王富晋的富晋书社、陈济川的来薰阁、杨寿祺的来青阁、柳蓉春的博古斋、韩士保的文海书店、孙实君的修文堂分店、孙助廉的温知书店、于士增等人的萃古斋书局、朱惠泉的秀州鼎记书店、杨文献的汉学斋、翁阆（又名朗仙）的受古书店、徐绍樵的传薪书店以及浙江陈立炎的古书流通处等都是较为重要者。这些人经常奔走于沪宁线、沪杭线以及东南沿海一带收书，经验丰富，知识渊博，一些不经见之善本都为他们所发现。因此不少古旧书业者虽然经手的古籍善本有如过眼烟云，但从另一个角度看，他们又都是书籍递藏过程的见证者。陈乃乾为学者型的书商，20年代至30年代，他居沪上，江南各大收藏家如缪荃孙、黄彭年、沈德寿、莫友芝散出之书，无不经目。涵芬楼所藏善本古籍和全国地方志，多数是张元济先生亲手征集的。从1918年至1936年间，几乎每天下午五时左右，总有二三个旧书店的伙计，带着大包小包的木刻本，在商务印书馆发行所二楼美术柜前等候张先生阅看。对一些值得重视的刻本，他都仔细翻阅。

如富晋书社，开办于1930年左右，是北方旧书业在上海开设分店较早的一片老店。店主王富山（1893—1982），字一峰，其兄即王富晋。王富晋，字浩亭，河北冀县王海庄人，他做成的最大一笔交易是1931年扬州吴引孙测海楼的藏书。吴氏藏书计8020余种，共装589箱，中有明弘治刊本《八闽通志》《延安府志》，明嘉靖刊本《广西通志》等珍本。出售时，先由北京图书馆、上海涵芬楼、中华书局图书馆、大东书局选购。其余各类大丛书150余种及其他各书都留在上海分店出售。又如传薪书店，店主徐绍樵，江苏扬州人，他的店中经常有淘旧书的老顾客。郑振铎曾在该店买到不少珍本好书，《劫中得书记》中提到徐处有数十处之多。著名的明崇祯刻本《十竹斋笺谱》即是徐绍樵售于郑者。周越然收藏的不少精刻秘本、词曲小说，也多经徐绍樵手购得。而周氏晚年境况不佳，除了戏曲传奇之书另售外，其他图书基本上又都是托徐绍樵经手出让的。

在上海的古旧书店中，没有任何一家可与古书流通处相抗衡。古书流通处主人陈琰，字立炎，杭州人。始设六艺书局，闭歇后于次年设古今图书馆（后改名为古书流通处）。陈乃乾《上海书林梦忆录》云："大江以南言版本者，书肆以古书流通处为第一，藏书售出者以抱经楼为第一。古书流通处初开幕时，列架数十，无一为道光以后之物，明刻名钞，俯拾即是。入其肆者，目眩神迷，如坠万宝山中。今之抱残守缺自命为收藏家者，曾不足当其一麟片甲也。"陈氏曾收得南宋书棚本《江湖群贤小集》等重要古书。当时，凡藏家之大批售出者，悉为陈氏网罗，如百川之朝宗于海。其中最著者为缪荃孙艺风堂及嘉定廖寿丰两家之藏。古书流通处在结束之际，将存书悉数售于中国书店，价仅万元，善本仍多。

"上有天堂，下有苏杭"，杭州和苏州是中国最重要的城市，杭州是历史悠久的文化古城，不仅有西湖之美，而且也是浙江省的文化教育中心。杭州大大小小的书店中，有朱成章的经香楼、侯月樵的汲古斋、杨炳生的利川书屋、郑小林的古怀堂书局等，而以朱遂翔的抱经堂最具影响力。

朱遂翔（1894—1967），字慎初，浙江绍兴人，在20世纪30年代的文化界中颇有名气，是书林中的重要人物，与北京写《贩书偶记》的孙殿起有"南朱北孙"之称。1915年，他在杭州梅花碑自己开设抱经堂，常往塘栖、湖州、宁波、绍兴、萧山、金华以及徽州等地收书，曾在章宗祥家收到宋刻本《李贺歌诗编》、元刻本《六子全书》以及顾祖禹手稿本《读史方舆纪要》等。其与杭州拜经堂主人朱立行、松泉阁主人王松泉、上海春秋书店严慕陵、秀州鼎记书店朱惠泉等人密切交往。朱遂翔和藏书家王绶珊熟，凡抱经堂送至王宅之书，王几乎都要。朱遂翔序《九峰旧庐方志目》云："王君绶珊聚书之处云九峰旧庐，是宅系丁氏八千卷楼旧址，内有灵璧石九件，故名九峰，盖取其意也。余识王君于沪上，时在民国十七年。王君雅好藏书，尤喜蓄各省方志，余为其奔走南北垂十年，初为其购瞿氏铁琴铜剑楼宋元本书十余种，继为其购双鉴楼傅氏、群碧楼邓氏等善本书籍数十箱，名闻南北。善本书售者亦接踵而至，皆由余一手鉴别。"王绶珊自1927年收购旧书始，至1937年止，共用去购书款五十万元左右，为近代藏书家花钱最多者之一，其中由朱氏个人经售及代为介绍的古书，就有三十万元之多，遂翔获利也在十万元以上。王绶珊喜收地方志书，而经朱遂翔手售与王氏之方志就达3000种。因此朱氏的抱经堂是全国旧书业中资金最为雄厚的一家。

抱经堂还编有《抱经堂书目》，有目有价，一书一价，邮购的生意，远至日本、美国。朱氏自民国十年起编制书目，直至停业止，共出版目录30余册之多。此外他还印有残本书目、临时书目。朱氏由于经营古旧书业致富，他自己也收藏了不少善本书，开始专收各种罕见本的医书，有初刻初印本数百种，后来又收明版书。抗战期间，他的书店闭歇，后又转至上海营业，因各种原因，财务上发生危机，无奈才将店内积存的数百担古旧书籍全部作废纸去；杭州存书，也陆续售于北京、上海、杭州的古旧书店。

苏州不仅有园林之胜，而且教化所遗，素有文明乡里之称。由于藏书人家多，学子勤读，于是贩书之业为之兴旺。民国年间，吴中护龙街，自察院场至乐桥一段，大小旧书店，林立其中。而在大井巷北的文学山房为各店之翘楚。

文学山房的主人为江杏溪、江静澜、江澄波。他们三代人陆续购得木渎冯桂芬、无锡朱达夫以及管礼耕、叶昌炽、丁士涵、沈秉成、王同愈、单镇诸家珍藏。又与吴门学者名流乃至南北俊彦皆有往来。该店贩书数十年，经手罕见善本甚多，如宋蜀刻本《陈后山集》、明末毛氏汲古阁抄本《复古编》、明蓝格抄本《古今岁时杂咏》(有清何焯、黄丕烈跋)等。

为了赚取更多的利润，部分书店的主持者也收集书版进行重印，或对一些学者的学术著作予以影印出版。这实际上也为传播文化、嘉惠艺林起到了重要的作用。如谭锡庆藏有《长安获古编》书版，印刷了百十余部。魏氏文友堂将贵阳陈田撰辑的《明诗纪事》书版续刻完成，刷印行世。又重新刷印《吉金志存》《宸垣识略》《古今集联》《景德镇陶录》《陶说》。孙氏修绠堂刻有《左庵集》，影印有《孟邻堂文钞》《祇平居士集》。修文堂印有《诚斋殷虚文字》，来薰阁印有《越谚》《段王学五种》《古文声系》《广韵》《山带阁楚辞》等。王富晋影印的书最多，如《说文古籀补补》《说契》《四声切韵表》《过庭录》《太霞新奏》《新定九宫大成南北宫词谱》《文镜秘府论》《龟甲兽骨文字》《述均》等，铅印本如《索引式的禁书总录》《校增纪元编》《测海楼旧本书目》《艺概》。

苏州文学山房江杏溪用木活字聚珍印有《文学山房丛书》(又名《江氏聚珍板丛书》)，共印四集28种。屈燨序曰："文学山房江君杏溪亦饶有思想之一人……杏溪则揣摩时好，凡丛书中金石书画书目等类不易得单行本者，率取以排印，藉广流传，积时既久，衮然成帙，因颜之曰'文学山房聚珍丛书初集'，后有续出，则二三之而不已。"江氏又得蒋凤藻《心矩斋丛书》、谢家福《望炊楼丛书》书版，重新刷印发行。

王钟翰《北京厂寺访书记》中云："厂、寺书贾，非南宫即冀州，以视昔年之多为江南人者，风气迥乎不同。重行规，尚义气，目能鉴别，心有轻重。九城之肆收九城之书，厂、寺收九城之肆之书。更东达齐、鲁，西至秦、晋，南极江、浙、闽、粤、楚、蜀。于是举国之书尽归京市。昔人所不及知、不及见者，寻常皆能知之、见之。其功曷可没耶？"这虽是写北京琉璃厂书肆，但对于旧书业者来说，他们对于保存图书文献、促进文化交流，提供公家图书馆收藏是完全尽了心的。

图书馆的藏书来源，一般说来，多是来自私人的捐赠、从书店购买、馆与馆之间的交换以及其他渠道。而其中以从书店购买为主要。对于大的或专业图书馆来说，补充古籍善本或有实用价值的线装书，那就主要通过古旧书业者来提供。我们可以从北平图书馆的历年采购数字来看它的增长。1926年7月至1927年6月购入古籍经部1034册，史部10449册，子部2500册，集部4781册，丛书1160册。1927年7月至1928年6月购入古籍经部453种、3741册，史部1453种、14096册，子部905种、8730册，集部852种、5631册，丛书114种、5517册。1928年7月至1929年6月购入古籍经部110种、537册，史部806种、5497册，子部455种、2834册，集部325种、1787册，丛书54种、2341册。1929年7月至1930年6月购入古籍经部63种、382册(又1卷)，史部539种、4172册(又55张107页)，子部352种、2509册(又1卷1页)，集部618种、4720册，丛书44种、1182册。1930年7至1931年6月购入古籍经部48种、221册，史部567种、2950册，子部213种、1406册，集部508种、2971册，丛书28种、331册。1931年7月至1932年6月购入古籍经部61种、445册，史部465种、2575册，子部319种、7629田，集部487种、2784册，丛书24种、622册。1932年7月至1933年6月购入古籍经部16种、147册，史部477种、4788册，子部114种、632册，集部761种、3644册，丛书20种、649册。1933年7月至1934年6月购入古籍经部175种、887册，史部499种、12060册，子部360种、1818册，集部82种、2529册，丛书58种、2789册。1934年7月至1935年6月购入古籍经部204种、2447册，史部718种、5497册，子部253部、3389册，集部244种、2005册，丛书56种、2346册。

至于在1940—1941年间，郑振铎等人组织的"文献保存同志会"，大力为中央图书馆搜购古籍善本，更是得到各家书店的协助。郑振铎的《求书日录》中说："我十分感谢南北书贾们的合作。但这不是我个人的力量，这乃是国家民族的力量。书贾们的爱国决不敢后人。他们也知道民族文献的重要，所以不必责之以大义，他们自会自动地替我搜访罗致的。"

六、近代以来公私藏书的损失

对于古籍图书来说，它的损毁莫过于战争。隋代牛弘的《五厄说》、明胡应麟的《续五厄论》等，多言战争对于公私藏书的破坏。大凡较有远见的统治者，大都会在战乱平息之后把崇儒尚文、搜求图书当作修明政治、发展社会的一个重要方面，因此历代的皇家藏书往往颇具规模。但是，也正因为是皇家藏书，又最容易在改朝换代的政治征战中成为首当其冲的牺牲品。每次政权更替，几乎都伴随着焚烧皇家藏书的冲天大火。公元前213年，秦始皇下令焚烧除秦国史籍之外的各国史书及私人所藏儒家文献、诸子百家之书；六年之后，项羽入关，又纵火焚烧秦国的阿房宫，火三月不熄，秦国的皇家藏书也基本焚毁。再以宋代"靖康之乱"为例，陆游云："本朝藏书之家，独称李邯郸公、宋常山公，所蓄皆不减三万卷"，"李氏书，属靖康之变，金人犯阙，散亡皆尽。收书之富，独称江浙。继而胡骑南骛，州县悉遭焚劫，异时藏书之家，百不存一。"近人邓实（秋枚）跋《禁书目合刻》又云：西汉兰台、石渠33090卷尽于王莽之末，东汉东观、仁寿13269卷尽于董卓移都，晋秘书、中外三阁29945卷尽于惠怀之乱，东晋秘阁3014卷、孝武时36000卷、宋总明观斋64582卷、学士馆18010卷尽于末年兵火，梁文德殿、华林园23106卷，江陵70000余卷尽于元帝自焚。二秦4000卷，北齐仁寿、文林30000余卷，后周虎门、麟趾15000卷，隋修文观103278卷尽于砥柱舟覆，唐集贤院四库89000卷尽于安禄山；十二库70000余卷尽于黄巢；宋三馆、秘阁36280卷尽于祥符之火，崇文院30669卷别藏于龙图阁、太清楼尽于靖康之变；中兴44486卷尽于绍兴之灾。历史上的战争，不论其性质如何，它总是对当时的经济、文化带来破坏，这是无可置疑的。

从1840年到1949年，在历史的长河中，仅仅是109年。但是，对于中国文化的摧残却是较唐、宋、元、明以及清代前期、中期以来任何一个时期都有过之而无不及。近代以来，图书毁于水灾的例子，较之兵燹、祝融来说要少许多。甘鹏云是湖北的藏书家，其少壮辛苦所得之书，藏之家者，悉为洪水收去。其《崇雅堂书录》序例云："癸亥秋，忽得潜阳溃堤之信，汉水灌潜城，将庐藏书十万卷尽付洪流矣。惜哉！惜哉！此十万卷者，皆予储积卖文钱，节衣缩食所聚，盖以心血得之，与有力购致者不同，可惜一也。其中有先君子编辑及手钞点治之书，可惜二也。有乡先生著述孤本，仅存之书，可惜三也。有予手钞手校之书，可惜四也。予有俚句云：'潜阳老屋小如舟，石墨盈车书汗牛。可惜无人勤守护，金堤一决付洪流。'咏此事也，已矣，已矣，莫如何矣！"

近代人们大书特书的毁书，首推清乾隆帝为编辑《四库全书》而"寓禁于征"，大兴文字狱，凡不利于清廷统治的，或加禁毁，或加删节，或加篡改，这些书竟达4000余种，超过了《四库全书》收书3503种。光绪年间上海国学保存会出版的焚书目录中说："盖自秦政之后，实以此次焚禁，为书籍最大厄……盖秦火之后，大厄凡十有一，而以本朝乾隆时，焚禁之一厄为最后而最烈，何也？盖昔之毁，乃官府之所藏，而山岩屋壁尚有存者。今之毁，并毁及民间，而比户诛求，其所遗留者亦仅矣。"实际上，在中国的历史进程中，焚书、毁书最多的并不是秦皇、乾隆，近代以来最大的损失莫过于太平天国战争、八国联军侵略中国的战争、日本帝国主义侵略中国的战争。太平天国运动，除了对社会经济造成了特大破坏之外，还焚毁了大量图书。八国联军侵华虽是局部地区的图书受毁，但损失的却是重要版本。近代日本走上侵略道路后，不惜采用种种卑劣手法，掠夺中国文物图书，特别是1931—1945年，这长达十四年之久的日本侵华战争中，使中国的文化事业蒙受了巨大的损失。

在抗日战争中，中国的国家损失之大难以计算，而文化事业也多遭到日寇的破坏，对于图书馆来说，损失尤大。据1939年国民政府教育部《教育年鉴》的统计，截至1938年12月，大学及专科以上学校，全国共118所。"十八阅月来，十四校受极大之破坏，十八校无法续办。……在各大学之损失，当以图书馆为最甚。以国立学校言，则损失1191447册；省立学校，104950册；私立学校，1533989册。总计达2830386册之多。但此仅就沦陷区内之四十校计，其数已如是之巨。沦陷区及战区之图书馆，凡2500余所，损失之最低限度，以平均每馆5000册计，全部损失至少当在1000万册以上。"这实在是一场浩劫。国立中央大学图书馆随校西迁时，舟行川江不慎，沉没十余箱。抵渝以后，又遭轰炸，损失一部分，原有图书40余万册，致仅存18余万册。江阴南菁中学，所藏宋版书及首创南菁书院王先谦珍藏名本，俱遭焚毁。国立中山大学图书馆，散失图书10余万册，战后追回147箱。岭南损失较少，唯存香港中国文化研究室之图书杂志约11000册，而内有《大清实录》1120册，全部散佚。寄存香港岭南分校之善本图书12箱，亦失去6箱，内有影印明本《金瓶梅词话》及4种罕见《广东县志》。

据战时全民通讯社调查，"卢沟桥事变"后，公共图书为日寇掠运者，北平约20万册，上海约40万册，天津、济南、杭州等处约10万余册。南京市立图书馆则与夫子庙同毁于火。"八一三"沪战发生，上海市中心区图书馆又毁于日寇炸弹之下，此为上海图书馆损失之最大者。南市文庙市立图书馆、鸿英图书馆等图书馆，亦散佚甚多。国府文官处、教育部、内政部、外交部及其他机关学校图书被敌运走不下60余万册。1943年前，美籍人士实地考察，估计中国损失书籍在1500万册以上（韩启桐《中国对日战事损失之估计（1937—1943）》，中华书局1946年版）。而国民政府教育部1938年底的统计，中国抗战以来图书损失至少在1000万册以上。又据1939年度的统计，沦陷区专科以上院校运出图书1190748册，而留置沦陷区者为数1923380册。

侵华日军在南京不但掠夺国家图书馆藏书，而且搜掠私家藏书，东门卢冀野藏书不下数十万卷，多有珍贵古籍，悉为日军焚窃。大石坝街50号石筱轩家，被日军抢走名贵古籍四大箱、字画古玩2000余件。从1938年3月起，日军又进一步搜掠南京的公私图书，多达88万册。在上海松江，姚石子收藏中国典籍甚富，沦陷后，被敌全部运去。日本《赤旗报》1986年8月17日，刊登题为《日本侵略军进行的文化大屠杀》的文章，揭露日本侵略军1937年在南京进行了惨绝人寰的南京大屠杀，大屠杀后，又掠夺了大量的图书和文献。当时日军特务部工作人员检查了可能有重要书籍和文献的地方共70处，其中有外交部、国民政府文官处、省立国学图书馆和中央研究院。他们搜集散乱的图书，装满卡车，每天搬入十几辆卡车的图书，在调查所主楼一、二、三层的房间里，筑起了二百多座书山。参与"文化大屠杀"的人员，有特工人员330人、士兵367人、苦力830人。共动用了卡车310辆次。为了对图书进行整理和分类，日军调动了在中国的满铁图书馆工作人员，和满铁调查部、东亚同文书院以及上海自然科学研究所的专家。据大连图书馆管理科主任大佐三四五说，中国政府的中央和地方的公报种类繁多，而且非常齐全，一直到事变之前的公报都在。全国经济调查委员会的刊物中，最近对中国经济产业的调查和事业计划书占了大部分，非常珍贵。此外，还有3000多册《清朝历代皇帝实录》。在整理完这些图书之后，才知道掠夺到的图书共有88万册。

东方图书馆在战争中所受到的损失最大。1932年1月29日上午10时，上海商务印书馆总厂在日寇轰炸中，全厂焚毁，五层大楼仅剩断壁残垣，三十年来搜罗所得的大量中外图书，全部化为灰烬。所幸涵芬楼所藏善本古籍，有500余种早在1927年即寄存在金城银行仓库中，"一二八"之役幸免于难。东方图书馆为中国东南图书馆之巨擘，被毁后，张元济先生痛苦地说："这也可算是我的罪过。如果我不将这五十多万册搜购起来，集中保存在图书馆中，让它们散失在全国各地，岂不可避免这场浩劫。"国内文化学术团体和教育机关曾先后通电全国及世界各国政府、民众团体等，控诉日寇暴行，并在国际上引起关注。国民党中央委员孙科、孔祥熙、吴铁城等通电全国，谓日本对中国"交通文化教育机关，辄付一炬"。南京重要文化团体及教育机关如中央研究院、中央大学、中央政治学校等，上海律师公会、各大学联合会、中国著作者协会以及北平学术界胡适、蒋梦麟、丁文江、翁文灏、傅斯年、梅贻琦、袁同礼、陶孟和、任鸿隽、陈衡哲诸人，以及上海英美籍基督教传教士百余人无不发表通电和宣言，认为日军暴行惨无人道，应请全世界人民群起制止其暴行。蔡元培先生在该馆被毁后，即领衔并联合蒋梦麟等五人致电国联，请制止日寇暴行。电文说："日本陆战队及飞机二十余架，屡在上海之闸北、江湾等地，横施暴行，并故意摧毁文化机关，即如中国最大出版事业商务印书馆、东方图书馆、暨南大学等被焚毁殆尽……"当时中外舆论界，如《申报》《大公报》《大陆报》《时事新报》等，对上海商务印书馆被日机炸毁无不义愤填膺、备致惋惜。

先师顾廷龙先生《涵芬楼烬余书录后序》云："倭寇肆虐，俱罹焚如，仅少数善本先期移存他所者，幸免浩劫。损失之重，旷古所无。岂特一馆之事，盖攸关国家文化者甚巨。忽忽二十年尚无可以继而起者，思之能无余愤！当先生初辟图书馆，以为只便阅览，未足以广流传，遂发愿辑印善本，博访周咨，采摭胖合，成《四部丛刊》、《百衲本廿四史》等，皇皇巨编，嘉惠来学。先生尝言，景印之事早十年，诸事未备，不可也；迟廿年，物力维艰，不能也。此何幸于文化消沈之际，得网罗仅存之本为古人续命，而又何不幸于甄择既定之本，尚未版行，乃嬴火横飞，多成灰烬，是真可为长太息者也。馆中藏弄，毁者什七八，存者什二三。"三十年的积累，在日军侵略战火中全部毁尽，仅物质上损失即在百万元以上，文化事业上的损失更是无法估计。诚如后来商务印书馆所称：书籍损失一项，以东方图书馆收藏图书为最，多系宋元精本、明清佳刻，与夫中日著名孤本珍籍，价值连城，无法估计。据该馆初步估算，这些书籍当初购进时的价值，约为16283395元，损失时的价值较原价高出何止数倍？

1943年，中央研究院社会科学所研究战争损害专家韩启桐呼吁，"陷区古物如何彻底清查，实为我国损失调查重要问题之一，应从速慎筹计"。(《中国对日战事损失之估计（1937—1943）》，中华书局，1949) 为此，教育部设立"向敌要求赔偿文化事业研究会"。1944年1月22日，国民政府主席蒋介石照准该会并入行政院抗战损失调查委员会。日本投降后，中国人民要求尽速追回被掠文物图书的呼声十分强烈。1945年8月31日，浙江大学农学院教授蔡邦华致函教育部，建议调查国内教育文化机关之损失，以责令日本赔偿。9月，张道藩向蒋介石提交"请组织清理日本掠夺中国文物委员会案"。国民政府对调查、追索被掠文物一事，也十分关切。在获悉为缓和战后日本的经济恶化，日本商工省建议以日本盗取的艺术品和古物作为向国外贷款购买粮食的抵押一事后，1945年10月1日，行政院长宋子文即令"外交部转达盟军占领日本统帅部，通告日本政府禁止对自甲午战争以来劫自我国文物作转让变卖"。10月5日，教育部社会司战时文物保存委员会拟具归还劫物的初步意见：一、抗战期间被日本掠夺之古代书画、美术品、古物、各校馆图书、仪器、模型、机械及其他有历史意义学术价值之文物，应责令日本将原物归还；二、被掠夺文物因损失或其他原因，原物无法偿还者，均应责令日本有相当价值器物照价赔偿；三、将损失情形调查具报；四、拟由本部派员驻东京盟军总部，协助调查文物被掠夺情形。11月8日，国防最高委员会商讨拟定《关于索赔与归还劫物之基本原则及进行办法》，规定日本应将自中国境内（包括东北）夺取之一切公私财物，凡经证明者，悉数归还，日本政府应提供劫物清单。11月26日，外交部约集军政、经济、教育、内政各部代表，讨论办理归还劫物案情形。教育部赶制了《日本公私机关收藏中国古物者之清单》《见于著录在日本之中国古器物目录》及《日本应归还我国及应作抵偿甲午以来我国学术文化损失用之文物简表》供会议参考。会议商定，"应先由各有关机关遴选派代表专家组织综合代表团，赴日调查日本可先充赔偿之各种实物，及调查或鉴别日本掠夺我国之文献古物"。

为适应战后调查文物为敌掠夺或破坏所致损失，以备向日本搜寻和追偿，1945年11月1日，行政院训令教育部战时文物保存委员会改名为清理战时文物损失委员会。战后虽追回部分文物图书，但所获与实际被劫数远非可比。如战时损失的书籍，据国内调查，不下300万册。

七、结论

编辑《中国大陆古籍存藏概况》的构想，早在20世纪70年代后期就已有萌芽了。为了说明这一点，必须话说从头。1978年3月，在南京召开了第一次《中国古籍善本书目》编辑工作会议，当时，笔者除了负责会议的会务工作，也参与了具体的讨论。随着工作的进展，我有时追随主编顾师廷龙先生去一些省、市图书馆看书、讲课、开会。1980年夏，《中国古籍善本书目》编委会在北京开始汇编书目的工作，各省、市图书馆的专家及工作人员云集北京，十来万张善本书的卡片也都齐聚一处。《中国古籍善本书目》的编辑出版，不仅是对大陆的中国古籍善本做了一次较全面的清查和鉴别，基本上摸清了家底，同时也对现有的古籍目录编辑力量进行了一次大检阅。可以说，这项花费二十年的巨大工程，将中国大陆八百余个图书馆收藏的古籍善本，以书目的形式呈现在读者面前，这在过去是难以想象的。然而，这仅是一个方面的工作。那时我得出的印象是，有不少省、市图书馆或大专院校馆的藏书都有自己的收藏特点，如果能把各馆的收藏来源、历史、特点等系统地做一介绍，那么读者定可得到启迪，而如果将各馆的介绍汇总起来，即可成为图书馆收藏古籍的一个专集，对于海峡两岸以及各国的汉学家、研究学者将有很大的帮助。

《永乐大典》的前世今生

在说《永乐大典》之前，我们应该提一下《广州大典》。去年，刚刚开过《广州大典》的十年编纂总结会，这标志着旨在系统搜集整理和抢救保护广州文献典籍、传播广州历史文化的《广州大典》工程竣工。《广州大典》共编成520册，收录了两千余位作者的四千余种文献。而底本的来源则是内地的56家图书馆以及港澳地区3家馆、美英法加德日葡等国的18家图书馆及私人的珍藏。应该说，《广州大典》是部大丛书，其中有很多善本以及只存于海外图书馆的罕见版本，这对于研究广州地方上的历史、人文、传统都有极大的价值。

那《永乐大典》是否是丛书呢？不是，它是类书。类书，是将各种书上的片段材料分类集中汇编，如天、地、人、事物等等。在唐代，就有《北堂书钞》《艺文类聚》《初学记》《白氏六帖》四部类书。宋代又有《太平御览》《册府元龟》《太平广记》《文苑英华》四种最为著名。

---

① 2015 年 4 月 25 日在广州羊城大讲堂作的演讲。

《大典》是明代的一部重要类书

《永乐大典》是明成祖朱棣命太子少师姚广孝和翰林学士解缙主持的一部中国古代规模最大的类书。朱棣，是明朝第三位皇帝，1403—1424年在位，在位22年，年号永乐。朱棣为明太祖朱元璋第四子，生于应天（今江苏南京），时事征伐，并受封为燕王。建文帝时期削藩，明成祖遂发动靖难之役，起兵攻打其侄子建文帝，夺位登基。他在位期间，完善明朝政治制度，发展经济，开拓疆域，迁都北京，编修《永乐大典》，派遣郑和下西洋。明成祖被后世称为永乐大帝，他的统治时期被称为永乐盛世。然而他多疑好杀，在靖难之役后将齐泰、黄子澄、方孝孺等建文帝亲信灭门，耿炳文、盛庸、铁铉等众多建文旧臣旧将或被处死，或受到迫害自杀身亡，后来又冤杀了解缙等大臣。他去世后，有十六妃和数百宫女生殉，遭到后世诟病。

那么为什么朱棣要编《大典》呢？那是因为他在建文四年（1402）率兵攻入南京，赶走了建文帝朱允炆（朱元璋的嫡长孙），自己做了皇帝，史称明成祖。这次事变，实际上是叔侄间的帝位之争，按照封建正统观念，这是大逆不道之事，由此也引起了方孝孺等士大夫的反抗。朱棣想利用纂修类书，自诩文治，逢迎人心，以摆平朝野间的隐忧。

朱棣编纂如此大型的类书，也是有他的设想的，他的宗旨是："天下古今事物散载诸书，篇帙浩穰，不易检阅。朕欲悉采各书所载事物类聚之，而统之以韵，庶几考索之便，如探囊取物尔。尝观《韵府》《回溪》二书，事虽有统。而采摘不广，纪载太略。尔等其如朕意，凡书契以来经史子集百家之书，至于天文、地志、阴阳、医卜、僧道、技艺之言，备辑为一书，毋厌浩繁。"此语中的《韵府》即宋人阴时夫辑的《韵府群玉》二十卷，《回溪》即宋人钱讽的《回溪史韵》四十九卷。

《大典》是根据《洪武正韵》的韵目来编的，即以韵统字，用字以系事，将自古以来书籍中的有关资料整段整篇甚至整部抄入。而编纂《大典》的地点，是宫中的文渊阁。文渊阁是明代帝王藏书处，明太祖洪武元年（1368），北伐军攻入元大都，大将军徐达尽收元内阁图籍送回南京。以后，明政府又广求遗书，明成祖迁都北京，收贮于左顺门北廊。这些藏书是以元内阁所藏宋、金、元三朝典籍为基础的，故编纂人员利用图书文献较为方便。

当年执行皇帝指示编纂《大典》的是姚广孝及解缙。姚广孝（1335—1418），幼名天僖，法名道衍，字斯道，又字独闇，号独庵老人、逃虚子。长洲（今江苏苏州）人。明朝政治家、佛学家、靖难之役的主要策划者。姚广孝年轻时在苏州妙智庵出家为僧，精通佛、道、儒、兵诸家之学，与高启、杨基等人结为好友，后被明太祖挑选，随侍燕王朱棣，主持庆寿寺，成为朱棣的主要谋士。朱棣靖难时，姚广孝留守北京，建议朱棣轻骑挺进，径取南京，使得朱棣顺利夺取南京，登基称帝。成祖继位后，姚广孝担任僧录司左善世，又加太子少师，被称为"黑衣宰相"。永乐十六年（1418），病逝庆寿寺，谥号恭靖。

解缙（1369—1415），字大绅，一字缙绅，号春雨、喜易，吉水（今江西吉水）人，洪武二十一年（1388）进士，官至内阁首辅、右春坊大学士，参预机务。以才高好直言为人所忌，屡遭贬黜，终以"无人臣礼"下狱，永乐十三年（1415）冬被埋入雪堆冻死，卒年四十七，成化元年（1465）赠朝议大大，谥文毅。解缙自幼颖悟绝人，其文雅劲奇古，诗豪宕丰赡，书小楷精绝，行、草皆佳，尤善狂草，与徐渭、杨慎一起被称为明朝三大才子，著有《解学士集》等，又编有《太祖实录》《古今列女传》。

《大典》汇集了古今图书七千余种，包括14世纪以前的文学、艺术、史地、哲学、宗教和应用科学等方面的丰富资料，一字不改地成段或全书采录文献，保存了当时古籍的原貌。在西方世界里，最知名也是最权威的百科全书是《大英百科全书》（也称《不列颠百科全书》），1771年在苏格兰爱丁堡出版，共三卷，被认为是当今英语世界三大百科全书（《美国百科全书》《不列颠百科全书》《科利尔百科全书》）之一。如果以《大典》和《大英百科全书》相比，那《大典》要早三百余年。它的学术价值，一直受到学术界的重视。

由于《大典》是一部百科全书，涉及的范围极广，所以参加编纂的人员多经过挑选。这些人由在朝的官吏或地方的官吏举荐，经过考核，予以录用。此外又有不少是地方府、县的训导教谕，也有布衣诸生——他们虽来自民间，但多学识渊博，各有所长。如布衣陈济，武进人，对于修撰人员工作中发现的疑难问题，他都能"应口辨析无滞"。有人曾以"天下文艺之英，济济乎咸集于京师"来形容当时为修《大典》而荟萃人才之多。当时有近三千人参与其事，历时四年，于永乐六年（1408）修成。全书22877卷，共11095册，实为鸿篇巨制。我们知道，当年修纂期间，共有正总裁3人、纂修347人、催纂5人、编写332人、看样57人、誊写1381人、续送教授10人、办事官员20人。

此为抄本，所以当年曾在全国各地征集了许多善书人抄书，全书分装一万一千零九十五册，三亿七千万字。这部规模宏大的类书，由于卷帙浩繁，未遑刊刻，原本在嘉靖年间安置于文楼，文楼不知何地。嘉靖三十六年（1557），宫中发生回禄之灾，有三个宫殿被烧毁，嘉靖帝亟命挪救，幸未致灾。为防再有不测，嘉靖帝遂敕阁臣徐阶，让吏、礼两部主持"糊名考试"，招到善书人儒士程道南等照式摹抄一部，当时供誊写官生118人，每人日抄三页，又命高拱、张居正等校理，自嘉靖四十一年起，至隆庆元年始克告竣。据记载，规定缮写人员晨入晚出，每次领取《大典》必须登记，不许私自携带外出雇人代写，抄写中如遇差错，发与另写，不拘一次二次，只算一页。而且每册之后注明该册重录总校官、分校官、写书官及圈点人员姓名，以示各人职责。这就是《大典》的副本。

从中国古籍版本学的角度来看，除了各代的刻本外，就是抄本、稿本、套印本、活字本、版画了。而抄本中最为珍贵的就是宋元写本、明嘉靖写本《大典》、明常熟毛氏汲古阁影宋抄本。当然也包括名家抄本。然而，《大典》即使是残缺不全的本子，仍然受到近代藏书家的重视，以有入藏为幸。

《大典》的面貌

《大典》是特定的大本书，书品宽大，每册长50.3厘米，宽30厘米，厚2厘米左右。封面为黄绢硬面，是一种粗丝绢制成。左上有黄绢书签，书有"永乐大典"四字，下注卷数。右上有黄绢方形标签，楷书写有某韵。每册一至三卷不等，每半页八行，小字双行二十八字至三十字不等，均朱丝栏。书口红色，有三鱼尾，上鱼尾下题"永乐大典卷几"，下端双鱼尾内题页码。这些手绘栏格不容易，可以想象的是《大典》既是11095册，那用纸需要许多，更不要说许多插图了。

我们知道，在书上有插图，早在宋代即有。《大典》中的许多插画，如人物故事、宫室建筑、园艺花木、山川地图等，均用传统白描线条的笔法，人物生动，形象逼真，须发细若轻丝。现存的嘉靖写本，也必定是当时的绘工据永乐原本摹绘而成，因此，在中国插图史、艺术史上也有它的地位。鲁迅曾经说过："中国木刻图画，曾经有过很体面的历史。"他又说，"倘要启蒙民众，图画乃是一种利器，因为它就是不认识字的人也能看懂。"但为《大典》绘图的这些作者或许是当时著名的画家，也或许是不见经传的小名家，他们甚至连最简单的生平也不为人所知。我以为书中的绘工，通过他们的创作和努力，才使书中所绘人物，大小不一，形象生动，栩栩如生，传神阿堵。至于舆图广远，尺幅之中，凭空写意，随意点染。他如仙佛神鬼之奇诡，仕女之婉变，皆为作者构思奇巧，背景或繁或简，布置得当，运笔洗练，刀法娴熟，有所创新。

《大典》每半页八行，行内凡征引书名和圈点，均为红色，文字皆端楷墨笔，行字整齐，大小一致。明代楷书一般横竖撇捺都比较伸张，不甚拘谨。它和清代的馆阁体不同，字体追求圆润。《大典》的写工往往见于每册后面的最后一页，比如日本国立国会图书馆藏残本卷2281上有"重录总校官侍郎臣高拱、学士臣瞿景淳、分校官编集臣陶大临、书写儒士臣黄邦琦、圈点监生臣丛仲辑"。又如美国普林斯顿大学葛思德东方图书馆藏《大典》两卷，其中一卷为卷20573《大宝积经》，卷末有"写书官沈消洧"的衔名。

装帧为包背装。如今的人谁也没有见过正本的真貌，我们只能从徐阶的记载中知道，正本的书法及装潢比副本更好，他曾说：旧本缮写得太好了，要找这样的书写人实在太难了。现在我们看到的嘉靖间抄本纸张为皮纸，即以桑树皮和楮树皮为主要原料制成的皮纸，北方习惯称为白棉纸。明宋应星《天工开物》中说："其纵纹扯断如棉丝，故曰棉纸。"纸质洁白柔韧，我们称之为白皮纸。

《大典》的被窃

如今，《大典》的正本在副本完成后即不知去向，消失得无影无踪，连一页都未见于人间，包括明清两代的学者都曾有议论推测。正本在清代以前已经不存，但何时亡佚，史籍没有明确记载。各方的意见有：1. 毁于明末清初南京。2. 殉葬说。3. 万历毁焚说。4. 藏于皇史宬夹墙内。5. 毁于清朝乾清宫大火。6. 明末焚毁于北京宫中。一般学者认为或毁于明清变动之际。

《大典》在修成后的六百年间，屡遭厄运，损毁殆尽，至今仅存400余卷，散藏于十余个国家和地区的数十个公私收藏机构，弱息仅存，令人扼腕。据清末维新派、光绪间进士、中国近代资产阶级改良派报刊出版家、政论家汪康年的《雅言录》说：《大典》"明时已多散失，小说载杨升庵为偷书官儿是也"。杨升庵即明代正德、嘉靖间的著作等身的大文学家杨慎，由于正史不载，无从详考。但这说明《大典》在录成之初，已经有人在引领而望了。

《大典》的副本自明隆庆至清康熙间，一直贮于皇史宬，雍正时又改存于翰林院。清代乾隆间，随着《四库全书》馆的开馆，也在乾隆五十九年（1794）

时对《大典》做了一次清查，发现全书11095册中，已佚1154册，也就是说尚余9881册，外有目录六十卷。这些书的失踪至今仍是一个谜，乾隆帝曾命人查问，甚至到民间查访，也无下落。据记载，在乾隆三十九年（1774）六月，曾发生过一次《大典》失而复得的事，四库纂修官黄寿龄私自将六册《大典》用袱包裹带回家阅读，但行至米市胡同，因腹泻下车，被窃儿连包偷去，追觅无踪。乾隆帝得知，赫然而怒，他说："该庶吉士携带官书，理应小心谨慎，乃不行防范，以致被窃，疏忽之咎，实无可辞。"又说《大典》为世间未有之书，本不应该任纂修等携带外出，下旨"查询明确，据实覆奏"。步军统领英廉严缉盗贼。由于官府搜缉很紧，又因《大典》为大内之物，书坊也不敢收购，偷盗者无法脱手，情急之下，只好把六册《大典》悄悄放到御河桥河沿边。从失窃到寻得，将近一个月。后来黄寿龄受到罚俸三年的处分。

《大典》的大规模散出，是从咸丰十年（1860）开始的。主要原因是官吏知法犯法，监守掠取。刘声木《苌楚斋随笔》卷三有云："早间入院，带一包袱，包一棉马褂，约如《大典》二本大小。晚间出院，将马褂加穿于身，偷《永乐大典》二本……包于包袱内而出也。"看门者见官员早挟一包入，暮挟一包出，大小如一，不虞其将马褂加穿于身，偷去《大典》二本。所以，缪荃孙大骂：太史"其偷书之法，真极妙巧刻毒也"。这实在是匪夷所思，而又令人骇怪。

那偷去的《大典》到哪儿去了呢？缪荃孙有一篇《〈永乐大典〉考》，里面说："咸丰庚申（1860）与西国议和，使馆林立，与翰林院密迩，书遂渐渐遗失。"偷盗者将《大典》多以十两银子一册售与了洋人。

当然有些官员偷窃不是为了换钱，或美其名曰"借读"。有文廷式者，为近代词人、学者、维新派思想家。字道希，号云阁，江西萍乡人。光绪十六年（1890），成进士，授编修。二十年大考，光绪帝亲拔为一等第一名，升翰林院侍读学士，是帝党重要人物。中日甲午战争，他力主抗击，奏劾李鸿章"昏庸骄蹇、丧心误国"，遭革职驱逐出京。但文廷式在翰林院时却"借读"了三百多册。文廷式《纯常子枝语》卷三云："《永乐大典》今存于翰林院者仅八百余册，余乙酉、丁亥在京时，志伯愚锐詹事方协办院事，曾借读三百余册。"

文廷式是1904年去世的，那时是光绪三十年。他死后，那些《大典》被其后人售出，几经辗转，都不见踪影了。但是，令人不解的是，《大典》在光绪初年至二十六年（1900）"庚子事变"之前就一直不断地缺失。据缪荃孙的调查，光绪元年（1875）重修翰林院时，《大典》已从乾隆时的9000余册降到不到5000册了，而一年后，又被盗出近2000册，只剩下3000册了。而到光绪十九年（1893）又有2400册被盗，那就仅剩600多册了。如此看来，十分之九的《大典》在明代嘉靖后至清光绪"庚子事变"前就已陆续被各色人等偷走了。

《大典》的被毁

1900年，即光绪二十六年，也正是中华民族积贫疲弱的时期，外国列强欺凌过甚，激起中国百姓普遍愤恨，造成义和团兴起，以"扶清灭洋"为号召，拔电杆、毁铁路、烧教堂、杀洋人和教民。清政府听信义和团能够刀枪不入，杀光洋人，这一年5月25日对英、美、法、俄、德、日、意、奥八国宣战。为扑灭义和团的反帝斗争，扩大对中国的侵略，八国组成的侵略联军，于1900年6月，由英国海军中将西摩尔率领，从天津租界出发，向北京进犯，最后导致中国陷入空前灾难，险遭瓜分。由于1900年是中国农历庚子年，这场100多年前爆发的动荡也被中国人称为"庚子国难"。在"庚子事变"中，600多册《大典》有一大半被毁。而到宣统元年（1909）筹建京师图书馆时，则仅有64册了，占原书册数的千分之五点七。

《大典》确实在"庚子事变"时遭到焚毁，地点也确在翰林院，但翰林院被毁却与八国联军没有直接关系，因为纵火者应为围攻使馆的义和团及其他国人，而八国联军攻入北京，则在翰林院被焚的54天之后。那时，是清军和义和团围攻东交民巷的使馆区，围攻者采用了火攻战术。翰林院是在英国使馆北面，像座屏障，在6月23日的激战中，翰林院的四分之三房屋被火烧毁，包括庙宇、考场、藏书处等。由于火势威胁到英国使馆，所以男女老幼皆到井边，用各种器具汲水泼之。同时，他们也尽可能抢救翰林院中的书籍，"院中排积成行，皆前人苦心之文字，均手抄本，凡数千万卷，所有著作为累代之传贻，不悉其年"。现存的《大典》则多有烬余水湿的痕迹。

比较详细记载"庚子事变"中翰林院被焚以及《大典》损失情况的，当为英国人普特南·威尔的《庚子使馆被围记》(冷汰、陈诒先译，上海书店出版社，2000年版)。威尔当时在被包围的英国公使馆内，逐日记下每日情况。他1900年6月24日记："昨日有一放火者，伏行如猫，用其灵巧之手术，将火种抛入翰林院，只一点钟，众公使居住之英使馆顿陷于危险之域……"使馆中人参加救火，但大火还是吞噬了翰林院的大批图籍和书版。当然也有少数外人顺手拿走了一些未焚及之书。"有绸面华丽之书，皆手订者，又有善书人所书之字，皆被人随意搬移。""其在使馆中研究中国文学者，见宝贵之书如此之多，皆在平时所决不能见者，心不能忍，皆欲拣选抱归，自火光中觅一路，抱亡而奔。但路已为水手所阻，奉有严令，不许劫掠书籍。盖此等书籍有与黄金等价。然有数人仍阴窃之，将来中国遗失之文字或在欧洲出现，亦一异事也。""然而，大部分书籍已被火或水所毁坏，有很多书被守军人员拿去当做纪念品。"

杜泽逊教授曾对《大典》的损毁做过研究，他说：关于翰林院以及院内珍藏的《永乐大典》等大批典籍被毁的经过，有英国莫理循在《泰晤士报》的报道、日记及英国普南特·威尔《庚子使馆被围记》等多种记载，基本上确认翰林院遭焚在1900年6月23日，纵火者是清军或义和团，而纵火的目的是对与翰林院相邻的英国使馆形成火攻。外国使馆人员扮演的角色则是救火者。莫理循说中国人"一个民族，为了向外国人发泄仇恨的怒火，不惜毁灭自己最神圣的殿堂"。杜教授的研究可见2003年2月26日《中华读书报》第5版《四库底本与永乐大典遭焚探秘》一文。

2005年出版的美国斯特林·西雷格夫的著作《龙夫人：慈禧故事》中译本向我们提供了更原始的史料。这些罕为人知的史料是1900年6月23日亲自参加对翰林院珍贵图书进行毁灭性破坏的三个外国人的日记：一是英国军人弗兰西斯·加登·普尔上尉未出版过的日记，二是美国传教士明恩溥的日记（1901年出版），三是莫理循未出版过的私人日记。

根据他们的原始记录，我们可以了解到：英国使馆人员曾于6月22日派普尔等16人利用梯子翻墙进入翰林院，当时院内"除了一些中国女人，没有发现任何人"。第二天即6月23日普尔带领10个英国水兵、5个海关志愿者，莫理循、巴尔，在英国"使馆的墙上扒开一个大口子，迅速地鱼贯而入"。普尔等人又一次进入翰林院，他们"发现了250名中国穆斯林士兵正待在'大殿'的入口处，很快就被打跑了。于是为了报复，这些目不识丁的士兵就点着了那座大殿，火势很快就蔓延到了紧邻的几座书库的房子。为了控制火势，普尔的人就不得不立即把那几座房子推倒"。

明恩溥描述："一幢大殿耸立在靠近使馆的地方，不得不为了我们自己的安全而把它推倒。""这幢建筑紧挨着一间被推倒的房子前面，里面满是书柜，包含翰林院的一些典藏图书，尤其是那部以赞助此事的皇帝命名的卷帙浩繁的《永乐大典》。""体积硕大的匣子里装着这部百科全书的卷册。""在那个令人难忘的日子里，被乱扔得到处都是，一片狼藉。""眼看着这幢建筑将要被余火所及的时候，那些匣子里的内容就被随意地扔到院子里。在那里，它们很快就被埋进了别的图书堆里，消失不见了。""有一些，和大量其他的卷册一起被扔到了荷花池里，被垃圾所覆盖，为的是防止它们被烧着从而使火势更大。在以后的时间里，当它们被来自消防车的水或者丰沛的雨水所浸透，那样，它们就会开始腐烂。（窦纳乐爵士）发布了一道命令，吩咐用泥土将它们掩埋，以防止它们污染周围的环境。于是，这一命令的执行，就成了中国古代皇家学院的全部遗留的正式葬礼。""数以千计的翰林院文档，也和前面所说的那些卷册一样殊途同归，成了士兵们的柴火。选剩的卷册被当作废纸供整个使馆使用，差不多用了两个月。你可以在厨房里找到它们，有时也被苦力们搬运砖块时用来垫肩，还有许多堆积在外面的大街上，在飞驰而过的车轮下被碾成碎片。"

莫理循日记说："我们决定拆除离我们最近的这两幢建筑，而且里面全是一些易燃的书籍，这些大清国最有价值的收藏，被扔进了避暑别墅附近的池塘里，在那里堆起了一大堆。"（以上三人日记见斯特林·西格雷夫著《龙夫人：慈禧故事》第323至327页，秦传安译，中央编译出版社，2005年版）

根据《国家图书馆藏清代孤本外交档案》，可知当时英国使馆曾将从翰林院大火中移走之《大典》330余册交回清廷总理各国事务衙门，这三百多册后来又被监守者瓜分，以致1912年翰林院将《大典》残余移交京师图书馆时，只有64册了。

雷震《新燕语·斯文扫地》云：当时，"四库藏书散佚过半，都人传言英、法、德、日四国运去者不少。又言洋兵入城时，曾取该书之厚二寸、长尺许者以代砖，支垫军用等物。武进刘葆真太史拾得数册，阅之则《永乐大典》也"。柴萼《梵天庐丛录·庚辛纪事》亦载：当时北京崇文门、琉璃厂一带的古董店、旧书摊收买"此类书物，不知凡几，萃文书坊买《永乐大典》八巨册，只京钱一吊而已"。这些《大典》当是被使馆区内之人盗掠，或是被弃置者。

日本学者服部宇之吉是位汉学家，他当时也曾出现在北京翰林院，他看到有几百册《大典》积累在书架上，他知道这有相当于国宝的价值。美国人莫理循和日本文部省派遣的留学生狩野直喜博士、东京每日报纸特派员古城贞吉等一起，从翰林院里各自取了几本，搬到了英国使馆里。莫理循出生于澳大利亚的苏格兰移民家庭。1900年时，他协助驻北京的外国使节对抗义和团长达55天的围攻。1911年，武昌起义爆发后，莫理循是第一个以"革命"这个词向外部世界报道这次事件的西方记者。1912年，他出任袁世凯的政治顾问，一直当到第四任总统徐世昌时期。1919年，莫理循以中国政府代表团顾问身份出席巴黎和会。1920年病故，享年58岁。他是中国清末民初历史转型期的见证人。

莫理循当年得到14册之多，而且他还将数本《大典》送给了日本三菱岩崎久弥（东洋文库的创办人）。而东洋文库早在1920年前就从日本东京文求堂书店田中庆太郎手中买到过《大典》10册，那是田中从北京书店里买到的。他曾买到大约20册，将五六册转卖给美国国会图书馆，卖给东洋文库三次共18册。

《大典》的辑佚

中国古代文献典籍，汗牛充栋，源远流长，但千年以来，由于兵燹及自然灾害、人为的政治原因等，而大量佚失湮灭。据统计，90%以上的先秦两汉文献、98%以上的魏晋南北朝文献、94%以上的隋唐文献，我们今天已经无缘看到。但是，由于中国古代书籍有摘引、抄辑其他文献的习惯，所以一些佚失书籍中的片言只语，得以通过引用的形式，保存在其他文献之中。辑佚的工作就是把这些资料加以搜集、整理，让这些佚失的书籍或其中的部分得以重见天日。

早在明嘉靖间，张四维就从《大典》中辑出《名公书判清明集》《折狱龟鉴》，两书都为宋代法律名著。《折狱龟鉴》是宋代郑克编撰的一部案例故事集，是在五代和凝父子《疑狱集》的基础上增扩而成的。张四维为大学士，他在参与重抄《大典》时，从中发现有此书，即请人抄出，交付其门人陈文烛，请他刻以传世。后来张四维的儿子张泰徵又重刻了陈文烛本，今陈本已不存于世，但张泰徵本还有入藏。若没有张氏的辑佚，那《折狱龟鉴》也就湮灭不存了。

乾隆三十八年（1773），开始编纂《四库全书》，而《四库》的辑佚工作也拉开了序幕，当时曾从《大典》中辑出佚书388种入《四库全书》，另入存目者也有128种。其中著名者如《旧五代史》《续资治通鉴长编》《宋会要辑稿》《蛮书》《水经注》《明律》等重要史籍，都是从《大典》中辑出或校补的。

　　　　　　　　　　　　　　　　　　　　　　　　　　　　沈津自选集

清代乾隆时有一重要学者叫全祖望，号谢山，鄞县（今浙江宁波）人，清代浙东学派的重要代表人物。乾隆元年（1736）进士，选翰林院庶吉士，一生贫病而著述不辍，曾写了不少记叙清代重要人物和学术性的文章，诗歌也多为评论人物，表彰忠义。著有《鲒埼亭集》等，另辑补《宋元学案》100卷，又有《全校水经注》40卷。因不附权贵，于次年辞官归里，不复出任，专心致力于学术，相继讲学，足迹遍布大江南北。曾主讲绍兴蕺山书院，后又应邀主讲广东端溪书院，对南粤学风影响很大。他曾通过关系进到翰林院阅读《大典》，发现其中许多是"世所未见之书"，"或可补人间之缺本，或可以正后世之伪书……不可谓非宇宙是鸿宝也"。他所做的辑佚工作是经史、志乘、民族、艺文方面的"其所欲见而不可得者"。后来他从《大典》中辑得14种书，其中一种为方志（永乐）《宁波府志》。

戴震也是清代大学者，字东原，安徽休宁（今安徽黄山屯溪区）人，为清代文字学家、哲学家、思想家。乾隆二十七年举人，乾隆三十八年被召为《四库全书》纂修官。乾隆四十年他第六次会试下第，因学术成就显著，特命参加殿试。他治学广博，音韵、文字、历算、地理无不精通，批判程朱理学的思想，对晚清以来的学术思潮产生了深远影响。梁启超称其为"前清学者第一人"，胡适称他为"中国近代科学界的先驱者"。他曾从《大典》中辑出《朱申句解》《彭氏纂图注义》二种，但未整理定稿。中国国家图书馆藏有此二书辑佚稿本之照片，系1936年拍摄。

我们知道，现存于世的方志共8000余种，其中宋元方志仅40种（包括从《大典》中辑出的8种），明代方志约800余种。从《大典》中对地方志进行辑佚，是有很大成绩的。那是四库馆闭馆之后一些学者之所为，如徐松辑《河南志》，胡敬辑（淳祐）《临安志》，文廷式辑《寿昌乘》，李文田辑（永乐）《广州府志》等。《永乐大典方志辑佚》中共收方志900种，在一部类书中能保存如此之多的方志，这是绝无仅有的。

唐诗泛指创作于唐代的诗。唐诗是汉民族最珍贵的文化遗产之一。唐代被视为中国各朝代旧诗最丰富的朝代，因此有唐诗、宋词之说。大部分唐诗都收录在《全唐诗》中。按照时间，唐诗的创作分四个阶段：初唐、盛唐、中唐、晚唐。唐代的诗人特别多。李白、杜甫、白居易固然是世界闻名的伟大诗人，除他们之外，还有无数诗人。这些诗人，今天知名的就有两千三百多人，他们的作品，保存在《全唐诗》中的也还有四万八千九百多首。而《全唐诗》中佚诗很多，今人孙望有《全唐诗补逸》二十卷，童养年有《全唐诗续补遗》二十一卷，不少诗作即取之于《大典》。

中国国家图书馆所藏《大典》不仅最多，他们也很早即开始对《大典》的研究，这种研究就是从《大典》中进行辑佚。曾在北平图书馆工作的缪荃孙就从中辑出《曾公遗录》三卷、《十三处战功录》、明（永乐）《顺天府志》、《泸州志》二卷、《中兴行在杂买物杂卖场提辖官》、《中兴东官官僚题名》一卷、《中兴三公年表》一卷等。赵万里辑出了《陈了翁年谱》《元一统志》《析津志辑校》《薛仁贵征辽事略》等。这些书过去都不见著录，也幸赖《大典》而延其一脉。

《大典》现存数量

几百年来，《大典》历经沧桑，从编成后的11095册，到今天所存仅四百余册，可谓寥寥可数，涓埃之微了。根据统计数字，目前收藏的数量是：中国国家图书馆162册，台北"国家图书馆"及"故宫博物院"71册（其中60册为1937年"八一三事变"后，局势进一步恶化，国民政府教育部要求北平馆存放在上海租界的珍贵图书，请北图上海办事处的钱存训先生，通过驻美使馆与美方联系，共选取善本3000种，两万余册，《大典》60册，分装102箱，运至美国，由美国会图书馆暂为保管。1965年运回台湾，今存台北故宫）。

另有美国国会图书馆41册、日本东洋文库33册、英国国家图书馆23册、英国牛津大学图书馆19册、日本静嘉堂文库9册、台北"中央研究院"史语所傅斯年图书馆5册、日本天理大学图书馆8册、美国康奈尔大学华生图书馆5册、英国伦敦大学东方语言学校5册、越南河内远东学院4册、德国柏林人种博物馆4册、美国哈佛大学哈佛燕京图书馆2册、爱尔兰3册、美国普林斯顿大学葛思德东方图书馆2册、英国剑桥大学图书馆2册、日本京都大学附图书馆2册、中国上海图书馆1册、中国四川大学博物馆1册、美国纽约市立公共图书馆1册、英国亚伯丁大学图书馆1册、德国柏林国家图书馆1册、日本国会图书馆1册、日本京都大学人文科学研究所1册、日本武田科学振兴财团杏雨书屋1册、日本大阪府立中之岛图书馆1册、日本神户黑川古文化研究所1册、日本石黑传六1册、日本小川广己1册、不详4册。

又《大典》的现存零页：中国国家图书馆4页、日本庆应大学附属研究所斯道文库1页、上海图书馆1页、南京图书馆1页、不详2页。

由于兵燹、内盗等原因，如今国内所存《大典》，仅252卷并6页，距原数22877卷相差甚远，微乎其微。而最大宗者当推中国国家图书馆，计存246卷。由于罕见流传，故国内南京图书馆、四川大学图书馆所藏，也仅一册而已，即使在规模上仅次于国家图书馆之上海图书馆，善本图书汗牛充栋，但《大典》也只有一册并一页。先说上图的"一页"吧。早在1950年7月，上海市文管会设立图书整理处，着手筹备上海图书馆。1951年，筹备处以旧人民币8万元（今8元）从上海博物馆工作人员夏玉琛处购得一页《大典》，那是卷1191内之第四页，内容属《易经》。虽仅一页，但也是难得之极，所以上图将其作为"等级藏品"，呵护有加。

20世纪70年代中，上海市文物图书清理小组在整理接收"文革"中"抄家"图书时，居然发现《大典》1册，即移送上图，那是卷7322至7324，"郎"字韵。内里皆为明以前职官名涉及"郎"字者，如太子司议郎、典膳郎、内直郎等，计27种。其释文又分"沿革"及"事实"，前者多为引用正史，后者则源自方志、别集等。

此册《大典》，卷内钤有"颜退省堂""鄼客棣生过目"两印。原来这是颜惠庆的旧藏。颜惠庆（1877—1950），字骏人，上海人，早年毕业于上海同文馆，后留学美国。是直系的重要人物，民国时期著名外交家，历任北京政府外交总长、内务部总长、署国务总理、代理总统职务。南京国民政府成立后，先后任驻英、俄大使和出席国际联盟大会首席代表。抗战时，在上海从事慈善和教育事业。1949年曾赴北京、石家庄，与中国共产党商谈和平。中华人民共和国成立后，任华东军政委员会副主席。他有三子四女，长子即为棣生，肄业于英国沙德厚斯皇家军官学校。此本《大典》后为颜的大女儿樱生（曾留学美国）及其夫孙子敬所有。由于《大典》并非一般图书，且为某处"抄家"移交上图者，故上图较为重视。

颜惠庆的藏书并不多，但是在他来说，曾有两次大的捐献。第一次是在1945年抗战胜利后，他将存在天津的中、外文图书2900册捐给南开大学；第二次是中华人民共和国成立后，他又将存在上海的中文藏书3100册捐给了圣约翰大学。而颜棣生又于20世纪五六十年代将颜惠庆在北洋政府时代之私人重要档案文件，分批捐献给了上海图书馆。1983年10月4日，颜棣生在重病卧床、不能多说话之际，仍念念不忘《大典》的归宿，于是他致信上海图书馆馆长顾廷龙先生，道及其妹夫孙子敬将自美返国探亲。他说："我及舍弟植生将尽力动员他将那册《永乐大典》真本捐献国家。窃以为先生不妨也设法与他接触。"并将孙子敬具体来华时间与所住旅馆等信息详细告知。以后的事，则是孙子敬先生将《大典》正式捐赠给了上图。遗憾的是，玉成此举的颜棣生没过多久，即以癌症不治而去世。所以顾先生在听到此噩耗时，即写下了"不胜悼念"之词。

上海图书馆在20世纪60年代初，即利用馆内工场影印稀见馆藏书刊，70年代末，又影印元刻本《农桑辑要》、明刻残页《京本忠义传》以及《大典》等，全部按原装大小印成，作为礼品赠送或作交换之用。当时《大典》印了200册，装订时，也由有经验的师傅做成包背装，以力求逼真，忠实于原明嘉靖写本之风貌。当然，中华书局在影印《大典》续编时，也将其收入。

北京图书馆藏的《大典》

20世纪的50年代初，北京图书馆得到了文化部的特批，获得了两批《大典》的转赠。先是1951年苏联列宁格勒大学东方学系图书馆将11册《大典》赠还中国政府。接着，张元济先生倡议请商务印书馆董事会通过将涵芬楼所藏《大典》21册馈赠北图。此举之后，又有周叔弢、赵元方、富晋书社的王富晋也各赠一册给北图。

"商务"的捐赠始于1951年5月6日，张元济有致陈叔通信，告以商务常务董事徐善祥提议将涵芬楼所藏21册《永乐大典》捐献国家之事。五天后的11日，陈叔通即有复函，赞同徐的提议，并建议"要须通过董事会"做最后决定。

6月2日，在商务印书馆第505次董事会上，通过了张元济等董事署名的善本书保管委员会拟将商务所藏《大典》捐献国家的提案。数天后，张元济即起草呈文，并委托袁翰青代递致政务院周恩来总理。周恩来总理在百忙之中，于8月24日复张元济，表示感谢张代表"商务"向国家捐献《大典》之事。10月4日，张元济再致周恩来书，谈及《大典》的捐献问题："商务印书馆旧藏《永乐大典》二十一册，本系国家之典籍，前清不知宝重，散入民间。元济为东方图书馆收存，幸未毁于兵燹，实不敢据为私有。公议捐献，亦聊尽人民之责，乃蒙赐函齿及，弥深荣感。"

这21册《大典》是张元济在1929年之前为涵芬楼收得的，其中有十多册得自蒋氏密韵楼。之所以极为珍贵，不仅是稀少之因，更重要的是因为后来的武英殿聚珍本《水经注》所自出的前半部，即在其中。书上除其他私家藏印外，都钤有"涵芬楼""海盐张元济经收"印。自辛亥革命始，至1949年止，国内藏有《大典》的不多，因此，这在当时是一笔很大的文化财富。而1937年至1951年间，北图又入藏了32册《大典》，所以此时涵芬楼烬余之《大典》21册庋藏北图，无疑是锦上添花、如虎添翼了。

《中国国家图书馆百年记事》曾记载了1951年7月23日"商务印书馆董事会将所藏21册《永乐大典》捐给中央人民政府"之事。该馆馆藏档案存文化部文物局1951年8月13日通知："商务印书馆将《永乐大典》廿一本捐献国家，即拨交你馆庋藏，特此通知。"除通知外，另有同年8月6日交接清单，因此，转入北图的日期当为8月6日。

这之后的1954年6月，苏联国立列宁图书馆归还中国政府52册。1955年，德意志民主共和国赠送3册，苏联科学院也移赠1册。1958年，北京大学图书馆将4册，广东省文物管理委员会将3册移送北图。此外，还有张季芗、金梁、徐伯郊、陈李蔼如各捐一册。

此外，在60年代初，周恩来总理又在中国经济十分困难的情况下，特批专款从香港著名藏书家陈清华手中购回了一批珍贵古籍，其中有4册《大典》。非常有意思的是，1983年春节刚过，中国国家图书馆即收到山东掖县图书馆副馆长孙洪基的来信，信中说：我县收到一本《永乐大典》，抄工精美，不似俗物，希望国图的工作人员前去鉴定。此本确实是《大典》的残本，但它的"天头地脚"却已被主人裁去做鞋样、卷纸烟，书的本身也有缺页，由于中国敬字惜纸的文化传统，老人将其有字部分几乎全部保存了下来，即用残本去夹鞋样、剪纸。后来，在得知此书的重要价值后，孙家将书送到了掖县文化馆，文化馆又转送至国图。

《大典》的残本还是偶有发现。最近有报道的一册是收藏在美国加州的亨廷顿图书馆，北京国图的刘波去做了鉴定。此册为《大典》卷10270至10271，上声二纸"子"字韵。卷10270首尾全，共28页；卷10271存21页，尾缺。该残本由曾经在中国传教的传教士约瑟夫·怀廷于1900年带回美国并传给子女，他的女儿在1968年时转赠给亨廷顿图书馆。怀廷是最早前往中国的传教士，在中国居住了四十年之久，直到1900年八国联军入侵北京，他才短暂回美，没过几年又回到北京，直至去世。这本《大典》应该也是怀廷得自北京翰林院。此册原包背装封面已佚失，后来加装封面，改为精装。书页有水渍，更证明是于当年战火中得之。

此二卷内容均为《礼记》中《文王世子》篇的注释，起于"教世子"，迄于"终之以仁也"。《礼记》是孔子（前551—前479）弟子与战国时期儒家学者的著作合集，唐代被列为"九经"之一。此册小字注文部分共征引历代《礼记》相关研究书籍凡十三种。此外有四种为佚书：《音点旁注》《礼记集义详解》《彭氏纂图注义》《史驹䯄孙经义》，《中国古籍善本书总目》均未著录。以上四种古佚《礼记》注，对于《礼记》及其接受史的研究，都有重要文献价值，弥足珍贵。

《大典》的收藏余话

我在美国做研究时还见到一些《大典》，那是在美国国会图书馆。海外所藏最多者，大约就推"国会馆"了，共有41册之多。记得我去过该馆三次，相加共一个多月，就被"关"在一座铁笼子似的善本书库里，虽可尽情浏览各种善本，但是那时我的心思全部放在当年王重民先生所没有见过的200余部从日本东京移至国会馆保存的宋、元、明代的善本书，而它所珍藏的《大典》，我翻阅了仅十来本而已。对这些《大典》，王重民先生在他的《中国善本书提要》中都已做了较详的叙述。

美国国会图书馆是世界上收藏《大典》第三大馆，在中国的图书馆中，都把所收藏的《大典》看作最重要的馆藏，如北京中国国家图书馆把《大典》列为馆藏的四大镇馆之宝之一（另三种为敦煌写经、《赵城金藏》、《四库全书》）。

《大典》既然如此贵重，那它的市场价值也较其他中国古籍善本为高。2008年前后，在法国出现一册《大典》，叫价100万欧元，但未成交，后来即不知所踪。从1992年中国北京成立拍卖公司开始至今，仅出现过一次《大典》，那是2013年，《大典》一册惊现于市，要价800万元人民币，没多久即为北京有关机构通过拍卖购得，并交中国国家图书馆保存。如今《大典》的单册价格约为800万元人民币以上。

　　如以《大典》每册900万元人民币的价值，衡之于美国国会图书馆所藏的41册，那相当于人民币三亿七千万元。如合之美元（1美元=6元人民币），则约为美元6600万。众所周知，美国国会图书馆的收藏，在世界上首屈一指，其最为珍贵的藏品，为谷登堡42行本《圣经》一部（含三册）。在1978年，42行本《圣经》的拍卖价格为220万美元，如今37年过去，现在的市价每部则在2500万至3500万美元左右。因此，我们可以推算出《大典》41册的价格，相当于两部42行本《圣经》的市场价。

　　美国哈佛大学贺腾珍本图书馆（Houghton library）的卷981，共三册。哈佛大学哈佛燕京图书馆所存的两册，为卷7756至7757，"形"字韵；8841至8843，"油"字韵。那是20世纪40年代"燕京"从北平买得的，300元。我曾在别的文章里做过介绍。此外还有一册存于哈佛的贺腾珍本图书馆。而据我所知，在波士顿市图书馆尚有一册，但我直到今天也无暇专门去做"探视"。

　　纽约市公共图书馆藏的一册，国内很少有人知晓，那是卷15957至15958，"运"字韵。此册有火炙烧残痕迹，显为当年八国联军侵略中国时掠夺之物。《永乐大典史话》内的"现存《永乐大典》卷目表"未收。"运"字韵如今所存仅有六卷，连此才八卷而已，另六卷分别藏日本东洋文库、美国国会馆、英国大英博物馆。2016年11月，上海辞书出版社社长兼总编辑李伟国兄送了一部影印的缩本《海外新发现永乐大典》给我。翻阅后，始知内里已经收入纽约市公共图书馆所藏之本，但我所不明白的是胡道静先生的序中对《大典》的叙述虽极为清楚，但是对所谓"海外新发现"的数册《大典》，都未能交代藏书单位，这是甚为遗憾的。

《大典》在中国台湾地区的收藏，主要集中在台北"故宫博物院"，那是前北平图书馆的藏书，有60册之多。由于其财产权属今中国国家图书馆，所以在《"国立故宫博物院"善本旧籍总目》中并无著录，看来还是十分谨慎的。而台北"国家图书馆"所藏的八册，其中两册为卷13991"戏"字韵、卷20478至20479"职"字韵。那是1940年，郑振铎等人在陈立夫、朱家骅同意下，冒着危险，在上海组织"文献保存同志会"，利用"中英庚款"所购得，所以书中钤有"管理中英庚款董事会保存文献之章"。又卷15897至15898"论"字韵，是周越然言言斋的旧藏。而卷485至486"忠"字韵的封里粘有乾隆间四库全书馆书影纂修官发写原签条，那是更为难得的了。顺便提一句，台北"国图"特藏组前主任顾力仁先生已出版的博士论文《永乐大典及其辑佚书研究》，是一本有参考价值的学术著作，尤其是后面所附录的《〈大典〉存本待辑书目》《〈大典〉研究数据论文索引并提要》极为有用。

至于台北"中央研究院"历史语言研究所傅斯年图书馆所藏，也有三册，其中一册卷3401"苏"字韵，则是《永乐大典史话》未收的。

《大典》的影印

将稀见图书影印出版，化身千百，是传播中华五千年传统文化的必要手段。实际上，影印本与原版无任何差别，是原版的复制。早在明代，即有将难得之书翻刻之举，甚至还有影宋抄本、影元影明抄本，那是因为当时科技并不发达，没有发明照相设备。至清代末年，杨守敬又有影刻本，有石印本、珂罗版影印图书，民国时商务印书馆、中华书局都有影印之举，如《四部丛刊》《四部备要》等等，都为珍稀之本延其一脉，继续藏之名山的有效措施。

《大典》是15世纪人类文化史上的丰碑，也是人类优秀的文化遗产。由于《大典》所收的文献，采取"未尝擅减片语"，故多整段或整部抄入，极大地保存了所抄文献的完整性。因此，明初以前的文献，相当多是赖《大典》而得以保存。

20世纪50年代初的北京图书馆到1959年《大典》增长至215册。1959年，中华书局将北图藏本和复制本，以及向国内外私人借印的6卷，合共730卷影印出版。1982年中华书局又将陆续收集到的67卷《大典》，仍按1959年时的形式套印出版，共两函20册。与前者相加，总共797卷，22函222册。1986年，又缩印成16开精装本，附目录60卷，分为10册出版。

在台北地区，1962年，世界书局也影印出版了742卷《大典》，它是在中华书局1960年730卷本的基础上，配加中国台北及西柏林收藏的12卷影印而成。

1973年，日本京都大学人文科学研究所将馆藏的《大典》一册仿真出版。

《大典》巨大的文献价值、版本价值和历史文物价值早为世人所熟知，现存残卷的规模虽仅及原书的百分之四，但每一册《大典》都有不少可供挖掘利用的珍贵资源。有鉴于此，2002年，时任中国国家图书馆馆长的任继愈先生呼吁，希望能将散藏于各地的《大典》汇为一编，系统刊布，使之化身千百，传之久远。

这之后的2003年，上海辞书出版社影印《海外新发现永乐大典十七卷》出版。国家图书馆出版社于2004年率先将国家图书馆、上海图书馆、四川大学图书馆、南京图书馆所藏163册《大典》全部用现代仿真技术影印出版，从版式、行款、用料装帧等全仿嘉靖副本，精工制作，几可乱真。又在2013年5月影印了美国哈佛大学哈佛燕京及贺腾珍本图书馆所藏的三《大典》。

仿真出版，是嘉惠学林的好事，它既可以延真本之一脉，又可为专家学者提供研究的方便。因此，对于《大典》的影印，我是要为之击掌的。

2017年12月24日再修订

《万篆楼藏契》序

    大约是2014年，福平兄即告诉我，广西师范大学出版社已决定要出版《万篆楼藏契》，他希望我能为此书作序。那时我正在中山大学图书馆工作，杂事较多，所以也不敢应承。2018年6月，他在电话中说：《藏契》已经下厂印刷，就等你这篇序了。我是史学研究的门外汉，至于封建时代的文书契约，我见过的也不多，更遑论去写文章或作序了。所以在百般推辞不成后，只好去寻思如何完成福平兄所嘱之事。

    想来也是，最初绍介此书出版的或是因缘于我。由于福平兄曾为我道及他藏契之事，在问明了大致情况后，我又告诉了广西师范大学出版社的何林夏兄。何兄和"哈佛燕京"的关系甚好，我们彼此之间又有着良好的互动。何兄一听即有兴趣，因为影印出版稀见文献一直是他们的强项。记得没多久，我们就约好先在香港见面，那是先看收藏家林章松先生藏的各种珍贵印谱，而后移师鹏城，专程去易府了解藏契的价值。大约一个时辰后，何兄及同去的雷回兴（文献分社社长）即与福平兄达成口头上的出版协议，拍板"成交"。

    文书契约，是民间百姓在平等自愿的基础上订立的，且对双方均有约束力的约定。几千年来，契约一直是人们在社会生活各个方面建立关系的重要见证，直至今天，条约、协议、契约、合同等仍然是维护正常社会秩序的一种手段。契约实际上已经成为社会功能的一个不可忽略的部分。

中国现存最早的契约，不是纸质文书，而是西周时镌刻在青铜器上的铭文，即1975年在陕西岐山县董家村一铜器窖穴出土的三件青铜器，为共王时期（前922—前900）的《卫盉铭文》（《裘卫典田契》）、《五祀卫鼎铭文》（《裘卫租田契》）、《九年卫鼎铭文》（《裘卫易田契》）。也即在土地完成交易后，契约的主人裘卫就将三份契约刻在盉、鼎之上，以求契约上的内容得到各方的信守。

契约的纸本在唐代已经形成，而在宋、元、明、清的各个时期，则经历了由多项条款而向简约方面发展，这是因为封建商品经济的发展，导致民间借贷成为社会化的行业，而田亩、土地、房屋等也受到市场的影响。民间契约订立的前提应是平等、自愿，但是在封建社会等级的制度下，社会贫富并不平等，更不要说还有一层贵贱尊卑秩序，也正因为如此，双方订立的契约往往处于剥削者与被剥削者的经济地位上。

国内的学术研究在这几十年里，有着长足的发展，在引人注意的甲骨学、简牍学、敦煌学、明清文书这四大类中，学者们特别看重对原始文献的研究。这些文献实物，可以弥补旧时文献记载的缺失和空白。仅以徽州文书来说，近年来的研究经久不衰，出版的专书如《明清土地契约文书研究》《田藏契约文书粹编》《中国历代契约粹编》《徽州千年契约文书》《徽州文书》等。杨国桢先生的《明清土地契约文书研究》曾透露说："中外学术机关搜集入藏的明清契约文书的总和，保守地估计，也当在1000万件以上。"

2011年4月，我到广州中山大学图书馆工作，由于我对民间收藏一直存有兴趣，所以我觅着机会就携中大馆特藏部的两位主任倪莉、王蕾就近去深圳探寻。记得那次我们看了两位朋友的收藏，先去看的是邹毅先生藏的各种活字本及活字实物及工具，再去的就是福平兄的万簒楼。

福平兄的万簒楼珍藏1589种地契、房契，计2200多张，包括三连契、四连契，乃数年前福平兄得之于刘申宁先生。若以地区分，则山东地区居多，山西、湖南、湖北次之。这些文献中地契最早者为明崇祯间物，房契以清康熙居首。清代自乾隆以后历朝都有，又以光绪朝为最。最为难得者为解放初期山东的土地证，居然有150余种，除年月日外，并钤当地政府公章，这种中国式的土地改革，似可窥见我国在某一时期土地从私有制转为公有制的过程。不可否认的是，自二十世纪四十年代末的"土改"，到六十年代中的"文革"，民间收藏的各种文书契约，几乎受到灭顶之灾，"变天账""倒算纸"成了买卖契约的代名词，故收藏者能够保存到今天，也确是想方设法、费尽心机的。由于契约作为实物，它没有复份，其重要性，也就在于它的文献价值。

文书契约在国内仍有不少存世，我所知道的中山大学图书馆藏有明清两代徽州文书25万余件，是国内收藏的最大宗者。我虽对此初有了解，却无细究，但我知道，一旦进入"研究"程序，那必定为研究者提供了进一步探索的重要佐证。此外，美国哈佛大学哈佛燕京图书馆藏的中国历代文献中，也有极少的清代至民国间契约收藏，有地契、房契，其中乾隆间的五张《房屋买卖契约》较为重要，那是江苏吴县地区的买卖契券，首尾完整，弥足珍视。至于咸丰时《分析基塘及田产买卖契约汇编》，那是由义字及礼字分单两部分组成，共红白契二十七张，虽然仅是契约抄副备存者，但也对乾隆、嘉庆间广东地区经济史的研究有一定的史料价值。

我的朋友中藏契较多的只有两位，一位是已故的田涛兄，另一位是福平兄。田涛兄收集的安徽契约文书，多为歙县、屯溪、休宁、黟县、祁门、绩溪，以及后来划归江西的婺源等地之物，大约有5000余件，始明代天顺，迄清末光绪，前后四百余年。其中之一部为田涛兄编成《田藏契约文书粹编》，交中华书局于2001年出版了。

福平兄是深圳近年来崛起的重要收藏家中的一位，长着一副娃娃脸，谨厚颖慧，精明中又透出一股睿智和飘逸。大约是春秋正富，殚见洽闻，却又让人感受一层深藏若虚、后生可畏的气概。记得第一次和他见面是十年前了，那次是我从香港至深圳，看望我的一位藏家朋友，朋友将当地"读书会"的十几位收藏家聚在一起与我"聊天"。那天晚上即是由福平兄做东，饭局之后，他又开车将我送到罗湖口岸，其热情好客、古道热肠让我心存感激。

　　而第二次见面，则在香港林章松先生的松荫轩里聚谈，福平兄专程自深圳赶来见面。这之后，我们就比较熟悉了。我很佩服他，不是因为他是佛弟子，而是他的锲而不舍，持之以恒。就拿抄经来说，那是他的日课，他曾送我一卷他抄写的佛经，数万字的楷书浓淡划一，一笔不苟，足见他对佛门的虔诚。近几年他的书风为之一变，转向当今书法领域中很少有人去尝试的金文一路，我想这是属于剑走偏锋，或许可以认为他从青年时代起就喜金石文字而发愤忘食地去实践。我也喜欢他的金文书法，因为先师顾廷龙先生推崇吴大澂的篆书，而且都将小篆与古籀文相结合，写得工整精绝，显见功力之深。而福平兄平时临池也走愙斋之路，他的大作不时可在朋友圈中窥见，大约再过数年，他的书法造诣必定更上层楼。

　　"学术乃天下之公器。"这并不是普通的一句话，我以为这是一种理念。刘半农在《奉答王敬轩先生》中说："文字是一种表示思想感情的符号，是世界的公器。"说白了，公器，就是共用之器。所以我觉得图书馆里收藏的丰厚文献资源应为研究者所用，而不应有所设限，而且对于私人收藏家来说，这也是一种"化私为公"的馨德。福平兄万篆楼所藏契约文书将由广西师范大学出版社出版，这无疑是为这方面的研究提供了新的文献佐证，这是值得赞许的，我应为之击掌。拉杂写来，或为急就之作，旨在应嘱也。是为序。

沈津于美国波士顿之慕维居

2018 年 7 月 31 日

后　记

　　2017年初，沈津老师在中山大学的聘期将满，趁着最后还有几个月时间，我与妻请求为他做口述历史，沟通数次，沈老师才沉吟道，"那我试着讲讲，你们不必急，可以听完再看看是否有作为口述史料的价值"。于是，接下来几周，他抽出十几个晚上接受我们的访谈。访谈多从傍晚开始，三杯茶泡上，余烟缭绕，长则三四小时、短则几十分钟，常常是夜已深了，话还未完。后来才知道，沈老师手头积压的工作很多，他又是一个极重承诺的人，这样的访谈多少要拖延正常工作，挤压他的休息时间，每念及此，总让我内疚不已。

　　口述史的工作开始不久，我便发现一个预料之外的难处。口述历史是偏属个人性质的回忆，从留存史料的角度来讲，我当然希望他多说说自己的经历。然而，因着沈老师的谦逊和旨趣，关于自己的事迹他总是说得少之又少，对于教导过他的那些人，帮助过他的那些人，以及快要被世间忘记而不应该被忘记的那些人，反是万语千言、念之不绝。当然，沈老师谈到的这三类人，往往也是与书结缘的人。在他的世界里，满地俯拾皆是书，说到人，总是关于书的人，说到事，总是关于书的事。

　　由于我的怠工，沈老师的口述历史一直未能脱稿，但书人书事、情深几许，在这本《沈津自选集》中倒可提前窥见，如《千元百宋随缘了 只作烟云过眼人——国宝徐森玉先生》《学术事功俱隆 文章道德并富——回忆先师顾廷龙先生》《一片冰心在玉壶——怀念潘景郑先生》《铁琴铜剑楼后人——瞿凤起先生》《一掬笑容何处寻 千秋矩矱仰前型——怀念昌彼得先生》《天夺老成 风凄雨泣——悼念田涛先生》《方寸之间天地宽——记林章松先生》等等，皆可入此列。

书中余下的文章，大致又可分为三类。其一是结合他多年寓目善本的经验与游历东西的见闻，对各地、各馆古籍存藏情况的考察和概览，如《北京图书馆古籍善本概述》《上海图书馆的古籍与文献收藏》《美国所藏中国古籍善本述略》等。其二是立足实际古籍编目工作的文献发微，典型者如《校理〈四库全书总目提要〉残稿的一点新发现》《杭州雷峰塔与〈一切如来心秘密全身舍利宝箧印陀罗尼经〉》等，虽非鸿篇巨论，往往有其新解。而第三类也是最重要的一类，则是以常年的精耕细作为基础，集腋成裘，由细小问题渐得理论层面的突破，包括《明清两代的书价》《再说古书的残本残页》《藏书印及藏书印的鉴定》等可入此属。沈老师讲的不是空泛的大道理，而是以简御繁、发凡言例，以扎实的功底回归图书馆学、目录学的本职，在前人的基础上进一步认识书籍、刻画书籍、理解书籍。此类文章中，又以《古籍书志及书志的写作》一文最值得图书馆人反复阅读，其中论及的"哈佛模式"正逐渐成为中国图书馆界耳熟能详的关键词语，但在我看来，对于"哈佛模式"承上启下的历史地位与深远影响，目前的讨论还远远不够。事实上，"哈佛模式"可谓暗合当代西方书籍史研究之理路，已将中国的古籍编目与书志传统带入一番别开生面的新天地。

最后应该说明的是，我忝为本书的编者，为这本书所做的工作其实非常有限。关于书中文章的采选与定序，沈老师早有腹稿，用时下流行的话说，"我只是一个小小的搬运工"。但能够为此书的诞生做一小小的搬运工或助产士，事虽微薄，亦让我荣幸万分！

肖鹏

2019 年 5 月 3 日